Resolução Alternativa de Litígios

Resolução Alternativa de Litígios

2023 · 3ª Edição

Organização

José Carlos Soares Machado
Mariana França Gouveia

ALMEDINA

RESOLUÇÃO ALTERNATIVA DE LITÍGIOS
1ª Edição, Julho, 2014
ORGANIZAÇÃO
José Carlos Soares Machado e Mariana França Gouveia
EDITOR
EDIÇÕES ALMEDINA, S.A.
Avenida Emídio Navarro, 81, 3D
3000-151 Coimbra
Tel.: 239 851 904 · Fax: 239 851 901
www.almedina.net · editora@almedina.net
DESIGN DE CAPA
FBA.
PRÉ-IMPRESSÃO
EDIÇÕES ALMEDINA, S.A.
IMPRESSÃO E ACABAMENTO
ARTIPOL - www.artipol.net
Abril, 2023

ISBN
978-989-40-1191-0

DEPÓSITO LEGAL
515018/23

ALMEDINA | GRUPOALMEDINA

ÍNDICE

AGRADECIMENTOS

Agradecemos ao Centro de Arbitragem Comercial da Câmara de Comércio e Indústria Portuguesa, à International Chamber of Commerce (ICC), ao International Centre for Dispute Resolution e à International Bar Association a gentileza da autorização que concederam para a publicação dos materiais deste compêndio.

Um agradecimento muito especial às nossas Colegas do Departamento de Contencioso e Arbitragem da SRS Legal, Teresa Teixeira e Rita Guerreiro Teixeira, pela inestimável colaboração e empenho na realização desta obra.

Agradecemos também ao nosso Colega Dr. Duarte de Almeida Tenreiro, advogado do departamento de Contencioso e Arbitragem da SRS Legal, pela inestimável colaboração na actualização dos textos desta edição e na sua revisão.

JUSTIFICAÇÃO PRÉVIA

É um lugar comum afirmar-se atualmente que a Arbitragem é, em Portugal, uma modalidade de resolução alternativa de litígios em grande desenvolvimento. Mas, na verdade, nunca tal afirmação foi tão verdadeira como é hoje. Depois de anos de infância prolongada, assumida como um capítulo do Processo Civil com insípida regulamentação legal no respectivo código, teve a sua emancipação com a promulgação da Lei da Arbitragem Voluntária em 1986, aspirando então a disciplina autónoma, porém sempre olhada pelos intervenientes no mundo judiciário com certa dose de desconfiança e alguma comiseração. A própria emancipação legal foi, de facto, muito mais o produto de uma coligação circunstancial de elites na vanguarda académica da disciplina e de um poder político um pouco mais atento a esta realidade de futuro.

A doutrina, de tradição muito processualista, e a jurisprudência, reagindo de início e durante muito tempo como defensora de uma realidade judiciária supostamente ameaçada, só muito lentamente foram permitindo que a emancipação passasse a plena maioridade, ocorrendo então a decidida intervenção do legislador constitucional que saiu em apoio inequívoco, fundamental, ao consagrar no texto da Lei a atribuição ao árbitro da dignidade soberana própria do juiz.

A evolução não foi diferente da que se observou noutros países, com maior ou menor retardamento em relação aos pioneiros, mas sempre a passos firmes e, normalmente, acompanhando o crescimento económico e procurando responder, em termos nacionais e internacionais, à necessidade imperiosa dos empreendedores e investidores de um rápido e satisfatório meio de resolução dos litígios que poderiam advir dos negócios celebrados.

Em Portugal verificou-se uma adesão lenta e gradual, mas firme, ultrapassada que foi ficando a desconfiança de magistraturas, mas até da própria advocacia e dos cidadãos em geral, sempre tendendo a olhar com suspeição para algo que se apresentava a seus olhos como uma espécie de "justiça privada" sem a dignidade e segurança do tribunal estatal.

Noutros países, de recente crescimento económico mais rápido, de que o Brasil é um dos melhores exemplos, a maturidade não foi fruto de um processo tão lento e gradual, mas antes de uma autêntica explosão que, desde o início do século, fez sair a arbitragem de uma hesitante infância, crescendo desde então a ritmo alucinante. Situações idênticas se verificaram em países com características semelhantes nas grandes economias asiáticas.

Portugal deu, em termos legislativos, um grande passo em frente, com a aprovação de uma nova Lei da Arbitragem Voluntária em 2012, acompanhando a tendência internacional, e inspirando-se no modelo UNCITRAL. De novo em proveitoso fruto da abertura do poder político ao labor e ciência da comunidade arbitralista, desta feita mais alargada, mas com especial e justo destaque para os membros da Associação Portuguesa de Arbitragem que conceberam o projeto que veio a receber a consagração legal.

O aumento da confiança gerou o crescimento do número de processos, em arbitragens institucionalizadas ou *ad hoc*, e o número de centros de arbitragem com diferentes especializações, com particular incidência no direito comercial, mas culminando com a consagração legal da arbitragem, mesmo em áreas do direito público como o Direito Fiscal, realidade até há bem pouco tempo impensável.

O número de profissionais envolvidos cresceu exponencialmente, quer como árbitros, quer como representantes das partes. A disciplina ganhou autonomia universitária e os respectivos cursos passaram a ter uma procura consistente de estudantes bem como de licenciados. A formação pós-graduada obteve estatuto incontornável e as sessões e conferências de formação complementar, de iniciativa de instituições especializadas e também de grandes escritórios de advogados, atingiram recentemente uma frequência e qualidade inéditas no panorama nacional. As comunidades arbitralistas Portuguesa e Brasileira descobriram-se mutuamente e passaram a conhecer-se melhor e, até mesmo, a organizar iniciativas conjuntas regulares de alta qualidade e que suscitaram um interesse e adesão crescentes dos profissionais. Idêntico fenómeno vem ocorrendo mais recentemente com as comunidades Portuguesa e Espanhola.

Muitos magistrados dos tribunais superiores aceitaram intervir nalguns destes eventos, sacudindo de vez uma atitude por vezes de desconfiança e desinteresse. A doutrina teve também um desenvolvimento fulgurante, traduzindo-se em numerosas publicações, em especial de artigos em revistas nacionais e internacionais. Passou a editar-se em Portugal uma revista especializada, de cariz internacional, em língua inglesa. A comunidade arbitralista expandiu-se muito para além do mundo académico, acolhendo inúmeros advogados especializados e as listas de árbitros passaram a ter em conta esta nova realidade, alargando-se a juristas de reconhecido mérito, alargamento favorecido não só pelo crescente número de processos, como também pelos eventuais conflitos de interesses que o mesmo potencia.

Árbitros e mandatários têm agora de lidar permanentemente com um significativo conjunto de leis, tratados e de regulamentos, que vão desde a basilar Lei da Arbitragem Voluntária, de acesso imediato para a maioria dos profissionais, até aos Regulamentos de Centros de Arbitragem Portugueses e Internacionais, que nem sempre estão à mão, e que frequentemente são de aplicação directa, supletiva ou analógica, em processos *ad hoc* ou mesmo correndo em instituições diferentes. Dos Tratados Internacionais com relevância, como é o caso de Washington ou Nova Iorque, até às normas mais comezinhas como as referentes ao pagamento de encargos, como as respectivas Tabelas. Enfim, um conjunto de normativos cuja consulta é obrigatória para quem tenha necessidade de intervir, em qualquer das possíveis posições, num processo arbitral comum. Mas também para os magistrados judiciais ou do ministério público, chamados com frequência a decidir recursos ou ações de anulação das decisões arbitrais ou a neles intervir.

Acresce que, no caso dos processos de arbitragem internacional, se torna indispensável frequentemente recorrer à consulta dos textos originais, tendo-os sempre acessíveis e, por vezes, cotejá-los com as versões traduzidas. Do mesmo modo, mas em sentido inverso, torna-se frequentemente indispensável ter à mão as versões em língua inglesa de normas legais ou regulamentares portuguesas.

Há muito que vínhamos sentindo – como árbitros, como representantes das partes, como académicos – a falta de uma ferramenta que respondesse a estas necessidades, contendo em compilação e possibilitando que se consultem facilmente, num instrumento único, os principais normativos. Um repositório que pudesse ser utilizado como instrumento prático na grande maioria das arbitragens nacionais ou internacionais em que somos chamados a intervir, assim como nas aulas, conferências e cursos que somos chamados a ministrar. Uma compilação, portanto, que contenha a grande maioria das normas que interpretamos ou aplicamos no nosso dia a dia profissional.

Este livro vem responder a essa necessidade e tentar suprir essa lacuna.

Esperamos que a comunidade arbitralista a possa considerar útil e proveitosa.

1. Legislação Nacional

1.1. Lei da Arbitragem Voluntária Lei nº 63/2011 de 14 de Dezembro

A Assembleia da República decreta, nos termos da alínea *c*) do artigo 161º da Constituição, o seguinte:

Artigo 1º – Objecto

1 – É aprovada a Lei da Arbitragem Voluntária, que se publica em anexo à presente lei e que dela faz parte integrante.

2 – É alterado o Código de Processo Civil, em conformidade com a nova Lei da Arbitragem Voluntária.

Artigo 2º – Alteração ao Código de Processo Civil

Os artigos 812º-D, 815º, 1094º e 1527º do Código de Processo Civil passam a ter a seguinte redacção:

«Artigo 812º-D – [...]

....

a) ....

b) ....

c) ....

d) ....

e) ....

f) ....

g) Se, pedida a execução de sentença arbitral, o agente de execução duvidar de que o litígio pudesse ser cometido à decisão por árbitros, quer por estar submetido, por lei especial, exclusivamente a tribunal judicial ou a arbitragem necessária, quer por o direito controvertido não ter carácter patrimonial e não poder ser objecto de transacção.

Artigo 815º – [...]

São fundamentos de oposição à execução baseada em sentença arbitral não apenas os previstos no artigo anterior mas também aqueles em que pode basear-se a anulação judicial da mesma decisão, sem prejuízo do disposto nos nos 1 e 2 do artigo 48º da Lei da Arbitragem Voluntária.

Artigo 1094º – [...]

1 – Sem prejuízo do que se ache estabelecido em tratados, convenções, regulamentos da União Europeia e leis especiais, nenhuma decisão sobre direitos privados, proferida por tribunal estrangeiro, tem eficácia em Portugal, seja qual for a nacionalidade das partes, sem estar revista e confirmada.

2 – ....

Artigo 1527º – [...]

1 – Se em relação a algum dos árbitros se verificar qualquer das circunstâncias previstas nos artigos 13º a 15º da Lei da Arbitragem Voluntária, procede-se à nomeação de outro, nos termos do artigo 16º daquela lei, cabendo a nomeação a quem tiver nomeado o árbitro anterior, quando possível.

2 – ....»

Artigo 3º – Remissões

Todas as remissões feitas em diplomas legais ou regulamentares para as disposições da Lei nº 31/86, de 29 de Agosto, com a redacção que lhe foi dada pelo Decreto-Lei nº 38/2003, de 8 de Março, devem considerar-se como feitas para as disposições correspondentes na nova Lei da Arbitragem Voluntária.

Artigo 4º – Disposição transitória

1 – Salvo o disposto nos números seguintes, ficam sujeitos ao novo regime da Lei da Arbitragem Voluntária os processos arbitrais que, nos termos do nº 1 do artigo 33º da referida lei, se iniciem após a sua entrada em vigor.

2 – O novo regime é aplicável aos processos arbitrais iniciados antes da sua entrada em vigor, desde que ambas as partes nisso acordem ou se uma delas formular proposta nesse sentido e a outra a tal não se opuser no prazo de 15 dias a contar da respectiva recepção.

3 – As partes que tenham celebrado convenções de arbitragem antes da entrada em vigor do novo regime mantêm o direito aos recursos que caberiam da sentença arbitral, nos termos do artigo 29º da Lei nº 31/86, de 29 de Agosto, com a redacção que lhe foi dada pelo Decreto-Lei nº 38/2003, de 8 de Março, caso o processo arbitral houvesse decorrido ao abrigo deste diploma.

4 – A submissão a arbitragem de litígios emergentes de ou relativos a contratos de trabalho é regulada por lei especial, sendo aplicável, até à entrada em vigor desta o novo regime aprovado pela presente lei, e, com as devidas adaptações, o nº 1 do artigo 1º da Lei nº 31/86, de 29 de Agosto, com a redacção que lhe foi dada pelo Decreto –Lei nº 38/2003, de 8 de Março.

Artigo 5º – Norma revogatória

1 – É revogada a Lei nº 31/86, de 29 de Agosto, com a redacção que lhe foi dada pelo Decreto-Lei nº 38/2003, de 8 de Março, com excepção do disposto no nº 1 do artigo 1º, que se mantém em vigor para a arbitragem de litígios emergentes de ou relativos a contratos de trabalho.

2 – São revogados o nº 2 do artigo 181º e o artigo 186º do Código de Processo nos Tribunais Administrativos.

3 – É revogado o artigo 1097º do Código de Processo Civil.

Artigo 6º – Entrada em vigor

A presente lei entra em vigor três meses após a data da sua publicação.

Lei da Arbitragem Voluntária

CAPÍTULO I – Da convenção de arbitragem

Artigo 1º – Convenção de arbitragem

1 – Desde que por lei especial não esteja submetido exclusivamente aos tribunais do Estado ou a arbitragem necessária, qualquer litígio respeitante a interesses de natureza patrimonial pode ser cometido pelas partes, mediante convenção de arbitragem, à decisão de árbitros.

2 – É também válida uma convenção de arbitragem relativa a litígios que não envolvam interesses de natureza patrimonial, desde que as partes possam celebrar transacção sobre o direito controvertido.

3 – A convenção de arbitragem pode ter por objecto um litígio actual, ainda que afecto a um tribunal do Estado (compromisso arbitral), ou litígios eventuais emergentes de determinada relação jurídica contratual ou extracontratual (cláusula compromissória).

4 – As partes podem acordar em submeter a arbitragem, para além das questões de natureza contenciosa em sentido estrito, quaisquer outras que requeiram a intervenção de um decisor imparcial, designadamente as relacionadas com a necessidade de precisar, completar e adaptar contratos de prestações duradouras a novas circunstâncias.

5 – O Estado e outras pessoas colectivas de direito público podem celebrar convenções de arbitragem, na medida em que para tanto estejam autorizados por lei ou se tais convenções tiverem por objecto litígios de direito privado.

Artigo 2º – Requisitos da convenção de arbitragem; sua revogação

1 – A convenção de arbitragem deve adoptar forma escrita.

2 – A exigência de forma escrita tem-se por satisfeita quando a convenção conste de documento escrito assinado pelas partes, troca de cartas, telegramas, telefaxes ou outros meios de telecomunicação de que fique prova escrita, incluindo meios electrónicos de comunicação.

3 – Considera-se que a exigência de forma escrita da convenção de arbitragem está satisfeita quando esta conste de suporte electrónico, magnético, óptico, ou de outro tipo, que ofereça as mesmas garantias de fidedignidade, inteligibilidade e conservação.

4 – Sem prejuízo do regime jurídico das cláusulas contratuais gerais, vale como convenção de arbitragem a remissão feita num contrato para documento que contenha uma cláusula compromissória, desde que tal contrato revista a forma escrita e a remissão seja feita de modo a fazer dessa cláusula parte integrante do mesmo.

5 – Considera-se também cumprido o requisito da forma escrita da convenção de arbitragem quando exista troca de uma petição e uma contestação em processo arbitral, em que a existência de tal convenção seja alegada por uma parte e não seja negada pela outra.

6 – O compromisso arbitral deve determinar o objecto do litígio; a cláusula compromissória deve especificar a relação jurídica a que os litígios respeitem.

Artigo 3º – Nulidade da convenção de arbitragem

É nula a convenção de arbitragem celebrada em violação do disposto nos artigos 1º e 2º

Artigo 4º – Modificação, revogação e caducidade da convenção

1 – A convenção de arbitragem pode ser modificada pelas partes até à aceitação do primeiro árbitro ou, com o acordo de todos os árbitros, até à prolação da sentença arbitral.

2 – A convenção de arbitragem pode ser revogada pelas partes, até à prolação da sentença arbitral.

3 – O acordo das partes previsto nos números anteriores deve revestir a forma escrita, observando-se o disposto no artigo 2º

4 – Salvo convenção em contrário, a morte ou extinção das partes não faz caducar a convenção de arbitragem nem extingue a instância arbitral.

Artigo 5º – Efeito negativo da convenção de arbitragem

1 – O tribunal estadual no qual seja proposta acção relativa a uma questão abrangida por uma convenção de arbitragem deve, a requerimento do réu deduzido até ao momento em que este apresentar o seu primeiro articulado sobre o fundo da causa, absolvê-lo da instância, a menos que verifique que, manifestamente, a convenção de arbitragem é nula, é ou se tornou ineficaz ou é inexequível.

2 – No caso previsto no número anterior, o processo arbitral pode ser iniciado ou prosseguir, e pode ser nele proferida uma sentença, enquanto a questão estiver pendente no tribunal estadual.

3 – O processo arbitral cessa e a sentença nele proferida deixa de produzir efeitos, logo que um tribunal estadual considere, mediante decisão transitada em julgado, que o tribunal arbitral é incompetente para julgar o litígio que lhe foi submetido, quer tal decisão seja proferida na acção referida no nº 1 do presente artigo, quer seja proferida ao abrigo do disposto no nº 9 do artigo 18º, e nas subalíneas *i*) e *iii*) da alínea *a*) do nº 3 do artigo 46º

4 – As questões da nulidade, ineficácia e inexequibilidade de uma convenção de arbitragem não podem ser discutidas autonomamente em acção de simples apreciação proposta em tribunal estadual nem em procedimento cautelar instaurado perante o mesmo tribunal, que tenha como finalidade impedir a constituição ou o funcionamento de um tribunal arbitral.

Artigo 6º – Remissão para regulamentos de arbitragem

Todas as referências feitas na presente lei ao estipulado na convenção de arbitragem ou ao acordo entre as partes abrangem não apenas o que as partes aí regulem directamente, mas também o disposto em regulamentos de arbitragem para os quais as partes hajam remetido.

Artigo 7º – Convenção de arbitragem e providências cautelares decretadas por tribunal estadual

Não é incompatível com uma convenção de arbitragem o requerimento de providências cautelares apresentado a um tribunal estadual, antes ou durante o processo arbitral, nem o decretamento de tais providências por aquele tribunal.

CAPÍTULO II – Dos árbitros e do tribunal arbitral

Artigo 8º – Número de árbitros

1 – O tribunal arbitral pode ser constituído por um único árbitro ou por vários, em número ímpar.

2 – Se as partes não tiverem acordado no número de membros do tribunal arbitral, é este composto por três árbitros.

Artigo 9º – Requisitos dos árbitros

1 – Os árbitros devem ser pessoas singulares e plenamente capazes.

2 – Ninguém pode ser preterido, na sua designação como árbitro, em razão da nacionalidade, sem prejuízo do disposto no nº 6 do artigo 10º e da liberdade de escolha das partes.

3 – Os árbitros devem ser independentes e imparciais.

4 – Os árbitros não podem ser responsabilizados por danos decorrentes das decisões por eles proferidas, salvo nos casos em que os magistrados judiciais o possam ser.

5 – A responsabilidade dos árbitros prevista no número anterior só tem lugar perante as partes.

Artigo 10º – Designação dos árbitros

1 – As partes podem, na convenção de arbitragem ou em escrito posterior por elas assinado, designar o árbitro ou os árbitros que constituem o tribunal arbitral ou fixar o modo pelo qual estes são escolhidos, nomeadamente, cometendo a designação de todos ou de alguns dos árbitros a um terceiro.

2 – Caso o tribunal arbitral deva ser constituído por um único árbitro e não haja acordo entre as partes quanto a essa designação, tal árbitro é escolhido, a pedido de qualquer das partes, pelo tribunal estadual.

3 – No caso de o tribunal arbitral ser composto por três ou mais árbitros, cada parte deve designar igual número de árbitros e os árbitros assim designados devem escolher outro árbitro, que actua como presidente do tribunal arbitral.

4 – Salvo estipulação em contrário, se, no prazo de 30 dias a contar da recepção do pedido que a outra parte lhe faça nesse sentido, uma parte não designar o árbitro ou árbitros que lhe cabe escolher ou se os árbitros designados pelas partes não acordarem na escolha do árbitro presidente no prazo de 30 dias a contar da designação do último deles, a designação do

árbitro ou árbitros em falta é feita, a pedido de qualquer das partes, pelo tribunal estadual competente.

5 – Salvo estipulação em contrário, aplica-se o disposto no número anterior se as partes tiverem cometido a designação de todos ou de alguns dos árbitros a um terceiro e este não a tiver efectuado no prazo de 30 dias a contar da solicitação que lhe tenha sido dirigida nesse sentido.

6 – Quando nomear um árbitro, o tribunal estadual competente tem em conta as qualificações exigidas pelo acordo das partes para o árbitro ou os árbitros a designar e tudo o que for relevante para garantir a nomeação de um árbitro independente e imparcial; tratando-se de arbitragem internacional, ao nomear um árbitro único ou um terceiro árbitro, o tribunal tem também em consideração a possível conveniência da nomeação de um árbitro de nacionalidade diferente da das partes.

7 – Não cabe recurso das decisões proferidas pelo tribunal estadual competente ao abrigo dos números anteriores do presente artigo.

Artigo 11º – Pluralidade de demandantes ou de demandados

1 – Em caso de pluralidade de demandantes ou de demandados, e devendo o tribunal arbitral ser composto por três árbitros, os primeiros designam conjuntamente um árbitro e os segundos designam conjuntamente outro.

2 – Se os demandantes ou os demandados não chegarem a acordo sobre o árbitro que lhes cabe designar, cabe ao tribunal estadual competente, a pedido de qualquer das partes, fazer a designação do árbitro em falta.

3 – No caso previsto no número anterior, pode o tribunal estadual, se se demonstrar que as partes que não conseguiram nomear conjuntamente um árbitro têm interesses conflituantes relativamente ao fundo da causa, nomear a totalidade dos árbitros e designar de entre eles quem é o presidente, ficando nesse caso sem efeito a designação do árbitro que uma das partes tiver entretanto efectuado.

4 – O disposto no presente artigo entende-se sem prejuízo do que haja sido estipulado na convenção de arbitragem para o caso de arbitragem com pluralidade de partes.

Artigo 12º – Aceitação do encargo

1 – Ninguém pode ser obrigado a actuar como árbitro; mas se o encargo tiver sido aceite, só é legítima a escusa fundada em causa superveniente

que impossibilite o designado de exercer tal função ou na não conclusão do acordo a que se refere o nº 1 do artigo 17º

2 – A menos que as partes tenham acordado de outro modo, cada árbitro designado deve, no prazo de 15 dias a contar da comunicação da sua designação, declarar por escrito a aceitação do encargo a quem o designou; se em tal prazo não declarar a sua aceitação nem por outra forma revelar a intenção de agir como árbitro, entende-se que não aceita a designação.

3 – O árbitro que, tendo aceitado o encargo, se escusar injustificadamente ao exercício da sua função responde pelos danos a que der causa.

Artigo 13º – Fundamentos de recusa

1 – Quem for convidado para exercer funções de árbitro deve revelar todas as circunstâncias que possam suscitar fundadas dúvidas sobre a sua imparcialidade e independência.

2 – O árbitro deve, durante todo o processo arbitral, revelar, sem demora, às partes e aos demais árbitros as circunstâncias referidas no número anterior que sejam supervenientes ou de que só tenha tomado conhecimento depois de aceitar o encargo.

3 – Um árbitro só pode ser recusado se existirem circunstâncias que possam suscitar fundadas dúvidas sobre a sua imparcialidade ou independência ou se não possuir as qualificações que as partes convencionaram. Uma parte só pode recusar um árbitro que haja designado ou em cuja designação haja participado com fundamento numa causa de que só tenha tido conhecimento após essa designação.

Artigo 14º – Processo de recusa

1 – Sem prejuízo do disposto no nº 3 do presente artigo, as partes podem livremente acordar sobre o processo de recusa de árbitro.

2 – Na falta de acordo, a parte que pretenda recusar um árbitro deve expor por escrito os motivos da recusa ao tribunal arbitral, no prazo de 15 dias a contar da data em que teve conhecimento da constituição daquele ou da data em que teve conhecimento 10 das circunstâncias referidas no artigo 13º Se o árbitro recusado não renunciar à função que lhe foi confiada e a parte que o designou insistir em mantê-lo, o tribunal arbitral, com participação do árbitro visado, decide sobre a recusa.

3 – Se a destituição do árbitro recusado não puder ser obtida segundo o processo convencionado pelas partes ou nos termos do disposto no nº 2 do

presente artigo, a parte que recusa o árbitro pode, no prazo de 15 dias após lhe ter sido comunicada a decisão que rejeita a recusa, pedir ao tribunal estadual competente que tome uma decisão sobre a recusa, sendo aquela insusceptível de recurso.

Na pendência desse pedido, o tribunal arbitral, incluindo o árbitro recusado, pode prosseguir o processo arbitral e proferir sentença.

Artigo 15º – Incapacitação ou inacção de um árbitro

1 – Cessam as funções do árbitro que fique incapacitado, de direito ou de facto, para exercê-las, se o mesmo a elas renunciar ou as partes de comum acordo lhes puserem termo com esse fundamento.

2 – Se um árbitro, por qualquer outra razão, não se desincumbir, em tempo razoável, das funções que lhe foram cometidas, as partes podem, de comum acordo, fazê-las cessar, sem prejuízo da eventual responsabilidade do árbitro em causa.

3 – No caso de as partes não chegarem a acordo quanto ao afastamento do árbitro afectado por uma das situações referidas nos números anteriores do presente artigo, qualquer das partes pode requerer ao tribunal estadual competente que, com fundamento na situação em causa, o destitua, sendo esta decisão insusceptível de recurso.

4 – Se, nos termos dos números anteriores do presente artigo ou do nº 2 do artigo 14º, um árbitro renunciar à sua função ou as partes aceitarem que cesse a função de um árbitro que alegadamente se encontre numa das situações aí previstas, tal não implica o reconhecimento da procedência dos motivos de destituição mencionados nas disposições acima referidas.

Artigo 16º – Nomeação de um árbitro substituto

1 – Em todos os casos em que, por qualquer razão, cessem as funções de um árbitro, é nomeado um árbitro substituto, de acordo com as regras aplicadas à designação do árbitro substituído, sem prejuízo de as partes poderem acordar em que a substituição do árbitro se faça de outro modo ou prescindirem da sua substituição.

2 – O tribunal arbitral decide, tendo em conta o estado do processo, se algum acto processual deve ser repetido face à nova composição do tribunal.

Artigo 17º – Honorários e despesas dos árbitros

1 – Se as partes não tiverem regulado tal matéria na convenção de arbitragem, os honorários dos árbitros, o modo de reembolso das suas despesas e a forma de pagamento pelas partes de preparos por conta desses honorários e despesas devem ser objecto de acordo escrito entre as partes e os árbitros, concluído antes da aceitação do último dos árbitros a ser designado.

2 – Caso a matéria não haja sido regulada na convenção de arbitragem, nem sobre ela haja sido concluído um acordo entre as partes e os árbitros, cabe aos árbitros, tendo em conta a complexidade das questões decididas, o valor da causa e o tempo despendido ou a despender com o processo arbitral até à conclusão deste, fixar o montante dos seus honorários e despesas, bem como determinar o pagamento pelas partes de preparos por conta daqueles, mediante uma ou várias decisões separadas das que se pronunciem sobre questões processuais ou sobre o fundo da causa.

3 – No caso previsto no número anterior do presente artigo, qualquer das partes pode requerer ao tribunal estadual competente a redução dos montantes dos honorários ou das despesas e respectivos preparos fixados pelos árbitros, podendo esse tribunal, depois de ouvir sobre a matéria os membros do tribunal arbitral, fixar os montantes que considere adequados.

4 – No caso de falta de pagamento de preparos para honorários e despesas que hajam sido previamente acordados ou fixados pelo tribunal arbitral ou estadual, os árbitros podem suspender ou dar por concluído o processo arbitral, após ter decorrido um prazo adicional razoável que concedam para o efeito à parte ou partes faltosas, sem prejuízo do disposto no número seguinte do presente artigo.

5 – Se, dentro do prazo fixado de acordo com o número anterior, alguma das partes não tiver pago o seu preparo, os árbitros, antes de decidirem suspender ou pôr termo ao processo arbitral, comunicam-no às demais partes para que estas possam, se o desejarem, suprir a falta de pagamento daquele preparo no prazo que lhes for fixado para o efeito.

CAPÍTULO III – Da competência do tribunal arbitral

Artigo 18º – Competência do tribunal arbitral para se pronunciar sobre a sua competência

1 – O tribunal arbitral pode decidir sobre a sua própria competência, mesmo que para esse fim seja necessário apreciar a existência, a validade ou

a eficácia da convenção de arbitragem ou do contrato em que ela se insira, ou a aplicabilidade da referida convenção.

2 – Para os efeitos do disposto no número anterior, uma cláusula compromissória que faça parte de um contrato é considerada como um acordo independente das demais cláusulas do mesmo.

3 – A decisão do tribunal arbitral que considere nulo o contrato não implica, só por si, a nulidade da cláusula compromissória.

4 – A incompetência do tribunal arbitral para conhecer da totalidade ou de parte do litígio que lhe foi submetido só pode ser arguida até à apresentação da defesa quanto ao fundo da causa, ou juntamente com esta.

5 – O facto de uma parte ter designado um árbitro ou ter participado na sua designação não a priva do direito de arguir a incompetência do tribunal arbitral para conhecer do litígio que lhe haja sido submetido.

6 – A arguição de que, no decurso do processo arbitral, o tribunal arbitral excedeu ou pode exceder a sua competência deve ser deduzida imediatamente após se suscitar a questão que alegadamente exceda essa competência.

7 – O tribunal arbitral pode, nos casos previstos nos nºs 4 e 6 do presente artigo, admitir as excepções que, com os fundamentos neles referidos, sejam arguidas após os limites temporais aí estabelecidos, se considerar justificado o não cumprimento destes.

8 – O tribunal arbitral pode decidir sobre a sua competência quer mediante uma decisão interlocutória quer na sentença sobre o fundo da causa.

9 – A decisão interlocutória pela qual o tribunal arbitral declare que tem competência pode, no prazo de 30 dias após a sua notificação às partes, ser impugnada por qualquer destas perante o tribunal estadual competente, ao abrigo das subalíneas *i)* e *iii)* da alínea *a)* do nº 3 do artigo 46º, e da alínea *f)* do nº 1 do artigo 59º

10 – Enquanto a impugnação referida no número anterior do presente artigo estiver pendente no tribunal estadual competente, o tribunal arbitral pode prosseguir o processo arbitral e proferir sentença sobre o fundo da causa, sem prejuízo do disposto no nº 3 do artigo 5º

Artigo 19º – Extensão da intervenção dos tribunais estaduais

Nas matérias reguladas pela presente lei, os tribunais estaduais só podem intervir nos casos em que esta o prevê.

CAPÍTULO IV – Das providências cautelares e ordens preliminares

SECÇÃO I – Providências cautelares

Artigo 20º – Providências cautelares decretadas pelo tribunal arbitral

1 – Salvo estipulação em contrário, o tribunal arbitral pode, a pedido de uma parte e ouvida a parte contrária, decretar as providências cautelares que considere necessárias em relação ao objecto do litígio.

2 – Para os efeitos da presente lei, uma providência cautelar é uma medida de carácter temporário, decretada por sentença ou decisão com outra forma, pela qual, em qualquer altura antes de proferir a sentença que venha a dirimir o litígio, o tribunal arbitral ordena a uma parte que:

a) Mantenha ou restaure a situação anteriormente existente enquanto o litígio não for dirimido;

b) Pratique actos que previnam ou se abstenha de praticar actos que provavelmente causem dano ou prejuízo relativamente ao processo arbitral;

c) Assegure a preservação de bens sobre os quais uma sentença subsequente possa ser executada;

d) Preserve meios de prova que possam ser relevantes e importantes para a resolução do litígio.

Artigo 21º – Requisitos para o decretamento de providências cautelares

1 – Uma providência cautelar requerida ao abrigo das alíneas *a*), *b*) e *c*) do nº 2 do artigo 20º é decretada pelo tribunal arbitral, desde que:

a) Haja probabilidade séria da existência do direito invocado pelo requerente e se mostre suficientemente fundado o receio da sua lesão; e

b) O prejuízo resultante para o requerido do decretamento da providência não exceda consideravelmente o dano que com ela o requerente pretende evitar.

2 – O juízo do tribunal arbitral relativo à probabilidade referida na alínea *a*) do nº 1 do presente artigo não afecta a liberdade de decisão do tribunal arbitral quando, posteriormente, tiver de se pronunciar sobre qualquer matéria.

3 – Relativamente ao pedido de uma providência cautelar feito ao abrigo da alínea *d*) do nº 2 do artigo 20º, os requisitos estabelecidos nas alíneas *a*) e *b*) do nº 1 do presente artigo aplicam-se apenas na medida que o tribunal arbitral considerar adequada.

SECÇÃO II – Ordens preliminares

Artigo 22º – Requerimento de ordens preliminares; requisitos

1 – Salvo havendo acordo em sentido diferente, qualquer das partes pode pedir que seja decretada uma providência cautelar e, simultaneamente requerer que seja dirigida à outra parte uma ordem preliminar, sem prévia audiência dela, para que não seja frustrada a finalidade da providência cautelar solicitada.

2 – O tribunal arbitral pode emitir a ordem preliminar requerida, desde que considere que a prévia revelação do pedido de providência cautelar à parte contra a qual ela se dirige cria o risco de a finalidade daquela providência ser frustrada.

3 – Os requisitos estabelecidos no artigo 21º são aplicáveis a qualquer ordem preliminar, considerando-se que o dano a equacionar ao abrigo da alínea *b*) do nº 1 do artigo 21º é, neste caso, o que pode resultar de a ordem preliminar ser ou não emitida.

Artigo 23º – Regime específico das ordens preliminares

1 – Imediatamente depois de o tribunal arbitral se ter pronunciado sobre um requerimento de ordem preliminar, deve informar todas as partes sobre o pedido de providência cautelar, o requerimento de ordem preliminar, a ordem preliminar, se esta tiver sido emitida, e todas as outras comunicações, incluindo comunicações orais, havidas entre qualquer parte e o tribunal arbitral a tal respeito.

2 – Simultaneamente, o tribunal arbitral deve dar oportunidade à parte contra a qual a ordem preliminar haja sido decretada para apresentar a sua posição sobre aquela, no mais curto prazo que for praticável e que o tribunal fixa.

3 – O tribunal arbitral deve decidir prontamente sobre qualquer objecção deduzida contra a ordem preliminar.

4 – A ordem preliminar caduca 20 dias após a data em que tenha sido emitida pelo tribunal arbitral. O tribunal pode, contudo, após a parte contra a qual se dirija a ordem preliminar ter sido dela notificada e ter tido oportunidade para sobre ela apresentar a sua posição, decretar uma providência cautelar, adoptando ou modificando o conteúdo da ordem preliminar.

5 – A ordem preliminar é obrigatória para as partes, mas não é passível de execução coerciva por um tribunal estadual.

SECÇÃO III – Regras comuns às providências cautelares e às ordens preliminares

Artigo 24º – Modificação, suspensão e revogação; prestação de caução

1 – O tribunal arbitral pode modificar, suspender ou revogar uma providência cautelar ou uma ordem preliminar que haja sido decretada ou emitida, a pedido de qualquer das partes ou, em circunstâncias excepcionais e após ouvi-las, por iniciativa do próprio tribunal.

2 – O tribunal arbitral pode exigir à parte que solicita o decretamento de uma providência cautelar a prestação de caução adequada.

3 – O tribunal arbitral deve exigir à parte que requeira a emissão de uma ordem preliminar a prestação de caução adequada, a menos que considere inadequado ou desnecessário fazê-lo.

Artigo 25º – Dever de revelação

1 – As partes devem revelar prontamente qualquer alteração significativa das circunstâncias com fundamento nas quais a providência cautelar foi solicitada ou decretada.

2 – A parte que requeira uma ordem preliminar deve revelar ao tribunal arbitral todas as circunstâncias que possam ser relevantes para a decisão sobre a sua emissão ou manutenção e tal dever continua em vigor até que a parte contra a qual haja sido dirigida tenha tido oportunidade de apresentar a sua posição, após o que se aplica o disposto no nº 1 do presente artigo.

Artigo 26º – Responsabilidade do requerente

A parte que solicite o decretamento de uma providência cautelar ou requeira a emissão de uma ordem preliminar é responsável por quaisquer custos ou prejuízos causados à outra parte por tal providência ou ordem, caso o tribunal arbitral venha mais tarde a decidir que, nas circunstâncias anteriormente existentes, a providência ou a ordem preliminar não deveria ter sido decretada ou ordenada. O tribunal arbitral pode, neste último caso, condenar a parte requerente no pagamento da correspondente indemnização em qualquer estado do processo.

SECÇÃO IV – Reconhecimento ou execução coerciva de providências cautelares

Artigo 27º – Reconhecimento ou execução coerciva

1 – Uma providência cautelar decretada por um tribunal arbitral é obrigatória para as partes e, a menos que o tribunal arbitral tenha decidido de outro modo, pode ser coercivamente executada mediante pedido dirigido ao tribunal estadual competente, independentemente de a arbitragem em que aquela foi decretada ter lugar no estrangeiro, sem prejuízo do disposto no artigo 28º

2 – A parte que peça ou já tenha obtido o reconhecimento ou a execução coerciva de uma providência cautelar deve informar prontamente o tribunal estadual da eventual revogação, suspensão ou modificação dessa providência pelo tribunal arbitral que a haja decretado.

3 – O tribunal estadual ao qual for pedido o reconhecimento ou a execução coerciva da providência pode, se o considerar conveniente, ordenar à parte requerente que preste caução adequada, se o tribunal arbitral não tiver já tomado uma decisão sobre essa matéria ou se tal decisão for necessária para proteger os interesses de terceiros.

4 – A sentença do tribunal arbitral que decidir sobre uma ordem preliminar ou providência cautelar e a sentença do tribunal estadual que decidir sobre o reconhecimento ou execução coerciva de uma providência cautelar de um tribunal arbitral não são susceptíveis de recurso.

Artigo 28º – Fundamentos de recusa do reconhecimento ou da execução coerciva

1 – O reconhecimento ou a execução coerciva de uma providência cautelar só podem ser recusados por um tribunal estadual:

a) A pedido da parte contra a qual a providência seja invocada, se este tribunal considerar que:

- *i*) Tal recusa é justificada com fundamento nos motivos previstos nas subalíneas *i*), *ii*), *iii*) ou *iv*) da alínea *a*) do nº 1 do artigo 56º; ou
- *ii*) A decisão do tribunal arbitral respeitante à prestação de caução relacionada com a providência cautelar decretada não foi cumprida; ou
- *iii*) A providência cautelar foi revogada ou suspensa pelo tribunal arbitral ou, se para isso for competente, por um tribunal estadual

do país estrangeiro em que arbitragem tem lugar ou ao abrigo de cuja lei a providência tiver sido decretada; ou

b) Se o tribunal estadual considerar que:

i) A providência cautelar é incompatível com os poderes conferidos ao tribunal estadual pela lei que o rege, salvo se este decidir reformular a providência cautelar na medida necessária para a adaptar à sua própria competência e regime processual, em ordem a fazer executar coercivamente a providência cautelar, sem alterar a sua essência; ou

ii) Alguns dos fundamentos de recusa de reconhecimento previstos nas subalíneas *i*) ou *ii*) da alínea *b*) do nº 1 do artigo 56º se verificam relativamente ao reconhecimento ou à execução coerciva da providência cautelar.

2 – Qualquer decisão tomada pelo tribunal estadual ao abrigo do nº 1 do presente artigo tem eficácia restrita ao pedido de reconhecimento ou de execução coerciva de providência cautelar decretada pelo tribunal arbitral. O tribunal estadual ao qual seja pedido o reconhecimento ou a execução de providência cautelar, ao pronunciar-se sobre esse pedido, não deve fazer uma revisão do mérito da providência cautelar.

Artigo 29º – Providências cautelares decretadas por um tribunal estadual

1 – Os tribunais estaduais têm poder para decretar providências cautelares na dependência de processos arbitrais, independentemente do lugar em que estes decorram, nos mesmos termos em que o podem fazer relativamente aos processos que corram perante os tribunais estaduais.

2 – Os tribunais estaduais devem exercer esse poder de acordo com o regime processual que lhes é aplicável, tendo em consideração, se for o caso, as características específicas da arbitragem internacional.

CAPÍTULO V – Da condução do processo arbitral

Artigo 30º – Princípios e regras do processo arbitral

1 – O processo arbitral deve sempre respeitar os seguintes princípios fundamentais:

a) O demandado é citado para se defender;

b) As partes são tratadas com igualdade e deve ser-lhes dada uma oportunidade razoável de fazerem valer os seus direitos, por escrito ou oralmente, antes de ser proferida a sentença final;

c) Em todas as fases do processo é garantida a observância do princípio do contraditório, salvas as excepções previstas na presente lei.

2 – As partes podem, até à aceitação do primeiro árbitro, acordar sobre as regras do processo a observar na arbitragem, com respeito pelos princípios fundamentais consignados no número anterior do presente artigo e pelas demais normas imperativas constantes desta lei.

3 – Não existindo tal acordo das partes e na falta de disposições aplicáveis na presente lei, o tribunal arbitral pode conduzir a arbitragem do modo que considerar apropriado, definindo as regras processuais que entender adequadas, devendo, se for esse o caso, explicitar que considera subsidiariamente aplicável o disposto na lei que rege o processo perante o tribunal estadual competente.

4 – Os poderes conferidos ao tribunal arbitral compreendem o de determinar a admissibilidade, pertinência e valor de qualquer prova produzida ou a produzir.

5 – Os árbitros, as partes e, se for o caso, as entidades que promovam, com carácter institucionalizado, a realização de arbitragens voluntárias, têm o dever de guardar sigilo sobre todas as informações que obtenham e documentos de que tomem conhecimento através do processo arbitral, sem prejuízo do direito de as partes tornarem públicos os actos processuais necessários à defesa dos seus direitos e do dever de comunicação ou revelação de actos do processo às autoridades competentes, que seja imposto por lei.

6 – O disposto no número anterior não impede a publicação de sentenças e outras decisões do tribunal arbitral, expurgadas de elementos de identificação das partes, salvo se qualquer destas a isso se opuser.

Artigo 31º – Lugar da arbitragem

1 – As partes podem livremente fixar o lugar da arbitragem. Na falta de acordo das partes, este lugar é fixado pelo tribunal arbitral, tendo em conta as circunstâncias do caso, incluindo a conveniência das partes.

2 – Não obstante o disposto no nº 1 do presente artigo, o tribunal arbitral pode, salvo convenção das partes em contrário, reunir em qualquer local que julgue apropriado para se realizar uma ou mais audiências, per-

mitir a realização de qualquer diligência probatória ou tomar quaisquer deliberações.

Artigo 32º – Língua do processo

1 – As partes podem, por acordo, escolher livremente a língua ou línguas a utilizar no processo arbitral. Na falta desse acordo, o tribunal arbitral determina a língua ou línguas a utilizar no processo.

2 – O tribunal arbitral pode ordenar que qualquer documento seja acompanhado de uma tradução na língua ou línguas convencionadas pelas partes ou escolhidas pelo tribunal arbitral.

Artigo 33º – Início do processo; petição e contestação

1 – Salvo convenção das partes em contrário, o processo arbitral relativo a determinados litígio tem início na data em que o pedido de submissão desse litígio a arbitragem é recebido pelo demandado.

2 – Nos prazos convencionados pelas partes ou fixados pelo tribunal arbitral, o demandante apresenta a sua petição, em que enuncia o seu pedido e os factos em que este se baseia, e o demandado apresenta a sua contestação, em que explana a sua defesa relativamente àqueles, salvo se tiver sido outra a convenção das partes quanto aos elementos a figurar naquelas peças escritas. As partes podem fazer acompanhar as referidas peças escritas de quaisquer documentos que julguem pertinentes e mencionar nelas documentos ou outros meios de prova que venham a apresentar.

3 – Salvo convenção das partes em contrário, qualquer delas pode, no decurso do processo arbitral, modificar ou completar a sua petição ou a sua contestação, a menos que o tribunal arbitral entenda não dever admitir tal alteração em razão do atraso com que é formulada, sem que para este haja justificação bastante.

4 – O demandado pode deduzir reconvenção, desde que o seu objecto seja abrangido pela convenção de arbitragem.

Artigo 34º – Audiências e processo escrito

1 – Salvo convenção das partes em contrário, o tribunal decide se serão realizadas audiências para a produção de prova ou se o processo é apenas conduzido com base em documentos e outros elementos de prova. O tribunal deve, porém, realizar uma ou mais audiências para a produção de prova

sempre que uma das partes o requeira, a menos que as partes hajam previamente prescindido delas.

2 – As partes devem ser notificadas, com antecedência suficiente, de quaisquer audiências e de outras reuniões convocadas pelo tribunal arbitral para fins de produção de prova.

3 – Todas as peças escritas, documentos ou informações que uma das partes forneça ao tribunal arbitral devem ser comunicadas à outra parte. Deve igualmente ser comunicado às partes qualquer relatório pericial ou elemento de prova documental que possa servir de base à decisão do tribunal.

Artigo 35º – Omissões e faltas de qualquer das partes

1 – Se o demandante não apresentar a sua petição em conformidade com o nº 2 do artigo 33º, o tribunal arbitral põe termo ao processo arbitral.

2 – Se o demandado não apresentar a sua contestação, em conformidade com o nº 2 do artigo 33º, o tribunal arbitral prossegue o processo arbitral, sem considerar esta omissão, em si mesma, como uma aceitação das alegações do demandante.

3 – Se uma das partes deixar de comparecer a uma audiência ou de produzir prova documental no prazo fixado, o tribunal arbitral pode prosseguir o processo e proferir sentença com base na prova apresentada.

4 – O tribunal arbitral pode, porém, caso considere a omissão justificada, permitir a uma parte a prática do acto omitido.

5 – O disposto nos números anteriores deste artigo entende-se sem prejuízo do que as partes possam ter acordado sobre as consequências das suas omissões.

Artigo 36º – Intervenção de terceiros

1 – Só podem ser admitidos a intervir num processo arbitral em curso terceiros vinculados pela convenção de arbitragem em que aquele se baseia, quer o estejam desde a respectiva conclusão, quer tenham aderido a ela subsequentemente. Esta adesão carece do consentimento de todas as partes na convenção de arbitragem e pode ser feita só para os efeitos da arbitragem em causa.

2 – Encontrando-se o tribunal arbitral constituído, só pode ser admitida ou provocada a intervenção de terceiro que declare aceitar a composição actual do tribunal; em caso de intervenção espontânea, presume-se essa aceitação.

3 – A admissão da intervenção depende sempre de decisão do tribunal arbitral, após ouvir as partes iniciais na arbitragem e o terceiro em causa. O tribunal arbitral só deve admitir a intervenção se esta não perturbar indevidamente o normal andamento do processo arbitral e se houver razões de relevo que a justifiquem, considerando-se como tais, em particular, aquelas situações em que, não havendo manifesta inviabilidade do pedido:

a) O terceiro tenha em relação ao objecto da causa um interesse igual ao do demandante ou do demandado, que inicialmente permitisse o litisconsórcio voluntário ou impusesse o litisconsórcio necessário entre uma das partes na arbitragem e o terceiro; ou

b) O terceiro queira formular, contra o demandado, um pedido com o mesmo objecto que o do demandante, mas incompatível com o deste; ou

c) O demandado, contra quem seja invocado crédito que possa, *prima facie*, ser caracterizado como solidário, pretenda que os demais possíveis credores solidários fiquem vinculados pela decisão final proferida na arbitragem;

ou

d) O demandado pretenda que sejam chamados terceiros, contra os quais o demandado possa ter direito de regresso em consequência da procedência, total ou parcial, de pedido do demandante.

4 – O que ficou estabelecido nos números anteriores para demandante e demandado vale, com as necessárias adaptações, respectivamente para demandado e demandante, se estiver em causa reconvenção.

5 – Admitida a intervenção, aplica-se, com as necessárias adaptações, o disposto no artigo 33º

6 – Sem prejuízo do disposto no número seguinte, a intervenção de terceiros anteriormente à constituição do tribunal arbitral só pode ter lugar em arbitragem institucionalizada e desde que o regulamento de arbitragem aplicável assegure a observância do princípio da igualdade de participação de todas as partes, incluindo os membros de partes plurais, na escolha dos árbitros.

7 – A convenção de arbitragem pode regular a intervenção de terceiros em arbitragens em curso de modo diferente do estabelecido nos números anteriores, quer directamente, com observância do princípio da igualdade de participação de todas as partes na escolha dos árbitros, quer mediante remissão para um regulamento de arbitragem institucionalizada que admita essa intervenção.

Artigo 37º – Perito nomeado pelo tribunal arbitral

1 – Salvo convenção das partes em contrário, o tribunal arbitral, por sua iniciativa ou a pedido das partes, pode nomear um ou mais peritos para elaborarem um relatório, escrito ou oral, sobre pontos específicos a determinar pelo tribunal arbitral.

2 – No caso previsto no número anterior, o tribunal arbitral pode pedir a qualquer das partes que forneça ao perito qualquer informação relevante ou que apresente ou faculte acesso a quaisquer documentos ou outros objectos relevantes para serem inspeccionados.

3 – Salvo convenção das partes em contrário, se uma destas o solicitar ou se o tribunal arbitral o julgar necessário, o perito, após a apresentação do seu relatório, participa numa audiência em que o tribunal arbitral e as partes têm a oportunidade de o interrogar.

4 – O preceituado no artigo 13º e nos nºs 2 e 3 do artigo 14º, aplica-se, com as necessárias adaptações, aos peritos designados pelo tribunal arbitral.

Artigo 38º – Solicitação aos tribunais estaduais na obtenção de provas

1 – Quando a prova a produzir dependa da vontade de uma das partes ou de terceiros e estes recusem a sua colaboração, uma parte, com a prévia autorização do tribunal arbitral, pode solicitar ao tribunal estadual competente que a prova seja produzida perante ele, sendo os seus resultados remetidos ao tribunal arbitral.

2 – O disposto no número anterior é aplicável às solicitações de produção de prova que sejam dirigidas a um tribunal estadual português, no âmbito de arbitragens localizadas no estrangeiro.

CAPÍTULO VI – Da sentença arbitral e encerramento do processo

Artigo 39º – Direito aplicável, recurso à equidade; irrecorribilidade da decisão

1 – Os árbitros julgam segundo o direito constituído, a menos que as partes determinem, por acordo, que julguem segundo a equidade.

2 – Se o acordo das partes quanto ao julgamento segundo a equidade for posterior à aceitação do primeiro árbitro, a sua eficácia depende de aceitação por parte do tribunal arbitral.

3 – No caso de as partes lhe terem confiado essa missão, o tribunal pode decidir o litígio por apelo à composição das partes na base do equilíbrio dos interesses em jogo.

4 – A sentença que se pronuncie sobre o fundo da causa ou que, sem conhecer deste, ponha termo ao processo arbitral, só é susceptível de recurso para o tribunal estadual competente no caso de as partes terem expressamente previsto tal possibilidade na convenção de arbitragem e desde que a causa não haja sido decidida segundo a equidade ou mediante composição amigável.

Artigo 40º – Decisão tomada por vários árbitros

1 – Num processo arbitral com mais de um árbitro, qualquer decisão do tribunal arbitral é tomada pela maioria dos seus membros. Se não puder formar-se maioria, a sentença é proferida pelo presidente do tribunal.

2 – Se um árbitro se recusar a tomar parte na votação da decisão, os outros árbitros podem proferir sentença sem ele, a menos que as partes tenham convencionado de modo diferente. As partes são subsequentemente informadas da recusa de participação desse árbitro na votação.

3 – As questões respeitantes à ordenação, à tramitação ou ao impulso processual poderão ser decididas apenas pelo árbitro presidente, se as partes ou os outros membros do tribunal arbitral lhe tiverem dado autorização para o efeito.

Artigo 41º – Transacção

1 – Se, no decurso do processo arbitral, as partes terminarem o litígio mediante transacção, o tribunal arbitral deve pôr fim ao processo e, se as partes lho solicitarem, dá a tal transacção a forma de sentença proferida nos termos acordados pelas partes, a menos que o conteúdo de tal transacção infrinja algum princípio de ordem pública.

2 – Uma sentença proferida nos termos acordados pelas partes deve ser elaborada em conformidade com o disposto no artigo 42º e mencionar o facto de ter a natureza de sentença, tendo os mesmos efeitos que qualquer outra sentença proferida sobre o fundo da causa.

Artigo 42º – Forma, conteúdo e eficácia da sentença

1 – A sentença deve ser reduzida a escrito e assinada pelo árbitro ou árbitros. Em processo arbitral com mais de um árbitro, são suficientes as

assinaturas da maioria dos membros do tribunal arbitral ou só a do presidente, caso por este deva ser proferida a sentença, desde que seja mencionada na sentença a razão da omissão das restantes assinaturas.

2 – Salvo convenção das partes em contrário, os árbitros podem decidir o fundo da causa através de uma única sentença ou de tantas sentenças parciais quantas entendam necessárias.

3 – A sentença deve ser fundamentada, salvo se as partes tiverem dispensado tal exigência ou se trate de sentença proferida com base em acordo das partes, nos termos do artigo 41º.

4 – A sentença deve mencionar a data em que foi proferida, bem como o lugar da arbitragem, determinado em conformidade com o nº 1 do artigo 31º, considerando-se, para todos os efeitos, que a sentença foi proferida nesse lugar.

5 – A menos que as partes hajam convencionado de outro modo, da sentença deve constar a repartição pelas partes dos encargos directamente resultantes do processo arbitral. Os árbitros podem ainda decidir na sentença, se o entenderem justo e adequado, que uma ou algumas das partes compense a outra ou outras pela totalidade ou parte dos custos e despesas razoáveis que demonstrem ter suportado por causa da sua intervenção na arbitragem.

6 – Proferida a sentença, a mesma é imediatamente notificada através do envio a cada uma das partes de um exemplar assinado pelo árbitro ou árbitros, nos termos do disposto nº 1 do presente artigo, produzindo efeitos na data dessa notificação, sem prejuízo do disposto no nº 7.

7 – A sentença arbitral de que não caiba recurso e que já não seja susceptível de alteração no termos do artigo 45º tem o mesmo carácter obrigatório entre as partes que a sentença de um tribunal estadual transitada em julgado e a mesma força executiva que a sentença de um tribunal estadual.

Artigo 43º – Prazo para proferir sentença

1 – Salvo se as partes, até à aceitação do primeiro árbitro, tiverem acordado prazo diferente, os árbitros devem notificar às partes a sentença final proferida sobre o litígio que por elas lhes foi submetido dentro do prazo de 12 meses a contar da data de aceitação do último árbitro.

2 – Os prazos definidos de acordo com o nº 1 podem ser livremente prorrogados por acordo das partes ou, em alternativa, por decisão do tribunal arbitral, por uma ou mais vezes, por sucessivos períodos de 12 meses,

devendo tais prorrogações ser devidamente fundamentadas. Fica, porém, ressalvada a possibilidade de as partes, de comum acordo, se oporem à prorrogação.

3 – A falta de notificação da sentença final dentro do prazo máximo determinado de acordo com os números anteriores do presente artigo, põe automaticamente termo ao processo arbitral, fazendo também extinguir a competência dos árbitros para julgarem o litígio que lhes fora submetido, sem prejuízo de a convenção de arbitragem manter a sua eficácia, nomeadamente para efeito de com base nela ser constituído novo tribunal arbitral e ter início nova arbitragem.

4 – Os árbitros que injustificadamente obstarem a que a decisão seja proferida dentro do prazo fixado respondem pelos danos causados.

Artigo 44º – Encerramento do processo

1 – O processo arbitral termina quando for proferida a sentença final ou quando for ordenado o encerramento do processo pelo tribunal arbitral, nos termos do nº 2 do presente artigo.

2 – O tribunal arbitral ordena o encerramento do processo arbitral quando:

a) O demandante desista do seu pedido, a menos que o demandado a tal se oponha e o tribunal arbitral reconheça que este tem um interesse legítimo em que o litígio seja definitivamente resolvido;

b) As partes concordem em encerrar o processo;

c) O tribunal arbitral verifique que a prossecução do processo se tornou, por qualquer outra razão, inútil ou impossível.

3 – As funções do tribunal arbitral cessam com o encerramento do processo arbitral, sem prejuízo do disposto no artigo 45º e no nº 8 do artigo 46º

4 – Salvo se as partes tiverem acordado de modo diferente, o presidente do tribunal arbitral deve conservar o original do processo arbitral durante um prazo mínimo de dois anos e o original da sentença arbitral durante um prazo mínimo de cinco anos.

Artigo 45º – Rectificação e esclarecimento da sentença; sentença adicional

1 – A menos que as partes tenham convencionado outro prazo para este efeito, nos 30 dias seguintes à recepção da notificação da sentença arbitral,

qualquer das partes pode, notificando disso a outra, requerer ao tribunal arbitral, que rectifique, no texto daquela, qualquer erro de cálculo, erro material ou tipográfico ou qualquer erro de natureza idêntica.

2 – No prazo referido no número anterior, qualquer das partes pode, notificando disso a outra, requerer ao tribunal arbitral que esclareça alguma obscuridade ou ambiguidade da sentença ou dos seus fundamentos.

3 – Se o tribunal arbitral considerar o requerimento justificado, faz a rectificação ou o esclarecimento nos 30 dias seguintes à recepção daquele. O esclarecimento faz parte integrante da sentença.

4 – O tribunal arbitral pode também, por sua iniciativa, nos 30 dias seguintes à data da notificação da sentença, rectificar qualquer erro do tipo referido no nº 1 do presente artigo.

5 – Salvo convenção das partes em contrário, qualquer das partes pode, notificando disso a outra, requerer ao tribunal arbitral, nos 30 dias seguintes à data em que recebeu a notificação da sentença, que profira uma sentença adicional sobre partes do pedido ou dos pedidos apresentados no decurso do processo arbitral, que não hajam sido decididas na sentença. Se julgar justificado tal requerimento, o tribunal profere a sentença adicional nos 60 dias seguintes à sua apresentação.

6 – O tribunal arbitral pode prolongar, se necessário, o prazo de que dispõe para rectificar, esclarecer ou completar a sentença, nos termos dos nºs 1, 2 ou 5 do presente artigo, sem prejuízo da observância do prazo máximo fixado de acordo com o artigo 43º

7 – O disposto no artigo 42º aplica-se à rectificação e ao esclarecimento da sentença bem como à sentença adicional.

CAPÍTULO VII – Da impugnação da sentença arbitral

Artigo 46º – Pedido de anulação

1 – Salvo se as partes tiverem acordado em sentido diferente, ao abrigo do nº 4 do artigo 39º, a impugnação de uma sentença arbitral perante um tribunal estadual só pode revestir a forma de pedido de anulação, nos termos do disposto no presente artigo.

2 – O pedido de anulação da sentença arbitral, que deve ser acompanhado de uma cópia certificada da mesma e, se estiver redigida em língua estrangeira, de uma tradução para português, é apresentado no tribunal

estadual competente, observando-se as seguintes regras, sem prejuízo do disposto nos demais números do presente artigo:

a) A prova é oferecida com o requerimento;

b) É citada a parte requerida para se opor ao pedido e oferecer prova;

c) É admitido um articulado de resposta do requerente às eventuais excepções;

d) É em seguida produzida a prova a que houver lugar;

e) Segue-se a tramitação do recurso de apelação, com as necessárias adaptações;

f) A acção de anulação entra, para efeitos de distribuição, na 5ª espécie.

3 – A sentença arbitral só pode ser anulada pelo tribunal estadual competente se:

a) A parte que faz o pedido demonstrar que:

i) Uma das partes da convenção de arbitragem estava afectada por uma incapacidade; ou que essa convenção não é válida nos termos da lei a que as partes a sujeitaram ou, na falta de qualquer indicação a este respeito, nos termos da presente lei; ou

ii) Houve no processo violação de alguns dos princípios fundamentais referidos no nº 1 do artigo 30º com influência decisiva na resolução do litígio; ou

iii) A sentença se pronunciou sobre um litígio não abrangido pela convenção de arbitragem ou contém decisões que ultrapassam o âmbito desta; ou

iv) A composição do tribunal arbitral ou o processo arbitral não foram conformes com a convenção das partes, a menos que esta convenção contrarie uma disposição da presente lei que as partes não possam derrogar ou, na falta de uma tal convenção, que não foram conformes com a presente lei e, em qualquer dos casos, que essa desconformidade teve influência decisiva na resolução do litígio; ou

v) O tribunal arbitral condenou em quantidade superior ou em objecto diverso do pedido, conheceu de questões de que não podia tomar conhecimento ou deixou de pronunciar-se sobre questões que devia apreciar; ou

vi) A sentença foi proferida com violação dos requisitos estabelecidos nos nºs 1 e 3 do artigo 42º; ou

vii) A sentença foi notificada às partes depois de decorrido o prazo máximo para o efeito fixado de acordo com ao artigo 43º; ou *b*) O tribunal verificar que:

i) O objecto do litígio não é susceptível de ser decidido por arbitragem nos termos do direito português;

ii) O conteúdo da sentença ofende os princípios da ordem pública internacional do Estado português.

4 – Se uma parte, sabendo que não foi respeitada uma das disposições da presente lei que as partes podem derrogar ou uma qualquer condição enunciada na convenção de arbitragem, prosseguir apesar disso a arbitragem sem deduzir oposição de imedia-to ou, se houver prazo para este efeito, nesse prazo, considera-se que renunciou ao direito de impugnar, com tal fundamento, a sentença arbitral.

5 – Sem prejuízo do disposto no número anterior, o direito de requerer a anulação da sentença arbitral é irrenunciável.

6 – O pedido de anulação só pode ser apresentado no prazo de 60 dias a contar da data em que a parte que pretenda essa anulação recebeu a notificação da sentença ou, se tiver sido feito um requerimento no termos do artigo 45º, a partir da data em que o tribunal arbitral tomou uma decisão sobre esse requerimento.

7 – Se a parte da sentença relativamente à qual se verifique existir qualquer dos fundamentos de anulação referidos no nº 3 do presente artigo puder ser dissociada do resto da mesma, é unicamente anulada a parte da sentença atingida por esse fundamento de anulação.

8 – Quando lhe for pedido que anule uma sentença arbitral, o tribunal estadual competente pode, se o considerar adequado e a pedido de uma das partes, suspender o processo de anulação durante o período de tempo que determinar, em ordem a dar ao tribunal arbitral a possibilidade de retomar o processo arbitral ou de tomar qualquer outra medida que o tribunal arbitral julgue susceptível de eliminar os fundamentos da anulação.

9 – O tribunal estadual que anule a sentença arbitral não pode conhecer do mérito da questão ou questões por aquela decididas, devendo tais questões, se alguma das partes o pretender, ser submetidas a outro tribunal arbitral para serem por este decididas.

10 – Salvo se as partes tiverem acordado de modo diferente, com a anulação da sentença a convenção de arbitragem volta a produzir efeitos relativamente ao objecto do litígio.

CAPÍTULO VIII – Da execução da sentença arbitral

Artigo 47º – Execução da sentença arbitral

1 – A parte que pedir a execução da sentença ao tribunal estadual competente deve fornecer o original daquela ou uma cópia certificada conforme e, se a mesma não estiver redigida em língua portuguesa, uma tradução certificada nesta língua.

2 – No caso de o tribunal arbitral ter proferido sentença de condenação genérica, a sua liquidação faz-se nos termos do nº 4 do artigo 805º do Código de Processo Civil, podendo no entanto ser requerida a liquidação ao tribunal arbitral nos termos do nº 5 do artigo 45º, caso em que o tribunal arbitral, ouvida a outra parte, e produzida prova, profere decisão complementar, julgando equitativamente dentro dos limites que tiver por provados.

3 – A sentença arbitral pode servir de base à execução ainda que haja sido impugnada mediante pedido de anulação apresentado de acordo com o artigo 46º, mas o impugnante pode requerer que tal impugnação tenha efeito suspensivo da execução desde que se ofereça para prestar caução, ficando a atribuição desse efeito condicionada à efectiva prestação de caução no prazo fixado pelo tribunal. Aplica-se neste caso o disposto no nº 3 do artigo 818º do Código de Processo Civil.

4 – Para efeito do disposto no número anterior, aplica-se com as necessárias adaptações o disposto nos artigos 692º-A e 693º-A do Código de Processo Civil.

Artigo 48º – Fundamentos de oposição à execução

1 – À execução de sentença arbitral pode o executado opor-se com qualquer dos fundamentos de anulação da sentença previstos no nº 3 do artigo 46º, desde que, na data em que a oposição for deduzida, um pedido de anulação da sentença arbitral apresentado com esse mesmo fundamento não tenha já sido rejeitado por sentença transitada em julgado.

2 – Não pode ser invocado pelo executado na oposição à execução de sentença arbitral nenhum dos fundamentos previstos na alínea *a*) do nº 3 do artigo 46º, se já tiver decorrido o prazo fixado no nº 6 do mesmo artigo para a apresentação do pedido de anulação da sentença, sem que nenhuma das partes haja pedido tal anulação.

3 – Não obstante ter decorrido o prazo previsto no nº 6 do artigo 46º, o juiz pode conhecer oficiosamente, nos termos do disposto do artigo 820º

do Código de Processo Civil, da causa de anulação prevista na alínea *b*) do nº 3 do artigo 46º da presente lei, devendo, se verificar que a sentença exequenda é inválida por essa causa, rejeitar a execução com tal fundamento.

4 – O disposto no nº 2 do presente artigo não prejudica a possibilidade de serem deduzidos, na oposição à execução de sentença arbitral, quaisquer dos demais fundamentos previstos para esse efeito na lei de processo aplicável, nos termos e prazos aí previstos.

CAPÍTULO IX – Da arbitragem internacional

Artigo 49º – Conceito e regime da arbitragem internacional

1 – Entende-se por arbitragem internacional a que põe em jogo interesses do comércio internacional.

2 – Salvo o disposto no presente capítulo, são aplicáveis à arbitragem internacional, com as devidas adaptações, as disposições da presente lei relativas à arbitragem interna.

Artigo 50º – Inoponibilidade de excepções baseadas no direito interno de uma parte

Quando a arbitragem seja internacional e uma das partes na convenção de arbitragem seja um Estado, uma organização controlada por um Estado ou uma sociedade por este dominada, essa parte não pode invocar o seu direito interno para contestar a arbitrabilidade do litígio ou a sua capacidade para ser parte na arbitragem, nem para de qualquer outro modo se subtrair às suas obrigações decorrentes daquela convenção.

Artigo 51º – Validade substancial da convenção de arbitragem

1 – Tratando-se de arbitragem internacional, entende-se que a convenção de arbitragem é válida quanto à substância e que o litígio a que ele respeita é susceptível de ser submetido a arbitragem se se cumprirem os requisitos estabelecidos a tal respeito ou pelo direito escolhido pelas partes para reger a convenção de arbitragem ou pelo direito aplicável ao fundo da causa ou pelo direito português.

2 – O tribunal estadual ao qual haja sido pedida a anulação de uma sentença proferida em arbitragem internacional localizada em Portugal, com o fundamento previsto na alínea *b*) do nº 3 do artigo 46º, da pre-

sente lei, deve ter em consideração o disposto no número anterior do presente artigo.

Artigo 52º – Regras de direito aplicáveis ao fundo da causa

1 – As partes podem designar as regras de direito a aplicar pelos árbitros, se os não tiverem autorizado a julgar segundo a equidade. Qualquer designação da lei ou do sistema jurídico de determinado Estado é considerada, salvo estipulação expressa em contrário, como designando directamente o direito material deste Estado e não as suas normas de conflitos de leis.

2 – Na falta de designação pelas partes, o tribunal arbitral aplica o direito do Estado com o qual o objecto do litígio apresente uma conexão mais estreita.

3 – Em ambos os casos referidos nos números anteriores, o tribunal arbitral deve tomar em consideração as estipulações contratuais das partes e os usos comerciais relevantes.

Artigo 53º – Irrecorribilidade da sentença

Tratando-se de arbitragem internacional, a sentença do tribunal arbitral é irrecorrível, a menos que as partes tenham expressamente acordado a possibilidade de recurso para outro tribunal arbitral e regulado os seus termos.

Artigo 54º – Ordem pública internacional

A sentença proferida em Portugal, numa arbitragem internacional em que haja sido aplicado direito não português ao fundo da causa pode ser anulada com os fundamentos previstos no artigo 46º e ainda, caso deva ser executada ou produzir outros efeitos em território nacional, se tal conduzir a um resultado manifestamente incompatível com os princípios da ordem pública internacional.

CAPÍTULO X – Do reconhecimento e execução de sentenças arbitrais estrangeiras

Artigo 55º – Necessidade do reconhecimento

Sem prejuízo do que é imperativamente preceituado pela Convenção de Nova Iorque de 1958, sobre o reconhecimento e a execução de sentenças arbitrais estrangeiras, bem como por outros tratados ou convenções que vinculem o Estado português, as sentenças proferidas em arbitragens localizadas no estrangeiro só têm eficácia em Portugal, seja qual for a nacionalidade das partes, se forem reconhecidas pelo tribunal estadual português competente, nos termos do disposto no presente capítulo desta lei.

Artigo 56º – Fundamentos de recusa do reconhecimento e execução

1 – O reconhecimento e a execução de uma sentença arbitral proferida numa arbitragem localizada no estrangeiro só podem ser recusados:

a) A pedido da parte contra a qual a sentença for invocada, se essa parte fornecer ao tribunal competente ao qual é pedido o reconhecimento ou a execução a prova de que:

i) Uma das partes da convenção de arbitragem estava afectada por uma incapacidade, ou essa convenção não é válida nos termos da lei a que as partes a sujeitaram ou, na falta de indicação a este respeito, nos termos da lei do país em que a sentença foi proferida; ou

ii) A parte contra a qual a sentença é invocada não foi devidamente informada da designação de um árbitro ou do processo arbitral, ou que, por outro motivo, não lhe foi dada oportunidade de fazer valer os seus direitos; ou

iii) A sentença se pronuncia sobre um litígio não abrangido pela convenção de arbitragem ou contém decisões que ultrapassam os termos desta; contudo, se as disposições da sentença relativas a questões submetidas à arbitragem puderem ser dissociadas das que não tinham sido submetidas à arbitragem, podem reconhecer-se e executar-se unicamente as primeiras; ou

iv) A constituição do tribunal ou o processo arbitral não foram conformes à convenção das partes ou, na falta de tal convenção, à lei do país onde a arbitragem teve lugar; ou

v) A sentença ainda não se tornou obrigatória para as partes ou foi anulada ou suspensa por um tribunal do país no qual, ou ao abrigo da lei do qual, a sentença foi proferida;

ou

b) Se o tribunal verificar que:

i) O objecto do litígio não é susceptível de ser decidido mediante arbitragem, de acordo com o direito português; ou *ii*) O reconhecimento ou a execução da sentença conduz a um resultado manifestamente incompatível com a ordem pública internacional do Estado português.

2 – Se um pedido de anulação ou de suspensão de uma sentença tiver sido apresentado num tribunal do país referido na subalínea *v*) da alínea *a*) do nº 1 do presente artigo, o tribunal estadual português ao qual foi pedido o seu reconhecimento e execução pode, se o julgar apropriado, suspender a instância, podendo ainda, a requerimento da parte que pediu esse reconhecimento e execução, ordenar à outra parte que preste caução adequada.

Artigo 57º – Trâmites do processo de reconhecimento

1 – A parte que pretenda o reconhecimento de sentença arbitral estrangeira, nomeadamente para que esta venha a ser executada em Portugal, deve fornecer o original da sentença devidamente autenticado ou uma cópia devidamente certificada da mesma, bem como o original da convenção de arbitragem ou uma cópia devidamente autenticada da mesma. Se a sentença ou a convenção não estiverem redigidas em português, a parte requerente fornece uma tradução devidamente certificada nesta língua.

2 – Apresentada a petição de reconhecimento, acompanhada dos documentos referidos no número anterior, é a parte contrária citada para, dentro de 15 dias, deduzir a sua oposição.

3 – Findos os articulados e realizadas as diligências que o relator tenha por indispensáveis, é facultado o exame do processo, para alegações, às partes e ao Ministério Público, pelo prazo de 15 dias.

4 – O julgamento faz-se segundo as regras próprias da apelação.

Artigo 58º – Sentenças estrangeiras sobre litígios de direito administrativo

No reconhecimento da sentença arbitral proferida em arbitragem localizada no estrangeiro e relativa a litígio que, segundo o direito português, esteja compreendido na esfera de jurisdição dos tribunais administrativos, deve observar-se, com as necessárias adaptações ao regime processual específico destes tribunais, o disposto nos artigos 56º, 57º e no nº 2 do artigo 59º da presente lei.

CAPÍTULO XI – Dos tribunais estaduais competentes

Artigo 59º – Dos tribunais estaduais competentes

1 – Relativamente a litígios compreendidos na esfera de jurisdição dos tribunais judiciais, o Tribunal da Relação em cujo distrito se situe o lugar da arbitragem ou, no caso da decisão referida na alínea *h*) do nº 1 do presente artigo, o domicílio da pessoa contra quem se pretenda fazer valer a sentença, é competente para decidir sobre:

a) A nomeação de árbitros que não tenham sido nomeados pelas partes ou por terceiros a que aquelas hajam cometido esse encargo, de acordo com o previsto nos nºs 3, 4 e 5 do artigo 10º e no nº 1 do artigo 11º;

b) A recusa que haja sido deduzida, ao abrigo do nº 2 do artigo 14º, contra um árbitro que a não tenha aceitado, no caso de considerar justificada a recusa;

c) A destituição de um árbitro, requerida ao abrigo do nº 1 do artigo 15º;

d) A redução do montante dos honorários ou despesas fixadas pelos árbitros, ao abrigo do nº 3 do artigo 17º;

e) O recurso da sentença arbitral, quando este tenha sido convencionado ao abrigo do nº 4 do artigo 39º;

f) A impugnação da decisão interlocutória proferida pelo tribunal arbitral sobre a sua própria competência, de acordo com o nº 9 do artigo 18º;

g) A impugnação da sentença final proferida pelo tribunal arbitral, de acordo com o artigo 46º;

h) O reconhecimento de sentença arbitral proferida em arbitragem localizada no estrangeiro.

2 – Relativamente a litígios que, segundo o direito português, estejam compreendidos na esfera da jurisdição dos tribunais administrativos, a competência para decidir sobre matérias referidas nalguma das alíneas do nº 1 do presente artigo, pertence ao Tribunal Central Administrativo em cuja circunscrição se situe o local da arbitragem ou, no caso da decisão referida na alínea *h*) do nº 1, o domicílio da pessoa contra quem se pretende fazer valer a sentença.

3 – A nomeação de árbitros referida na alínea *a*) do nº 1 do presente artigo cabe, consoante a natureza do litígio, ao presidente do Tribunal da Relação ou ao presidente do tribunal central administrativo que for territorialmente competente.

4 – Para quaisquer questões ou matérias não abrangidas pelos nºs 1, 2 e 3 do presente artigo e relativamente às quais a presente lei confira competência a um tribunal estadual, são competentes o tribunal judicial de 1ª instância ou o tribunal administrativo de círculo em cuja circunscrição se situe o local da arbitragem, consoante se trate, respectivamente, de litígios compreendidos na esfera de jurisdição dos tribunais judiciais ou na dos tribunais administrativos.

5 – Relativamente a litígios compreendidos na esfera da jurisdição dos tribunais judiciais, é competente para prestar assistência a arbitragens localizadas no estrangeiro, ao abrigo do artigo 29º e do nº 2 do artigo 38º da presente lei, o tribunal judicial de 1ª instância em cuja circunscrição deva ser decretada a providência cautelar, segundo as regras de competência territorial contidas no artigo 83º do Código de Processo Civil, ou em que deva ter lugar a produção de prova solicitada ao abrigo do nº 2 do artigo 38º da presente lei.

6 – Tratando-se de litígios compreendidos na esfera da jurisdição dos tribunais administrativos, a assistência a arbitragens localizadas no estrangeiro é prestada pelo tribunal administrativo de círculo territorialmente competente de acordo com o disposto no nº 5 do presente artigo, aplicado com as adaptações necessárias ao regime dos tribunais administrativos.

7 – Nos processos conducentes às decisões referidas no nº 1 do presente artigo, o tribunal competente deve observar o disposto nos artigos 46º, 56º, 57º, 58º e 60º da presente lei.

8 – Salvo quando na presente lei se preceitue que a decisão do tribunal estadual competente é insusceptível de recurso, das decisões proferidas pelos tribunais referidos nos números anteriores deste artigo, de acordo com o que neles se dispõe, cabe recurso para o tribunal ou tribunais hierarquicamente superiores, sempre que tal recuso seja admissível segundo as normas aplicáveis à recorribilidade das decisões em causa.

9 – A execução da sentença arbitral proferida em Portugal corre no tribunal estadual de 1ª instância competente, nos termos da lei de processo aplicável.

10 – Para a acção tendente a efectivar a responsabilidade civil de um árbitro, são competentes os tribunais judiciais de 1ª instância em cuja circunscrição se situe o domicílio do réu ou do lugar da arbitragem, à escolha do autor.

11 – Se num processo arbitral o litígio for reconhecido por um tribunal judicial ou administrativo, ou pelo respectivo presidente, como da respectiva competência material, para efeitos de aplicação do presente artigo, tal decisão não é, nessa parte, recorrível e deve ser acatada pelos demais tribunais que vierem a ser chamados a exercer no mesmo processo qualquer das competências aqui previstas.

Artigo 60º – Processo aplicável

1 – Nos casos em que se pretenda que o tribunal estadual competente profira uma decisão ao abrigo de qualquer das alíneas *a*) a *d*) do nº 1 do artigo 59º, deve o interessado indicar no seu requerimento os factos que justificam o seu pedido, nele incluindo a informação que considere relevante para o efeito.

2 – Recebido o requerimento previsto no número anterior, são notificadas as demais partes na arbitragem e, se for caso disso, o tribunal arbitral para, no prazo de 10 dias, dizerem o que se lhes ofereça sobre o conteúdo do mesmo.

3 – Antes de proferir decisão, o tribunal pode, se entender necessário, colher ou solicitar as informações convenientes para a prolação da sua decisão.

4 – Os processos previstos nos números anteriores do presente artigo revestem sempre carácter urgente, precedendo os respectivos actos qualquer outro serviço judicial não urgente.

CAPÍTULO XII – Disposições finais

Artigo 61º – Âmbito de aplicação no espaço

A presente lei é aplicável a todas as arbitragens que tenham lugar em território português, bem como ao reconhecimento e à execução em Portugal de sentenças proferidas em arbitragens localizadas no estrangeiro.

Artigo 62º – Centros de arbitragem institucionalizada

1 – A criação em Portugal de centros de arbitragem institucionalizada está sujeita a autorização do Ministro da Justiça, nos termos do disposto em legislação especial.

2 – Considera-se feita para o presente artigo a remissão constante do Decreto-Lei nº 425/86, de 27 de Dezembro, para o artigo 38º da Lei nº 31/86, de 29 de Agosto.

1.2. Lei da Arbitragem Necessária Relativa a Litígios Emergentes de Direitos de Propriedade Industrial – Medicamentos de Referência/Genéricos Lei nº 62/2011, de 12 de Dezembro

Cria um regime de composição dos litígios emergentes de direitos de propriedade industrial quando estejam em causa medicamentos de referência e medicamentos genéricos, procedendo à quinta alteração ao Decreto-Lei nº 176/2006, de 30 de Agosto, e à segunda alteração ao regime geral das comparticipações do Estado no preço dos medicamentos, aprovado em anexo ao Decreto-Lei nº 48-A/2010, de 13 de Maio.

A Assembleia da República decreta, nos termos da alínea *c*) do artigo 161º da Constituição, o seguinte:

Artigo 1º – Objecto

A presente lei cria um regime de composição dos litígios emergentes de direitos de propriedade industrial quando estejam em causa medicamentos de referência e medicamentos genéricos, procedendo à quinta alteração ao Decreto-Lei nº 176/2006, de 30 de Agosto, alterado pelos Decretos-Leis nºs 182/2009, de 7 de Agosto, 64/2010, de 9 de Junho, e 106-A/2010, de 1 de Outubro, e pela Lei nº 25/2011, de 16 de Junho, e à segunda alteração ao regime geral das comparticipações do Estado no preço dos medicamentos, aprovado em anexo ao Decreto-Lei nº 48-A/2010, de 13 de M aio, alterado pelo Decreto-Lei nº 106-A/2010, de 1 de Outubro.

Artigo 2º – Arbitragem voluntária

Os litígios emergentes da invocação de direitos de propriedade industrial, incluindo os procedimentos cautelares, relacionados com medicamentos de referência, designadamente os medicamentos que são autorizados com base em documentação completa, incluindo resultados de ensaios farmacêuticos, pré-clínicos e clínicos, e medicamentos genéricos, independentemente de estarem em causa patentes de processo, de produto ou de utilização, ou de certificados complementares de proteção, podem ser sujeitos a arbitragem voluntária, institucionalizada ou não institucionalizada.

Artigo 3º – Instauração do processo

1 – No prazo de 30 dias a contar da publicitação na página eletrónica do INFARMED – Autoridade Nacional do Medicamento e Produtos de Saúde, I. P. (INFARMED, I. P.), de todos os pedidos de autorização, ou registo, de introdução no mercado de medicamentos genéricos, o interessado que pretenda invocar o seu direito de propriedade industrial nos termos do artigo anterior deve fazê-lo junto do Tribunal da Propriedade Intelectual ou, em caso de acordo entre as partes junto do tribunal arbitral institucionalizado ou efetuar pedido de submissão do litígio a arbitragem não institucionalizada.

2 – A não dedução de contestação, no prazo de 30 dias após citação na ação intentada no Tribunal da Propriedade Intelectual ou da notificação para o efeito pelo tribunal arbitral, implica que o requerente de autorização, ou registo, de introdução no mercado do medicamento genérico não pode iniciar a sua exploração industrial ou comercial na vigência dos direitos de propriedade industrial invocados nos termos do número anterior.

3 – No processo arbitral pode ser invocada e reconhecida a invalidade da patente com meros efeitos inter partes.

4 – No processo arbitral:

a) As provas devem ser oferecidas pelas partes com os respetivos articulados;

b) Apresentada a contestação, é designada data e hora para a audiência de produção da prova que haja de ser produzida oralmente;

c) A audiência a que se refere a alínea anterior tem lugar no prazo máximo de 60 dias posteriores à apresentação da oposição.

5 – Sem prejuízo do disposto no regime geral da arbitragem voluntária no que respeita ao depósito da decisão arbitral, a falta de dedução de contestação ou a decisão arbitral, conforme o caso, é notificada, por meios electrónicos, às partes, ao INFARMED, I.P., e ao Instituto Nacional da Propriedade Industrial, I.P., o qual procede à sua publicitação no Boletim da Propriedade Industrial.

6 – Para os efeitos previstos no número anterior, cabe ao tribunal decidir quais os elementos da decisão que não devem ser objeto de publica

ção, devendo, sendo o caso, remeter ao Instituto Nacional da Propriedade Industrial, I. P., a decisão a publicar já sem esses elementos.

7 – Da decisão arbitral cabe recurso para o Tribunal da Relação competente, com efeito meramente devolutivo.

8 – Em tudo o que não se encontrar expressamente contrariado pelo disposto nos números anteriores é aplicável o regulamento do centro de arbitragem, institucionalizado ou não institucionalizado, escolhido pelas partes e, subsidiariamente, o regime geral da arbitragem voluntária.

Artigo 4º – Alteração ao Decreto-Lei nº 176/2006, de 30 de Agosto

Os artigos 19º, 25º, 179º e 188º e o nº 6 da parte II do anexo I do Decreto-Lei nº 176/2006, de 30 de Agosto, alterado pelos Decretos-Leis nºs 182/2009, de 7 de Agosto, 64/2010, de 9 de Junho, e 106-A/2010, de 1 de Outubro, e pela Lei nº 25/2011, de 16 de Junho, passam a ter a seguinte redacção:

«**Artigo 19º – [...]**

1 – ...

2 – ...

3 – ...

4 – ...

5 – ...

6 – ...

7 – ...

8 – A realização dos estudos e ensaios necessários à aplicação dos nºs 1 a 6 e as exigências práticas daí decorrentes, incluindo a correspondente concessão de autorização prevista no artigo 14º, não são contrárias aos direitos relativos a patentes ou a certificados complementares de protecção de medicamentos.

Artigo 25º – [...]

1 – ...

2 – O pedido de autorização de introdução no mercado não pode ser indeferido com fundamento na eventual existência de direitos de propriedade industrial, sem prejuízo do disposto no nº 4 do artigo 18º

3 – Para determinar se um medicamento preenche as condições previstas nas alíneas *c*) a *f*) do nº 1, o INFARMED tem em conta os dados relevantes, ainda que protegidos.

4 – (Anterior nº 3.)

Artigo 179º – [...]

1 – ...

2 – A autorização, ou registo, de introdução no mercado de um medicamento não pode ser alterada, suspensa ou revogada com fundamento na eventual existência de direitos de propriedade industrial.

3 – (Anterior nº 2.)

4 – (Anterior nº 3.)

5 – (Anterior nº 4.)

6 – (Anterior nº 5.)

7 – (Anterior nº 6.)

Artigo 188º – [...]

1 – Os trabalhadores em funções públicas e outros colaboradores do INFARMED, bem como qualquer pessoa que, por ocasião do exercício das suas funções, tome conhecimento de elementos ou documentos apresentados ao INFARMED, à Comissão Europeia, à Agência ou à autoridade competente de outro Estado membro, estão sujeitos ao dever de sigilo.

2 – São confidenciais os elementos ou documentos apresentados ao INFARMED ou a este transmitidos pela Comissão Europeia, pela Agência ou pela autoridade competente de outro Estado membro, sem prejuízo do disposto no presente decreto-lei.

3 – Presume-se que todo e qualquer elemento ou documento previsto nos números anteriores é classificado ou é susceptível de revelar um segredo comercial, industrial ou profissional ou um segredo relativo a um direito de propriedade literária, artística ou científica, salvo se o órgão de direcção do INFARMED decidir em sentido contrário.

4 – Sem prejuízo do disposto na parte final do número anterior, o fornecimento de informação a terceiros sobre um pedido de autorização, ou registo, de introdução no mercado de um medicamento de uso humano, é diferido até à tomada da decisão final.

5 – Sempre que o requerente da informação sobre um pedido de autorização, ou registo, de introdução no mercado de um medicamento de uso humano for um terceiro que, nos termos do artigo 64º do Código do Procedimento Administrativo, demonstre ter legítimo interesse no conhecimento desses elementos, e ainda não tenha sido proferida decisão final sobre aquele pedido, é fornecida, apenas, a seguinte informação:

a) Nome do requerente da autorização de introdução no mercado;

b) Data do pedido;

c) Substância, dosagem e forma farmacêutica do medicamento;

d) Medicamento de referência.

6 – (Anterior nº 5.)

ANEXO I
PARTE II
[...]

...

1 – ...

2 – ...

3 – ...

4 – ...

5 – ...

6 – Documentação para pedidos em circunstâncias excepcionais.

Quando, de acordo com o disposto no nº 3 do artigo 25º, o requerente possa demonstrar ser incapaz de fornecer dados completos sobre a eficácia e segurança em condições normais de utilização, em virtude de:

– O medicamento em questão estar indicado em situações tão raras que se não pode esperar que o requerente forneça dados completos, ou

– Não ser possível apresentar informações completas no actual estado dos conhecimentos científicos, ou

– A recolha de tal informação não se coadunar com os princípios geralmente aceites de deontologia médica, pode ser concedida uma autorização de introdução no mercado caso se verifiquem determinadas condições específicas.

Essas condições podem incluir o seguinte:

– O requerente deve proceder, no prazo especificado pelas autoridades competentes, a um programa de estudos bem determinado, cujos resultados irão estar na base de uma reavaliação da relação benefício-risco;

– O medicamento em questão deve ser de receita obrigatória e só pode ser administrado em certos casos sob controlo médico estrito, possivelmente num hospital ou, no que respeita a um medicamento radiofarmacêutico, por uma pessoa autorizada;

– O folheto informativo e quaisquer outras informações existentes sobre o medicamento em questão serem ainda inadequadas em certos aspectos específicos.

7 – ...»

Artigo 5º – Aditamento ao Decreto-Lei nº 176/2006, de 30 de Agosto

São aditados ao Decreto-Lei nº 176/2006, de 30 de Agosto, alterado pelos Decretos-Leis nºs 182/2009, de 7 de Agosto, 64/2010, de 9 de Junho, e 106-A/2010, de 1 de Outubro, e pela Lei nº 25/2011, de 16 de Junho, os artigos 15º-A e 23º-A, com a seguinte redacção:

«Artigo 15º-A – Publicitação do requerimento

1 – O INFARMED, I.P., publicita, na sua página electrónica, todos os pedidos de autorização, ou registo, de introdução no mercado de medicamentos genéricos, independentemente do procedimento a que os mesmos obedeçam.

2 – A publicitação prevista no número anterior deve ter lugar no prazo de cinco dias após o decurso do prazo previsto no nº 1 do artigo 16º e conter os seguintes elementos:

a) Nome do requerente da autorização de introdução no mercado;

b) Data do pedido;

c) Substância, dosagem e forma farmacêutica do medicamento;

d) Medicamento de referência.

Artigo 23º-A – Objecto do procedimento

1 – A concessão pelo INFARMED, I.P., de uma autorização, ou registo, de introdução no mercado de um medicamento de uso humano, bem como o procedimento administrativo que àquela conduz, têm exclusivamente por objecto a apreciação da qualidade, segurança e eficácia do medicamento.

2 – O procedimento administrativo referido no número anterior não tem por objecto a apreciação da existência de eventuais direitos de propriedade industrial.»

Artigo 6º – Aditamento ao regime geral das comparticipações do Estado no preço dos medicamentos, aprovado em anexo ao Decreto-Lei nº 48-A/2010, de 13 de Maio

É aditado ao regime geral das comparticipações do Estado no preço dos medicamentos, constante do anexo I ao Decreto-Lei nº 48-A/2010, de 13 de Maio, alterado pelo Decreto-Lei nº 106-A/2010, de 1 de Outubro, o artigo 2º-A, com a seguinte redacção:

«Artigo 2º-A – Âmbito de apreciação e decisão

1 – A decisão sobre a inclusão, ou exclusão, de medicamento na comparticipação, bem como o procedimento que àquela conduz, não têm por objecto a apreciação da existência de eventuais direitos de propriedade industrial.

2 – A decisão referida no número anterior não é contrária aos direitos relativos a patentes ou a certificados complementares de protecção de medicamentos.

3 – O pedido que visa a obtenção da decisão prevista nos números anteriores não pode ser indeferido com fundamento na existência de eventuais direitos de propriedade industrial.

4 – A decisão sobre a inclusão, ou exclusão, de medicamentos na comparticipação só pode ser alterada, suspensa ou revogada com base nos fundamentos previstos nos nºs 1 e 2 do artigo 4º do presente regime.

5 – A decisão sobre a inclusão, ou exclusão, de um medicamento na comparticipação não pode ser alterada, suspensa ou revogada com fundamento na existência de eventuais direitos de propriedade industrial.»

Artigo 7º – Formação de preços dos medicamentos genéricos

O preço de venda ao público (PVP) dos medicamentos genéricos a introduzir no mercado nacional, bem como dos que sejam objecto do procedimento previsto no nº 3 do artigo 31º do Decreto-Lei nº 176/2006, de 30 de Agosto, é inferior no mínimo em 50% ao PVP do medicamento de referência, com igual dosagem e na mesma forma farmacêutica, sem prejuízo das especificidades estabelecidas na legislação sobre a formação de preços dos medicamentos.

Artigo 8º – Autorização de preços do medicamento

1 – A decisão de autorização do PVP do medicamento, bem como o procedimento que àquela conduz, não têm por objecto a apreciação da existência de eventuais direitos de propriedade industrial.

2 – A autorização do PVP dos medicamentos não é contrária aos direitos relativos a patentes ou a certificados complementares de protecção de medicamentos.

3 – O pedido que visa a obtenção da autorização prevista nos números anteriores não pode ser indeferido com fundamento na existência de eventuais direitos de propriedade industrial.

4 – A autorização do PVP do medicamento não pode ser alterada, suspensa ou revogada com fundamento na existência de eventuais direitos de propriedade industrial.

Artigo 9º – Disposições transitórias

1 – A redacção dada pela presente lei aos artigos 19º, 25º e 179º do Decreto-Lei nº 176/2006, de 30 de Agosto, bem como o aditamento introduzido ao regime geral das comparticipações do Estado no preço dos medicamentos e o disposto no artigo anterior, têm natureza interpretativa.

2 – No prazo de 30 dias após a entrada em vigor da presente lei, o INFARMED, I.P., publicita os elementos previstos no artigo 15º-A do Decreto-Lei nº 176/2006, de 30 de Agosto, na redacção conferida pela presente lei, referentes aos medicamentos para os quais ainda não tenha sido proferida pelo menos uma das decisões de autorização de introdução no mercado, do preço de venda ao público ou de inclusão na comparticipação do Estado no preço dos medicamentos.

3 – O interessado dispõe de 30 dias, a contar da publicitação referida no número anterior, para invocar o seu direito de propriedade industrial nos termos dos artigos 2º e 3º da presente lei.

Aprovada em 28 de Outubro de 2011.

A Presidente da Assembleia da República, *Maria da Assunção A. Esteves.*

Promulgada em 28 de Novembro de 2011.

Publique-se.

O Presidente da República, ANÍBAL CAVACO SILVA.

Referendada em 29 de Novembro de 2011.

O Primeiro-Ministro, *Pedro Passos Coelho.*

1.3. Lei da Mediação
Lei nº 29/2013, de 19 de Abril

Estabelece os princípios gerais aplicáveis à mediação realizada em Portugal, bem como os regimes jurídicos da mediação civil e comercial, dos mediadores e da mediação pública

A Assembleia da República decreta, nos termos da alínea *c*) do artigo 161º da Constituição, o seguinte:

CAPÍTULO I – Disposições gerais

Artigo 1º – Objeto

A presente lei estabelece:

a) Os princípios gerais aplicáveis à mediação realizada em Portugal;

b) O regime jurídico da mediação civil e comercial;

c) O regime jurídico dos mediadores;

d) O regime jurídico dos sistemas públicos de mediação.

Artigo 2º – Definições

Para efeitos do disposto na presente lei, entende-se por:

a) «Mediação» a forma de resolução alternativa de litígios, realizada por entidades públicas ou privadas, através do qual duas ou mais partes em litígio procuram voluntariamente alcançar um acordo com assistência de um mediador de conflitos;

b) «Mediador de conflitos» um terceiro, imparcial e independente, desprovido de poderes de imposição aos mediados, que os auxilia na tentativa de construção de um acordo final sobre o objeto do litígio.

CAPÍTULO II – Princípios

Artigo 3º – Princípios da mediação

Os princípios consagrados no presente capítulo são aplicáveis a todas as mediações realizadas em Portugal, independentemente da natureza do litígio que seja objeto de mediação.

Artigo 4º – Princípio da voluntariedade

1 – O procedimento de mediação é voluntário, sendo necessário obter o consentimento esclarecido e informado das partes para a realização da mediação, cabendo-lhes a responsabilidade pelas decisões tomadas no decurso do procedimento.

2 – Durante o procedimento de mediação, as partes podem, em qualquer momento, conjunta ou unilateralmente, revogar o seu consentimento para a participação no referido procedimento.

3 – A recusa das partes em iniciar ou prosseguir o procedimento de mediação não consubstancia violação do dever de cooperação nos termos previstos no Código de Processo Civil.

Artigo 5º – Princípio da confidencialidade

1 – O procedimento de mediação tem natureza confidencial, devendo o mediador de conflitos manter sob sigilo todas as informações de que tenha conhecimento no âmbito do procedimento de mediação, delas não podendo fazer uso em proveito próprio ou de outrem.

2 – As informações prestadas a título confidencial ao mediador de conflitos por uma das partes não podem ser comunicadas, sem o seu consentimento, às restantes partes envolvidas no procedimento.

3 – O dever de confidencialidade sobre a informação respeitante ao conteúdo da mediação só pode cessar por razões de ordem pública, nomeadamente para assegurar a proteção do superior interesse da criança, quando esteja em causa a proteção da integridade física ou psíquica de qualquer pessoa, ou quando tal seja necessário para efeitos de aplicação ou execução

do acordo obtido por via da mediação, na estrita medida do que, em concreto, se revelar necessário para a proteção dos referidos interesses.

4 – Exceto nas situações previstas no número anterior ou no que diz respeito ao acordo obtido, o conteúdo das sessões de mediação não pode ser valorado em tribunal ou em sede de arbitragem.

Artigo 6º – Princípio da igualdade e da imparcialidade

1 – As partes devem ser tratadas de forma equitativa durante todo o procedimento de mediação, cabendo ao mediador de conflitos gerir o procedimento de forma a garantir o equilíbrio de poderes e a possibilidade de ambas as partes participarem no mesmo.

2 – O mediador de conflitos não é parte interessada no litígio, devendo agir com as partes de forma imparcial durante toda a mediação.

Artigo 7º – Princípio da independência

1 – O mediador de conflitos tem o dever de salvaguardar a independência inerente à sua função.

2 – O mediador de conflitos deve pautar a sua conduta pela independência, livre de qualquer pressão, seja esta resultante dos seus próprios interesses, valores pessoais ou de influências externas.

3 – O mediador de conflitos é responsável pelos seus atos e não está sujeito a subordinação, técnica ou deontológica, de profissionais de outras áreas, sem prejuízo, no âmbito dos sistemas públicos de mediação, das competências das entidades gestoras desses mesmos sistemas.

Artigo 8º – Princípio da competência e da responsabilidade

1 – Sem prejuízo do disposto na alínea *e*) do nº 1 e no nº 3 do artigo seguinte, o mediador de conflitos, a fim de adquirir as competências adequadas ao exercício da sua atividade, pode frequentar ações de formação que lhe confiram aptidões específicas, teóricas e práticas, nomeadamente curso de formação de mediadores de conflitos realizado por entidade formadora certificada pelo Ministério da Justiça, nos termos do artigo 24º

2 – O mediador de conflitos que viole os deveres de exercício da respetiva atividade, nomeadamente os constantes da presente lei e, no caso da mediação em sistema público, dos atos constitutivos ou regulatórios dos sistemas públicos de mediação, é civilmente responsável pelos danos causados, nos termos gerais de direito.

Artigo 9º – Princípio da executoriedade

1 – Tem força executiva, sem necessidade de homologação judicial, o acordo de mediação:

a) Que diga respeito a litígio que possa ser objeto de mediação e para o qual a lei não exija homologação judicial;

b) Em que as partes tenham capacidade para a sua celebração;

c) Obtido por via de mediação realizada nos termos legalmente previstos;

d) Cujo conteúdo não viole a ordem pública; e

e) Em que tenha participado mediador de conflitos inscrito na lista de mediadores de conflitos organizada pelo Ministério da Justiça.

2 – O disposto na alínea *e)* do número anterior não é aplicável às mediações realizadas no âmbito de um sistema público de mediação.

3 – As qualificações e demais requisitos de inscrição na lista referida na alínea *e)* do nº 1, incluindo dos mediadores nacionais de Estados membros da União Europeia ou do espaço económico europeu provenientes de outros Estados membros, bem como o serviço do Ministério da Justiça competente para a organização da lista e a forma de acesso e divulgação da mesma, são definidos por portaria do membro do Governo responsável pela área da justiça.

4 – Tem igualmente força executiva o acordo de mediação obtido por via de mediação realizada noutro Estado membro da União Europeia que respeite o disposto nas alíneas *a)* e *d)* do nº 1, se o ordenamento jurídico desse Estado também lhe atribuir força executiva.

CAPÍTULO III – Mediação civil e comercial

SECÇÃO I – Disposições gerais

Artigo 10º – Âmbito de aplicação

1 – O disposto no presente capítulo é aplicável à mediação de litígios em matéria civil e comercial realizada em Portugal.

2 – O presente capítulo não é aplicável:

a) Aos litígios passíveis de serem objeto de mediação familiar;

b) Aos litígios passíveis de serem objeto de mediação laboral;

c) Aos litígios passíveis de serem objeto de mediação penal.

Artigo 11º – Litígios objeto de mediação civil e comercial

1 – Podem ser objeto de mediação de litígios em matéria civil e comercial os litígios que, enquadrando-se nessas matérias, respeitem a interesses de natureza patrimonial.

2 – Podem ainda ser objeto de mediação os litígios em matéria civil e comercial que não envolvam interesses de natureza patrimonial, desde que as partes possam celebrar transação sobre o direito controvertido.

Artigo 12º – Convenção de mediação

1 – As partes podem prever, no âmbito de um contrato, que os litígios eventuais emergentes dessa relação jurídica contratual sejam submetidos a mediação.

2 – A convenção referida no número anterior deve adotar a forma escrita, considerando-se esta exigência satisfeita quando a convenção conste de documento escrito assinado pelas partes, troca de cartas, telegramas, telefaxes ou outros meios de telecomunicação de que fique prova escrita, incluindo meios eletrónicos de comunicação.

3 – É nula a convenção de mediação celebrada em violação do disposto nos números anteriores ou no artigo anterior.

4 – O tribunal no qual seja proposta ação relativa a uma questão abrangida por uma convenção de mediação deve, a requerimento do réu deduzido até ao momento em que este apresentar o seu primeiro articulado sobre o fundo da causa, suspender a instância e remeter o processo para mediação.

SECÇÃO II – Mediação pré-judicial

Artigo 13º – Mediação pré-judicial e suspensão de prazos

1 – As partes podem, previamente à apresentação de qualquer litígio em tribunal, recorrer à mediação para a resolução desses litígios.

2 – O recurso à mediação suspende os prazos de caducidade e prescrição a partir da data em que for assinado o protocolo de mediação ou, no caso de mediação realizada nos sistemas públicos de mediação, em que todas as partes tenham concordado com a realização da mediação.

3 – Os prazos de caducidade e prescrição retomam-se com a conclusão do procedimento de mediação motivada por recusa de uma das partes

em continuar com o procedimento, pelo esgotamento do prazo máximo de duração deste ou ainda quando o mediador determinar o fim do procedimento.

4 – Para os efeitos previstos nos números anteriores, é considerado o momento da prática do ato que inicia ou conclui o procedimento de mediação, respetivamente.

5 – Os atos que determinam a retoma do prazo de caducidade e prescrição previstos no nº 3 são comprovados pelo mediador ou, no caso de mediação realizada nos sistemas públicos de mediação, pela entidade gestora do sistema público onde tenha decorrido a mediação.

6 – Para os efeitos previstos no presente artigo, o mediador ou, no caso de mediação realizada nos sistemas públicos de mediação, as respetivas entidades gestoras devem emitir, sempre que solicitado, comprovativo da suspensão dos prazos, do qual constam obrigatoriamente os seguintes elementos:

a) Identificação da parte que efetuou o pedido de mediação e da contraparte;

b) Identificação do objeto da mediação;

c) Data de assinatura do protocolo de mediação ou, no caso de mediação realizada nos sistemas públicos de mediação, data em que as partes tenham concordado com a realização da mediação;

d) Modo de conclusão do procedimento, quando já tenha ocorrido;

e) Data de conclusão do procedimento, quando já tenha ocorrido.

Artigo 14º – Homologação de acordo obtido em mediação

1 – Nos casos em que a lei não determina a sua obrigação, as partes têm a faculdade de requerer a homologação judicial do acordo obtido em mediação pré-judicial.

2 – O pedido referido no número anterior é apresentado conjuntamente pelas partes em qualquer tribunal competente em razão da matéria, preferencialmente por via eletrónica, nos termos a definir em portaria do membro do Governo responsável pela área da justiça.

3 – A homologação judicial do acordo obtido em mediação pré-judicial tem por finalidade verificar se o mesmo respeita a litígio que possa ser objeto de mediação, a capacidade das partes para a sua celebração, se respeita os princípios gerais de direito, se respeita a boa-fé, se não constitui um abuso do direito e o seu conteúdo não viola a ordem pública.

4 – O pedido referido no número anterior tem natureza urgente, sendo decidido sem necessidade de prévia distribuição.

5 – No caso de recusa de homologação, o acordo não produz efeitos e é devolvido às partes, podendo estas, no prazo de 10 dias, submeter um novo acordo a homologação.

Artigo 15º – Mediação realizada noutro Estado membro da União Europeia

O disposto na presente secção é aplicável, com as necessárias adaptações, aos procedimentos de mediação ocorridos noutro Estado membro da União Europeia, desde que os mesmos respeitem os princípios e as normas do ordenamento jurídico desse Estado.

SECÇÃO III – Procedimento de mediação

Artigo 16º – Início do procedimento

1 – O procedimento de mediação compreende um primeiro contacto para agendamento da sessão de pré-mediação, com carácter informativo, na qual o mediador de conflitos explicita o funcionamento da mediação e as regras do procedimento.

2 – O acordo das partes para prosseguir o procedimento de mediação manifesta-se na assinatura de um protocolo de mediação.

3 – O protocolo de mediação é assinado pelas partes e pelo mediador e dele devem constar:

a) A identificação das partes;

b) A identificação e domicílio profissional do mediador e, se for o caso, da entidade gestora do sistema de mediação;

c) A declaração de consentimento das partes;

d) A declaração das partes e do mediador de respeito pelo princípio da confidencialidade;

e) A descrição sumária do litígio ou objeto;

f) As regras do procedimento da mediação acordadas entre as partes e o mediador;

g) A calendarização do procedimento de mediação e definição do prazo máximo de duração da mediação, ainda que passíveis de alterações futuras;

h) A definição dos honorários do mediador, nos termos do artigo 29º, exceto nas mediações realizadas nos sistemas públicos de mediação;

i) A data.

Artigo 17º – Escolha do mediador de conflitos

1 – Compete às partes acordarem na escolha de um ou mais mediadores de conflitos.

2 – Antes de aceitar a sua escolha ou nomeação, o mediador de conflitos deve proceder à revelação de todas as circunstâncias que possam suscitar fundadas dúvidas sobre a sua imparcialidade e independência, nos termos previstos no artigo 27º

Artigo 18º – Presença das partes, de advogado e de outros técnicos nas sessões de mediação

1 – As partes podem comparecer pessoalmente ou fazer-se representar nas sessões de mediação, podendo ser acompanhadas por advogados, advogados estagiários ou solicitadores.

2 – As partes podem ainda fazer-se acompanhar por outros técnicos cuja presença considerem necessária ao bom desenvolvimento do procedimento de mediação, desde que a tal não se oponha a outra parte.

3 – Todos os intervenientes no procedimento de mediação ficam sujeitos ao princípio da confidencialidade.

Artigo 19º – Fim do procedimento de mediação

O procedimento de mediação termina quando:

a) Se obtenha acordo entre as partes;

b) Se verifique desistência de qualquer das partes;

c) O mediador de conflitos, fundamentadamente, assim o decida;

d) Se verifique a impossibilidade de obtenção de acordo;

e) Se atinja o prazo máximo de duração do procedimento, incluindo eventuais prorrogações do mesmo.

Artigo 20º – Acordo

O conteúdo do acordo é livremente fixado pelas partes e deve ser reduzido a escrito, sendo assinado pelas partes e pelo mediador.

Artigo 21º – Duração do procedimento de mediação

1 – O procedimento de mediação deve ser o mais célere possível e concentrar-se no menor número de sessões possível.

2 – A duração do procedimento de mediação é fixada no protocolo de mediação, podendo no entanto a mesma ser alterada durante o procedimento por acordo das partes.

Artigo 22º – Suspensão do procedimento de mediação

1 – O procedimento de mediação pode ser suspenso, em situações excecionais e devidamente fundamentadas, designadamente para efeitos de experimentação de acordos provisórios.

2 – A suspensão do procedimento de mediação, acordada por escrito pelas partes, não prejudica a suspensão dos prazos de caducidade ou de prescrição, nos termos do nº 2 do artigo 13º

CAPÍTULO IV – Mediador de conflitos

Artigo 23º – Estatuto dos mediadores de conflitos

1 – O presente capítulo estabelece o estatuto dos mediadores de conflitos que exercem a atividade em Portugal.

2 – Os mediadores de conflitos que exerçam atividade em território nacional em regime de livre prestação de serviços gozam dos direitos e estão sujeitos às obrigações, proibições, condições ou limites inerentes ao exercício das funções que lhes sejam aplicáveis atenta a natureza ocasional e esporádica daquela atividade, nomeadamente os constantes dos artigos 5º a 8º, 16º a 22º e 25º a 29º

Artigo 24º – Formação e entidades formadoras

1 – Constitui formação especificamente orientada para o exercício da profissão de mediador de conflitos a frequência e aproveitamento em cursos ministrados por entidades formadoras certificadas pelo serviço do Ministério da Justiça definido em portaria do membro do Governo responsável pela área da justiça.

2 – O membro do Governo responsável pela área da justiça aprova por portaria o regime de certificação das entidades referidas no número anterior.

3 – A certificação de entidades formadoras pelo serviço referido no nº 1, seja expressa ou tácita, é comunicada ao serviço central competente do ministério responsável pela área da formação profissional no prazo de 10 dias.

4 – Devem ser comunicadas pelas entidades certificadas ao serviço do Ministério da Justiça previsto no nº 1:

a) A realização de ações de formação para mediadores de conflitos, previamente à sua realização;

b) A lista de formandos que obtenham aproveitamento nessas ações de formação, no prazo máximo de 20 dias após a conclusão da ação de formação.

5 – As ações de formação ministradas a mediadores de conflitos por entidades formadoras não certificadas nos termos do presente artigo não proporcionam formação regulamentada para o exercício da profissão de mediação.

6 – É definida por portaria do membro do Governo responsável pela área da justiça a autoridade competente para a aplicação da Lei nº 9/2009, de 4 de março, alterada pela Lei nº 41/2012, de 28 de agosto, no que respeita aos pedidos de reconhecimento de qualificações apresentados noutros Estados membros da União Europeia ou do espaço económico europeu por nacionais de Estados membros formados segundo a legislação nacional.

Artigo 25º – Direitos do mediador de conflitos

O mediador de conflitos tem o direito a:

a) Exercer com autonomia a mediação, nomeadamente no que respeita à metodologia e aos procedimentos a adotar nas sessões de mediação, no respeito pela lei e pelas normas éticas e deontológicas;

b) Ser remunerado pelo serviço prestado;

c) Invocar a sua qualidade de mediador de conflitos e promover a mediação, divulgando obras ou estudos, com respeito pelo dever de confidencialidade;

d) Requisitar à entidade gestora, no âmbito dos sistemas públicos de mediação, os meios e as condições de trabalho que promovam o respeito pela ética e deontologia;

e) Recusar tarefa ou função que considere incompatível com o seu título e com os seus direitos ou deveres.

Artigo 26º – Deveres do mediador de conflitos

O mediador de conflitos tem o dever de:

a) Esclarecer as partes sobre a natureza, finalidade, princípios fundamentais e fases do procedimento de mediação, bem como sobre as regras a observar;

b) Abster-se de impor qualquer acordo aos mediados, bem como fazer promessas ou dar garantias acerca dos resultados do procedimento, devendo adotar um comportamento responsável e de franca colaboração com as partes;

c) Assegurar-se de que os mediados têm legitimidade e possibilidade de intervir no procedimento de mediação, obter o consentimento esclarecido dos mediados para intervir neste procedimento e, caso seja necessário, falar separadamente com cada um;

d) Garantir o carácter confidencial das informações que vier a receber no decurso da mediação;

e) Sugerir aos mediados a intervenção ou a consulta de técnicos especializados em determinada matéria, quando tal se revele necessário ou útil ao esclarecimento e bem-estar dos mesmos;

f) Revelar aos intervenientes no procedimento qualquer impedimento ou relacionamento que possa pôr em causa a sua imparcialidade ou independência e não conduzir o procedimento nessas circunstâncias;

g) Aceitar conduzir apenas procedimentos para os quais se sinta capacitado pessoal e tecnicamente, atuando de acordo com os princípios que norteiam a mediação e outras normas a que esteja sujeito;

h) Zelar pela qualidade dos serviços prestados e pelo seu nível de formação e de qualificação;

i) Agir com urbanidade, designadamente para com as partes, a entidade gestora dos sistemas públicos de mediação e os demais mediadores de conflitos;

j) Não intervir em procedimentos de mediação que estejam a ser acompanhados por outro mediador de conflitos a não ser a seu pedido, nos casos de co-mediação, ou em casos devidamente fundamentados;

k) Atuar no respeito pelas normas éticas e deontológicas previstas na presente lei e no Código Europeu de Conduta para Mediadores da Comissão Europeia.

Artigo 27º – Impedimentos e escusa do mediador de conflitos

1 – O mediador de conflitos deve, antes de aceitar a sua escolha ou nomeação num procedimento de mediação, revelar todas as circunstâncias que possam suscitar fundadas dúvidas sobre a sua independência, imparcialidade e isenção.

2 – O mediador de conflitos deve ainda, durante todo o procedimento de mediação, revelar às partes, de imediato, as circunstâncias referidas no número anterior que sejam supervenientes ou de que só tenha conhecimento depois de aceitar a escolha ou nomeação.

3 – O mediador de conflitos que, por razões legais, éticas ou deontológicas, considere ter a sua independência, imparcialidade ou isenção comprometidas não deve aceitar a sua designação como mediador de conflitos e, se já tiver iniciado o procedimento, deve interromper o procedimento e pedir a sua escusa.

4 – São circunstâncias relevantes para efeito dos números anteriores, devendo, pelo menos, ser reveladas às partes, designadamente:

a) Uma atual ou prévia relação familiar ou pessoal com uma das partes;

b) Um interesse financeiro, direto ou indireto, no resultado da mediação;

c) Uma atual ou prévia relação profissional com uma das partes.

5 – O mediador de conflitos deve ainda recusar a sua escolha ou nomeação num procedimento de mediação quando considere que, em virtude do número de procedimentos de mediação à sua responsabilidade, ou devido a outras atividades profissionais, não é possível concluir o procedimento em tempo útil.

6 – Não constitui impedimento a intervenção do mesmo mediador na sessão de pré-mediação e de mediação.

7 – As recusas nos termos dos números anteriores não determinam a perda ou prejuízo de quaisquer direitos do mediador de conflitos, nomeadamente no âmbito dos sistemas públicos de mediação.

Artigo 28º – Impedimentos resultantes do princípio da confidencialidade

Sem prejuízo do disposto no nº 3 do artigo 5º, o mediador de conflitos não pode ser testemunha, perito ou mandatário em qualquer causa relacionada, ainda que indiretamente, com o objeto do procedimento de mediação.

Artigo 29º – Remuneração do mediador de conflitos

A remuneração do mediador de conflitos é acordada entre este e as partes, responsáveis pelo seu pagamento, e fixada no protocolo de mediação celebrado no início de cada procedimento.

CAPÍTULO V – Sistemas públicos de mediação

SECÇÃO I – Regime dos sistemas públicos de mediação

Artigo 30º – Sistemas de mediação pública

Os sistemas públicos de mediação visam fornecer aos cidadãos formas céleres de resolução alternativa de litígios, através de serviços de mediação criados e geridos por entidades públicas.

Artigo 31º – Entidade gestora

1 – Cada sistema público de mediação é gerido por uma entidade pública, identificada no respetivo ato constitutivo ou regulatório.

2 – Cabe à entidade gestora manter em funcionamento e monitorizar o respetivo sistema público de mediação, preferencialmente através de plataforma informática.

3 – Os dados recolhidos dos procedimentos de mediação podem ser utilizados para fins de tratamento estatístico, de gestão dos sistemas de mediação e de investigação científica, nos termos da lei de Proteção de Dados Pessoais.

4 – Quaisquer reclamações decorrentes da utilização de um sistema público de mediação devem ser dirigidas à respetiva entidade gestora.

Artigo 32º – Competência dos sistemas públicos de mediação

Os sistemas públicos de mediação são competentes para mediar quaisquer litígios que se enquadrem no âmbito das suas competências em razão da matéria, tal como definidas nos respetivos atos constitutivos ou regulatórios, independentemente do local de domicílio ou residência das partes.

Artigo 33º – Taxas

As taxas devidas pelo recurso aos sistemas públicos de mediação são fixadas nos termos previstos nos respetivos atos constitutivos ou regulatórios, os quais preveem igualmente as eventuais isenções ou reduções dessas taxas.

Artigo 34º – Início do procedimento nos sistemas públicos de mediação

O início do procedimento de mediação nos sistemas públicos de mediação pode ser solicitado pelas partes, pelo tribunal, pelo Ministério Público ou por Conservatória do Registo Civil, sem prejuízo do encaminhamento de pedidos de mediação para as entidades gestoras dos sistemas públicos de mediação por outras entidades públicas ou privadas.

Artigo 35º – Duração do procedimento de mediação nos sistemas públicos de mediação

A duração máxima de um procedimento de mediação nos sistemas públicos de mediação é fixada nos respetivos atos constitutivos ou regulatórios, aplicando-se, na falta de fixação, o disposto no artigo 21º

Artigo 36º – Presença das partes

Os atos constitutivos ou regulatórios dos sistemas públicos de mediação podem determinar a obrigação de as partes comparecerem pessoalmente nas sessões de mediação, não sendo possível a sua representação.

Artigo 37º – Princípio da publicidade

1 – A informação prestada ao público em geral, respeitante à mediação pública, é disponibilizada através dos sítios eletrónicos das entidades gestoras dos sistemas públicos de mediação.

2 – A informação respeitante ao funcionamento dos sistemas públicos de mediação e aos procedimentos de mediação é prestada presencialmente, através de contacto telefónico, de correio eletrónico ou do sítio eletrónico da respetiva entidade gestora do sistema.

SECÇÃO II – Mediadores

Artigo 38º – Designação de mediador de conflitos nos sistemas públicos de mediação

1 – As partes podem indicar o mediador de conflitos que pretendam, de entre os mediadores inscritos nas listas de cada sistema público de mediação.

2 – Quando não seja indicado mediador de conflitos pelas partes, a designação é realizada de modo sequencial, de acordo com a ordem resultante da lista em que se encontra inscrito, preferencialmente por meio de sistema informático.

Artigo 39º – Pessoas habilitadas ao exercício das funções de mediador de conflitos

Os requisitos necessários para o exercício das funções de mediador de conflitos em cada um dos sistemas públicos de mediação são definidos nos respetivos atos constitutivos ou regulatórios.

Artigo 40º – Inscrição

1 – A inscrição dos mediadores de conflitos nas listas de cada um dos sistemas públicos de mediação é efetuada através de procedimento de seleção nos termos definidos nos atos constitutivos ou regulatórios de cada sistema.

2 – Os atos constitutivos ou regulatórios de cada sistema público de mediação estabelecem ainda o regime de inscrição de mediadores nacionais de Estados membros da União Europeia ou do espaço económico europeu provenientes de outros Estados membros.

3 – A inscrição do mediador de conflitos em listas dos sistemas públicos de mediação não configura uma relação jurídica de emprego público, nem garante o pagamento de qualquer remuneração fixa por parte do Estado.

Artigo 41º – Impedimentos e escusa do mediador de conflitos nos sistemas públicos de mediação

Sempre que se encontre numa das situações previstas no artigo 27º, o mediador de conflitos deve comunicar imediatamente esse facto também à entidade gestora do sistema público de mediação, a qual, nos casos em que seja necessário, procede, ouvidas as partes, à nomeação de novo mediador de conflitos.

Artigo 42º – Remuneração do mediador de conflitos nos sistemas públicos de mediação

A remuneração do mediador de conflitos no âmbito dos sistemas públicos de mediação é estabelecida nos termos previstos nos atos constitutivos ou regulatórios de cada sistema.

SECÇÃO III – Fiscalização

Artigo 43º – Fiscalização do exercício da atividade de mediação

1 – Compete às entidades gestoras dos sistemas públicos de mediação, na sequência de queixa ou reclamação apresentada contra os mediadores de conflitos no âmbito do exercício da atividade de mediação, ou por iniciativa própria, no exercício de supervisão contínua sobre os respetivos sistemas públicos de mediação, fiscalizar a sua atividade.

2 – Realizada a fiscalização, e ouvido o mediador de conflitos, o dirigente máximo da entidade gestora emite a sua decisão, fundamentando as razões de facto e de direito, bem como indicando a medida a aplicar ao mediador de conflitos, se for o caso, conforme a gravidade do ato em causa.

Artigo 44º – Efeitos das irregularidades

1 – O dirigente máximo da entidade gestora do sistema público de mediação pode aplicar as seguintes medidas, em função da gravidade da atuação do mediador de conflitos:

a) Repreensão;

b) Suspensão das listas; ou

c) Exclusão das listas.

2 – Nos casos em que o mediador viole o dever de confidencialidade em termos que se subsumam ao disposto no artigo 195º do Código Penal, a entidade gestora do sistema público de mediação participa a infração às entidades competentes.

CAPÍTULO VI – Disposições complementares e finais

Artigo 45º – Homologação de acordo de mediação celebrado na pendência de processo judicial

O acordo de mediação celebrado em processo remetido para mediação nos termos do artigo 279º-A do Código de Processo Civil é homologado nos termos previstos no artigo 14º

Artigo 46º – Mediação de conflitos coletivos de trabalho

O disposto na presente lei aplica-se à mediação de conflitos coletivos de trabalho apenas na medida em que não seja incompatível com o disposto nos artigos 526º a 528º do Código do Trabalho, aprovado pela Lei nº 7/ /2009, de 12 de fevereiro.

Artigo 47º – Direito subsidiário

Em tudo aquilo que não for regulado pela presente lei, aplica-se aos sistemas públicos de mediação o disposto nos respetivos atos constitutivos ou regulatórios.

Artigo 48º – Regime jurídico complementar

No prazo de três meses, o Governo regulamenta um mecanismo legal de fiscalização do exercício da atividade da mediação privada.

Artigo 49º – Norma revogatória

São revogados:

a) Os artigos 249º-A a 249º-C do Código de Processo Civil;

b) O nº 6 do artigo 10º da Lei nº 21/2007, de 12 de junho;

c) O artigo 85º da Lei nº 29/2009, de 29 de junho, alterada pelas Leis nºs 1/2010, de 15 de janeiro, e 44/2010, de 3 de setembro;

d) A alínea *c)* do nº 3 do artigo 4º da Portaria nº 68-C/2008, de 22 de janeiro, alterada pela Portaria nº 732/2009, de 8 de julho;

e) A Portaria nº 203/2011, de 20 de maio.

Artigo 50º – Entrada em vigor

A presente lei entra em vigor 30 dias após a sua publicação.

Aprovada em 8 de março de 2013.

A Presidente da Assembleia da República, *Maria da Assunção A. Esteves.*

Promulgada em 9 de abril de 2013.

Publique-se.

O Presidente da República, ANÍBAL CAVACO SILVA.

Referendada em 10 de abril de 2013.

O Primeiro-Ministro, *Pedro Passos Coelho.*

1.4. Portaria nº 344/2013, de 27 de Novembro

Tendo por objetivo a consolidação da mediação de conflitos no ordenamento jurídico português, a Lei nº 29/2013, de 19 de abril, veio consagrar, pela primeira vez, os princípios gerais que regem a mediação realizada em Portugal, assim como a previsão do regime jurídico da mediação civil e comercial e do regime dos mediadores em Portugal.

De acordo com a alínea *e*) do nº 1 do artigo 9º da referida Lei tem força executiva, sem necessidade de homologação judicial, o acordo de mediação em que tenha participado mediador de conflitos inscrito na lista organizada pelo Ministério da Justiça e que preencha os demais requisitos previstos no nº 1 do referido artigo.

Neste contexto, a presente portaria vem definir os requisitos de inscrição na referida lista, incluindo dos mediadores que sejam nacionais de outros Estados membros da União Europeia ou do espaço económico Europeu, definindo ainda o serviço do Ministério da Justiça competente para a organização da lista e a forma de acesso e divulgação da mesma.

Foi promovida a audição do Conselho Superior da Magistratura, do Conselho Superior do Ministério Público, do Conselho Superior dos Tribunais Administrativos e Fiscais, da Ordem dos Advogados, da Câmara dos Solicitadores, do Conselho dos Oficiais de Justiça, do Conselho dos Julgados de Paz, da Associação Sindical dos Juízes Portugueses, do Sindicato dos Magistrados do Ministério Público, do Sindicato dos Oficiais Justiça, da Associação dos Oficiais de Justiça, do Sindicato dos Funcionários Judiciais, da Associação dos Juízes de Paz Portugueses, da Federação Nacional de Mediação de Conflitos, da Plataforma das Entidades de Mediação de Conflitos e dos Mediadores de Portugal, do Instituto de Certificação e Formação de Mediadores Lusófonos, da Comissão Nacional de Proteção de Crianças e Jovens em Risco.

Foi, ainda, promovida a audição da Comissão Nacional de Proteção de Dados.

Assim:

Ao abrigo do nº 3 do artigo 9º da Lei nº 29/2013, manda o Governo, pela Ministra da Justiça, o seguinte:

Artigo 1º – Objeto

A presente portaria define o serviço competente do Ministério da Justiça para organizar a lista de mediadores de conflitos referida na alínea *e*) do nº 1 do artigo 9º da Lei nº 29/2013, de 19 de abril, bem como os requisitos de inscrição, a forma de acesso e divulgação da mesma.

Artigo 2º – Serviço competente

A Direção-Geral da Política de Justiça, adiante designada por DGPJ, é o serviço do Ministério da Justiça competente para assegurar a organização, o acesso e a divulgação da lista de mediadores de conflitos regulada na presente portaria.

Artigo 3º – Requisitos de inscrição

1 – Pode requerer a inscrição na lista de mediadores de conflitos o mediador de conflitos que preencha, cumulativamente, os seguintes requisitos:

a) Esteja no pleno gozo dos seus direitos civis e políticos;

b) Tenha frequentado e obtido aproveitamento em curso de mediação de conflitos;

c) Tenha o domínio da língua portuguesa.

2 – O requisito previsto na alínea *b*) do número anterior é cumprido pelo mediador de conflitos que se encontre habilitado com um curso de mediação de conflitos ministrado por entidade formadora certificada pelo Ministério da Justiça nos termos da lei, ou com um curso de mediação de conflitos reconhecido pelo Ministério da Justiça nos termos, designadamente, da Portaria nº 237/2010, de 29 de abril.

3 – O requisito previsto na alínea *b*) do nº 1 considera-se igualmente preenchido por mediadores de conflitos que:

a) Sendo nacionais de Estados membros da União Europeia, ou do espaço económico europeu, tenham visto as suas qualificações obtidas fora de Portugal, reconhecidas pela DGPJ, nos termos da Lei nº 9/2009, de 4 de março, alterada pela Lei nº 41/2012, de 28 de agosto;

b) Sendo nacionais de Estado terceiro tenham obtido, após requerimento apresentado perante a DGPJ, equivalência e reconhecimento das suas qualificações obtidas fora de Portugal, verificada que seja a reciprocidade de tratamento de mediadores portugueses no seu país de origem.

Artigo 4º – Inscrição na lista

1 – A inscrição na lista regulada no presente diploma faz-se por meio de requerimento, o qual deve ser dirigido à DGPJ e apresentado pelo mediador de conflitos, preferencialmente, por via eletrónica ou, ainda, por via postal.

2 – O requerimento referido no número anterior deve ser instruído com os seguintes elementos:

a) Identificação do mediador de conflitos, com a indicação do número de identificação civil;

b) Número de identificação fiscal;

c) Cópia do certificado do curso de mediação de conflitos;

d) Declaração, sob compromisso de honra, na qual o mediador de conflitos declare estar no pleno gozo dos seus direitos civis e políticos, e respeitar, no exercício das suas funções, o estatuto dos mediadores de conflitos consagrado na Lei nº 29/2013, de 19 de abril.

3 – No requerimento referido no nº 1, o mediador de conflitos deve ainda indicar o seu nome profissional, o domicílio profissional, o contacto telefónico profissional e o endereço de correio eletrónico que deve ser utilizado para os contactos mantidos no exercício da sua atividade de mediador.

4 – A não apresentação dos documentos referidos no nº 2 implica a não aceitação da inscrição na lista de mediadores de conflitos.

5 – A decisão de indeferimento do pedido de inscrição na lista de mediadores de conflitos é sempre expressa e precedida de audiência prévia, realizada por escrito, do mediador de conflitos, com indicação dos respetivos fundamentos, a ter lugar no final da instrução do processo pela DGPJ.

6 – Compete ao diretor-geral da DGPJ autorizar a inscrição do mediador de conflitos na lista de mediadores de conflitos.

7 – Os elementos a que se referem os nºs 2 e 3 devem estar permanentemente atualizados perante a DGPJ, devendo o mediador de conflitos comunicar a esta entidade quaisquer informações relevantes que impliquem a sua alteração.

Artigo 5º – Lista de mediadores de conflitos

A DGPJ disponibiliza no seu sítio eletrónico a lista de mediadores de conflitos que contém o nome profissional do mediador de conflitos, o domicílio, o endereço de correio eletrónico e contacto telefónico profissionais, bem como a data da inclusão na lista e a data da eventual exclusão da mesma.

Artigo 6º – Fiscalização

Compete à DGPJ a fiscalização do cumprimento dos requisitos previstos no artigo 3º, podendo, para o efeito, a referida entidade solicitar ao mediador as informações e demais elementos que considerar adequados.

Artigo 7º – Exclusão da lista

1 – O mediador de conflitos inscrito na lista de mediadores de conflitos pode, a todo o tempo, requerer a exclusão do seu nome e demais dados a si pertencentes da lista, devendo esta, porém, mencionar o tempo em que o mediador se encontrou nela inscrito.

2 – O incumprimento de quaisquer deveres ou a violação de quaisquer proibições inerentes ao exercício da função de mediador de conflitos pode implicar a exclusão da lista regulada na presente portaria.

3 – É da competência do diretor-geral da DGPJ a decisão de excluir da lista regulada no presente diploma o mediador de conflitos que, culposamente, haja violado os deveres impostos pelo respetivo estatuto, devendo a sanção ser aplicada com respeito pelo grau de culpa do agente e de harmonia com os princípios da adequação e da proporcionalidade.

4 – O mediador que haja sido excluído da lista por decisão do diretor-geral da DGPJ só pode requerer a sua reinscrição na mesma volvidos dois anos sobre a data da sua exclusão.

Artigo 8º – Entrada em vigor

A presente portaria entra em vigor no dia seguinte ao da sua publicação.

A Ministra da Justiça, *Paula Maria von Hafe Teixeira da Cruz*, em 14 de novembro de 2013

1.5. Portaria nº 345/2013, de 27 de Novembro

A Lei nº 29/2013, de 19 de abril, visa consolidar a mediação no ordenamento jurídico português, nomeadamente através da consagração, pela primeira vez, dos princípios gerais que regem a mediação realizada em Portugal (seja por entidades públicas ou privadas), da previsão do regime jurídico da mediação civil e comercial e do regime dos mediadores em Portugal.

De acordo com os artigos 8º e 24º da referida Lei, o mediador de conflitos, a fim de adquirir as competências adequadas ao exercício da sua atividade, pode frequentar ações de formação especificamente orientadas para o exercício da atividade de mediador que lhe confiram aptidões, teóricas e práticas, nomeadamente cursos de formação de mediadores de conflitos realizados por entidades formadoras certificadas pelo Ministério da Justiça.

Assim, passa-se a proceder à certificação das entidades formadoras, ao invés de se efetuar o reconhecimento de cursos, sendo tal certificação levada a cabo pelo serviço competente do Ministério da Justiça – Direção-Geral da Política de Justiça, o que se faz com a finalidade de simplificar procedimentos e permitir às entidades formadoras um planeamento mais adequado e flexível dos cursos que pretendam ministrar, desde que sejam salvaguardados critérios mínimos de adequação da formação ao exercício da atividade de mediador.

Por fim, resta sublinhar que, para salvaguarda dos direitos de quantos frequentaram os cursos até agora reconhecidos pelo Ministério da Justiça, prevê-se que estes não perdem a sua validade por via da revogação da regulamentação que justificou o seu reconhecimento.

Finalmente, a presente portaria vem definir a Direção-Geral da Política de Justiça como sendo a autoridade competente para a aplicação da Lei nº 9/2009, de 4 de março, alterada pela Lei nº 41/2012, de 28 de agosto, em matéria de reconhecimento de qualificações dos mediadores no âmbito da mediação de conflitos.

Foi promovida a audição do Conselho Superior da Magistratura, do Conselho Superior do Ministério Público, do Conselho Superior dos Tribunais Administrativos e Fiscais, da Ordem dos Advogados, da Câmara dos Solicitadores, do Conselho dos Oficiais de Justiça, do Conselho dos Julgados de Paz, da Associação Sindical dos Juízes Portugueses, do Sindicato dos Magistrados do Ministério Público, do Sindicato dos Oficiais Justiça, da Associação dos Oficiais de Justiça, do Sindicato dos Funcionários Judiciais, da Associação dos Juízes de Paz Portugueses, da Federação Nacional de Mediação de Conflitos, da Plataforma das Entidades de Mediação de Conflitos e dos Mediadores de Portugal, do Instituto de Certificação e Formação de Mediadores Lusófonos, da Comissão Nacional de Proteção de Crianças e Jovens em Risco.

Foi, ainda, promovida a audição da Comissão Nacional de Proteção de Dados.

Assim:

Ao abrigo do artigo 24º da Lei nº 29/2013, de 19 de abril, e dos nºs 3 e 4 do artigo 32º da Lei nº 78/2001, de 13 de julho, alterada pela Lei nº 54/2013, de 31 de julho, manda o Governo, pela Ministra da Justiça, o seguinte:

Artigo 1º – Objeto

A presente portaria regula o regime aplicável à certificação de entidades formadoras de cursos de mediação de conflitos, previsto no nº 2 do artigo 24º da Lei nº 29/2013, de 19 de abril.

Artigo 2º – Conceitos

Para efeitos do presente diploma, entende-se por:

a) «Certificação de entidade formadora» – o ato de reconhecimento formal de que uma entidade detém competências, meios e recursos adequados para desenvolver atividades formativas, de acordo com o estabelecido na presente portaria;

b) «Entidade formadora certificada» – a entidade dotada de recursos e capacidade técnica e organizativa para desenvolver processos associados à formação;

c) «Referencial de qualidade» – o conjunto de requisitos de certificação que a entidade formadora tem de reunir a fim de ser certificada.

Artigo 3º – Entidade certificadora

1 – A certificação das entidades formadoras é assegurada pela Direção-Geral da Política de Justiça, adiante designada por DGPJ.

2 – No âmbito do desenvolvimento, monitorização e regulamentação do sistema de certificação, compete à DGPJ, nomeadamente:

a) Definir e desenvolver as metodologias, os instrumentos e os procedimentos que assegurem o funcionamento do sistema de certificação das entidades formadoras;

b) Definir indicadores de avaliação qualitativa e quantitativa do desempenho das entidades formadoras certificadas;

c) Cooperar com as entidades requerentes, nomeadamente informando-as sobre a organização do respetivo processo de certificação;

d) Gerir e tratar a informação relativa ao sistema de certificação de entidades formadoras;

e) Promover as ações necessárias ao acompanhamento, monitorização, regulamentação e garantia de qualidade do sistema.

Artigo 4º – Entidades habilitadas a requerer a certificação

Podem requerer a certificação quaisquer entidades públicas ou privadas que desenvolvam atividades formativas e que no seu âmbito pretendam ministrar formação a mediadores de conflitos.

Artigo 5º – Requisitos prévios da certificação

1 – Pode obter a certificação a entidade que, prévia e cumulativamente, preencha os seguintes requisitos:

a) Encontrar-se regularmente constituída e devidamente registada no registo competente;

b) Não se encontrar em situação de suspensão ou interdição do exercício da sua atividade na sequência de decisão judicial ou administrativa;

c) Ter a sua situação tributária e contributiva regularizada, respetivamente, perante a administração fiscal e a segurança social;

d) Inexistirem situações por regularizar respeitantes a dívidas ou restituições referentes a apoios financeiros comunitários ou nacionais, independentemente da sua natureza ou objetivos.

2 – Sem prejuízo do disposto no número anterior, apenas pode obter a certificação, após o decurso do prazo de um ano contado a partir do trânsito em julgado da decisão condenatória, a entidade que, no exercício da sua atividade formativa na área da mediação de conflitos, tenha sido condenada:

a) Pela prática de um crime punível nos termos do Código Penal ou em legislação avulsa no cumprimento efetivo de uma pena de multa; ou

b) Pela prática de conduta punida como contraordenação.

Artigo 6º – Referencial de qualidade da certificação

1 – A certificação assegura que a entidade formadora satisfaz os requisitos do referencial de qualidade no que respeita a:

a) Estrutura e organização internas para o exercício da atividade formativa na área da mediação;

b) Processos de planeamento e desenvolvimento da formação.

2 – Os requisitos do referencial de qualidade da certificação de entidade formadora, bem como os respetivos critérios de apreciação, constam do Anexo I da presente portaria que da mesma faz parte integrante.

3 – Sempre que necessário e após consulta às entidades formadoras e às entidades representativas dos mediadores, a DGPJ publicita no seu sítio eletrónico informação adicional relativa aos requisitos e critérios referidos no número anterior.

Artigo 7º – Procedimento de certificação

1 – O requerimento de pedido de certificação é apresentado pelo legal representante da entidade formadora preferencialmente por via eletrónica, ou, ainda, por via postal, mediante correio registado com aviso de receção, dirigido à DGPJ, de acordo com informação disponibilizada no sítio eletrónico desta.

2 – De modo a comprovar os requisitos previstos nos artigos 5º e 6º, o requerimento referido no número anterior deve ser instruído com os seguintes elementos:

a) Certidão comprovativa da inscrição no registo a que se refere a alínea *a)* do nº 1 do artigo 5º;

b) Declaração do requerente a que se refere a alínea *b)* do nº 1 do artigo 5º;

c) Declaração da requerente das suas entidades financiadoras, nas situações previstas na alínea *d)* do nº 1 do artigo 5º que atestem a situação regular da requerente;

d) Certificado de registo criminal da requerente;

e) Declaração da requerente referente às situações previstas na alínea *b)* do nº 2 do artigo 5º;

f) Certidões comprovativas de que a entidade requerente se encontra em situação regularizada perante a administração tributária e a segurança social;

g) Curricula vitae, datados e assinados, do gestor da formação, do coordenador pedagógico, dos formadores e outros agentes envolvidos no processo formativo;

h) Certificado de habilitações do gestor da formação, do coordenador pedagógico, dos formadores e outros agentes envolvidos no processo formativo;

i) Declaração da requerente quanto à localização e adequação das instalações previstas para a realização da formação;

j) Plano de atividades;

k) Dossier técnico-pedagógico;

l) Comprovativo do pagamento da taxa de certificação.

3 - A decisão de indeferimento do pedido de certificação de qualquer entidade é sempre expressa e precedida de audiência prévia escrita da entidade requerente, com indicação dos respetivos fundamentos, a ter lugar no final da instrução do processo pela DGPJ.

Artigo 8º - Certificado

A certificação da entidade formadora é realizada por despacho do diretor-geral da DGPJ.

Artigo 9º - Lista de entidades formadoras certificadas

A DGPJ disponibiliza no seu sítio eletrónico a lista de entidades formadoras certificadas, que contém, entre outras informações, identificação da entidade certificada, data da certificação e data da eventual caducidade ou revogação da mesma.

Artigo 10º - Acompanhamento e fiscalização

1 - Obtida a certificação, incumbe à entidade formadora manter os requisitos da certificação referidos nos artigos 5º e 6º, nos termos e condições constantes da respetiva candidatura.

2 – É obrigação das entidades formadoras certificadas comunicar quaisquer alterações relevantes aos elementos apresentados no requerimento de pedido de certificação.

3 – As entidades formadoras certificadas devem apresentar à DGPJ, até ao dia 30 de abril de cada ano, relatório relativo aos cursos de mediação de conflitos ministrados no ano civil anterior, que contenha:

a) Avaliação do cumprimento dos objetivos e resultados planeados para a formação;

b) Resultados de avaliação do grau de satisfação dos formandos, bem como de coordenadores, formadores e outros colaboradores;

c) Resultados relativos à participação e conclusão das ações de formação, desistências e aproveitamento dos formandos;

d) Resultados da avaliação do desempenho de coordenadores, formadores e outros colaboradores;

e) Medidas de melhoria a implementar, decorrentes da análise efetuada.

4 – Compete à DGPJ o acompanhamento e a fiscalização do cumprimento do disposto nos números anteriores, podendo, para o efeito, realizar as diligências e solicitar as informações que considerar adequadas.

Artigo 11º – Taxas

1 – A certificação de entidade formadora está sujeita ao pagamento de uma taxa, cujo montante é fixado por despacho dos membros do governo responsáveis pelas áreas da justiça e das finanças.

2 – Pelo acompanhamento e fiscalização da entidade formadora certificada é devido o pagamento de uma taxa anual, cujo montante é fixado por despacho dos membros do governo responsáveis pelas áreas da justiça e das finanças, a qual deve ser paga até à apresentação do relatório a que se refere o nº 3 do artigo anterior.

3 – No ano em que é certificada, a entidade formadora fica dispensada do pagamento previsto no número anterior.

4 – O pagamento das taxas previstas no presente artigo é efetuado por transferência bancária e documentalmente comprovado:

a) No caso da taxa prevista no nº 1, juntamente com a apresentação do requerimento do pedido de certificação, sob pena de não aceitação da candidatura;

b) No caso da taxa prevista no nº 2, juntamente com a apresentação do relatório a que se refere o nº 3 do artigo anterior.

Artigo 12º – Deveres da entidade formadora

1 – A entidade formadora deve:

a) Comunicar à DGPJ quaisquer alterações aos elementos fornecidos no âmbito do requerimento de pedido de certificação, ou outro;

b) Comunicar à DGPJ a realização de ações de formação para mediadores de conflitos, previamente à sua realização;

c) Cooperar com a DGPJ no âmbito das suas atribuições nos termos da presente portaria.

2 – A entidade formadora é responsável pela realização do plano de estágios previsto no Anexo I da presente portaria, podendo candidatar-se à realização de estágios nos sistemas públicos de mediação tutelados pelo Ministério da Justiça, cuja duração, número de vagas disponibilizadas e demais condições são fixadas, anualmente, por despacho do diretor-geral da DGPJ, ou apresentar, em alternativa, formas de facultar aos formandos competências práticas efetivas.

3 – A lista de formandos que obtenham aproveitamento nas ações de formação é comunicada pelas entidades certificadas à DGPJ, com a indicação da nota final obtida expressa numa escala até 20 valores, no prazo máximo de 20 dias após a conclusão da ação de formação.

Artigo 13º – Revogação e caducidade da certificação

1 – O incumprimento dos requisitos prévios à certificação, bem como dos que se reportam ao referencial de qualidade ou, ainda, de algum dos deveres da entidade formadora certificada estabelecidos na presente portaria determina, conforme a gravidade das situações e a possibilidade da sua regularização, a revogação da certificação, sem prejuízo do disposto nos números seguintes.

2 – Quando se verifique uma situação de incumprimento, passível de regularização, é concedido à entidade certificada um prazo até 30 dias consecutivos para que a regularize.

3 – Nas situações de incumprimento a que se refere o número anterior, a revogação da certificação só é determinada quando a entidade certificada não regularize a situação que lhe deu origem, dentro do prazo concedido para o efeito pela DGPJ.

4 – A caducidade da certificação ocorre quando se verifique alguma das seguintes situações:

a) Extinção da entidade formadora certificada;

b) Manifestação da entidade formadora de que não pretende continuar o exercício da atividade de formação;

c) Ausência de atividade formativa em dois anos consecutivos.

5 – É da competência do diretor-geral da DGPJ proceder à revogação da certificação ou declarar a respetiva caducidade de acordo com os números anteriores.

6 – A caducidade e a revogação de certificações são publicadas no sítio eletrónico da DGPJ.

Artigo 14º – Autoridade competente para a aplicação da Lei nº 9/2009, de 4 de março

1 – A Direção-Geral da Política de Justiça (DGPJ) é a autoridade competente para o reconhecimento das qualificações dos mediadores, nos termos da Lei nº 9/2009, de 4 de março, alterada pela Lei nº 41/2012, de 28 de agosto.

2 – As medidas de compensação admissíveis nos termos do artigo 11º da Lei nº 9/2009, de 4 de março, alterada pela Lei nº 41/2012, de 28 de agosto, são fixadas por despacho do diretor-geral da DGPJ.

Artigo 15º – Regime transitório

1 – Quem tenha frequentado e obtido aproveitamento em curso de mediação de conflitos reconhecido pelo Ministério da Justiça nos termos, designadamente, da Portaria nº 237/2010, de 29 de abril, mantém-se em condições de se candidatar à prestação de serviços de mediação pública, desde que reúna os demais requisitos legais.

2 – Os pedidos apresentados nos termos da Portaria nº 237/2010, de 29 de abril, que, à data da entrada em vigor da presente portaria se encontrem pendentes, mantêm a sua tramitação ao abrigo daquela portaria.

3 – As entidades formadoras que promovem cursos de mediação de conflitos para efeitos de candidatura à prestação de serviços de mediação pública dispõem de 6 meses para se adaptarem aos requisitos de certificação estabelecidos na presente portaria.

Artigo 16º – Revogação

Sem prejuízo do disposto no artigo anterior, é revogada a Portaria nº 237/2010, de 29 de abril.

Artigo 17º – Entrada em vigor

A presente portaria entra em vigor no dia seguinte ao da sua publicação.

A Ministra da Justiça, *Paula Maria von Hafe Teixeira da Cruz*, em 14 de novembro de 2013.

ANEXO I – Referencial de qualidade da certificação de entidade formadora (artigo 6º da portaria)

I – Requisitos de estrutura e organização interna

1 – Recursos humanos – A entidade deve assegurar a existência de recursos humanos em número e com as competências adequadas às atividades formativas a desenvolver, independentemente do tipo de vínculo contratual com a entidade. Constituem requisitos mínimos os seguintes:

a) Existência de um gestor de formação com habilitação e experiência profissional ou formação adequada, que seja responsável pela política de formação, pelo planeamento, execução, acompanhamento, controlo e avaliação do plano de atividades, pela gestão dos recursos afetos à atividade formativa, pelas relações externas respeitantes à mesma;

b) Existência de um coordenador pedagógico com habilitação e experiência profissional ou formação adequada, que assegure o apoio à gestão da formação, o acompanhamento pedagógico de ações de formação, a articulação com formadores e outros agentes envolvidos no processo formativo;

c) O gestor de formação e o coordenador pedagógico podem desempenhar, cumulativamente, funções de formadores ou mediadores previstos nas alíneas seguintes, desde que asseguradas a habilitação, a experiência profissional ou formação adequadas;

d) Existência de formadores com formação científica ou técnica e pedagógica adequadas, em número não inferior a três formadores, com especialização adequada à matéria a lecionar;

e) Existência de mediadores envolvidos no processo formativo, em número não inferior a três mediadores, com qualificações adequadas e experiência comprovada em mediação;

f) Colaborador qualificado ou recurso a prestação de serviço para assegurar a contabilidade organizada segundo o POC aplicável, nas entidades em que tal é exigido por lei;

g) É aplicável aos gestores, coordenadores e formadores o previsto no nº 2 do artigo 5º da presente portaria.

2 – Espaços e equipamentos – A entidade formadora deve assegurar a existência de instalações específicas, coincidentes ou não com a sua sede social, e equipamentos adequados às intervenções a desenvolver.

3 – As instalações e os equipamentos podem ser propriedade da entidade, locados ou cedidos, ou ainda pertencentes a empresa ou outra organização a que a entidade preste serviços de formação.

II – Requisitos de processos de planeamento e desenvolvimento da formação

1 – Planificação e gestão da atividade formativa – A entidade formadora deve elaborar o plano de atividades, com regularidade anual, que demonstre competências de planeamento da sua atividade formativa e que integre, nomeadamente, os seguintes elementos:

a) Caracterização da entidade formadora e histórico da atividade desenvolvida, com indicação da formação inicial e contínua, teórica e prática, incluindo as componentes éticas e deontológicas, gerais e específicas, disponibilizada aos mediadores de conflitos;

b) Indicação dos recursos humanos e materiais a afetar aos projetos.

2 – Dossier técnico-pedagógico – A entidade formadora deve elaborar um dossier técnico-pedagógico por cada ação de formação, que deve cumprir os seguintes requisitos:

a) Número mínimo adequado de horas de formação para o conjunto de temáticas de caráter geral;

b) Número mínimo adequado de horas de formação para o conjunto de temáticas de caráter específico;

c) Plano de realização de estágios, ou metodologias alternativas a estes, da responsabilidade da entidade formadora, que compreende obrigatoriamente a realização ou a simulação de duas mediações completas, com ou sem acordo, com supervisão de um mediador;

d) Indicação de critérios e métodos de seleção de formandos;

e) Programa de formação, que inclua informação sobre objetivos gerais e específicos, conteúdos programáticos, técnicas pedagógicas, bibliografia adotada e critério e parâmetros de avaliação dos formandos;

f) Identificação do gestor de formação, do coordenador pedagógico, dos formadores e outros agentes, bem como metodologias de avaliação do desempenho dos formadores.

1.6. Voluntary Arbitration Law

CHAPTER I – On the arbitration agreement

Article 1 – Arbitration agreement

1 – Any dispute involving economic interests may be referred by the parties to arbitration, by means of an arbitration agreement, provided that it is not exclusively submitted by a special law to the State courts or to compulsory arbitration.

2 – An arbitration agreement concerning disputes that do not involve economic interests is also valid provided that the parties are entitled to conclude a settlement on the right in dispute.

3 – The arbitration agreement may concern an existing dispute, even if it has been brought before a State court (submission agreement), or disputes that may arise from a given legal relationship, contractual or non-contractual (arbitration clause).

4 – In addition to matters of a strictly contentious nature, the parties may agree to submit to arbitration any other issues that require the intervention of an impartial decision maker, including those related to the need to specify, complete and adapt contracts with long-lasting obligations to new circumstances.

5 – The State and other legal entities governed by public law may enter into arbitration agreements insofar as they are authorised to do so by law, or if such agreements concern private law disputes.

Article 2 – Arbitration agreement requirements; its termination

1 – The arbitration agreement shall be in writing.

2 – The requirement that the arbitration agreement be in writing is met if the agreement is recorded in a written document signed by the parties, in an exchange of letters, telegrams, faxes or other means of telecommunications which provide a written record of the agreement, including electronic means of communication.

3 – The requirement that the arbitration agreement be in writing is met if it is recorded on an electronic, magnetic, optical or any other type of support, that offers the same guarantees of reliability, comprehensiveness and preservation.

4 – Without prejudice to the legal regime on general contract clauses, the reference made in a contract to a document containing an arbitration clause constitutes an arbitration agreement, provided that such contract is in writing and that the reference is such as to make that clause part of the contract.

5 – The requirement that the arbitration agreement be in writing is also met when there is an exchange of statements of claim and defence in arbitral proceedings, in which the existence of such an agreement is invoked by one party and not denied by the other.

6 – A submission agreement shall specify the subject-matter of the dispute; an arbitration clause shall specify the legal relationship to which the disputes are related.

Article 3 – Invalidity of the arbitration agreement

The arbitration agreement entered into in breach of the provisions of articles 1 and 2 is null and void.

Article 4 – Modification, revocation and expiry of the agreement

1 – The arbitration agreement may be altered by the parties until the acceptance of the first arbitrator or, if all arbitrators agree thereto, until the arbitral award is issued.

2 – The arbitration agreement may be revoked by the parties, until the arbitral award is issued.

3 – The agreement of the parties foreseen in the preceding paragraphs must be in writing and comply with the provisions of article 2.

4 – Unless otherwise agreed, the death or the extinction of the parties shall neither render the arbitration agreement forfeit nor lead to the termination of the arbitral proceedings.

Article 5 – Negative effect of the arbitration agreement

1 – The State court before which an action is brought in a matter which is the object of an arbitration agreement shall, if the respondent so requests not later than when submitting its first statement on the substance of the dispute, dismiss the case, unless it finds that the arbitration agreement is clearly null and void, is or became inoperative or is incapable of being performed.

2 – In the case foreseen in the previous paragraph, arbitral proceedings may be commenced or continued, and an award may be made, while the issue is pending before the State court.

3 – The arbitral proceedings shall cease and the award made therein shall cease to produce effects, when a state court considers, by means of a final and binding decision, that the arbitral tribunal is incompetent to settle the dispute that was brought before it, whether such decision is rendered in the action referred to in paragraph 1 of the present article, or whether it is rendered under article 18, paragraph 9, and under article 46, paragraph 3, sub-paragraph a), points i) and iii).

4 – The issues of invalidity, inoperativeness or unenforceability of an arbitration agreement cannot be discussed autonomously in an action brought before a State court to that effect or in an interim measure procedure brought before the same court, aiming at preventing the constitution or the operation of an arbitral tribunal.

Article 6 – Reference to arbitration rules

All references made in this Law to provisions of the arbitration agreement or to the agreement between the parties include not only what the parties have directly regulated therein, but also the arbitration rules to which the parties have referred to.

Article 7 – Arbitration agreement and interim measures granted by a State court

It is not incompatible with an arbitration agreement for a party to request from a State court, before or during the arbitral proceedings, an interim measure and for a State court to grant such a measure.

CHAPTER II – On the arbitrators and the arbitral tribunal

Article 8 – Number of arbitrators

1 – The arbitral tribunal may consist of a sole arbitrator or of several, in an uneven number.

2 – Should the parties fail to agree on the number of members of the arbitral tribunal, the arbitral tribunal shall consist of three arbitrators.

Article 9 – Arbitrators' requirements

1 – The arbitrators must be individuals and have full legal capacity.

2 – No person shall be precluded, by reason of that person's nationality, from being appointed as an arbitrator, without prejudice to the provisions of article 10, paragraph 6, and the discretion of the parties.

3 – Arbitrators must be independent and impartial.

4 – Arbitrators may not be held liable for damages resulting from their decisions, save for those situations in which judges may be so.

5 – The liability of the arbitrators as mentioned in the preceding paragraph only exists towards the parties.

Article 10 – Appointment of arbitrators

1 – The parties are free to appoint the arbitrator or arbitrators that shall form the arbitral tribunal in the arbitration agreement or in a document subsequently signed by the parties, or to agree on a procedure for appointing them, notably by entrusting the appointment of all or some of the arbitrators to a third party.

2 – In an arbitration with a sole arbitrator, if the parties are unable to agree on the arbitrator's appointment, such arbitrator shall be appointed, upon request of any party, by the State court.

3 – In an arbitration with three or more arbitrators, each party shall appoint an equal number of arbitrators and the arbitrators thus appointed shall appoint a further arbitrator, who shall act as chairman of the arbitral tribunal.

4 – Unless otherwise agreed, if a party is to appoint an arbitrator or arbitrators and fails to do so within 30 days of receipt of the other party's request to do so, or if the arbitrators appointed by the parties fail to agree on the choice of the chairman within 30 days of the appointment of the last arbitrator to be appointed, the appointment of the remaining arbitrator or

arbitrators shall be made, upon request of any of the parties, by the competent State court.

5 – Unless otherwise agreed, the provisions of the preceding paragraph shall apply if the parties have entrusted the appointment of all or some of the arbitrators to a third party and the appointment does not occur within 30 days of the request to do so.

6 – In appointing an arbitrator, the competent State court shall have due regard to any qualifications required of the arbitrator or arbitrators by the agreement of the parties and to such considerations as are likely to secure the appointment of an independent and impartial arbitrator; in the case of an international arbitration, while appointing a sole or third arbitrator, the court shall furthermore take into account the advisability of appointing an arbitrator of a nationality other than those of the parties.

7 – The decisions made by the competent State court under the provisions of the preceding paragraphs of this article are not subject to appeal.

Article 11 – Multiple claimants or respondents

1 – In case of multiple claimants or respondents, and if the arbitral tribunal is to consist of three arbitrators, the claimants shall jointly appoint an arbitrator and the respondents shall jointly appoint another one.

2 – Should the claimants or the respondents fail to reach an agreement on the arbitrator to be appointed by them, the appointment of such arbitrator shall be made, upon request of any party, by the competent State court.

3 – In the case foreseen in the previous paragraph, the State court may appoint all arbitrators and indicate which one of them shall be the chairman, if it becomes clear that the parties that failed to jointly appoint an arbitrator have conflicting interests regarding the substance of the dispute, and in such event the appointment of the arbitrator meanwhile made by one of the parties shall become void.

4 – The provisions of this article are without prejudice to what may have been stipulated in the arbitration agreement for multi-party arbitrations.

Article 12 – Acceptance of mandate

1 – No person may be compelled to act as an arbitrator; but if the mandate has been accepted, withdrawal shall only be legitimate if it is based on a supervening impossibility of the appointee to perform said appointee's

functions, or in case of non-conclusion of the agreement referred to in article 17, paragraph 1.

2 – Unless otherwise agreed by the parties, each appointed arbitrator shall, within 15 days from the notice of his or her appointment, declare in writing the acceptance of the mandate to whomever appointed him or her; if within such period the arbitrator neither declares his or her acceptance, nor in any other way reveals his or her intent to act as an arbitrator, such arbitrator shall be deemed not to accept the appointment.

3 – The arbitrator who, having accepted the mandate, unjustifiably withdraws from exercising his or her office shall be liable for the damages caused.

Article 13 – Grounds for challenge

1 – When a person is invited to act as an arbitrator, he or she shall disclose any circumstances that may give rise to justifiable doubts as to his or hers impartiality and independence.

2 – The arbitrator shall, throughout the arbitral proceedings, disclose without delay to the parties and the remaining arbitrators any of the circumstances referred to in the preceding paragraph that arise subsequently, or of which he only became aware after accepting the mandate.

3 – An arbitrator may only be challenged if circumstances exist that give rise to justifiable doubts as to the arbitrator's impartiality or independence, or if the arbitrator does not possess the qualifications agreed to by the parties. A party may only challenge an arbitrator appointed by it, or in whose appointment it has participated, for reasons of which it becomes aware after the appointment has been made.

Article 14 – Challenge procedure

1 – The parties are free to agree on a procedure for challenging an arbitrator, subject to the provisions of paragraph 3 of this article.

2 – Failing such agreement, the party intending to challenge an arbitrator shall, within fifteen days after becoming aware of the constitution of the arbitral tribunal or after becoming aware of the circumstances referred to in article 13, send to the arbitral tribunal a written statement of the reasons for the challenge. If the challenged arbitrator does not withdraw from office and the party that appointed such arbitrator insists that the arbitrator continues in office, the arbitral tribunal, including the challenged arbitrator, shall decide on the challenge.

3 – If a challenge under any procedure agreed upon by the parties or under the procedure of paragraph 2 of this article is not successful, the challenging party may request, within 15 days after having received notice of the decision rejecting the challenge, the competent State court to decide on the challenge, which decision shall be subject to no appeal. While such a request is pending, the arbitral tribunal, including the challenged arbitrator, may continue the arbitral proceedings and make an award.

Article 15 – Incapability or failure of an arbitrator to act

1 – The arbitrator's mandate shall terminate if he becomes, de jure or de facto, incapable to perform his or her functions, if he or she withdraws from office or if the parties agree on the termination on such grounds.

2 – If an arbitrator, for any other reason, fails to perform his or her functions within a reasonable period of time, the parties may, by mutual agreement, terminate the mandate, without prejudice to any eventual liability of the arbitrator in question.

3 – If the parties cannot agree on the termination in any of the situations referred to in the preceding paragraphs of this article, any party may request the competent State court to remove such arbitrator from office, on those grounds, which decision of the state court shall be subject to no appeal.

4 – If, under the preceding paragraphs of this article or under article 14, paragraph 2, an arbitrator withdraws from office or if the parties agree on the termination of the mandate of an arbitrator allegedly found to be in one of the circumstances referred therein, that does not involve the acceptance of the validity of the grounds for the removal from office mentioned in those provisions.

Article 16 – Appointment of a substitute arbitrator

1 – Where, for any reason, the mandate of an arbitrator terminates, a substitute arbitrator shall be appointed, according to the rules applicable to the appointment of the arbitrator being replaced, without prejudice to the parties agreeing that the replacement shall be made otherwise or waiving such replacement.

2 – The arbitral tribunal shall decide, taking into consideration the stage of the proceedings, whether any procedural act should be repeated in view of the new composition of the tribunal.

Article 17 – Arbitrators' fees and expenses

1 – If the parties have failed to regulate such matters in the arbitration agreement, the arbitrators′ fees, the method of reimbursement of their expenses and the payment by the parties of advances on such fees and expenses shall be agreed upon in writing by the parties and the arbitrators, said agreement to be entered into before the acceptance by the last of the arbitrators to be appointed.

2 – If such matters have not been regulated in the arbitration agreement, and an agreement thereon has not been entered into between the parties and the arbitrators, the arbitrators shall, taking into consideration the complexity of the issues decided, the amount in dispute and the time spent or to be spent with the arbitral proceedings until its conclusion, fix the amount of their fees and expenses, and furthermore determine the payment by the parties of their advance payments, by means of one or several decisions separate from those in which procedural issues or the substance of the dispute are decided.

3 – In the situation foreseen in the previous paragraph of the present article, any of the parties may request the competent State court to reduce the amounts of the fees or the expenses and respective advance payments fixed by the arbitrators, whereby that state court may define the amounts it deems adequate, after having heard the members of the arbitral tribunal on the issue.

4 – In the case of a failure to make advance payments for fees and expenses previously agreed or fixed by the arbitral tribunal or the State court, the arbitrators may suspend or end the arbitral proceedings after a reasonable additional time-limit granted to that effect to the party or parties in default has elapsed, without prejudice to the provisions of the following paragraph of this article.

5 – If one of the parties has not made its advance payment within the time-limit determined in accordance with the previous paragraph, the arbitrators, before deciding to suspend or end the arbitral proceedings, shall give notice thereof to the remaining parties so that these may, if they wish, remedy the failure to make said advance payment within the time-limit granted to that effect.

CHAPTER III – On the jurisdiction of the arbitral tribunal

Article 18 – Competence of arbitral tribunal to rule on its jurisdiction

1 – The arbitral tribunal may rule on its own jurisdiction, even if for that purpose it is necessary to assess the existence, the validity or the effectiveness of the arbitration agreement or of the contract of which it forms part, or the applicability of the said arbitration agreement.

2 – For the purpose of the previous paragraph, an arbitration clause that forms part of a contract shall be treated as an agreement independent of the other terms of the contract.

3 – The decision by the arbitral tribunal that the contract is null and void shall not automatically entail the invalidity of the arbitration clause.

4 – A plea that the arbitral tribunal does not have jurisdiction to hear the whole or part of the dispute submitted to it shall be raised not later than the submission of the statement of defence as to the substance of the dispute, or jointly with it.

5 – A party is not precluded from raising a plea that the arbitral tribunal does not have jurisdiction to hear the dispute brought before it by the fact that it has appointed, or participated in the appointment of, an arbitrator.

6 – A plea that the arbitral tribunal, in the course of the arbitral proceedings, has exceeded or may exceed its jurisdiction shall be raised as soon as the issue alleged to be beyond the scope of its jurisdiction is raised during the proceedings.

7 – The arbitral tribunal may, in the cases mentioned in paragraphs 4 and 6 of the present article, allow that a plea based on the arguments mentioned in the said paragraphs be presented after the time-limits established therein, if it considers the delay justified.

8 – The arbitral tribunal may rule on its jurisdiction either in an interim decision or in the award on the merits.

9 – The interim decision by which the arbitral tribunal rules that it has jurisdiction may, within 30 days after its notification to the parties, be challenged by any of them before the competent State court, under article 46, paragraph 3, sub-paragraph a), points i) and ii), and under article 59, paragraph 1, sub-paragraph f).

10 – While the challenge mentioned in the previous paragraph is pending in the competent State court, the arbitral tribunal may continue

the arbitral proceedings and make an award on the merits of the dispute, without prejudice to the provisions of article 5, paragraph 3.

Article 19 – Scope of the State court's intervention

In the matters governed by this Law, State courts may only intervene where so provided in this Law.

CHAPTER IV – On interim measures and preliminary orders

SECTION I – Interim measures

Article 20 – Power of the arbitral tribunal to grant interim measures

1 – Unless otherwise agreed, the arbitral tribunal may, at the request of a party and after hearing the opposing party, grant the interim measures it deems necessary in relation to the subject-matter of the dispute.

2 – For the purpose of this Law, an interim measure is a temporary measure, whether in the form of an award or in another form, by which, at any time prior to the issuance of the award by which the dispute is finally decided, the arbitral tribunal orders a party to:

a) Maintain or restore the status quo pending determination of the dispute;

b) Take action that would prevent, or refrain from taking action that is likely to cause, harm or prejudice to the arbitral process itself;

c) Provide a means of preserving assets out of which a subsequent award may be satisfied;

d) Preserve evidence that may be relevant and material to the resolution of the dispute.

Article 21 – Conditions for granting interim measures

1 – Interim measures requested under article 20, paragraph 2, sub-paragraphs *a*), *b*) and *c*) shall be granted by the arbitral tribunal as long as:

a) There is a serious probability that the right invoked by the requesting party exists and the fear that such right will be harmed is sufficiently evidenced; and

b) The harm resulting from the interim measure to the party against whom the measure is directed does not substantially outweigh the damage that the requesting party wishes to avoid with the measure.

2 – The determination of the arbitral tribunal on the probability referred to in paragraph 1, subparagraph *a*), of this article shall not affect the discretion of the arbitral tribunal in making any subsequent determination on any matter.

3 – With regard to the request for an interim measure presented under article 20, paragraph 2, sub-paragraph *d*), the requirements foreseen in paragraph 1, sub-paragraphs *a*) and *b*), of this article shall apply only to the extent the arbitral tribunal considers appropriate.

SECTION II – Preliminary Orders

Article 22 – Application for preliminary orders; conditions

1 – Unless otherwise agreed by the parties, a party may, without notice to any other party, make a request for an interim measure together with an application for a preliminary order directing a party not to frustrate the purpose of the interim measure requested.

2 – The arbitral tribunal may grant a preliminary order provided it considers that prior disclosure of the request for the interim measure to the party against whom it is directed risks frustrating the purpose of the measure.

3 – The conditions defined under article 21 apply to any preliminary order, provided that the harm to be assessed under article 21, paragraph 1, sub-paragraph *b*), is, in such case, the harm likely to result from the order being granted or not.

Article 23 – Specific regime for preliminary orders

1 – Immediately after the arbitral tribunal has made a determination in respect of an application for a preliminary order, the arbitral tribunal shall give notice to all parties of the request for the interim measure, the application for the preliminary order, the preliminary order, if any, and all other communications, including by indicating the content of any oral communications between any party and the arbitral tribunal in relation thereto.

2 – At the same time, the arbitral tribunal shall give an opportunity to the party against whom the preliminary order is directed to present its case, at the earliest practicable time, to be set by the arbitral tribunal.

3 – The arbitral tribunal shall decide promptly on any objection to the preliminary order.

4 – A preliminary order shall expire after 20 days from the date on which it was issued by the arbitral tribunal. However, the arbitral tribunal may issue an interim measure adopting or modifying the preliminary order, after the party against whom the preliminary order is directed has been given notice and an opportunity to present its case.

5 – A preliminary order shall be binding on the parties but shall not be subject to enforcement by a state court.

SECTION III – Provisions applicable to interim measures and preliminary orders

Article 24 – Modification, suspension and termination; security

1 – The arbitral tribunal may modify, suspend or terminate an interim measure or a preliminary order it has granted or issued, upon application of any party or, in exceptional circumstances and after hearing the parties, on the arbitral tribunal's own initiative.

2 – The arbitral tribunal may require the party requesting an interim measure to provide appropriate security.

3 – The arbitral tribunal shall require the party applying for a preliminary order to provide appropriate security, unless the arbitral tribunal considers it inappropriate or unnecessary to do so.

Article 25 – Duty to disclose

1 – The parties shall promptly disclose any material change in the circumstances on the basis of which the interim measure was requested or granted.

2 – The party applying for a preliminary order shall disclose to the arbitral tribunal all circumstances that are likely to be relevant to the arbitral tribunal's determination whether to grant or maintain the order, and such obligation shall continue until the party against whom the order has been requested has had an opportunity to present its case. Thereafter, paragraph 1 of this article shall apply.

Article 26 – Responsibility of the requesting party

The party requesting an interim measure or applying for a preliminary order shall be liable for any costs or damages caused by such measure or order to the other party if the arbitral tribunal later determines that, in the circumstances, the measure or the order should not have been granted or issued. The arbitral tribunal may, in the latter situation, order the requesting party to pay the corresponding indemnification at any point during the proceedings.

SECTION IV – Recognition or enforcement of interim measures

Article 27 – Recognition or enforcement

1 – An interim measure issued by an arbitral tribunal shall be binding on the parties and, unless otherwise provided by the arbitral tribunal, shall be enforced upon application to the competent State court, irrespective of the arbitration in which it was issued being seated abroad, subject to the provisions of article 28.

2 – The party who is seeking or has obtained recognition or enforcement of an interim measure shall promptly inform the State court of any termination, suspension or modification of that interim measure by the arbitral tribunal that has granted it.

3 – The State court where recognition or enforcement of the measure is sought may, if it considers it proper, order the requesting party to provide appropriate security if the arbitral tribunal has not already made a determination with respect to security or where such a decision is necessary to protect the rights of third parties.

4 – The decision of an arbitral tribunal granting a preliminary order or interim measure and the judgment of a State court deciding on the recognition or enforcement of an interim measure issued by an arbitral tribunal are not subject to appeal.

Article 28 – Grounds for refusing recognition or enforcement

1 – Recognition or enforcement of an interim measure may be refused by a State court only:

a) At the request of the party against whom it is invoked, if the court is satisfied that:

- *i*) Such refusal is warranted on the grounds set forth in article 56, paragraph 1, sub-paragraph *a*), points *i*), *ii*), *iii*) or *iv*); or
- *ii*) The arbitral tribunal's decision with respect to the provision of security in connection with the interim measure issued by the arbitral tribunal has not been complied with; or

iii) The interim measure has been revoked or suspended by the arbitral tribunal or, where so empowered, by the court of the State in which the arbitration takes place or under the law of which that interim measure was granted; or

b) If the State court finds that:

i) The interim measure is incompatible with the powers conferred upon the State court unless the State court decides to reformulate the interim measure to the extent necessary to adapt it to its own powers and procedures for the purposes of enforcing that interim measure and without modifying its substance; or

ii) Any of the grounds for refusal of recognition set forth in article 56, paragraph 1, subparagraph *b*), points *i*) or *ii*) apply to the recognition or enforcement of the interim measure.

2 – Any determination made by the State court on any ground in paragraph 1 of this article shall be effective only for the purposes of the application to recognize or enforce the interim measure granted by the arbitral tribunal. The State court where recognition or enforcement of the interim measure is sought shall not, in making that determination, undertake a review of the substance of the interim measure.

Article 29 – State court-ordered interim measures

1 – State courts shall have the power to issue interim measures dependent from arbitration proceedings, irrespective of the location where these take place, in the same terms as they may do so in relation to proceedings before State courts.

2 – State courts shall exercise such power in accordance with the applicable procedural rules, taking into consideration the specific features of international arbitration, should that be the case.

CHAPTER V – On the conduct of the arbitral proceedings

Article 30 – Principles and rules of the arbitral proceedings

1 – The arbitral proceedings shall always comply with the following fundamental principles:

a) The respondent shall be summoned to present its defence;

b) The parties shall be treated with equality and shall be given a reasonable opportunity to present their case, in writing or orally, before the final award is issued;

c) In all phases of the proceedings the adversarial principle shall be guaranteed, with the exceptions set out in this Law.

2 – The parties may, until the acceptance by the first arbitrator, agree on the procedure to be followed by the arbitral tribunal in the conduct of the proceedings, respecting the fundamental principles referred to in the preceding paragraph of this article and the mandatory provisions of this Law.

3 – Failing such agreement of the parties and in the absence of applicable provisions in this Law, the arbitral tribunal may conduct the arbitration in such manner as it considers appropriate, defining the procedural rules it deems adequate and specifying, if this is the case, that it considers the provisions of the law that governs the proceedings before the competent State court to be subsidiarily applicable.

4 – The powers conferred upon the arbitral tribunal include the determination of the admissibility, relevance and weight of any evidence presented or to be presented.

5 – The arbitrators, the parties and the arbitral institutions, if such is the case, are obliged to maintain confidentiality regarding all information obtained and documents brought to their attention in the course of the arbitration proceedings, without prejudice to the right of the parties to make public procedural acts necessary to the defence of their rights and to the duty to communicate or disclose procedural acts to the competent authorities, which may be imposed by law.

6 – The preceding paragraph does not prevent the publication of awards and other decisions of the arbitral tribunal, with the exclusion of any elements of identification of the parties, unless any of them opposes thereto.

Article 31 – Place of arbitration

1 – The parties are free to agree on the place of arbitration. Failing such agreement, the place of arbitration shall be determined by the arbitral tribunal, having regard to the circumstances of the case, including the convenience of the parties.

2 – Notwithstanding paragraph 1 of this article, the arbitral tribunal may, unless otherwise agreed by the parties, meet at any place it considers

appropriate to hold one or more hearings, to allow the production of any evidence, or to deliberate.

Article 32 – Language of the proceedings

1 – The parties are free to agree on the language or languages to be used in the arbitral proceedings. Failing such agreement, the arbitral tribunal shall determine the language or languages to be used in the proceedings.

2 – The arbitral tribunal may order that any documentary evidence shall be accompanied by a translation into the language or languages agreed upon by the parties or chosen by the arbitral tribunal.

Article 33 – Commencement of proceedings; statements of claim and defence

1 – Unless otherwise agreed by the parties, the arbitral proceedings in respect of a particular dispute shall commence on the date on which a request that such dispute be referred to arbitration is received by the respondent.

2 – Within the period of time agreed by the parties or determined by the arbitral tribunal, the claimant shall submit its statement of claim, in which the remedy sought and the facts supporting the claim shall be stated, and the respondent shall present its statement of defence in which its defence in respect of these particulars shall be outlined, unless the parties have agreed otherwise regarding the required elements of such statements. The parties may submit with their written statements all documents they consider to be relevant and may add a reference therein to the documents or other means of evidence they will submit.

3 – Unless otherwise agreed by the parties, either party may, in the course of the arbitral proceedings, amend or supplement its statement of claim or defence, unless the arbitral tribunal considers it inappropriate to allow such a change having regard to the delay in making it and the absence of sufficient justification for this.

4 – The respondent may present a counterclaim, provided that its subject-matter is covered by the arbitration agreement.

Article 34 – Hearings and written proceedings

1 – Subject to any contrary agreement by the parties, the tribunal shall decide whether to hold hearings for the presentation of evidence, or whether

the proceedings shall be conducted merely on the basis of documents and other means of proof. The arbitral tribunal shall however hold one or more hearings for the presentation of evidence whenever so requested by a party, unless the parties have previously agreed that no hearings shall be held.

2 – The parties shall be given sufficient advance notice of any hearing and of any meeting of the arbitral tribunal for the purposes of producing evidence.

3 – All written statements, documents or other information supplied to the arbitral tribunal by one party shall be communicated to the other party. Also any expert report or evidentiary document on which the arbitral tribunal may rely in making its decision shall be communicated to the parties.

Article 35 – Default and absence of a party

1 – If the claimant fails to present its statement of claim in accordance with article 33, paragraph 2, the arbitral tribunal shall terminate the arbitral proceedings.

2 – If the respondent fails to present its statement of defence in accordance with article 33, paragraph 2, the arbitral tribunal shall continue the proceedings without treating such failure in itself as an admission of the claimant's allegations.

3 – If one of the parties fails to appear at a hearing or to produce documentary evidence within the determined period of time, the arbitral tribunal may continue the proceedings and make the award on the evidence before it.

4 – The arbitral tribunal may however, in case it deems the default justified, allow a party to perform the omitted act.

5 – The provisions of the preceding paragraphs of this article are without prejudice to what the parties may have agreed on the consequences of default.

Article 36 – Third party joinder

1 – Only third parties bound by the arbitration agreement, whether from the date of such agreement or by having subsequently adhered to it, are allowed to join ongoing arbitral proceedings. Such adhesion requires the consent of all parties to the arbitration agreement and may only take place in respect of the arbitration in question.

2 – If the arbitral tribunal has already been constituted, the joinder of a third party can only be allowed or requested if such party declares that it accepts the current composition of the tribunal; when a joinder is requested by the third party such acceptance is presumed.

3 – Joinder must always be decided by the arbitral tribunal, after giving the original parties to the arbitration and the third party in question the opportunity to state their views. The arbitral tribunal shall only allow joinder if this does not unduly disrupt the normal course of the arbitral proceedings and if there are relevant reasons that justify the joinder, such as, in particular, those situations in which, provided that the request is not clearly impracticable:

a) The third party has an interest in relation to the subject-matter of the dispute equal to that of the claimant or respondent, such that it would have originally permitted voluntary joinder or imposed compulsory joinder between one of the parties to the arbitration and the third party, or

b) The third party wishes to present a claim against the respondent with the same object as that of the claimant, but which is incompatible with the latter's claim; or

c) The respondent against whom a credit is invoked that may, prima facie, be characterized as a joint and several credit, wants the other possible joint and several creditors to be bound by the final award; or

d) The respondent wants that third parties to be joined, against whom it may have a claim in case the claimant's request is completely or partially granted.

4 – The provisions of the preceding paragraphs referring to claimant and respondent are applicable, with the necessary adjustments, respectively to respondent and claimant, in case of a counterclaim.

5 – In case a joinder is allowed, the provisions of article 33 shall apply, with the necessary adjustments.

6 – Without prejudice to the following paragraph, a joinder before the arbitral tribunal has been constituted can only take place in institutionalised arbitration, and provided that the applicable arbitration rules ensure that the principle of equal participation of all parties is upheld, including members of multiple parties, in the choice of the arbitrators.

7 – The arbitration agreement may regulate third party joinder in ongoing arbitrations differently from the provisions of the preceding paragraphs, either directly, upholding the principle of equal participation of all

parties in the choice of the arbitrators, or by reference to an institutionalized arbitration regulation that allows such joinder.

Article 37 – Expert appointed by the arbitral tribunal

1 – Unless otherwise agreed by the parties, the arbitral tribunal may, on its own initiative or upon request of the parties, appoint one or more experts to prepare a written or oral report on specific issues to be determined by the arbitral tribunal.

2 – In the case foreseen in the previous paragraph, the arbitral tribunal may require any party to give the expert any relevant information or to produce, or to provide access to, any relevant documents or other goods for the expert's inspection.

3 – Unless otherwise agreed by the parties, if a party so requests, or if the arbitral tribunal considers it necessary, the expert shall, after delivery of his or her report, participate in a hearing where the arbitral tribunal and the parties shall have the opportunity to put questions to the expert.

4 – The provisions of article 13 and of article 14, paragraphs 2 and 3, apply, with the necessary adaptations, to the experts appointed by the arbitral tribunal.

Article 38 – State court assistance in taking evidence

1 – When the evidence to be taken depends on the will of one of the parties or of third parties and these refuse to cooperate, a party may, with the approval of the arbitral tribunal, request from the competent State court that the evidence be taken before it, the results thereof being forwarded to the arbitral tribunal.

2 – The preceding paragraph is applicable to the requests to take evidence addressed to a Portuguese State court, in case of arbitrations seated abroad.

CHAPTER VI – On the arbitral award and the closing of the proceedings

Article 39 – Rules applicable to substance of dispute, resort to equity; inadmissibility of appeal of the award

1 – The arbitrators shall decide the dispute in accordance with the law, unless the parties agree that they shall decide ex aequo et bono.

2 – If the parties' agreement to decide ex aequo et bono was entered into after the acceptance by the first arbitrator, its effectiveness shall depend on the acceptance by the arbitral tribunal.

3 – If the parties have entrusted the tribunal with that mission, the tribunal may decide the dispute as amiable compositeur.

4 – The award on the merits of the dispute, or which terminates the arbitral proceedings without a decision on the merits, is only subject to appeal to the competent State court if the parties have expressly contemplated such possibility in the arbitration agreement, and provided that the dispute has not been decided ex aequo et bono or through amiable composition.

Article 40 – Decision-making by a panel of arbitrators

1 – In arbitral proceedings with more than one arbitrator, any decision of the arbitral tribunal shall be made by a majority of its members. Failing a majority decision, the award shall be made by the chairman of the tribunal.

2 – If an arbitrator refuses to take part in the vote on the decision, the other arbitrators may make the award without such arbitrator, unless otherwise agreed by the parties. The parties shall be subsequently informed of that arbitrator's refusal to participate in the vote.

3 – Issues related to procedural ordering, procedural sequence or procedural initiative, may be decided by the chairman alone, if so authorized by the parties or all other members of the arbitral tribunal.

Article 41 – Settlement

1 – If, during arbitral proceedings, the parties settle the dispute, the arbitral tribunal shall terminate the proceedings and, if so requested by the parties, record the settlement in the form of an arbitral award on agreed terms, unless the contents of such settlement is in violation of any principle of public policy.

2 – An award on agreed terms shall be made in accordance with the provisions of article 42 and shall state that it is an award. Such an award has the same effect as any other award on the merits of the case.

Article 42 – Form, contents and effectiveness of award

1 – The award shall be made in writing and shall be signed by the arbitrator or arbitrators. In arbitral proceedings with more than one arbitra-

tor, the signatures of the majority of the members of the arbitral tribunal or that of the chairman, in case the award is to be made by the latter, shall suffice, provided that the reason for the omission of the remaining signatures is stated in the award.

2 – Unless otherwise agreed by the parties, the arbitrators may decide the merits of the dispute in a single award or in as many partial awards as they deem necessary.

3 – The award shall state the reasons upon which it is based, unless the parties have agreed that no reasons are to be given or the award is rendered on the basis of an agreement of the parties under article 41.

4 – The award shall state the date in which it was rendered, as well as the place of the arbitration determined in accordance with article 31, paragraph 1. The award shall be deemed to all effects as having been made at that place.

5 – Unless otherwise agreed by the parties, the award shall determine the proportions in which the parties shall bear the costs directly resulting from the arbitration. The arbitrators may furthermore decide in the award, if they so deem fair and appropriate, that one or some of the parties shall compensate the other party or parties for the whole or part of the reasonable costs and expenses that they can prove to have incurred due to their participation in the arbitration.

6 – After the award is made, it shall be immediately notified through the delivery to each of the parties of a copy signed by the arbitrator or arbitrators, in accordance with paragraph 1 of this article. The award shall produce its effects on the date of such notification, without prejudice to the provisions of paragraph 7.

7 – An arbitral award that cannot be appealed and that is no longer subject to amendments under article 45 has the same binding effect on the parties as the final and binding judgment of a State court, and is enforceable as a State court judgement.

Article 43 – Time limit to make the award

1 – Unless the parties have agreed, up to the acceptance by the first arbitrator, on a different time-limit, the arbitrators shall deliver the final award on the dispute brought before them to the parties within 12 months from the date of acceptance of the last arbitrator.

2 – The time-limit set in accordance with paragraph 1 may be freely extended one or more times by an agreement of the parties or, alternati-

vely, by a decision of the arbitral tribunal, for successive periods of 12 months, such extensions to be duly motivated. The parties may, however, by mutual agreement, oppose the extension.

3 – Failure to deliver the final award within the maximum time-limit set in accordance with the preceding paragraphs of this article shall automatically terminate the arbitral proceedings and the arbitrators' jurisdiction to decide on the dispute. The arbitration agreement will, however, remain effective, notably in order that a new arbitral tribunal may be constituted and a new arbitration commenced.

4 – The arbitrators that unjustifiedly prevent the award from being made within the time-limit set for that purpose shall be liable for damages thus caused.

Article 44 – Termination of proceedings

1 – The arbitral proceedings are terminated by the final award or by an order of the arbitral tribunal in accordance with paragraph 2 of this article.

2 – The arbitral tribunal shall issue an order for the termination of the arbitral proceedings when:

a) The claimant withdraws its claim, unless the respondent objects thereto and the arbitral tribunal recognizes a legitimate interest on its part in obtaining a final settlement of the dispute;

b) The parties agree on the termination of the proceedings;

c) The arbitral tribunal finds that the continuation of the proceedings has for any reason become unnecessary or impossible.

3 – The mandate of the arbitral tribunal terminates with the termination of the arbitral proceedings, subject to the provisions of article 45 and article 46, paragraph.

4 – Unless otherwise agreed by the parties, the chairman of the arbitral tribunal shall keep the original file of the arbitral proceedings for a minimum period of two years and the original arbitral award for a minimum period of five years.

Article 45 – Correction and interpretation of award; additional award

1 – Within thirty days of receipt of the notification of the award, unless another period of time has been agreed upon by the parties, any party may, with notice to the other party, request the arbitral tribunal to correct in the

award any errors in computation, any clerical or typographical error or any error of an identical nature.

2 – In the time period foreseen in the previous paragraph any party may, with notice to the other party, request the arbitral tribunal to clarify any obscurity or ambiguity of the award or of the reasons on which it is based.

3 – If the arbitral tribunal considers the request to be justified, it shall make the correction or give the clarification within 30 days of receipt of the request. The clarification shall form part of the award.

4 – The arbitral tribunal may also on its own initiative correct any error of the type referred to in paragraph 1 of this article within thirty days of the date of notice of the award.

5 – Unless otherwise agreed by the parties, any party may, with notice to the other party, request the arbitral tribunal within 30 days of receipt of the notice of the award to make an additional award as to parts of the claim or claims submitted in the arbitral proceedings but omitted from the award. If the arbitral tribunal considers the request to be justified, it shall make the additional award within 60 days of the request.

6 – The arbitral tribunal may extend, if necessary, the period of time within which it may correct, clarify or complete the award under paragraphs 1, 2 or 5 of this article, without prejudice to the compliance with the time-limit set in accordance with article 43.

7 – The provisions of article 42 shall apply to the correction and clarification of the award as well as to the additional award.

CHAPTER VII – On recourse against award

Article 46 – Application for setting aside

1 – Unless otherwise agreed by the parties, under article 39, paragraph 4, recourse to a State court against an arbitral award may be made only by an application for setting aside in accordance with the provisions of this article.

2 – The application for setting aside the arbitral award, which must be accompanied by a certified copy thereof, and, if it is drafted in a foreign language, by a translation into Portuguese, shall be submitted to the competent State court, observing the following rules, without prejudice to the provisions of the further paragraphs of this article:

a) Evidence shall be presented with the application;

b) The opposing party shall be summoned to present its opposition to the request and to present evidence;

c) The requesting party may present a statement in reply to eventual objections raised by the opposing party;

d) The taking of evidence shall follow;

e) The procedure shall follow, with the necessary adjustments, the rules on appeals;

f) The action for setting aside is considered, for effects of distribution, a type 5 class of action.

3 – An arbitral award may be set aside by the competent State court only if:

a) The party making the application furnishes proof that:

i) One of the parties to the arbitration agreement was under some incapacity; or the said agreement is not valid under the law to which the parties have subjected it or, failing any indication thereon, under this Law; or

ii) There has been a violation within the proceedings of some of the fundamental principles referred in article 30, paragraph 1, with a decisive influence on the outcome of the dispute; or

iii) The award dealt with a dispute not contemplated by the arbitration agreement, or contains decisions beyond the scope of the latter; or

iv) The composition of the arbitral tribunal or the arbitral procedure was not in accordance with the agreement of the parties, unless such agreement was in conflict with a provision of this Law from which the parties cannot derogate, or, failing such agreement, was not in accordance with this Law, and, in any case, this inconformity had a decisive influence on the decision of the dispute; or

v) The arbitral tribunal has condemned in an amount in excess of what was claimed or on a different claim from that that was presented, or has dealt with issues that it should not have dealt with, or has failed to decide issues that it should have decided; or

vi) The award was made in violation of the requirements set out in article 42, paragraphs 1 and 3; or

vii) The award was notified to the parties after the maximum time-limit set in accordance with article 43 had lapsed; or *b*) The court finds that:

i) The subject-matter of the dispute cannot be decided by arbitration under Portuguese law;

ii) The content of the award is in conflict with the principles of international public policy of the Portuguese State.

4 – If a party, knowing that one of the provisions of this Law that parties can derogate from, or any condition set out in the arbitration agreement, was not respected, and nonetheless continues the arbitration without immediate opposition or, if there is a defined time-limit therefore, does not object within said time-limit, it is deemed that the party has waived the right to set aside the arbitral award on such grounds.

5 – Without prejudice to the provisions of the preceding paragraph, the right to apply for the setting aside of an arbitral award cannot be waived.

6 – An application for setting aside may only be made within 60 days from the date on which the party making that application had received the notification of the award or, if a request had been made under article 45, from the date on which such request had been disposed of by the arbitral tribunal.

7 – If the part of the award as to which any of the grounds for setting aside referred to in paragraph 3 of this article is considered to have occurred can be separated from the rest of the award, only that part of the award shall be set aside.

8 – The competent State court, when asked to set aside an arbitral award, may, where appropriate, and if it is so requested by ones of the parties, suspend the setting aside proceedings for a period of time determined by it, in order to give the arbitral tribunal the opportunity to resume the arbitral proceedings or to take such other action as the arbitral tribunal deems likely to eliminate the grounds for setting aside.

9 – The State court that sets aside the arbitral award may not deal with the merits of the issue or issues decided in the award, such issues to be submitted, if any party so wishes, to another arbitral tribunal in order to be decided by the latter.

10 – Unless the parties have agreed otherwise, setting aside the award shall result in the arbitration agreement becoming operative again in respect of the subject-matter of the dispute.

CHAPTER VIII – On the enforcement of the arbitral award

Article 47 – Enforcement of the arbitral award

1 – The party applying for the enforcement of the award to the competent State court shall supply the original award or a certified copy thereof and, if the award is not made in Portuguese, a certified translation thereof into this language.

2 – In case the arbitral tribunal has issued an award without liquidating the damages, such liquidation shall be made under article 805, paragraph 4, of the Civil Procedure Code; however, the arbitral tribunal may be requested to liquidate the damages under article 45, paragraph 5, in which case the arbitral tribunal, after giving the other party the opportunity to state its views and after evidence has been taken, shall issue a supplementary decision, judging on equitable terms within the proven limits.

3 – The arbitral award may be enforced even if an application for setting aside in accordance with article 46 has been made; however, the party against whom enforcement is invoked may request that such application has a suspensive effect of the enforcement proceedings, provided that such party offers to provide security, such effect only being granted if and when security is effectively provided within the time-limit set by the court. In this case the provisions of article 818, paragraph 3, of the Civil Procedure Code shall apply.

4 – For the purposes of the previous paragraph, the provisions of articles 692-A and 693-A of the Civil Procedure Code shall apply, with the necessary adjustments.

Article 48 – Grounds for refusing enforcement

1 – The party against whom enforcement of the arbitral award is invoked may oppose the enforcement on any of the grounds which may be used for the setting aside of the award foreseen in article 46, paragraph 3, provided that, on the date on which the opposition is presented, an application for setting aside on the same grounds has not already been rejected by a final and binding judgement.

2 – The party against whom enforcement of the arbitral award is requested may not base its opposition on any of the grounds set out in article 46, number 3, sub-paragraph *a*), if the timelimit provided for in para-

graph 6 of the same article to apply for the setting aside of the award has expired, without any party having made such application.

3 – Notwithstanding the expiry of the time-limit provided for in article 46, paragraph 6, the judge may ex officio, under article 820 of the Civil Procedure Code, examine the merits of the ground for setting aside foreseen in article 46, paragraph 3, sub-paragraph *b*), of this Law, whereby it shall, if it considers that the award is invalid for that reason, reject enforcement on such grounds.

4 – The provisions of paragraph 2 of the present article do not affect the possibility of invoking, in the opposition to the enforcement of the arbitral award, any of the other grounds foreseen in the applicable procedural law, under the terms and within the time limits provided therein.

CHAPTER IX – On international arbitration

Article 49 – Concept and regime of international arbitration

1 – An arbitration is considered international when international trade interests are at stake.

2 – Notwithstanding what is provided in the present chapter, the provisions of this Law on domestic arbitration shall apply to international arbitration, with the necessary adjustments.

Article 50 – Inadmissibility of pleas based on domestic law of a party

When the arbitration is international and one of the parties to the arbitration agreement is a State, a State-controlled organisation or a State--controlled company, this party may not invoke its domestic law to either challenge the arbitrability of the dispute or its capacity to be a party to the arbitration, neither to in any other way evade its obligations arising from such agreement.

Article 51 – Substantial validity of the arbitration agreement

1 – In an international arbitration, the arbitration agreement is valid as to its substance and the dispute it governs may be submitted to arbitration if the requirements set out either by the law chosen by the parties to govern the arbitration agreement, by the law applicable to the subject-matter of the dispute or by Portuguese law are met.

2 – The State court to which an application is made to set aside an award in an international arbitration seated in Portugal, on the grounds foreseen in article 46, paragraph 3, subparagraph *b*), of this Law, shall take into consideration the preceding paragraph of this article.

Article 52 – Rules of law applicable to the merits of the dispute

1 – The parties may choose the rules of law to be applied by the arbitrators, if they have not authorised them to decide ex aequo et bono. Any choice of the law or legal system of a given State shall be construed, unless otherwise expressly agreed, as directly referring to the substantive law of that State and not to its conflict of laws rules.

2 – Failing any choice by the parties, the arbitral tribunal shall apply the law of the State with which the subject-matter of the dispute has the closest connection.

3 – In both cases referred to in the preceding paragraphs, the arbitral tribunal shall take into consideration the contractual terms agreed by the parties and the relevant trade usages.

Article 53 – Inadmissibility of appeal of the award

In international arbitration the award made by the arbitral tribunal is subject to no appeal, unless the parties have expressly agreed on the possibility of an appeal to another arbitral tribunal and regulated its terms.

Article 54 – International public policy

An award made in Portugal, in an international arbitration in which non-Portuguese law has been applied to the merits of the dispute, may be set aside on the grounds provided for in article 46, and also, if such award is be enforced or produce other effects in national territory, whenever such enforcement leads to a result that is manifestly incompatible with the principles of international public policy.

CHAPTER X – On the recognition and enforcement of foreign arbitral awards

Article 55 – Need for recognition

Without prejudice to the mandatory provisions of the 1958 New York Convention on the Recognition and Enforcement of Foreign Arbitral

Awards, as well as to other treaties or conventions that bind the Portuguese State, the awards made in arbitrations seated abroad shall only be effective in Portugal, regardless of the nationality of the parties, if they have been recognised by the competent Portuguese State court, under the present chapter of this Law.

Article 56 – Grounds for the refusal of recognition and enforcement

1 – Recognition and enforcement of an arbitral award made in an arbitration taking place in a foreign country may only be refused:

a) At the request of the party against whom the award is invoked, if that party furnishes to the competent court to which recognition or enforcement is demanded proof that:

i) A party to the arbitration agreement was under some incapacity; or the said agreement is not valid under the law to which the parties have subjected it or, failing any indication thereon, under the law of the country where the award was made; or

ii) The party against whom the award is invoked was not given proper notice of the appointment of an arbitrator or of the arbitral proceedings or was otherwise unable to present its case; or

iii) The award deals with a dispute not contemplated by the arbitration agreement or contains decisions on matters beyond the scope of the arbitration agreement; however, if the decisions on matters submitted to arbitration can be separated from those not so submitted, that part of the award which contains decisions on matters submitted to arbitration may be recognized and enforced; or

iv) The composition of the arbitral tribunal or the arbitral procedure was not in accordance with the agreement of the parties or, failing such agreement, was not in accordance with the law of the country where the arbitration took place; or

v) The award has not yet become binding on the parties or has been set aside or suspended by a court of the country in which, or under the law of which, that award was made; or

b) If the court finds that:

i) The subject-matter of the dispute is not capable of settlement by arbitration under Portuguese law; or *ii*) The recognition or enforcement of the award would lead to a result clearly incompatible with the international public policy of the Portuguese State.

2 – If an application for setting aside or suspension of an award has been made to a court in the country referred to in paragraph 1, sub-paragraph *a*), sub-sub-paragraph *v*), of the present article, the Portuguese State court to which recognition or enforcement are requested may, if it considers it proper, stay the proceedings and may also, on the application of the party claiming recognition and enforcement of the award, order the other party to provide appropriate security.

Article 57 – Recognition procedure

1 – The party that seeks recognition of a foreign arbitral award, particularly if enforcement in Portugal is sought, shall supply the duly authenticated original award or a duly certified copy thereof, as well as the original of the arbitration agreement or a duly authenticated copy thereof.

If the award or the agreement is not made in Portuguese, the party that seeks recognition shall supply a duly certified translation thereof into this language.

2 – After the application for recognition, accompanied by the documents referred to in the preceding paragraph, is made, the opposing party shall be summoned to present its opposition, within 15 days.

3 – After the written pleadings and the procedural steps deemed indispensable by the rapporteur are taken, access to the file is granted to the parties and to the Public Prosecutor, for 15 days, for the purpose of closing arguments.

4 – The trial is conducted pursuant to the rules applicable to appeals.

Article 58 – Foreign awards on administrative law disputes

In the recognition of an arbitral award made in an arbitration taking place abroad and related to a dispute that, according to Portuguese law, should fall under the jurisdiction of the administrative courts, the provisions of article 56, 57 and 59, paragraph 2, of this Law shall apply, with the necessary adjustments to the specific procedural regime of these courts.

CHAPTER XI – On the competent state courts

Article 59 – Competent State courts

1 – Regarding disputes that fall under the jurisdiction of judicial courts, the Court of Appeal in whose district the place of arbitration is located or, in case of a decision referred to in subparagraph *h*) of paragraph 1 of this article, in which the domicile of the person against whom the decision to be invoked is located, is competent to decide on:

a) The appointment of arbitrators who have not been appointed by the parties or by third parties that have been entrusted with this duty, in accordance with the provisions of article 10, paragraphs 3, 4 and 5, and article 11, paragraph 1;

b) The challenge made under article 14, paragraph 2, against an arbitrator who has not accepted such challenge, in case the challenge is deemed to be justified;

c) The removal of an arbitrator, requested under article 15, paragraph 1;

d) The reduction of the amount of fees or expenses fixed by the arbitrators, under article 17, paragraph 3;

e) The appeal of the arbitral award, when it has been agreed on under article 39, paragraph 4;

f) The challenge of an arbitral tribunal's interim award on its own jurisdiction, in accordance with article 18, paragraph 9;

g) The recourse against the final award made by the arbitral tribunal, in accordance with article 46;

h) The recognition of an arbitral award made in an arbitration taking place abroad.

2 – In respect of disputes that, according to Portuguese law, fall under the jurisdiction of administrative courts, the Central Administrative Court in whose circuit the place of arbitration is located, or in case of a decision referred to in paragraph 1, sub-paragraph *h*), of this article, in which the domicile of the person against whom the decision is to be invoked is located, is competent to decide on the matters referred to in any of the sub-paragraphs of paragraph 1 of this article.

3 – The President of the Court of Appeal or the President of the Central Administrative Court that have territorial jurisdiction shall, depending on the nature of the dispute, be competent to appoint the arbitrators referred to in paragraph 1, sub-paragraph *a*), of this article.

4 – For any issues or matters not covered by paragraphs 1, 2 and 3 of the present article and regarding which this Law confers competence to a State court, the judicial court of first instance or the administrative court in whose jurisdiction the place of arbitration is located shall be competent, depending on whether the dispute falls respectively within the jurisdiction of the judicial courts or of the administrative courts.

5 – In respect of disputes falling under the jurisdiction of judicial courts, the judicial court of first instance in whose jurisdiction the interim measure should be granted in accordance with the rules on territorial jurisdiction provided for in article 83 of the Civil Procedure Code, or in whose jurisdiction the production of evidence requested under article 38, paragraph 2, of this Law should occur, is competent to render assistance under article 29 and article 38, paragraph 2, of this Law to arbitrations located abroad.

6 – Regarding disputes falling under the jurisdiction of administrative courts, the assistance to arbitrations located abroad is rendered by the administrative court with territorial jurisdiction in accordance with paragraph 5 of this article, to be applied with the necessary adjustments to the regime of administrative courts.

7 – In the proceedings leading to the decisions referred to in paragraph 1 of this article, the competent court shall observe the provisions of articles 46, 56, 57, 58 and 60 of this Law.

8 – Unless it is stated in this Law that the competent State court decision shall not be subject to appeal, the decisions rendered by the State courts referred to in the preceding paragraphs of this article, in accordance with what is provided therein, are subject to appeal to the court or courts superior in hierarchy, whenever such recourse is admissible pursuant to the rules that apply to the possibility of appeal of the decisions in question.

9 – The enforcement of an arbitral award made in Portugal shall take place in the competent State court of first instance, under the applicable procedural law.

10 – The judicial courts of first instance in whose jurisdiction the domicile of the defendant is located, or of the place of arbitration, as chosen by the claimant, are competent for an action concerning civil liability of an arbitrator.

11 – If in an arbitral proceeding a judicial or an administrative court, or the respective President, consider the dispute as falling under that court's

jurisdiction for the purposes of this article, such decision is not, in this part, subject to appeal and must be complied with by all others courts called upon in the same proceedings to exercise any of the powers provided herein.

Article 60 – Applicable procedure

1 – Whenever it is intended that the competent State court renders a decision under any of sub-paragraphs *a*) to *d*) of article 59, paragraph 1, the interested party shall present in its application the facts that justify the request, including the information it considers relevant to this effect.

2 – Upon receipt of the application foreseen in the previous paragraph, the other parties in the arbitration and, if such is the case, the arbitral tribunal, are notified to state their views thereon within 10 days.

3 – Before rendering its decision, the court may, if it deems it necessary, gather or request all information deemed convenient in order to render its decision.

4 – The procedures set out in the preceding paragraphs of this article are always deemed urgent, the respective actions having priority over any other non-urgent judicial service.

CHAPTER XII – Final provisions

Article 61 – Territorial scope of application

The present Law is applicable to all arbitrations that take place in Portuguese territory, as well as to the recognition and enforcement in Portugal of awards made in arbitrations seated abroad.

Article 62 – Institutionalised arbitration centres

1 – The creation in Portugal of institutionalised arbitration centres is subject to authorisation of the Minister of Justice, under the terms provided for in special legislation.

2 – The reference made in Decree-Law no. 425/86, dated 27th December 1986, to article 38 of Law no. 31/86, dated 29th August 1986, is considered to be made to the present article.

1.7. Mediation Law[1]
Law No. 29/2013, of April 19

Lays down the general principles applicable to mediations held in Portugal, as well as the legal regimes for the civil and commercial mediation, for the mediators and for the public mediation – which came into force in May 18 2013. Current wording.

The Assembly of the Republic, under subparagraph *c*) of article 161 of the Constitution, determines the following:

CHAPTER 1 – General provisions

Article 1 – Object

1 – This law establishes:

a) The general principles applicable to mediations held in Portugal;

b) The legal regime for civil and commercial mediation;

c) The legal regime for the mediators;

d) The legal regime for the public mediation systems.

[1] Tradução realizada por João Pedro Pinto-Ferreira, Mariana França Gouveia e Ursula Caser 2013: Länderbericht Portugal. – in: Paul, C. & Kiesewetter, S. (ed): Mediation **über** Grenzen/ Cross-Border Mediation, Einzelner Länderbericht,Ausländische und internationale Rechtsnormen /Foreign and International Legal Provisions,Online (https://www.vfst.de/produkt/shop/66099-0#geladen)

Article 2 – Definitions

For the purposes of this law, it is meant by:

a) "Mediation" – the means of alternative dispute resolution, carried out by public or private entities, through which two or more parties in a dispute voluntarily try to achieve an agreement with the assistance of a mediator;

b) "Mediator" – an impartial and independent third party with no powers to impose a solution on the parties, which assists them in the attempt to reach a final agreement on the matter of the dispute.

CHAPTER II – Principles

Article 3 – Mediation principles

The principles contained in this chapter apply to all mediations held in Portugal, regardless of the nature of the dispute which is the object of mediation.

Article 4 – Principle of voluntariness

1 – The mediation process is voluntary and it is necessary to obtain the parties' free and informed consent for the mediation to take place. The responsibility for the decisions taken in the course of the process belongs to the parties.

2 – During the mediation process, the parties may at any moment, jointly or unilaterally, revoke their consent for participation in the process.

3 – The parties' refusal to initiate or to proceed with the mediation process does not amount to a violation of the duty of cooperation pursuant to the Code of Civil Procedure.

Article 5 – Principle of confidentiality

1 – The mediation process is confidential. The mediator shall maintain in secrecy all the informations that come to his knowledge during the mediation and cannot use them for his or her own purposes or for others' purposes.

2 – The confidential informations which a party provides to the mediator cannot be communicated without the party's consent to the other parties involved in the mediation.

3 – The duty of confidentiality over the information regarding the contents of the mediation can only cease by reasons of public policy, namely in order to secure the protection of a child's superior interest, when the protection of the physical or mental integrity of any person is at stake or when that is necessary in order to apply or enforce the agreement obtained in mediation, in the strict measure of what is necessary, in each case, to protect these interests.

4 – Except for the situations specified in the preceding paragraph or in what concerns the agreement which was obtained, the content of the mediation sessions cannot be used as evidence in court or in arbitration.

Article 6 – Principles of equality and impartiality

1 – The parties shall be treated equally during the mediation process and it is up to the mediator to manage the process so as to ensure the balance of powers and the possibility of both parties to participate in the mediation.

2 – The mediator is not an interested party in the dispute and shall act impartially with regard to both parties during the mediation.

Article 7 – Principle of independence

1 – The mediator has the duty to safeguard the independence inherent to his or her function.

2 – The mediator shall conduct himself with independence, free from any pressure, whether from his or her own interests, from personal values or from outside influences

3 – The mediator is responsible for his or her actions and has no technical or ethical subordination to professionals from other fields of work, notwithstanding the competences of the bodies responsible for managing the public mediation systems.

Article 8 – Principles of competence and responsibility

1 – Notwithstanding the provisions of subparagraph e) of article 9(1) or article 9(3), in order to acquire the appropriate skills for carrying out its activity, the mediator may attend training courses which confer specific, theoretical or practical abilities, namely training courses for mediators held by training bodies certified by the Ministry of Justice, pursuant to article 24.

2 – The mediator who violates the duties of exercise of its activity, namely those which are provided for by this law and, in the case of the public mediation systems, those which are provided for in the constituting or regulatory acts of those mediation systems, is subject to liability for the damages caused, under the general terms of law.

Article 9 – Principle of enforceability

1 – The mediation agreement is enforceable with no need for judicial homologation if:

a) It concerns a dispute which can be submitted to mediation and for which the law does not require judicial homologation;

b) The parties have the capacity to conclude the agreement;

c) It is obtained through mediation carried out in accordance to the law;

d) Its content does not violate public policy; and

e) A mediator registered in the list of mediators organized by the Ministry of Justice was involved in the agreement.

2 – Subparagraph *e*) of article 9(1) does not apply to mediations which take place in a public mediation system.

3 – The qualifications and all other requirements for registration in the list mentioned in subparagraph *e*) of article 9(1), including for mediators who are nationals of other member States of the European Union or of the european economic space coming from other member States, as well as the body within the Ministry of Justice responsible for organizing the list and the forms of access and dissemination to that list, are laid down by a ministerial order of the member of the Government responsible for the area of justice.

4 – The mediation agreement obtained through mediation held in another member State of the European Union which complies with subparagraphs *a*) to *d*) of article 9(1) is enforceable if it is also enforceable in that legal system.

CHAPTER III – Civil and commercial mediation

SECTION I – General provisions

Article 10 – Scope

1 – The provisions contained in this chapter apply to mediations held in Portugal on civil and commercial disputes.

2 – This chapter does not apply to:

a) Disputes which can be submitted to family mediation;

b) Disputes which can be submitted to workplace mediation;

c) Disputes which can be submitted to victim-offender mediation.

Article 11 – Disputes which can be submitted to civil and commercial mediation

1 – The disputes on civil or commercial matters which relate to economic interests may be submitted to civil or commercial mediation.

2 – The disputes which do not relate to economic interests can be submitted to civil or commercial mediation provided that the claim in dispute may be settled by the parties.

Article 12 – Mediation convention

1 – The parties may provide in a contract that the disputes which eventually arise from that contractual relationship are to be submitted to mediation.

2 – The convention referred to in article 12(1) shall be in writing. The written form requirement is met when the agreement takes the form of a written document signed by the parties, an exchange of letters, telegrams, telecopies or other telecommunication means of which there will be written evidence, including electronic communication means.

3 – A mediation convention entered in breach of the provisions of articles 11 and 12(1) and (2) is null and void.

4 – A court before which an action is brought in a matter which is the subject of a mediation convention shall, if the respondent so requests not later than when submitting his first statement on the substance of the dispute, stay proceedings and refer the case to mediation.

SECTION II – Pre-judicial mediation

Article 13 – Pre-judicial mediation and suspension of deadlines

1 – The parties may, prior to submitting any dispute to court, resort to mediation for resolving those disputes.

2 – The use of mediation suspends the limitation and lapse periods from the date the mediation protocol is signed or, in public mediation systems, from the moment all parties have agreed to the mediation.

3 – Limitation and lapse periods resume with the conclusion of the mediation process due to the refusal of one of the parties to continue with it, when the time limit for mediation has passed or when the mediator determines the end of the mediation process.

4 – For the purposes of the preceding paragraphs, it shall be considered the time of the act that initiates or completes the mediation process, respectively.

5 – The acts which, according to paragraph 3, determine that limitation and lapse periods resume are certified by the mediator or, in a public mediation systems, by the managing body of the system where the mediation took place.

6 – For the purposes of this article, the mediator or, in a public mediation system, its managing body shall issue, when requested, a certificate of the suspension of the limitation and lapse periods which necessarily contains the following elements:

a) Identification of the party who requested mediation and of the counterparty;

b) Identification of the matter of the mediation;

c) Date of signature of the mediation protocol or, in a public mediation system, date where all parties agreed to mediation;

d) Mode of conclusion of the process, where it has already occurred;

e) Date of extinction of the process, where it has already occurred.

Article 14 – Homologation of the agreement obtained in mediation

1 – Where it is not mandatory by law, the parties may request the judicial homologation of the mediation agreement obtained in pre-judicial mediation.

2 – The request referred to in the previous paragraph is presented jointly by the parties in any court competent by reason of the matter, preferentially electronically, in terms to be defined by ministerial order of the member of Government responsible for the area of Justice.

3 – The judicial homologation of the agreement obtained in pre-judicial mediation aims to verify if the agreement concerns a dispute which can be submitted to mediation, the parties' ability to conclude it, if it respects the general principles of law and good faith, if it does not constitute an abuse of a right and if its content do not violate public policy.

4 – The request referred to in the previous paragraph is considered urgent and decided without the need for prior assignment.

5 – Where homologation is refused, the agreement does not take effect and is returned to the parties, who may submit, within 10 days, a new agreement for homologation.

Article 15 – Mediation which takes place in another member State of the European Union

The provisions of this section apply, with the necessary adaptations, to mediations which take place in another member State of the European Union, provided that they respect the principles and rules of the legal system of that State.

SECTION III – Mediation process

Article 16 – Initiating the process

1 – The mediation process includes a first contact for scheduling the pre-mediation session, which has an informative nature, where the mediator explains the functioning of mediation and the rules of procedure.

2 – The parties' agreement to pursue with the mediation process is expressed in the signature of a mediation protocol.

3 – The mediation protocol is signed by the parties and by the mediator and it shall contain:

a) The parties' identification;

b) The identification and the professional domicile of the mediator and, where applicable, the professional domicile of the managing body of the public mediation system;

c) The parties' declaration of consent;

d) The parties' and the mediator's declaration of respect for the principle of confidentiality;

e) A brief description of the dispute or its object;

f) The rules of procedure of the mediation agreed between the parties and the mediator;

g) The timing of the mediation process and the definition of the time limit for the mediation, with the possibility of future amendments;

h) The definition of the mediator's fee pursuant to article 27, except in mediations in a public mediation system;

i) The date.

Article 17 – Choice of the mediator

1 – It is up to the parties to agree on the choice of one or more mediators.

2 – Before accepting the choice or nomination, the mediator shall disclose all circumstances likely to give rise to justifiable doubts as to his or her impartiality or independence, in accordance with article 27.

Article 18 – Presence of the parties, of the attorney and other technicians in mediation sessions

1 – The parties may appear in person or choose to be represented in the mediation sessions and they may be accompanied by attorneys, trainee lawyers or solicitors.

2 – The parties may also be accompanied by technicians whose presence they deem necessary for the proper development of the mediation process, provided that the other party does not object.

3 – All the actors taking part in the mediation process are bound to the principle of confidentiality.

Article 19 – End of the mediation process

The mediation process ends when:

a) An agreement is obtained by the parties;

b) Any party withdraws from mediation;

c) The mediator so decides it justifiably.

d) It proves impossible to obtain an agreement;

e) The time limit for mediation has passed, including possible extensions to that time limit.

Article 20 – Agreement

The content of the agreement is freely determined by the parties and it shall be made in writing, signed by the parties and by the mediator.

Article 21 – Duration of the mediation process

1 – The mediation process shall be as swift as possible and concentrated in the minimum number of sessions possible.

2 – The duration of the mediation process is set in the mediation protocol but it can be changed in the course of the mediation by agreement between the parties.

Article 22 – Suspension of the mediation process

1 – The mediation process may be suspended in exceptional and dully reasoned situations, namely for experimentation purposes on interim agreements.

2 – The suspension of the process, agreed upon in writing by the parties, does not affect the suspension of lapse and limitation periods in accordance to article 13(2).

CHAPTER IV – MEDIATOR

Article 23 – Mediators' status

1 – This chapter lays out the status of the mediators operating in Portugal.

2 – The mediators operating in national territory under the freedom to provide services enjoy the rights and are bound to the obligations, prohibitions, conditions or limitations inherent to their functions which apply to them given the sporadic and occasional nature of their activity, namely those set out in articles 5 to 8, 16 to 22 and 25 to 29.

Article 24 – Training and training bodies

1 – The attendance and approval in courses offered by training bodies certified by the service of the Ministry of Justice defined in ministerial order of the member of the Government responsible for the area of justice is considered training specifically aimed to the exercise of the profession of mediator.

2 – The member of the Government responsible for the area of justice approves by ministerial order the regime for the certification of the bodies referred in the previous paragraph.

3 – The certification of the training bodies by the service referred to in paragraph 1, express or tacit, is communicated to the competent central service of the ministry responsible for the area of vocational training within 10 days.

4 – The certifying entities shall communicate to the service of the Ministry of Justice referred to in paragraph 1:

a) The training courses for mediators, before they take place;

b) The list of all trainees approved in those training courses, within a maximum of 20 days after the end of the training course.

5 – The training courses offered to mediators by training bodies which are not certified in accordance with this article do not provide regulated training for the exercise of the profession of mediator.

6 – The competent authority for the implementation of Law no. 9/2009, of March 4, amended by Law no. 41/2012, of August 28, in what concerns the requests for recognition of qualifications presented in other member States of the European Union or the in the european economic space by nationals of other Member states trained under national law, is defined by a ministerial order of the member of Government responsible for the area of justice.

Article 25 – Rights of the mediator

The mediator has the right to:

a) Exercise with autonomy the mediation, namely in what concerns the methodology and the procedures to adopt in the mediation sessions, in conformity with the law and the ethics rules;

b) Be paid for the service provided;

c) Invoke his or her quality of mediator and promote mediation, publishing works and studies, with respect for the duty of confidentiality;

d) Request of the managing body, in the public mediation systems, the working conditions and resources that promote the respect for ethics;

e) Refuse a task or function which he or she considers to be incompatible with its title or with its rights and duties.

Article 26 – Duties of the mediator

The mediator has the duty to:

a) Clarify the parties on the nature, the purpose, the fundamental principles and phases of the mediation process, as well as on the rules to be observed;

b) Refrain from imposing any agreement on the parties, as well as make promises or give guarantees on the results of the mediation and he shall adopt a behavior of responsible and constructive cooperation with the parties;

c) Ensure that the parties have legitimacy and possibility to intervene in the mediation process, obtain their free consent to intervene in this process and, if necessary, speak to the parties separately;

d) Ensure the confidential nature of the informations received during the mediation;

e) Suggest to the parties the intervention or the consultation of specialized technicians in a given area, where it is necessary or useful for clarification purposes or for the well-being of the parties;

f) Disclose to the actors in the mediation process any grounds for refusal or relationship that may jeopardize his or her impartiality or independence and not conduct the mediation in these circumstances;

g) Only accept to conduct processes for which he feels qualified both personally and technically, acting in accordance with the principles which guide mediation and with other rules applicable to him or her;

h) Ensure the quality of the services provided and his or her level of training and qualification;

i) Act with respect, namely towards the parties, the managing body of the public mediation systems and the other mediators;

j) Not intervene in mediation processes which are being accompanied by another mediator, unless at the request of the latter, in cases of co-mediation, or in duly substantiated cases;

k) Act in accordance with the ethics rules provided for in this law and in the European Code of Conduct for Mediators of the European Commission.

Article 27 – Refusal or disqualification of the mediator

1 – The mediator shall, before accepting the choice or nomination in a mediation process, disclose all circumstances likely to give rise to justifiable doubts as to his or her independence, impartiality or neutrality.

2 – Throughout the mediation process, the mediator shall also reveal to the parties, immediately, the supervening circumstances referred to in the preceding paragraph or those of which he became aware only after having accepted the choice or nomination.

3 – The mediator who, for legal or ethical reasons, considers that his or her independence, impartiality or neutrality are compromised shall not accept the appointment as mediator and, if the mediation process has already begun, shall interrupt the process and disqualify himself or herself.

4 – For the purposes of the preceding paragraphs, the following are relevant circumstances and shall, at be least, be disclosed to the parties, namely:

a) A present or previous family or personal relationship with one of the parties;

b) A financial interest, whether direct or indirect, in the result of the mediation;

c) A present or previous professional relationship with one of the parties.

5 – The mediator shall also refuse the choice or nomination in a mediation process when he or she considers that, due to the number of mediation processes under his or her responsibility or due to other professional activities, it is not possible to conclude the process in a timely manner.

6 – The intervention of the same mediator in the pre-mediation session and in the mediation does not constitute grounds for refusal.

7 – The refusals set out in the preceding paragraphs do not determine the loss or limitation of any rights of the mediator, namely in the public mediation systems.

Article 28 – Grounds for refusal resulting from the principle of confidentiality

Notwithstanding article 5(3), the mediator cannot serve as witness, expert or authorised representative in any action related, albeit indirectly, to the object of the mediation process.

Article 29 – Remuneration of the mediator

The remuneration is agreed between the mediator and the parties, which are responsible for its payment, and established in the mediation protocol concluded at the start of each mediation process.

CHAPTER V – Public Mediation Systems

SECTION I – Rules of the public mediation systems

Article 30 – Public mediation systems

The public mediation systems aim to provide the citizens swift means of alternative dispute resolution through mediation services created and managed by public entities.

Article 31 – Managing body

1 – Each public mediation system is managed by a public entity which is identified in the constituting or regulatory act of that system.

2 – It is up to the managing body to maintain the functioning and to monitor its public mediation system, preferably through an IT application.

3 – The data collected from the mediation processes may be used for statistical processing, for the management of the system and for scientific research, pursuant to the Law on Personal Data Protection.

4 – Any complaints resulting from the use of a public mediation system shall be addressed to its managing body.

Article 32 – Competence of the public mediation systems

The public mediation systems are competent to mediate any disputes which fall under their competence by reason of matter, as defined in the respective constituting or regulatory act, regardless of the domicile or place of residence of the parties.

Article 33 – Fees

The fees due for the use of public mediation systems are determined as laid down in their constituting or regulatory act, which also determine the possible exemptions or fee reductions.

Article 34 – Initiating the process in the public mediation systems

The initiation of the mediation process may be requested by the parties, by the court, by the Public Prosecution Office or by the Civil Registry, notwithstanding the referral of requests for mediation to the managing body of public mediation systems by other public or private entities.

Article 35 – Duration of the mediation process in the public mediation systems

The time limit for a mediation process in a public mediation system is determined in its constituting or regulatory act or, where it fails to mention it, in accordance to article 21.

Article 36 – Presence of the parties

The constituting or regulatory acts of the public mediations systems may determine the parties' obligation to appear in person to the mediation sessions without the possibility of being represented.

Article 37 – Principle of openness

1 – The information related to public mediation which is provided to the public in general is made available through the websites of the managing bodies of the public mediation systems.

2 – The information related to the functioning of the public mediation systems and to the mediation processes is provided in person by phone, by e-mail or through the website of the managing body of each public mediation system.

SECTION II – Mediators

Article 38 – Appointment of the mediator in the public mediation systems

1 – The parties may appoint the mediator of their choice from the mediators enrolled in the lists of each public mediation system.

2 – If the parties do not appoint a mediator, the appointment is made sequentially, according to the order of the list in which the mediator is enrolled, and preferentially through a computer system.

Article 39 – Persons entitled to exercise the functions of mediator

The necessary requirements for the exercise of the functions of mediator in each of the public mediation systems are laid down in the respective constituting or regulatory acts.

Article 40 – Enrollment

1 – The enrollment of the mediators in the lists of each public mediation system takes place through a selection procedure as set out in the constituting or regulatory acts of each system.

2 – The constituting or regulatory acts of each system also establish the legal regime for the enrollment of mediators who are nationals of other member States of the European Union or of the european economic space coming from other member States

3 – The enrollment of the mediator in the lists of the public mediation systems does not constitute a public employment relationship nor does it guarantee the payment of any fixed remuneration by the State.

Article 41 – Refusal or disqualification of the mediator in the public mediation systems

Where the mediator is in one of the situations described in article 28, he shall also communicate that fact immediately to the managing body of the public mediation system which appoints a new mediator, where necessary and after hearing the parties.

Article 42 – Remuneration of the mediator in the public mediation systems

The remuneration of the mediator in the public mediation systems is established as set out in the constituting or regulatory acts of each system.

SECTION III – Supervision

Article 43 – Supervision of the exercise of the activity of mediation

1 – It is up to the managing bodies of the public mediation systems to supervise the mediator's activity following a complaint against the mediator related to the exercise of the mediation activity or on their own initiative, in the continuing oversight functions over their respective public mediation systems.

2 – Once the supervision is concluded and after hearing the mediator, the senior manager of the public mediation system decides, substantiating the grounds of fact and law and indicating, where appropriate, the sanction applicable to the mediator, according to the seriousness of the case.

Article 44 – Effects of the irregularities

1 – The senior manager of the managing body of the public mediation system may apply the following sanctions, according to the seriousness of the mediator's actions:

a) Reprimand;

b) Suspension of the lists; or

c) Exclusion of the lists.

2 – Where the mediator violates the duty of confidentiality in terms which fall under article 195 of the Penal Code, the managing body of the public mediation system reports the infringement to the competent authorities.

CHAPTER VI – Additional and final provisions

Article 45 – Homologation of the mediation agreement concluded while a judicial action is pending

The mediation agreement concluded in an action referred to mediation pursuant to article 279-A of the Code of Civil Procedure is homologated in accordance with article 14.

Article 46 – Mediation of collective labour disputes

The provisions of this law apply to the mediation of collective labour disputes only to the extent where they are not incompatible with the provisions of articles 526 to 528 of the Labour Code, approved by Law no. 7/2009, of February 12.

Article 47 – Subsidiary law

In all aspects which are not regulated by this law, the respective constituting or regulatory acts apply to the public mediation systems.

Article 48 – Complementary legal regime

Within 3 months, the Government regulates a legal mechanism of supervision of the exercise of the activity of private mediation.

Article 49 – Rule of repeal

The following are repealed:

a) Articles 249-A to 249-C of the Code of Civil Procedure;

b) Article 10(6) of Law no. 21/2007, of June 12;

c) Article 65 of Law no. 29/2009, of June 29, amended by Laws no. 1/2010, of January 15, and 44/2010, of September 3;

d) Subparagraph *c*) of article 4(3) of Ministerial Order no. 68-C/2008, of January 22, amended by Ministerial Order no. 732/2009, of July 8;

e) Ministerial Order no. 203/2011, of May 20.

Article 50 – Entry into force

This law enters into force 30 days after its publication.

Approved on March 8 2013.

The President of the Assembly of the Republic, *Maria da Assunção A. Esteves.*

Enacted on April 9 2013.

To be published.

The President of the Republic, ANÍBAL CAVACO SILVA.

Countersigned on April 10 2013.

The Prime Minister, *Pedro Passos Coelho*

1.8. Ministerial Order No. 344/2013, of November 27[2]

Law no. 29/2013, of April 19, aims to consolidate mediation in the Portuguese legal system, namely through the implementation, for the first time, of the general principles applicable to mediations held in Portugal (by public or private entities) as well as the legal regimes for civil and commercial mediation and for the mediators in Portugal.

According to subparagraph e) of article 9(1) of the referred Law, the mediation agreement is enforceable with no need for judicial homologation if a mediator registered in the list of mediators organized by the Ministry of Justice was involved in the agreement and it complies with the other requirements set out in paragraph 1 of the referred article.

In this context, this ministerial order defines the requirements for registration in the referred list, including the mediators which are national citizens of other Member-States or of the european economic space, and it defines the service of the Ministry of Justice responsible for organizing the list and the form of access and publication of that list.

(...)

Under article 9(3) of Law no. 29/2013, the Government, by the Minister of Justice, determines the following:

[2] Tradução realizada por João Pedro Pinto-Ferreira, Mariana França Gouveia e Ursula Caser 2013: Länderbericht Portugal. – in: Paul, C. & Kiesewetter, S. (ed):Mediation **über** Grenzen/ Cross-Border Mediation, Einzelner Länderbericht,Ausländische und internationale Rechtsnormen /Foreign and International Legal Provisions,Online (https://www.vfst.de/produkt/shop/66099-0#geladen)

Article 1 – Object

This ministerial order defines the department within the Ministry of Justice with the competence to organize the list of mediators referred to in article 9(1) subparagraph e) of Law No. 29/2013, of April 19, as well as the registration requirements, the form of access and the publication of that list.

Article 2 – Department responsible

The Directorate-General on the Policy of Justice, hereinafter referred to as DGPJ, is the department within the Ministry of Justice responsible for the organization, access and dissemination of the list laid down in this ministerial order.

Article 3 – Requirements for registration

1 – The mediator who meets, cumulatively, the following criteria may require the registration in the list of mediators:

a) Full enjoyment of civil and political rights;

b) Attendance and approval in a mediation course;

c) Be fluent in Portuguese.

2 – The requirement referred to in article 3(1)b) is met by the mediator who has completed a mediation course conducted by a training body certified by the Ministry of Justice pursuant to the law, or a mediation course recognized by the Ministry of Justice pursuant, namely, to ministerial order no. 237/2010, of April 29.

3 – The requirement referred to in article 3(1)b) is also met by the mediators who:

a) Being nationals from a Member-State of the European Union, or from the european economic space, have their qualifications obtained outside of Portugal recognized by the Ministry of Justice, pursuant to Law no. 9/2009, of March 4, amended by Law. no. 41/2012, of August 28;

b) Being nationals from a third State, have obtained equivalence and recognition of their qualifications obtained outside of Portugal, after application submitted to the DGPJ, as long as there is reciprocal treatment of portuguese mediators in their country of origin.

Article 4 – Registration in the list

1 – The registration in the list governed by this ministerial order is made by application, which shall be directed to the DGPJ and submitted by the mediator, preferentially by electronic means or, alternatively, by post.

2 – The registration referred to in the previous paragraph shall contain the following elements:

a) Identification of the mediator, with the indication of the civil ID number;

b) Tax identification number;

c) Copy of the certificate of the course in mediation;

d) Statement issued on honor where the mediation declares to be in the full enjoyment of its civil and political rights, and to respect, whilst performing its duties, the statute of mediators laid down in Law no. 29/2013, of April 19.

3 – In the application referred to in paragraph 1, the mediator shall indicate his or her professional name, the professional domicile and telephone number and the e-mail address which shall be used in the contacts maintained in the context of its mediation activity.

4 – If the documents referred to in paragraph 2 are not submitted, the registration in the list of mediators is not accepted.

5 – The decision which rejects the application for certification of any entity is always express and preceded by the hearing in writing of the applicant, states its grounds and takes place after the investigation of the case by the DGPJ.

6 – The Director-General of the DGPJ is responsible for authorizing the registration of the mediator in the list of mediators.

7 – The elements referred to in paragraphs 2 and 3 shall be permanently updated before the DGPJ and the mediator shall communicate to the DGPJ any relevant informations which lead to an amendment of the list.

Article 5 – List of mediators

The DGPJ publishes in its website the list of mediators which contains the professional name of the mediator, the domicile, the professional e-mail address and telephone number, as well as the date of inclusion in the list and the date of an eventual exclusion.

Article 6 – Monitoring

The DGPJ is responsible for monitoring the compliance with the requirements of article 3 and it may, to that effect, request to the mediator the informations and other elements which it deems appropriate.

Article 7 – Exclusion from the list

1 – The mediator who is registered in a list of mediators may, at all time, require the exclusion of its name and all other data related to him or her from the list; however, the list shall mention the period time during which the mediator was registered.

2 – The violation of any duties or of any prohibitions which are inherent to the function of mediator may lead to the exclusion from the list regulated in this ministerial order.

3 – The Director-General of the DGPJ is competent to decide to exclude from the list regulated in this ministerial order the mediator who, intentionally, has violated the duties imposed by its statute. The sanction shall be applied in accordance with the agent's level of fault and with the principles of adequacy and proportionality.

4 – The mediator who has been excluded from the list by decision of the Director-General of the DGPJ may only require its reinstatement in the list two years after the date of exclusion.

Article 8 – Entry into force

This ministerial order enters into force on the day following its publication.

The Minister of Justice, *Paula Maria von Hafe Teixeira da Cruz*, in November 14 2013.

1.9. Ministerial Order No. 345/2013, of November 27[3]

Law no. 29/2013, of April 19, aims to consolidate mediation in the Portuguese legal system, namely through the implementation, for the first time, of the general principles applicable to mediations held in Portugal (by public or private entities) as well as the legal regimes for civil and commercial mediation and for the mediators in Portugal.

According to articles 8 and 24 of the referred Law, in order to acquire the appropriate skills to carry out its functions, the mediator may attend training courses which confer specific theoretical or practical abilities, namely training courses for mediators held by training bodies certified by the Ministry of Justice.

Thus, a system of certification of training bodies is adopted, instead of the system where the training courses were recognized, and that certification will be carried out by the competent service of the Ministry of Justice – the Directorate-General for the Policy of Justice. The purpose is to simplify procedures and to allow the training bodies a more appropriate and flexible planning of the training courses which they intend to offer, as long as minimum criteria of adequacy of the training to the exercise of the activity of mediator are safeguarded.

[3] Tradução realizada por João Pedro Pinto-Ferreira, Mariana França Gouveia e Ursula Caser 2013: Länderbericht Portugal. – in: Paul, C. & Kiesewetter, S. (ed):Mediation **über** Grenzen/ Cross-Border Mediation, Einzelner Länderbericht,Ausländische und internationale Rechtsnormen /Foreign and International Legal Provisions,Online (https://www.vfst.de/produkt/shop/66099-0#geladen)

It should be emphasized that, with the purpose of safeguarding the rights of those which attended the training courses which were recognized until now by the Ministry of Justice, it is determined that these do not lose their validity with the repeal of the regulation which justified their recognition.

Finally, this ministerial order defines the Directorate-General for the Policy of Justice as the competent authority to apply Law no. 9/2009, of March 4, amended by Law no. 41/2012, of August 28, regarding the recognition of qualifications of the mediators for mediation.

(...)

Under article 24 of Law no. 29/2013, of April 19, and article 32(3) and (4), of Law no. 78/2001, of July 13, amended by Law no. 54/2013, of July 31, the Government, by the Minister of Justice, determines the following:

Article 1 – Object

This ministerial order governs the rules applicable to the certification of training bodies in courses of mediation under article 24(2) of the Law No. 29/2013, of April 19.

Article 2 – Definitions

For the purposes of this ministerial order, it is meant by:

a) Certification of a training body – the act of formal recognition that an entity has appropriate skills, means and resources to develop training activities, in accordance with this ministerial order;

b) Certified training body – the entity with the resources and technical and organizational capabilities to develop processes related with training;

c) Quality referential – the set of certification requirements that the training body must meet in order to be certified.

Article 3 – Certifying body

1 – The Directorate-General on the Policy of Justice, hereinafter referred to as DGPJ, is responsible for the certification of the training bodies.

2 – In the development, monitoring and regulation of the certification system, the DGPJ is responsible namely to:

a) Define and develop the methodologies, the instruments and the procedures which ensure the functioning of the certification system of the training bodies;

b) Define indicators of qualitative and quantitative evaluation of the performance of the certified training bodies;

c) Cooperate with the applicants, namely informing them on the organization of their certification process;

d) Implement and manage the information related to the certification system of training bodies;

e) Promote the necessary actions to the monitoring, regulation and to ensure the quality of the system;

Article 4 – Entities which may apply for certification

Any public or private bodies which develop training activities and want to deliver within their framework training courses to mediators may apply for certification.

Article 5 – Prerequisites for certification

1 – To be able to obtain certification, an entity shall previously and cumulatively meet the following criteria:

a) Be legally constituted and duly registered in the competent registry;

b) Not be in a situation of suspension or prohibition from pursuing its professional activity following an administrative or judicial decision;

c) Have its tax status and social security contributions in order, respectively, before the tax administration and the social security;

d) Absence of situations which are not regularised related to debts or restitutions concerning EU or national financial support, regardless of its nature or objectives.

2 – Notwithstanding article 5(1), an entity can only obtain certification after a period of one year from the res judicata of the decision which convicts it when that entity, in the exercise of its training activity in the area of mediation, has been sentenced:

a) For the practice of a crime punishable by the Penal Code or in disperse legislation with a non-suspendable fine;

b) For the practice of a conduct punished as an administrative infraction.

Article 6 – Quality referential for certification

1 – The certification ensures that the training body meets the requirements of the quality referential with regard to:

a) Internal structure and organization for the exercise of training activity in the area of mediation;

b) Planning and development processes for training.

2 – The requirements of the quality referential for the certification of a training body, as well as the respective evaluation criteria, are set out in Annex I which is a part of this ministerial order.

3 – Where necessary and after consultation with the training bodies and the bodies which represent the mediators, the DGPJ publishes in its website additional information regarding the requirements and criteria referred to in article 6(2).

Article 7 – Certification procedure

1 – The application for certification is submitted by the legal representative of the training body preferentially by electronic means or, alternatively, by post, through registered post with acknowledgment of receipt, addressed to the DGPJ, in accordance with the information made available in its website.

2 – In order to demonstrate the requirements laid down in articles 5 and 6, the application referred in the previous paragraph shall be accompanied by the following elements:

a) Certificate attesting the registration referred to in article 5(1)a);

b) Statement by the applicant referred to in article 5(1)b);

c) Declaration by the institutions which provide financial support to the applicants, in the situations referred to in article 5(1)d), attesting the absence of situations which are not regularized;

d) Certificate of the applicant's criminal record;

e) Statement by the applicant regarding the situations referred to in article 5(2)b);

f) Certificates attesting that the applicant is up to date with its tax and social security payments;

g) Curricula vitae, dated and signed, from the training manager, the curriculum manager, the trainers and all other agents involved in the formative process;

h) Certificate from the training manager, the curriculum manager, the trainers and all other agents involved in the formative process;

i) Statement by the applicant on the location and appropriateness of the facilities which will host the training;

j) Plan of action;

k) Techno-pedagogical dossier;

l) Proof of payment of the certification fee.

3 – The decision which rejects the application for certification of any entity is always express and preceded by the hearing in writing of the applicant, states its grounds and takes place after the investigation of the case by the DGPJ.

Article 8 – Certificate

The certification of the training body is carried out through order of the Director-General of the DGPJ.

Article 9 – List of certified training bodies

The DGPJ provides in its site the list of certified training entities which contains, among other informations, the identification of the certified training body, the date of certification and the date of possible expiry or withdrawal of the certification.

Article 10 – Monitoring and surveillance

1 – After the certification is obtained, it is for the training body to maintain the certification requirements set forth in articles 5 and 6, in the terms and conditions contained in its application.

2 – The certified training bodies have an obligation to report any important changes to the elements presented in the application for certification.

3 – The certified training bodies shall submit to the DGPJ, until April 30 of each year, a report about the mediation courses which were organized in the previous calendar year containing the:

a) Assessment of the compliance with the objectives and results which were planned for training;

b) Results of the assessment of the trainees' satisfaction level, as well as of coordinators, trainers and other employees;

c) Results regarding the participation and the conclusion of training courses, dropouts and performance of the trainees;

d) Results of the performance assessment of coordinators, trainers and other employees;

e) Improvement measures to be implemented, resulting from the analysis carried out.

4 – The DGPJ shall follow-up and monitor the compliance with article 10(3) and it may, for that purpose, undertake the necessary steps and request the informations it deems appropriate.

Article 11 – Fee

1 – The certification of a training body shall be subject to a fee, the amount of which will be established by an order from the members of government responsible for the areas of justice and finances.

2 – The follow-up and monitoring of the certified training body shall be subject to an annual fee, the amount of which will be established by an order from the members of government responsible for the areas of justice and finances, which must be paid until the presentation of the report referred to in article 10(3).

3 – In the year in which it is certified the training body is exempt from the payment referred to in the previous paragraph.

4 – The payment of the fees referred in this article is by bank transfer and proved by documentary evidence:

a) In the case of the fee referred to in paragraph 1, together with the presentation of the application for certification, otherwise the application will be rejected;

b) In the case of the fee referred to in paragraph 2, together with the report referred to in paragraph 3.

Article 12 – Duties of the training body

1 – The training body shall:

a) Communicate to the DGPJ any alteration to the elements provided in the application for certification, or in other application;

b) Communicate to the DGPJ the training programs for mediators, before they take place;

c) Cooperate with the DGPJ within its attributions under this ministerial order.

2 – The training body is responsible for the implementation of the apprenticeship plan referred to in Annex I of this ministerial order, and it may apply for internships in the public mediation systems under the responsibility of the Ministry of Justice, whose duration, number of vacancies available and other conditions are established, annually, by an order of the

Director-General of the DGPJ, or, in alternative, submit other forms to provide the trainees with effective practical skills.

3 – The list of trainees who are approved in the training programs is communicated by the certified bodies to the DGPJ, with the indication of the final grade in a scale of up to 20 values, within no more than 20 days after the conclusion of the training program.

Article 13 – Withdrawal and expiration of the certification

1 – The violation of the prerequisites for certification, of those regarding the quality referential or of one of the duties of the certified training body laid down in this ministerial order determines, depending on the seriousness of the situations and the possibility of rectification, the withdrawal of the certification, notwithstanding the following paragraphs.

2 – When there is a violation which may be rectified, the certified training body is given a time limit of up to 30 consecutive days to rectify it.

3 – In the cases of violations referred in the previous paragraph, the withdrawal of the certification is only determined when the certified training body does not rectify the situation in the time limit which was granted for that purpose by the DGPJ.

4 – The expiration of the certification occurs when one of the following situations takes place:

a) Termination of the certified training body;

b) Declaration by the training body that it does not wish to carry on with training activity;

c) Absence of training activity in two consecutive years.

5 – The Director-General of the DGPJ is competent to withdraw the certification or to declare its expiration in accordance with the previous paragraphs.

6 – The expiration and the withdrawal of certifications are published in the website of the DGPJ.

Article 14 – Competent authority to apply Law no. 29/2009, of March 4

1 – The Directorate-General for the Policy of Justice (DGPJ) is the competent authority to recognize the mediators' qualifications, pursuant to Law no. 29/2004, of March 4, amended by Law no. 41/2012, of August 28.

2 – The countervailing measures which are admissible pursuant to article 11 of Law no. 29/2004, of March 4, amended by Law no. 41/2012, of August 28, are defined by order of the Director-General of the DGPJ.

Article 15 – Transitional regime

1 – Those who have attended and were approved in a mediation course recognized by the Ministry of Justice pursuant, namely, to ministerial order no. 237/2010, of April 29, may apply to provide public mediation services, as long as they meet the remaining legal requirements.

2 – The applications submitted pursuant to ministerial order no. 237/2010, of April 29, which are pending when this ministerial order comes into force, maintain their course under that ministerial order.

3 – The training bodies which promote mediation courses for the purposes of the application to provide public mediation services have 6 months to adapt to the certification requirements set forth in this ministerial order.

Article 16 – Repeal

Notwithstanding the provisions of the preceding article, ministerial order no. 237/2010, of April 29, is repealed.

Article 17 – Entry into force

This ministerial order enters into force on the day following its publication.

The Minister of Justice, *Paula Maria von Hafe Teixeira da Cruz*, in November 14 2013.

ANNEX I – Quality referential for the certification of training bodies (article 6 of the ministerial order)

I – Requirements related to the structure and internal organization.

1 – Human resources – The entity shall ensure the existence of human resources in number and with the skills which are appropriate to the training activities to be carried out, regardless of the type of contractual link with the entity. The minimum requirements are as follows:

a) Existence of a training manager with the appropriate skills and professional experience or training, which is responsible for the training policy, for the planning, execution, monitoring, control and evaluation of the work plan, for the management of the resources allocated to the training activity, for the external relations regarding that activity;

b) Existence of a curriculum manager with the appropriate skills and professional experience or training, which ensures the support to the training management, the pedagogical supervision of the training courses, the link between the trainers and the other agents involved in the training process;

c) The training manager and the curriculum manager may perform, cumulatively, the functions of trainer or mediator referred in the following subparagraphs, provided that the appropriate skills, professional experience or training are ensured;

d) Existence of no fewer than 3 trainers with the appropriate scientific or pedagogical and technical training and the appropriate specialization on the subject to be taught;

e) Existence of no fewer than 3 mediators involved in the formative process with the appropriate skills and proven experience in mediation;

f) Qualified employee or use of service providers to ensure the organized accounting according to the applicable POC, in the entities where that is required by law;

g) The rules set out in article 5(2) of this ministerial order apply to the training managers, curriculum managers and trainers.

2 – Spaces and equipments – The training body shall ensure the existence of specific installations, coincident or not with its registered office, and appropriate equipments to the activities that will be developed;

3 – The installations and the equipment may be owned by the entity, leased or assigned, or be owned by a company or organization to which the entity provides training services.

II – Requirements related to processes of planning and development of training

1 – Planning and management of training activities – The entity shall elaborate the plan of action, on an annual basis, which demonstrates planning skills of its training activities and contains, namely, the following elements:

a) Characterization of the training body and a background of the activity carried out, with indication of the initial and continuous training, theoretical and practical, including the ethical and deontological components, general and specific, available to the mediators;

b) Indication of the human and material resources to be allocated to the projects.

2 – Techno-pedagogical dossier – The training body shall elaborate a techno-pedagogical dossier for each training course, which shall meet the following requirements:

a) Appropriate minimum number of hours of training for all the general themes;

b) Appropriate minimum number of hours of training for all the specific themes;

c) Planning of internships, or alternative methodologies, elaborated by the training body, which covers necessarily carrying out or simulating two full mediation sessions, with or without an agreement, with supervision by a mediator;

d) Indication of the criteria and the methods for selecting trainees;

e) Training program, which includes informations on the general and specific goals, course contents, training techniques, adopted bibliography and the criteria and parameters for the evaluation of trainees;

f) Identification of the training manager, the curriculum manager, the trainers and other agents, as well as methodologies for the performance assessment of the trainers.

2. Tratados Internacionais

2.1. Convenção de Nova Iorque sobre o Reconhecimento e a Execução de Sentenças Arbitrais Estrangeiras

Resolução da Assembleia da República nº 37/94

Aprova, para ratificação, a Convenção sobre o Reconhecimento e a Execução de Sentenças Arbitrais Estrangeiras.

A Assembleia da República resolve, nos termos dos artigos 164º, alínea *j*), e 169º, nº 5, da Constituição, o seguinte:

Artigo 1º

É aprovada, para ratificação, a Convenção sobre o Reconhecimento e a Execução de Sentenças Arbitrais Estrangeiras, celebrada em Nova Iorque, a 10 de Junho de 1958, cuja versão autêntica em língua francesa e respectiva tradução em língua portuguesa seguem em anexo à presente resolução.

Artigo 2º

Nos termos do nº 3 do artigo 1º da Convenção, Portugal formula a seguinte reserva: no âmbito do princípio da reciprocidade, Portugal só aplicará a Convenção no caso de as sentenças arbitrais terem sido proferidas no território de Estados a ela vinculados.

Aprovada em 10 de Março de 1994.

O Presidente da Assembleia da República, *António Moreira Barbosa de Melo.*

CONVENÇÃO SOBRE O RECONHECIMENTO E A EXECUÇÃO DE SENTENÇAS ARBITRAIS ESTRANGEIRAS, CELEBRADA EM NOVA IORQUE AOS 10 DE JUNHO DE 1958[4]

Artigo I

1 – A presente Convenção aplica-se ao reconhecimento e à execução das sentenças arbitrais proferidas no território de um Estado que não aquele em que são pedidos o reconhecimento e a execução das sentenças e resultantes de litígios entre pessoas singulares ou colectivas. Aplica-se também às sentenças arbitrais que não forem consideradas sentenças nacionais no Estado em que são pedidos o seu reconhecimento e execução.

2 – Entende-se por «sentenças arbitrais» não apenas as sentenças proferidas por árbitros nomeados para determinados casos, mas também as que forem proferidas por órgãos de arbitragem permanentes aos quais as Partes se submeteram.

3 – No momento da assinatura ou da ratificação da presente Convenção, da adesão a esta ou da notificação de extensão prevista no artigo X, qualquer Estado poderá, com base na reciprocidade declarar que aplicará a Convenção ao reconhecimento e à execução apenas das sentenças proferidas no território de um outro Estado Contratante. Poderá também declarar que aplicará apenas a Convenção aos litígios resultantes de relações de direito, contratuais ou não contratuais, que forem consideradas comerciais ela respectiva lei nacional.

Israel – 5 de Janeiro de 1959;

Marrocos – 12 de Fevereiro de 1959 (a); República Árabe Unida – 9 de Março de 1959 (a).

Artigo II

1 – Cada Estado Contratante reconhece a convenção escrita pela qual as Partes se comprometem a submeter a uma arbitragem todos os litígios ou alguns deles que surjam ou possam surgir entre elas relativamente a uma

[4] Nos termos do seu artigo XII, a Convenção entrou em vigor em 7 de Junho de 1959, no 90º dia a seguir à data de depósito do terceiro instrumento de ratificação ou de adesão junto do Secretário-Geral da Organização das Nações Unidas.

determinada relação de direito, contratual ou não contratual, respeitante a uma questão susceptível de ser resolvida por via arbitral.

2 – Entende-se por «convenção escrita» uma cláusula compromissória inserida num contrato, ou num compromisso, assinado pelas Partes ou inserido numa troca de cartas ou telegramas.

3 – O tribunal de um Estado Contratante solicitado a resolver um litígio sobre uma questão relativamente à qual as Partes celebraram uma convenção ao abrigo do presente artigo remeterá as Partes para a arbitragem, a pedido de uma delas, salvo se constatar a caducidade da referida convenção, a sua inexequibilidade ou insusceptibilidade de aplicação.

Artigo III

Cada um dos Estados Contratantes reconhecerá a autoridade de uma sentença arbitral e concederá a execução da mesma nos termos das regras de processo adoptadas no território em que a sentença for invocada, nas condições estabelecidas nos artigos seguintes. Para o reconhecimento ou execução das sentenças arbitrais às quais se aplica a presente Convenção, não serão aplicadas quaisquer condições sensivelmente mais rigorosas, nem custas sensivelmente mais elevadas, do que aquelas que são aplicadas para o reconhecimento ou a execução das sentenças arbitrais nacionais.

Artigo IV

1 – Para obter o reconhecimento e a execução referidos no artigo anterior, a Parte que requerer o reconhecimento e a execução deverá juntar ao seu pedido:

a) O original devidamente autenticado da sentença, ou uma cópia do mesmo, verificadas as condições exigidas para a sua autenticidade;

b) O original da convenção referida no artigo II, ou uma cópia da mesma, verificadas as condições exigidas para a sua autenticidade.

2 – No caso de a referida sentença ou convenção não estar redigida numa língua oficial do país em que for invocada a sentença, a Parte que requerer o reconhecimento e a execução da mesma terá de apresentar uma tradução dos referidos documentos nesta língua. A tradução deverá estar autenticada por um tradutor oficial ou por um agente diplomático ou consular.

Artigo V

1 – O reconhecimento e a execução da sentença só serão recusados, a pedido da Parte contra a qual for invocada, se esta Parte fornecer à autoridade competente do país em que o reconhecimento e a execução forem pedidos a prova:

a) Da incapacidade das Partes outorgantes da convenção referida no artigo II, nos termos da lei que lhes é aplicável, ou da invalidade da referida convenção ao abrigo da lei a que as Partes a sujeitaram ou, no caso de omissão quanto à lei aplicável, ao abrigo da lei do país em que for proferida a sentença; ou

b) De que a Parte contra a qual a sentença é invocada não foi devidamente informada quer da designação do árbitro quer do processo de arbitragem, ou de que lhe foi impossível, por outro motivo, deduzir a sua contestação; ou

c) De que a sentença diz respeito a um litígio que não foi objecto nem da convenção escrita nem da cláusula compromissória, ou que contém decisões que extravasam os termos da convenção escrita ou da cláusula compromissória; no entanto, se o conteúdo da sentença referente a questões submetidas à arbitragem puder ser destacado do referente a questões não submetidas à arbitragem, o primeiro poderá ser reconhecido e executado; ou

d) De que a constituição do tribunal arbitral ou o processo de arbitragem não estava em conformidade com a convenção das Partes ou, na falta de tal convenção, de que não estava em conformidade com a lei do país onde teve lugar a arbitragem; ou

e) De que a sentença ainda não se tornou obrigatória para as Partes, foi anulada ou suspensa por uma autoridade competente do país em que, ou segundo a lei do qual, a sentença foi proferida.

2 – Poderão igualmente ser recusados o reconhecimento e a execução de uma sentença arbitral se a autoridade competente do país em que o reconhecimento e a execução foram pedidos constatar:

a) Que, de acordo com a lei desse país, o objecto de litígio não é susceptível de ser resolvido por via arbitral; ou

b) Que o reconhecimento ou a execução da sentença são contrários à ordem pública desse país.

Artigo VI

Se a anulação ou a suspensão da sentença for requerida à autoridade competente prevista no artigo V, nº 1, alínea *e*), a autoridade perante a qual a sentença for invocada poderá, se o considerar adequado, diferir o momento da sua decisão relativa à execução da sentença; poderá igualmente, a requerimento da parte que solicitar a execução da sentença, exigir da outra Parte a prestação das garantias adequadas.

Artigo VII

1 – As disposições da presente Convenção não prejudicam a validade dos acordos multilaterais ou bilaterais celebrados pelos Estados Contratantes em matéria de reconhecimento e de execução de sentenças arbitrais, nem prejudicam o direito de invocar a sentença arbitral que qualquer das Partes interessadas possa ter nos termos da lei ou dos tratados do país em que for invocada.

2 – O Protocolo de Genebra de 1923 Relativo às Cláusulas de Arbitragem e a Convenção de Genebra de 1927 Relativa à Execução das Sentenças Arbitrais Estrangeiras deixarão de produzir efeitos entre os Estados Contratantes a partir do momento, e na medida, em que aqueles se encontrem obrigados pela presente Convenção.

Artigo VIII

1 – A presente Convenção pode ser assinada até 31 de Dezembro de 1958 por qualquer Estado membro das Nações Unidas, ou por qualquer outro Estado que seja, ou venha a ser posteriormente, membro de uma ou várias agências especializadas das Nações Unidas ou parte do Estatuto do Tribunal Internacional de Justiça, ou que seja convidado pela Assembleia Geral das Nações Unidas.

2 – A presente Convenção deve ser ratificada e os instrumentos de ratificação depositados junto do Secretário-Geral da Organização das Nações Unidas.

Artigo IX

1 – Todos os Estados referidos no artigo VIII podem aderir à presente Convenção.

2 – A adesão efectuar-se-á através do depósito de um instrumento de adesão junto do Secretário-Geral da Organização das Nações Unidas.

Artigo X

1 – Qualquer Estado poderá, no acto da assinatura, da ratificação ou da adesão, declarar que a presente Convenção será extensível ao conjunto, ou apenas a um ou vários, dos territórios que representa a nível internacional. Esta declaração produzirá os seus efeitos a partir do momento da entrada em vigor da presente Convenção naquele Estado.

2 – Posteriormente, qualquer extensão desta natureza far-se-á através de notificação dirigida ao Secretário-Geral da Organização das Nações Unidas e produzirá os seus efeitos a partir do 90º dia seguinte à data do recebimento da notificação pelo Secretário-Geral da Organização das Nações Unidas, ou na data de entrada em vigor da Convenção naquele Estado, se esta for posterior.

3 – No que respeita aos territórios aos quais não se aplica a presente Convenção na data da assinatura, da ratificação ou da adesão, cada Estado interessado examinará a possibilidade de tomar as medidas que desejar para estender a Convenção a esses territórios, sob reserva, se for caso disso, do acordo dos governos desses territórios quando exigido por razões constitucionais.

Artigo XI

As disposições seguintes aplicar-se-ão aos Estados federativos ou não unitários:

a) No que respeita aos artigos da presente Convenção que relevem da competência legislativa do poder federal, as obrigações do governo federal serão as mesmas que as dos Estados Contratantes que não sejam Estados federativos;

b) No que respeita aos artigos da presente Convenção que relevem da competência legislativa de cada um dos Estados ou províncias constituintes, que não sejam, em virtude do sistema constitucional da federação, obrigados a tomar medidas legislativas, o governo federal levará, o mais cedo possível, e com parecer favorável, os referidos artigos ao conhecimento das autoridades competentes dos Estados ou províncias constituintes;

c) Um Estado federativo Parte na presente Convenção comunicará, a pedido de qualquer outro Estado contratante, transmitido por intermédio do Secretário-Geral da Organização das Nações Unidas, uma exposição da legislação e das práticas em vigor na federação e nas suas unidades constituintes, no que respeita a qualquer disposição da Convenção, indicando qual o efeito dado a essa disposição através de uma acção legislativa ou outra.

Artigo XII

1 – A presente Convenção entrará em vigor no 90º dia seguinte à data do depósito do terceiro instrumento de ratificação ou de adesão.

2 – Para cada Estado que ratificar a Convenção ou a ela aderir após o depósito do terceiro instrumento de ratificação ou de adesão, a Convenção entrará em vigor a partir do 90º dia seguinte à data do depósito por esse Estado do seu instrumento de ratificação ou de adesão.

Artigo XIII

1 – Qualquer Estado contratante poderá denunciar a presente Convenção através de notificação escrita dirigida ao Secretário-Geral da Organização das Nações Unidas. A denúncia produzirá efeitos um ano após a data do recebimento da notificação pelo Secretário-Geral da Organização das Nações Unidas.

2 – Qualquer Estado que tenha feito uma declaração ou uma notificação, nos termos do artigo X, poderá notificar posteriormente o Secretário-Geral da Organização das Nações Unidas de que a Convenção cessará a sua aplicação no território em questão um ano após a data do recebimento desta notificação pelo Secretário-Geral.

3 – A presente Convenção continuará a ser aplicável às sentenças arbitrais relativamente às quais tiver sido iniciado um processo de reconhecimento ou de execução antes da entrada em vigor da denúncia.

Artigo XIV

Um Estado Contratante só se poderá prevalecer das disposições da presente Convenção contra outros Estados Contratantes na medida em que ele próprio esteja obrigado a aplicá-la.

Artigo XV

O Secretário-Geral da Organização das Nações Unidas notificará a todos os Estados referidos no artigo VIII:

a) As assinaturas e ratificações referidas no artigo VIII;

b) As adesões referidas no artigo IX;

c) As declarações e notificações referidas nos artigos I, X e XI;

d) A data de entrada em vigor da presente Convenção, nos termos do artigo XII;

e) As denúncias e notificações referidas no artigo XIII.

Artigo XVI

1 – A presente Convenção, cujas versões em inglês, chinês, espanhol, francês e russo são igualmente autênticas, será depositada nos arquivos da Organização das Nações Unidas.

2 – O Secretário-Geral da Organização das Nações Unidas enviará uma cópia autenticada da presente Convenção aos Estados referidos no artigo VIII.

2.2. Convenção de Washington para a Resolução de Diferendos Relativos a Investimentos entre Estados e Nacionais de Outros Estados

Decreto do Governo nº 15/84

O Governo decreta, nos termos da alínea *c)* do artigo 200º da Constituição, o seguinte: Artigo único. É aprovada, para ratificação, a Convenção para a Resolução de Diferendos Relativos a Investimentos entre Estados e Nacionais de Outros Estados, cujo texto em inglês e a respectiva tradução para português vão anexos ao presente decreto.

Visto e aprovado em Conselho de Ministros de 8 de Março de 1984. – *Mário Soares – Carlos Alberto da Mota Pinto – Jaime José Matos da Gama – Ernâni Rodrigues Lopes.*

Assinado em 20 de Março de 1984.

Publique-se.

O Presidente da República, ANTÓNIO RAMALHO EANES.

Referendado em 22 de Março de 1984.

O Primeiro-Ministro, *Mário Soares.*

CONVENÇÃO PARA A RESOLUÇÃO DE DIFERENDOS RELATIVOS A INVESTIMENTOS ENTRE ESTADOS E NACIONAIS DE OUTROS ESTADOS

Preâmbulo

Os Estados Contratantes:

Considerando a necessidade de cooperação internacional para o desenvolvimento económico e o papel desempenhado pelos investimentos privados internacionais;

Tendo presente a possibilidade de surgirem em qualquer altura diferendos relacionados com esses investimentos entre os Estados Contratantes e os nacionais de outros Estados Contratantes;

Reconhecendo que, ainda que tais diferendos possam normalmente ser levados perante as instâncias nacionais, métodos internacionais de resolução poderão ser apropriados em certos casos;

Concedendo especial importância à criação de mecanismos que permitam a conciliação e a arbitragem internacionais às quais os Estados Contratantes e os nacionais de outros Estados Contratantes possam submeter os seus diferendos, se assim o desejarem;

Desejando criar tais mecanismos sob os auspícios do Banco Internacional para a Reconstrução e Desenvolvimento;

Reconhecendo que o consentimento mútuo das partes em submeter tais diferendos à conciliação ou à arbitragem, através desses mecanismos, as obriga, exigindo em especial que seja tomada em devida conta qualquer recomendação dos conciliadores e que toda a sentença arbitral seja executada; e

Declarando que nenhum Estado Contratante, pelo simples facto de ter ratificado, aceitado ou aprovado a presente Convenção e sem o seu consentimento, ficará vinculado a recorrer à conciliação ou arbitragem em qualquer caso concreto, acordaram o que se segue:

CAPÍTULO I – Centro Internacional para a Resolução de Diferendos Relativos a Investimentos

SECÇÃO 1 – Criação e organização

Artigo 1º

1 – Pela presente Convenção é instituído um Centro Internacional para a Resolução de Diferendos Relativos a Investimentos (daqui para a frente denominado Centro).

2 – O objectivo do Centro será proporcionar os meios de conciliação e arbitragem dos diferendos relativos a investimentos entre Estados Contratantes e nacionais de outros Estados Contratantes em conformidade com as disposições desta Convenção.

Artigo 2º

A sede do Centro será a do Banco Internacional para a Reconstrução e Desenvolvimento (daqui para a frente denominado Banco). A sede poderá ser transferida para outro local por decisão do conselho de administração aprovada por uma maioria de dois terços dos seus membros.

Artigo 3º

O Centro será constituído por um conselho de administração e por um secretariado e terá uma lista de conciliadores e uma lista de árbitros.

SECÇÃO 2 – Conselho de administração

Artigo 4º

1 – O conselho de administração será constituído por 1 representante de cada Estado Contratante. Um substituto poderá agir em lugar do representante no caso de o titular estar ausente de uma reunião ou impedido.

2 – Salvo indicação contrária, o governador e o governador substituto do Banco, nomeados por um Estado Contratante exercerão de pleno direito as funções respectivas de representante e de substituto.

Artigo 5º

O presidente do Banco exercerá de pleno direito o lugar de presidente do conselho de administração (daqui para a frente denominado presidente), mas não terá direito a voto. Durante a sua ausência ou impedimento, bem como em caso de vacatura da presidência do Banco, aquele que durante esse período desempenhar as funções de presidente do Banco actuará como presidente do conselho de administração.

Artigo 6º

1 – Sem prejuízo das atribuições que lhe são cometidas pelas outras disposições da presente Convenção, ao conselho de administração caberá:

a) Adoptar o regulamento administrativo e financeiro do Centro;

b) Adoptar as regras processuais para a instauração dos processos de conciliação e de arbitragem;

c) Adoptar as regras processuais relativas aos processos de conciliação e arbitragem (daqui para a frente denominadas Regulamento de Conciliação e Regulamento de Arbitragem);

d) Estabelecer todas as providências necessárias com o Banco com vista a permitir a utilização das instalações e serviços administrativos do mesmo;

e) Determinar as condições de emprego do secretário-geral e dos secretários-gerais-adjuntos;

f) Adoptar o orçamento anual das receitas e despesas do Centro;

g) Aprovar o relatório anual da actividade do Centro.

As decisões acima referidas nas alíneas *a*), *b*), *c*) e *f*) serão adoptadas por uma maioria de dois terços dos membros do conselho de administração.

2 – O conselho de administração poderá constituir tantas comissões quantas considerar necessárias.

3 – O conselho de administração exercerá igualmente todas as outras atribuições consideradas necessárias à execução das disposições da presente Convenção.

Artigo 7º

1 – O conselho de administração terá uma sessão anual e tantas outras sessões quantas as determinadas pelo conselho ou convocadas quer pelo presidente quer pelo secretário-geral, a pedido de um mínimo de 5 membros do conselho.

2 – Cada membro do conselho de administração disporá de 1 voto e, salvo excepção prevista pela presente Convenção, todos os assuntos submetidos ao conselho serão resolvidos pela maioria dos votos expressos.

3 – Para todas as reuniões do conselho de administração o quórum será de metade mais 1 dos seus membros.

4 – O conselho de administração poderá estabelecer, por uma maioria de dois terços dos seus membros, um processo autorizando o presidente a pedir ao conselho uma votação por correspondência. A votação será considerada válida apenas se a maioria dos membros do conselho expressar os seus votos dentro do prazo estabelecido pelo referido processo.

Artigo 8º

Os membros do conselho de administração e o presidente exercerão as suas funções sem remuneração do Centro.

SECÇÃO 3 – Secretariado

Artigo 9º

O secretariado será constituído por 1 secretário-geral, 1 ou mais secretários-gerais-adjuntos e pelo pessoal respectivo.

Artigo 10º

1 – O secretário-geral e os secretários-gerais-adjuntos serão eleitos, sob indicação do presidente, por uma maioria de dois terços dos membros do conselho de administração, por um período que não poderá exceder 6 anos, e poderão ser reeleitos.

Depois de consultados os membros do conselho de administração, o presidente proporá 1 ou mais candidatos para cada posto.

2 – As funções de secretário-geral e secretário-geral-adjunto serão incompatíveis com o exercício de qualquer função política. Nem o secretário-geral nem os secretários-gerais-adjuntos poderão ocupar outro emprego nem exercer outra actividade profissional, salvo se para tal obtiverem a autorização do conselho de administração.

3 – Em caso de ausência ou impedimento do secretário-geral, bem como em caso de vacatura no cargo, o secretário-geral-adjunto exercerá as funções de secretário-geral. No caso de existirem vários secretários-gerais-

-adjuntos, o conselho de administração determinará previamente a ordem pela qual eles serão chamados a exercer as funções de secretário-geral.

Artigo 11º

O secretário-geral será o representante legal do Centro e dirigi-lo-á e será responsável pela sua administração, onde se incluirá o recrutamento de pessoal, em conformidade com as disposições da presente Convenção e os Regulamentos adoptados pelo conselho de administração. Exercerá a função de escrivão e terá poderes para autenticar sentenças arbitrais consequentes da presente Convenção, bem como para certificar cópias das mesmas.

SECÇÃO 4 - Listas

Artigo 12º

A lista de conciliadores e a lista de árbitros consistirão de pessoas qualificadas designadas de acordo com as disposições que seguem e que aceitem figurar nessas listas.

Artigo 13º

1 – Cada Estado Contratante poderá designar para cada lista pessoas que não terão de ser necessariamente seus nacionais.

2 – O presidente poderá designar 10 pessoas para cada lista. As pessoas por esta forma designadas em cada lista deverão ser todas de nacionalidade diferente.

Artigo 14º

1 – As pessoas assim designadas para figurar nas listas deverão gozar de elevada consideração e de reconhecida competência no domínio jurídico comercial, industrial ou financeiro e oferecer todas as garantias de independência no exercício das suas funções. A competência no domínio jurídico será de particular importância no caso das pessoas incluídas na lista de árbitros.

2 – O presidente, ao designar as pessoas que integrarão as listas, deverá entre outros aspectos, prestar a devida atenção à importância de assegurar a representação nas listas dos principais sistemas jurídicos do mundo e das principais formas de actividade económica.

Artigo 15º

1 – As nomeações serão feitas por períodos de 6 anos renováveis.

2 – Em caso de falecimento ou demissão de um membro de uma lista, a autoridade que tenha designado esse membro poderá designar um substituto que, até ao fim do mandato em questão, exercerá as funções que àquele competiam.

3 – Os membros das listas continuarão a figurar nas mesmas até à designação dos seus sucessores.

Artigo 16º

1 – Uma mesma pessoa poderá figurar em ambas as listas.

2 – Se uma pessoa tiver sido designada para a mesma lista por vários Estados Contratantes, ou por um ou mais de entre eles e pelo presidente, entender-se-á que foi designada pela entidade que primeiro a nomeou; todavia, no caso de uma das entidades que participou na designação ser o Estado do qual ela é nacional, considerar-se-á designada por esse Estado.

3 – Todas as designações serão notificadas ao secretário-geral e terão efeitos a partir da data em que a notificação for recebida.

SECÇÃO 5 – Financiamento do Centro

Artigo 17º

Se as despesas do Centro não puderem ser cobertas pelas receitas cobradas pela utilização dos seus serviços, ou por outros rendimentos, o excedente deverá ser suportado pelos Estados Contratantes membros do Banco, em proporção à sua participação no capital social deste Banco, e pelos Estados Contratantes não membros do Banco, em conformidade com os Regulamentos adoptados pelo conselho de administração.

SECÇÃO 6 – Estatuto, imunidades e privilégios

Artigo 18º

O Centro terá plena personalidade jurídica internacional.

Terá, entre outras, capacidade para:

a) Contratar;

b) Adquirir bens móveis e imóveis e deles dispor;
c) Estar em juízo.

Artigo 19º

Por forma a poder exercer plenamente as suas funções, o Centro gozará das imunidades e privilégios estabelecidos nesta secção no território de todos os Estados Contratantes.

Artigo 20º

O Centro não poderá ser objecto de acções judiciais relativas ao seu património ou outras, excepto se renunciar a essa imunidade.

Artigo 21º

O presidente, os membros do conselho de administração, as pessoas exercendo funções como conciliadores ou árbitros ou membros de um comité constituído em conformidade com o nº 3 do artigo 52º e os funcionários e empregados do secretariado:

Não poderão ser demandados por actos praticados no exercício das suas funções, excepto quando o Centro lhes retirar essa imunidade;

No caso de não serem nacionais do Estado em que exercem as suas funções, beneficiarão das mesmas imunidades em matéria de imigração, registo de estrangeiros e de serviço militar ou prestações análogas, bem como das mesmas facilidades em matéria de trocas e de deslocações, que as concedidas pelos Estados Contratantes para os representantes, funcionários e empregados de outros Estados Contratantes de escalão comparável.

Artigo 22º

As disposições do artigo 21º serão aplicadas às pessoas que intervenham em processos regulados pela presente Convenção, na qualidade de partes, agentes, conselheiros, advogados, testemunhas ou peritos, aplicando-se, contudo, a alínea *b*) do mesmo artigo apenas às suas deslocações e estada no país em que o processo tiver lugar.

Artigo 23º

1 – Os arquivos do Centro serão invioláveis onde quer que se encontrem.

2 – No tocante às comunicações oficiais, cada Estado Contratante deverá conceder ao Centro um tratamento tão favorável como o concedido às outras instituições internacionais.

Artigo 24º

1 – O Centro, o seu património, bens e rendimentos, bem como as suas operações autorizadas pela presente Convenção, estarão isentos de todos os impostos e direitos de alfândega. O Centro estará também isento de qualquer obrigação relativa à colecta ou pagamento de quaisquer impostos ou direitos de alfândega.

2 – Não será tributado qualquer imposto quer sobre os subsídios pagos pelo Centro ao presidente ou a membros do conselho de administração quer sobre os salários, emolumentos ou outros subsídios pagos pelo Centro aos seus funcionários ou empregados do secretariado, excepto se os beneficiários forem nacionais do país em que exerçam as suas funções.

3 – Não será tributado qualquer imposto sobre os honorários ou subsídios atribuídos às pessoas que exerçam funções como conciliadores, árbitros, ou membros do comité constituído em conformidade com o nº 3 do artigo 52º, nos processos objecto da presente Convenção, no caso de a única base jurídica para tal imposto ser a localização do Centro ou o local em que tais processos se desenrolem, ou ainda o local em que tais honorários ou subsídios são pagos.

CAPÍTULO II – Competência do Centro

Artigo 25º

1 – A competência do Centro abrangerá os diferendos de natureza jurídica directamente decorrentes de um investimento entre um Estado Contratante (ou qualquer pessoa colectiva de direito público ou organismo dele dependente designado pelo mesmo ao Centro) e um nacional de outro Estado Contratante, diferendo esse cuja submissão ao Centro foi consentida por escrito por ambas as partes. Uma vez dado o consentimento por ambas as partes, nenhuma delas poderá retirá-lo unilateralmente.

2 – «Nacional de outro Estado Contratante» significa:

a) Qualquer pessoa singular que tenha a nacionalidade de um Estado Contratante, outro que não o Estado parte no diferendo, à data em que as partes hajam consentido em submeter tal diferendo a conciliação ou arbitragem em conformidade com o nº 3 do artigo 28º ou o nº 3 do artigo 36º, à exclusão de qualquer pessoa que, em qualquer das datas referidas, tivesse igualmente a nacionalidade do Estado Contratante parte no diferendo; e *b*) Qualquer pessoa colectiva que tenha nacionalidade de um Estado Contratante, outro que não o Estado parte no diferendo, à data em que as partes hajam consentido em submeter tal diferendo a conciliação ou a arbitragem, bem como qualquer pessoa colectiva que tenha a nacionalidade do Estado Contratante parte no diferendo àquela data e que, em virtude do controle sobre ela exercido por interesses estrangeiros, as partes tenham concordado em tratar como um nacional de outro Estado Contratante, para os efeitos da presente Convenção.

3 – O consentimento de uma pessoa colectiva de direito público ou de um organismo de um Estado Contratante requererá a aprovação do referido Estado, excepto se o mesmo notificar o Centro no sentido de que tal aprovação não é necessária.

4 – Todos os Estados Contratantes poderão, na altura da sua ratificação, aceitação ou aprovação da Convenção, ou em qualquer outra data posterior, notificar o Centro sobre a categoria ou categorias de diferendos que consideram poderem ser sujeitos à competência do Centro. O secretário-geral deverá transmitir imediatamente a notificação recebida a todos os Estados Contratantes. Tal notificação não dispensará o consentimento exigido pelo nº 1.

Artigo 26º

O consentimento dado pelas partes para a arbitragem dentro do âmbito da presente Convenção será, excepto no caso de estipulação contrária, considerado como implicando a renúncia a qualquer outro meio de resolução. Um Estado Contratante poderá exigir a exaustão dos meios administrativos e judiciais internos como condição para dar o seu consentimento à arbitragem no âmbito da presente Convenção.

Artigo 27º

1 – Nenhum Estado Contratante concederá protecção diplomática nem apresentará internacionalmente uma reclamação respeitante a um diferendo que um dos seus nacionais e outro Estado Contratante tenham consentido submeter ou hajam submetido a arbitragem no quadro da presente Convenção, excepto no caso de o outro Estado Contratante não acatar a sentença proferida no dito diferendo.

2 – A protecção diplomática, para efeitos do nº 1, não incluirá diligências diplomáticas informais, visando unicamente facilitar a resolução do diferendo.

CAPÍTULO III – Conciliação

SECÇÃO 1 – Pedido de conciliação

Artigo 28º

1 – Qualquer Estado Contratante ou qualquer nacional de um Estado Contratante que deseje abrir um processo de conciliação deverá remeter um requerimento por escrito, nesse sentido, ao secretário-geral, que enviará uma cópia à outra parte.

2 – O requerimento deverá indicar o objecto do diferendo, a identidade das partes e o seu consentimento na conciliação, em conformidade com as regras processuais relativas ao início das instâncias de conciliação e arbitragem.

3 – O secretário-geral procederá ao registo do requerimento, excepto se considerar, com base nos dados do mesmo, que o diferendo está manifestamente fora da competência do Centro. Notificará de imediato as partes envolvidas do registo ou da recusa de registo.

SECÇÃO 2 – Constituição da Comissão de Conciliação

Artigo 29º

1 – A Comissão de Conciliação (daqui para a frente denominada Comissão) deverá ser constituída o mais rapidamente possível após o registo do requerimento, em conformidade com o artigo 28º

2 – A Comissão consistirá de um único conciliador ou de um número ímpar de conciliadores nomeados segundo acordo entre as partes;

Na falta de acordo entre as partes sobre o número de conciliadores e o método da sua nomeação, a Comissão integrará 3 conciliadores; cada parte nomeará um conciliador, devendo o terceiro, que será o presidente da Comissão, ser nomeado com o acordo de ambas as partes.

Artigo 30º

Se a Comissão não tiver sido constituída num prazo de 90 dias após a notificação de que o registo do requerimento foi feito pelo secretário-geral, em conformidade com o nº 3 do artigo 28º, ou dentro de qualquer outro prazo acordado entre as partes, o presidente deverá, a pedido de qualquer das partes e, dentro do possível, depois de consultar ambas as partes, nomear o conciliador ou conciliadores que ainda não tiverem sido nomeados.

Artigo 31º

1 – Poderão ser nomeados conciliadores que não constem da lista de conciliadores, excepto no caso das nomeações feitas pelo presidente em conformidade com o artigo 30º

2 – Os conciliadores nomeados que não constem da lista de conciliadores deverão reunir as qualidades referidas no nº 1 do artigo 14º

SECÇÃO 3 – Processo perante a Comissão

Artigo 32º

1 – A Comissão é juiz da sua própria competência.

2 – Qualquer excepção de incompetência relativa ao Centro ou, por quaisquer razões, à Comissão, apresentada por uma das partes, será considerada pela Comissão, que determinará se deverá ser tratada como uma questão preliminar ou ser examinada juntamente com as questões de fundo.

Artigo 33º

Qualquer processo de conciliação deverá ser conduzido em conformidade com o disposto na presente secção e, excepto se as partes chegarem a acordo diferente, em conformidade com o Regulamento de Conciliação em vigor na data em que as partes consentirem na conciliação. Se surgir uma questão de índole processual não prevista pela presente secção, pelo Regulamento de Conciliação ou por quaisquer regras acordadas entre as partes, será a mesma decidida pela Comissão.

Artigo 34º

1 – A Comissão terá por função esclarecer os pontos em litígio entre as partes e desenvolver esforços no sentido de as fazer chegar a acordo em temos mutuamente aceitáveis. Nesse sentido, poderá a Comissão, em qualquer fase do processo e repetidamente, recomendar formas de resolução às partes. As partes deverão cooperar com a Comissão, de boa fé, por forma a

permitir que a Comissão desempenhe as suas funções, e deverão considerar seriamente as suas recomendações.

2 – Se as partes chegarem a acordo, a Comissão elaborará um relatório anotando os pontos em litígio e registando o acordo das partes. Se, em qualquer fase do processo, parecer à Comissão que não existem quaisquer possibilidades de acordo entre as partes, deverá esta encerrar o processo e elaborar um relatório anotando que o diferendo foi sujeito a conciliação e que as partes não chegaram a acordo. Se uma parte não comparecer ou não participar no processo, a Comissão encerrará o processo e elaborará um relatório anotando a falta de comparência ou não participação.

Artigo 35º

Excepto se as partes envolvidas no diferendo acordarem diferentemente, nenhuma delas poderá, em qualquer outro processo, quer perante árbitros quer num tribunal ou de qualquer outra maneira, invocar ou usar as opiniões emitidas, as declarações ou as ofertas de resolução feitas pela outra parte no processo de conciliação, nem tão-pouco o relatório ou quaisquer recomendações da Comissão.

CAPÍTULO IV – Arbitragem

SECÇÃO 1 – Pedido de arbitragem

Artigo 36º

1 – Qualquer Estado Contratante ou qualquer nacional de um Estado Contratante que deseje abrir um processo de arbitragem deverá remeter um requerimento, por escrito, nesse sentido ao secretário-geral, que enviará uma cópia do mesmo à outra parte.

2 – O requerimento deverá indicar o objecto do diferendo, a identidade das partes e o seu consentimento na arbitragem, em conformidade com as regras processuais relativas ao início da instância de conciliação e arbitragem.

3 – O secretário-geral procederá ao registo do requerimento, excepto se considerar, com base nos dados do mesmo, que o diferendo está manifestamente fora da competência do Centro.

Notificará de imediato as partes do registo ou da recusa de registo.

SECÇÃO 2 – Constituição do tribunal

Artigo 37º

1 – O tribunal arbitral (daqui para a frente denominado tribunal) deverá ser constituído o mais rapidamente possível após o registo do requerimento, em conformidade com o artigo 36º

2 – O tribunal terá um único árbitro ou um número ímpar de árbitros nomeados segundo acordo entre as partes;

Na falta de acordo entre as partes sobre o número de árbitros e o método da sua nomeação, o tribunal integrará 3 árbitros, nomeando cada parte um árbitro, e devendo o terceiro, que será o presidente do tribunal, ser nomeado com o acordo de ambas as partes.

Artigo 38º

Se o tribunal não tiver sido constituído num prazo de 90 dias após a notificação de que o registo do requerimento foi feito pelo secretário-geral, em conformidade com o nº 3 do artigo 36º, ou dentro de qualquer outro prazo acordado entre as partes, o presidente deverá, a pedido de qualquer das partes e, dentro do possível, depois de consultadas ambas as partes, nomear o árbitro ou árbitros que ainda não tiverem sido nomeados. Os árbitros nomeados pelo presidente, em conformidade com o presente artigo, não deverão ser nacionais do Estado Contratante parte no diferendo nem no diferendo nem do Estado Contratante de que é nacional a outra parte.

Artigo 39º

A maioria dos árbitros deverá ser nacional de Estados que não o Estado Contratante parte no diferendo e o Estado Contratante cujo nacional é parte no diferendo; contudo, as precedentes disposições deste artigo não se aplicam no caso de o único árbitro ou cada um dos membros do tribunal ter sido nomeado por acordo entre as partes.

Artigo 40º

1 – Poderão ser nomeados árbitros que não constem da lista dos árbitros, excepto no caso de nomeações feitas pelo presidente em conformidade com o artigo 38º

2 – Os árbitros nomeados que não constem da lista dos árbitros deverão reunir as qualidades previstas no nº 1 do artigo 14º

SECÇÃO 3 – Poderes e funções do tribunal

Artigo 41º

1 – Só o tribunal conhecerá da sua própria competência.

2 – Qualquer excepção de incompetência relativa ao Centro ou, por quaisquer razões, ao tribunal deverá ser considerada pelo tribunal, que determinará se a mesma deverá ser tratada como questão preliminar ou examinada juntamente com as questões de fundo.

Artigo 42º

1 – O tribunal julgará o diferendo em conformidade com as regras de direito acordadas entre as partes. Na ausência de tal acordo, o tribunal deverá aplicar a lei do Estado Contratante parte no diferendo (incluindo as regras referentes aos conflitos de leis), bem como os princípios de direito internacional aplicáveis.

2 – O tribunal não pode recusar-se a julgar sob pretexto do silêncio ou da obscuridade da lei.

3 – As disposições dos nºs 1 e 2 não prejudicarão a faculdade de o tribunal julgar um diferendo *ex aequo et bono* se houver acordo entre as partes.

Artigo 43º

Excepto se as partes acordarem diferentemente, o tribunal pode, se considerar necessário em qualquer fase do processo:

a) Pedir às partes que apresentem documentos ou outros meios de prova; e

b) Visitar os lugares relacionados com o diferendo e aí proceder a tantos inquéritos quantos considerar necessários.

Artigo 44º

Qualquer processo de arbitragem deverá ser conduzido em conformidade com as disposições da presente secção e, excepto se as partes acordarem diferentemente, em conformidade com o Regulamento de Arbitragem em vigor na data em que as partes consentirem na arbitragem. Se surgir qualquer questão de índole processual não prevista pela presente secção ou pelo Regulamento de Arbitragem ou quaisquer outras regras acordadas entre as partes, será a mesma devolvida pelo tribunal.

Artigo 45º

1 – Não se presumirão confessados os factos apresentados por uma das partes quando a outra não compareça ou se abstenha de fazer uso dos meios ao seu dispor.

2 – Se em qualquer momento do processo uma das partes não comparecer ou não fizer uso dos meios ao seu dispor, a outra parte poderá requerer ao tribunal que aprecie as conclusões por si apresentadas e pronuncie a sentença. O tribunal deverá notificar a parte em falta do requerimento que lhe foi apresentado e conceder-lhe um prazo antes de proferir a sentença, excepto se estiver convencido de que aquela parte não tem intenção de comparecer ou fazer valer os seus meios.

Artigo 46º

Excepto se as partes acordarem diferentemente, o tribunal deverá conhecer, a pedido de uma delas, todas as questões incidentais adicionais ou reconvencionais que se liguem directamente com o objecto do diferendo, desde que estejam compreendidas no consentimento das partes, bem como no âmbito da competência do Centro.

Artigo 47º

Excepto se as partes acordarem diferentemente, o tribunal pode, se considerar que as circunstâncias o exigem, recomendar quaisquer medidas cautelares adequadas a garantir os direitos das partes.

SECÇÃO 4 – Sentença

Artigo 48º

1 – O tribunal decidirá todas as questões por maioria de votos de todos os seus membros.

2 – A sentença do tribunal deverá ser dada por escrito; será assinada pelos membros do tribunal que hajam votado a seu favor.

3 – A sentença deverá responder fundamentalmente a todos os pontos das conclusões apresentadas ao tribunal pelas partes.

4 – Todos os membros do tribunal poderão fazer juntar à sentença a sua opinião individual, discordem ou não da maioria, ou a menção da sua discordância

5 – O Centro não poderá publicar a sentença sem o consentimento das partes.

Artigo 49º

1 – O secretário-geral deverá enviar prontamente cópias autenticadas da sentença às partes. Presumir-se-á que a sentença foi proferida na data em que as cópias autenticadas foram enviadas.

2 – O tribunal, a pedido de uma parte, dentro de um prazo de 45 dias após a data em que a sentença foi decretada, pode, depois de notificada a outra parte, julgar qualquer questão sobre que, por omissão, não se haja pronunciado na sentença, e rectificará qualquer erro material da sentença. A sua decisão será parte integrante da sentença e será notificada às partes da mesma forma que a sentença. Os períodos de tempo previstos no nº 2 do artigo 51º e nº 2 do artigo 52º deverão decorrer a partir da data em que a decisão correspondente for tomada.

SECÇÃO 5 – Interpretação, revisão e anulação da sentença

Artigo 50º

1 – Se surgir qualquer diferendo entre as partes sobre o significado ou o âmbito de uma sentença, qualquer das partes poderá pedir a sua interpretação através de requerimento, por escrito, dirigido ao secretário-geral.

2 – O pedido deverá, se possível, ser submetido ao tribunal que deu a sentença. Se tal não for possível, será constituído um novo tribunal em conformidade com a secção 2 do presente capítulo. O tribunal pode, se considerar que as circunstâncias assim o exigem, decidir suspender a execução da sentença até se pronunciar sobre o pedido de interpretação.

Artigo 51º

1 – Qualquer das partes poderá pedir a revisão da sentença através de requerimento por escrito dirigido ao secretário-geral com fundamento na descoberta de algum facto susceptível de exercer uma influência decisiva sobre a sentença, desde que, à data da sentença, tal facto fosse desconhecido do tribunal e do requerente sem culpa deste.

2 – O requerimento deverá ser apresentado dentro de um período de 90 dias após a descoberta de tal facto e em qualquer caso dentro de 3 anos após a data em que a sentença foi dada.

3 – O requerimento deverá, se possível, ser submetido ao tribunal que deu a sentença. Se tal não for possível, será constituído um novo tribunal em conformidade com a secção 2 do presente capítulo.

4 – O tribunal poderá, se considerar que as circunstâncias assim o exigem, decidir suspender a execução da sentença até ter decidido sobre o pedido de revisão. Se o requerente pedir a suspensão da execução da sentença no seu requerimento, a execução será suspensa provisoriamente até que o tribunal decida sobre esse pedido.

Artigo 52º

1 – Qualquer das partes poderá pedir por escrito ao secretário-geral a anulação da sentença com base em um ou mais dos seguintes fundamentos:

a) Vício na constituição do tribunal;

b) Manifesto excesso de poder do tribunal;

c) Corrupção de um membro do tribunal;

d) Inobservância grave de uma regra de processo fundamental; ou

e) Vício de fundamentação.

2 – O requerimento deverá ser apresentado dentro de um prazo de 120 dias após a data em que a sentença tiver sido proferida, excepto quando a anulação for pedida com base em corrupção, caso em que o requerimento deverá ser feito dentro de um prazo de 120 dias após a descoberta da corrupção e, em qualquer caso, dentro de 3 anos após a data em que a sentença foi decretada.

3 – Ao receber o pedido, o presidente deverá de imediato designar entre as pessoas que figuram na lista dos árbitros um comité ad hoc de 3 pessoas. Nenhum dos membros deste comité poderá ter sido membro do tribunal que deu a sentença, ser da mesma nacionalidade de qualquer dos membros do dito tribunal, ser um nacional do Estado parte no diferendo ou do Estado cujo nacional é parte no diferendo nem ter sido designado para a lista dos árbitros, por um desses Estados, ou ter actuado como conciliador nesse mesmo diferendo. O comité terá autoridade para anular a sentença na sua totalidade ou em parte, em razão de um dos fundamentos estabelecidos no nº 1.

4 – As disposições dos artigos 41º a 45º, 48º, 49º, 53º e 54º e dos capítulos VI e VII serão aplicáveis mutatis mutandis ao processo no comité.

5 – O comité pode, se considerar que as circunstâncias assim o exigem, decidir suspender a execução da sentença até se pronunciar sobre o pedido

de anulação. Se o requerente pedir a suspensão da execução da sentença no seu requerimento, a execução será suspensa provisoriamente até que o comité decida sobre o pedido apresentado.

6 – Se a sentença for anulada, o diferendo deverá, a pedido de qualquer das partes, ser submetido a novo tribunal constituído em conformidade com a secção 2 do presente capítulo.

SECÇÃO 6 – Reconhecimento e execução da sentença

Artigo 53º

1 – A sentença será obrigatória para as partes e não poderá ser objecto de apelação ou qualquer outro recurso, excepto os previstos na presente Convenção. Cada parte deverá acatar os termos da sentença, excepto se a execução for suspensa em conformidade com as disposições da presente Convenção.

2 – No âmbito dos objectivos desta secção, «sentença» incluirá qualquer decisão referente à interpretação, revisão ou anulação da sentença em conformidade com os artigos 50º, 51º e 52º

Artigo 54º

1 – Cada Estado Contratante reconhecerá a obrigatoriedade da sentença dada em conformidade com a presente Convenção e assegurará a execução no seu território das obrigações pecuniárias impostas por essa sentença como se fosse uma decisão final de um tribunal desse Estado. O Estado Contratante que tenha uma constituição federal poderá dar execução à sentença por intermédio dos seus tribunais federais e providenciar para que estes considerem tal sentença como decisão final dos tribunais de um dos Estados federados.

2 – A parte que deseje obter o reconhecimento e a execução de uma sentença no território de um Estado Contratante deverá fornecer ao tribunal competente ou a qualquer outra autoridade que tal Estado tenha designado para este efeito uma cópia da sentença autenticada pelo secretário-geral. Cada Estado Contratante deverá notificar o secretário-geral da designação do tribunal ou autoridade competente para este efeito e informá-lo de eventuais modificações subsequentes a tal designação.

3 – A execução da sentença será regida pelas leis referentes à execução de sentença vigentes no Estado em cujo território deverá ter lugar.

Artigo 55º

Nenhuma das disposições do artigo 54º poderá ser interpretada como constituindo excepção ao direito vigente num Estado Contratante relativo ao privilégio de execução do referido Estado ou de qualquer Estado estrangeiro.

CAPÍTULO V – Substituição e inibição dos conciliadores e dos árbitros

Artigo 56º

1 – Após a constituição de uma comissão ou de um tribunal e o início do processo, a sua composição permanecerá inalterável; contudo, em caso de falecimento, incapacidade ou demissão de um conciliador ou de um árbitro, a vaga resultante deverá ser preenchida em conformidade com as disposições da secção 2 do capítulo III ou secção 2 do capítulo IV.

2 – Um membro de uma comissão ou de um tribunal continuará a exercer as suas funções nessa qualidade, não obstante ter deixado de figurar na lista respectiva.

3 – Se um conciliador ou um árbitro nomeado por uma parte se demitir sem o consentimento da comissão ou do tribunal de que é membro, o presidente nomeará uma pessoa da lista respectiva para preencher a vaga resultante.

Artigo 57º

Qualquer das partes pode pedir à comissão ou ao tribunal a inibição de qualquer dos seus membros com base num facto que indique uma manifesta falta das qualidades exigidas pelo nº 1 do artigo 14º A parte no processo de arbitragem pode, em acréscimo, pedir a inibição de um árbitro com fundamento no facto de ele não preencher as condições de nomeação para o tribunal arbitral, estabelecidas na secção 2 do capítulo IV.

Artigo 58º

A decisão sobre qualquer pedido de inibição de um conciliador ou de um árbitro deverá ser tomada pelos outros membros da comissão ou do tribunal, conforme o caso; contudo, no caso de empate na votação ou de o pedido de inibição visar um único conciliador ou árbitro ou uma maioria da comissão ou do tribunal, a decisão será tomada pelo presidente. Se for decidido que o pedido é justamente fundamentado, o conciliador ou o árbitro a quem a decisão se refere deverá ser substituído em conformidade com as disposições da secção 2 do capítulo III ou da secção 2 do capítulo IV.

CAPÍTULO VI – Custas do processo

Artigo 59º

Os encargos a suportar pelas partes pela utilização dos serviços do Centro serão determinados pelo secretário-geral em conformidade com a regulamentação adoptada pelo conselho de administração.

Artigo 60º

1 – Cada comissão e cada tribunal determinarão os honorários e as despesas com os seus membros dentro de limites estabelecidos pelo conselho de administração, depois de consultado o secretário-geral.

2 – Nenhuma das disposições do nº 1 do presente artigo obstará a que as partes acordem previamente com a comissão ou com o tribunal os honorários e as despesas com os seus membros.

Artigo 61º

1 – No caso dos processos de conciliação, os honorários e as despesas com os membros da comissão, bem como os encargos pela utilização dos serviços do Centro, serão suportados igualmente pelas partes. Cada parte deverá suportar quaisquer outras despesas a que dê origem por exigência do processo.

2 – No caso dos processos de arbitragem, o tribunal deverá, excepto quando acordado diferentemente entre as partes, fixar o montante das despesas a que as partes deram lugar por exigências do processo e decidirá sobre as modalidades de repartição e pagamento das ditas despesas, dos honorários e dos encargos com os membros do tribunal, bem como dos resultantes da utilização dos serviços do Centro. Tal decisão será parte integrante da sentença.

CAPÍTULO VII – Local do processo

Artigo 62º

Os processos de conciliação e arbitragem terão lugar na sede do Centro, excepto no caso das disposições que se seguem.

Artigo 63º

Os processos de conciliação e arbitragem poderão ter lugar, se assim for acordado entre as partes:

a) Na sede do Tribunal Permanente de Arbitragem ou de qualquer outra instituição apropriada, quer privada, quer pública, com a qual o Centro tenha acordado as providências necessárias para o efeito;

ou

b) Em qualquer outro local aprovado pela comissão ou pelo tribunal depois de consultado o secretário-geral.

CAPÍTULO VIII – Diferendos entre Estados Contratantes

Artigo 64º

Qualquer diferendo que surja entre Estados Contratantes referente à interpretação ou aplicação da presente Convenção e que não seja resolvido por negociação deverá ser levado perante o Tribunal Internacional de Justiça a requerimento de qualquer das partes envolvidas no diferendo, excepto se os Estados interessados acordarem noutro método de resolução.

CAPÍTULO IX – Alterações

Artigo 65º

Qualquer Estado Contratante pode propor alterações à presente Convenção. O texto de uma alteração proposta deverá ser comunicado ao secretário-geral pelo menos 90 dias antes da reunião do conselho de administração em que a mesma deva ser examinada e deverá ser imediatamente transmitido por ele a todos os membros do conselho de administração.

Artigo 66º

1 – Se o conselho de administração o aprovar por uma maioria de dois terços dos seus membros, a alteração proposta deverá ser levada ao conhecimento de todos os Estados Contratantes para ratificação, aceitação ou aprovação. Todas as alterações deverão entrar em vigor 30 dias depois do envio pelo depositário da presente Convenção de uma notificação aos Estados Contratantes indicando que todos os Estados Contratantes ratificaram, aceitaram ou aprovaram a alteração.

2 – Nenhuma alteração afectará os direitos e obrigações de qualquer Estado Contratante ou de qualquer pessoa colectiva de direito público ou organismos, dependentes desse Estado ou de um seu nacional previstos pela presente Convenção, que decorram de uma aceitação da competência do Centro, dada antes da data de entrada em vigor da alteração.

CAPÍTULO X – Disposições finais

Artigo 67º

A presente Convenção está aberta para assinatura dos Estados membros do Banco. Estará também aberta para assinatura de qualquer outro Estado signatário do Estatuto do Tribunal Internacional de Justiça que o conselho de administração, por decisão de dois terços dos seus membros, tenha convidado a assinar a Convenção.

Artigo 68º

1 – A presente Convenção será submetida a ratificação, aceitação ou aprovação dos Estados signatários em conformidade com os seus processos constitucionais.

2 – A presente Convenção entrará em vigor 30 dias após a data do depósito do vigésimo instrumento de ratificação, aceitação ou aprovação. Entrará em vigor para cada Estado que subsequentemente depositar os seus instrumentos de ratificação, aceitação ou aprovação 30 dias após a data de tal depósito.

Artigo 69º

Todos os Estados Contratantes tomarão as medidas legislativas ou outras que considerem necessárias para permitir a efectivação da presente Convenção no seu território.

Artigo 70º

A presente Convenção aplicar-se-á a todos os territórios por cujas relações internacionais foi responsável um Estado Contratante, excepto aqueles que são excluídos pelo referido Estado através de notificação por escrito ao depositário da presente Convenção ou na altura da ratificação, aceitação ou aprovação, ou subsequentemente.

Artigo 71º

Todos os Estados Contratantes podem denunciar a presente Convenção através de notificação por escrito ao depositário da presente Convenção. A denúncia terá efeito 6 meses após a recepção de tal notificação.

Artigo 72º

A notificação feita por um Estado Contratante em conformidade com os artigos 70º ou 71º não afectará os direitos e obrigações desse Estado ou de qualquer pessoa colectiva pública ou organismo dependente ou ainda de qualquer nacional de tal Estado, previsto pela presente Convenção, que decorram de um consentimento à jurisdição do Centro, dado por um deles antes de a referida notificação ter sido recebida pelo depositário.

Artigo 73º

Os instrumentos de ratificação, aceitação ou aprovação da presente Convenção e das emendas decorrentes deverão ser depositados junto do Banco, que actuará como depositário da presente Convenção. O depositário deverá transmitir cópias autenticadas da presente Convenção aos Estados membros do Banco e a qualquer outro Estado convidado a assinar a Convenção.

Artigo 74º

O depositário registará a presente Convenção junto do Secretariado das Nações Unidas, em conformidade com o artigo 102 da Carta das Nações Unidas e com os regulamentos dela decorrentes adoptados pela assembleia geral.

Artigo 75º

O depositário notificará todos os Estados signatários do seguinte:

Assinaturas em conformidade com o artigo 67º;

Depósito de instrumentos de ratificação, aceitação e aprovação em conformidade com o artigo 73º;

Data em que a presente Convenção entra em vigor em conformidade com o artigo 68º;

Exclusões da aplicação territorial em conformidade com o artigo 70º;

Data em que qualquer alteração a esta Convenção entre em vigor em conformidade com o artigo 66º; e

Denúncias em conformidade com o artigo 71º

Feito em Washington, em inglês, francês e espanhol, tendo os 3 textos sido igualmente autenticados num único exemplar, que ficará depositado nos arquivos do Banco Internacional para a Reconstrução e Desenvolvimento, que indicou pela sua assinatura abaixo aceita exercer as funções que lhe são confiadas pela presente Convenção.

3. Regulamentos

3.1. Regulamentos do Centro de Arbitragem Comercial da Câmara de Comércio e Indústria Portuguesa

3.1.1. Regulamento de Arbitragem (1 de abril de 2021)

CAPÍTULO I – Disposições Iniciais

Artigo 1º – Âmbito de aplicação

Qualquer litígio, público ou privado, interno ou internacional, que por lei seja suscetível de ser resolvido por meio de arbitragem pode ser submetido a tribunal arbitral no Centro de Arbitragem da Câmara de Comércio e Indústria Portuguesa, também designado por Centro, nos termos do presente Regulamento.

Artigo 2º – Regulamento aplicável

1 – A submissão do litígio a tribunal arbitral no Centro deve resultar da convenção de arbitragem ou de acordo posterior.

2 – A remissão das partes para o presente Regulamento envolve a aceitação do mesmo como parte integrante da convenção de arbitragem e faz presumir a atribuição ao Centro de Arbitragem da competência para administrar a arbitragem nos termos previstos no Regulamento.

3 – Salvo acordo em contrário, é aplicável ao processo arbitral o regulamento que estiver em vigor à data da instauração do processo arbitral.

Artigo 3º – Forma e revogação da convenção de arbitragem

1 – A convenção de arbitragem deve ter forma escrita, salvo se a lei aplicável previr uma forma menos exigente.

2 – A convenção de arbitragem pode ser revogada até à pronúncia da sentença arbitral, por acordo entre as partes revestindo a forma exigida para a sua celebração.

CAPÍTULO II – Tutela Cautelar

Artigo 4º – Providências cautelares e ordens preliminares

1 – A adesão ao presente Regulamento envolve, salvo expressa convenção em contrário, a atribuição ao tribunal arbitral do poder de decretar providências cautelares e ordens preliminares nos termos da lei.

2 – O tribunal arbitral pode subordinar o decretamento de providência cautelar à prestação de garantia adequada pela parte a favor de quem é determinada, devendo fazê-lo no caso de ordem preliminar, a menos que o considere inadequado ou desnecessário.

Artigo 5º – Árbitro de Emergência

1 – Até à constituição do tribunal arbitral, e salvo expressa convenção em contrário, qualquer das partes da convenção de arbitragem pode requerer, nos termos do Regulamento sobre o Árbitro de Emergência, incluído no Anexo I ao presente Regulamento, o decretamento de providência cautelar urgente ou de ordem preliminar urgente por um árbitro de emergência nomeado pelo Presidente do Centro.

2 – Considera-se urgente a providência cautelar ou a ordem preliminar que não possa aguardar pela constituição do tribunal arbitral.

3 – O árbitro de emergência decreta a providência cautelar ou a ordem preliminar por sentença ou decisão com outra forma.

4 – O árbitro de emergência mantém a competência para decidir o pedido cautelar ou o pedido de ordem preliminar mesmo que ocorra, entretanto, a constituição do tribunal arbitral.

5 – Os poderes do árbitro de emergência extinguem-se com a decisão. Se, porém, o tribunal arbitral ainda não estiver constituído nesse momento, o árbitro de emergência mantém a sua competência até à constituição do tribunal arbitral.

6 – A decisão do árbitro de emergência é livremente modificável e revogável a pedido de qualquer das partes e não vincula o tribunal arbitral; até à constituição do tribunal arbitral, a competência para a modificação da decisão pertence ao árbitro de emergência e, após esse momento, ao tribunal arbitral.

7 – O tribunal arbitral decide qualquer litígio relativo à decisão proferida pelo árbitro de emergência, nomeadamente relativo ao respetivo cumprimento.

8 – Não há lugar à intervenção do árbitro de emergência quando a convenção de arbitragem tenha sido celebrada antes de 1 de março de 2014 ou as partes tiverem convencionado a exclusão da intervenção do árbitro de emergência.

CAPÍTULO III – Tribunal Arbitral

Artigo 6º – Número de árbitros

1 – O tribunal arbitral é constituído por árbitro único ou por três árbitros.

2 – Se as partes não tiverem acordado no número de árbitros, o tribunal arbitral é constituído por árbitro único, exceto se, ouvidas as partes, e tendo em conta as características do litígio e a data de celebração da convenção de arbitragem, o Presidente do Centro determinar que o tribunal seja constituído por três árbitros.

Artigo 7º – Composição do tribunal arbitral

1 – As partes podem, na convenção de arbitragem ou em acordo posterior, proceder à designação do árbitro ou árbitros ou estabelecer o modo como são designados.

2 – Se o tribunal arbitral for constituído por árbitro único, a sua designação é da competência das partes; se, depois de apresentada a Resposta, as partes não o fizerem no prazo de vinte dias a contar de notificação para o efeito por qualquer delas, a designação compete ao Presidente do Centro.

3 – Se o tribunal arbitral for constituído por três árbitros, e as partes não tiverem acordado na sua composição ou no modo da sua designação, o Requerente designa um árbitro no Requerimento de Arbitragem e o Requerido designa um árbitro na Resposta, sendo o terceiro árbitro, que preside, escolhido pelos árbitros indicados pelas partes, no prazo de vinte dias a contar da aceitação do encargo que tiver ocorrido em último lugar.

4 – Em todos os casos em que falte a designação de um árbitro nos termos dos números anteriores, o Presidente do Centro procede à designação ou designações em falta.

Artigo 8º – Pluralidade de partes

1 – Em caso de pluralidade de partes, considera-se como parte, para efeitos de designação de árbitros, o conjunto dos Requerentes ou dos Requeridos.

2 – Sendo o tribunal arbitral composto por três árbitros, se os Requerentes ou Requeridos não acordarem na escolha do árbitro, a designação desse árbitro é efetuada pelo Presidente do Centro.

3 – No caso a que se refere o número anterior, se os Requerentes ou Requeridos que não acordaram na escolha do árbitro tiverem interesses conflituantes relativamente ao fundo da causa, o Presidente do Centro pode ainda, se o considerar justificado para assegurar a igualdade das partes, designar a totalidade dos árbitros e, de entre eles, o presidente, ficando nesse caso sem efeito a designação do árbitro que uma das partes tiver entretanto efetuado.

Artigo 9º – Aceitação do encargo

1 – Ninguém pode ser obrigado a atuar como árbitro; mas, se o encargo tiver sido aceite, só é legítima a escusa fundada em causa superveniente reconhecida pelo Presidente do Centro que impossibilite o designado de exercer a função.

2 – Ao aceitar o encargo, o árbitro obriga-se a exercer a função nos termos deste Regulamento e a respeitar o Código Deontológico anexo ao mesmo.

3 – Considera-se aceite o encargo através da assinatura, pela pessoa designada, de declaração de aceitação, disponibilidade, independência e imparcialidade em modelo fornecido pelo Centro, no prazo de vinte dias a contar da notificação para o efeito.

Artigo 10º – Independência, imparcialidade e disponibilidade dos árbitros

1 – Os árbitros devem ser e permanecer independentes, imparciais e disponíveis.

2 – Qualquer pessoa que aceite integrar um tribunal arbitral deve assinar a declaração prevista no artigo anterior, em que dê a conhecer quaisquer circunstâncias que possam, na perspetiva das partes, originar dúvidas fundadas a respeito da sua independência, imparcialidade ou disponibilidade.

3 – Enquanto decorrer a arbitragem, o árbitro deve dar a conhecer sem demora ao Secretariado, aos restantes árbitros e às partes qualquer circunstância suscetível de originar, na perspetiva das partes, dúvidas fundadas a respeito da sua independência, imparcialidade ou disponibilidade.

4 – O facto de um árbitro revelar qualquer circunstância ao abrigo dos números anteriores não constitui, em si mesmo, motivo de recusa.

5 – Para verificação dos requisitos de independência e imparcialidade dos árbitros, e enquanto decorrer a arbitragem, as partes devem informar, sem demora, o Secretariado, os árbitros e as outras partes de qualquer acordo de financiamento da arbitragem por terceiros com interesse económico no resultado da arbitragem.

Artigo 11º – Recusa de árbitro

1 – Um árbitro só pode ser recusado se existirem circunstâncias que possam objetivamente suscitar fundadas dúvidas sobre a sua independência, imparcialidade ou disponibilidade, ou se não possuir as qualificações convencionadas pelas partes.

2 – A parte não pode recusar o árbitro por ela designado, salvo ocorrência ou conhecimento superveniente de causa de recusa.

3 – A recusa é deduzida por requerimento dirigido ao Presidente do Centro, no prazo de quinze dias contados da data em que a parte recusante tenha conhecimento do fundamento respetivo. O requerimento é notificado à parte contrária, ao árbitro cuja recusa esteja em causa e aos demais árbitros, podendo qualquer um pronunciar-se no prazo de dez dias. A apreciação da recusa do árbitro é da competência do Presidente do Centro, que deve decidir no prazo de 15 dias a contar do decurso do prazo que as partes ou os árbitros tenham para se pronunciar sobre o requerimento de recusa.

4 – Se nenhuma das partes deduzir recusa com fundamento nas circunstâncias reveladas pelo árbitro nos termos do artigo anterior (e em qualquer caso em relação às circunstâncias que não tenham sido objeto do pedido de recusa), nenhuma dessas circunstâncias pode ser considerada como fundamento de recusa posterior do árbitro.

5 – O Presidente do Centro pode, a título excecional, ouvidas as partes e os membros do tribunal, recusar oficiosamente a designação de um árbitro por qualquer das partes se existir fundada suspeita de falta grave ou muito relevante de independência, imparcialidade ou disponibilidade.

Artigo 12º – Substituição de árbitro

1 – Se algum dos árbitros recusar o encargo, falecer, se escusar, se impossibilitar permanentemente para o exercício das suas funções, cessar funções por força de decisão do Presidente do Centro tomada ao abrigo

do artigo anterior ou se, por qualquer outra razão, a designação ficar sem efeito, procede-se à substituição segundo as regras aplicáveis à sua designação, com as necessárias adaptações.

2 – Excecionalmente, o Presidente do Centro pode, ouvidas as partes e o tribunal arbitral, substituir oficiosamente um árbitro, caso este não desempenhe as suas funções de acordo com o presente Regulamento e o Código Deontológico anexo ao mesmo.

3 – Quando haja lugar a substituição de árbitro, o tribunal arbitral decide, ouvidas as partes, se e em que medida os atos processuais já realizados devem ser aproveitados.

4 – Se, porém, o motivo de substituição ocorrer após o encerramento da instrução, a sentença é proferida pelos restantes árbitros, salvo se estes entenderem não ser conveniente ou se alguma das partes deduzir oposição expressa.

Artigo 13º – Designação de árbitros pelo Centro; lista de árbitros

1 – Sempre que seja da competência do Presidente do Centro a designação de árbitro ou árbitros, estes são escolhidos de entre os nomes da lista aprovada pelo Conselho de Arbitragem do Centro, salvo quando dessa lista não constem pessoas com as qualificações exigidas pelas condições específicas do litígio em causa.

2 – Tratando-se de arbitragem internacional, o Presidente do Centro deve tomar em consideração a possível conveniência da designação de um árbitro de nacionalidade diferente da das partes.

3 – O Presidente do Centro pode servir-se, designadamente, de métodos aleatórios ou solicitar a intervenção dos vice-Presidentes para uma decisão colegial de designação de árbitro ou árbitros.

CAPÍTULO IV – Processo Arbitral

Artigo 14º – Lugar da arbitragem

1 – As partes podem fixar livremente o lugar da arbitragem.

2 – Na falta de acordo entre as partes, o lugar da arbitragem é fixado pelo tribunal em função das características do litígio, sem prejuízo de, qualquer que seja o lugar da arbitragem, o tribunal arbitral poder, por sua iniciativa ou a solicitação de qualquer das partes, realizar sessões, audiên-

cias ou reuniões, permitir a realização de qualquer diligência probatória ou tomar quaisquer deliberações em qualquer outro lugar, de forma presencial ou virtual por conferência telefónica, videoconferência ou outro meio de comunicação à distância.

3 – A realização de audiências virtuais de produção de prova apenas poderá ser determinada pelo tribunal arbitral após consulta às partes e assegurando o respeito pelo princípio do processo equitativo.

Artigo 15º – Língua da arbitragem

1 – As partes podem escolher livremente a língua ou línguas da arbitragem.

2 – Na falta de acordo entre as partes, a língua ou línguas da arbitragem são fixadas pelo Tribunal.

Artigo 16º – Representação das partes

1 – As partes podem mandatar quem as represente e podem nomear quem as assista.

2 – As partes aceitam que, após a constituição do tribunal arbitral, qualquer alteração dos advogados que as representem não poderá gerar uma eventual situação de fundadas dúvidas sobre a independência e imparcialidade dos membros do tribunal arbitral, podendo este, ouvidas as Partes, tomar as medidas que entender adequadas para preservar a sua composição.

3 – A parte deve informar de imediato o Secretariado, o tribunal arbitral e as outras partes de qualquer alteração dos advogados que a representam.

Artigo 17º – Regras de processo e condução da arbitragem

1 – Sem prejuízo do disposto nos números seguintes, o tribunal arbitral conduz a arbitragem do modo que considerar mais apropriado, incluindo através da fixação de regras processuais que não contendam com as disposições inderrogáveis do presente Regulamento.

2 – No exercício do poder de condução da arbitragem, o tribunal arbitral deve, tendo em conta as circunstâncias do caso concreto, promover a celeridade e a eficiência e dar às partes uma oportunidade razoável de fazerem valer os seus direitos, sempre com respeito pelos princípios da igualdade e do contraditório.

3 – As partes podem, na convenção de arbitragem ou ulteriormente, estabelecer regras processuais que não contendam com as disposições inderrogáveis do presente Regulamento.

4 – A eficácia da convenção sobre regras processuais que seja posterior ao início do processo arbitral depende da concordância do Presidente do Centro, até à constituição do tribunal arbitral, e deste depois de se encontrar constituído.

Artigo 18º – Requerimento de Arbitragem

1 – Quem pretenda submeter um litígio a tribunal arbitral de acordo com o Regulamento de Arbitragem deve apresentar, no Secretariado, Requerimento de Arbitragem, juntando a convenção de arbitragem ou proposta dirigida à outra parte para a sua celebração.

2 – No Requerimento de Arbitragem, o Requerente deve:

a) Identificar as partes, indicando as suas moradas e, se possível, endereços eletrónicos;

b) Descrever sumariamente o litígio;

c) Indicar o pedido e o respetivo valor, ainda que estimado;

d) Designar, se for caso disso, o árbitro que lhe compete designar ou fornecer quaisquer outras indicações relativas à constituição do tribunal arbitral; e

e) Referir quaisquer outras circunstâncias que considere relevantes.

Artigo 19º – Citação e Resposta

1 – Dentro de cinco dias, o Secretariado cita o Requerido, remetendo um exemplar do Requerimento de Arbitragem e dos documentos que o acompanham.

2 – O Requerido pode, no prazo de trinta dias, apresentar a sua Resposta, devendo:

a) Tomar posição sobre o litígio e sobre o pedido;

b) Designar, se for caso disso, o árbitro que lhe compete designar ou fornecer quaisquer outras indicações relativas à constituição do tribunal arbitral;

c) Indicar quaisquer outras circunstâncias que considere relevantes.

3 – A requerimento do Requerido, devidamente fundamentado, o Presidente do Centro pode prorrogar o prazo para apresentação da Resposta.

4 – Dentro de cinco dias após a receção da Resposta, o Secretariado remete às outras partes um exemplar da mesma e dos documentos que a acompanham.

Artigo 20º – Pedidos do Requerido

1 – O Requerido pode, na sua Resposta, deduzir pedidos contra o Requerente desde que o objeto de tais pedidos se encontre abrangido pela mesma convenção de arbitragem ou por convenção de arbitragem compatível com a convenção de arbitragem na qual se funda o Requerimento de Arbitragem.

2 – O Requerido pode ainda deduzir pedidos contra outros Requeridos desde que:

a) O objeto de tais pedidos se encontre abrangido pela mesma convenção de arbitragem; ou

b) O objeto de tais pedidos se encontre abrangido por convenção de arbitragem compatível com a convenção de arbitragem na qual se funda o Requerimento de Arbitragem e as circunstâncias do caso revelem que, no momento da celebração das convenções de arbitragem, todas as partes aceitaram que o mesmo processo arbitral pudesse decorrer com a presença de todas elas.

3 – Se na Resposta forem deduzidos pedidos, o Requerido deve proceder à descrição sumária do litígio e indicar o respetivo valor, ainda que estimado.

4 – Se o Requerido deduzir pedidos, a parte contra quem forem deduzidos pode responder, no prazo de trinta dias, aplicando-se a essa resposta o disposto quanto à Resposta do Requerido.

5 – Nos casos em que o objeto dos pedidos deduzidos pelo Requerido não se encontre abrangido pela mesma convenção de arbitragem que funda o Requerimento de Arbitragem, o tribunal arbitral pode excluir a respetiva admissibilidade se entender que essa admissão causa perturbação indevida no processo.

Artigo 21º – Arguição de incompetência do tribunal arbitral

1 – Se for suscitada a incompetência do tribunal arbitral na Resposta, a contraparte pode responder no prazo de trinta dias.

2 – A requerimento do Requerente, devidamente fundamentado, o Presidente do Centro pode prorrogar o prazo referido no número anterior.

3 – Se a incompetência do tribunal arbitral não for suscitada na Resposta, poderá ainda ser suscitada no primeiro articulado que venha a ser apresentado depois da constituição do tribunal arbitral, salvo se, face ao teor do Requerimento de Arbitragem, pudesse ter sido arguida na Resposta.

4 – O disposto nos artigos anteriores é aplicável, com as devidas adaptações, caso o Requerido haja deduzido pedidos contra o Requerente ou outros Requeridos.

Artigo 22º – Falta de Resposta

1 – Se não for apresentada Resposta ao Requerimento de Arbitragem ou aos pedidos formulados pelo Requerido ou se, por qualquer circunstância, ficarem sem efeito, a arbitragem prossegue.

2 – A ausência de Resposta ao Requerimento de Arbitragem ou aos pedidos formulados pelo Requerido não dispensa a outra parte de provar os fundamentos do seu pedido.

Artigo 23º – Modificação das posições das partes

Sem prejuízo das regras processuais estabelecidas, terminada a fase dos articulados, só podem ser alterados os pedidos e respetivos fundamentos se o tribunal arbitral autorizar essa alteração, tendo em conta, nomeadamente, o momento em que a mesma é efetuada e o prejuízo causado à contraparte pela alteração.

Artigo 24º – Intervenção de terceiros

1 – Podem ser admitidos a intervir no processo arbitral terceiros:

a) Vinculados pela mesma convenção de arbitragem que vincula as partes no processo; ou

b) Vinculados por outra convenção de arbitragem compatível com a convenção de arbitragem na qual se funda o Requerimento de Arbitragem, desde que as circunstâncias do caso concreto revelem que, no momento da celebração das convenções de arbitragem, todas as partes aceitaram que o mesmo processo arbitral pudesse decorrer com a presença de todas elas.

2 – Se a intervenção for requerida antes da constituição do tribunal arbitral compete ao Presidente do Centro decidir sobre a sua admissão, depois de ouvidas as partes e o terceiro.

3 – Sendo admitida a intervenção requerida antes da constituicão do tribunal arbitral, a sua constituição rege-se pelo disposto para a pluralidade de partes, ficando sem efeito a designação de árbitro efectuada pela parte associada ao terceiro interveniente, fixando-se prazo de vinte dias para que estes acordem no árbitro que lhes compete designar.

4 – A decisão do Presidente do Centro que admita a intervenção de terceiros nos termos dos números anteriores não vincula o tribunal arbitral, mantendo-se inalterada a sua constituição, qualquer que seja a decisão que o tribunal arbitral venha a tomar quanto à intervenção.

5 – Se a intervenção for requerida após a constituição do tribunal arbitral, a decisão sobre a admissão da intervenção compete ao tribunal, ouvidas as partes e o terceiro, só podendo ser admitida a intervenção de terceiro que declare aceitar a composição do tribunal.

6 – Em qualquer caso, a intervenção espontânea implica sempre a aceitação da composição do tribunal nesse momento.

7 – O tribunal pode, ouvidas as partes, adotar medidas que permitam manifestações orais ou escritas de *amici curiae* e de terceiros.

Artigo 25º – Apensação de processos

1 – Qualquer das partes pode requerer ao Presidente do Centro a apensação de processos pendentes quando ocorra alguma das seguintes circunstâncias:

a) Haja identidade de partes;

b) Se verifiquem os requisitos da intervenção de terceiros.

2 – O Presidente do Centro, ouvidas as partes requeridas e os árbitros já designados, recusa a apensação se a necessidade de reconstituir o tribunal, o estado dos processos ou outra qualquer razão relevante a tornar inconveniente.

3 – Sendo determinada a apensação, mantém-se o tribunal já constituído; caso não seja possível, designadamente em virtude de resultar da apensação pluralidade de partes, ele é reconstituído de acordo com as regras aplicáveis.

4 – É motivo legítimo de escusa de árbitro o alargamento do âmbito da arbitragem por via da apensação, devendo a escusa ser apresentada no prazo de dez dias contado da notificação ao árbitro da mesma apensação.

Artigo 26º – Definição ou recusa de constituição do tribunal arbitral

1 – Apresentados o Requerimento de Arbitragem e eventuais Respostas, e decididos eventuais incidentes que hajam sido suscitados, o Presidente do Centro define a composição do tribunal arbitral, designando o árbitro ou árbitros que lhe caiba nomear, nos termos da convenção de arbitragem e do Regulamento, sem prejuízo do disposto no número seguinte.

2 – O Presidente recusa a constituição do tribunal arbitral nos seguintes casos:

a) Inexistência ou manifesta nulidade da convenção de arbitragem;

b) Incompatibilidade manifesta entre a convenção de arbitragem e disposições inderrogáveis do Regulamento;

c) Quando, não existindo convenção de arbitragem, o Requerente tenha apresentado proposta de celebração de convenção de arbitragem que remeta para o Regulamento e a outra parte, depois de citada, não apresente defesa ou recuse expressamente a realização da arbitragem;

d) Quando as partes não prestem a provisão inicial para encargos da arbitragem.

3 – O tribunal arbitral considera-se constituído com a aceitação do encargo por todos os árbitros que o compõem.

Artigo 27º – Competência do Presidente do Centro

1 – Na falta de disposição específica do Regulamento, compete ao Presidente do Centro, sem prejuízo da competência jurisdicional exclusiva dos árbitros, decidir os incidentes que se suscitem até à constituição do tribunal arbitral.

2 – No exercício das competências que lhe competem nos termos do Regulamento, o Presidente do Centro pode consultar qualquer membro ou membros do Conselho no processo de tomada de decisão, ou reunir o próprio Conselho para o efeito, não participando da reunião nenhum membro que se encontre em situação de conflito de interesses.

Artigo 28º – Decisão sobre a competência do tribunal arbitral

1 – Se tiver sido suscitada a incompetência do tribunal e o tribunal arbitral entender que do processo constam já elementos probatórios suficientes, decide, no prazo de trinta dias a contar da data da sua constituição, a questão da sua competência.

2 – Se, porém, entender necessário que as partes produzam prova ou alegações, o tribunal arbitral convoca a audiência preparatória e determina, ouvidas as partes, o procedimento e o calendário para a decisão da questão da sua competência.

Artigo 29º – Audiência preparatória

1 – Se a arbitragem houver de prosseguir, o tribunal arbitral convoca as partes para uma audiência preparatória, a ter lugar no prazo de trinta dias sobre a constituição do tribunal arbitral ou sobre a decisão de competência, se a ela houver lugar.

2 – A audiência preparatória pode ter lugar presencialmente, ou, por conferência telefónica, videoconferência ou outro meio de comunicação à distância, após consulta às partes e assegurado o princípio do processo equitativo.

3 – O tribunal arbitral define, na audiência preparatória ou no prazo máximo de trinta dias após a sua realização, ouvidas as partes:

a) As questões a decidir;

b) O calendário processual provisório, incluindo a data ou datas da audiência;

c) As peças escritas a apresentar, os meios de prova e as regras e prazos quanto à sua produção;

d) A data até à qual podem ser juntos pareceres;

e) As regras aplicáveis à audiência, incluindo, se tal for julgado conveniente, o tempo máximo disponível para a produção de prova, respeitando o princípio da igualdade;

f) O prazo e modo de apresentação de alegações finais;

g) O valor da arbitragem, sem prejuízo da possibilidade de modificação superveniente.

Artigo 30º – Rejeição liminar de pedidos ou defesas

1 – Qualquer das partes pode requerer ao tribunal arbitral que indefira imediatamente qualquer pedido da parte contrária, com base em qualquer um dos seguintes fundamentos:

a) O pedido ou a defesa são manifestamente desprovidos de fundamento;

b) O pedido ou a defesa não estão manifestamente abrangidos no âmbito da competência do tribunal arbitral.

2 – O requerimento a apresentar nos termos do número anterior deve conter os fundamentos de facto e de direito que servem de base à pretensão.

3 – Ouvida a parte contrária, o tribunal arbitral decidirá, no prazo máximo de trinta dias a contar da apresentação do requerimento referido no número 1, por meio de decisão fundamentada que pode tomar a forma de sentença ou outra forma. O prazo de proferimento da decisão pode ser prorrogado pelo Presidente do Centro, a requerimento fundamentado do tribunal arbitral e ouvidas as partes.

Artigo 31º – Diligências de instrução; provas

1 – Compete ao tribunal arbitral determinar a admissibilidade, pertinência e valor de qualquer prova produzida ou a produzir.

2 – O tribunal arbitral procede à instrução no mais curto prazo possível, podendo recusar diligências que as partes lhe requeiram se entender não serem relevantes para a decisão ou serem manifestamente dilatórias. O tribunal deve, porém, realizar uma audiência para produção de prova sempre que uma das partes o requeira.

3 – Em particular, o tribunal arbitral pode, por sua iniciativa ou a requerimento de uma ou de ambas as partes:

a) Ouvir as partes ou terceiros;

b) Promover a entrega de documentos em poder das partes ou de terceiros;

c) Nomear um ou mais peritos, definindo a sua missão e recolhendo o seu depoimento ou os seus relatórios;

d) Proceder a exames ou verificações diretas.

4 – Sem prejuízo das regras definidas pelo tribunal arbitral, as peças escritas devem ser acompanhadas de todos os documentos probatórios dos factos alegados, só sendo admissível a apresentação de novos documentos em casos excecionais e mediante a autorização do tribunal arbitral.

Artigo 32º – Encerramento da instrução

1 – Apresentadas as alegações finais e efetuadas quaisquer diligências que sejam determinadas, considera-se encerrada a instrução.

2 – A título excecional, pode o tribunal arbitral reabrir a instrução, em casos devidamente fundamentados e para um fim específico.

CAPÍTULO V – Sentença Arbitral

Artigo 33º – Prazos para a sentença e para a arbitragem

1 – A sentença final é proferida, salvo prazo diferente acordado pelas partes, no prazo de dois meses, a contar do encerramento da instrução.

2 – As partes podem acordar na prorrogação ou na suspensão do prazo para o proferimento da sentença.

3 – Se, após a constituição do tribunal arbitral, ocorrer alteração na sua composição, pode o Presidente do Centro, a solicitação dos árbitros, decla-

rar que com a recomposição do tribunal se inicia novo prazo para a pronúncia da sentença final.

4 – O prazo global para conclusão da arbitragem é de um ano, a contar da data em que o tribunal arbitral se considere constituído.

5 – O Presidente do Centro, a requerimento fundamentado do tribunal arbitral, e ouvidas as partes, pode prorrogar os prazos previstos nos números anteriores, por uma ou mais vezes, salvo se ambas as partes se opuserem à prorrogação.

Artigo 34º – Deliberações do tribunal arbitral

1 – Sendo o tribunal arbitral composto por mais do que um membro, qualquer decisão é tomada por maioria de votos, em deliberação em que todos os árbitros participam.

2 – No caso de não se formar maioria, a decisão cabe ao presidente do tribunal arbitral.

3 – As questões respeitantes à ordenação, à tramitação ou ao impulso processual podem ser decididas apenas pelo árbitro presidente, se as partes ou os outros membros do tribunal derem autorização para o efeito.

Artigo 35º – Direito aplicável; equidade

1 – O tribunal arbitral julga segundo o direito constituído aplicável, a menos que as partes, na convenção de arbitragem ou em documento subscrito até à aceitação do primeiro árbitro, autorizem o julgamento segundo a equidade.

2 – Após a constituição do tribunal arbitral, a autorização das partes para que o julgamento se faça segundo a equidade carece de aceitação de todos os árbitros.

Artigo 36º – Arbitragem internacional

1 – Na arbitragem internacional, faltando escolha das regras de direito aplicáveis, o tribunal arbitral aplica o direito do Estado com o qual o objeto do litígio apresente uma conexão mais estreita.

2 – É aplicável à arbitragem internacional o disposto no artigo anterior quanto ao julgamento por equidade.

Artigo 37º – Usos do comércio

Na sua decisão, o tribunal deve ter em conta os usos do comércio que considere relevantes e adequados ao caso concreto.

Artigo 38º – Transação

Se, no decurso do processo arbitral, as partes acordarem na solução do litígio, o tribunal põe fim ao processo e, se as partes lho solicitarem, profere sentença arbitral que homologue esse acordo, a menos que o conteúdo da transação infrinja algum princípio de ordem pública.

Artigo 39º – Sentença arbitral

1 – A sentença final do tribunal arbitral é reduzida a escrito e dela consta:

a) A identificação das partes;

b) A referência à convenção de arbitragem;

c) A identificação dos árbitros e a indicação da forma por que foram designados;

d) A menção do objeto do litígio;

e) Os fundamentos da decisão;

f) O valor da arbitragem e a repartição, pelas partes, dos encargos da arbitragem, incluindo, se for caso disso, a condenação no respetivo pagamento;

g) O lugar da arbitragem e o local e a data em que a sentença foi proferida;

h) A assinatura de, pelo menos, a maioria dos árbitros, com a indicação, se os houver, dos votos de vencido ou declarações de voto, devidamente identificados;

i) A indicação dos árbitros que não puderam ou não quiseram assinar, bem como, se aplicável, a menção da razão da respetiva omissão.

2 – O tribunal arbitral pode decidir o fundo da causa através de uma única sentença ou de tantas sentenças parciais quantas entenda necessárias, aplicando-se, relativamente a cada uma delas, o disposto no número anterior.

Artigo 40º – Retificação, esclarecimento e sentença adicional

1 – Proferida a sentença, o Secretariado notifica as partes e envia-lhes cópia, logo que se acharem integralmente pagos os encargos resultantes do processo.

2 – Por sua iniciativa ou a requerimento de qualquer das partes apresentado nos trinta dias seguintes à notificação da sentença arbitral, o tribunal arbitral pode retificar erros materiais ou esclarecer alguma obscuridade ou ambiguidade.

3 – A requerimento de qualquer das partes apresentado nos trinta dias seguintes à notificação da sentença arbitral, o tribunal arbitral pode ainda, ouvidas as partes, proferir sentença adicional sobre partes do pedido ou dos pedidos apresentados no decurso do processo arbitral que não hajam sido objeto de decisão.

4 – À retificação, ao esclarecimento da sentença arbitral e à sentença adicional aplica-se, com as devidas adaptações, o disposto quanto à sentença arbitral.

Artigo 41º – Publicidade da sentença

1 – As sentenças serão publicadas, expurgadas de elementos de identificação das partes, salvo se qualquer destas se opuser à publicidade.

2 – As sentenças arbitrais sobre litígios em que uma das partes seja o Estado ou outra pessoa coletiva de direito público são sempre publicadas nos termos da lei.

Artigo 42º – Irrecorribilidade da sentença

A sentença arbitral é irrecorrível, salvo convenção expressa das partes, constante da convenção de arbitragem e desde que a causa não tenha sido decidida segundo a equidade.

CAPÍTULO VI – Disposições Diversas

Artigo 43º – Renúncia a oposição

Se uma parte, sabendo que não foi respeitada uma disposição da convenção de arbitragem ou do Regulamento, não deduzir oposição de imediato ou, se houver prazo para esse efeito, nesse prazo, considera-se que renuncia ao direito de o fazer e de impugnar, com tal fundamento, a sentença arbitral.

Artigo 44º – Acordos sobre prazos do processo

As partes podem acordar na modificação dos prazos fixados no Regulamento, mas, caso o acordo tenha lugar depois de constituído o tribunal arbitral, só produz efeitos com o acordo dos árbitros.

Artigo 45º – Citações, notificações e comunicações

1 – A citação, notificações e comunicações são efetuadas por qualquer meio que proporcione prova da receção, designadamente, por carta registada, entrega por protocolo, telecópia, correio eletrónico ou qualquer outro meio eletrónico equivalente.

2 – Até à constituição do tribunal arbitral, quando não for possível o envio por meios eletrónicos nem a sua apresentação sob forma digitalizada, todas as comunicações são apresentadas no Secretariado em tantos exemplares quantas as contrapartes intervenientes no processo arbitral, acrescidos de um exemplar para cada um dos árbitros e de um exemplar para a Secretaria do Centro.

3 – Após a constituição do tribunal arbitral, e sem prejuízo das regras fixadas pelo tribunal arbitral, todas as peças escritas e os documentos que os acompanhem, bem como as demais comunicações com o tribunal, devem ser transmitidos pelas partes a todos os membros do tribunal arbitral, a todas as partes e ao Secretariado por qualquer dos meios previstos no nº 1, valendo essas comunicações como notificações.

Artigo 46º – Contagem de prazos

1 – Todos os prazos fixados no Regulamento são contínuos.

2 – A contagem do prazo inicia-se no dia útil seguinte àquele em que se considere recebida a citação, notificações e comunicações, por qualquer dos meios previstos no artigo anterior.

3 – O prazo que termine em sábado, domingo ou dia feriado transfere-se para o primeiro dia útil seguinte.

4 – O prazo para a prática de qualquer ato que não se ache previsto no Regulamento nem resulte da vontade das partes é de dez dias, sem prejuízo da possibilidade de prorrogação pelo Presidente do Centro ou do tribunal arbitral, conforme aplicável.

Artigo 47º – Arquivo

1 – O Secretariado conserva nos arquivos do Centro, relativamente a cada arbitragem que lhe seja submetida nos termos do Regulamento, os originais das sentenças arbitrais, podendo as partes obter cópia certificada das mesmas.

2 – As peças escritas, documentos, comunicações e correspondência relativamente a cada processo são destruídos passados doze meses sobre a

data da notificação da sentença final, a não ser que alguma das partes, dentro desse prazo, requeira, por escrito, a sua devolução.

Artigo 48º – Limitação de responsabilidade

Os árbitros, qualquer pessoa nomeada pelo tribunal arbitral, o árbitro de emergência, o Presidente e os membros do Conselho de Arbitragem do Centro, bem como os seus funcionários e colaboradores não são responsáveis por quaisquer atos ou omissões, relacionados com uma arbitragem, salvo na medida em que tal limitação de responsabilidade seja proibida pela lei aplicável.

CAPÍTULO VII – Encargos da Arbitragem

Artigo 49º – Encargos e custos da arbitragem

1 – No processo arbitral há lugar ao pagamento de encargos.

2 – Os encargos da arbitragem compreendem os honorários e as despesas dos árbitros, os encargos administrativos do processo e as despesas com a produção de prova suportadas pelo Centro. Os custos da arbitragem compreendem os restantes custos e despesas razoáveis em que as Partes demonstrem ter incorrido por causa da sua intervenção na arbitragem incluindo nomeadamente os honorários e despesas incorridos com a respetiva representação na arbitragem.

3 – Compete ao tribunal arbitral, salvo disposição em contrário das partes, decidir na sentença o modo de repartição dos encargos e custos da arbitragem, atendendo a todas as circunstâncias do caso, incluindo o decaimento e o comportamento processual das partes, podendo nomeadamente ordenar que qualquer das partes reembolse à outra a totalidade ou parte dos encargos e/ou custos por esta suportados.

Artigo 50º – Valor da arbitragem e cálculo dos encargos

1 – Compete ao tribunal arbitral, ouvidas as partes, definir o valor da arbitragem, tendo em conta o valor correspondente aos pedidos formulados pelas partes e eventuais pedidos de providências cautelares e ordens preliminares.

2 – Se através da arbitragem se pretende obter qualquer quantia certa em dinheiro, é esse o valor da arbitragem; se se pretender outro tipo de

benefício, o valor da arbitragem é a quantia em dinheiro equivalente a esse benefício.

3 – Mediante requerimento da parte interessada, o tribunal arbitral poderá decretar medida cautelar para garantia dos encargos e custos da arbitragem, através da modalidade que considere mais adequada às circunstâncias do caso.

4 – Compete ao Secretariado calcular os encargos da arbitragem e o montante das provisões a prestar pelas partes, tendo em conta o valor da arbitragem definido pelo tribunal arbitral ou, se este ainda não o tiver feito, o valor da arbitragem provisoriamente estimado.

Artigo 51º – Honorários dos árbitros

1 – Os honorários de cada árbitro são fixados pelo Presidente do Centro tendo em conta o valor da arbitragem, nos termos da Tabela nº 1 anexa ao Regulamento, e os números seguintes.

2 – Se o tribunal arbitral for constituído por árbitro único, os honorários serão aumentados até ao máximo de 50% dos valores indicados na tabela mencionada no nº 1.

3 – Sendo o tribunal arbitral composto por três árbitros, o total dos honorários devidos a estes corresponde ao triplo do valor fixado nos termos do nº 1, cabendo, salvo acordo em contrário entre os árbitros, 40% desse montante ao árbitro presidente e 30% a cada um dos outros dois árbitros.

4 – Na fixação dos honorários, ouvidas as Partes e o tribunal arbitral, o Presidente do Centro, considerando as circunstâncias de cada caso concreto e, em particular, a celeridade e eficiência do tribunal na condução do processo, bem como a respetiva complexidade e o tempo despendido pelos árbitros, pode diminuir até 60% ou elevar a remuneração até mais 50% do valor resultante da tabela mencionada no nº 1, devendo neste caso a Secretaria solicitar às partes o reforço das provisões pagas antes de ser proferida a decisão.

5 – Se a arbitragem terminar antes da sentença final, o Presidente do Centro pode, ouvidas as partes e o tribunal arbitral e tomando em consideração, para além dos aspetos referidos no número anterior, a fase em que o processo arbitral terminou ou qualquer outra circunstância que considere relevante, reduzir os honorários até 30% do valor resultante da tabela mencionada no nº 1, caso a arbitragem termine antes da audiência preparatória, e até 50%, caso a arbitragem termine antes do início da audiência de julgamento.

Artigo 52º – Despesas de árbitros

As despesas dos árbitros são pagas em função do custo efetivo, devidamente comprovado.

Artigo 53º – Encargos administrativos

1 – Os encargos administrativos do processo arbitral são fixados pelo Presidente do Centro tendo em conta o valor da arbitragem, nos termos da tabela nº 2 anexa ao Regulamento, e os números seguintes.

2 – Na fixação dos encargos, o Presidente do Centro pode, ouvidas as Partes e o tribunal arbitral e considerando as circunstâncias de cada caso concreto e, em particular, os serviços prestados pelo Centro, diminuir até ao mínimo de 80% ou elevar os encargos até mais 20% do valor resultante na tabela aplicável.

3 – Estão incluídos nos encargos administrativos todas as decisões do Centro previstas no Regulamento, o apoio administrativo, a gestão processual e utilização das salas de audiência da sede do Centro.

4 – O Requerente paga, por ocasião da apresentação do Requerimento de Arbitragem, um montante fixo de valor igual ao escalão mínimo da tabela nº 2, que, a final, lhe será creditado na liquidação dos encargos da arbitragem.

5 – O pagamento do valor referido no número anterior é condição da citação do Requerido e não é reembolsável no caso de a arbitragem, por qualquer motivo, não prosseguir.

6 – Se a arbitragem terminar antes da sentença final, o Presidente do Centro pode reduzir os encargos administrativos tomando em consideração a fase em que o processo arbitral foi encerrado ou qualquer outra circunstância que considere relevante, nos termos correspondentes da redução dos honorários dos árbitros.

Artigo 54º – Despesas com produção de prova

As despesas com a produção de provas são determinadas caso a caso, atendendo ao seu custo efetivo.

Artigo 55º – Provisão para encargos da arbitragem

1 – Para garantia do pagamento dos encargos da arbitragem, as partes prestam provisões.

2 – Cada uma das partes efetua uma provisão inicial até se completar a constituição do tribunal arbitral, de montante a fixar pelo Secretariado,

que não deverá exceder 35% do montante provável dos encargos da arbitragem.

3 – O Secretariado procede, no decurso do processo, por uma ou mais vezes, à cobrança de reforços de provisão até perfazer o montante provável dos encargos da arbitragem.

Artigo 56º – Provisões: prazos e cominações

1 – As provisões são prestadas no prazo de dez dias a contar da notificação para o efeito.

2 – Não sendo prestada provisão no prazo fixado, o Secretariado pode fixar novo prazo para que o pagamento seja efetuado pela parte em falta e, caso a situação de não pagamento persista, notifica a outra parte do facto para, querendo, realizar o pagamento da provisão em falta, no prazo de dez dias.

3 – Se não for paga a provisão inicial, a arbitragem não prossegue, dando-se por findo o procedimento arbitral; se a falta for do Requerido, a arbitragem prossegue, podendo o tribunal arbitral determinar a inatendibilidade da defesa.

4 – O não pagamento de provisão destinada a custear produção de prova ou qualquer diligência determina a sua não realização.

5 – O não pagamento de qualquer provisão subsequente determina, no caso de a falta ser imputável ao Requerente, a suspensão da instância arbitral; no caso de ser imputável ao Requerido, o tribunal arbitral pode determinar a impossibilidade de este intervir na fase de produção de prova ou de apresentar as alegações.

6 – Caso a suspensão da instância arbitral referida no número anterior se mantenha por um período superior a trinta dias sem que a provisão em falta seja paga, o tribunal arbitral pode dar por findo o procedimento arbitral, absolvendo o Requerido da instância.

7 – No caso de dedução de pedidos pelo Requerido, o Secretariado pode, a pedido de qualquer das partes, fixar provisões separadas para cada pedido, aplicando-se, com as devidas adaptações, o disposto nos números anteriores.

8 – Mediante requerimento fundamentado de qualquer das partes, os prazos previstos neste artigo podem ser prorrogados pelo Secretariado.

Artigo 57º – Liquidação de encargos

1 – Liquidados os encargos da arbitragem e notificada a liquidação às partes, podem estas, no prazo de dez dias, reclamar da conta para o Secretariado.

2 – O Secretariado, se entender não haver lugar a qualquer alteração da liquidação de encargos, elabora informação que submete, com a reclamação, ao tribunal arbitral.

3 – Se não for já possível reunir o tribunal arbitral, a decisão é proferida pelo Presidente do Centro.

CAPÍTULO VIII – Disposições Finais e Transitórias

Artigo 58º – Entrada em vigor

1 – O Regulamento de arbitragem entra em vigor no dia1 de abril de 2021, aplicando-se às arbitragens requeridas após essa data, salvo se as partes tiverem acordado aplicar o regulamento em vigor à data da convenção de arbitragem.

2 – A aplicação, total ou parcial, do presente Regulamento aos processos arbitrais a decorrer à data da sua entrada em vigor carece de acordo das partes e aceitação do tribunal arbitral, se este já estiver constituído.

3 – A elevação do teto das tabelas de honorários e encargos, porém, só é aplicável nos casos em que a submissão do litígio a tribunal arbitral no Centro proceder de acordo celebrado na vigência do presente Regulamento, ressalvados os casos em que as Partes tenham acordado, antes da submissão do litígio ao Centro, aplicar o regulamento em vigor à data do início da arbitragem.

Artigo 59º – Aplicação do Regulamento de Arbitragem Rápida por decisão do Presidente do Centro

1 – O Presidente do Centro determina a aplicação do Regulamento de Arbitragem Rápida nos processos cujo valor seja igual ou inferior a 400.000€, exceto se:

a) As Partes tiverem excluído a sua aplicação na convenção arbitral ou em acordo posterior;

b) Ambas as Partes, notificadas de tal intenção, se oponham;

c) A convenção arbitral for anterior a 1 de março de 2016 e uma das partes se oponha;

d) A convenção arbitral for anterior a 1 de abril de 2021 e o valor do processo for superior a 200.000€ e uma das partes se oponha;

e) As circunstâncias do caso não sejam adequadas à sua aplicação.

2 – O Presidente do Centro pode ainda determinar a aplicação do Regulamento de Arbitragem Rápida nos processos cujo valor seja superior a 400.000€ quando entender adequado e nenhuma das Partes se oponha.

ANEXO I – Regulamento sobre o Árbitro de Emergência

Artigo 1º – Requerimento de Árbitro de Emergência

1 – A parte que pretenda recorrer a um árbitro de emergência nos termos do Regulamento de Arbitragem deve apresentar, no Secretariado, Requerimento de Árbitro de Emergência.

2 – O Requerimento de Árbitro de Emergência deve conter, pelo menos, os seguintes elementos:

a) A identificação completa das partes, suas moradas e endereços eletrónicos;

b) A descrição sumária do litígio;

c) A identificação das providências cautelares ou das ordens preliminares requeridas;

d) A identificação das razões pelas quais as providências cautelares ou as ordens preliminares requeridas são urgentes;

e) A identificação das razões pelas quais o Requerente entende ser titular do direito cuja proteção requer;

f) A descrição de quaisquer contratos relevantes e, em especial, da convenção de arbitragem;

g) A descrição de qualquer acordo relativo ao procedimento arbitral ou às regras de direito aplicáveis.

3 – O Requerimento deve ser instruído com os seguintes documentos:

a) A convenção de arbitragem;

b) Caso já tenha sido apresentado, o Requerimento de Arbitragem e demais correspondência relativa ao litígio principal que tenha sido submetida ao Secretariado por qualquer das partes anteriormente à apresentação do Requerimento de Árbitro de Emergência;

c) Os documentos probatórios dos factos alegados no Requerimento de Árbitro de Emergência;

d) Comprovativo do pagamento da provisão para encargos relativos ao árbitro de emergência.

Artigo 2º – Apreciação do Requerimento de Árbitro de Emergência pelo Presidente do Centro

1 – O Presidente do Centro recusa liminarmente o Requerimento de Árbitro de Emergência nos seguintes casos:

a) Inadmissibilidade de recurso ao árbitro de emergência, nos termos do Regulamento de Arbitragem;

b) Não pagamento da provisão para encargos com o procedimento;

c) Inexistência de convenção de arbitragem que atribua ao Centro a competência para a administrar;

d) Manifesta nulidade da convenção de arbitragem ou incompatibilidade manifesta desta com disposições inderrogáveis do Regulamento de Arbitragem.

2 – Havendo recusa liminar, o Secretariado notifica o Requerente que o procedimento não prosseguirá.

3 – Se o Requerimento de Árbitro de Emergência não for recusado liminarmente, o Secretariado transmite imediatamente uma cópia do requerimento e dos documentos que o acompanham ao Requerido, notificando simultaneamente o Requerente, salvo se tiver sido requerida a emissão de uma ordem preliminar, caso em que a notificação será feita apenas ao Requerente.

Artigo 3º – Relação com o procedimento arbitral

1 – O Requerente deve apresentar o Requerimento de Arbitragem no prazo de quinze dias a contar da apresentação do Requerimento de Árbitro de Emergência, salvo prorrogação, pelo prazo máximo de trinta dias, pelo árbitro de emergência ou pelo Presidente do Centro até à nomeação do árbitro de emergência.

2 – Caso o Requerimento de Arbitragem não seja apresentado no prazo referido no número anterior, o Presidente do Centro dá por extinto o procedimento do árbitro de emergência.

Artigo 4º – Árbitro de emergência

1 – O Presidente do Centro nomeia o árbitro de emergência no menor prazo possível e, em todo o caso, sem exceder o prazo de dois dias contados da receção, pelo Secretariado, do Requerimento de Árbitro de Emergência.

2 – O Presidente do Centro não nomeia o árbitro de emergência se o tribunal arbitral já tiver constituído.

3 – O árbitro de emergência tem o mesmo estatuto, estando sujeito aos mesmos deveres e sendo titular dos mesmos direitos, que os árbitros nomeados nos termos do Regulamento de Arbitragem.

4 – Aplica-se o disposto no Regulamento de Arbitragem em matéria de recusa de árbitro, sendo os prazos para a apresentação do pedido de recusa e para as eventuais pronúncias da parte contrária e do árbitro de emergência reduzidos para três dias.

5 – O árbitro de emergência não pode atuar como árbitro em nenhuma arbitragem relacionada com o litígio subjacente ao Requerimento de Árbitro de Emergência, salvo se as partes acordarem em sentido diverso.

6 – Nomeado o árbitro de emergência, o Secretariado notifica as partes e remete-lhe imediatamente o procedimento, salvo se tiver sido requerida a emissão de uma ordem preliminar, caso em que a notificação será feita apenas ao Requerente.

Artigo 5º – Lugar do procedimento do árbitro de emergência

1 – O lugar do procedimento de árbitro de emergência é igual ao lugar da arbitragem sendo que, na falta de acordo das partes, é fixado pelo Presidente do Centro, sem prejuízo da determinação do lugar da arbitragem pelo tribunal arbitral nos termos do Regulamento de Arbitragem.

2 – Qualquer que seja o lugar do procedimento de árbitro de emergência, o árbitro de emergência pode, por sua iniciativa ou a solicitação de qualquer das partes, realizar sessões, audiências ou reuniões, permitir a realização de qualquer diligência probatória ou tomar quaisquer deliberações em qualquer outro lugar, de forma presencial ou virtual por conferência telefónica, videoconferência ou outro meio de comunicação à distância, aplicando-se, *mutatis mutandis*, o disposto no nº 3 do artigo 14º.

Artigo 6º – Procedimento

1 – O árbitro de emergência pode conduzir o procedimento do modo que considerar mais apropriado, atendendo à natureza e especial urgência do procedimento e dando às partes uma oportunidade razoável de fazerem valer os seus direitos.

2 – No prazo máximo de dois dias a contar da remissão do procedimento pelo Secretariado, ou, se tiver sido requerida a emissão de uma ordem preliminar, no prazo previsto no número seguinte, o árbitro de emergência estabelece um calendário processual provisório para o procedimento, incluindo necessa-

riamente a possibilidade de o Requerido se pronunciar sobre o requerimento apresentado pelo Requerente e a data até à qual a decisão será proferida.

3 – No caso de ter sido requerida a emissão de uma ordem preliminar, o árbitro de emergência pronuncia-se sobre a ordem preliminar no prazo máximo de 5 dias a contar da remissão do procedimento pelo Secretariado, após o que o Secretariado notifica de imediato o Requerido do Requerimento de Árbitro de Emergência, da nomeação do árbitro de emergência pelo Presidente do Centro, da ordem preliminar, se esta tiver sido emitida, de todas as outras comunicações, incluídas comunicações orais havidas entre o Requerente e o árbitro de emergência a este respeito e ainda do calendário processual provisório previsto no número anterior.

Artigo 7º – Prazo para proferir a decisão

1 – Salvo o disposto nos números seguintes, a decisão do árbitro de emergência é proferida no prazo máximo de quinze dias a contar da data em que o procedimento lhe tenha sido transmitido ou da data em que o Requerimento de Árbitro de Emergência tenha sido transmitido ao Requerido, caso seja posterior.

2 – O Presidente do Centro pode, mediante pedido fundamentado do árbitro de emergência ou por sua própria iniciativa, fixar prazo mais longo.

3 – Em qualquer caso, as partes podem acordar em prazo mais longo.

Artigo 8º – Decisão

1 – A decisão do árbitro de emergência é reduzida a escrito e dela consta:

a) A identificação das partes;

b) A referência à convenção de arbitragem;

c) A identificação do árbitro de emergência e a indicação da forma por que foi nomeado;

d) A fundamentação sintética da decisão incluindo quanto à admissibilidade do Requerimento de Árbitro de Emergência;

e) A indicação da competência para decidir as providências cautelares ou ordens preliminares requeridas;

f) A repartição, pelas partes, dos encargos da arbitragem incluindo, se for caso disso, a condenação no respetivo pagamento;

g) O lugar da arbitragem e o local e a data em que a decisão foi proferida;

h) A assinatura;

2 – O árbitro de emergência pode condicionar a sua decisão à verificação de quaisquer factos que entenda apropriados, incluindo à prestação de garantia adequada pelo Requerente.

Artigo 9º – Efeitos da decisão

1 – A decisão proferida pelo árbitro de emergência é obrigatória para as partes.

2 – A decisão proferida pelo árbitro de emergência deixa de ser obrigatória para as partes quando:

a) O Presidente do Centro extinguir o procedimento do árbitro de emergência nos termos do presente Regulamento;

b) Não seja apresentado Requerimento de Arbitragem no prazo previsto no presente Regulamento;

c) Tiver decorrido o prazo de cento e vinte dias a contar da decisão sem que, por motivo não imputável à parte requerida, o tribunal arbitral esteja constituído;

d) Obtiver procedência um pedido de recusa contra o árbitro de emergência;

e) O tribunal arbitral proferir a sentença arbitral final, a menos que decida de outra forma nessa sentença;

f) Por qualquer razão, a arbitragem termine sem a prolação de uma sentença arbitral final.

Artigo 10º – Encargos

1 – No procedimento de árbitro de emergência há lugar ao pagamento de encargos, aplicando-se, com as devidas adaptações, o disposto sobre a matéria no Regulamento de Arbitragem, com as especialidades dos números seguintes.

2 – Os honorários do árbitro de emergência são fixados pelo Presidente do Centro, tendo em conta as circunstâncias do caso concreto, em montante até 20.000 Euros.

3 – Os encargos administrativos do procedimento do árbitro de emergência correspondem a 3.000 Euros, os quais não são reembolsáveis caso, por qualquer motivo, o procedimento não prosseguir.

4 – Para garantia do pagamento dos encargos do procedimento do árbitro de emergência, o Requerente paga, no momento da apresentação do requerimento, uma provisão no montante de 23.000 Euros.

5 – Ouvidas as partes, o Presidente do Centro pode, considerando as circunstâncias do caso concreto e, em particular, a respetiva complexidade e o tempo despendido pelo árbitro de emergência, aumentar o montante dos honorários do árbitro de emergência e/ou dos encargos administrativos, até ao dobro dos montantes referidos nos números anteriores.

6 – No caso previsto no número anterior, o Requerente é chamado a reforçar a provisão prestada no montante necessário para perfazer a totalidade dos encargos com o procedimento, sob pena de o procedimento não prosseguir e de o Presidente do Centro fazer extingui-lo.

7 – O modo de repartição dos encargos do procedimento do árbitro de emergência é decidido pelo árbitro de emergência na decisão final, sem prejuízo da possibilidade de modificação pelo tribunal arbitral.

Artigo 11º – Disposição final

Em tudo quanto não estiver especialmente previsto no presente anexo, aplica-se, com as devidas adaptações, o disposto no Regulamento de Arbitragem, competindo ao Presidente do Centro decidir quaisquer incidentes que se suscitem até à nomeação do árbitro de emergência que não estejam expressamente previstos neste Anexo.

Encargos da arbitragem

Tabela n.º 1					
Honorários para cada árbitro					
Valor do litígio (€)			Honorários (€)		
Até 50.000,00			2.600,00		
50 001,00	a	100 000,00	2.600,00 + 3,60%	do que exceder	50 000,00
100 001,00	a	250 000,00	4.400,00 + 2,70%	do que exceder	100 000,00
250 001,00	a	500 000,00	8.300,00 + 1,28%	do que exceder	250 000,00
500 001,00	a	1 000 000,00	11.500,00 + 0,84%	do que exceder	500 000,00
1 000 001,00	a	2 500 000,00	15.700,00 + 0,72%	do que exceder	1 000 000,00
2 500 001,00	a	5 000 000,00	26.500,00 + 0,52%	do que exceder	2 500 000,00
5 000 001,00	a	10 000 000,00	39.500,00 + 0,26%	do que exceder	5 000 000,00
10 000 001,00	a	20 000 000,00	52.500,00 + 0,16%	do que exceder	10 000 000,00
20 000 001,00	a	40 000 000,00	68.500,00 + 0,09%	do que exceder	20 000 000,00
40 000 001,00	a	80 000 000,00	86.500,00 + 0,079%	do que exceder	40 000 000,00
80 000 001,00	a	120 000 000,00	118.100,00 + 0,052%	do que exceder	80 000 000,00
120 000 001,00	a	500 000 000,00	138.900,00 + 0,04%	do que exceder	120 000 000,00
500 000 001,00	a	1.000.000.000,00	290.900,00 + 0,03%	do que exceder	500 000 000,00
		> 1.000.000.000,00	440.900,00		

Acresce, quando devido, IVA, à taxa legal

Tabela n.º 2					
Encargos administrativos					
Valor do litígio (€)			Encargos administrativos (€)		
Até 50.000,00			2.600,00		
50 001,00	a	100 000,00	2.600,00 + 2,30%	do que exceder	50 000,00
100 001,00	a	250 000,00	3.750,00 + 2,10%	do que exceder	100 000,00
250 001,00	a	500 000,00	6.900,00 + 0,62%	do que exceder	250 000,00
500 001,00	a	1 000 000,00	8.450,00 + 0,31%	do que exceder	500 000,00
1 000 001,00	a	2 500 000,00	10.000,00 + 0,13%	do que exceder	1 000 000,00
2 500 001,00	a	5 000 000,00	11.950,00 + 0,104%	do que exceder	2 500 000,00
5 000 001,00	a	10 000 000,00	14.550,00 + 0,062%	do que exceder	5 000 000,00
10 000 001,00	a	20 000 000,00	17.650,00 + 0,052%	do que exceder	10 000 000,00
20 000 001,00	a	40 000 000,00	22.850,00 + 0,042%	do que exceder	20 000 000,00
40 000 001,00	a	80 000 000,00	31.250,00 + 0,031%	do que exceder	40 000 000,00
80 000 001,00	a	120 000 000,00	43.650,00 + 0,021%	do que exceder	80 000 000,00
120 000 001,00	a	500 000 000,00	52.050,00 + 0,01%	do que exceder	120 000 000,00
500 000 001,00	a	1.000.000.000,00	90.050,00 + 0,005%	do que exceder	500 000 000,00
		> 1.000.000.000,00	115.050,00		

Acresce, quando devido, IVA, à taxa legal

3.1.2. Regulamento de Arbitragem Rápida (1 de abril de 2021)

CAPÍTULO I – Disposições Iniciais

Artigo 1º – Âmbito de aplicação

O presente Regulamento de Arbitragem Rápida é aplicável:

a) Quando as Partes o previram na convenção de arbitragem ou em acordo posterior;

b) Quando uma das Partes o propôs e a outra não se opôs;

c) Por decisão do Presidente do Centro.

Artigo 2º – Aplicação do Regulamento por iniciativa de uma das partes

1 – Não havendo acordo prévio para a aplicação do Regulamento de Arbitragem Rápida, o Requerente pode requerê-lo, no Requerimento de Arbitragem.

2 – O Requerido deve responder ao convite na sua Resposta, considerando-se que aceita se nada disser.

3 – O Requerido pode, igualmente, propor a aplicação do Regulamento de Arbitragem Rápida na sua Resposta, sendo o Requerente notificado para se pronunciar.

4 – Se o Requerente nada disser, considera-se que aceitou a proposta de aplicação do Regulamento de Arbitragem Rápida.

5 – Em qualquer dos casos referidos nos números anteriores, a parte que requer a aplicação do Regulamento de Arbitragem Rápida deve indicar o árbitro que, caso este não se aplique, integrará o tribunal a constituir de acordo com o Regulamento de Arbitragem.

Artigo 3º – Aplicação do Regulamento por decisão do Presidente

1 – O Presidente do Centro determina a aplicação do Regulamento de Arbitragem Rápida nos processos cujo valor seja igual ou inferior a 400.000€, exceto se:

a) As Partes tiverem excluído a sua aplicação na convenção arbitral ou em acordo posterior;

b) Ambas as Partes, notificadas de tal intenção, se oponham;

c) As circunstâncias do caso não sejam adequadas à sua aplicação.

2 – O Presidente do Centro pode ainda determinar a aplicação do Regulamento de Arbitragem Rápida nos processos cujo valor seja superior a 400.000€ quando entender adequado e nenhuma das Partes se oponha.

Artigo 4º – Aplicação subsidiária do Regulamento de Arbitragem

O Regulamento de Arbitragem é subsidiariamente aplicável em todas as situações não expressamente previstas.

Artigo 5º – Prazo geral

O prazo para a prática de qualquer ato que não se ache previsto no Regulamento de Arbitragem Rápida é de cinco dias.

CAPÍTULO II – Tribunal Arbitral

Artigo 6º – Árbitro Único

O tribunal arbitral é constituído por árbitro único.

Artigo 7º – Designação do árbitro

1 – Dez dias após a notificação da Resposta, as Partes podem apresentar a nomeação do árbitro em que acordem.

2 – Qualquer das Partes pode, no mesmo prazo, requerer ao Presidente do Centro a nomeação do Árbitro Único.

CAPÍTULO III – Processo Arbitral

Artigo 8º – Requerimento de Arbitragem

1 – Quem pretenda submeter um litígio a tribunal arbitral de acordo com o Regulamento de Arbitragem Rápida deve apresentar, no Secreta-

riado, Requerimento de Arbitragem Rápida, juntando convenção de arbitragem ou proposta dirigida à parte contrária para a sua celebração.

2 – No Requerimento de Arbitragem Rápida, que não pode exceder as trinta e cinco páginas, o Requerente deve:

a) Identificar as partes, indicando as suas moradas e, se possível, endereços eletrónicos;

b) Descrever todos os factos relevantes para a resolução do litígio;

c) Indicar o pedido e o respetivo valor;

d) Juntar os documentos destinados a fazer prova dos factos alegados;

e) Indicar as testemunhas que pretende apresentar;

f) Juntar relatório de perito por si indicado, quando pretenda produzir prova pericial;

g) Referir quaisquer outras circunstâncias que considere relevantes.

Artigo 9º – Citação e Resposta

1 – Dentro de cinco dias, o Secretariado cita o Requerido, remetendo um exemplar do Requerimento de Arbitragem Rápida e dos documentos que o acompanham.

2 – O Requerido pode, no prazo de vinte dias, apresentar a sua Resposta, que não pode exceder as trinta e cinco páginas, devendo:

a) Tomar posição sobre o litígio e o pedido;

b) Juntar os documentos destinados a fazer prova dos factos alegados;

c) Indicar as testemunhas que pretende apresentar;

d) Juntar relatório de perito por si indicado ou informar que o fará no prazo de vinte dias, quando pretenda produzir prova pericial;

e) Referir quaisquer outras circunstâncias que considere relevantes.

3 – A requerimento do Requerido, devidamente fundamentado, o prazo de apresentação da Resposta apenas pode ser prorrogado:

a) Pelo Presidente do Centro em casos excecionais e depois de ouvido o Requerente;

b) Por acordo de ambas as partes.

Artigo 10º – Regras de processo e condução da arbitragem

1 – O árbitro único pode conduzir o processo do modo que considerar mais apropriado, atendendo à natureza deste e dando às partes uma oportunidade razoável de fazer valer os seus direitos.

2 – Salvo que o Tribunal determine o contrário em conformidade com o número anterior, ou haja acordo das partes nesse sentido, o processo seguirá o disposto nos artigos seguintes.

Artigo 11º – Decisão sobre a competência do tribunal arbitral

Caso seja suscitada a incompetência do tribunal arbitral, esta é decidida a final, exceto se disser respeito a apenas parte do objeto do litígio, caso em que pode ser decidida de imediato.

Artigo 12º – Audiência preparatória

1 – Se a arbitragem houver de prosseguir e o tribunal entender conveniente para o seu célere andamento, as partes são convocadas para uma audiência preparatória, no prazo de vinte dias da constituição do tribunal arbitral.

2 – O tribunal arbitral define, nesta audiência, ouvidas as partes:

a) As questões a decidir;

b) O calendário processual provisório, que inclui obrigatoriamente a data ou datas da audiência final;

c) Em casos excecionais e tendo em conta a complexidade do caso, a apresentação de novas peças escritas das partes, a apresentar em simultâneo;

d) Eventuais alterações aos meios de prova apresentados, fixando então as regras e prazos quanto à sua produção;

e) Se são apresentados depoimentos escritos das testemunhas e em que prazo;

f) As regras aplicáveis à audiência, incluindo o tempo máximo disponível para a produção de prova, que não pode exceder vinte horas no total, respeitando o princípio da igualdade;

g) O valor da arbitragem, sem prejuízo da possibilidade de modificação superveniente.

Artigo 13º – Prova documental

1 – Os documentos para prova dos factos alegados são juntos com as peças iniciais, não sendo admissíveis posteriormente a não ser em circunstâncias excecionais e nos termos do número seguinte.

2 – A parte que pretenda proceder supervenientemente à junção de documento requere-o ao Tribunal, com cópia para a contraparte, expli-

cando a superveniência e relevância do documento, mas sem proceder à sua junção, a qual só ocorre depois de autorizada pelo Tribunal.

Artigo 14º – Prova pericial

1 – A perícia é realizada por peritos indicados pelas partes.

2 – Os relatórios periciais são juntos com as peças iniciais nos termos aí previstos.

3 – O relatório pericial contém:

a) O nome completo e endereço do perito;

b) Declaração de independência quanto às partes e ao objeto do litígio, revelando quaisquer relações presentes ou passadas com as partes;

c) Um resumo do seu curriculum profissional, com relevância para o objeto da perícia;

d) Uma descrição do objeto da perícia, dos pressupostos de facto relevantes e dos elementos consultados para as conclusões da perícia;

e) Os factos e conclusões, devidamente justificadas;

f) A assinatura do perito, data e local de realização.

4 – A requerimento de qualquer das partes ou por decisão do tribunal, os peritos prestam em conjunto esclarecimentos na audiência final.

5 – A circunstância de a contraparte não requerer o depoimento oral do perito não determina a aceitação dos factos objeto do relatório pericial.

Artigo 15º – Prova testemunhal

1 – Cada parte apresenta as suas testemunhas, até ao máximo de cinco cada uma; caso seja deduzida reconvenção, esse limite é aumentado para o dobro.

2 – Se o tribunal o determinar em audiência preparatória, as partes apresentam depoimentos escritos de todas as testemunhas.

3 – Os depoimentos escritos contêm:

a) O nome completo e endereço da testemunha;

b) Uma declaração relativa à sua relação presente ou passada com as partes;

c) Um resumo do seu curriculum profissional, se relevante para apreciação do depoimento;

d) Uma descrição completa e detalhada dos factos e das fontes de informação da testemunha;

e) Uma declaração de que o seu testemunho corresponde à verdade;

f) A assinatura da testemunha, data e local onde foi elaborado o depoimento.

4 – Caso tenham sido apresentados depoimentos escritos, as testemunhas são ouvidas oralmente apenas se a contraparte o requerer ou o tribunal o decidir, estando a inquirição limitada ao contra-interrogatório e eventuais esclarecimentos do tribunal.

5 – A circunstância de a contraparte não requerer o depoimento oral não determina a aceitação dos factos objeto do depoimento escrito.

6 – Se, requerido o depoimento oral, a testemunha faltar sem justificação razoável, o depoimento escrito não pode ser tomado em consideração enquanto meio de prova.

Artigo 16º – Alegações finais

1 – As partes podem alegar, de facto e de direito:

a) Oralmente, na última sessão da audiência final; ou

b) Por escrito, no prazo de dez dias depois da última sessão da audiência final.

3 – O tribunal pode, se considerar útil:

a) Restringir as alegações finais a questões específicas, de facto ou de direito;

b) Limitar o tempo de alegação oral, que não pode exceder uma hora para cada parte;

c) Limitar a extensão da alegação escrita, no máximo de trinta e cinco páginas.

CAPÍTULO IV – Sentença arbitral

Artigo 17º – Prazos para a sentença e para a arbitragem

1 – A sentença é proferida no prazo de trinta dias a contar da última sessão da audiência final ou das alegações escritas, se posteriores.

2 – O prazo global para a conclusão da arbitragem é de seis meses, a contar da data da constituição do tribunal.

3 – O Presidente do Centro, em circunstâncias excecionais e a requerimento fundamentado do tribunal arbitral, pode, ouvidas as partes, prorrogar os prazos previstos nos números anteriores.

CAPÍTULO V – Encargos da Arbitragem

Artigo 18º – Honorários do árbitro único

Os honorários do árbitro único são fixados pelo Presidente do Centro, tendo em conta o valor da arbitragem, nos termos da Tabela nº 1 anexa ao Regulamento de Arbitragem Rápida.

Artigo 19º – Encargos administrativos

1 – Os encargos administrativos do processo arbitral são fixados pelo Presidente do Centro, tendo em conta o valor da arbitragem, nos termos da Tabela nº 2 anexa.

2 – O Requerente paga, por ocasião da apresentação do Requerimento de Arbitragem, um montante fixo de valor igual ao escalão mínimo da Tabela nº 2, que, a final, lhe será creditado na liquidação dos encargos da arbitragem.

CAPÍTULO VI – Disposição Final e Transitória

Artigo 20º – Entrada em vigor

1 – Sem prejuízo do disposto no número seguinte, o Regulamento de Arbitragem Rápida entra em vigor no dia 1 de abril de 2021, aplicando-se às arbitragens requeridas após essa data.

2 – O presente Regulamento não será aplicável se uma das partes se opuser, nos seguintes casos:

a) Tendo a convenção de arbitragem sido celebrada antes de 1 de março de 2016;

b) Tendo a convenção de arbitragem sido celebrada depois de 1 de março de 2016 e antes de 1 de abril de 2021, se o valor da arbitragem for superior € 200.000,00.

Encargos da Arbitragem Rápida

Tabela n.º 1					
Honorários árbitro					
Valor do litígio (€)			Honorários (€)		
Até 100.000,00			5.445,00		
100.001,00	a	200 000,00	5.445,00 + 2,565%	do que exceder	100 000,00
200 001,00	a	500 000,00	8.010,00 + 1,28%	do que exceder	200 000,00
500 001,00	a	1 000 000,00	11.850,00 + 0,82%	do que exceder	500 000,00
1 000 001,00	a	2 500 000,00	15.950,00 + 0,72%	do que exceder	1 000 000,00
2 500 001,00	a	5 000 000,00	26.750,00 + 0,51%	do que exceder	2 500 000,00
5 000 001,00	a	10 000 000,00	39.500,00 + 0,259%	do que exceder	5 000 000,00
10 000 001,00	a	20 000 000,00	52.450,00 + 0,154%	do que exceder	10 000 000,00
20 000 001,00	a	40 000 000,00	67.850,00 + 0,0924%	do que exceder	20 000 000,00
40 000 001,00	a	80 000 000,00	86.330,00 + 0,077%	do que exceder	40 000 000,00
80 000 001,00	a	120 000 000,00	117.130,00 + 0,0514%	do que exceder	80 000 000,00
120 000 001,00	a	500 000 000,00	137.690,00 + 0,025%	do que exceder	120 000 000,00
500 000 001,00	a	1.000.000.000,00	232.690,00 + 0.01%	do que exceder	500 000 000,00
		>1.000.000.000,00	282.690,00		

Acresce, quando devido, IVA, À taxa legal

Tabela n.º 2					
Encargos administrativos					
Valor do litígio (€)			**Encargos administrativos (€)**		
Até 100.000,00			**2.570,00**		
100.001,00	**a**	**200 000,00**	**2.570,00 + 2,05%**	**do que exceder**	**100 000,00**
200 001,00	**a**	**500 000,00**	**4.620,00 + 1,03%**	**do que exceder**	**200 000,00**
500 001,00	**a**	**1 000 000,00**	**7.710,00 + 0,205%**	**do que exceder**	**500 000,00**
1 000 001,00	**a**	**2 500 000,00**	**8.735,00 + 0,102%**	**do que exceder**	**1 000 000,00**
2 500 001,00	**a**	**5 000 000,00**	**10.265,00 + 0,082%**	**do que exceder**	**2 500 000,00**
5 000 001,00	**a**	**10 000 000,00**	**12.315,00 + 0,051%**	**do que exceder**	**5 000 000,00**
10 000 001,00	**a**	**20 000 000,00**	**14.865,00 + 0,041%**	**do que exceder**	**10 000 000,00**
20 000 001,00	**a**	**40 000 000,00**	**18.965,00 + 0,031%**	**do que exceder**	**20 000 000,00**
40 000 001,00	**a**	**80 000 000,00**	**25.165,00 + 0,021%**	**do que exceder**	**40 000 000,00**
80 000 001,00	**a**	**120 000 000,00**	**33.565,00 + 0,011%**	**do que exceder**	**80 000 000,00**
120 000 001,00	**a**	**500 000 000,00**	**37.965,00 + 0,005%**	**do que exceder**	**120 000 000,00**
500 000 001,00	**a**	**1.000.000.000,00**	**56.965,00 + 0,002%**	**do que exceder**	**500 000 000,00**
		> **1.000.000.000,00**	**66.965,00**		

Acresce, quando devido, IVA, À taxa legal

3.1.3. Regulamento de Arbitragem Societária (1 de abril de 2021)

CAPÍTULO I – Princípios Gerais

Artigo 1º – Âmbito de aplicação

O presente Regulamento aplica-se aos litígios em matéria societária, seja entre a sociedade e os sócios, ou entre estes, no âmbito do exercício dos seus direitos sociais, de fonte legal ou estatutária, seja entre a sociedade ou os sócios e os membros dos órgãos sociais, nessa qualidade, submetidos a decisão por tribunal arbitral no Centro de Arbitragem da Câmara de Comércio e Indústria Portuguesa, também designado por Centro de Arbitragem Comercial.

Artigo 2º – Regulamento aplicável

1 – O regulamento aplicável ao processo arbitral é o que estiver em vigor à data da instauração do processo arbitral, salvo se a convenção de arbitragem determinar a aplicação do regulamento em vigor à data da sua aprovação.

2 – Às arbitragens abrangidas pelo presente Regulamento aplica-se, em tudo o que não contender com o disposto no presente Regulamento, o Regulamento de Arbitragem do Centro de Arbitragem Comercial com as necessárias adaptações.

3 – As disposições do Regulamento de Arbitragem do Centro de Arbitragem Comercial sobre publicidade do processo e da sentença arbitral não se aplicam nos casos em que, por força da lei, devam ser registados e ou publicados os processos ou decisões arbitrais em matéria societária.

Artigo 3º – Convenção de arbitragem

1 – Para as ações em que a sociedade seja parte, a cláusula compromissória deve constar dos respetivos estatutos.

2 – O compromisso arbitral deve assumir forma escrita, nos termos previstos no Regulamento de Arbitragem do Centro de Arbitragem Comercial.

CAPÍTULO II – Tribunal Arbitral

Artigo 4º – Número de árbitros

1 – O tribunal arbitral é constituído por árbitro único ou por três árbitros.

2 – Se a convenção de arbitragem não fixar o número de árbitros, o tribunal arbitral é constituído por árbitro único, exceto se, ouvidas as partes, e tendo em conta as características do litígio e a data de celebração da convenção de arbitragem, o Presidente do Centro determinar que o tribunal seja constituído por três árbitros.

Artigo 5º – Composição do tribunal arbitral

1 – Sem prejuízo do disposto nos números seguintes, aplica-se à composição do tribunal arbitral o art. 7º do Regulamento de Arbitragem do Centro de Arbitragem Comercial.

2 – Compete sempre ao Presidente do Centro a designação dos árbitros nos processos de declaração de nulidade ou de anulação de deliberação social e em todos os processos cuja decisão produza efeitos de caso julgado contra todos os sócios, independentemente de terem intervindo na ação.

3 – O Presidente do Centro não deverá proceder à designação do árbitro único ou da totalidade dos árbitros até que se faça prova do requerimento de registo no registo comercial da propositura da ação ou da respetiva publicidade, consoante as exigências do direito aplicável.

CAPÍTULO III – Processo Arbitral

Artigo 6º – Requerimento de Arbitragem

1 – Quem pretenda submeter um litígio a tribunal arbitral ao abrigo do presente Regulamento deve apresentar, no Secretariado do Centro de

Arbitragem Comercial, Requerimento de Arbitragem, juntando a convenção de arbitragem (o "Requerimento de Arbitragem").

2 – No Requerimento de Arbitragem, o demandante deve indicar:

a) A identificação completa das partes, suas moradas e, se possível, endereços eletrónicos;

b) A identificação da Sociedade;

c) A descrição sumária do litígio;

d) O pedido e o respetivo valor, ainda que estimado;

e) A descrição da convenção de arbitragem; e

f) Quaisquer outras circunstâncias que considere relevantes.

3 – Para efeitos do disposto no artigo 59º Código das Sociedades Comercias, a data relevante é a da apresentação do requerimento de arbitragem.

Artigo 7º – Citação e Resposta

1 – Dentro de cinco dias, o Secretariado cita o demandado, remetendo um exemplar do Requerimento de Arbitragem e dos documentos que o acompanham.

2 – O demandado pode, no prazo de trinta dias a contar da citação, apresentar a sua Resposta, devendo:

a) Tomar posição sobre o litígio e sobre o pedido;

b) Designar, se for caso disso, o árbitro que lhe compete designar ou fornecer quaisquer outras indicações relativas à constituição do tribunal arbitral;

c) Indicar quaisquer outras circunstâncias que considere relevantes.

3 – A requerimento devidamente fundamentado, o Presidente do Centro pode prorrogar o prazo para apresentação da Resposta.

4 – O Secretariado remete ao demandante um exemplar da Resposta e dos documentos que a acompanham.

5 – Se o Tribunal não tiver sido constituído entretanto, o processo suspende-se até à sua constituição.

Artigo 8º – Representação da Sociedade

Em qualquer situação em que se verifique um conflito de interesses entre a Sociedade e os titulares do órgão de administração da Sociedade, o Presidente do Centro nomeia um representante especial da Sociedade para a ação, a requerimento de qualquer das partes e ouvidas as demais.

Artigo 9º – Apensação de processos

1 – Compete ao Presidente do Centro determinar, ouvido o tribunal arbitral primeiramente constituído, a apensação de processos pendentes quando ocorra alguma das circunstâncias referidas no artigo 25º do Regulamento de Arbitragem do Centro de Arbitragem Comercial, a requerimento de qualquer das partes ou, caso a lei imponha a apensação, por iniciativa própria.

2 – Estando já constituído o tribunal arbitral em processo que venha a ser apensado a outro, caduca a nomeação dos respetivos árbitros.

CAPÍTULO IV – Tutela Cautelar

Artigo 10º – Árbitro de Emergência

1 – Até à constituição do tribunal arbitral qualquer das partes pode requerer, nos termos do Regulamento sobre o Árbitro de Emergência, incluído no Anexo I ao Regulamento de Arbitragem do Centro de Arbitragem Comercial, o decretamento de providência cautelar urgente por um árbitro de emergência nomeado pelo Presidente do Centro.

2 – Considera-se urgente, além das providências que não possam aguardar pela constituição do tribunal arbitral, a de suspensão de deliberação social.

Artigo 11º – Suspensão de Deliberação Social

1 – A providência cautelar de suspensão de deliberação social segue os termos do Regulamento sobre o Árbitro de Emergência, com as adaptações dos números seguintes.

2 – O Requerimento deve ser apresentado no Secretariado no prazo de 10 dias a contar da data da assembleia em que as deliberações foram tomadas ou, se o requerente não tiver sido regularmente convocado, da data em que teve conhecimento das deliberações.

3 – O Requerimento do Árbitro de Emergência deve conter, pelo menos, os seguintes elementos:

a) A identificação completa do Requerente e do Requerido;

b) A identificação da deliberação cuja suspensão se requer e a indicação dos motivos pelos quais a sua execução pode causar dano apreciável ao Requerente;

c) A descrição da convenção de arbitragem.

4 – O Requerimento deve ser instruído com os seguintes documentos:

a) Os estatutos da Sociedade, contendo a convenção de arbitragem;

b) Cópia da ata em que as deliberações foram tomadas; quando a lei dispense reunião de assembleia, a cópia da ata é substituída por documento comprovativo da deliberação;

c) Quaisquer documentos que provem os factos alegados;

d) Comprovativo do pagamento da provisão para encargos relativos ao Árbitro de Emergência.

5 – Na providência de suspensão de deliberação social não há lugar a apresentação de Requerimento de Arbitragem autónomo, pelo que o Requerimento do Árbitro de Emergência deve conter todos os elementos que o requerente considere relevantes para a decisão.

6 – Se o requerente alegar que lhe não foi fornecida cópia da ata ou o documento correspondente, dentro do prazo fixado no número dois, a Sociedade é citada para juntar o documento em falta no prazo da contestação, sob pena de inversão do ónus da prova.

7 – O Presidente do Centro não deve proceder à designação do Árbitro de Emergência até que se faça prova de ter sido requerido o registo comercial da apresentação do pedido de suspensão.

CAPÍTULO VI – Encargos da Arbitragem

Artigo 12º – Encargos da arbitragem

1 – Os encargos da arbitragem serão calculados nos termos do Regulamento de Arbitragem e respetivas tabelas.

2 – No caso da suspensão de deliberações sociais, o valor da causa é aferido pelo valor do dano que o requerente visa acautelar com o decretamento da mesma.

3.1.4. Código Deontológico do Árbitro do Centro de Arbitragem Comercial da Câmara de Comércio e Indústria Portuguesa

Artigo 1º – Princípio Geral

1 – Quem aceitar o encargo de árbitro numa arbitragem submetida ao Regulamento de Arbitragem da Câmara de Comércio e Indústria Portuguesa (Centro de Arbitragem Comercial) compromete-se a desempenhar a sua função de acordo com o Regulamento e com o presente Código Deontológico.

2 – Os árbitros obrigam-se a ser e permanecer independentes e imparciais, respeitando e fazendo respeitar o prestígio e a eficiência da arbitragem como meio justo de resolução de litígios.

3 – O presente Código Deontológico deve ser interpretado e integrado tendo presente as Directrizes da *International Bar Association* relativas a Conflitos de Interesses em Arbitragem Internacional.

Artigo 2º – Aceitação das Funções de Árbitro

Aquele que for convidado a exercer as funções de árbitro («árbitro convidado») apenas pode aceitar tal encargo se considerar ser e estar em condições de permanecer independente e imparcial, possuir os conhecimentos adequados à apreciação da questão ou questões objecto de litígio e, bem assim, dispuser do tempo previsivelmente necessário para o efeito.

Artigo 3º – Imparcialidade e Independência

1 – O árbitro deve julgar com absoluta imparcialidade e independência as questões que forem submetidas à sua apreciação.

2 – O árbitro designado pela parte não é seu representante ou mandatário, estando, em todas as circunstâncias, sujeito às obrigações deontológicas previstas neste Código.

3 – O árbitro não deve permitir que qualquer tipo de preconceito, interesse pessoal, pressão externa ou receio de crítica afecte o sentido da sua decisão.

Artigo 4º – Dever de Revelação

1 – O árbitro tem o dever de revelar todos os factos e circunstâncias que possam originar, na perspectiva das partes, dúvidas fundadas quanto à sua imparcialidade e independência, mantendo-se tal obrigação até à extinção do seu poder jurisdicional.

2 – Antes de aceitar o encargo, o árbitro convidado deve informar a parte que o houver proposto quanto ao seguinte:

a) Qualquer relação profissional ou pessoal com as partes ou com os seus representantes legais e mandatários que o árbitro convidado considere relevante;

b) Qualquer interesse económico ou financeiro, directo ou indirecto, no objecto da disputa;

c) Qualquer conhecimento prévio que possa ter tido do objecto da disputa.

3 – Ao aceitar o encargo, o árbitro deve assinar a declaração de aceitação, disponibilidade, independência e imparcialidade prevista no Regulamento. Esta declaração deverá ser actualizada caso, enquanto decorrer a arbitragem, se verifique qualquer nova circunstância susceptível de originar, na perspectiva de qualquer das das partes, dúvidas fundadas a respeito da sua independência ou imparcialidade.

4 – Havendo dúvida sobre a relevância de qualquer facto, circunstância ou relação, prevalecerá sempre o dever de revelação.

5 – Salvo se outra coisa resultar da mesma, a revelação dos factos e circunstâncias previstos no presente artigo não poderá ser entendida como declaração de que aquele não se considera imparcial e independente e que, consequentemente, não está apto a desempenhar as funções de árbitro.

Artigo 5º – Proibição de Comunicar com as Partes

1 – Antes de aceitar o encargo, o árbitro convidado apenas pode solicitar à parte que o convidar uma descrição sumária do litígio, a identificação

das partes, co-árbitros e mandatários, se os houver, e o teor da convenção de arbitragem.

2 – Salvo o disposto no número seguinte, o árbitro designado não pode comunicar em privado com as partes ou seus mandatários, relativamente ao objecto do litígio, antes da constituição do tribunal arbitral.

3 – Tratando-se de tribunal arbitral em que os árbitros designados pelas partes têm a incumbência de escolher o árbitro presidente, cada um daqueles poderá consultar a parte que o designar sobre a escolha do presidente.

4 – Na pendência da instância arbitral o árbitro deve abster-se de qualquer comunicação com uma das partes ou seus mandatários relativamente ao objecto do litígio e a quaisquer ocorrências que tenham lugar no processo arbitral.

Artigo 6º – Dever de Diligência

1 – O árbitro deve conduzir a arbitragem da forma mais rápida, eficaz e económica que for compatível com o respeito pelas garantias processuais das partes.

2 – O árbitro deve consagrar à arbitragem todo o tempo e atenção que se mostrem necessários à cabal compreensão e julgamento dos factos objecto da lide.

Artigo 7º – Honorários e Despesas

1 – Os honorários do árbitro e o modo de reembolso das despesas em que incorra no exercício da sua função são determinados exclusivamente nos termos do Regulamento.

2 – É vedado ao árbitro designado por uma parte ajustar com esta o montante dos seus honorários e despesas ou qualquer outra retribuição relacionada com o exercício da sua função.

3 – É vedado aos árbitros propor, negociar ou acordar quaisquer alterações aos honorários previstos no Regulamento com as partes ou seus mandatários, devendo, se o entenderem, requerer tais alterações ao Presidente do Centro, nos termos do Regulamento, sem prejuízo de poderem informar previamente os mandatários dessa intenção.

Artigo 8º – Confidencialidade

Sem prejuízo do disposto na lei e no Regulamento, o árbitro deve respeitar a confidencialidade do processo e da decisão arbitral e não poderá utilizar informação obtida no decurso da instância arbitral com o objectivo de alcançar um ganho, para si ou para terceiro, ou de lesar o interesse de outrem.

Artigo 9º – Proibição de Angariação de Nomeações

Ninguém deve procurar activamente ser nomeado para qualquer arbitragem, mas qualquer pessoa poderá divulgar publicamente a sua experiência em matéria arbitral, ressalvados os deveres de confidencialidade.

3.1.5. Regulamento de Mediação do Centro de Arbitragem Comercial da Câmara de Comércio e Indústria Portuguesa

CAPÍTULO I - Disposições Gerais

Artigo 1º - Definição de mediação

Mediação é uma forma de resolução de litígios, através da qual duas ou mais partes em litígio procuram voluntariamente alcançar um acordo com assistência de um mediador de conflitos.

Artigo 2º - Mediabilidade

Podem ser sujeitos a mediação no Centro de Arbitragem os litígios de natureza civil ou comercial que respeitem a interesses de natureza patrimonial ou sobre os quais as partes possam celebrar transação.

Artigo 3º - Boa fé

As partes assumem um especial dever de atuação de boa fé no decurso do procedimento de mediação.

Artigo 4º - Confidencialidade

1 - O procedimento de mediação tem natureza confidencial, devendo o mediador de conflitos e as partes manter sob sigilo todas as informações de que tenham conhecimento no seu âmbito.

2 - Exceto no que diz respeito ao acordo obtido, o conteúdo das sessões de mediação não pode ser revelado nem valorado em tribunal judicial ou arbitral, nem pode o mediador ser testemunha, perito, mandatário ou árbitro em qualquer causa relacionada, ainda que indiretamente, com o objeto do procedimento.

Artigo 5º – Participação das partes

1 – As partes devem participar pessoalmente nas sessões de mediação.

2 – As pessoas coletivas são representadas, preferencialmente, por quem esteja familiarizado com o litígio e tenha poderes para transigir.

3 – As partes podem, ainda, ser assistidas por advogados.

Artigo 6º – Mediação e arbitragem

1 – Quem exerce a função de mediador está impedido de atuar como árbitro em qualquer causa relacionada, ainda que indiretamente, com o objeto do procedimento.

2 – Sem prejuízo do número seguinte, iniciada arbitragem relativa a questão abrangida pela convenção de mediação, o tribunal arbitral deve, a requerimento do 2 demandado, deduzido até à sua resposta, suspender a instância arbitral e remeter o processo para a mediação.

3 – As partes podem acordar, na convenção ou posteriormente, que mediação e arbitragem se desenrolam em simultâneo.

4 – O Presidente do Centro de Arbitragem pode, se entender adequado à melhor solução do caso, sugerir às Partes a utilização do procedimento de mediação, com ou sem suspensão do processo arbitral.

5 – Em qualquer das situações anteriormente previstas, as partes podem sempre iniciar um procedimento de árbitro de emergência.

Artigo 7º – Suspensão de prazos

O recurso à mediação suspende os prazos de caducidade e prescrição a partir da data:

a) Da apresentação do requerimento de mediação, havendo convenção de mediação;

b) Da assinatura do protocolo de mediação, não havendo convenção de mediação.

CAPÍTULO II – Início da mediação

Artigo 8º – Requerimento de mediação

1 – Quem pretenda submeter um litígio a mediação de acordo com o Regulamento de Mediação, deve apresentar, no Secretariado, um Requerimento de Mediação, juntando convenção de mediação ou proposta dirigida à parte contrária para a sua celebração.

2 – No Requerimento de Mediação, que deve seguir modelo em anexo e não pode exceder as cinco páginas, o demandante deve:

a) Identificar as partes, suas moradas e, se possível, endereços eletrónicos;

b) Descrever sumariamente o litígio;

c) Indicar uma estimativa do valor do litígio;

d) Indicar a língua e o lugar da mediação;

e) Referir outras circunstâncias que considere relevantes.

Artigo 9º – Notificação e resposta

1 – Dentro de cinco dias, o Secretariado notifica o demandado, remetendo um exemplar do Requerimento de Mediação.

2 – O demandado pode, no prazo de quinze dias, responder, indicando:

a) A sua posição sumária sobre o litígio;

b) Quaisquer outras indicações que considere relevantes.

Artigo 10º – Falta de resposta

1 – Caso não haja resposta e haja convenção de mediação, o procedimento prossegue, a não ser que o demandante pretenda desistir ou iniciar a arbitragem.

2 – Caso não haja resposta, nem convenção de mediação o procedimento não prossegue. 3

Artigo 11º – Intervenção liminar do Centro

Apresentado o requerimento de mediação e a resposta, o Presidente do Centro pode recusar prosseguir com o procedimento de mediação nas seguintes situações:

a) O litígio não se insira no âmbito de competência do Centro ou não seja mediável;

b) Não haja convenção de mediação, nem aceitação de proposta para a sua celebração.

CAPÍTULO III – O Mediador

Artigo 12º – Nomeação do mediador

1 – Dez dias após a notificação da resposta, as partes podem apresentar a nomeação do mediador em que acordem.

2 – Qualquer uma das partes pode, no mesmo prazo, requerer ao Presidente do Centro a nomeação de mediador.

3 – Sempre que seja da competência do Presidente do Centro a nomeação de mediador, este é escolhido de entre os nomes da lista aprovada pelo Conselho do Centro de Arbitragem.

4 – Caso entenda conveniente, o Presidente pode consultar as partes previamente à nomeação, propondo-lhes uma lista de mediadores para designação conjunta.

Artigo 13º – Co-mediação

Caso o mediador proponha e as partes aceitem, a mediação é feita por dois mediadores, o segundo indicado pelo primeiro.

Artigo 14º – Estatuto do mediador

1 – O mediador deve ser e permanecer independente e imparcial.

2 – Ao aceitar o encargo, o mediador obriga-se a exercer a função nos termos deste Regulamento e a respeitar o Código Deontológico em anexo ao mesmo.

3 – Qualquer pessoa que aceite mediar um litígio nos termos do presente Regulamento deve assinar a declaração de aceitação, disponibilidade, independência e imparcialidade em modelo fornecido pelo Centro de Arbitragem.

4 – O mediador tem a obrigação de revelar às partes e ao Centro quaisquer circunstâncias que possam, na perspetiva das partes, originar dúvidas fundadas a respeito da sua independência, imparcialidade ou disponibilidade.

Artigo 15º – Impedimento

Quem exerce a função de mediador está impedido de atuar como árbitro em qualquer causa relacionada, ainda que indiretamente, com o objeto do procedimento. 4

CAPÍTULO IV – Condução da Mediação

Artigo 16º – Lugar e língua da mediação

1 – As partes podem fixar livremente o lugar e a língua da mediação.

2 – Na ausência de acordo entre as partes, o Centro de Arbitragem pode fixar o lugar e a língua da mediação ou convidar o mediador a fazê-lo após a sua nomeação.

Artigo 17º – Protocolo de mediação

1 – O mediador e as partes devem acordar no modo como a mediação será conduzida, assinando para o efeito um protocolo de mediação.

2 – O protocolo de mediação contém:

a) A identificação das partes;

b) A identificação e domicílio profissional do mediador;

c) A declaração de consentimento das partes;

d) O lugar e a língua da mediação;

e) A declaração das partes e do mediador de respeito pelo princípio da confidencialidade;

f) A indicação sumária do litígio;

g) As regras de procedimento, incluindo o modo de apresentação do caso, o tipo e data das sessões;

h) A calendarização do procedimento;

i) O prazo máximo de duração do procedimento, ainda que alterável;

j) A data e a assinatura das partes e do mediador.

Artigo 18º – Sessões de mediação

A mediação desenrola-se preferencialmente em sessões presenciais, sem prejuízo de, se o mediador entender conveniente e houver acordo, serem realizadas sessões não presenciais e/ou sessões separadas com cada uma das partes (caucus).

Artigo 19º – Apresentação do caso e troca de elementos

As partes podem apresentar o seu caso oralmente ou por escrito, assim como podem, durante o procedimento, trocar documentos ou outros elementos úteis à obtenção do acordo.

Artigo 20º – Intervenção ou consulta de técnicos especializados

Caso o mediador entenda conveniente e as partes acordem, podem intervir ou ser consultados técnicos especializados sobre matérias relativas ao litígio. 5

CAPÍTULO V – Acordo

Artigo 21º – Conteúdo e forma do acordo

O conteúdo do acordo é livremente fixado pelas partes e deve ser reduzido a escrito, sendo assinado pelas partes e pelo mediador.

Artigo 22º – Força executiva e homologação por árbitro

1 – Nos casos em que o mediador esteja inscrito na lista de mediadores de conflitos organizada pelo Ministério da Justiça, o acordo tem força executiva sem necessidade de homologação.

2 – Caso as partes pretendam que o acordo obtido em mediação seja homologado por árbitro, devem nomear, por acordo, árbitro único.

3 – A homologação por árbitro do acordo obtido na mediação tem por finalidade verificar se o mesmo respeita a litígio mediável nos termos do presente Regulamento, a capacidade das partes para a sua celebração e se o seu conteúdo não viola a ordem pública.

CAPÍTULO VI – Encerramento da mediação

Artigo 23º – Duração do procedimento de mediação

1 – O procedimento de mediação termina passado o prazo fixado no protocolo de mediação, que nunca pode ser superior a três meses contados da sua assinatura.

2 – O prazo pode ser prorrogado por uma vez e pelo mesmo período máximo, caso haja acordo das partes e do mediador e autorização do Presidente do Centro.

Artigo 24º – Fim do procedimento de mediação

1 – O procedimento de mediação termina quando:

a) Se obtenha acordo entre as partes;

b) Se verifique desistência de qualquer das partes;

c) O mediador de conflitos, fundamentadamente, assim o decida;

d) Se atinja o prazo máximo de duração do procedimento, incluindo eventuais prorrogações do mesmo;

e) Não sejam pagos os montantes das provisões previstas.

2 – O Centro de Arbitragem notifica as partes e o mediador do fim do procedimento.

Artigo 25º – Compromisso arbitral

1 – Terminado o procedimento de mediação sem que as partes tenham obtido um acordo, mas haja concordância na resolução do litígio por arbitragem no Centro de Arbitragem, devem as partes assinar o respetivo compromisso arbitral, dando-se de imediato início ao processo arbitral.

2 – Sempre que à mediação se siga a arbitragem: 6

a) Não há lugar ao pagamento do montante previsto no Regulamento de Arbitragem por ocasião da apresentação do Requerimento de Arbitragem;

b) São deduzidos aos encargos administrativos da arbitragem os montantes pagos a título de encargos administrativos na mediação.

CAPÍTULO VII – Encargos da mediação

Artigo 26º – Encargos da mediação

1 – No procedimento de mediação há lugar ao pagamento de encargos.

2 – Os encargos da mediação compreendem os honorários e as despesas do mediador e os encargos administrativos do procedimento.

3 – Os encargos são distribuídos em partes iguais entre as partes, exceto:

a) Se as partes acordarem noutra forma de repartição;

b) Se houver convenção de mediação e o demandado não responder ou faltar à primeira sessão, em que é ele o responsável pelos encargos;

c) Se não houver convenção de mediação e o requerido não responder, em que é o demandante o responsável pela totalidade dos encargos.

Artigo 27º – Honorários do mediador

1 – Os honorários de cada mediador são fixados pelo Presidente do Centro de Arbitragem entre um mínimo de 1.500€ e um máximo de 3.000€ por dia de sessão de mediação, incluindo as não presenciais, com um máximo de dez sessões.

2 – Na fixação dos honorários entre o mínimo e o máximo, o Presidente do Centro ouve as partes e o mediador e considera as circunstâncias de cada caso concreto e, em particular, o valor e a complexidade do litígio.

Artigo 28º – Despesas do mediador

As despesas do mediador são pagas em função do custo efetivo, devidamente comprovado.

Artigo 29º – Honorários do árbitro homologante

Os honorários do árbitro nomeado para homologar o acordo são fixados pelo Presidente do Centro de Arbitragem entre um mínimo de 1.000€ e um máximo de 2.000€, tendo em conta os elementos ponderados para a fixação dos honorários do mediador.

Artigo 30º – Encargos administrativos

1 – Os encargos administrativos do procedimento de mediação correspondem a 15% dos honorários fixados para o mediador.

2 – O demandante paga, por ocasião da apresentação do requerimento de mediação, o montante de 300€, que a final lhe será creditado na liquidação dos encargos da mediação.

3 – O pagamento do valor referido no número anterior é condição de notificação do demandado e não é reembolsável no caso de a mediação, por qualquer motivo, não prosseguir.

Artigo 31º – Provisão para encargos

1 – Para garantia dos encargos da mediação, as partes prestam provisão.

2 – Cada uma das partes efetua uma provisão inicial imediatamente após a assinatura do protocolo de mediação no valor do número de sessões aí previstas e no valor mínimo dessas sessões.

3 – O Secretariado procede, no decurso do procedimento, por uma ou mais vezes, à cobrança de reforços de provisão até perfazer o montante provável dos encargos da mediação.

Artigo 32º – Provisões: prazos e cominações

1 – As provisões são prestadas no prazo de dez dias a contar da notificação para o efeito.

2 – Não sendo prestada provisão no prazo fixado, o Secretariado pode fixar novo prazo para que o pagamento seja efetuado pela parte em falta e, caso a situação de não pagamento persista, notifica a outra parte do facto para, querendo, realizar o pagamento da provisão em falta, no prazo de dez dias.

3 – O não pagamento de qualquer provisão inicial ou subsequente determina o fim do procedimento de mediação.

4 – Mediante requerimento fundamentado de qualquer das partes, o Secretariado pode prorrogar os prazos previstos neste artigo.

CAPÍTULO VIII – Disposição final e transitória

Artigo 33º – Regulamento aplicável

1 – A remissão das partes para o Regulamento de Mediação envolve a aceitação do mesmo como parte integrante da convenção de mediação e faz presumir a atribuição ao Centro de Arbitragem da competência para administrar a mediação nos termos previstos.

2 – O Regulamento aplicável é o que estiver em vigor à data do início do procedimento de mediação, salvo se as partes tiveram acordado aplicar o regulamento à data da convenção de mediação.

3 – O presente Regulamento de Mediação entra em vigor no dia 1 de março de 2016, aplicando-se aos processo de mediação requeridos após essa data.

3.2. Câmara de Comércio Internacional

3.2.1. Regulamento de Arbitragem da Câmara de Comércio Internacional

Em vigor a partir de 1º de janeiro de 2021

DISPOSIÇÕES PRELIMINARES

Artigo 1º – Corte Internacional de Arbitragem

1 – A Corte Internacional de Arbitragem (a "Corte") da Câmara de Comércio Internacional ("CCI") é o órgão independente de arbitragem da CCI. Os estatutos da Corte constam no Apêndice I.

2 – A Corte não soluciona ela própria os litígios. Compete-lhe administrar a resolução de litígios por tribunais arbitrais, de acordo com o Regulamento de Arbitragem da CCI (o "Regulamento"). A Corte é o único órgão autorizado a administrar arbitragens submetidas ao Regulamento, incluindo o exame prévio e a aprovação de sentenças arbitrais proferidas de

acordo com o Regulamento. Compete à Corte aprovar o seu próprio regulamento interno, previsto no Apêndice II (o "Regulamento Interno").

3 – O Presidente da Corte (o "Presidente") terá poder para decidir questões de caráter urgente em nome da Corte, desde que essa decisão seja comunicada à Corte em uma das sessões seguintes. A pedido do Presidente, caso se encontre ausente ou impossibilitado de atuar, um dos Vice-Presidentes ficará investido de igual poder.

4 – Na forma prevista no Regulamento Interno, a Corte poderá delegar a um ou mais comitês compostos pelos seus membros o poder de tomar determinadas decisões, desde que essas decisões sejam comunicadas à Corte em uma das sessões seguintes.

5 – A Corte realiza seus trabalhos com a assistência da Secretaria da Corte (a "Secretaria"), sob a direção do seu Secretário-Geral (o "Secretário-Geral").

Artigo 2º – Definições

No Regulamento:

(*i*) a expressão "tribunal arbitral" aplica-se indiferentemente a um ou mais árbitros.

(*ii*) os termos "requerente", "requerido" e "parte adicional" aplicam-se indiferentemente a um ou mais requerentes, requeridos, ou partes adicionais, respectivamente.

(*iii*) os termos "parte" ou "partes" aplicam-se indiferentemente a requerentes, requeridos ou partes adicionais.

(*iv*) os termos "demanda" ou "demandas" aplicam-se indiferentemente a qualquer demanda de qualquer parte contra qualquer outra parte.

(*v*) o termo "sentença arbitral" aplica-se, *inter alia,* a uma sentença arbitral interlocutória, parcial, final ou adicional.

Artigo 3º – Notificações ou comunicações por escrito; prazos

1 – Salvo disposição em contrário nos artigos 4(4)(b) e 5(3), todas as manifestações e outras comunicações apresentadas por escrito por qualquer das partes, bem como todos os documentos a elas anexos, deverão ser enviados a cada uma das partes, a cada árbitro e à Secretaria. Todas as notificações ou comunicações do tribunal arbitral para as partes deverão ser enviadas com cópia para a Secretaria.

2 – Todas as notificações ou comunicações da Secretaria e do tribunal arbitral deverão ser enviadas para o último endereço da parte destinatária ou do seu representante, conforme comunicado pela parte em questão ou por qualquer outra parte. A notificação ou comunicação poderá ser efetuada por entrega contra recibo, carta registrada, portador, correio eletrônico ou outra forma de telecomunicação que produza comprovante de envio.

3 – A notificação ou comunicação será considerada efetuada na data em que for recebida pela parte ou pelo seu representante, ou naquela em que deveria ter sido recebida, se houver sido validamente realizada em conformidade com o artigo 3(2).

4 – Os prazos especificados ou fixados de conformidade com o Regulamento serão contados a partir do dia seguinte àquele em que a notificação ou a comunicação for considerada como tendo sido efetuada, segundo o artigo 3(3). Quando o dia seguinte àquela data for feriado oficial ou dia não útil no país em que a notificação ou comunicação for considerada como entregue, o prazo começará a correr no primeiro dia útil seguinte. Os feriados oficiais e os dias não úteis são incluídos no cálculo do prazo. Se o último dia do prazo estipulado for feriado oficial ou dia não útil no país em que a notificação ou comunicação for considerada entregue, o prazo vencerá no final do primeiro dia útil seguinte.

Artigo 4º – Requerimento de arbitragem

1 – A parte que desejar recorrer à arbitragem segundo o Regulamento deverá apresentar o seu Requerimento de Arbitragem (o "Requerimento") à Secretaria em qualquer de seus escritórios especificados no Regulamento Interno. A Secretaria notificará o requerente e o requerido do recebimento do Requerimento e da data de tal recebimento.

2 – A data de recebimento do Requerimento pela Secretaria deverá ser considerada, para todos os efeitos, como a data de início da arbitragem.

3 – O Requerimento deverá conter as seguintes informações:

a) nome ou denominação completo, qualificação, endereço e qualquer outro dado para contato de cada parte;

b) nome ou denominação completo, endereço e qualquer outro dado para contato das pessoas que representem o requerente na arbitragem;

c) descrição da natureza e das circunstâncias do litígio que deu origem às demandas e os fundamentos sob os quais tais demandas são formuladas;

d) especificação do pedido, incluídos os valores de quaisquer demandas quantificadas e, se possível, uma estimativa do valor monetário das demais demandas;

e) quaisquer contratos relevantes e, em especial, a(s) convenção(ões) de arbitragem;

f) quando demandas forem formuladas com base em mais de uma convenção de arbitragem, a indicação da convenção de arbitragem sob a qual cada demanda está sendo formulada.

g) todas as especificações relevantes e quaisquer observações ou propostas relativas ao número de árbitros e à escolha destes, de acordo com as disposições dos artigos 12 e 13, bem como qualquer designação de árbitro exigida pelos referidos artigos; e

h) todas as especificações relevantes e quaisquer observações ou propostas relativas à sede da arbitragem, às regras de direito aplicáveis e ao idioma da arbitragem.

O requerente poderá apresentar, junto com o Requerimento, qualquer documento ou informação que considere apropriados ou que possa contribuir para a resolução do litígio de maneira eficiente.

4 – Junto com o Requerimento, o requerente deverá:

a) efetuar o pagamento da taxa de registro fixada no Apêndice III ("Custos e honorários da arbitragem"), em vigor na data em que o Requerimento for apresentado; e

b) apresentar um número suficiente de cópias do Requerimento para cada uma das demais partes, para cada árbitro e para a Secretaria, caso o requerente solicite o envio do Requerimento por entrega contra recibo, carta registrada ou portador.

Caso o requerente deixe de cumprir qualquer dessas condições, a Secretaria poderá estabelecer um prazo para que o faça, sob pena de arquivamento do caso, sem prejuízo do direito do requerente de, posteriormente, apresentar a mesma demanda em um outro Requerimento.

5 – A Secretaria deverá transmitir ao requerido uma cópia do Requerimento e dos documentos a ele anexos para que possa apresentar a sua Resposta assim que tiver o número de cópias necessário e for confirmado o pagamento da taxa de registro.

Artigo 5º – Resposta ao Requerimento; reconvenções

1 – O requerido deverá, no prazo de 30 dias contados do recebimento do

Requerimento enviado pela Secretaria, apresentar a sua resposta (a "Resposta"), que deverá conter as seguintes informações:

a) seu nome ou denominação completo, qualificação, endereço e qualquer outro dado para contato;

b) nome ou denominação completo, endereço e qualquer outro dado para contato das pessoas que representem o requerido na arbitragem;

c) suas observações quanto à natureza e às circunstâncias do litígio que deu origem às demandas e quanto aos fundamentos sob os quais as demandas são formuladas;

d) a sua posição em relação ao pedido do requerente;

e) quaisquer observações ou propostas relativas ao número e à escolha de árbitros à luz das propostas do requerente e de acordo com as disposições dos artigos 12 e 13, e qualquer designação de árbitro exigida pelos referidos artigos; e

f) quaisquer observações ou propostas relativas à sede da arbitragem, às regras de direito aplicáveis e ao idioma da arbitragem.

O requerido poderá apresentar, junto com a Resposta, qualquer documento ou informação que considere apropriados ou que possa contribuir para a resolução do litígio de maneira eficiente.

2 – A Secretaria poderá conceder ao requerido uma prorrogação de prazo para apresentar a Resposta, desde que o pedido para tal prorrogação contenha as observações ou propostas do requerido relativas ao número de árbitros e à escolha destes, e, quando exigido pelos artigos 12 e 13, a designação de um árbitro. Caso contrário a Corte deverá proceder de acordo com o Regulamento.

3 – A Resposta deverá ser apresentada com um número suficiente de cópias para cada uma das outras partes, cada árbitro e para a Secretaria, caso o requerido solicite o envio da Resposta por entrega contra recibo, carta registrada ou portador.

4 – A Secretaria deverá transmitir a Resposta e os documentos a ela anexos a todas as outras partes.

5 – Qualquer reconvenção formulada pelo requerido deverá ser apresentada junto com a Resposta e conter:

a) descrição da natureza e das circunstâncias do litígio que deu origem à reconvenção e dos fundamentos sob os quais a reconvenção é formulada;

b) indicação dos pedidos, incluídos os valores de qualquer demanda que esteja quantificada e, se possível, uma estimativa do valor monetário dos demais pedidos reconvencionais;

c) quaisquer contratos relevantes e, em especial, a(s) convenção(ões) de arbitragem; e

d) quando for formulada reconvenção com base em mais de uma convenção de arbitragem, a indicação daquela sob a qual cada demanda está sendo feito.

O requerido poderá apresentar, junto com a reconvenção, qualquer documento ou informação que considere apropriados ou que possa contribuir para a resolução do litígio de maneira eficiente.

6 – O requerente deverá, no prazo de 30 dias contados da data de recebimento das reconvenções comunicadas pela Secretaria, responder à reconvenção. Antes da transmissão dos autos ao tribunal arbitral, a Secretaria poderá conceder ao requerente uma prorrogação desse prazo.

Artigo 6º – Efeitos da convenção de arbitragem

1 – Quando as partes tiverem concordado em recorrer à arbitragem de acordo com o Regulamento, serão elas consideradas como tendo se submetido *ipso facto* ao Regulamento em vigor na data do início da arbitragem, a não ser que tenham convencionado se submeterem ao Regulamento em vigor na data da convenção de arbitragem.

2 – Ao convencionarem uma arbitragem de acordo com o Regulamento, as partes aceitam que a arbitragem seja administrada pela Corte.

3 – Caso alguma das partes contra a qual uma demanda é formulada não apresente uma resposta, ou caso qualquer parte formule uma ou mais objeções quanto à existência, validade ou escopo da convenção de arbitragem ou quanto à possibilidade de todas as demandas apresentadas serem decididas em uma única arbitragem, a arbitragem deverá prosseguir e toda e qualquer questão relativa à jurisdição ou à possibilidade de as demandas serem decididas em conjunto em uma única arbitragem deverá ser decidida diretamente pelo tribunal arbitral, a menos que o Secretário-Geral submeta tal questão à decisão da Corte de acordo com o artigo 6(4).

4 – Em todos os casos submetidos à Corte, de acordo com o artigo 6(3), esta deverá decidir se, e em que medida, a arbitragem deverá prosseguir. A arbitragem deverá prosseguir se, e na medida em que, a Corte esteja *prima facie* convencida da possível existência de uma convenção de arbitragem de acordo com o Regulamento. Em particular:

(*i*) caso haja mais de duas partes na arbitragem, esta deverá prosseguir tão somente entre aquelas partes, compreendendo qualquer parte adicional que tiver sido integrada com base no artigo 7(1), em relação às quais a Corte esteja *prima facie* convencida da possível existência de uma convenção de arbitragem que as vincule, prevendo a aplicação do Regulamento; e

(*ii*) caso haja demandas fundadas em mais de uma convenção de arbitragem, de acordo com o artigo 9º, a arbitragem deverá prosseguir apenas com relação às demandas a respeito das quais a Corte esteja *prima facie* convencida de que (a) as convenções de arbitragem com base nas quais tais demandas foram formuladas são compatíveis, e (b) todas as partes na arbitragem tenham concordado com que tais demandas sejam decididas em conjunto, em uma única arbitragem.

A decisão da Corte de acordo com o artigo 6(4) é sem prejuízo da admissibilidade ou do mérito das posições de quaisquer das partes.

5 – Em todos os casos decididos pela Corte de acordo com o artigo 6(4), qualquer decisão relativa à competência do tribunal arbitral, exceto com relação a partes ou demandas a respeito das quais a Corte decida que a arbitragem não deve prosseguir, será tomada pelo próprio tribunal arbitral.

6 – Caso as partes sejam notificadas de uma decisão da Corte de acordo com o artigo 6(4) no sentido de que a arbitragem não deve prosseguir em relação a algumas ou todas elas, qualquer parte manterá o direito de submeter a qualquer jurisdição competente a questão sobre se existe uma convenção de arbitragem vinculante e quais partes estão a ela vinculadas.

7 – Caso a Corte tenha decidido de acordo com o artigo 6(4) que a arbitragem não deve prosseguir com relação a qualquer das demandas, tal decisão não impedirá as partes de reintroduzirem as mesmas demandas em um momento posterior em outros procedimentos.

8 – Se uma das partes se recusar ou se abstiver de participar da arbitragem, ou de qualquer das suas fases, a arbitragem deverá prosseguir, não obstante tal recusa ou abstenção.

9 – Salvo estipulação em contrário, a pretensa nulidade ou alegada inexistência do contrato não implicará a incompetência do tribunal arbitral, caso este entenda que a convenção de arbitragem é válida. O tribunal arbitral continuará sendo competente para determinar os respectivos direitos das partes e para decidir as suas demandas e pleitos, mesmo em caso de inexistência ou nulidade do contrato.

Artigo 7º – Integração de partes adicionais

1 – A parte que desejar integrar uma parte adicional à arbitragem deverá apresentar à Secretaria um requerimento de arbitragem contra a parte adicional ("Requerimento de Integração"). A data na qual o Requerimento de Integração for recebido pela Secretaria deverá, para todos os efeitos, ser considerada como a data de início da arbitragem em relação à parte adicional. Qualquer integração estará sujeita ao disposto nos artigos 6(3)-6(7) e 9. Salvo acordo em contrário de todas as partes, incluindo a parte adicional, ou conforme disposto no artigo 7(5), nenhuma parte adicional poderá ser integrada após a confirmação ou nomeação de qualquer árbitro. A Secretaria poderá fixar prazo para a apresentação do Requerimento de Integração.

2 – O Requerimento de Integração deverá conter as seguintes informações:

a) a referência da arbitragem existente;

b) nome ou designação completo, qualificação, endereço e qualquer outro dado para contato de todas as partes, inclusive da parte adicional; e

c) a informação especificada no artigo 4(3) subitens c), d), e) e f).

A parte que apresentar um Requerimento de Integração poderá submeter qualquer documento ou informação que considere apropriados ou que possa contribuir para a resolução do litígio de maneira eficiente.

3 – O disposto nos artigos 4(4) e 4(5) se aplica, *mutatis mutandis*, ao Requerimento de Integração.

4 – A parte adicional deverá apresentar uma Resposta de acordo, *mutatis mutandis*, com o disposto nos artigos 5(1)-5(4). A parte adicional poderá apresentar demandas contra qualquer outra parte de acordo com o disposto no artigo 8º.

5 – Qualquer Requerimento de Integração formulado após a confirmação ou nomeação de árbitro será decidido pelo tribunal arbitral, quando este for constituído, e ficará sujeito à aceitação da constituição do tribunal arbitral e da Ata de Missão pela parte adicional, quando aplicável. Ao decidir sobre um Requerimento de Integração, o tribunal arbitral levará em conta todas as circunstâncias pertinentes, as quais poderão incluir a competência *prima facie* do tribunal arbitral sobre a parte adicional, o momento da submissão do Requerimento de Integração, possíveis conflitos de interesses, e o impacto que a integração terá na arbitragem. Qualquer decisão de integrar uma parte adicional será sem prejuízo da decisão do tribunal arbitral sobre a sua competência em relação à parte em questão.

Artigo 8º – Demandas entre partes múltiplas

1 – Em uma arbitragem com multiplicidade de partes, qualquer parte poderá formular uma demanda contra qualquer outra parte, sujeita às disposições dos artigos 6(3)-6(7) e 9º, sendo que nenhuma nova demanda poderá ser formulada depois da assinatura ou aprovação da Ata de Missão pela Corte, a menos que tenha autorização do tribunal arbitral, de acordo com o artigo 23(4).

2 – Qualquer parte que desejar formular demanda de acordo com o artigo 8(1) deverá fornecer todas as informações previstas no artigo 4(3) subitens c), d), e) e f).

3 – Antes da transmissão dos autos pela Secretaria ao tribunal arbitral, de acordo com o artigo 16, as seguintes disposições aplicar-se-ão, *mutatis mutandis*, a qualquer demanda introduzida: artigo 4(4) subitem b); artigo 4(5); artigo 5(1), exceto subitens a), b), e) e f); artigo 5(2); artigo 5(3) e artigo 5(4). A partir de então, caberá ao tribunal arbitral determinar o procedimento para a introdução de demandas.

Artigo 9º – Múltiplos contratos

Sujeitas às disposições dos artigos 6(3)-6(7) e 23(4), demandas oriundas de ou relacionadas a mais de um contrato poderão ser formuladas em uma mesma arbitragem, independentemente de estarem fundadas em uma ou mais de uma convenção de arbitragem de acordo com o Regulamento.

Artigo 10º – Consolidação de arbitragens

A Corte poderá, diante do requerimento de uma parte, consolidar duas ou mais arbitragens pendentes, submetidas ao Regulamento, em uma única arbitragem, quando:

a) as partes tenham concordado com a consolidação; ou

b) todas as demandas nas arbitragens sejam formuladas com base na(s) mesma(s) convenção(ões) de arbitragem; ou

c) as demandas nas arbitragens não sejam formuladas com base na(s) mesma(s) convenção(ões) de arbitragem, mas as arbitragens envolvam as mesmas partes, as disputas nas arbitragens estejam relacionadas com a mesma relação jurídica, e a Corte entenda que as convenções de arbitragem são compatíveis.

Ao decidir sobre a consolidação, a Corte deverá levar em conta quaisquer circunstâncias que considerar relevantes, inclusive se um ou mais árbitros tenham sido confirmados ou nomeados em mais de uma das arbitragens e, neste caso, se foram confirmadas ou nomeadas as mesmas pessoas ou pessoas diferentes.

Quando arbitragens forem consolidadas, estas devem sê-lo na arbitragem que foi iniciada em primeiro lugar, salvo acordo das partes em sentido contrário.

Artigo 11º – Disposições gerais

1 – Todo árbitro deverá ser e permanecer imparcial e independente das partes envolvidas na arbitragem.

2 – Antes da sua nomeação ou confirmação, a pessoa proposta como árbitro deverá assinar declaração de aceitação, disponibilidade, imparcialidade e independência. A pessoa proposta como árbitro deverá revelar por escrito à Secretaria quaisquer fatos ou circunstâncias cuja natureza possa levar ao questionamento da sua independência aos olhos das partes, assim como quaisquer circunstâncias que possam gerar dúvidas razoáveis em relação à sua imparcialidade. A Secretaria deverá comunicar tal informação às partes por escrito e estabelecer um prazo para apresentarem os seus eventuais comentários.

3 – O árbitro deverá revelar, imediatamente e por escrito, à Secretaria e às partes quaisquer fatos ou circunstâncias de natureza semelhante àquelas previstas no artigo 11(2) relativas à sua imparcialidade ou independência que possam surgir durante a arbitragem.

4 – As decisões da Corte em relação à nomeação, confirmação, impugnação ou substituição de um árbitro serão irrecorríveis.

5 – Ao aceitarem os encargos, os árbitros comprometem-se a desempenhar suas funções de acordo com o Regulamento.

6 – Salvo estipulação em contrário, o tribunal arbitral será constituído de acordo com as disposições dos artigos 12 e 13.

7 – Para auxiliar os candidatos a árbitro e os árbitros a cumprirem os seus deveres nos termos dos artigos 11(2) e 11(3), cada parte deverá notificar prontamente a Secretaria, o tribunal arbitral e as demais partes da existência e da identidade de qualquer terceiro que tenha celebrado acordo relativo ao financiamento de demandas ou defesas, nos quais essa parte tenha interesse econômico no resultado final da arbitragem.

Artigo 12º – Constituição do tribunal arbitral

Número de árbitros

1 – Os litígios serão decididos por um árbitro único ou por três árbitros.

2 – Quando as partes não concordarem quanto ao número de árbitros, a Corte nomeará um árbitro único, exceto quando considerar que o litígio justifica a nomeação de três árbitros. Nesse caso, o requerente deverá designar um árbitro no prazo de 15 dias a contar do recebimento da notificação da decisão da Corte, e o requerido deverá designar outro árbitro no prazo de 15 dias a contar do recebimento da notificação da designação feita pelo requerente. Se qualquer das partes deixar de designar um árbitro, este será nomeado pela Corte.

Árbitro único

3 – Quando as partes tiverem convencionado que o litígio deverá ser solucionado por árbitro único, estas poderão, em comum acordo, designá-lo para confirmação. Se não houver acordo para a sua designação no prazo de 30 dias contados da data de recebimento pela(s) outra(s) parte(s) do Requerimento de Arbitragem apresentado pelo requerente, ou dentro de qualquer novo prazo concedido pela Secretaria, o árbitro único será nomeado pela Corte.

Três árbitros

4 – Quando as partes tiverem convencionado que o litígio deverá ser solucionado por três árbitros, as partes designarão no Requerimento e na Resposta, respectivamente, um árbitro para confirmação. Se uma das partes deixar de designar o seu árbitro, este será nomeado pela Corte.

5 – Quando o litígio tiver de ser solucionado por três árbitros, o terceiro árbitro, que atuará na qualidade de presidente do tribunal arbitral, será nomeado pela Corte, a menos que as partes tenham decidido por outro procedimento para a sua designação, caso em que esta ficará sujeita a confirmação nos termos do artigo 13. Caso tal procedimento não resulte em designação dentro de 30 dias da confirmação ou nomeação dos co-árbitros ou dentro de qualquer outro prazo acordado pelas partes ou fixado pela Corte, o terceiro árbitro deverá ser nomeado pela Corte.

6 – Quando houver múltiplos requerentes ou múltiplos requeridos e o litígio for submetido a três árbitros, os múltiplos requerentes ou os múltiplos requeridos deverão designar conjuntamente um árbitro para confirmação nos termos do artigo 13.

7 – Quando uma parte adicional tiver sido integrada (artigo 7(1)) e o litígio for submetido a três árbitros, a parte adicional poderá, conjuntamente com o(s) requerente(s) ou com o(s) requerido(s), designar um árbitro para confirmação nos termos do artigo 13 e sem prejuízo do disposto no artigo 7(5).

8 – Na falta de designação conjunta nos termos dos artigos 12(6) e 12(7), e não havendo acordo de todas as partes a respeito do método de constituição do tribunal arbitral, a Corte poderá nomear todos os membros do tribunal arbitral, indicando um deles para atuar como presidente. Em tais casos, a Corte terá liberdade para escolher qualquer pessoa que julgue competente para atuar como árbitro, aplicando o artigo 13, quando julgar apropriado.

9 – Não obstante qualquer acordo entre as partes sobre o método de constituição do tribunal arbitral, a Corte poderá, em circunstâncias extraordinárias, nomear todos os membros do tribunal arbitral, para evitar um risco significativo de tratamento desigual e injusto que possa afetar a validade da sentença arbitral.

Artigo 13º – Nomeação e confirmação dos árbitros

1 – Na nomeação ou confirmação dos árbitros, a Corte deverá considerar a sua nacionalidade, o local da sua residência e eventuais relações com os países de nacionalidade das partes ou dos árbitros, bem como a disponibilidade e a competência do possível árbitro para conduzir a arbitragem, nos termos do Regulamento. O mesmo procedimento será aplicado quando o Secretário-Geral confirmar os árbitros segundo o artigo 13(2).

2 – O Secretário-Geral poderá confirmar, como coárbitros, árbitros únicos e presidentes de tribunais arbitrais, as pessoas designadas pelas partes, ou de acordo com procedimentos por elas convencionados, desde que a declaração apresentada não contenha nenhuma reserva relativa a imparcialidade ou independência, ou desde que a declaração de imparcialidade ou independência com reservas não tenha gerado objeções das partes. Tal confirmação deverá ser informada à Corte em uma das sessões seguintes. Se o Secretário-Geral considerar que um coárbitro, árbitro único ou presidente do tribunal arbitral não deve ser confirmado, a questão será submetida à decisão da Corte.

3 – Nos casos em que competir à Corte a nomeação do árbitro, tal nomeação deverá ser feita com base em proposta de um Comitê Nacional ou Grupo da CCI que a Corte entenda apropriado. Se a Corte não aceitar tal proposta, ou se esse Comitê Nacional ou Grupo não apresentar a proposta dentro do prazo estabelecido pela Corte, esta poderá reiterar a sua solicitação, requerer uma proposta a outro Comitê Nacional ou Grupo que ela entenda apropriado, ou nomear diretamente qualquer pessoa que entenda apropriada.

4 – A Corte também poderá nomear diretamente para atuar como árbitro qualquer pessoa que entenda apropriada quando:

a) uma ou mais partes for um Estado ou puder ser considerada como uma entidade estatal;

b) a Corte considerar apropriado nomear árbitro de país ou território onde não exista nenhum Comitê Nacional ou Grupo; ou

c) o Presidente certifique à Corte da existência de circunstâncias que, na sua opinião, tornem a nomeação direta necessária e apropriada.

5 – Em caso de nomeação de árbitro único ou presidente do tribunal arbitral pela Corte, tal árbitro único ou presidente do tribunal arbitral deverá ser de nacionalidade diferente das partes. Todavia, em circunstâncias adequadas e desde que nenhuma das partes apresente objeção dentro do prazo fixado pela Secretaria, o árbitro único ou o presidente do tribunal arbitral poderá ser de país do qual uma das partes seja nacional.

6 – Sempre que a convenção de arbitragem em que se fundamente a arbitragem tenha por fonte um tratado, e salvo acordo em contrário das partes, nenhum árbitro deverá ter a mesma nacionalidade de qualquer das partes na arbitragem.

Artigo 14º – Impugnação de árbitros

1 – A impugnação de um árbitro por alegada falta de imparcialidade ou independência ou por quaisquer outros motivos deverá ser feita por meio da apresentação de uma declaração por escrito à Secretaria, especificando os fatos e circunstâncias que lhe servem de fundamento.

2 – A impugnação deve, sob pena de rejeição, ser apresentada por uma das partes dentro do prazo de trinta dias seguintes ao recebimento, pelo impugnante, da notificação de nomeação ou confirmação do árbitro, ou dentro de trinta dias a partir da data em que o impugnante tomou conhecimento dos fatos e circunstâncias em que se fundamenta a impugnação, no caso de esta data ser subsequente ao recebimento da referida notificação.

3 – Compete à Corte pronunciar-se sobre a admissibilidade e, se necessário, sobre os fundamentos da impugnação, após a Secretaria ter dado a oportunidade, ao árbitro impugnado, à outra ou às outras partes e a quaisquer outros membros do tribunal arbitral de se manifestarem, por escrito, em prazo adequado. Estas manifestações devem ser comunicadas às partes e aos árbitros.

Artigo 15º – Substituição de árbitros

1 – Um árbitro será substituído se vier a falecer, se a Corte aceitar a sua renúncia ou impugnação, ou se a Corte aceitar um pedido de todas as partes.

2 – Um árbitro também poderá ser substituído por iniciativa da Corte, se esta constatar que o árbitro se encontra impedido de jure ou de facto de cumprir as suas atribuições como árbitro, ou quando não desempenhar as suas funções de acordo com o Regulamento, ou dentro dos prazos prescritos.

3 – Quando, baseada em informações levadas ao seu conhecimento, a Corte pretender aplicar o disposto no artigo 15(2), pronunciar-se-á após o árbitro envolvido, as partes e quaisquer outros membros do tribunal arbitral terem tido a oportunidade de apresentar as suas observações por escrito e dentro de um prazo adequado. Essas observações deverão ser comunicadas às partes e aos árbitros.

4 – No caso de substituição de um árbitro, a Corte decidirá, discricionariamente, se deve ou não seguir o processo inicial de nomeação. Uma vez reconstituído, e após ter ouvido as partes, o tribunal arbitral deverá determinar se e em que medida o procedimento anterior será mantido.

5 – Após o encerramento da instrução, em vez de substituir um árbitro que tenha falecido ou que tenha sido destituído pela Corte, nos termos dos artigos 15(1) ou 15(2), esta poderá decidir, quando considerar apropriado, que os árbitros restantes prossigam com a arbitragem. Ao tomar tal decisão, a Corte deverá levar em conta as observações dos árbitros remanescentes e das partes, bem como qualquer outro elemento que considerar pertinente nas circunstâncias.

Artigo 16º – Transmissão dos autos ao tribunal arbitral

A Secretaria transmitirá os autos ao tribunal arbitral tão logo este tenha sido constituído, e desde que o pagamento da provisão para os custos da arbitragem exigido pela Secretaria nesta fase do processo tenha sido efetuado.

Artigo 17º – Representação das partes

1 – Cada parte deverá informar prontamente a Secretaria, o tribunal arbitral e as outras partes de quaisquer mudanças quanto à sua representação.

2 – Ao ser constituído, e após ter concedido às partes prazo razoável para a apresentação de observações por escrito, o tribunal arbitral poderá tomar todas as medidas necessárias para evitar um conflito de interesses de um árbitro decorrente da mudança na representação das partes, inclusive

com exclusão dos novos representantes das partes em parte ou na totalidade do procedimento arbitral.

3 – Em qualquer momento após o início da arbitragem, o tribunal arbitral ou a Secretaria poderão requerer comprovação dos poderes de representação de qualquer representante das partes.

Artigo 18º – Sede da arbitragem

1 – A sede da arbitragem será fixada pela Corte, salvo se já convencionada entre as partes.

2 – A menos que haja acordo das partes em contrário, o tribunal arbitral poderá, após tê-las consultado, realizar audiências e reuniões em qualquer outro local que considerar apropriado.

3 – O tribunal arbitral poderá deliberar em qualquer local que julgue apropriado.

Artigo 19º – Regras aplicáveis ao procedimento

O procedimento perante o tribunal arbitral será regido pelo Regulamento, e, no que for omisso, pelas regras que as partes – ou, na falta destas, o tribunal arbitral – determinarem, referindo-se ou não a uma lei nacional processual aplicável à arbitragem.

Artigo 20º – Idioma da arbitragem

Inexistindo acordo entre as partes, o tribunal arbitral determinará o idioma ou os idiomas do procedimento arbitral, levando em consideração todas as circunstâncias relevantes, inclusive o idioma do contrato.

Artigo 21º – Regras de direito aplicáveis ao mérito

1 – As partes terão liberdade para escolher as regras de direito a serem aplicadas pelo tribunal arbitral ao mérito da causa. Na ausência de acordo entre as partes, o tribunal arbitral aplicará as regras que julgar apropriadas.

2 – O tribunal arbitral deverá levar em consideração os termos do contrato entre as partes, se houver, e quaisquer usos e costumes comerciais pertinentes.

3 – O tribunal arbitral assumirá os poderes de *amiable compositeur* ou decidirá *ex aequo et bono* somente se as partes tiverem acordado em conferir-lhe tais poderes.

Artigo 22º – Condução da arbitragem

1 – O tribunal arbitral e as partes deverão envidar todos os esforços para conduzir a arbitragem de forma expedita e eficiente quanto aos custos, levando em consideração a complexidade do caso e o valor da disputa.

2 – A fim de assegurar a condução eficiente do procedimento, o tribunal arbitral poderá, após consultar as partes, adotar as medidas procedimentais que considerar apropriadas, desde que não sejam contrárias a qualquer acordo das partes. Tais medidas poderão incluir uma ou mais das técnicas para a condução do procedimento descritas no Apêndice IV.

3 – Mediante requerimento de qualquer parte, o tribunal arbitral poderá proferir ordens relativas à confidencialidade do procedimento arbitral ou de qualquer outro assunto relacionado à arbitragem e poderá adotar quaisquer medidas com a finalidade de proteger segredos comerciais e informações confidenciais.

4 – Em todos os casos, o tribunal arbitral deverá atuar de forma equânime e imparcial, devendo sempre assegurar que cada parte tenha tido a oportunidade de apresentar as suas razões.

5 – As partes se comprometem a cumprir qualquer ordem proferida pelo tribunal arbitral.

Artigo 23º – Ata de Missão

1 – Tão logo receba os autos da Secretaria, o tribunal arbitral elaborará, fundamentado em documentos ou na presença das partes e à luz das suas mais recentes alegações, documento que defina a sua missão. Esse documento deverá conter os seguintes elementos:

a) nome ou denominação completo, qualificação, endereço e qualquer outro dado para contato de cada parte e de cada pessoa que esteja representando uma parte na arbitragem;

b) os endereços para os quais poderão ser enviadas as notificações e comunicações necessárias no curso da arbitragem;

c) resumo das demandas das partes e dos seus pedidos, incluídos os valores de qualquer demanda que esteja quantificada e, se possível, uma estimativa do valor monetário das demais demandas ;

d) a menos que o tribunal arbitral considere inadequado, uma relação dos pontos controvertidos a serem resolvidos;

e) os nomes completos, os endereços e qualquer outro dado para contato de cada árbitro;

f) a sede da arbitragem; e

g) as regras processuais aplicáveis e, se for o caso, a referência aos poderes conferidos ao tribunal arbitral para atuar como *amiable compositeur* ou para decidir *ex aequo et bono.*

2 – A Ata de Missão deverá ser assinada pelas partes e pelo tribunal arbitral. No prazo de 30 dias após os autos lhe terem sido transmitidos, o tribunal arbitral deverá transmitir à Corte a Ata de Missão assinada pelo tribunal arbitral e pelas partes. A Corte poderá prorrogar esse prazo, atendendo a pedido fundamentado do tribunal arbitral, ou por sua própria iniciativa, se julgar necessário fazê-lo

3 – Se uma das partes se recusar a participar na elaboração da Ata de Missão ou a assiná-la, o documento deverá ser submetido à Corte para aprovação. Uma vez que a Ata de Missão tenha sido assinada, nos termos do artigo 23(2), ou aprovada pela Corte, a arbitragem prosseguirá.

4 – Após a assinatura da Ata de Missão ou a sua aprovação pela Corte, nenhuma das partes poderá formular novas demandas fora dos limites da Ata de Missão, a não ser que seja autorizada a fazê-lo pelo tribunal arbitral, o qual deverá considerar a natureza de tais novas demandas, o estado atual da arbitragem e quaisquer outras circunstâncias relevantes.

Artigo 24º – Conferência sobre a condução do procedimento e cronograma do procedimento

1 – Durante ou logo após a elaboração da Ata de Missão, o tribunal arbitral deverá convocar uma conferência sobre a condução do procedimento para consultar as partes sobre medidas procedimentais que poderão ser adotadas nos termos do artigo 22(2).

2 – Durante essa conferência, ou logo que possível após a sua realização o tribunal arbitral deverá fixar o cronograma do procedimento que pretenda seguir para a condução eficaz da arbitragem. O cronograma do procedimento e qualquer modificação feita posteriormente deverão ser comunicados à Corte e às partes.

3 – A fim de assegurar a condução eficaz do procedimento de forma contínua, o tribunal arbitral, após consultar as partes, por meio de uma nova conferência sobre a condução do procedimento, ou outro meio, poderá adotar outras medidas procedimentais ou modificar o cronograma.

4 – Conferências sobre a condução do procedimento poderão ser realizadas pessoalmente, por videoconferência, telefone, ou meios similares

de comunicação. Na falta de acordo das partes, o tribunal arbitral deverá determinar de que forma a conferência será realizada. O tribunal arbitral poderá solicitar às partes que apresentem propostas sobre a condução do procedimento antes da realização da conferência, e poderá solicitar, em qualquer delas, a presença das partes, pessoalmente, ou por meio de um representante interno.

Artigo 25º – Instrução da causa

1 – O tribunal arbitral deverá proceder à instrução da causa com a maior brevidade possível, recorrendo a todos os meios apropriados.

2 – O tribunal arbitral poderá ouvir testemunhas, peritos nomeados pelas partes ou qualquer outra pessoa, na presença das partes, ou na sua ausência, desde que tenham sido devidamente convocadas.

3 – Após consultar as partes, o tribunal arbitral poderá nomear um ou mais peritos, definir o escopo de sua atuação e receber os respectivos laudos periciais. A requerimento de qualquer das partes, poderão estas interrogar em audiência qualquer.

4 – A qualquer momento no decorrer do procedimento, o tribunal arbitral poderá determinar a qualquer das partes que forneça provas adicionais.

5 – O tribunal arbitral poderá decidir o litígio apenas com base nos documentos fornecidos pelas partes, salvo quando uma delas solicitar a realização de audiência.

Artigo 26º – Audiências

1 – Uma audiência será realizada sempre que qualquer das partes a solicite ou, mesmo sem tal solicitação, caso o tribunal arbitral decida ouvir as partes, por iniciativa própria. Quando uma audiência tiver de ser realizada, o tribunal arbitral deverá, com razoável antecedência, notificar as partes para comparecerem na data e no local determinado. O tribunal arbitral poderá decidir, após consultar as partes e com base em fatos e circunstâncias pertinentes, que qualquer audiência seja realizada presencialmente ou por via remota, por videoconferência, telefone ou outro meio adequado de comunicação.

2 – Caso uma das partes, embora devidamente notificada, deixe de comparecer sem justificação válida, o tribunal arbitral poderá realizar a audiência.

3 – O tribunal arbitral regulará a forma em que se desenvolverão as audiências, às quais todas as partes terão o direito de estar presentes. Salvo

autorização do tribunal arbitral e das partes, não será permitida nas audiências a presença de pessoas estranhas ao procedimento.

4 – As partes poderão comparecer pessoalmente ou por meio de representantes devidamente autorizados. Além disso, poderão ser assistidas por assessores.

Artigo 27º – Encerramento da instrução e data para transmissão da minuta de sentença arbitral

1 – Logo que possível após a última audiência relativa a questões a serem decididas por meio de sentença arbitral, ou após a apresentação da última manifestação relativa a tais questões, autorizada pelo tribunal arbitral, o que ocorrer por último, o tribunal arbitral deverá:

a) declarar encerrada a instrução no que tange às questões a serem decididas na sentença arbitral; e

a) informar a Secretaria e as partes da data na qual pretende apresentar a minuta de sentença arbitral à Corte para aprovação nos termos do artigo 34.

Uma vez encerrada a instrução, nenhuma outra manifestação ou alegação será admitida, nem prova será produzida, com relação às questões a serem decididas na sentença arbitral, salvo quando solicitadas ou autorizadas pelo tribunal arbitral.

Artigo 28º – Medidas cautelares e provisórias

1 – A menos que as partes tenham convencionado diferentemente, o tribunal arbitral poderá, tão logo esteja na posse dos autos, e a pedido de uma das partes, determinar a adoção de qualquer medida cautelar ou provisória que julgar apropriada. O tribunal arbitral poderá subordinar tal medida à apresentação de garantias pela parte solicitante. A medida que for adotada tomará a forma de ordem procedimental devidamente fundamentada, ou a forma de uma sentença arbitral, conforme o tribunal arbitral considerar adequado.

2 – As partes poderão, antes da remessa dos autos ao tribunal arbitral e posteriormente, em circunstâncias apropriadas, requerer a qualquer autoridade judicial competente que ordene as medidas cautelares ou provisórias pertinentes. O requerimento feito por uma das partes a uma autoridade judicial para obter tais medidas, ou a execução de medidas similares ordenadas por um tribunal arbitral, não será considerado como infração ou renúncia à convenção de arbitragem e não comprometerá a competência

do tribunal arbitral a esse título. Quaisquer pedidos ou medidas adotadas pela autoridade judicial deverão ser notificados sem demora à Secretaria, devendo esta informar o tribunal arbitral.

Artigo 29º – Árbitro de emergência

1 – A parte que necessitar de uma medida urgente cautelar ou provisória que não possa aguardar a constituição de um tribunal arbitral ("Medidas Urgentes") poderá requerer tais medidas nos termos das Regras sobre o Árbitro de Emergência dispostas no Apêndice V. Tal solicitação só será aceita se recebida pela Secretaria antes da transmissão dos autos ao tribunal arbitral nos termos do artigo 16 e independentemente do fato de a parte que requerer a medida já ter apresentado seu Requerimento de Arbitragem.

2 – A decisão do árbitro de emergência se revestirá da forma de ordem. As partes comprometem-se a cumprir qualquer ordem proferida pelo árbitro de emergência.

3 – A ordem do árbitro de emergência não vinculará o tribunal arbitral no que tange a qualquer questão, tema ou controvérsia determinada em tal ordem. O tribunal arbitral poderá alterar, revogar ou anular uma ordem ou qualquer modificação a uma ordem proferida pelo árbitro de emergência.

4 – O tribunal arbitral decidirá qualquer pedido ou demanda das partes relativo ao procedimento do árbitro de emergência, inclusive a realocação dos custos de tal procedimento, e qualquer demanda relativa a, ou relacionada com, o cumprimento ou não cumprimento da ordem.

5 – Os artigos 29(1)-29(4) e as Regras sobre o Árbitro de Emergência previstas no Apêndice V (coletivamente as "Disposições sobre o Árbitro de Emergência") serão aplicáveis apenas às partes signatárias, ou seus sucessores, da convenção de arbitragem, que preveja a aplicação do Regulamento e invocada para o requerimento da medida.

6 – As Disposições sobre o Árbitro de Emergência não são aplicáveis quando:

a) a convenção de arbitragem que preveja a aplicação do Regulamento foi concluída antes de 1º de janeiro de 2012;

b) as partes tiverem convencionado excluir a aplicação das Disposições sobre o Árbitro de Emergência; ou

c) a convenção de arbitragem em que se baseie o requerimento tiver por fonte um tratado.

7 – As Disposições sobre o Árbitro de Emergência não têm a finalidade de impedir que qualquer parte requeira medidas cautelares ou provisórias urgentes a qualquer autoridade judicial competente a qualquer momento antes de solicitar tais medidas e, em circunstâncias apropriadas, até mesmo depois de tal solicitação, nos termos do Regulamento. Qualquer requerimento de tais medidas a uma autoridade judicial competente não será considerado como infração ou renúncia à convenção de arbitragem. Quaisquer pedidos e medidas adotadas pela autoridade judicial deverão ser notificados sem demora à Secretaria.

Artigo 30º – Arbitragem expedita

1 – Ao convencionarem uma arbitragem de acordo com o Regulamento, as partes acordam que o presente artigo 30 e as Regras da Arbitragem Expedita previstas no Apêndice VI (conjuntamente, as "Disposições sobre a Arbitragem Expedita") prevalecerão sobre qualquer estipulação em contrário na convenção de arbitragem.

2 – As Regras da Arbitragem Expedita estabelecidas no Apêndice VI serão aplicável caso:

a) o valor em disputa não exceda o limite estabelecido no artigo 1(2) do Apêndice VI no momento da comunicação referida no artigo 1(3) desse Apêndice; ou

b) as partes assim o acordem.

3 – As Disposições sobre a Arbitragem Expedita não serão aplicáveis caso:

a) a convenção de arbitragem que preveja a aplicação do Regulamento foi concluida antes da data de entrada em vigor das Disposições sobre a Arbitragem Expedita;

b) as partes tiverem convencionado excluir a aplicação das Disposições sobre a Arbitragem Expedita; ou

c) a Corte, mediante pedido de uma parte antes da constituição do tribunal arbitral ou por sua própria iniciativa, determine que é inadequado nas circunstâncias aplicar as Disposições sobre a Arbitragem Expedita.

Artigo 31º – Prazo para a prolação da sentença arbitral final

1 – O prazo para o tribunal arbitral proferir a sentença arbitral final é de seis meses. Esse prazo começará a contar a partir da data da última assinatura aposta pelo tribunal arbitral ou pelas partes na Ata de Missão ou, no

caso previsto no artigo 23(3), a partir da data da notificação pela Secretaria ao tribunal arbitral da aprovação da Ata de Missão pela Corte. A Corte poderá fixar um prazo diferente de acordo com o cronograma de procedimento estabelecido nos termos do artigo 24(2).

2 – A Corte poderá prorrogar esse prazo, atendendo a um pedido fundamentado do tribunal arbitral ou por sua própria iniciativa, se julgar necessário fazê-lo.

Artigo 32º – Prolação da sentença arbitral

1 – Quando o tribunal arbitral for composto por mais de um árbitro, a sentença arbitral será proferida por decisão da maioria. Se não houver maioria, a sentença arbitral será proferida pelo presidente do tribunal arbitral sozinho.

2 – A sentença arbitral deverá ser fundamentada.

3 – A sentença arbitral será considerada como proferida na sede da arbitragem e na data nela referida.

Artigo 33º – Sentença arbitral por acordo das partes

Se as partes chegarem a um acordo após o envio dos autos ao tribunal arbitral, nos termos do artigo 16 do presente Regulamento, esse acordo deverá ser homologado na forma de uma sentença arbitral por acordo das partes, se assim a solicitarem as partes e com a concordância do tribunal arbitral.

Artigo 34º – Exame prévio da sentença arbitral pela Corte

Antes de assinar qualquer sentença arbitral, o tribunal arbitral deverá apresentá-la sob a forma de minuta à Corte. A Corte poderá prescrever modificações quanto aos aspectos formais da sentença e, sem afetar a liberdade de decisão do tribunal arbitral, também poderá chamar a atenção para pontos relacionados com o mérito do litígio. Nenhuma sentença arbitral poderá ser proferida pelo tribunal arbitral antes de ter sido aprovada quanto à sua forma pela Corte.

Artigo 35º – Notificação, depósito e caráter executório da sentença arbitral

1 – Após ter sido proferida uma sentença arbitral, a Secretaria notificará as partes do texto assinado pelo tribunal arbitral, desde que os custos

da arbitragem tenham sido integralmente pagos à CCI pelas partes ou por uma delas.

2 – Cópias adicionais autenticadas pelo Secretário-Geral serão entregues exclusivamente às partes sempre que assim o solicitarem.

3 – Por força da notificação feita em conformidade com o artigo 35(1), as partes renunciam a qualquer outra forma de notificação ou depósito por parte do tribunal arbitral.

4 – Uma via original de cada sentença arbitral proferida nos termos do Regulamento deverá ser depositada na Secretaria da Corte.

5 – O tribunal arbitral e a Secretaria deverão auxiliar as partes no cumprimento de quaisquer formalidades adicionais consideradas necessárias.

6 – Toda sentença arbitral obriga as partes. Ao submeter o litígio à arbitragem segundo o Regulamento, as partes comprometem-se a cumprir a sentença arbitral sem demora e renunciam a todos os recursos a que podem validamente renunciar.

Artigo 36º – Correção e interpretação da sentença arbitral; sentença arbitral adicional; devolução de sentenças arbitrais

1 – Por iniciativa própria, o tribunal arbitral poderá corrigir qualquer erro material, de cálculo ou tipográfico, ou quaisquer erros similares encontrados na sentença arbitral, desde que tal correção seja submetida à aprovação da Corte no prazo de 30 dias a contar da data de notificação da sentença arbitral pela Secretaria, nos termos do artigo 35(1).

2 – Qualquer pedido de correção de erro do tipo referido no artigo 36(1), ou de interpretação de uma sentença arbitral, deverá ser apresentado à Secretaria no prazo de 30 dias contados do recebimento da sentença arbitral pela parte que submeter o pedido.

3 – Qualquer pedido de sentença arbitral adicional de uma parte sobre demandas que tenham sido formuladas no procedimento arbitral e sobre as quais tenha havido omissão de decisão, deverá ser apresentado à Secretaria no prazo de 30 dias a contar do recebimento da sentença arbitral, pela parte que submeter o pedido.

4 – Após a transmissão ao tribunal arbitral de pedido formulado nos termos dos artigos 36(2) ou 36(3), este concederá à(s) outra(s) partes(s) um prazo breve, normalmente não superior a 30 dias, a contar do recebimento do pedido pela(s) parte(s), para que apresente(m) eventuais observações. O tribunal arbitral deverá apresentar à Corte a sua decisão sob a forma de

minuta em no máximo 30 dias após o término do prazo para o recebimento das observações da(s) outra(s) parte(s) ou dentro de qualquer outro prazo fixado pela Corte. A decisão de corrigir ou de interpretar a sentença arbitral deverá ser proferida sob a forma de *addendum*, que constituirá parte integrante da sentença arbitral. A decisão que deferir o pedido nos termos do parágrafo 3 deverá ser proferida sob a forma de sentença arbitral adicional. As disposições dos artigos 32, 34 e 35 serão aplicadas *mutatis mutandis*.

5 – Quando um órgão judicial devolver uma sentença arbitral ao tribunal arbitral, as disposições dos artigos 32, 34 e 35 e o presente artigo 36 serão aplicadas *mutatis mutandis* a qualquer *addendum* ou sentença arbitral proferida de acordo com os termos determinados pelo poder judiciário. A Corte poderá adotar qualquer medida que entenda necessária para permitir que o tribunal arbitral cumpra os termos da decisão judicial e poderá fixar uma provisão para cobrir eventuais despesas e honorários adicionais do tribunal arbitral e despesas administrativas adicionais da CCI.

Artigo 37º – Provisão para cobrir os custos da arbitragem

1 – Após o recebimento do Requerimento, o Secretário-Geral poderá solicitar ao requerente que faça um adiantamento da provisão para os custos da arbitragem em valor suficiente para cobri-los

a) até o estabelecimento da Ata de Missão; ou

b) quando as Disposições sobre a Arbitragem Expedita forem aplicáveis, até à conferência sobre a condução do procedimento.

Qualquer adiantamento pago será considerado um pagamento parcial, pelo requerente, da provisão para os custos da arbitragem fixada pela Corte nos termos do artigo 37.

2 – Logo que possível, a Corte estabelecerá o valor da provisão que seja suficiente para cobrir os honorários e despesas dos árbitros, as despesas administrativas da CCI e quaisquer outras despesas incorridas pela CCI com a arbitragem relativa às demandas que lhe tenham sido submetidas pelas partes, salvo demandas submetidas nos termos do artigo 7º ou 8º, caso em que será aplicado o artigo 37(4). A provisão para os custos de arbitragem fixada pela Corte nos termos do artigo 37(2) deverá ser paga pelo requerente e pelo requerido em partes iguais.

3 – Quando uma reconvenção for apresentada pelo requerido nos termos do artigo 5º ou de alguma outra forma, a Corte poderá fixar provisões separadas para a demanda principal e a reconvenção. Quando a Corte tiver

fixado provisões separadas, cada parte deverá pagar a provisão correspondente às suas demandas.

4 – Quando demandas forem apresentadas nos termos do artigo 7º ou 8º, a Corte poderá fixar uma ou mais provisões para os custos da arbitragem, as quais deverão ser pagas pelas partes na forma decidida pela Corte. Caso a Corte já tenha fixado qualquer provisão para os custos da arbitragem nos termos deste artigo 37, tal provisão será substituída pela(s) provisão(ões) fixadas segundo este artigo 37(4) e os valores já pagos por qualquer parte serão considerados pagamentos parciais da parcela da provisão devida por tal parte, nos termos fixados pela Corte segundo o artigo 37(4).

5 – O montante de qualquer provisão para os custos da arbitragem fixada pela Corte nos termos do presente artigo 37 poderá ser reajustado a qualquer momento durante a arbitragem. Em todo caso, qualquer parte terá a faculdade de pagar a parcela da provisão correspondente àquela da outra parte, caso essa outra parte deixe de pagá-la.

6 – Quando um pedido de pagamento de uma provisão não for cumprido, o Secretário-Geral poderá, após consultar o tribunal arbitral, convidá-lo a suspender os seus trabalhos e fixar um prazo não inferior a 15 dias, após o qual se considerarão retiradas as demandas correspondentes à provisão em falta. Caso a parte em questão deseje contestar tal medida, deverá solicitar, no prazo mencionado anteriormente, que a questão seja decidida pela Corte. Essa retirada não prejudicará o direito da parte de reapresentar posteriormente as mesmas demandas em outros procedimentos.

7 – Caso uma das partes solicite o direito à compensação de qualquer pedido, tal compensação deverá ser levada em consideração no cálculo da provisão para os custos da arbitragem da mesma forma que uma demanda distinta, quando possa acarretar o exame, pelo tribunal arbitral, de questões adicionais.

Artigo 38º – Decisão quanto aos custos da arbitragem

1 – Os custos da arbitragem incluem os honorários e despesas dos árbitros e as despesas administrativas da CCI fixados pela Corte em conformidade com a tabela em vigor na data da instauração da arbitragem, bem como os honorários e despesas de quaisquer peritos nomeados pelo tribunal arbitral, e as despesas razoáveis incorridas pelas partes para a sua representação na arbitragem.

2 – A Corte poderá determinar os honorários do árbitro ou dos árbitros em valores superiores ou inferiores aos que poderiam resultar da aplicação da tabela em vigor, se assim entender necessário, em virtude das circunstâncias excepcionais do caso.

3 – A qualquer momento no curso do procedimento, poderá o tribunal arbitral tomar decisões relativas aos custos, além daqueles fixados pela Corte, e ordenar seu pagamento.

4 – A sentença arbitral final fixará os custos da arbitragem e decidirá qual das partes arcará com o seu pagamento, ou em que proporção serão repartidos entre as partes.

5 – Ao tomar decisões relativas a custos, o tribunal arbitral deverá considerar quaisquer circunstâncias que entenda relevantes, inclusive em que medida cada parte conduziu a arbitragem de uma forma expedita e eficiente quanto aos custos.

6 – Caso todas as demandas sejam retiradas ou a arbitragem seja extinta antes da prolação de uma sentença arbitral final, a Corte deverá fixar os honorários e despesas dos árbitros e os custos administrativos da CCI. Se as partes não chegarem a um acordo sobre a alocação dos custos da arbitragem ou qualquer outro aspecto relevante sobre tais custos, caberá ao tribunal arbitral decidir sobre tais questões. Se o tribunal arbitral ainda não tiver sido constituído no momento da retirada das demandas ou da extinção do procedimento, qualquer parte poderá solicitar à Corte que proceda à constituição do tribunal arbitral nos termos deste Regulamento para que o tribunal arbitral possa tomar quaisquer decisões relativas aos custos.

Artigo 39º – Modificação dos prazos

1 – As partes poderão concordar em reduzir os diversos prazos estipulados no Regulamento. Qualquer acordo nesse sentido celebrado após a constituição do tribunal arbitral somente entrará em vigor com a sua concordância.

2 – A Corte poderá, por iniciativa própria, prorrogar qualquer prazo que tenha sido modificado em conformidade com o artigo 39(1), se entender que tal medida é necessária para que o tribunal arbitral ou a Corte possam cumprir as suas funções, nos termos do Regulamento.

Artigo 40º – Renúncia ao direito de fazer objeção

A parte que prosseguir com a arbitragem sem fazer objeção ao não cumprimento das disposições contidas no Regulamento, de quaisquer outras regras aplicáveis ao procedimento, das determinações do tribunal arbitral, ou de qualquer outra estipulação contida na convenção de arbitragem quanto à constituição do tribunal arbitral ou à condução do procedimento, será considerada como tendo renunciado a essas objeções.

Artigo 41º – Limitação de responsabilidade

Os árbitros, qualquer pessoa nomeada pelo tribunal arbitral, o árbitro de emergência, a Corte e os seus membros, a CCI e seus funcionários e os Comitês Nacionais e Grupos da CCI e seus funcionários e representantes, não serão responsáveis perante qualquer pessoa por atos ou omissões relacionados com uma arbitragem, salvo na medida em que tal limitação de responsabilidade seja proibida pela lei aplicável.

Artigo 42º – Regra geral

Em todos os casos não expressamente previstos no Regulamento, a Corte e o tribunal arbitral deverão proceder em conformidade com o espírito do Regulamento, fazendo o possível para assegurar que a sentença arbitral seja executável perante a lei.

Artigo 43º – Direito aplicável e solução de controvérsias

Todas as demandas oriundas ou relacionadas com a administração de procedimentos arbitrais pela Corte nos termos do Regulamento serão regidas pelo direito francês, e o Tribunal Judiciaire de Paris, na França, será o foro com competência exclusiva para tais demandas.

APÊNDICE I – Estatutos da Corte Internacional de Arbitragem

Artigo 1º – Objetivo

1 – Compete à Corte Internacional de Arbitragem da Câmara de Comércio Internacional (a "Corte") garantir a aplicação do Regulamento de Arbitragem da CCI, para o que goza de todos os poderes necessários.

2 – Como instituição autônoma, a Corte desempenha essas funções de forma totalmente independente da CCI e dos seus órgãos.

3 – Os membros da Corte são independentes dos Comitês Nacionais e Grupos da CCI.

Artigo 2º – Composição da Corte

A Corte compõe-se de um Presidente, Vice-Presidentes, membros e membros suplentes (conjuntamente denominados os "membros"). Nos seus trabalhos, a Corte é assistida pela sua Secretaria (a "Secretaria da Corte").

Artigo 3º – Nomeação

1 – O Presidente é eleito pelo Conselho Mundial da CCI, por recomendação do Comitê Executivo da CCI mediante proposta de um comitê de seleção independente, que inclui profissionais altamente qualificados na área da arbitragem.

2 – Mediante proposta do Presidente, o Conselho Mundial da CCI nomeia os Vice-Presidentes da Corte, dentre os membros da própria Corte ou de outra forma. O Presidente e os Vice-Presidentes da Corte compõem o *Bureau* da Corte.

3 – Os membros da Corte são nomeados pelo Conselho Mundial da CCI, mediante proposta dos Grupos ou Comitês Nacionais da CCI, sendo um membro por Grupo ou Comitê Nacional. Mediante proposta do Presidente, o Conselho Mundial poderá nomear membros suplentes.

4 – Mediante proposta do Presidente, o Conselho Mundial da CCI poderá nomear membros efetivos e suplentes em países e territórios:

a) onde não exista Grupo ou Comitê Nacional; ou

b) onde o Grupo ou Comitê Nacional tenha sido suspenso.

5 – O prazo de mandato de todos os membros, inclusive, para os efeitos deste parágrafo, o do Presidente e dos Vice-Presidentes, será de três anos, com possibilidade de prorrogação uma única vez. Se um membro não puder mais exercer as suas funções, será nomeado pelo Conselho Mundial um sucessor para o restante do mandato.

6 – Nenhum membro da Corte deverá atuar por mais do que dois mandatos integrais consecutivos, salvo decisão em contrário do Conselho Mundial, mediante recomendação do Comitê Executivo, após proposta do Presidente, especialmente quando um membro da Corte for proposto para eleição como Vice-Presidente.

Artigo 4º – Comitês restritos

1 – Com exceção do disposto nos artigos 5(1), 6 e 7 deste Apêndice, a Corte conduz os seus trabalhos em Comitês restritos de três membros.

2 – Os membros dos Comitês restritos incluem um presidente e dois outros membros.

Artigo 5º – Comitês Especiais

1 – A Corte poderá conduzir os seus trabalhos em Comitês Especiais:

a) para decidir questões previstas nos artigos 14 e 15(2) do Regulamento;

b) para proceder ao exame prévio de minutas de sentenças arbitrais quando existirem votos divergentes;

c) para proceder ao exame prévio de minutas de sentenças arbitrais quando uma ou mais partes seja(m) um Estado ou possa(m) ser considerada(s) como ente público;

d) para decidir questões transferidas a um Comitê Especial por um Comitê restrito que não tenha tomado uma decisão ou que tenha considerado preferível abster-se, após fazer eventuais sugestões consideradas apropriadas; ou

e) mediante solicitação do Presidente.

2 – Os membros dos Comitês Especiais incluem um presidente e no mínimo seis outros membros.

Artigo 6º – Comitês de membro único

A Corte poderá fazer o exame prévio de minutas de sentenças arbitrais nos termos das Disposições sobre Arbitragem Expedita com Comitês de membro único.

Artigo 7º – Sessão plenária da Corte

1 – A Corte reúne-se em sessão plenária durante a sua sessão anual de trabalho ou sempre que assim convocada pelo Presidente.

2 – A sessão plenária da Corte poderá tomar qualquer decisão nos termos dos artigos 4(1), 5(1) e 6 deste Apêndice.

3 – Os membros da sessão plenária incluem o Presidente, os Vice-Presidentes e todos os membros da Corte que tenham aceitado comparecer e estejam presentes.

Artigo 8º – Confidencialidade

Os trabalhos da Corte têm caráter confidencial, que deve ser respeitado por todas as pessoas que deles participem, a qualquer título. A Corte definirá as condições sob as quais pessoas não autorizadas poderão participar de suas reuniões e ter acesso aos documentos relacionados aos trabalhos da Corte e de sua Secretaria.

Artigo 9º – Modificação do Regulamento de Arbitragem

Qualquer proposta da Corte no sentido de modificar o Regulamento deverá ser apresentada à Comissão de Arbitragem e ADR antes de ser submetida à aprovação do Comitê Executivo da CCI. A Corte poderá, no entanto, propor alterações ou complementações ao artigo 3º do Regulamento ou a quaisquer outras disposições relacionadas do Regulamento, com o fim de refletir evoluções em matéria de tecnologia da informação, sem que seja necessário submetê-las à Comissão de Arbitragem e ADR.

Artigo 10º

As decisões da Corte serão consideradas tomadas em Paris, França.

Apêndice II – Regulamento Interno da Corte Internacional de Arbitragem

Artigo 1º – Caráter confidencial dos trabalhos da Corte Internacional de Arbitragem

1 – Para os efeitos deste Apêndice, membros da Corte incluem o Presidente e os Vice-Presidentes da Corte.

2 – As sessões da Corte são abertas apenas aos seus membros e à Secretaria.

3 – Contudo, em circunstâncias excepcionais, o Presidente da Corte poderá convidar outras pessoas para assistir às suas sessões. Tais pessoas terão de respeitar a natureza confidencial dos trabalhos da Corte.

4 – Os documentos apresentados à Corte, ou elaborados por ela ou pela Secretaria no âmbito dos procedimentos da Corte, serão comunicados exclusivamente aos membros da Corte, à Secretaria e àquelas pessoas autorizadas pelo Presidente para comparecer às sessões da Corte.

5 – O Presidente ou o Secretário-Geral da Corte poderá autorizar pesquisadores que realizem trabalhos de natureza acadêmica a tomar conhecimento de sentenças arbitrais e outros documentos de interesse geral, exceto memoriais, notas, declarações e documentos entregues pelas partes no âmbito do processo de arbitragem.

6 – Tal autorização não será concedida sem que o beneficiário se obrigue a respeitar o caráter confidencial dos documentos postos à sua disposição e a abster-se de fazer qualquer publicação baseada em qualquer informação neles contida sem antes submeter o texto à aprovação do Secretário Geral da Corte.

7 – Em cada arbitragem submetida ao Regulamento, a Secretaria conservará nos arquivos da Corte todas as sentenças arbitrais, a Ata de Missão, as decisões da Corte e as cópias das correspondências relevantes preparadas pela Secretaria.

8 – Todos os documentos, notificações ou correspondências apresentados pelas partes ou árbitros poderão ser destruídos, exceto se uma parte ou um árbitro solicitar, por escrito, a devolução de tais documentos, notificações ou correspondências dentro de um prazo estabelecido pela Secretaria. Todas as custas e despesas relativas à devolução desses documentos correrão por conta da parte ou do árbitro que os tiver requerido.

Artigo 2º – Participação dos membros da Corte Internacional de Arbitragem em arbitragens CCI

1 – O Presidente e os membros da Secretaria da Corte não poderão atuar como árbitros ou como representantes das partes em casos submetidos a arbitragens CCI.

2 – A Corte não poderá nomear diretamente Vice-Presidentes ou membros da Corte como árbitros. Contudo, eles poderão ser indicados para tais funções por uma ou mais partes, ou em virtude de qualquer outro procedimento ajustado entre as partes, sujeito a confirmação.

3 – Quando o Presidente, um Vice-Presidente ou um membro da Corte ou da Secretaria estiver de qualquer forma envolvido em arbitragens pendentes perante a Corte, deverá informar o Secretário-Geral da Corte logo que tiver conhecimento deste fato.

4 – A pessoa que se encontrar nas condições referidas no parágrafo acima deverá ausentar-se da sessão da Corte cada vez que o assunto for discutido e não deverá participar de discussões ou decisões da Corte relativas a tal assunto.

5 – Essa pessoa não receberá qualquer documento relevante ou informação relativos ao procedimento arbitral em questão.

Artigo 3º – Relações entre os membros da Corte e os Comitês Nacionais e Grupos da CCI

1 – Por força da sua posição, os membros da Corte são independentes dos Comitês Nacionais e Grupos da CCI que propuseram a sua nomeação pelo Conselho Mundial da CCI.

2 – Além disso, os membros da Corte deverão considerar confidencial, relativamente a esses Comitês Nacionais ou Grupos, qualquer informação

relativa a determinados litígios dos quais tenham tomado conhecimento na condição de membros da Corte, exceto quando lhes seja solicitada pelo Presidente da Corte, por um Vice-Presidente da Corte autorizado pelo Presidente da Corte, ou pelo Secretário-Geral da Corte a comunicação de qualquer informação específica ao seu Comitê Nacional ou Grupo.

Artigo 4º – Constituição, quórum e aprovação de decisões

1 – Os membros dos Comitês restritos, Comitês Especiais e Comitês de membro único são nomeados pelo Presidente dentre os Vice-Presidentes ou os outros membros da Corte. Em caso de ausência ou impossibilidade de atuar do Presidente, eles serão nomeados por um Vice-Presidente, a pedido do Secretário-Geral ou do Secretário-Geral Adjunto da Corte.

2 – As reuniões dos Comitês restritos e dos Comitês Especiais ocorrem sempre que convocadas pelo seu respectivo presidente.

3 – O Presidente da Corte atua como presidente do Comitê restrito, do Comitê Especial e da sessão plenária. Um Vice-Presidente da Corte poderá atuar como presidente de Comitê restrito, de Comitê Especial ou de sessão plenária: (i) a pedido do Presidente ou (ii) em caso de ausência ou impossibilidade de atuar do Presidente, a pedido do Secretário-Geral ou de Secretário-Geral Adjunto da Corte. Em circunstâncias extraordinárias, outro membro da Corte poderá atuar como presidente de Comitê restrito ou de Comitê Especial, seguindo o mesmo procedimento.

4 – O Presidente da Corte, um Vice-Presidente e qualquer membro da Corte poderão formar um Comitê de membro único e nele atuar.

5 – As decisões sobre constituição de Comitês restritos, Comitês Especiais e Comitês de membro único são comunicadas à Corte em uma das suas sessões seguintes.

6 – As decisões serão válidas:

a) Em Comitês restritos, mediante presença de no mínimo dois membros.

b) Em Comitês Especiais e sessões plenárias, mediante a presença de no mínimo seis membros e do Presidente ou Vice-Presidente designado.

7 – A aprovação de decisões pelos Comitês restritos exigirá unanimidade. Quando o Comitê restrito não atingir unanimidade para aprovar uma decisão ou julgar preferível abster-se, deverá remeter o caso para um Comitê Especial, com as sugestões que julgue apropriadas.

8 – As decisões de Comitês Especiais e de sessões plenárias serão aprovadas por maioria de votos, sendo que o Presidente ou Vice-Presidente, conforme o caso, terão direito a voto decisivo em caso de empate.

Artigo 5º – Comunicação de fundamentos para as Decisões

1 – Mediante solicitação de qualquer das partes, a Corte comunicará os fundamentos para as decisões dos 6(4), 10, 12(8), 12(9), 14 e 15(2).

2 – Qualquer pedido de comunicação de fundamentos deverá, obrigatoriamente, ser apresentado antes que seja tomada a decisão à qual o pedido se refira. No caso de decisões com base no artigo 15(2), a parte dirigirá o seu pedido à Corte quando convidada a apresentar observações conforme o artigo 15(3).

3 – Em circunstâncias extraordinárias, a Corte poderá decidir não comunicar os fundamentos de quaisquer das decisões supracitadas.

Artigo 6º – Secretaria da Corte

1 – Na ausência do Secretário-Geral ou por solicitação deste, o Secretário-Geral Adjunto e/ou o Conselheiro Geral terão poderes para submeter assuntos à Corte, confirmar árbitros, autenticar cópias de sentenças arbitrais, solicitar o pagamento de adiantamento de provisão para cobrir os custos da arbitragem e autorizar o pagamento da provisão em parcelas, conforme estipulado, respectivamente, nos artigos 6(3), 13(2), 35(2) e 37(1) do Regulamento e no artigo 1(6) do Apêndice III, bem como para a medida prevista no artigo 37(6).

2 – A Secretaria poderá, mediante aprovação da Corte, preparar notas e outros documentos para a informação das partes e dos árbitros, ou que se revelem necessários à adequada condução da arbitragem.

3 – Poderão ser estabelecidos escritórios da Secretaria fora da sede da CCI. A Secretaria manterá uma lista de escritórios designados pelo Secretário-Geral. Os Requerimentos de Arbitragem poderão ser submetidos à Secretaria em qualquer um dos seus escritórios, e as funções da Secretaria conforme o Regulamento poderão ser exercidas a partir de qualquer um dos seus escritórios, segundo instruções do Secretário-Geral, do Secretário-Geral Adjunto ou do Conselheiro Geral.

Artigo 7º – Exame prévio das sentenças arbitrais

No exame prévio de minutas de sentenças arbitrais, nos termos do artigo 34 do Regulamento, a Corte deverá, na medida do possível, levar em consideração as disposições imperativas da legislação vigente no local da arbitragem.

Apêndice III – Custas e Honorários da Arbitragem

Artigo 1º – Provisão para os custos da arbitragem

1 – Cada Requerimento de Arbitragem apresentado nos termos do Regulamento deve ser acompanhado de uma taxa de registro no valor de US$ 5.000. Esse pagamento não é reembolsável e deverá ser creditado como adiantamento da parcela da provisão a cargo do requerente.

2 – O adiantamento da provisão para os custos da arbitragem fixado pelo Secretário-Geral nos termos do artigo 37(1) do Regulamento não deverá, normalmente, exceder o valor resultante da soma das despesas administrativas da CCI, dos honorários mínimos (conforme disposto na tabela adiante) baseados na quantia reivindicada na ação e das despesas reembolsáveis que se preveja que o tribunal arbitral venha a ter na preparação da Ata de Missão ou na realização da conferência sobre a condução do procedimento. Se o valor do pedido não tiver sido determinado, o adiantamento será discricionariamente fixado pelo Secretário-Geral. O pagamento efetuado pelo requerente será creditado na sua parte da provisão fixada pela Corte.

3 – Em geral, o tribunal arbitral deverá, de acordo com o artigo 37(6) do Regulamento, apreciar apenas os pedidos principais ou reconvencionais relativamente aos quais tenha sido integralmente paga a provisão.

4 – A provisão para os custos da arbitragem fixada pela Corte de acordo com os artigos 37(2) e 37(4) do Regulamento engloba os honorários do árbitro ou árbitros (doravante denominados "árbitro"), qualquer despesa eventual do árbitro e despesas administrativas da CCI.

5 – Cada parte deverá pagar à vista a sua parcela da provisão global. Contudo, se a parcela de uma parte exceder US$ 500.000 (o "Valor de Referência"), tal parte poderá prestar uma garantia bancária referente ao valor superior ao Valor de Referência. A Corte poderá, discricionariamente, modificar o Valor de Referência a qualquer momento.

6 – O Secretário-Geral poderá autorizar o pagamento de provisões para os custos ou da respectiva parcela de qualquer das partes em pagamentos parcelados, sujeito às condições que a Corte julgar apropriadas.

7 – Uma parte que já tiver pago a totalidade da sua parcela da provisão global fixada pela Corte poderá, de acordo com o artigo 37(5) do Regulamento, quitar a parcela não paga da provisão devida pela outra parte inadimplente, prestando uma garantia bancária.

8 – Quando a Corte tiver fixado provisões distintas, segundo o artigo 37(3) do Regulamento, a Secretaria convocará cada parte a pagar o valor da provisão correspondente às suas respectivas demandas.

9 – Quando, como resultado da fixação de provisões distintas, a provisão fixada para a demanda de qualquer das partes exceder a metade da provisão global fixada anteriormente (com relação às mesmas demandas e reconvenções que são objeto de provisões distintas), uma garantia bancária poderá ser prestada para cobrir tal quantia excedente. Caso o valor da provisão distinta seja posteriormente aumentado, pelo menos a metade do acréscimo deverá ser paga à vista.

10 – A Secretaria estabelecerá os termos que regulam todas as garantias bancárias que as partes possam vir a prestar segundo as disposições acima.

11 – Conforme estabelecido no artigo 37(5) do Regulamento, a provisão poderá estar sujeita a reajuste a qualquer momento durante a arbitragem, em especial para considerar flutuações na quantia em disputa, mudanças no montante das despesas estimadas do árbitro ou o crescimento da dificuldade ou da complexidade dos procedimentos arbitrais.

12 – Antes do início de qualquer perícia determinada pelo tribunal arbitral, as partes, ou uma delas, deverão pagar uma provisão de montante estabelecido pelo tribunal arbitral, suficiente para cobrir os honorários e gastos do perito, os quais serão fixados pelo tribunal arbitral. O tribunal arbitral será responsável por assegurar o pagamento de tais honorários e despesas pelas partes.

13 – Sobre os montantes pagos a título de provisão para os custos da arbitragem não incorrem juros para as partes ou para os árbitros.

Artigo 2º – Custas e honorários

1 – Sem prejuízo do disposto no artigo 38(2) do Regulamento, a Corte fixará os honorários do árbitro de acordo com a tabela de cálculo adiante, ou discricionariamente, quando o valor em disputa não for declarado.

2 – Ao estabelecer os honorários do árbitro, a Corte levará em consideração a diligência e a eficiência do árbitro, o tempo gasto, a rapidez do processo, a complexidade do litígio e a pontualidade com que a minuta de sentença

arbitral tiver sido submetida à Corte, de forma a chegar a uma importância dentro dos limites previstos ou, nos casos excepcionais do artigo 38(2) do Regulamento, a um valor superior ou inferior àqueles limites.

3 – Quando um caso for submetido a mais de um árbitro, a Corte poderá, discricionariamente, elevar o total dos honorários até um valor máximo, que normalmente não deverá exceder o triplo dos honorários de um árbitro.

4 – Os honorários do árbitro e as despesas serão fixados exclusivamente pela Corte, conforme estabelecido pelo Regulamento. São contrários ao Regulamento quaisquer acordos separados sobre honorários entre as partes e o árbitro.

5 – A Corte estabelecerá as despesas administrativas da CCI de cada arbitragem de acordo com a tabela de cálculo adiante, ou discricionariamente, quando o valor em disputa não for determinado. Quando as partes tenham acordado serviços adicionais, ou em casos excepcionais, a Corte poderá fixar despesas administrativas da CCI em valor inferior ou superior àquele que resultaria da aplicação de tal tabela, mas sem que tal despesa exceda, normalmente, o valor máximo da tabela.

6 – A qualquer momento durante a arbitragem, a Corte poderá fixar e solicitar o pagamento de uma parcela das despesas administrativas relativa a serviços que já tenham sido prestados pela Corte e pela Secretaria.

7 – A Corte poderá exigir o pagamento de despesas administrativas suplementares, como condição para manter uma arbitragem em suspenso a pedido das partes, ou de uma delas com o consentimento da outra.

8 – Se uma arbitragem for concluída antes da prolação da sentença arbitral final, a Corte fixará discricionariamente os honorários e despesas dos árbitros e as despesas administrativas, levando em consideração o estágio atingido pelo procedimento arbitral e quaisquer outras circunstâncias relevantes.

9 – Quaisquer valores pagos pelas partes a título de adiantamento da provisão para os custos da arbitragem que excedam o total dos custos da arbitragem fixados pela Corte serão reembolsados às partes levando-se em consideração os valores pagos por cada uma delas.

10 – No caso de um requerimento apresentado nos termos dos artigos 36(2) ou 36(3) do Regulamento, ou de devolução de sentença arbitral nos termos do artigo 36(5) do Regulamento, a Corte poderá fixar uma provisão para cobrir honorários e despesas adicionais do tribunal arbitral, bem como despesas administrativas adicionais da CCI, e poderá condicionar o envio

de tal requerimento ao tribunal arbitral ao pagamento da provisão à CCI de maneira total e antecipada. Ao aprovar a decisão do tribunal arbitral, a Corte fixará discricionariamente os custos do procedimento em razão de um requerimento ou de uma devolução de sentença arbitral, os quais incluirão os eventuais honorários do árbitro e despesas administrativas da CCI.

11 – A Secretaria poderá requerer o pagamento de despesas administrativas adicionais, além daquelas previstas na escala de despesas administrativas, referentes a quaisquer despesas relativas a pedidos formulados de acordo com o Artigo 35(5) do Regulamento.

12 – Quando a arbitragem for precedida por um procedimento no âmbito do Regulamento Mediação da CCI, a metade das despesas administrativas da CCI pagas para esse procedimento deverá ser creditada às despesas administrativas da CCI da arbitragem.

13 – Os valores pagos ao árbitro não incluem o imposto sobre o valor agregado (IVA) ou quaisquer outros tributos e encargos eventualmente aplicáveis aos honorários do árbitro. Quaisquer tributos ou encargos devem ser pagos pelas partes. Contudo, o reembolso de quaisquer desses tributos ou encargos deve ser tratado unicamente entre o árbitro e as partes.

14 – As despesas administrativas da CCI não incluem imposto sobre valor agregado (IVA), tributos e impostos em geral ou outros encargos de natureza similar. Elas poderão ser acrescidas dos montantes de imposto sobre valor agregado (IVA), tributos e impostos em geral ou outros encargos de natureza similar, conforme as alíquotas ou taxas então em vigor. As partes ficam obrigadas a pagar tais encargos, de acordo com as faturas emitidas pela CCI.

Artigo 3º – Tabelas de cálculo das despesas administrativas e dos honorários de árbitro

1 – As tabelas de cálculo das despesas administrativas e dos honorários do árbitro a seguir estabelecidas aplicam-se a todos os procedimentos iniciados em 1º de janeiro de 2017 ou após esta data, qualquer que seja a versão do Regulamento a que estes tiverem sido submetidos.

2 – Para calcular as despesas administrativas da CCI e os honorários do árbitro, os valores calculados para cada faixa do valor em disputa deverão ser somados. Contudo, se o valor em disputa exceder US$ 500 milhões, a quantia fixa de US$ 150.000 constituirá a totalidade das despesas administrativas da CCI.

3 – As tabelas de cálculo das despesas administrativas e dos honorários do árbitro para a arbitragem expedita a seguir estabelecidas aplicam-se a todos os procedimentos iniciados em 1º de março de 2017 ou após esta data, qualquer que seja a versão do Regulamento a que estes tiverem sido submetidos. Quando as partes tiverem aceitado a arbitragem expedita nos termos do artigo 30(2) subitem b), serão aplicáveis as tabelas de cálculo da arbitragem expedita.

4 – Todos os valores fixados pela Corte ou de acordo com quaisquer dos Apêndices do Regulamento devem ser pagos em US$, exceto quando proibido por lei ou decidido de outra forma pela Corte, caso em que a CCI poderá aplicar uma escala e um acordo sobre os honorários em outra moeda.

Tabelas de Cálculo das Despesas Administrativas e dos Honorários do Árbitro

A Despesas administrativas

Valor em disputa (em Dólares Americanos)		Despesas administrativas*
Até	50.000	$5.000
De	50.001 até 100.000	1,53%
De	100.001 até 200.000	2,72%
De	200.001 até 500.000	2,25%
De	500.001 até 1.000.000	1,62%
De	1.000.001 até 2.000.000	0,788%
De	2.000.001 até 5.000.000	0,46%
De	5.000.001 até 10.000.000	0,25%
De	10.000.001 até 30.000.000	0,10%
De	30.000.001 até 50.000.000	0,09%
De	50.000.001 até 80.000.000	0,01%
De	80.000.001 até 500.000.000	0,0123%
Acima de	500.000.000	$150.000

* Valores excluindo imposto sobre o valor agregado (IVA). Somente para fins ilustrativos, a tabela da página 66 indica as despesas administrativas, em Dólares Americanos, resultantes após aplicação dos cálculos apropriados.

B Honorários do árbitro

Valor em disputa (em Dólares Americanos)		Honorários**	
		Mínimo	Máximo
Até	50.000	$3.000	18,0200%
De	50.001 até 100.000	2,6500%	13,5680%
De	100.001 até 200.000	1,4310%	7,6850%
De	200.001 até 500.000	1,3670%	6,8370%
De	500.001 até 1.000.000	0,9540%	4,0280%
De	1.000.001 até 2.000.000	0,6890%	3,6040%
De	2.000.001 até 5.000.000	0,3750%	1,3910%
De	5.000.001 até 10.000.000	0,1280%	0,9100%
De	10.000.001 até 30.000.000	0,0640%	0,2410%
De	30.000.001 até 50.000.000	0,0590%	0,2280%
De	50.000.001 até 80.000.000	0,0330%	0,1570%
De	80.000.001 até 100.000.000	0,0210%	0,1150%
De	100.000.001 até 500.000.000	0,0110%	0,0580%
Acima de	500.000.000	0,0100%	0,0400%

** Somente para fins ilustrativos, a tabela da página 67 indica as faixas de honorários, em Dólares Americanos, resultantes após aplicação dos cálculos apropriados.

Valor em disputa (em Dólares Americanos)		A Despesas administrativas* (em Dólares Americanos)	
Até	50.000	5.000	
De	50.001 até 100.000	5.000	+ 1,53% de valor sup. a 50.000
De	100.001 até 200.000	5.765	+ 2,72% de valor sup. a 100.000
De	200.001 até 500.000	8.485	+ 2,25% de valor sup. a 200.000
De	500.001 até 1.000.000	15.235	+ 1,62% de valor sup. a 500.000
De	1.000.001 até 2.000.000	23.335	+ 0,788% de valor sup. a 1.000.000
De	2.000.001 até 5.000.000	31.215	+ 0,46% de valor sup. a 2.000.000
De	5.000.001 até 10.000.000	45.015	+ 0,25% de valor sup. a 5.000.000
De	10.000.001 até 30.000.000	57.515	+ 0,10% de valor sup. a 10.000.000
De	30.000.001 até 50.000.000	77.515	+ 0,09% de valor sup. a 30.000.000
De	50.000.001 até 80.000.000	95.515	+ 0,01% de valor sup. a 50.000.000
De	80.000.001 até 500.000.000	98.515	+ 0,0123% de valor sup. a 80.000.000
Acima de	500.000.000	150.000	

* Valores excluindo imposto sobre o valor agregado (IVA). Vide página 65.

Valor em disputa (em Dólares Americanos)		B Honorários do árbitro** (em Dólares Americanos) Mínimo	Máximo
Até	50.000	3.000	18,0200% do valor em disputa
De	50.001 até 100.000	3.000 + 2,6500% de valor sup. a 50.000	9.010 + 13,5680% de valor sup. a 50.000
De	100.001 até 200.000	4.325 + 1,4310% de valor sup. a 100.000	15.794 + 7,6850% de valor sup. a 100.000
De	200.001 até 500.000	5.756 + 1,3670% de valor sup. a 200.000	23.479 + 6,8370% de valor sup. a 200.000
De	500.001 até 1.000.000	9.857 + 0,9540% de valor sup. a 500.000	43.990 + 4,0280% de valor sup. a 500.000
De	1.000.001 até 2.000.000	14.627 + 0,6890% de valor sup. a 1.000.000	64.130 + 3,6040% de valor sup. a 1.000.000
De	2.000.001 até 5.000.000	21.517 + 0,3750% de valor sup. a 2.000.000	100.170 + 1,3910% de valor sup. a 2.000.000
De	5.000.001 até 10.000.000	32.767 + 0,1280% de valor sup. a 5.000.000	141.900 + 0,9100% de valor sup. a 5.000.000
De	10.000.001 até 30.000.000	39.167 + 0,0640% de valor sup. a 10.000.000	187.400 + 0,2410% de valor sup. a 10.000.000
De	30.000.001 até 50.000.000	51.967 + 0,0590% de valor sup. a 30.000.000	235.600 + 0,2280% de valor sup. a 30.000.000
De	50.000.001 até 80.000.000	63.767 + 0,0330% de valor sup. a 50.000.000	281.200 + 0,1570% de valor sup. a 50.000.000
De	80.000.001 até 100.000.000	73.667 + 0,0210% de valor sup. a 80.000.000	328.300 + 0,1150% de valor sup. a 80.000.000
De	100.000.001 até 500.000.000	77.867 + 0,0110% de valor sup. a 100.000.000	351.300 + 0,0580% de valor sup. a 100.000.000
Acima de	500.000.000	121.867 + 0,0100 % de valor sup. a 500 000 000	583.300 + 0,0400% de valor sup. a 500.000.000

** Vide página 65.

A Despesas administrativas

Valor em disputa (em Dólares Americanos)		Despesas administrativas*
Até	50.000	$5.000
De	50.001 até 100.000	1,53%
De	100.001 até 200.000	2,72%
De	200.001 até 500.000	2,25%
De	500.001 até 1.000.000	1,62%
De	1.000.001 até 2.000.000	0,788%
De	2.000.001 até 5.000.000	0,46%
De	5.000.001 até 10.000.000	0,25%
De	10.000.001 até 30.000.000	0,10%
De	30.000.001 até 50.000.000	0,09%
De	50.000.001 até 80.000.000	0,01%
De	80.000.001 até 500.000.000	0,0123%
Acima de	500.000.000	$150.000

* Valores excluindo imposto sobre o valor agregado (IVA). Somente para fins ilustrativos, a tabela da página 69 indica as despesas administrativas, em Dólares Americanos, resultantes após aplicação dos cálculos apropriados.

B Honorários do árbitro

Valor em disputa (em Dólares Americanos)		Honorários** Mínimo	Máximo
Até	50.000	$2.400	14,4160%
De	50.001 até 100.000	2,1200%	10,8544%
De	100.001 até 200.000	1,1448%	6,1480%
De	200.001 até 500.000	1,0936%	5,4696%
De	500.001 até 1.000.000	0,7632%	3,2224%
De	1.000.001 até 2.000.000	0,5512%	2,8832%
De	2.000.001 até 5.000.000	0,3000%	1,1128%
De	5.000.001 até 10.000.000	0,1024%	0,7280%
De	10.000.001 até 30.000.000	0,0512%	0,1928%
De	30.000.001 até 50.000.000	0,0472%	0,1824%
De	50.000.001 até 80.000.000	0,0264%	0,1256%
De	80.000.001 até 100.000.000	0,0168%	0,0920%
De	100.000.001 até 500.000.000	0,0088%	0,0464%
Acima de	500.000.000	0,0080%	0,0320%

** Somente para fins ilustrativos, a tabela da página 70 indica as faixas de honorários, em Dólares Americanos, resultantes após aplicação dos cálculos apropriados.

Valor em disputa (em Dólares Americanos)		A Despesas administrativas* (em Dólares Americanos)
Até	50.000	5.000
De	50.001 até 100.000	5.000 + 1,53% de valor sup. a 50.000
De	100.001 até 200.000	5.765 + 2,72% de valor sup. a 100.000
De	200.001 até 500.000	8.485 + 2,25% de valor sup. a 200.000
De	500.001 até 1.000.000	15.235 + 1,62% de valor sup. a 500.000
De	1.000.001 até 2.000.000	23.335 + 0,788% de valor sup. a 1.000.000
De	2.000.001 até 5.000.000	31.215 + 0,46% de valor sup. a 2.000.000
De	5.000.001 até 10.000.000	45.015 + 0,25% de valor sup. a 5.000.000
De	10.000.001 até 30.000.000	57.515 + 0,10% de valor sup. a 10.000.000
De	30.000.001 até 50.000.000	77.515 + 0,09% de valor sup. a 30.000.000
De	50.000.001 até 80.000.000	95.515 + 0,01% de valor sup. a 50.000.000
De	80.000.001 até 500.000.000	98.515 + 0,0123% de valor sup. a 80.000.000
Acima de	500.000.000	150.000

* Valores excluindo imposto sobre o valor agregado (IVA). Vide página 68.

Valor em disputa (em Dólares Americanos)		B Honorários do árbitro** (em Dólares Americanos)	
		Mínimo	Máximo
Até	50.000	2.400	14,4160% do valor em disputa
De	50.001 até 100.000	2.400 + 2,1200% de valor sup. a 50.000	7.208 + 10,8544% de valor sup. a 50.000
De	100.001 até 200.000	3.460 + 1,1448% de valor sup. a 100.000	12.635 + 6,1480% de valor sup. a 100.000
De	200.001 até 500.000	4.605 + 1,0936% de valor sup. a 200.000	18.783 + 5,4696% de valor sup. a 200.000
De	500.001 até 1.000.000	7.886 + 0,7632% de valor sup. a 500.000	35.192 + 3,2224% de valor sup. a 500.000
De	1.000.001 até 2.000.000	11.702 + 0,5512% de valor sup. a 1.000.000	51.304 + 2,8832% de valor sup. a 1.000.000
De	2.000.001 até 5.000.000	17.214 + 0,3000% de valor sup. a 2.000.000	80.136 + 1,1128% de valor sup. a 2.000.000
De	5.000.001 até 10.000.000	26.214 + 0,1024% de valor sup. a 5.000.000	113.520 + 0,7280% de valor sup. a 5.000.000
De	10.000.001 até 30.000.000	31.334 + 0,0512% de valor sup. a 10.000.000	149.920 + 0,1928% de valor sup. a 10.000.000
De	30.000.001 até 50.000.000	41.574 + 0,0472% de valor sup. a 30.000.000	188.480 + 0,1824% de valor sup. a 30.000.000
De	50.000.001 até 80.000.000	51.014 + 0,0264% de valor sup. a 50.000.000	224.960 + 0,1256% de valor sup. a 50.000.000
De	80.000.001 até 100.000.000	58.934 + 0,0168% de valor sup. a 80.000.000	262.640 + 0,0920% de valor sup. a 80.000.000
De	100.000.001 até 500.000.000	62.294 + 0,0088% de valor sup. a 100.000.000	281.040 + 0,0464% de valor sup. a 100.000.000
Acima de	500.000.000	97.494 + 0,0080 % de valor sup. a 500 000 000	466.640 + 0,0320% de valor sup. a 500.000.000

** Vide página 68.

Apêndice IV – Técnicas para a Condução do Procedimento

Seguem exemplos de técnicas para a condução de procedimentos que podem ser utilizadas por tribunais arbitrais e partes para controlar os custos e o tempo da arbitragem. Um controle apropriado do tempo e dos custos é importante em todos os casos. Em casos de baixa complexidade e valor, é particularmente importante assegurar que o tempo e os custos sejam proporcionais aos interesses em disputa.

a) Bifurcar procedimentos ou proferir uma ou mais sentenças arbitrais parciais sobre questões centrais, quando tais medidas possam genuinamente contribuir para uma resolução mais eficiente do caso.

b) Identificar questões que possam ser resolvidas por acordo entre as partes ou entre seus peritos.

c) Identificar questões que possam ser decididas exclusivamente com base em documentos sem a necessidade de prova testemunhal ou sustentação oral em audiência.

d) Produção de prova documental:

(*i*) solicitar às partes que produzam toda prova documental nas quais se apoiam junto com suas manifestações escritas;

(*ii*) evitar requerimentos de produção de prova quando apropriado com o fim de controlar tempo e custos;

(*iii*) nos casos em que requerimentos de produção de prova são considerados apropriados, limitar tais requerimentos aos documentos ou categorias de documentos que sejam relevantes e materiais para a resolução do caso;

(*iv*) determinar prazos razoáveis para a produção de documentos;

(*v*) utilizar uma tabela para a produção de documentos para facilitar a resolução de questões relativas à produção de documentos

e) Limitar a extensão e o escopo de manifestações escritas e testemunhos escritos e orais (tanto para testemunhas quanto para peritos) para evitar repetições e manter o foco em questões centrais.

f) Utilizar conferência telefônica ou videoconferência para audiências de procedimento e outras nas quais a presença física dos participantes não seja essencial e fazer uso de meios tecnológicos que permitam comunicação *online* entre as partes, o tribunal arbitral e a Secretaria da Corte.

g) Organizar uma reunião pré-audiência com o tribunal arbitral durante a qual as questões da audiência possam ser discutidas e acordadas e o tribunal arbitral possa indicar às partes em quais temas deseja que estas se concentrem durante a audiência.

h) Transação de litígios:

(*i*) incentivar as partes a considerar a possibilidade de acordo para o total ou parte do litígio, quer por negociação, quer por qualquer outra forma amigável de resolução de controvérsias como, por exemplo, mediação segundo o Regulamento de Mediação da CCI.

(*ii*) quando assim tiver sido estipulado entre as partes e o tribunal arbitral, este poderá adotar medidas para facilitar a obtenção de acordo sobre o litígio, desde que todo o possível seja feito para assegurar que qualquer sentença arbitral posterior seja executável perante a lei.

Técnicas adicionais estão descritas na publicação da CCI intitulada: *Controlling Time and Costs in Arbitration* (Controlando os custos e a duração da arbitragem).

Apêndice V – Regras sobre o Árbitro de Emergência

Artigo 1º – Solicitação de Medidas Urgentes

1 – A parte que desejar recorrer a um árbitro de emergência nos termos do artigo 29 do Regulamento de Arbitragem da CCI (o "Regulamento") deverá apresentar a sua Solicitação de Medidas Urgentes (a "Solicitação") à

Secretaria, em qualquer dos escritórios indicados no Regulamento Interno da Corte, no Apêndice II do Regulamento.

2 – A Solicitação deverá ser apresentada em número de cópias suficiente para que cada parte receba uma cópia, mais uma para o árbitro de emergência, e ainda uma outra para a Secretaria, caso a parte que apresente a Solicitação solicite que o envio seja por meio de entrega mediante recibo, carta registrada ou portador.

3 – A Solicitação deverá conter os seguintes elementos:

a) nome ou denominação completo, qualificação, endereço e qualquer outro dado para contato de cada parte;

b) nome completo, endereço e qualquer outro dado para contato das pessoas que representem o solicitante;

c) uma descrição das circunstâncias que deram origem à Solicitação e do litígio submetido ou a ser submetido à arbitragem;

d) uma declaração das Medidas Urgentes solicitadas;

e) as razões pelas quais o solicitante necessita de uma medida cautelar ou provisória urgente que não possa esperar a constituição do tribunal arbitral;

f) quaisquer contratos relevantes e, em especial, a(s) convenção(ões) de arbitragem;

g) qualquer acordo relativo à sede da arbitragem, às regras de direito aplicáveis e ao idioma da arbitragem;

h) prova do pagamento do valor estipulado no artigo 7(1) desse Apêndice; e

i) qualquer Requerimento de Arbitragem e qualquer outra manifestação em relação ao litígio principal que tenha sido submetido à Secretaria por qualquer das partes no procedimento do árbitro de emergência, anterior à apresentação da Solicitação.

A Solicitação poderá conter qualquer documento ou informação que o solicitante considere apropriada ou que possa contribuir para a análise da Solicitação de maneira eficiente.

4 – A Solicitação deverá ser redigida no idioma da arbitragem se tiver sido acordado pelas partes ou, na ausência de tal acordo, no idioma da convenção de arbitragem.

5 – Se, e na medida em que o Presidente da Corte (o "Presidente") considerar, sob a base da informação contida na Solicitação, que as Disposições sobre o Árbitro de Emergência se aplicam em relação aos artigos 29(5) e 29(6) do Regulamento, a Secretaria deverá transmitir uma cópia

da Solicitação e dos documentos que a acompanham à parte requerida. Se, e na medida em que o Presidente decidir em sentido contrário, a Secretaria informará às partes que o procedimento do árbitro de emergência não deverá prosseguir em relação a algumas ou todas as partes e transmitirá uma cópia da Solicitação a elas para sua informação.

6 – O Presidente deverá dar por extinto o procedimento do árbitro de emergência se um Requerimento de Arbitragem não for recebido pela Secretaria por parte do solicitante no prazo de 10 dias contados do recebimento da Solicitação pela Secretaria, a menos que o árbitro de emergência determine que um prazo mais extenso é necessário.

Artigo 2º – Nomeação do árbitro de emergência; transmissão dos autos

1 – O Presidente deverá nomear um árbitro de emergência dentro do menor prazo possível, normalmente em dois dias contados da recepção, pela Secretaria, da Solicitação.

2 – Nenhum árbitro de emergência será nomeado uma vez que os autos já tenham sido transmitidos ao tribunal arbitral nos termos do artigo 16 do Regulamento. O árbitro de emergência que tiver sido nomeado antes da transmissão dos autos ao tribunal arbitral manterá seus poderes para proferir uma ordem dentro do prazo permitido pelo artigo 6(4) do presente Apêndice.

3 – Nomeado o árbitro de emergência, a Secretaria notificará as partes e transmitirá os autos ao árbitro de emergência. A partir desse momento, toda a comunicação escrita das partes deverá ser enviada diretamente ao árbitro de emergência, com cópia para cada uma das outras partes e para a Secretaria. Deverá ser enviada à Secretaria cópia de toda a comunicação escrita do árbitro de emergência para as partes.

4 – Todo árbitro de emergência deverá ser e permanecer imparcial e independente das partes envolvidas no litígio.

5 – Antes de sua nomeação, o árbitro de emergência proposto deverá assinar uma declaração de aceitação, disponibilidade, imparcialidade e independência. A Secretaria enviará uma cópia de tal declaração às partes.

6 – O árbitro de emergência não deverá atuar como árbitro em nenhuma arbitragem relacionada ao litígio que deu origem à Solicitação.

Artigo 3º – Impugnação de árbitro de emergência

1 – A impugnação de um árbitro de emergência deverá ser feita dentro de três dias contados do recebimento, pela parte, da notificação da nome-

ação, ou da data em que tal parte foi informada dos fatos e circunstâncias sob as quais se baseia a impugnação, caso esta última data seja posterior ao recebimento da notificação.

2 – A impugnação será decidida pela Corte após a Secretaria ter dado a oportunidade ao árbitro de emergência e a outra parte ou partes de se manifestarem, por escrito, em prazo razoável.

Artigo 4º – Sede dos procedimentos do árbitro de emergência

1 – Se as partes tiverem convencionado a sede da arbitragem, tal será a sede do procedimento do árbitro de emergência. Na ausência de tal acordo, o Presidente fixará o lugar do procedimento do árbitro de emergência, sem prejuízo à determinação da sede da arbitragem nos termos do artigo 18(1) do Regulamento.

2 – Quaisquer reuniões com o árbitro de emergência poderão ser conduzidas com a presença física dos participantes em qualquer localidade que o árbitro de emergência considerar apropriada ou por meio de videoconferência, telefone ou meios de comunicação similares.

Artigo 5º – Procedimento

1 – O árbitro de emergência deverá estabelecer um cronograma para o procedimento do árbitro de emergência dentro do menor prazo possível, normalmente em dois dias contados da transmissão dos autos nos termos do artigo 2(3) do presente Apêndice.

2 – O árbitro de emergência deverá conduzir o procedimento na maneira que considerar apropriada, levando em consideração a natureza e a urgência da Solicitação. Em todos os casos o árbitro de emergência deverá atuar de maneira justa e imparcial e assegurar que cada parte tenha ampla oportunidade de expor suas alegações.

Artigo 6º – Ordem

1 – Segundo o artigo 29(2) do Regulamento, a decisão do árbitro de emergência deverá ter a forma de uma ordem ("Ordem").

2 – Em sua Ordem, o árbitro de emergência deverá determinar se a Solicitação é admissível nos termos do artigo 29(1) do Regulamento e se o árbitro de emergência é competente para ordenar as Medidas Urgentes.

3 – A Ordem deverá ser proferida por escrito, fundamentada, datada e assinada pelo árbitro de emergência.

4 – A Ordem deverá ser proferida em no máximo 15 dias contados da data em que os autos foram transmitidos ao árbitro de emergência nos termos do artigo 2(3) do presente Apêndice. O Presidente poderá prorrogar esse prazo, atendendo a um pedido fundamentado do árbitro de emergência ou por sua própria iniciativa, se julgar necessário fazê-lo.

5 – Dentro do prazo estabelecido no artigo 6(4) do presente Apêndice, o árbitro de emergência deverá enviar a Ordem às partes, enviando uma cópia à Secretaria, por meio de qualquer meio de comunicação permitido pelo artigo 3(2) do Regulamento que, segundo o árbitro de emergência, assegure uma pronta recepção.

6 – A Ordem deixará de ser obrigatória para as partes quando:

a) o Presidente extinguir o procedimento do árbitro de emergência nos termos do artigo 1(6) do presente Apêndice;

b) a Corte aceitar um pedido de impugnação contra o árbitro de emergência de acordo com o artigo 3º do presente Apêndice;

c) o tribunal arbitral proferir a sentença arbitral final, a menos que decida de outra forma;

d) as demandas sejam retiradas ou a arbitragem seja terminada sem a prolação dc uma sentença arbitral final.

7 – O árbitro de emergência poderá proferir Ordem condicionando-a a quaisquer requisitos que entenda apropriados, incluindo a prestação de garantia.

8 – Mediante solicitação fundamentada de uma parte antes da transmissão dos autos ao tribunal arbitral nos termos do artigo 16 do Regulamento, o árbitro de emergência poderá alterar, revogar ou anular a Ordem.

Artigo 7º – Custos do procedimento do árbitro de emergência

1 – O solicitante deverá pagar o valor de US$ 40.000, o qual inclui US$ 10.000 pelas despesas administrativas da CCI e US$ 30.000 pelas despesas e honorários do árbitro de emergência. Não obstante o disposto no artigo 1(5) do presente Apêndice, a Solicitação não será notificada até que o pagamento dos US$ 40.000 seja recebido pela Secretaria.

2 – O Presidente poderá, a qualquer momento durante o procedimento do árbitro de emergência, decidir aumentar os honorários deste ou as despesas administrativas da CCI levando em consideração, *inter alia*, a natureza do caso e a natureza e a extensão do trabalho elaborado pelo árbitro de emergência, pela Corte, pelo Presidente e pela Secretaria. Se o solicitante

deixar de pagar o aumento da taxa dentro do prazo estipulado pela Secretaria, a Solicitação será considerada retirada.

3 – A Ordem do árbitro de emergência fixará os custos do procedimento do árbitro de emergência e decidirá qual das partes arcará com o seu pagamento, ou em que proporção serão repartidos entre as partes.

4 – Os custos do procedimento do árbitro de emergência incluem as despesas administrativas da CCI, os honorários e despesas do árbitro de emergência, as despesas razoáveis, legais e outras, incorridas pelas partes no curso do procedimento do árbitro de emergência.

5 – Caso o procedimento do árbitro de emergência não prossiga nos termos do artigo 1(5) do presente Apêndice ou seja extinto antes da prolação de uma Ordem, o Presidente determinará o valor a ser reembolsado ao solicitante, se for o caso. O valor de US$ 5.000 de despesas administrativas da CCI não será reembolsável em nenhuma hipótese.

Artigo 8º – Regra geral

1 – O Presidente terá o poder de decidir, discricionariamente, qualquer tema relativo à administração do procedimento do árbitro de emergência que não esteja expressamente previsto neste Apêndice.

2 – Na ausência ou mediante solicitação do Presidente, qualquer Vice-Presidente da Corte terá o poder de tomar decisões em nome do Presidente.

3 – Em todos os assuntos relativos ao procedimento do árbitro de emergência não expressamente previstos no presente Apêndice, a Corte, o Presidente e o árbitro de emergência deverão proceder em conformidade com o espírito do Regulamento e do presente Apêndice.

Apêndice VI – Regras da Arbitragem Expedita

Artigo 1º – Aplicação das Regras da Arbitragem Expedita

1 – Na medida em que o artigo 30 do Regulamento de Arbitragem da CCI (o "Regulamento") ou este Apêndice VI não disponham em contrário, o Regulamento será aplicável a uma arbitragem sujeita às Regras da Arbitragem Expedita.

2 – O valor mencionado no artigo 30(2) subitem a) do Regulamento é de:

a) US$ 2.000.000, tratando-se de convenção de arbitragem nos termos do Regulamento que tenha sido celebrada a partir, inclusive, de 1 de março de 2017 e antes de 1 de janeiro de 2021; ou

b) US$ 3.000.000, tratando-se de convenção de arbitragem nos termos do Regulamento que tenha sido celebrada a partir, inclusive, de 1 de janeiro de 2021.

3 – Após o recebimento da Resposta ao Requerimento nos termos do artigo 5º do Regulamento, ou após o termo do prazo para a Resposta ou em qualquer momento posterior oportuno e sob reserva do disposto no artigo 30(3) do Regulamento, a Secretaria informará as partes que as Disposições sobre a Arbitragem Expedita serão aplicáveis ao caso.

4 – A Corte poderá, em qualquer momento durante o procedimento arbitral, por sua própria iniciativa ou mediante pedido de uma parte, e após consultar o tribunal arbitral e as partes, decidir que as Disposições sobre a Arbitragem Expedita deixarão de ser aplicáveis ao caso. Em tal caso, salvo se a Corte considerar que é adequado substituir e/ou reconstituir o tribunal arbitral, o tribunal arbitral manter-se-á constituído.

Artigo 2º – Constituição do tribunal arbitral

1 – A Corte poderá, sem prejuízo de qualquer disposição em contrário na convenção de arbitragem, nomear um árbitro único.

2 – As partes poderão designar o árbitro único dentro de um prazo a ser fixado pela Secretaria. Na falta de tal designação, o árbitro único será nomeado pela Corte dentro do prazo mais curto possível.

Artigo 3º – Procedimento

1 – O artigo 23 do Regulamento não será aplicável a uma arbitragem submetida às Regras da Arbitragem Expedita.

2 – Após a constituição do tribunal arbitral, nenhuma das partes poderá formular novas demandas, a não ser que seja autorizada a fazê-lo pelo tribunal arbitral, o qual deverá considerar a natureza de tais novas demandas, o estado atual da arbitragem, quaisquer implicações nos custos e quaisquer outras circunstâncias relevantes.

3 – A conferência sobre a condução do procedimento convocada nos termos do artigo 24 do Regulamento deverá ocorrer no prazo máximo de 15 dias a contar da data em que os autos forem enviados ao tribunal arbitral. A Corte poderá prorrogar esse prazo, atendendo a um pedido fundamen-

tado do tribunal arbitral, ou por sua própria iniciativa, se julgar necessário fazê-lo.

4 – O tribunal arbitral adotará, discricionariamente, as medidas procedimentais que considerar adequadas. Em particular, o tribunal arbitral poderá decidir, após consultar as partes, não permitir requerimentos de produção documental ou limitar o número, a extensão e o escopo de manifestações escritas e testemunhos escritos (tanto para testemunhas quanto para peritos).

5 – O tribunal arbitral poderá, após consultar as partes, decidir o litígio unicamente com base nos documentos apresentados pelas partes, sem qualquer audiência ou exame de testemunhas ou peritos.

Artigo 4º – Sentença arbitral

1 – O prazo dentro do qual o tribunal arbitral deve proferir a sentença arbitral final é de seis meses a contar da data da conferência sobre a condução do procedimento. A Corte poderá prorrogar o prazo nos termos do artigo 31(2) do Regulamento.

2 – Os honorários do tribunal arbitral serão fixados de acordo com as tabelas de cálculo das despesas administrativas e dos honorários do árbitro para a arbitragem expedita estabelecidas no Apêndice III.

Artigo 5º – Regra geral

Em todos os assuntos relativos à arbitragem expedita não expressamente previstos no presente Apêndice, a Corte e o tribunal arbitral deverão proceder em conformidade com o espírito do Regulamento e do presente Apêndice.

3.2.2. Regulamento de Mediação da Câmara de Comércio Internacional

Artigo 1º – Disposições introdutórias

1 – O Regulamento de Mediação (o "Regulamento") da Câmara de Comércio Internacional (a "CCI") é administrado pelo Centro Internacional de ADR da CCI (o "Centro"), que constitui um órgão administrativo independente no âmbito da CCI.

2 – O Regulamento prevê a nomeação de um terceiro neutro (o "Mediador") para auxiliar as partes na resolução de sua disputa.

3 – Mediação será o procedimento utilizado de acordo com o Regulamento, exceto se, antes da confirmação ou nomeação do Mediador ou com a concordância deste, as partes acordarem um procedimento diferente ou uma combinação de procedimentos consensuais de resolução de disputas. Entende-se que o termo "mediação", tal como utilizado no Regulamento, inclui tal(tais) procedimento(s) de resolução e que o termo "Mediador" inclui o terceiro neutro que conduz o(s) referido(s) procedimento(s). Independentemente do método de resolução adotado, o termo "Procedimento" tal como utilizado no Regulamento refere-se ao procedimento que principia com o início e termina com o encerramento nos termos do Regulamento.

4 – Todas partes podem concordar em alterar qualquer das disposições do Regulamento, podendo, porém, o Centro, decidir não administrar o Procedimento se, em seu entender, considerar que tal alteração não respeita o espírito do Regulamento. A qualquer momento após a confirmação ou nomeação do Mediador, qualquer acordo de alteração das disposições do Regulamento deverá igualmente estar sujeito à aprovação do Mediador.

5 – O Centro é o único órgão autorizado a administrar o Procedimento previsto no Regulamento.

Artigo 2º – Início do procedimento na existência de acordo em submeter-se ao Regulamento

1 – Havendo acordo entre as partes no sentido de submeter sua disputa ao Regulamento, qualquer parte ou partes que pretendam iniciar mediação nos termos do Regulamento deverão apresentar ao Centro um Requerimento de Mediação (o "Requerimento") por escrito, contendo os seguintes elementos:

a) nomes, endereços, números de telefone, endereços eletrônicos e quaisquer outros contatos das partes da disputa e de qualquer (quaisquer) pessoa(s) que as represente(m) no Procedimento;

b) descrição da disputa, incluindo, se possível, uma estimativa do seu valor;

c) qualquer acordo de utilização de um procedimento de resolução distinto da mediação ou, na ausência de acordo, eventual proposta de outro procedimento de resolução que a parte que submete o Requerimento pretenda apresentar;

d) qualquer acordo sobre o(s) prazo(s) para condução da mediação ou, na ausência de acordo, eventual proposta relativa ao(s) prazo(s);

e) qualquer acordo sobre o(s) idioma(s) da mediação ou, na ausência de acordo, eventual proposta relativa ao(s) idioma(s);

f) qualquer acordo sobre a localização de quaisquer reuniões presenciais ou, na ausência de acordo, eventual proposta relativa a tal localização;

g) qualquer designação conjunta por todas as partes, de um Mediador ou, na ausência de designação conjunta, qualquer acordo de todas as partes acerca dos atributos do Mediador a ser nomeado pelo Centro ou, na ausência de tal acordo, eventual proposta relativa aos atributos do Mediador;

h) cópia de qualquer acordo escrito em que se baseia o Requerimento.

2 – Em conjunto com o Requerimento, a parte ou partes que apresentam o Requerimento deverão pagar a taxa de registro estipulada no Apêndice ao presente Regulamento, em vigor na data de apresentação do referido Requerimento.

3 – A parte ou partes que apresentam o Requerimento deverão simultaneamente enviar uma cópia do Requerimento a todas as outras partes, exceto se o Requerimento tiver sido apresentado em conjunto por todas elas.

4 – O Centro notificará por escrito as partes do recebimento do Requerimento e da taxa de registro.

5 – Na existência de acordo em submeter-se ao Regulamento, a data de recebimento do Requerimento pelo Centro deverá ser considerada, para todos os efeitos, como a data de início do Procedimento.

6 – Caso as partes tenham acordado que o prazo para a resolução da disputa, nos termos do Regulamento, comece a contar da data de apresentação de um Requerimento, tal apresentação será considerada, para efeitos exclusivos de determinação do início do prazo, como tendo sido efetuada na data em que o Centro notificar o recebimento do Requerimento ou da taxa de registro, consoante o que ocorrer por último.

Artigo 3º – Início do procedimento na inexistência de acordo em submeter-se ao Regulamento

1 – Na inexistência de acordo entre as partes em submeter a sua disputa ao Regulamento, qualquer parte que pretenda propor essa opção poderá fazê-lo, enviando um Requerimento por escrito ao Centro contendo a informação especificada no artigo 2(1) subitens a)-g). Após recebimento de tal Requerimento, o Centro informará as demais partes da proposta, podendo prestar-lhes assistência na apreciação da mesma.

2 – Em conjunto com o Requerimento, a parte ou partes que apresentarem o Requerimento devem pagar a taxa de registo estipulada no Apêndice ao presente Regulamento, em vigor na data de apresentação do referido Requerimento.

3 – Caso as partes acordem em submeter a sua disputa aos termos do Regulamento, o Procedimento terá início na data em que o Centro enviar uma confirmação escrita às partes de que tal acordo foi alcançado.

4 – Caso as partes não acordem em submeter a sua disputa aos termos do Regulamento no prazo de 15 dias a contar da data de recebimento do Requerimento pelo Centro, ou em qualquer outro prazo adicional que possa ser razoavelmente determinado pelo Centro, o Procedimento não será iniciado.

Artigo 4º – Local e idioma(s) da mediação

1 – Na ausência de acordo entre as partes, o Centro poderá determinar o local de realização de qualquer reunião presencial entre o Mediador e as partes ou convidar o Mediador a fazê-lo após a confirmação ou nomeação do Mediador.

2 – Na ausência de acordo entre as partes, o Centro poderá determinar o(s) idioma(s) a ser(em) adotado(os) na condução da mediação ou convidar o Mediador a fazê-lo após a confirmação ou nomeação do Mediador.

Artigo 5º – Escolha do Mediador

1 – As partes podem designar conjuntamente um Mediador para confirmação pelo Centro.

2 – Inexistindo designação conjunta de um Mediador pelas partes, o Centro deverá, após consulta às partes, nomear um Mediador ou propor uma lista de Mediadores. As partes podem designar conjuntamente um Mediador da referida lista, para confirmação pelo Centro. Se as partes não o fizerem, o Mediador será nomeado pelo Centro.

3 – Antes da nomeação ou confirmação, o provável Mediador deverá assinar uma declaração de aceitação, disponibilidade, imparcialidade e independência. O provável Mediador deve revelar por escrito ao Centro quaisquer fatos ou circunstâncias cuja natureza possa levar ao questionamento da sua independência aos olhos das partes, assim como quaisquer circunstâncias que possam gerar dúvidas razoáveis em relação à sua imparcialidade. O Centro deverá comunicar tal informação às partes por escrito e estabelecer um prazo para apresentarem seus eventuais comentários.

4 – Ao confirmar ou nomear um Mediador, o Centro deverá considerar os atributos do provável Mediador, incluindo, sem se limitar à nacionalidade, competências linguísticas, formação, qualificações e experiência, bem como a disponibilidade e capacidade do provável Mediador de conduzir a mediação de acordo com o Regulamento.

5 – No caso de nomear um Mediador, o Centro deverá fazê-lo com base numa proposta de um Comitê Nacional ou Grupo da CCI ou de outro modo. O Centro deve promover todos os esforços razoáveis no sentido de nomear um Mediador com os atributos, caso existam, acordados por todas as partes. Se qualquer das partes impugnar o Mediador nomeado pelo Centro e notificar, por escrito, o Centro e as demais partes, especificando as razões de tal impugnação, no prazo de 15 dias a contar do recebimento da notificação da nomeação, o Centro deverá nomear outro Mediador.

6 – Mediante consenso de todas as partes, elas podem nomear mais de um Mediador ou solicitar que o Centro nomeie mais de um Mediador, de acordo com as disposições do Regulamento. Em circunstâncias apropriadas, o Centro pode propor às partes a nomeação de mais de um Mediador.

Artigo 6º – Honorários e custos

1 – Em conjunto com o Requerimento, a parte ou partes que apresentarem um Requerimento devem enviar a taxa de registo não reembolsável prevista no artigo 2(2) ou no artigo 3(2) do Regulamento, conforme estipulado no Apêndice ao presente Regulamento. Nenhum Requerimento será processado sem o pagamento da taxa de registo.

2 – Após o recebimento de um Requerimento nos termos do artigo 3º, o Centro poderá solicitar que a parte que apresenta o Requerimento efetue um depósito para cobrir as despesas administrativas do Centro.

3 – Após o início do Procedimento, o Centro deve solicitar que as partes efetuem um ou vários depósitos para cobrir as despesas administrativas do Centro e os honorários e despesas do Mediador, tal como estipulado no Apêndice ao presente Regulamento.

4 – Na falta de realização de qualquer depósito solicitado, o Centro poderá suspender ou encerrar o Procedimento conforme previsto no Regulamento.

5 – Após encerramento do Procedimento, o Centro fixará os custos totais e, conforme o caso, reembolsará às partes qualquer valor em excesso ou cobrará das partes qualquer saldo devido nos termos do Regulamento.

6 – Em relação a Procedimentos iniciados nos termos do Regulamento, todos os depósitos solicitados e custos estipulados são suportados em parcelas iguais pelas partes, salvo acordo escrito em contrário. No entanto, qualquer parte poderá pagar o saldo em dívida de tais depósitos e custos, caso a outra parte não pague a sua parte.

7 – Salvo acordo em contrário, as demais despesas de qualquer das partes serão de sua responsabilidade.

Artigo 7º – Condução da mediação

1 – O Mediador e as partes deverão debater prontamente o modo como a mediação será conduzida.

2 – Após esse debate, o Mediador deverá enviar prontamente às partes uma nota escrita sobre o modo como a mediação será conduzida. Ao aceitar submeter uma disputa ao Regulamento, cada uma das partes acorda participar no Procedimento, pelo menos até ao recebimento da referida nota do Mediador ou até o encerramento antecipado do Procedimento, como previsto no artigo 8(1) do Regulamento.

3 – Ao estabelecer e conduzir a mediação, o Mediador deverá orientar-se pela vontade das partes e deverá tratá-las com equidade e imparcialidade.

4 – Cada parte deverá agir de boa-fé durante a mediação.

Artigo 8º – Encerramento do Procedimento

1 – O Procedimento iniciado nos termos do Regulamento será encerrado mediante confirmação escrita desse encerramento enviada pelo Centro às partes, após a ocorrência de um dos seguintes fatos, o que ocorrer primeiro:

a) assinatura de um acordo entre as partes;

b) notificação escrita enviada ao Mediador por qualquer das partes, em qualquer momento após recebimento da nota do Mediador referida no artigo 7(2), indicando a decisão dessa parte de não prosseguir com a mediação;

c) notificação escrita enviada pelo Mediador às partes indicando a conclusão da mediação;

d) notificação escrita enviada pelo Mediador às partes de que, na opinião do Mediador, a mediação não solucionará a disputa entre elas;

e) notificação escrita enviada pelo Centro às partes de que o prazo estabelecido para o Procedimento, incluindo qualquer eventual prorrogação, expirou;

f) notificação escrita enviada pelo Centro às partes, a partir de sete dias da data de vencimento de qualquer pagamento devido por uma ou mais partes nos termos do Regulamento, indicando que este pagamento não foi efetuado; ou

g) notificação escrita enviada pelo Centro às partes de que, na opinião do Centro, a tentativa de designar um Mediador não teve sucesso ou não houve possibilidade razoável de nomear um Mediador.

2 – O Mediador deverá notificar prontamente o Centro da assinatura de um acordo pelas partes ou de qualquer notificação enviada para ou pelo Mediador nos termos do artigo 8(1) subitens b)-d), fornecendo ao Centro uma cópia desta notificação.

Artigo 9º – Confidencialidade

1 – Inexistindo acordo em contrário entre as partes e salvo se vedado pela lei aplicável:

a) o Procedimento, mas não o fato deste estar a ocorrer, ter ocorrido ou vir a ocorrer, é privado e confidencial;

b) qualquer acordo entre as partes deverá ser mantido em sigilo, exceto se uma parte tiver o direito de revelá-lo, na medida em que essa revelação seja exigida pela lei aplicável ou seja necessária para efeitos da sua implementação ou execução.

2 – Salvo exigência da lei aplicável e na ausência de acordo em contrário das partes, nenhuma delas poderá, de modo algum, utilizar como prova em qualquer processo judicial, arbitral ou similar:

a) quaisquer documentos, manifestações ou comunicações que sejam apresentados por outra parte ou pelo Mediador no ou para o Procedimento, exceto se os mesmos puderem ser obtidos de forma independente pela parte que deseja apresentá-los no processo judicial, arbitral ou similar;

b) quaisquer opiniões expressadas ou sugestões feitas por qualquer das partes no âmbito do Procedimento em relação à disputa ou com vista à sua possível solução;

c) qualquer tipo de reconhecimento feito por outra parte no âmbito do Procedimento;

d) quaisquer opiniões ou propostas apresentadas pelo Mediador no âmbito do Procedimento; ou

e) o fato de qualquer das partes ter manifestado, no âmbito do Procedimento, a sua disposição em aceitar uma proposta de solução de acordo.

Artigo 10º – Disposições gerais

1 – Se, antes da data de entrada em vigor deste Regulamento, as partes tiverem acordado em submeter a sua disputa ao Regulamento ADR da CCI, considerar-se-á que a submeteram ao Regulamento de Mediação da CCI, exceto em caso de oposição de qualquer delas; neste caso, o Regulamento de ADR da CCI será aplicável.

2 – Salvo acordo escrito em contrário de todas as partes ou proibição da lei aplicável, as partes podem iniciar ou prosseguir qualquer processo judicial, arbitral ou similar relacionado com a disputa, sem prejuízo do Procedimento previsto no Regulamento.

3 – Salvo acordo escrito em contrário de todas as partes, um Mediador não deverá atuar ou ter atuado em qualquer processo judicial, arbitral ou similar relacionado com a disputa que seja ou tenha sido objeto do Procedimento previsto no Regulamento, na qualidade de juiz, árbitro, perito, representante ou consultor de uma das partes.

4 – Salvo acordo escrito em contrário de todas as partes e do Mediador ou exigência da lei aplicável, o referido Mediador não deverá prestar depoimento em qualquer processo judicial, arbitral ou similar relativo a qualquer aspecto do Procedimento previsto no Regulamento.

5 – O Mediador, o Centro, a CCI e os seus funcionários, os Comitês Nacionais e Grupos da CCI e os seus funcionários e representantes não

serão responsáveis perante qualquer pessoa por qualquer ato ou omissão relacionados com o Procedimento, salvo na medida em que tal limitação de responsabilidade seja proibida pela lei aplicável.

6 – Em todos os casos não expressamente previstos no Regulamento, o Centro e o Mediador deverão proceder em conformidade com o espírito do Regulamento.

Apêndice – Honorários e Custas

Artigo 1º – Taxa de registro

Cada Requerimento apresentado nos termos do Regulamento deve ser acompanhado de uma taxa de registro no valor de US$ 3.000, a qual não é reembolsável e deverá ser creditada ao depósito da parte ou partes que apresentaram o Requerimento.

Artigo 2º – Despesas administrativas

1 – As despesas administrativas da CCI referentes aos procedimentos deverão ser discricionariamente fixadas pelo Centro, de acordo com as tarefas executadas pelo mesmo, não devendo normalmente exceder os seguintes valores:

US$ 5.000	para valores em disputa inferiores ou iguais a US$ 200.000
US$ 10.000	para valores em disputa entre US$ 200.001 e US$ 2.000.000
US$ 15.000	para valores em disputa entre US$ 2.000.001 e US$ 10.000.000
_US$ 20.000	para valores em disputa entre US$ 10.000.001 e US$ 50.000.000
_US$ 25.000	para valores em disputa entre US$ 50.000.001 e US$ 100.000.000
_US$ 30.000	para valores em disputa superiores a US$ 100.000.000

2 – Nos casos em que o valor em disputa não for determinado, as despesas administrativas poderão ser discricionariamente fixadas pelo Centro, tendo em conta todas as circunstâncias do caso, incluindo indicações sobre o valor em disputa, mas normalmente não deverão exceder US$ 20.000.

3 – Em circunstâncias excepcionais, o Centro poderá fixar as despesas administrativas num valor superior ao que resultaria da aplicação da escala supra, desde que informe previamente as partes de tal possibilidade e nor-

malmente não deverão exceder o montante máximo previsto na referida escala.

4 – O Centro poderá exigir o pagamento de despesas administrativas adicionais às previstas na escala descrita no artigo 2(1) deste Apêndice, como condição para manter em suspenso o procedimento, a pedido das partes ou de uma delas com o consentimento da outra. Estas despesas de suspensão não deverão normalmente exceder US$ 1.000 por parte por ano.

Artigo 3º – Honorários e despesas do Mediador

1 – Salvo acordo em contrário das partes e do Mediador, os honorários deste serão calculados com base no tempo razoavelmente despendido pelo Mediador no procedimento. Estes honorários serão baseados numa taxa horária estipulada pelo Centro ao nomear ou confirmar o Mediador e após consulta do Mediador e das partes. O montante da taxa horária deverá ser razoável, sendo determinado em função da complexidade da disputa e demais circunstâncias relevantes.

2 – Quando acordado pelas partes e pelo Mediador, o Centro pode fixar os honorários do Mediador com base num valor fixo único para todo o procedimento e não numa taxa horária. Este valor fixo deverá ser razoável, e será determinado em função da complexidade da disputa, o volume de trabalho que, segundo as previsões das partes e do Mediador, será exigido deste e demais circunstâncias relevantes. O Centro poderá aumentar ou diminuir discricionariamente o valor fixo único, de acordo com pedido fundamentado de uma das partes ou do Mediador. Antes de efetuar aumento ou diminuição do valor fixo único, o Centro deverá solicitar comentários de todas as partes e do Mediador.

3 – O montante das despesas razoáveis do Mediador será fixado pelo Centro.

4 – Os honorários e despesas do Mediador serão fixados exclusivamente pelo Centro, tal como estabelecido pelo Regulamento. Quaisquer acordos separados sobre honorários entre as partes e o Mediador não são permitidos pelo Regulamento.

Artigo 4º – Arbitragem prévia da CCI

Quando a mediação for precedida pela apresentação de um requerimento de arbitragem nos termos do Regulamento de Arbitragem da CCI, referente às mesmas partes e à mesma disputa, ou a parte deste, a taxa de registro de tal procedimento de arbitragem deverá ser creditada às despesas administrativas da mediação, caso as despesas administrativas totais pagas em relação à arbitragem excedam US$ 7.500.

Artigo 5º – Moeda, IVA e âmbito

1 – Todos os valores determinados pelo Centro ou previstos em qualquer Apêndice ao Regulamento devem ser pagos em US$, exceto quando proibido por lei, caso em que a CCI poderá aplicar uma escala e um acordo sobre os honorários diferentes em outra moeda.

2 – Os valores pagos ao Mediador não incluem o imposto sobre o valor agregado (IVA) ou quaisquer outros tributos e encargos eventualmente aplicáveis aos honorários do Mediador. Quaisquer tributos ou encargos devem ser pagos pelas partes. Contudo, o reembolso de quaisquer desses tributos ou encargos deve ser tratado unicamente entre o Mediador e as partes.

3 – Quaisquer despesas administrativas da CCI poderão estar sujeitas ao imposto sobre o valor agregado (IVA) ou outros encargos de natureza similar, de acordo com a alíquota em vigor.

4 – As disposições supra sobre custos do procedimento aplicam-se a todos os procedimentos que, iniciados em 1º de janeiro de 2018 ou após esta data, tenham sido submetidos nos termos do presente Regulamento ou do Regulamento ADR da CCI.

Artigo 6º – A CCI como autoridade de nomeação

Todo pedido recebido para que uma autoridade da CCI nomeie um Mediador será tratado segundo o Regulamento da CCI sobre a Nomeação de Peritos e Terceiros Independentes e deve ser acompanhado de uma taxa de registro não reembolsável de US$ 3.000 por Mediador. Nenhum pedido será processado a menos que seja acompanhado de tal taxa de registro. Para serviços adicionais, a CCI pode fixar a seu critério despesas administrativas da CCI, as quais serão proporcionais aos serviços prestados e normalmente não deverão exceder o valor máximo de US$ 10.000.

3.3. The London Court of International Arbitration

3.3.1. LCIA Arbitration Rules

Preamble

Where any agreement, submission or reference howsoever made or evidenced in writing (whether signed or not) provides in whatsoever manner for arbitration under the rules of or by the LCIA, the London Court of International Arbitration, the London Court of Arbitration or the London Court, the parties thereto shall be taken to have agreed in writing that any arbitration between them shall be conducted in accordance with the LCIA Rules or such amended rules as the LCIA may have adopted hereafter to take effect before the commencement of the arbitration and that such LCIA Rules form part of their agreement (collectively, the "Arbitration Agreement"). These LCIA Rules comprise this Preamble, the Articles and the Index, together with the Annex to the LCIA Rules and the Schedule of Costs as both from time to time may be separately amended by the LCIA (the "LCIA Rules").

Article 1 – Request for Arbitration

1.1 – Any party wishing to commence arbitration under the LCIA Rules (the "Claimant") shall deliver to the Registrar of the LCIA Court (the "Registrar") a written request for arbitration (the "Request"), containing or accompanied by:

(*i*) the full name, nationality and all contact details (including email address, postal address and telephone number) of the Claimant for the purpose of receiving delivery of all documentation in the arbitration in accordance with Article 4; and the same particulars of the Claimant's authorised representatives (if any) and of all other parties to the arbitration;

(ii) the full terms of the Arbitration Agreement (excepting the LCIA Rules) invoked by the Claimant to support its claim, together with a copy of any contractual or other documentation in which those terms are contained and to which the Claimant's claim relates;

(iii) a statement briefly summarising the nature and circumstances of the dispute, its estimated monetary amount or value, the transaction(s) at issue and the claim advanced by the Claimant against any other party to the arbitration (each such other party being here separately described as a "Respondent");

(iv) a statement of any procedural matters for the arbitration (such as the arbitral seat, the language(s) of the arbitration, the number of arbitrators, their qualifications and identities) upon which the parties have already agreed in writing or in respect of which the Claimant makes any proposal under the Arbitration Agreement;

(v) if the Arbitration Agreement (or any other written agreement) howsoever calls for any form of party nomination of arbitrators, the full name, email address, postal address and telephone number of the Claimant's nominee;

(vi) confirmation that the registration fee prescribed in the Schedule of Costs has been or is being paid to the LCIA, without actual receipt of which the Request shall be treated by the Registrar as not having been delivered and the arbitration as not having been commenced under the Arbitration Agreement; and

(vii) confirmation that copies of the Request (including all accompanying documents) have been or are being delivered to all other parties to the arbitration in accordance with Article 4 by one or more means to be identified specifically in such confirmation, to be supported then or as soon as possible thereafter by documentary proof satisfactory to the LCIA Court of actual delivery (including the date of delivery) or, if actual delivery is demonstrated to be impossible to the LCIA Court's satisfaction, sufficient information as to any other effective form of notification.

1.2 – A Claimant wishing to commence more than one arbitration under the LCIA Rules (whether against one or more Respondents and under one or more Arbitration Agreements) may serve a composite Request in respect of all such arbitrations, provided that the requirements of Article 1.1 are complied with to the satisfaction of the LCIA Court in respect of each arbitration. In particular, in any composite Request the Claimant must identify separately the estimated monetary amount or value in dispute, the transaction(s) at issue and the claim advanced by the Claimant against any other party in each arbitration. Each arbitration so commenced shall proceed separately and in accordance with the LCIA Rules, subject to the LCIA Court or the Arbitral Tribunal determining otherwise.

1.3 – The Request (including all accompanying documents) shall be submitted to the Registrar in electronic form in accordance with Article 4.1.

1.4 – The arbitration shall be treated as having commenced for all purposes on the date upon which the Request (including all accompanying documents) is received electronically by the Registrar (the "Commencement Date"), provided that the LCIA has received the registration fee. Where the registration fee is received subsequently the Commencement Date will be the date of the LCIA's actual receipt of the registration fee.

1.5 – At any time after the Commencement Date but prior to the appointment of the Arbitral Tribunal the LCIA Court may allow a Claimant to supplement, modify or amend its Request to correct any error in computation, any clerical or typographical error, any ambiguity or any mistake of a similar nature, after giving the parties a reasonable opportunity to state their views and upon such terms as the LCIA Court may decide.

1.6 – There may be one or more Claimants (whether or not jointly represented); and in such event, where appropriate, the term "Claimant" shall be so interpreted under the Arbitration Agreement.

Article 2 – Response

2.1 – Within 28 days of the Commencement Date, or such lesser or greater period to be determined by the LCIA Court upon application by any party or upon its own initiative (pursuant to Article 22.5), the Respondent shall deliver to the Registrar a written response to the Request (the "Response"), containing or accompanied by:

(*i*) the Respondent's full name, nationality and all contact details (including email address, postal address and telephone number) for the purpose of receiving delivery of all documentation in the arbitration in accordance with Article 4 and the same particulars of its authorised representatives (if any);

(*ii*) confirmation or denial of all or part of the claim advanced by the Claimant in the Request, including the Claimant's invocation of the Arbitration Agreement in support of its claim;

(*iii*) if not full confirmation, a statement briefly summarising the nature and circumstances of the dispute, its estimated monetary amount or value, the transaction(s) at issue and the defence advanced by the Respondent, and also indicating any counterclaim advanced by the Respondent against any Claimant and any cross--claim against any other Respondent;

(*iv*) a response to any statement of procedural matters for the arbitration contained in the Request under Article 1.1(iv), including the Respondent's own statement relating to the arbitral seat, the language(s) of the arbitration, the number of arbitrators, their qualifications and identities and any other procedural matter upon which the parties have already agreed in writing or in respect of which the Respondent makes any proposal under the Arbitration Agreement;

(*v*) if the Arbitration Agreement (or any other written agreement) howsoever calls for party nomination of arbitrators, the full name, email address, postal address and telephone number of the Respondent's nominee; and

(*vi*) confirmation that copies of the Response (including all accompanying documents) have been or are being delivered to all other parties to the arbitration in accordance with Article 4 by one or more means of delivery to be identified specifically in such confirmation, to be supported then or as soon as possible thereafter by documentary proof satisfactory to the LCIA Court of actual delivery (including the date of delivery) or, if actual delivery is demonstrated to be impossible to the LCIA Court's satisfaction, sufficient information as to any other effective form of notification.

2.2 – Where the Request is a composite Request, the Respondent may serve a composite Response in respect of all or any of the arbitrations, provided that the requirements of Article 2.1 are complied with to the satisfaction of the LCIA Court in respect of each arbitration to which the Response responds. In particular, in any composite Response the Respondent must identify separately the estimated monetary amount or value in dispute, the transaction(s) at issue and the defence, counterclaim or cross-claim advanced by the Respondent against any other party to each arbitration.

2.3 – The Response (including all accompanying documents) shall be submitted to the Registrar in electronic form in accordance with Article 4.1.

2.4 – Failure to nominate or propose any arbitrator candidate within the time for delivery of a Response or such other time period as is agreed by the parties shall constitute an irrevocable waiver of that party's opportunity to nominate or propose any arbitrator candidate. Failure to deliver any or any part of a Response within time or at all shall not (by itself) preclude the Respondent from denying any claim or from advancing any defence, counterclaim or cross-claim in the arbitration.

2.5 – Subject to Article 2.4, at any time prior to the appointment of the Arbitral Tribunal the LCIA Court may allow a party to supplement, modify or amend its Response to correct any error in computation, any clerical or typographical error, any ambiguity or any mistake of a similar nature, after giving the parties a reasonable opportunity to state their views and upon such terms as the LCIA Court may decide.

2.6 – There may be one or more Respondents (whether or not jointly represented); and in such event, where appropriate, the term "Respondent" shall be so interpreted under the Arbitration Agreement.

Article 3 – LCIA Court and Registrar

3.1 – The functions of the LCIA Court under the Arbitration Agreement shall be performed in its name by the President of the LCIA Court (or any of its Vice Presidents, Honorary Vice Presidents or former Vice Presidents) or by a division of three or more members of the LCIA Court appointed by its President or any Vice President (the "LCIA Court").

3.2 – The functions of the Registrar under the Arbitration Agreement shall be performed under the supervision of the LCIA Court by the Registrar or any deputy Registrar.

3.3 – All communications in the arbitration to the LCIA Court from any party, authorised representative of a party, arbitrator, tribunal secretary or expert to the Arbitral Tribunal shall be addressed to the Registrar. All such communications with the Registrar from any party or authorised representative of a party shall be copied to all other parties.

Article 4 – Written Communications and Periods of Time

4.1 – The Claimant shall submit the Request under Article 1.3 and the Respondent the Response under Article 2.3 in electronic form, either by email or other electronic means including via any electronic filing system operated by the LCIA. Prior written approval should be sought from the Registrar, acting on behalf of the LCIA Court, to submit the Request or the Response by any alternative method.

4.2 – Save with the prior written approval or direction of the Arbitral Tribunal, or, prior to the constitution of the Arbitral Tribunal, the Registrar acting on behalf of the LCIA Court, any written communication in relation to the arbitration shall be delivered by email or any other electronic means of communication that provides a record of its transmission.

4.3 – Delivery by email or other electronic means of communication shall be as agreed or designated by a party for the purpose of receiving any communication in regard to the Arbitration Agreement. Any written communication (including the Request and Response) delivered to such party by that electronic means shall be treated as having been received by such party. In the absence of such agreement or designation or order by the Arbitral Tribunal, if delivery by electronic means has been regularly used in the parties' previous dealings, any written communication (including the Request and Response) may be delivered to a party by that electronic means and shall be treated as having been received by such party, subject to the LCIA Court or the Arbitral Tribunal being informed of any reason why the communication will not actually be received by such party including electronic delivery failure notification. Notwithstanding the above, the LCIA Court or the Arbitral Tribunal may direct that any written communication be delivered to a party at any address and by any means it considers appropriate.

4.4 – For the purpose of determining the commencement of any time limit, unless otherwise ordered by the Arbitral Tribunal or the Registrar acting on behalf of the LCIA Court, a written communication sent by electronic means shall be treated as having been received by a party on the day it is transmitted (such time to be determined by reference to the recipient's time zone). If delivery by any other means is permitted or directed under this Article 4, a written communication shall be treated as having been received by a party on the day it is delivered (such time to be determined by reference to the recipient's time zone).

4.5 – For the purpose of determining compliance with a time limit, unless otherwise ordered by the Arbitral Tribunal or the Registrar acting on behalf of the LCIA Court, a written communication shall be treated as having been made by a party if transmitted or delivered prior to or on the date of the expiration of the time limit (such time to be determined by reference to the sender's time zone).

4.6 – For the purpose of calculating a period of time, such period shall begin to run on the day following the day when a written communication is received by the addressee. If the last day of such period is an official holiday or non-business day at the place of that addressee (or the place of the party against whom the calculation of time applies), the period shall be extended until the first business day which follows that last day. Official holidays and non-business days occurring during the running of the period of time shall be included in calculating that period.

4.7 – A party shall inform the Registrar, the Arbitral Tribunal and all other parties as soon as reasonably practical of any changes to its full name and contact details (including email address, postal address and telephone number) or to those of its authorised representatives.

Article 5 – Formation of Arbitral Tribunal

5.1 – The formation of the Arbitral Tribunal by the LCIA Court shall not be impeded by any controversy between the parties relating to the sufficiency of the Request or the Response. The LCIA Court may also proceed with the arbitration notwithstanding that the Request is incomplete or the Response is missing, late or incomplete.

5.2 – The expression the "Arbitral Tribunal" includes a sole arbitrator (including, where appropriate, an Emergency Arbitrator) or all the arbitrators where more than one.

5.3 – All arbitrators shall be and remain at all times impartial and independent of the parties; and none shall act in the arbitration as advocate for or authorised representative of any party. No arbitrator shall give advice to any party on the parties' dispute or the conduct or outcome of the arbitration.

5.4 – Before appointment by the LCIA Court, each arbitrator candidate shall furnish to the Registrar (upon the latter's request) a brief written summary of his or her qualifications and professional positions (past and present); the candidate shall also agree in writing fee rates conforming to the Schedule of Costs; the candidate shall sign a written declaration stating: (i) whether there are any circumstances currently known to the candidate which are likely to give rise in the mind of any party to any justifiable doubts as to his or her impartiality or independence and, if so, specifying in full such circumstances in the declaration; and (ii) whether the candidate is ready, willing and able to devote sufficient time, diligence and industry to ensure the expeditious and efficient conduct of the arbitration. The candidate shall promptly furnish such agreement and declaration to the Registrar.

5.5 – Each arbitrator shall assume a continuing duty, until the arbitration is finally concluded, forthwith to disclose in writing any circumstances becoming known to that arbitrator after the date of his or her written declaration (under Article 5.4) which are likely to give rise in the mind of any party to any justifiable doubts as to his or her impartiality or independence, to be delivered to the LCIA Court, any other members of the Arbitral Tribunal and all parties in the arbitration.

5.6 – The LCIA Court shall appoint the Arbitral Tribunal promptly following delivery to the Registrar of the Response or, if no Response is received, promptly after 28 days from the Commencement Date (or such other lesser or greater period to be determined by the LCIA Court pursuant to Article 22.5).

5.7 – No party or third person may appoint any arbitrator under the Arbitration Agreement: the LCIA Court alone is empowered to appoint arbitrators (albeit taking into account any written agreement or joint nomination by the parties or nomination by the other candidates or arbitrators).

5.8 – A sole arbitrator shall be appointed unless the parties have agreed in writing otherwise or the LCIA Court determines that in the circumstances a three-member tribunal is appropriate (or, exceptionally, more than three).

5.9 – The LCIA Court shall appoint arbitrators with due regard for any particular method or criteria of selection agreed in writing by the parties. The LCIA Court shall also take into account the transaction(s) at issue, the nature and circumstances of the dispute, its monetary amount or value, the location and languages of the parties, the number of parties and all other factors which it may consider relevant in the circumstances.

5.10 – The President of the LCIA Court shall only be eligible to be appointed as an arbitrator if the parties agree in writing to nominate him or her as the sole or presiding arbitrator; and the Vice Presidents of the LCIA Court and the Chair of the LCIA Board of Directors (the latter being ex officio a member of the LCIA Court) shall only be eligible to be appointed as arbitrators if nominated in writing by a party or parties or by the other candidates or arbitrators – provided that no such nominee shall have taken or shall take thereafter any part in any function of the LCIA Court or LCIA relating to such arbitration.

Article 6 – Nationality of Arbitrators and Parties

6.1 – Upon request of the Registrar, the parties shall each inform the Registrar and all other parties of their nationality. Where the parties are of different nationalities, a sole arbitrator or the presiding arbitrator shall not have the same nationality as any party unless the parties who are not of the same nationality as the arbitrator candidate all agree in writing otherwise.

6.2 – For the purposes of Article 6.1, in the case of a natural person, nationality shall mean citizenship, whether acquired by birth or naturalisation or other requirements of the nation concerned. In the case of a legal person, nationality shall mean the jurisdiction in which it is incorporated and has its seat of effective management. A legal person that is incorporated in one jurisdiction but has its seat of effective management in another shall be treated as a national of both jurisdictions. The nationality of a party that is a legal person shall be treated as including the nationalities of its controlling shareholders or interests.

6.3 – A person who is a citizen of two or more States shall be treated as a national of each State; citizens of the European Union shall be treated as nationals of its different Member States and shall not be treated as having the same nationality; a citizen of a State's overseas territory shall be treated as a national of that territory and not of that State; and a legal person incorporated in a State's overseas territory shall be treated as such and not (by such fact alone) as a national of or a legal person incorporated in that State.

Article 7 – Party and Other Nominations

7.1 – If the parties have agreed howsoever that any arbitrator is to be appointed by one or more of them or by any third person (other than the LCIA Court), that agreement shall be treated under the Arbitration Agreement as an agreement to nominate an arbitrator for all purposes. Such nominee may only be appointed by the LCIA Court as arbitrator subject to that nominee's compliance with Articles 5.3 to 5.5; and the LCIA Court shall refuse to appoint any nominee if it determines that the nominee is not so compliant or is otherwise unsuitable.

7.2 – Where the parties have howsoever agreed that the Claimant or the Respondent or any third person (other than the LCIA Court) is to nominate an arbitrator and such nomination is not made within time (in the Request, Response or otherwise), the LCIA Court may appoint an arbitrator notwithstanding the absence of a nomination. The LCIA Court may, but shall not be obliged to, take into consideration any late nomination.

7.3 – In the absence of written agreement between the Parties, no party may unilaterally nominate a sole arbitrator or presiding arbitrator.

Article 8 – Three or More Parties

8.1 – Where the Arbitration Agreement entitles each party howsoever to nominate an arbitrator, the parties to the dispute number more than two and such parties have not all agreed in writing that the disputant parties represent collectively two separate "sides" for the formation of the Arbitral Tribunal (as Claimants on one side and Respondents on the other side, each side nominating a single arbitrator), the LCIA Court shall appoint the Arbitral Tribunal without regard to any party's entitlement or nomination.

8.2 – In such circumstances, the Arbitration Agreement shall be treated for all purposes as a written agreement by the parties for the nomination and appointment of the Arbitral Tribunal by the LCIA Court alone.

Article 9A – Expedited Formation of Arbitral Tribunal

9.1 – In the case of exceptional urgency, any party may apply to the LCIA Court for the expedited formation of the Arbitral Tribunal under Article 5.

9.2 – Such an application shall be made to the Registrar in writing by electronic means, together with a copy of the Request (if made by a Claimant) or a copy of the Response (if made by a Respondent), and shall be delivered or notified forthwith to all other parties to the arbitration. The application shall set out the specific grounds for exceptional urgency requiring the expedited formation of the Arbitral Tribunal.

9.3 – The LCIA Court shall determine the application as expeditiously as possible in the circumstances. If the application is granted, for the purpose of forming the Arbitral Tribunal the LCIA Court may set or abridge any period of time under the Arbitration Agreement or other agreement of the parties (pursuant to Article 22.5).

Article 9B – Emergency Arbitrator

9.4 – Subject always to Article 9.16 below, in the case of emergency at any time prior to the formation or expedited formation of the Arbitral Tribunal (under Articles 5 or 9A), any party may apply to the LCIA Court for the immediate appointment of a temporary sole arbitrator to conduct emergency proceedings pending the formation or expedited formation of the Arbitral Tribunal (the "Emergency Arbitrator").

9.5 – Such an application shall be made to the Registrar in writing by electronic means, together with a copy of the Request (if made by a Claimant) or a copy of the Response (if made by a Respondent), delivered or notified forthwith to all other parties to the arbitration. The application shall set out, together with all relevant documentation: (i) the specific grounds for requiring, as an emergency, the appointment of an Emergency Arbitrator; and (ii) the specific claim, with reasons, for emergency relief. The application shall be accompanied by the applicant's written confirmation that the applicant has paid or is paying to the LCIA the Special Fee under Article 9B, without actual receipt of which the application shall be dismissed by the LCIA Court. The Special Fee shall be subject to the terms of the Schedule of Costs. Its amount is prescribed in the Schedule, covering the fees and expenses of the Emergency Arbitrator and the administrative charges and expenses of the LCIA, with additional charges (if any) of the LCIA Court. After the appointment of the Emergency Arbitrator, the amount of the Special Fee payable by the applicant may be increased by the LCIA Court in accordance with the Schedule. Save as provided in Section 5(vi) of the Schedule of Costs, Article 24 shall not apply to any Special Fee paid to the LCIA.

9.6 – The LCIA Court shall determine the application as soon as possible in the circumstances. If the application is granted, an Emergency Arbitrator shall be appointed by the LCIA Court within three days of the Registrar's receipt of the application (or as soon as possible thereafter). Articles 5.1, 5.7, 5.9, 5.10, 6, 9C, 10 and 16.2 (last sentence) shall apply to such appointment. The Emergency Arbitrator shall comply with the requirements of Articles 5.3, 5.4 and (until the emergency proceedings are finally concluded) Article 5.5.

9.7 – The Emergency Arbitrator may conduct the emergency proceedings in any manner determined by the Emergency Arbitrator to be appropriate in the circumstances, taking account of the nature of such emergency proceedings, the need to afford to each party, if possible, an opportunity to be consulted on the claim for emergency relief (whether or not it avails itself of such opportunity), the claim and reasons for emergency relief and the parties' further submissions (if any). The Emergency Arbitrator is not required to hold any hearing with the parties whether in person, or virtually by conference call, videoconference or using other communications technology and may decide the claim for emergency relief on available documentation. In the event of a hearing, which may consist of several part-hearings (as decided by the Emergency Arbitrator), Articles 16.3, 19.2, 19.3 and 19.4 shall apply.

9.8 – The Emergency Arbitrator shall decide the claim for emergency relief as soon as possible, but no later than 14 days following the Emergency Arbitrator's appointment. This deadline may only be extended by the LCIA Court in exceptional circumstances (pursuant to Article 22.5) or by the written agreement of all parties to the emergency proceedings. The Emergency Arbitrator may make any order or award which the Arbitral Tribunal could make under the Arbitration Agreement; and, in addition, may make any order adjourning the consideration of all or any part of the claim for emergency relief to the proceedings conducted by the Arbitral Tribunal (when formed).

9.9 – An order of the Emergency Arbitrator shall be made in writing, with reasons. An award of the Emergency Arbitrator shall comply with Article 26.2 and, when made, take effect as an award under Article 26.8 (subject to Articles 9.11 and 9.12). The Emergency Arbitrator shall be responsible for delivering any order or award to the Registrar, who shall transmit the same promptly to the parties by electronic means.

9.10 – The Special Fee paid shall form a part of the Arbitration Costs under Article 28.1, the amount of which shall be determined by the LCIA Court. Any legal or other expenses incurred by any party during the emergency proceedings shall form a part of the Legal Costs under Article 28.3. The Emergency Arbitrator may determine the amount of the Legal Costs relating to the emergency proceedings and the proportions in which the parties shall bear the Legal Costs and the Arbitration Costs of the emergency proceedings. Alternatively, the Emergency Arbitrator may leave such determination of all or part of the costs of the emergency proceedings to be decided by the Arbitral Tribunal.

9.11 – Any order or award of the Emergency Arbitrator (apart from any order adjourning to the Arbitral Tribunal, when formed, any part of the claim for emergency relief) may be confirmed, varied, discharged or revoked, in whole or in part, by order or award made by the Arbitral Tribunal upon application by any party or upon its own initiative.

9.12 – Prior to the formation of the Arbitral Tribunal, the Emergency Arbitrator may, upon application by any party or upon its own initiative:

(*i*) confirm, vary, discharge or revoke, in whole or in part, any order of the Emergency Arbitrator and/or issue an additional order;

(*ii*) correct any error in computation, any clerical or typographical error, any ambiguity or any mistake of a similar nature in any award of the Emergency Arbitrator; and/or

(*iii*) make an additional award as to any claim for emergency relief presented in the emergency proceedings but not decided in any award of the Emergency Arbitrator.

9.13 – Notwithstanding Article 9B, a party may apply to a competent state court or other legal authority for any interim or conservatory measures before the formation of the Arbitral Tribunal; and Article 9B shall not be treated as an alternative to or substitute for the exercise of such right. During the emergency proceedings, any application to and any order by such court or authority shall be communicated promptly in writing to the Emergency Arbitrator, the Registrar and all other parties.

9.14 – Articles 3.3, 4, 13.1-13.4, 14.1-14.2, 14.5, 14A, 16, 17, 18, 22.3-22.4, 23, 24A, 25.1, 25.3, 28, 29, 30, 30A, 31 and 32 and the Annex shall apply to emergency proceedings. In addition to the provisions expressly set out there and in this Article 9B, the Emergency Arbitrator and the parties to the emergency proceedings shall also be guided by other provisions of the Arbitration Agreement, whilst recognising that several such provisions may not be fully applicable or appropriate to emergency proceedings. Wherever relevant, the LCIA Court may set or abridge any period of time under any such provisions (pursuant to Article 22.5).

9.15 – The LCIA Court shall have the power to decide, at its discretion, all matters relating to the administration of the emergency proceedings not expressly provided for in this Article 9B.

9.16 – Article 9B shall not apply if either: (i) the parties have concluded their arbitration agreement before 1 October 2014 and the parties have not agreed in writing to 'opt in' to Article 9B; or (ii) the parties have agreed in writing at any time to 'opt out' of Article 9B.

Article 9C – Expedited Appointment of Replacement Arbitrator

9.17 – Any party may apply to the LCIA Court to expedite the appointment of a replacement arbitrator under Article 11.

9.18 – Such an application shall be made in writing to the Registrar by electronic means, delivered or notified forthwith to all other parties to the arbitration; and it shall set out the specific grounds requiring the expedited appointment of the replacement arbitrator.

9.19 – The LCIA Court shall determine the application as expeditiously as possible in the circumstances. If the application is granted, for the purpose of expediting the appointment of the replacement arbitrator the LCIA Court may set or abridge any period of time in the Arbitration Agreement or any other agreement of the parties (pursuant to Article 22.5).

Article 10 – Revocation and Challenges

10.1 – The LCIA Court may revoke any arbitrator's appointment upon its own initiative, at the written request of all other members of the Arbitral Tribunal or upon a written challenge by any party if: (i) that arbitrator gives written notice to the LCIA Court of his or her intent to resign as arbitrator, to be copied to all parties and all other members of the Arbitral Tribunal (if any); (ii) that arbitrator falls seriously ill, refuses or becomes unable or unfit to act; or (iii) circumstances exist that give rise to justifiable doubts as to that arbitrator's impartiality or independence.

10.2 – The LCIA Court may determine that an arbitrator is unfit to act under Article 10.1 if that arbitrator: (i) acts in deliberate violation of the Arbitration Agreement; (ii) does not act fairly or impartially as between the parties; or (iii) does not conduct or participate in the arbitration with reasonable efficiency, diligence and industry.

10.3 – A party challenging an arbitrator under Article 10.1 shall, within 14 days of the formation of the Arbitral Tribunal or (if later) within 14 days of becoming aware of any grounds described in Article 10.1 or 10.2, deliver a written statement of the reasons for its challenge to the LCIA Court, the Arbitral Tribunal and all other parties. A party may challenge an arbitrator whom it has nominated, or in whose appointment it has participated, only for reasons of which it becomes aware after the appointment has been made by the LCIA Court.

10.4 – If all other parties agree in writing to the challenge within 14 days of receipt of the written statement, the LCIA Court shall revoke that arbitrator's appointment (without reasons).

10.5 – Unless the parties so agree or the challenged arbitrator resigns in writing within 14 days of receipt of the written statement, the LCIA Court shall decide the challenge. The LCIA Court may conduct the challenge proceedings in any manner it considers to be appropriate in the circumstances but shall in any event provide the other parties and the challenged arbitrator a reasonable opportunity to comment on the challenging party's written statement. The LCIA Court may require at any time further information and materials from the challenging party, the challenged arbitrator, other parties, any authorised representative of a party, other members of the Arbitral Tribunal and the tribunal secretary (if any).

10.6 – The LCIA Court's decision shall be made in writing, with reasons; and a copy shall be transmitted by the Registrar to the parties, the challenged arbitrator and other members of the Arbitral Tribunal (if any). If the challenge is upheld, the LCIA Court shall revoke that arbitrator's appointment. A challenged arbitrator who resigns in writing prior to the LCIA Court's decision shall not be considered as having admitted any part of the written statement.

10.7 – The LCIA Court shall determine the amount of fees and expenses (if any) to be paid for the former arbitrator's services, as it may consider appropriate in the circumstances. The LCIA Court may also determine whether, in what amount and to whom any party should pay all or any part of the costs of the challenge; and the LCIA Court may also refer all or any part of such costs to the later decision of the Arbitral Tribunal and/or the LCIA Court under Article 28.

Article 11 – Nomination and Replacement

11.1 – In the event that the LCIA Court determines that justifiable doubts exist as to any arbitrator candidate's suitability, independence or impartiality, or if a nominee declines appointment as arbitrator, or if an arbitrator is to be replaced for any reason, the LCIA Court may determine whether or not to follow the original nominating process for such arbitral appointment.

11.2 – The LCIA Court may determine that any opportunity given to a party to make any re-nomination (under the Arbitration Agreement or otherwise) shall be waived if not exercised within 14 days (or such lesser or greater time as the LCIA Court may determine), after which the LCIA Court shall appoint the replacement arbitrator without such re-nomination.

11.3 – Save for any award rendered, the Arbitral Tribunal (when reconstituted) shall determine whether, and if so to what extent, the previous proceedings in the arbitration shall stand.

Article 12 – Majority Power to Continue Deliberations

12.1 – Where an arbitrator without good cause refuses or persistently fails to participate in the deliberations of an Arbitral Tribunal, the remaining arbitrators jointly may give written notice of such refusal or failure to the LCIA Court, the parties and the absent arbitrator. In exceptional circumstances, the remaining arbitrators may decide to continue the arbitration (including the making of any award) notwithstanding the absence of that other arbitrator, subject to the written approval of the LCIA Court.

12.2 – In deciding whether to continue the arbitration, the remaining arbitrators shall take into account the stage of the arbitration, any explanation made by or on behalf of the absent arbitrator for his or her refusal or failure to participate, the likely effect upon the legal recognition or enforceability of any award at the seat of the arbitration and such other matters as they consider appropriate in the circumstances. The reasons for such decision shall be stated in any award made by the remaining arbitrators without the participation of the absent arbitrator.

12.3 – In the event that the remaining arbitrators decide at any time after giving written notice of such refusal or failure not to continue the arbitration without the participation of the absent arbitrator, the remaining arbitrators shall notify in writing the parties and the LCIA Court of such decision; and, in that event, the remaining arbitrators or any party may refer the matter to the LCIA Court for the revocation of the absent arbitrator's appointment and the appointment of a replacement arbitrator under Articles 10 and 11.

Article 13 – Communications between Parties and Arbitral Tribunal

13.1 – Following the formation of the Arbitral Tribunal, all communications shall take place directly between the Arbitral Tribunal and the parties (to be copied to the Registrar), unless the Arbitral Tribunal decides that communications should continue to be made through the Registrar.

13.2 – Where the Registrar sends any written communication to one party on behalf of the Arbitral Tribunal or the LCIA Court, he or she shall send a copy to each of the other parties.

13.3 – Where any party delivers to the Arbitral Tribunal any communication (including statements and documents under Article 15) it shall deliver a copy to each arbitrator, all other parties and the Registrar; and it shall confirm to the Arbitral Tribunal in writing that it has done or is doing so.

13.4 – During the arbitration proceedings, no party shall deliberately initiate or attempt to initiate any unilateral contact relating to the arbitration or the parties' dispute with any member of the LCIA Court exercising any function in regard to the arbitration or, from the Arbitral Tribunal's formation onwards, any member of the Arbitral Tribunal or the tribunal secretary (if any), which has not been disclosed in writing prior to or shortly after the time of such contact to all other parties, all members of the Arbitral Tribunal and the Registrar. Notwithstanding Article 3.3, a party may, however, have unilateral contact with the Registrar regarding administrative matters.

13.5 – Prior to the Arbitral Tribunal's formation, unless the parties agree otherwise in writing, any arbitrator, candidate or nominee who is required to participate in the selection of a presiding arbitrator may consult any party in order to obtain the views of that party as to the suitability of any candidate or nominee as presiding arbitrator, provided that such arbitrator, candidate or nominee promptly informs any other arbitrator, candidate or nominee involved in the selection process and the Registrar of such consultation.

Article 14 – Conduct of Proceedings

14.1 – Under the Arbitration Agreement, the Arbitral Tribunal's general duties at all times during the arbitration shall include:

(*i*) a duty to act fairly and impartially as between all parties, giving each a reasonable opportunity of putting its case and dealing with that of its opponent(s); and

(*ii*) a duty to adopt procedures suitable to the circumstances of the arbitration, avoiding unnecessary delay and expense, so as to provide a fair, efficient and expeditious means for the final resolution of the parties' dispute.

14.2 – The Arbitral Tribunal shall have the widest discretion to discharge these general duties, subject to the mandatory provisions of any applicable law or any rules of law the Arbitral Tribunal may decide to be applicable; and at all times the parties shall do everything necessary in good faith for the fair, efficient and expeditious conduct of the arbitration, including the Arbitral Tribunal's discharge of its general duties.

14.3 – The parties and the Arbitral Tribunal shall make contact (whether by a hearing in person or virtually by conference call, videoconference or using other communications technology or exchange of correspondence) as soon as practicable but no later than 21 days from receipt of the Registrar's written notification of the formation of the Arbitral Tribunal.

14.4 – The parties may agree on joint proposals for the conduct of their arbitration for consideration by the Arbitral Tribunal.

14.5 – Without prejudice to the generality of the Arbitral Tribunal's discretion, after giving the parties a reasonable opportunity to state their views, the Arbitral Tribunal may, subject to the LCIA Rules, make any procedural order it considers appropriate with regard to the fair, efficient and expeditious conduct of the arbitration.

14.6 – The Arbitral Tribunal's power under Article 14.5 includes the making of any procedural order with a view to expediting the procedure to be adopted in the arbitration by:

(*i*) limiting the length or content of, or dispensing with, any written statement to be delivered under Article 15;

(*ii*) limiting the written and oral testimony of any witness in accordance with Article 20.4;

(*iii*) employing technology to enhance the efficiency and expeditious conduct of the arbitration (including any hearing);

(*iv*) deciding the stage of the arbitration at which any issue or issues shall be determined, and in what order, in accordance with Article 22.1(vii) below;

(*v*) dispensing with a hearing, subject always to Article 19;

(*vi*) exercising its powers of Early Determination under Article 22.1(viii);

(*vii*) setting an appropriate period of time for any stage of, or step to be taken in, the arbitration including with regard to the conduct of any hearing;

(*viii*) abridging any period of time in accordance with Article 22.1(ii); and

(*ix*) making any other order that the Arbitral Tribunal considers appropriate in the circumstances of the arbitration.

14.7 – In the case of an Arbitral Tribunal other than a sole arbitrator, the presiding arbitrator, with the prior agreement of its other members and all parties, may make procedural decisions alone.

Article 14A – Tribunal Secretary

14.8 – Subject to Articles 14.9 to 14.15, and to any applicable law, an Arbitral Tribunal may obtain assistance from a tribunal secretary in relation to an arbitration. Under no circumstances may an Arbitral Tribunal delegate its decision-making function to a tribunal secretary. All tasks carried out by a tribunal secretary shall be carried out on behalf of, and under the supervision of, the Arbitral Tribunal which shall retain its responsibility to ensure that all tasks are performed to the standard required by the LCIA Rules.

14.9 – Before assisting an Arbitral Tribunal, each tribunal secretary candidate shall sign a written declaration stating: (i) whether there are any circumstances currently known to the candidate which are likely to give rise in the mind of any party to any justifiable doubts as to his or her impartiality or independence and, if so, specifying in full such circumstances in the declaration; and (ii) whether the candidate is ready, willing and able to devote sufficient time, diligence and industry to ensure the expeditious and efficient conduct of the tasks to be performed by the tribunal secretary. The candidate shall furnish promptly such written declaration to the Arbitral Tribunal and to the Registrar.

14.10 – An Arbitral Tribunal may only obtain assistance from a tribunal secretary once the tribunal secretary has been approved by all parties. A tribunal secretary is approved once:

- *(i)* the parties have agreed the tasks that may be carried out by the tribunal secretary;
- *(ii)* if an hourly rate is to be charged and the tribunal secretary is to be entitled to have expenses reimbursed, the parties have agreed to this hourly rate and entitlement to reimbursement;
- *(iii)* the written declaration referred to in Article 14.9 has been provided to the parties; and
- *(iv)* the parties have agreed to the particular person filling the role of tribunal secretary.

14.11 – If additional tasks to those agreed under Article 14.10(i) are to be undertaken by the tribunal secretary, or the hourly rate to be charged by the tribunal secretary is to increase, the Arbitral Tribunal must obtain prior agreement from all parties.

14.12 – A party will be deemed to have agreed to the matters set out in Articles 14.10 and 14.11 if that party has not objected within such reasonable time as is set by the Arbitral Tribunal.

14.13 – Any fees charged by, or expenses reimbursed to, a tribunal secretary shall form a part of the Arbitration Costs determined by the LCIA Court (as to the amount of Arbitration Costs) under Article 28.1.

14.14 – A tribunal secretary shall assume a continuing duty, until the arbitration is finally concluded, forthwith to disclose in writing any circumstances becoming known to that tribunal secretary after the date of his or her written declaration (under Article 14.9) which are likely to give rise in the mind of any party to any justifiable doubts as to his or her impartiality or independence, to be delivered to the LCIA Court, the Arbitral Tribunal and all parties in the arbitration.

14.15 – A tribunal secretary may be removed by the Arbitral Tribunal at its discretion. Article 10 above shall also apply, with necessary changes, to any tribunal secretary.

Article 15 – Written Stage of the Arbitration

15.1 – Unless the parties have agreed or jointly proposed in writing otherwise or the Arbitral Tribunal should decide differently, the written stage of the arbitration and its procedural timetable shall be as set out in this Article 15.

15.2 – Within 28 days of receipt of the Registrar's written notification of the Arbitral Tribunal's formation, the Claimant shall deliver to the Arbitral Tribunal and all other parties either: (i) its written election to have its Request treated as its Statement of Case complying with this Article 15.2; or (ii) its written Statement of Case setting out in sufficient detail the relevant facts and legal submissions on which it relies, together with the relief claimed against all other parties, and all documents relied upon.

15.3 – Within 28 days of receipt of the Claimant's Statement of Case or the Claimant's election to treat the Request as its Statement of Case, the Respondent shall deliver to the Arbitral Tribunal and all other parties either: (i) its written election to have its Response treated as its Statement of Defence and (if applicable) Counterclaim complying with this Article 15.3; or (ii) its written Statement of Defence and (if applicable) Statement of Counterclaim setting out in sufficient detail the relevant facts and legal submissions on which it relies, together with the relief claimed against all other parties, and all documents relied upon.

15.4 – Within 28 days of receipt of the Respondent's Statement of Defence and (if applicable) Statement of Counterclaim or the Respondent's election to treat the Response as its Statement of Defence and (if applicable) Counterclaim, the Claimant shall deliver to the Arbitral Tribunal and all other parties a written Statement of Reply which, where there is any counterclaim, shall also include a Statement of Defence to Counterclaim in the same manner required for a Statement of Defence, together with all documents relied upon.

15.5 – If the Statement of Reply contains a Statement of Defence to Counterclaim, within 28 days of its receipt the Respondent shall deliver to the Arbitral Tribunal and all other parties its written Statement of Reply to the Defence to Counterclaim, together with all documents relied upon.

15.6 – No party may submit any further written statement following the last of these Statements, unless otherwise ordered by the Arbitral Tribunal.

15.7 – The Arbitral Tribunal may provide additional or alternative directions as to any part of the written stage of the arbitration, including but not limited to directions for:

(*i*) further written submissions;
(*ii*) written statements with respect to any party's cross-claims;
(*iii*) the service of written evidence from any fact or expert witness;
(*iv*) the service of any other form of written evidence; and
(*v*) the sequence, timing and composition of the written stage of the arbitration.

15.8 – If the Respondent fails to submit a Statement of Defence or the Claimant a Statement of Defence to Counterclaim, or if at any time any party fails to avail itself of the opportunity to present its written case in the manner required under this Article 15 or as otherwise ordered by the Arbitral Tribunal, the Arbitral Tribunal may nevertheless proceed with the arbitration (with or without a hearing) and make one or more awards.

15.9 – As soon as practicable following the written stage of the arbitration, the Arbitral Tribunal shall proceed in such manner as has been agreed in writing by the parties or pursuant to its authority under the Arbitration Agreement.

15.10 – In any event, the Arbitral Tribunal shall seek to make its final award as soon as reasonably possible and shall endeavour to do so no later than three months following the last submission from the parties (whether made orally or in writing), in accordance with a timetable notified to the parties and the Registrar as soon as practicable (if necessary, as revised and re-notified from time to time). When the Arbitral Tribunal (not being a sole arbitrator) establishes a time for what it contemplates shall be the last submission from the parties (whether written or oral), it shall set aside adequate time for deliberations (whether in person or otherwise) as soon as possible after that last submission and notify the parties of the time it has set aside.

Article 16 – Seat of Arbitration, Place(s) of Hearing and Applicable Law

16.1 – The parties may agree in writing the seat (or legal place) of their arbitration at any time before the formation of the Arbitral Tribunal and, after such formation, with the prior written consent of the Arbitral Tribunal.

16.2 – In default of any such agreement, the seat of the arbitration shall be London (England), unless and until the Arbitral Tribunal orders, in view of the circumstances and after having given the parties a reasonable opportunity to make written comments to the Arbitral Tribunal, that another arbitral seat is more appropriate. Such default seat shall not be considered as a relevant circumstance by the LCIA Court in appointing any arbitrator or Emergency Arbitrator under Articles 5, 9A, 9B, 9C and 11.

16.3 – If any hearing is to be held in person, the Arbitral Tribunal may hold such hearing at any convenient geographical place in consultation with the parties. If the Arbitral Tribunal is to meet in person to hold its deliberations, it may do so at any geographical place of its own choice. If such place(s) should be elsewhere than the seat of the arbitration, or if any hearing or deliberation takes place otherwise than in person (in whole or in part), the arbitration shall nonetheless be treated for all purposes as an arbitration conducted at the arbitral seat and any order or award as having been made at that seat.

16.4 – Subject to Article 16.5 below, the law applicable to the Arbitration Agreement and the arbitration shall be the law applicable at the seat of the arbitration, unless and to the extent that the parties have agreed in writing on the application of other laws or rules of law and such agreement is not prohibited by the law applicable at the arbitral seat.

16.5 – Notwithstanding Article 16.4, the LCIA Rules shall be interpreted in accordance with the laws of England.

Article 17 – Language(s) of Arbitration

17.1 – The initial language of the arbitration (until the formation of the Arbitral Tribunal) shall be the language or prevailing language of the Arbitration Agreement, unless the parties have agreed in writing otherwise.

17.2 – In the event that the Arbitration Agreement is written in more than one language of equal standing, the LCIA Court may, unless the Arbitration Agreement provides that the arbitration proceedings shall be conducted from the outset in more than one language, determine which of those languages shall be the initial language of the arbitration.

17.3 – A non-participating or defaulting party shall have no cause for complaint if communications to and from the LCIA Court and Registrar are conducted in the initial language(s) of the arbitration or of the arbitral seat.

17.4 – Following the formation of the Arbitral Tribunal, unless the parties have agreed upon the language or languages of the arbitration, the Arbitral Tribunal shall decide upon the language(s) of the arbitration after giving the parties a reasonable opportunity to make written comments and taking into account the initial language(s) of the arbitration and any other matter it may consider appropriate in the circumstances.

17.5 – If any document is expressed in a language other than the language(s) of the arbitration and no translation of such document is submitted by the party relying upon the document, the Arbitral Tribunal may order or (if the Arbitral Tribunal has not been formed) the Registrar may request that party to submit a translation of all or any part of that document in any language(s) of the arbitration or of the arbitral seat.

Article 18 – Authorised Representatives of a Party

18.1 – Any party may be represented in the arbitration by one or more authorised representatives appearing by name before the Arbitral Tribunal.

18.2 – Until the Arbitral Tribunal's formation, the Registrar may request from any party: (i) written proof of the authority granted by that party to any authorised representative designated in its Request or Response; and (ii) written confirmation of the names, email and postal addresses of all such party's authorised representatives in the arbitration. After its formation, at any time, the Arbitral Tribunal may order any party to provide similar proof or confirmation in any form it considers appropriate.

18.3 – Following the Arbitral Tribunal's formation, any intended change or addition by a party to its authorised representatives shall be notified promptly in writing to all other parties, the Arbitral Tribunal, the tribunal secretary (if any) and the Registrar; and any such intended change or addition shall only take effect in the arbitration subject to the approval of the Arbitral Tribunal.

18.4 – The Arbitral Tribunal may withhold approval of any intended change or addition to a party's authorised representatives where such change or addition could compromise the composition of the Arbitral Tribunal or the finality of any award (on the grounds of possible conflict of interest or other like impediment). In deciding whether to grant or withhold such approval, the Arbitral Tribunal shall have regard to the circumstances, including: the general principle that a party may be represented by an authorised representative chosen by that party, the stage which the arbitration has reached, the efficiency resulting from maintaining the composition of the Arbitral Tribunal (as constituted throughout the arbitration) and any likely wasted costs or loss of time resulting from such change or addition.

18.5 – Each party shall ensure that all its authorised representatives appearing by name before the Arbitral Tribunal have agreed to comply with the general guidelines contained in the Annex to the LCIA Rules, as a condition of such representation. In permitting any authorised representative so to appear, a party shall thereby represent that the authorised representative has agreed to such compliance.

18.6 –In the event of a complaint by one party against another party's authorised representative appearing by name before the Arbitral Tribunal (or of such complaint by the Arbitral Tribunal upon its own initiative), the Arbitral Tribunal may decide, after consulting the parties and granting that authorised representative a reasonable opportunity to answer the complaint, whether or not the authorised representative has violated the general guidelines. If such violation is found by the Arbitral Tribunal, the Arbitral Tribunal may order any or all of the following sanctions against the authorised representative: (i) a written reprimand; (ii) a written caution as to future conduct in the arbitration; and (iii) any other measure necessary to fulfil within the arbitration the general duties required of the Arbitral Tribunal under Articles 14.1(i) and (ii).

Article 19 – Hearing(s)

19.1 – Any party has the right to a hearing before the Arbitral Tribunal prior to any ruling of the Arbitral Tribunal on its jurisdiction and authority (pursuant to Article 23) or any award on the merits. The Arbitral Tribunal may itself decide that a hearing should be held at any stage, unless the parties have agreed in writing upon a documents-only arbitration. For these purposes, a hearing may consist of several part-hearings (as decided by the Arbitral Tribunal).

19.2 – The Arbitral Tribunal shall organise the conduct of any hearing in advance, in consultation with the parties. The Arbitral Tribunal shall have the fullest authority under the Arbitration Agreement to establish the conduct of a hearing, including its date, duration, form, content, procedure, time-limits and geographical place (if applicable). As to form, a hearing may take place in person, or virtually by conference call, videoconference or using other communications technology with participants in one or more geographical places (or in a combined form). As to content, the Arbitral Tribunal may require the parties to address specific questions or issues arising from the parties' dispute. The Arbitral Tribunal may also limit the extent to which questions or issues are to be addressed.

19.3 – The Arbitral Tribunal shall give to the parties reasonable notice in writing of any hearing.

19.4 – All hearings shall be held in private, unless the parties agree otherwise in writing.

Article 20 – Witnesses

20.1 – The provisions of this Article 20 shall apply to any fact or expert witness on whose evidence a party relies.

20.2 – Before any hearing, the Arbitral Tribunal may order any party to give written notice of the identity of each witness that party wishes to call (including rebuttal witnesses), as well as the subject matter of that witness's testimony, its content and its relevance to the issues in the arbitration.

20.3 – Subject to any order otherwise by the Arbitral Tribunal, the testimony of a witness may be presented by a party in written form, either as a signed statement or like document.

20.4 – The Arbitral Tribunal may decide the time, manner and form in which these written materials shall be exchanged between the parties and presented to the Arbitral Tribunal; and it may allow, refuse or limit the written and oral testimony of witnesses.

20.5 – The Arbitral Tribunal and any party may request that a witness, on whose written testimony another party relies, should attend for oral questioning at a hearing before the Arbitral Tribunal. If the Arbitral Tribunal orders that other party to secure the attendance of that witness and the witness refuses or fails to attend the hearing without good cause, the Arbitral Tribunal may place such weight on the written testimony or exclude all or any part thereof altogether as it considers appropriate in the circumstances.

20.6 – Subject to the mandatory provisions of any applicable law, rules of law and any order of the Arbitral Tribunal otherwise, it shall not be improper for any party or its authorised representatives to interview any potential witness for the purpose of presenting his or her testimony in written form to the Arbitral Tribunal or producing such person as an oral witness at any hearing.

20.7 – Subject to any order by the Arbitral Tribunal otherwise, any individual intending to testify to the Arbitral Tribunal may be treated as a witness notwithstanding that the individual is a party to the arbitration or was, remains or has become an officer, employee, owner or shareholder of any party or is otherwise identified with any party.

20.8 – Subject to the mandatory provisions of any applicable law, the Arbitral Tribunal shall be entitled (but not required) to administer any appropriate oath or affirmation to any witness at any hearing, prior to the oral testimony of that witness.

20.9 – Any witness who gives oral testimony at a hearing before the Arbitral Tribunal may be questioned by each of the parties under the control of the Arbitral Tribunal. The Arbitral Tribunal may put questions at any stage of such testimony.

Article 21 – Expert to Arbitral Tribunal

21.1 – The Arbitral Tribunal, after consultation with the parties, may appoint one or more experts to report in writing to the Arbitral Tribunal and the parties on specific issues in the arbitration, as identified by the Arbitral Tribunal.

21.2 – Any such expert shall be and remain impartial and independent of the parties; and he or she shall sign a written declaration to such effect, delivered to the Arbitral Tribunal and copied to all parties.

21.3 – The Arbitral Tribunal may require any party at any time to give to such expert any relevant information or to provide access to any relevant documents, goods, samples, property, site or thing for inspection under that party's control on such terms as the Arbitral Tribunal thinks appropriate in the circumstances.

21.4 – If any party so requests or the Arbitral Tribunal considers it necessary, the Arbitral Tribunal may order the expert, after delivery of the expert's written report, to attend a hearing at which the parties shall have a reasonable opportunity to question the expert on the report and to present witnesses in order to testify on relevant issues arising from the report. Articles 20.8 and 20.9 of the LCIA Rules shall apply, with necessary changes, to any expert to the Arbitral Tribunal.

21.5 – The fees and expenses of any expert appointed by the Arbitral Tribunal under this Article 21 may be paid out of the Advance Payment for Costs payable by the parties under Article 24 and shall form part of the Arbitration Costs under Article 28.1.

Article 22 – Additional Powers

22.1 – The Arbitral Tribunal shall have the power, upon the application of any party or (save for sub-paragraph (x) below) upon its own initiative, but in either case only after giving the parties a reasonable opportunity to state their views and upon such terms (as to costs and otherwise) as the Arbitral Tribunal may decide:

(*i*) to allow a party to supplement, modify or amend any claim, defence, counterclaim, cross-claim, defence to counterclaim, defence to cross-claim and reply, including a Request, Response and any other written statement, submitted by such party;

(*ii*) to abridge or extend (even where the period of time has expired) any period of time prescribed under the Arbitration Agreement, any other agreement of the parties or any order made by the Arbitral Tribunal;

(*iii*) to conduct such enquiries as may appear to the Arbitral Tribunal to be necessary or expedient, including whether and to what extent the Arbitral Tribunal should itself take the initiative in identifying relevant issues and ascertaining relevant facts and the law(s) or rules of law applicable to the Arbitration Agreement, the arbitration and the merits of the parties' dispute;

(*iv*) to order any party to make any documents, goods, samples, property, site or thing under its control available for inspection by the Arbitral Tribunal, any other party, any expert to such party and any expert to the Tribunal;

(*v*) to order any party to produce to the Arbitral Tribunal and to other parties documents or copies of documents in their possession, custody or power which the Arbitral Tribunal decides to be relevant;

(*vi*) to decide whether or not to apply any strict rules of evidence (or any other rules) as to the admissibility, relevance or weight of any material tendered by a party on any issue of fact or expert opinion; and to decide the time, manner and form in which such material should be exchanged between the parties and presented to the Arbitral Tribunal;

(*vii*) to decide the stage of the arbitration at which any issue or issues shall be determined, in what order, and the procedure to be adopted at each stage in accordance with Article 14 above;

(*viii*) to determine that any claim, defence, counterclaim, cross-claim, defence to counterclaim or defence to cross-claim is manifestly outside the jurisdiction of the Arbitral Tribunal, or is inadmissible or manifestly without merit; and where appropriate to issue an order or award to that effect (an "Early Determination");

(*ix*) to order compliance with any legal obligation or payment of compensation for breach of any legal obligation or specific performance of any agreement (including any arbitration agreement or any contract relating to land);

(*x*) to allow one or more third persons to be joined in the arbitration as a party provided any such third person and the applicant party have consented expressly to such joinder in writing following the Commencement Date or (if earlier) in the Arbitration Agreement; and thereafter to make a single final award, or separate awards, in respect of all parties so implicated in the arbitration; and

(*xi*) to order the discontinuance of the arbitration if it appears to the Arbitral Tribunal that the arbitration has been abandoned by the parties or all claims and any counterclaims or cross-claims have been withdrawn by the parties, after giving the parties a reasonable opportunity to state their views.

22.2 – By agreeing to arbitration under the Arbitration Agreement, the parties shall be treated as having agreed not to apply to any state court or other legal authority for any order available from the Arbitral Tribunal (if formed) under Article 22.1, except with the agreement in writing of all parties.

22.3 – The Arbitral Tribunal shall decide the parties' dispute in accordance with the law(s) or rules of law chosen by the parties as applicable to the merits of their dispute. If and to the extent that the Arbitral Tribunal decides that the parties have made no such choice, the Arbitral Tribunal shall apply the law(s) or rules of law which it considers appropriate.

22.4 – The Arbitral Tribunal shall only apply to the merits of the dispute principles deriving from "ex aequo et bono", "amiable composition" or "honourable engagement" where the parties have so agreed in writing.

22.5 – Subject to any order of the Arbitral Tribunal under Article 22.1(ii), the LCIA Court may also set, abridge or extend any period of time under the Arbitration Agreement or other agreement of the parties (even where the period of time has expired).

22.6 – Without prejudice to Article 22.1(xi), the LCIA Court may determine, after giving the parties a reasonable opportunity to state their views, that the arbitration shall be discontinued if it appears to the LCIA Court that the arbitration has been abandoned by the parties or all claims and any counterclaims or cross-claims have been withdrawn by the parties.

Article 22A – Power to Order Consolidation/Concurrent Conduct of Arbitrations

22.7 – The Arbitral Tribunal shall have the power to order with the approval of the LCIA Court, upon the application of any party, after giving all affected parties a reasonable opportunity to state their views and upon such terms (as to costs and otherwise) as the Arbitral Tribunal may decide:

(*i*) the consolidation of the arbitration with one or more other arbitrations into a single arbitration subject to the LCIA Rules where all the parties to the arbitrations to be consolidated so agree in writing;

(*ii*) the consolidation of the arbitration with one or more other arbitrations subject to the LCIA Rules and commenced under the same arbitration agreement or any compatible arbitration agreement(s) and either between the same disputing parties or arising out of the same transaction or series of related transactions, provided that no arbitral tribunal has yet been formed by the LCIA Court for such other arbitration(s) or, if already formed, that such arbitral tribunal(s) is(are) composed of the same arbitrators; and (*iii*) that two or more arbitrations, subject to the LCIA Rules and commenced under the same arbitration agreement or any compatible arbitration agreement(s) and either between the same disputing parties or arising out of the same transaction or series of related transactions, shall be conducted concurrently where the same arbitral tribunal is constituted in respect of each arbitration.

22.8 – Without prejudice to the generality of Article 22.7, the LCIA Court may:

(*i*) consolidate an arbitration with one or more other arbitrations into a single arbitration subject to the LCIA Rules where all the parties to the arbitrations to be consolidated so agree in writing; and

(*ii*) determine, after giving the parties a reasonable opportunity to state their views, that two or more arbitrations, subject to the LCIA Rules and commenced under the same arbitration agreement or any compatible arbitration agreement(s) and either between the same disputing parties or arising out of the same transaction or series of related transactions, shall be consolidated to form one single arbitration subject to the LCIA Rules, provided that no arbitral tribunal has yet been formed by the LCIA Court for any of the arbitrations to be consolidated.

Article 23 – Jurisdiction and Authority

23.1 – The Arbitral Tribunal shall have the power to rule upon its own jurisdiction and authority, including any objection to the initial or continuing existence, validity, effectiveness or scope of the Arbitration Agreement.

23.2 – For that purpose, an arbitration clause which forms or was intended to form part of another agreement shall be treated as an arbitration agreement independent of that other agreement. A decision by the Arbitral Tribunal that such other agreement is non-existent, invalid or ineffective shall not entail (of itself) the non-existence, invalidity or ineffectiveness of the arbitration clause.

23.3 – An objection by a Respondent that the Arbitral Tribunal does not have jurisdiction shall be raised as soon as possible but not later than the time for its Statement of Defence; and a like objection by any party responding to a counterclaim or cross-claim shall be raised as soon as possible but not later than the time for its Statement of Defence to Counterclaim or Cross-Claim. An objection that the Arbitral Tribunal is exceeding the scope of its authority shall be raised promptly after the Arbitral Tribunal has indicated its intention to act upon the matter alleged to lie beyond its authority. The Arbitral Tribunal may nevertheless admit an untimely objection as to its jurisdiction or authority if it considers the delay justified in the circumstances.

23.4 – The Arbitral Tribunal may decide the objection to its jurisdiction or authority in an award as to jurisdiction or authority or later in an award on the merits, as it considers appropriate in the circumstances.

23.5 – By agreeing to arbitration under the Arbitration Agreement, after the formation of the Arbitral Tribunal the parties shall be treated as having agreed not to apply to any state court or other legal authority for any relief regarding the Arbitral Tribunal's jurisdiction or authority, except (i) with the prior agreement in writing of all parties to the arbitration, or (ii) the prior authorisation of the Arbitral Tribunal, or (iii) following the latter's award on the objection to its jurisdiction or authority.

Article 24 – Advance Payment for Costs

24.1 – The LCIA Court may direct the parties, in such proportions and at such times as it thinks appropriate, to make one or more payments to the LCIA (the "Advance Payment for Costs") in order to secure payment of the Arbitration Costs under Article 28.1. Such payments by the parties may be applied by the LCIA to pay any item of such Arbitration Costs (including the LCIA's own fees and expenses) in accordance with the LCIA Rules.

24.2 – The Advance Payment for Costs shall be the property of the LCIA, to be disbursed or otherwise applied by the LCIA in accordance with the LCIA Rules and invested having regard to the interests of the LCIA. The parties agree that the LCIA shall not act as trustee and its sole duty to the parties in respect of the Advance Payment for Costs shall be to act pursuant to these LCIA Rules.

24.3 – In the event that, at the conclusion of the arbitration, the Advance Payment for Costs exceeds the total amount of the Arbitration Costs under Article 28.1, the excess amount shall be transferred by the LCIA to the parties in such proportions as the parties may agree in writing or, failing such agreement, in the same proportions and to the same parties as the Advance Payment for Costs was paid to the LCIA, subject to any order of the Arbitral Tribunal.

24.4 – The LCIA will make reasonable attempts to contact the parties in order to arrange for the transfer of the excess amount, using the contact details provided to the LCIA during the proceedings. If a response is not received from a party so contacted within 30 days, the LCIA will provide that party with written notice of its intention to retain the excess amount. If no response is received within a further 60 days, the party will be deemed irrevocably to have waived any right to claim and/or receive the excess amount.

24.5 – Save for exceptional circumstances, the Arbitral Tribunal should not proceed with the arbitration without having ascertained from the Registrar that the LCIA is or will be in requisite funds as regards outstanding and future Arbitration Costs.

24.6 – In the event that a party fails or refuses to make any payment on account of the Arbitration Costs as directed by the LCIA Court, the LCIA Court may direct the other party or parties to effect a further Advance Payment for Costs in an equivalent amount to allow the arbitration to proceed (subject to any order or award on Arbitration Costs).

24.7 – In such circumstances, the party effecting the further Advance Payment for Costs may request the Arbitral Tribunal to make an order or award in order to recover that amount as a debt immediately due and payable to that party by the defaulting party, together with any interest.

24.8 – Failure by a claiming, counterclaiming or cross-claiming party to make promptly and in full any required payment may be treated by the LCIA Court or the Arbitral Tribunal as a withdrawal from the arbitration of the claim, counterclaim or cross-claim respectively, thereby removing such claim, counterclaim or cross-claim (as the case may be) from the scope of the Arbitral Tribunal's jurisdiction under the Arbitration Agreement, subject to any terms decided by the LCIA Court or the Arbitral Tribunal as to the reinstatement of the claim, counterclaim or cross-claim in the event of subsequent payment by the claiming, counterclaiming or cross-claiming party. Such a withdrawal shall not preclude the claiming, counterclaiming or cross-claiming party from defending as a respondent any claim, counterclaim or cross-claim made by another party.

Article 24A – Compliance

24.9 – Any dealings between a party and the LCIA will be subject to any requirements applicable to that party or the LCIA relating to bribery, corruption, terrorist financing, fraud, tax evasion, money laundering and/

or economic or trade sanctions ("Prohibited Activity"), and the LCIA will deal with any party on the understanding that it is complying with all such requirements.

24.10 – The LCIA may refuse to act on any instruction and/or accept or make any payment if the LCIA determines (in its sole discretion and without the need to state any reasons) that doing so may involve Prohibited Activity, or breach any law, regulation, or other legal duty which applies to it, or that doing so might otherwise expose the LCIA to enforcement action or censure from any regulator or law enforcement agency.

24.11 – The parties agree to provide the LCIA with any information and/or documents reasonably requested by the LCIA for the purpose of compliance with laws relating to Prohibited Activity. The LCIA may take any action it considers appropriate to comply with any applicable obligations relating to Prohibited Activity, including disclosure of any information and documents to courts, law enforcement agencies or regulatory authorities.

Article 25 – Interim and Conservatory Measures

25.1 – The Arbitral Tribunal shall have the power upon the application of any party, after giving all other parties a reasonable opportunity to respond to such application and upon such terms as the Arbitral Tribunal considers appropriate in the circumstances:

(i) to order any respondent party to a claim, counterclaim or cross--claim to provide security for all or part of the amount in dispute, by way of deposit or bank guarantee or in any other manner;

(ii) to order the preservation, storage, sale or other disposal of any monies, documents, goods, samples, property, site or thing under the control of any party and relating to the subject-matter of the arbitration; and

(iii) to order on a provisional basis, subject to a final decision in an award, any relief which the Arbitral Tribunal would have power to grant in an award, including the payment of money or the disposition of property as between any parties.

Such terms may include the provision by the applicant party of a cross--indemnity, secured in such manner as the Arbitral Tribunal considers appropriate, for any costs or losses incurred by the respondent party in complying with the Arbitral Tribunal's order. Any amount payable under such cross-indemnity and any consequential relief may be decided by the Arbitral Tribunal by one or more awards in the arbitration.

25.2 – The Arbitral Tribunal shall have the power upon the application of a party, after giving all other parties a reasonable opportunity to respond to such application, to order any claiming, counterclaiming or cross-claiming party to provide or procure security for Legal Costs and Arbitration Costs by way of deposit or bank guarantee or in any other manner and upon such terms as the Arbitral Tribunal considers appropriate in the circumstances. Such terms may include the provision by the applicant of a cross-indemnity, itself secured in such manner as the Arbitral Tribunal considers appropriate, for any costs and losses incurred by such claimant, counterclaimant or cross-claimant in complying with the Arbitral Tribunal's order. Any amount payable under such cross-indemnity and any consequential relief may be decided by the Arbitral Tribunal by one or more awards in the arbitration. In the event that a claiming, counterclaiming or cross-claiming party does not comply with any order to provide security, the Arbitral Tribunal may stay that party's claims, counterclaims or cross-claims or dismiss them by an award.

25.3 – A party may apply to a competent state court or other legal authority for interim or conservatory measures that the Arbitral Tribunal would have power to order under Article 25.1: (i) before the formation of the Arbitral Tribunal; and (ii) after the formation of the Arbitral Tribunal, in exceptional cases and with the Arbitral Tribunal's authorisation, until the final award. After the Commencement Date, any application and any order for such measures before the formation of the Arbitral Tribunal shall be communicated promptly in writing by the applicant party to the Registrar; after its formation, also to the Arbitral Tribunal; and in both cases also to all other parties.

25.4 – By agreeing to arbitration under the Arbitration Agreement, the parties shall be taken to have agreed not to apply to any state court or other legal authority for any order for security for Legal Costs or Arbitration Costs.

Article 26 – Award(s)

26.1 – The Arbitral Tribunal may make separate awards on different issues at different times, including interim payments on account of any claim, counterclaim or cross-claim (including Legal and Arbitration Costs under Article 28). Such awards shall have the same status as any other award made by the Arbitral Tribunal.

26.2 – The Arbitral Tribunal shall make any award in writing and, unless all parties agree in writing otherwise, shall state the reasons upon which such award is based. The award shall also state the date when the award is made and the seat of the arbitration; and it shall be signed by the Arbitral Tribunal or those of its members assenting to it. Unless the parties agree otherwise, or the Arbitral Tribunal or LCIA Court directs otherwise, any award may be signed electronically and/or in counterparts and assembled into a single instrument.

26.3 – An award may be expressed in any currency, unless the parties have agreed otherwise.

26.4 – Unless the parties have agreed otherwise, the Arbitral Tribunal may order that simple or compound interest shall be paid by any party on any sum awarded at such rates as the Arbitral Tribunal decides to be appropriate (without being bound by rates of interest practised by any state court or other legal authority) in respect of any period which the Arbitral Tribunal decides to be appropriate ending not later than the date upon which the award is complied with.

26.5 – Where there is more than one arbitrator and the Arbitral Tribunal fails to agree on any issue, the arbitrators shall decide that issue by a majority. Failing a majority decision on any issue, the presiding arbitrator shall decide that issue.

26.6 – If any arbitrator refuses or fails to sign an award, the signatures of the majority or (failing a majority) of the presiding arbitrator shall be sufficient, provided that the reason for any omitted signature is stated in the award by the majority or by the presiding arbitrator.

26.7 – The sole or presiding arbitrator shall be responsible for delivering the award to the LCIA Court, which shall transmit to the parties the award authenticated by the Registrar as an LCIA award, provided that all Arbitration Costs have been paid in full to the LCIA in accordance with Articles 24 and 28. Such transmission may be made by any electronic means, and (if so requested by any party or if transmission by electronic means to a party is not possible) in paper form. In the event of any disparity between electronic and paper forms, the electronic form shall prevail.

26.8 – Every award (including reasons for such award) shall be final and binding on the parties. The parties undertake to carry out any award immediately and without any delay (subject only to Article 27); and the parties also waive irrevocably their right to any form of appeal, review or recourse to any state court or other legal authority, insofar as such waiver shall not be prohibited under any applicable law.

26.9 – In the event of any final settlement of the parties' dispute, the Arbitral Tribunal may decide to make an award recording the settlement if the parties jointly so request in writing (a "Consent Award"), provided always that such Consent Award shall contain an express statement on its face that it is an award made at the parties' joint request and with their consent. A Consent Award need not contain reasons or a determination in relation to the Arbitration Costs or Legal Costs. If the parties do not jointly request a Consent Award, on written confirmation by the parties to the LCIA Court that a final settlement has been reached, the Arbitral Tribunal shall be discharged and the arbitration proceedings concluded by the LCIA Court, subject to payment by the parties of any outstanding Arbitration Costs in accordance with Articles 24 and 28.

Article 27 – Correction of Award(s) and Additional Award(s)

27.1 – Within 28 days of receipt of any award, a party may by written notice to the Registrar (copied to all other parties) request the Arbitral Tribunal to correct in the award any error in computation, any clerical or typographical error, any ambiguity or any mistake of a similar nature. If, after consulting the parties, the Arbitral Tribunal considers the request to be justified, it shall make the correction by recording it in an addendum to the award within 28 days of receipt of the request. If, after consulting the parties, the Arbitral Tribunal does not consider the request to be justified it may nevertheless issue an addendum to the award dealing with the request, including any Arbitration Costs and Legal Costs related thereto.

27.2 – The Arbitral Tribunal may also correct any error (including any error in computation, any clerical or typographical error, any ambiguity or any mistake of a similar nature) upon its own initiative in the form of an addendum to the award within 28 days of the date of the award, after consulting the parties.

27.3 – Within 28 days of receipt of the final award, a party may by written notice to the Registrar (copied to all other parties), request the Arbitral Tribunal to make an additional award as to any claim, counterclaim or cross-claim presented in the arbitration but not decided in any award. If, after consulting the parties, the Arbitral Tribunal considers the request to be justified, it shall make the additional award within 56 days of receipt of the request. If, after consulting the parties, the Arbitral Tribunal does not consider the request to be justified it may nevertheless issue an addendum to the award dealing with the request, including any Arbitration Costs and Legal Costs related thereto.

27.4 – As to any claim, counterclaim or cross-claim presented in the arbitration but not decided in any award, the Arbitral Tribunal may also make an additional award upon its own initiative within 28 days of the date of the award, after consulting the parties.

27.5 – The provisions of Article 26.2 to 26.7 shall apply to any addendum to an award or additional award made hereunder. An addendum to an award shall be treated as part of the award.

Article 28 – Arbitration Costs and Legal Costs

28.1 – The costs of the arbitration other than the legal or other expenses incurred by the parties themselves (the "Arbitration Costs") shall be determined by the LCIA Court in accordance with the Schedule of Costs. The parties shall be jointly and severally liable to the LCIA and the Arbitral Tribunal for such Arbitration Costs.

28.2 – The Arbitral Tribunal shall specify by an order or award the amount of the Arbitration Costs determined by the LCIA Court. The Arbitral Tribunal shall decide the proportions in which the parties shall bear such Arbitration Costs (in the absence of a final settlement of the parties' dispute regarding liability for such costs). If the Arbitral Tribunal has decided that all or any part of the Arbitration Costs shall be borne by a party other than a party which has already covered such costs by way of a payment to the LCIA under Article 24, the latter party shall have the right to recover the appropriate amount of Arbitration Costs from the former party.

28.3 – The Arbitral Tribunal shall also have the power to decide by an order or award that all or part of the legal or other expenses incurred by a party (the "Legal Costs") be paid by another party. The Arbitral Tribunal shall decide the amount of such Legal Costs on such reasonable basis as it thinks appropriate. The Arbitral Tribunal shall not be required to apply the rates or procedures for assessing such costs practised by any state court or other legal authority.

28.4 – The Arbitral Tribunal shall make its decisions on both Arbitration Costs and Legal Costs on the general principle that costs should reflect the parties' relative success and failure in the award or arbitration or under different issues, except where it appears to the Arbitral Tribunal that in the circumstances the application of such a general principle would be inappropriate under the Arbitration Agreement or otherwise. The Arbitral Tribunal may also take into account the conduct of the parties and that of their authorised representatives in the arbitration, including any cooperation in facilitating the proceedings as to time and cost and any non-cooperation resulting in undue delay and unnecessary expense. Any decision on costs by the Arbitral Tribunal shall be made with reasons in the order or award containing such decision (unless it is a Consent Award).

28.5 – In the event that the parties have howsoever agreed before their dispute that one or more parties shall pay the whole or any part of the Arbitration Costs or Legal Costs whatever the result of any dispute, arbitration or award, such agreement (in order to be effective) shall be confirmed by the parties in writing after the Commencement Date.

28.6 – If the arbitration is abandoned, suspended, withdrawn or concluded, by agreement or otherwise, before the final award is made, the parties shall remain jointly and severally liable to pay to the LCIA and the Arbitral Tribunal the Arbitration Costs determined by the LCIA Court.

Article 29 – Determinations and Decisions by LCIA Court

29.1 – The determinations of the LCIA Court with respect to all matters relating to the arbitration shall be conclusive and binding upon the parties and the Arbitral Tribunal, unless otherwise directed by the LCIA Court. Save for reasoned decisions on arbitral challenges under Article 10, such determinations are to be treated as administrative in nature; and the LCIA Court shall not be required to give reasons for any such determination.

29.2 – To the extent permitted by any applicable law, the parties shall be taken to have waived any right of appeal or review in respect of any determination and decision of the LCIA Court to any state court or other legal authority. If such appeal or review takes place due to mandatory provisions of any applicable law or otherwise, the LCIA Court may determine whether or not the arbitration should continue, notwithstanding such appeal or review.

Article 30 – Confidentiality

30.1 – The parties undertake as a general principle to keep confidential all awards in the arbitration, together with all materials in the arbitration created for the purpose of the arbitration and all other documents produced by another party in the proceedings not otherwise in the public domain, save and to the extent that disclosure may be required of a party by legal duty, to protect or pursue a legal right, or to enforce or challenge an award in legal proceedings before a state court or other legal authority. The parties shall seek the same undertaking of confidentiality from all those that it involves in the arbitration, including but not limited to any authorised representative, witness of fact, expert or service provider.

30.2 – Article 30.1 of the LCIA Rules shall also apply, with necessary changes, to the Arbitral Tribunal, any tribunal secretary and any expert to the Arbitral Tribunal. Notwithstanding any other provision of the LCIA Rules, the deliberations of the Arbitral Tribunal shall remain confidential to its members and if appropriate any tribunal secretary, save as required by any applicable law and to the extent that disclosure of an arbitrator's refusal to participate in the arbitration is required of the other members of the Arbitral Tribunal under Articles 10, 12, 26.6 and 27.5.

30.3 – The LCIA does not publish any award or any part of an award without the prior written consent of all parties and the Arbitral Tribunal.

Article 30A – Data Protection

30.4 – Any processing of personal data by the LCIA is subject to applicable data protection legislation, and the LCIA's data protection notice can be found on the LCIA website.

30.5 – In accordance with its duties under Article 14.1, at an early stage of the arbitration the Arbitral Tribunal shall, in consultation with the parties and where appropriate the LCIA, consider whether it is appropriate to adopt:

(*i*) any specific information security measures to protect the physical and electronic information shared in the arbitration; and

(*ii*) any means to address the processing of personal data produced or exchanged in the arbitration in light of applicable data protection or equivalent legislation.

30.6 – The LCIA and the Arbitral Tribunal may issue directions addressing information security or data protection, which shall be binding on the parties, and in the case of those issued by the LCIA, also on the members of the Arbitral Tribunal, subject to the mandatory provisions of any applicable law or rules of law.

Article 31 – Limitation of Liability and Jurisdiction Clause

31.1 – None of the LCIA (including its officers, members and employees), the LCIA Court (including its President, Vice Presidents, Honorary Vice Presidents, former Vice Presidents and members), the LCIA Board (including any board member), the Registrar (including any deputy Registrar), any arbitrator, any Emergency Arbitrator, any tribunal secretary and any expert to the Arbitral Tribunal shall be liable to any party howsoever for any act or omission in connection with any arbitration, save: (i) where the act or omission is shown by that party to constitute conscious and deliberate wrongdoing committed by the body or person alleged to be liable to that party; or (ii) to the extent that any part of this provision is shown to be prohibited by any applicable law.

31.2 – After the award has been made and all possibilities of any addendum to the award or additional award under Article 27 have lapsed or been exhausted, none of the LCIA (including its officers, members and employees), the LCIA Court (including its President, Vice Presidents, Honorary Vice Presidents, former Vice Presidents and members), the LCIA Board (including any board member), the Registrar (including any deputy Registrar), any arbitrator, any Emergency Arbitrator, any tribunal secretary and any expert to the Arbitral Tribunal shall be under any legal obligation to make any statement to any person about any matter concerning the arbitration; nor shall any party seek to make any of these bodies or persons a witness in any legal or other proceedings arising out of the arbitration.

31.3 – Any party agreeing to arbitration under or in accordance with the LCIA Rules irrevocably agrees that the courts of England and Wales shall have exclusive jurisdiction to hear and decide any action, suit or proceedings between that party and the LCIA (including its officers, members and employees), the LCIA Court (including its President, Vice Presidents, Honorary Vice Presidents, former Vice Presidents and members), the LCIA Board (including any board member), the Registrar (including any deputy Registrar) any arbitrator, any Emergency Arbitrator, any tribunal secretary and/or any expert to the Arbitral Tribunal which may arise out of or in connection with any such arbitration and, for these purposes, each party irrevocably submits to the jurisdiction of the courts of England and Wales.

Article 32 – General Rules

32.1 – A party who knows that any provision of the Arbitration Agreement has not been complied with and yet proceeds with the arbitration without promptly stating its objection as to such non-compliance to the Registrar (before the formation of the Arbitral Tribunal) or the Arbitral Tribunal (after its formation), shall be treated as having irrevocably waived its right to object for all purposes.

32.2 – For all matters not expressly provided in the Arbitration Agreement, the LCIA, the LCIA Court, the Registrar, the Arbitral Tribunal, any tribunal secretary and each of the parties shall act at all times in good faith, respecting the spirit of the Arbitration Agreement, and shall make every reasonable effort to ensure that any award is legally recognised and enforceable at the arbitral seat.

32.3 – If and to the extent that any part of the Arbitration Agreement is decided by the Arbitral Tribunal, the Emergency Arbitrator, or any court or other legal authority of competent jurisdiction to be invalid, ineffective or unenforceable, such decision shall not, of itself, adversely affect any order or award by the Arbitral Tribunal or the Emergency Arbitrator or any other part of the Arbitration Agreement which shall remain in full force and effect, unless prohibited by any applicable law.

Index (in alphabetical order)

(N.B. This Index comprises both defined and other undefined terms. All references to any person or party include both masculine and feminine).

Annex to the LCIA Rules

General Guidelines for the Authorised Representatives of the Parties

(Articles 18.5 and 18.6 of the LCIA Rules)

Paragraph 1: These general guidelines are intended to promote the good and equal conduct of the authorised representatives of the parties appearing by name within the arbitration. Nothing in these guidelines is intended to derogate from the Arbitration Agreement or to undermine any authorised representative's primary duty of loyalty to the party represented in the arbitration or the obligation to present that party's case effectively to the Arbitral Tribunal. Nor shall these guidelines derogate from any mandatory laws, rules of law, professional rules or codes of conduct if and to the extent that any are shown to apply to an authorised representative appearing in the arbitration.

Paragraph 2: An authorised representative should not engage in activities intended unfairly to obstruct the arbitration or to jeopardise the finality of any award, including repeated challenges to an arbitrator's appointment or to the jurisdiction or authority of the Arbitral Tribunal where such challenges are known to be unfounded by that authorised representative.

Paragraph 3: An authorised representative should not knowingly make any false statement to the Arbitral Tribunal or the LCIA Court.

Paragraph 4: An authorised representative should not knowingly procure or assist in the preparation of or rely upon any false evidence presented to the Arbitral Tribunal or the LCIA Court.

Paragraph 5: An authorised representative should not knowingly conceal or assist in the concealment of any document (or any part thereof) which is ordered to be produced by the Arbitral Tribunal.

Paragraph 6: During the arbitration proceedings, an authorised representative should not deliberately initiate or attempt to initiate any unilateral contact relating to the arbitration or the parties' dispute with any member of the LCIA Court exercising any function in regard to the arbitration or, from the Arbitral Tribunal's formation onwards, any member of the Arbitral Tribunal or the tribunal secretary (if any), which has not been disclosed in writing prior to or shortly after the time of such contact to all other parties, all members of the Arbitral Tribunal and the Registrar in accordance with Article 13.4. An authorised representative may, however, have unilateral contact with the Registrar regarding administrative matters.

Paragraph 7: In accordance with Articles 18.5 and 18.6, the Arbitral Tribunal may decide whether an authorised representative has violated these general guidelines and, if so, how to exercise its discretion to impose any or all of the sanctions listed in Article 18.6.

Recommended Clauses

Future Disputes

For contracting parties who wish to have future disputes referred to arbitration under the LCIA Rules, the following clause is recommended. Words/spaces in square brackets should be deleted/completed as appropriate.

"Any dispute arising out of or in connection with this contract, including any question regarding its existence, validity or termination, shall be referred to and finally resolved by arbitration under the LCIA Rules, which Rules are deemed to be incorporated by reference into this clause.

The number of arbitrators shall be [one/three].

The seat, or legal place, of arbitration shall be [City and/or Country].
The language to be used in the arbitral proceedings shall be [ ].
The governing law of the contract shall be the substantive law of [ ]."

Existing Disputes

If a dispute has arisen, but there is no agreement between the parties to arbitrate, or if the parties wish to vary a dispute resolution clause to provide for LCIA arbitration, the following clause is recommended. Words/ spaces in square brackets should be deleted/completed as appropriate.

"A dispute having arisen between the parties concerning [ ], the parties hereby agree that the dispute shall be referred to and finally resolved by arbitration under the LCIA Rules.

The number of arbitrators shall be [one/three].
The seat, or legal place, of arbitration shall be [City and/or Country].
The language to be used in the arbitral proceedings shall be [ ].
The governing law of the contract [is/shall be] the substantive law of [ ].
"

Modifications to Recommended Clauses

The LCIA Secretariat will be pleased to discuss any modifications to these standard clauses. For example, to provide for party nomination of arbitrators or for expedited procedures.

Mediation and other forms of ADR

Recommended clauses and procedures for Mediation, for Expert Determination, for Adjudication, and for other forms of ADR, to be administered by the LCIA, or in which the LCIA is to act as appointing authority, are available on request from the LCIA Secretariat.

3.3.2. LCIA Mediation Rules

Preamble

Where any agreement provides for mediation of existing or future disputes under the rules of the LCIA, the parties shall be taken to have agreed that the mediation shall be conducted in accordance with the following rules (the "Rules") or such amended rules as the LCIA may have adopted hereafter to take effect before the commencement of the mediation. The Rules include the Schedule of Mediation Costs (the "Schedule") in effect at the commencement of the mediation, as separately amended from time to time by the LCIA Court.

Article 1 – Commencing Mediation – prior existing agreements to mediate

1.1 – Where there is a prior existing agreement to mediate under the Rules (a "Prior Agreement"), any party or parties wishing to commence a mediation shall send to the Registrar of the LCIA Court ("the Registrar") a written request for mediation (the "Request for Mediation"), which shall briefly state the nature of the dispute and the value of the claim, and should include, or be accompanied by a copy of the Prior Agreement, the names, addresses, telephone, facsimile, telex numbers and e-mail addresses (if known) of the parties to the mediation, and of their legal representatives (if known) and of the mediator proposed (if any) by the party or parties requesting mediation.

1.2 – If the Request for Mediation is not made jointly by all parties to the Prior Agreement, the party requesting mediation shall, at the same time, send a copy of the Request for Mediation to the other party or parties.

1.3 – The Request for Mediation shall be accompanied by the registration fee prescribed in the Schedule, without which the Request for Mediation shall not be registered.

1.4 – Where there is a Prior Agreement, the date of commencement of the mediation shall be the date of receipt by the Registrar of the Request for Mediation and the registration fee.

1.5 – The LCIA Court shall appoint a mediator as soon as practicable after the commencement of the mediation, with due regard for any nomination, or method or criteria of selection agreed in writing by the parties, and subject always to Article 8 of the Rules.

Article 2 – Commencing Mediation – no prior agreement

2.1 – Where there is no Prior Agreement, any party or parties wishing to commence a mediation under the Rules shall send to the Registrar a Request for Mediation, which shall briefly state the nature of the dispute and the value of the claim, and should include, or be accompanied by, the names, addresses, telephone, facsimile, telex numbers and e-mail addresses (if known) of the parties to the mediation, and of their legal representatives (if known) and of the mediator proposed (if any) by the party or parties requesting mediation.

2.2 – The Request for Mediation shall be accompanied by the registration fee prescribed in the Schedule, without which the Request for Mediation shall not be registered.

2.3 – If the Request for Mediation is not made jointly by all parties to the dispute,

a) the party wishing to commence the mediation shall, at the same time, send a copy of the Request for Mediation to the other party or parties; and

b) the other party or parties shall, within 14 days of receiving the Request for Mediation, advise the Registrar in writing whether or not they agree to the mediation of the dispute.

2.4 – In the event that the other party or parties either declines mediation, or fails to agree to mediation within the 14 days referred to at Article 2.3(b), there shall be no mediation under the Rules and the Registrar shall so advise the parties, in writing.

2.5 – Where there is no Prior Agreement, the date of commencement of the mediation shall, subject to payment of the registration fee in accordance with Article 2.2, be the date that agreement to mediate is reached in accordance with Article 2.3(b).

2.6 – The LCIA Court shall appoint a mediator as soon as practicable after the commencement of the mediation, with due regard for any nomination, or method or criteria of selection agreed in writing by the parties, and subject always to Article 8 of the Rules.

Article 3 – Appointment of Mediator

3.1 – Before appointment by the LCIA Court, pursuant to Article 1.5 or Article 2.6, the mediator shall furnish the Registrar with a written résumé of his or her past and present professional positions; and he or she shall sign a declaration to the effect that there are no circumstances known to him or her likely to give rise to any justifiable doubts as to his or her impartiality or independence, other than any circumstances disclosed by him or her in the declaration. A copy of the mediator's résumé and declaration shall be provided to the parties.

3.2 – Where the mediator has made a disclosure, pursuant to Article 3.1, or where a party independently knows of circumstances likely to give rise to justifiable doubts as to his or her impartiality or independence, a party shall be at liberty to object to his or her appointment; in which case the LCIA Court shall appoint another mediator.

Article 4 – Statements by the Parties

4.1 – The parties are free to agree how, and in what form, they will inform the mediator of their respective cases, provided that, unless they have agreed otherwise, each party shall submit to the mediator, no later than 7 days before the date agreed between the mediator and the parties for the first scheduled mediation session, a brief written statement summarising his case; the background to the dispute; and the issues to be resolved.

4.2 – Each written statement should be accompanied by copies of any documents to which it refers.

4.3 – Each party shall, at the same time, submit a copy of the written statement and supporting documents to the other party or parties. 4

Article 5 – Conduct of the Mediation

5.1 – The mediator may conduct the mediation in such manner as he or she sees fit, having in mind at all times the circumstances of the case and the wishes of the parties.

5.2 – The mediator may communicate with the parties orally or in writing, together, or individually, and may convene a meeting or meetings at a venue to be determined by the mediator after consultation with the parties.

5.3 – Nothing which is communicated to the mediator in private during the course of the mediation shall be repeated to the other party or parties, without the express consent of the party making the communication.

5.4 – Each party shall notify the other party and the mediator of the number and identity of those persons who will attend any meeting convened by the mediator.

5.5 – Each party shall identify a representative of that party who is authorised to settle the dispute on behalf of that party, and shall confirm that authority in writing.

5.6 – Unless otherwise agreed by the parties, the mediator will decide the language(s) in which the mediation will be conducted.

Article 6 – Conclusion of the Mediation

The mediation will be at an end when, either

(*a*) a settlement agreement is signed by the parties; or

(*b*) the parties advise the mediator that it is their view that a settlement cannot be reached and that it is their wish to terminate the mediation; or

(*c*) the mediator advises the parties that, in his or her judgement, the mediation process will not resolve the issues in dispute; or

(*d*) the time limit for mediation provided in a Prior Agreement has expired and the parties have not agreed to extend that time limit.

Article 7 – Settlement Agreement

7.1 – If terms are agreed in settlement of the dispute, the parties, with the assistance of the mediator if the parties so request, shall draw up and sign a settlement agreement, setting out such terms.

7.2 – By signing the settlement agreement, the parties agree to be bound by its terms.

Article 8 – Costs

8.1 – The costs of the mediation shall include the Mediator's Fees and Expenses, Time Reserved but not Used (if any), and the Administrative Charges of the LCIA, as set out in the Schedule (the "Costs").

8.2 – As soon as practicable after commencement of the mediation, the LCIA will request the parties to file a deposit to be held on account of the Mediator's Fees and Expenses and the Administration Fees and Expenses (the "Deposit"). The Deposit shall be paid by the parties in equal shares or in such other proportions as they have agreed in writing.

8.3 – In the event that a party fails to pay its share of the Deposit, another party may make a substitute payment to allow the mediation to proceed.

8.4 – A mediator shall not be appointed and the mediation shall not proceed unless and until the Deposit has been paid in full.

8.5 – In the event a mediator is not appointed; the mediation does not proceed, and the mediation was commenced pursuant to Article 1.4 or Article 2.5 of the Rules, the LCIA's Administration Fees and Expenses shall be invoiced for immediate payment by the parties in equal shares, or in such other proportions as the parties have agreed in writing.

8.6 – In the event a mediator is not appointed, and the mediation does not proceed, by operation of Article 2.4 of the Rules, the LCIA's Administration Fees and Expenses shall be invoiced for immediate payment by the party or parties which requested mediation.

8.7 – In the event a mediator is appointed, and the mediation does proceed:

(*i*) at the conclusion of the mediation, the LCIA Court shall determine the Costs;

(*ii*) if the Deposit exceeds the Costs, the excess will be reimbursed to the parties in the proportions in which they have contributed to the Costs, or in such other proportions as the parties have agreed in writing; and

(*iii*) if the Costs exceed the Deposit, the shortfall will be invoiced for immediate payment by the parties in such proportions as the parties may have agreed in writing, or, absent such agreement, in such proportions as the LCIA Court may determine.

8.8 – Any other costs incurred by the parties, whether in regard to legal fees, experts' fees or expenses of any other nature will not be part of the Costs for the purposes of the Rules. 6

Article 9 – Judicial or Arbitral Proceedings

Unless they have agreed otherwise, and notwithstanding the mediation, the parties may initiate or continue any arbitration or judicial proceedings in respect of the dispute which is the subject of the mediation.

Article 10 – Confidentiality and Privacy

10.1 – All mediation sessions shall be private, and shall be attended only by the mediator, the parties and those individuals identified pursuant to Article 5.4.

10.2 – The mediation process and all negotiations, and statements and documents prepared for the purposes of the mediation, shall be confidential and covered by "without prejudice" or negotiation privilege.

10.3 – The mediation shall be confidential. Unless agreed among the parties, or required by law, neither the mediator nor the parties may disclose to any person any information regarding the mediation or any settlement terms, or the outcome of the mediation.

10.4 – All documents or other information produced for or arising in relation to the mediation will be privileged and will not be admissible in evidence or otherwise discoverable in any litigation or arbitration, except for any documents or other information which would in any event be admissible or discoverable in any such litigation or arbitration.

10.5 – There shall be no formal record or transcript of the mediation.

10.6 – The parties shall not rely upon, or introduce as evidence in any arbitral or judicial proceedings, any admissions, proposals or views expressed by the parties or by the mediator during the course of the mediation.

Article 11 – Limitation of Liability

11.1 – None of the LCIA (including its officers and employees), the LCIA Court (including its President, Vice-Presidents and individual members), the Registrar, any deputy Registrar, and any mediator shall be liable to any party howsoever for any act or omission in connection with any mediation conducted by reference to the Rules, save (i) where the act or omission is shown by that party to constitute conscious and deliberate wrongdoing committed by the body or person alleged to be liable to that party and (ii) the extent to which any part of this provision is prohibited by any applicable law. 7

11.2 – None of the LCIA (including its officers and employees), the LCIA Court (including its President, Vice-Presidents and individual members), the Registrar, any deputy Registrar, or the Mediator shall be under any legal obligation to make any statement to any person about any matter concerning the mediation, nor shall any party seek to make any of these persons a witness in any legal or other proceedings arising out of the mediation.

3.4. International Center for Dispute Resolution International Dispute Resolution Procedures (Including Mediation and Arbitration Rules)

Introduction

The International Centre for Dispute Resolution® ("ICDR®") is the international division of the American Arbitration Association® ("AAA®"). The ICDR provides dispute resolution services around the world in locations chosen by the parties. ICDR arbitrations and mediations may be conducted in any language chosen by the parties. The ICDR Procedures reflect best international practices that are designed to deliver efficient, economic, and fair proceedings.

These Procedures are designed to provide a complete dispute resolution framework for parties to a dispute, their counsel, arbitrators, and mediators. They provide a balance between the autonomy of the parties to agree to the dispute resolution process they want and the need for process management by mediators and arbitrators.

The UNCITRAL (The United National Commission on International Trade Law) Model Law's definition of an international arbitration has been incorporated by the ICDR for the purpose of determining whether a case is international. An arbitration may be deemed international and administered by the ICDR if the parties to an arbitration agreement have:

- their places of business in different countries;
- the place where a substantial part of the obligations of their commercial relationship to be performed is situated outside the country of any party;

- the place with which the subject-matter of the dispute is most closely connected is situated outside the country of any party;
- the place of arbitration is situated outside the country of any party; or
- one party with more than one place of business (including parent and/or subsidiary) is situated outside the country of any party.

Whenever a singular term is used in the International Mediation Rules or International Arbitration Rules, such as "party," "claimant," or "arbitrator," that term shall include the plural if there is more than one such entity. Whenever any party is not participating, the reference to the "parties" shall mean the participating party or parties.

The English-language version of these Rules is the official text.

International Mediation

The parties may seek to settle their dispute through mediation. Mediation may be scheduled independently of arbitration or concurrently with the scheduling of the arbitration. In mediation, an impartial and independent mediator assists the parties in reaching a settlement but does not have the authority to make a binding decision or award. The updated International Mediation Rules provide an enhanced framework that allows for a broad range of practices, cultures and approaches towards the resolution of international disputes from parties located around the world.

Features of the International Mediation Rules:

- Focus on how the ICDR will assist the parties in finding and appointing a mediator to best meet their needs;
- More clearly reference the duties and responsibilities of the mediator to expand party participation and authority;
- Contains a rule "Mediation Proceedings," emphasizing party control and a focus on an efficient and effective mediation process by considering a preparatory conference, the use of technology, document exchange, *ex parte* meetings, communications, and more;
- Refer to the Singapore Convention (United Nations Convention on International Settlement Agreements Resulting from Mediation);
- Provide that the parties and the mediator consider compliance and practice related to cybersecurity, privacy, and data protection; and

- The International Arbitration Rules now provide for the presumptive application of the International Mediation Rules during the arbitration proceeding.

The following pre-dispute mediation clause may be included in contracts:

In the event of any controversy or claim arising out of or relating to this contract, or a breach thereof, the parties hereto agree first to try and settle the dispute by mediation, administered by the International Centre for Dispute Resolution under its International Mediation Rules, before resorting to arbitration, litigation, or some other dispute resolution procedure.

The parties should consider adding:

a. *The place of mediation shall be [city, (province or state), country]; and*

b. *The language of the mediation shall be __________.*

If the parties want to use a mediator to resolve an existing dispute, they may enter into the following submission agreement:

The parties hereby submit the following dispute to mediation administered by the International Centre for Dispute Resolution in accordance with its International Mediation Rules. (The clause may also provide for the qualifications of the mediator(s), the place of mediation, and any other item of concern to the parties.)

International Arbitration

A dispute can be submitted to an arbitral tribunal for a final and binding decision. In ICDR arbitration, each party is given the opportunity to make a case presentation following the process provided by these Rules and the tribunal.

Features of the International Arbitration Rules:

- Codify the ICDR's practice of having the International Administrative Review Council, which is comprised of current and former ICDR executives, decide arbitrator challenges and other administrative disputes;
- Give the arbitral tribunal the authority to decide issues of arbitrability and jurisdiction without any need to refer such matters first to a court;

- Provide that the parties and tribunal shall discuss in the procedural hearing issues related to cybersecurity, privacy, and data protection;
- Create a presumption that parties will mediate during the arbitration, with any party being able to opt out;
- Allow parties to request permission to submit an early disposition application for issues that have a reasonable possibility of success, will dispose of or narrow issues, or add economy;
- Authorize access to a special emergency arbitrator for urgent measures of protection within three (3) business days of filing with a criteria for the filing party to set forth reasoning why relief is likely to be found and what injury will be suffered if relief is not granted;
- Allow tribunal to manage the scope of document and electronic document requests and to manage, limit, or avoid U.S. litigation-style discovery practices;
- Permit a party or the tribunal to request disclosure of third-party funders and other non-parties;
- Contain express provisions allowing for "video, audio or other electronic means" during the proceedings;
- Provide that electronically-signed orders and awards can be issued unless law, the administrator, or party agreement provides otherwise; and
- Permit a party to request the tribunal make a separate award for any fees the party pays in advance on behalf of another party.

Parties can provide for arbitration of future disputes by inserting the following clause into their contracts:

Any controversy or claim arising out of or relating to this contract, or the breach thereof, shall be determined by arbitration administered by the International Centre for Dispute Resolution in accordance with its International Arbitration Rules.

The parties should consider adding:

a. *The number of arbitrators shall be (one or three);*
b. *The place of arbitration shall be [city, (province or state), country]; and*
c. *The language of the arbitration shall be* ________________.

For more complete clause-drafting guidance, please refer to the *ICDR Guide to Drafting International Dispute Resolution Clauses* on the Clause Drafting page at **www.icdr.org.** When writing a dispute resolution clause or agreement, the parties may choose to confer with the ICDR on useful options. Please see the contact information provided in How to File a Case with the ICDR. The AAA and ICDR have also developed the ClauseBuilder® **(www.clausebuilder.org)** online tool, a simple, self-guided process to assist individuals and organizations in developing clear and effective arbitration and mediation agreements.

International Expedited Procedures

The Expedited Procedures provide parties with an expedited and simplified arbitration procedure designed to reduce the time and cost of an arbitration.

The Expedited Procedures shall apply in any case in which no disclosed claim or counterclaim exceeds $500,000 USD exclusive of interest and the costs of arbitration. The parties may agree to the application of these Expedited Procedures on matters of any claim size.

Features of the International Expedited Procedures:

- May apply to cases of any size with party agreement;
- Set forth comprehensive filing requirements;
- Provide for expedited arbitrator appointment process with party input;
- Access to and appointment from an experienced pool of arbitrators ready to serve on an expedited basis;
- Call for an early procedural hearing with the arbitrator requiring participation of parties and their representatives;
- Presume that cases up to $100,000 USD will be decided on documents only;
- Provide for an expedited schedule and limited hearing days, if any; and
- Require an award within 30 calendar days of the close of the hearing or the date established for the receipt of the parties' final statements and proofs.

Where parties intend that the Expedited Procedures shall apply regardless of the amount in dispute, they may consider the following clause:

Any controversy or claim arising out of or relating to this contract, or the breach thereof, shall be determined by arbitration administered by the Internatio-

nal Centre for Dispute Resolution in accordance with its International Expedited Procedures.

The parties should consider adding:

a. *The place of arbitration shall be (city, [province or state], country); and*

b. *The language of the arbitration shall be__________.*

How to File a Case with the ICDR

Parties initiating a case with the International Centre for Dispute Resolution or the American Arbitration Association may file online via AAA WebFile® (File & Manage a Case) at **www.icdr.org,** by email, mail, courier, or facsimile (fax). For filing assistance, parties may contact the ICDR directly at any ICDR or AAA office.

3.4.1. International Mediation Rules

M-1. Agreement of Parties

Whenever parties have agreed in writing to mediate disputes under these International Mediation Rules, or have provided for mediation or conciliation of existing or future international disputes under the auspices of either the International Centre for Dispute Resolution ("ICDR"), the international division of the American Arbitration Association ("AAA"), or the AAA without designating particular rules, they shall be deemed to have made these International Mediation Rules, as amended and in effect as of the date of the submission of the dispute, a part of their agreement. The parties by mutual agreement may vary any part of these Rules including, but not limited to, agreeing to conduct all or part of the mediation via video, audio, or other electronic means.

M-2. Initiation of Mediation

1. Any party or parties to a dispute may initiate mediation under the ICDR's auspices by filing a request for mediation to any of the ICDR's regional offices or case management centers via email, mail, courier, or fax. Requests for mediation may also be filed online through the ICDR's AAA WebFile at **www.icdr.org** or via email at **casefiling@adr.org.**

2. The party initiating the mediation shall simultaneously notify the other party or parties of the request. The initiating party shall provide the following information to the ICDR and the other party or parties as applicable:

a. the names, regular mail addresses, email addresses, and telephone numbers of all parties to the dispute and representatives, if any, in the mediation;

b. a copy of the mediation provision of the parties' contract or the parties' stipulation to mediate;

c. a brief statement of the nature of the dispute and the relief requested; and

d. any recommendations for a specific mediator or qualifications the mediator should possess.

3. Where there is no pre-existing stipulation or contract by which the parties have provided for mediation of existing or future disputes under the auspices of the ICDR, a party may request the ICDR to invite another party to participate in "mediation by voluntary submission." Upon receipt of such a request, the ICDR will contact the other party or parties involved in the dispute and attempt to obtain a submission to mediation.

M-3. Representation

Subject to any applicable law, any party may be represented by persons of the party's choice. The names and addresses of such persons shall be communicated in writing to all parties and to the ICDR.

M-4. Appointment of the Mediator

The ICDR shall assist the parties in finding a mutually agreeable mediator. If the parties are not able to agree on the appointment of a mediator and have not provided any other method of appointment, the mediator shall be appointed in the following manner:

a. Upon receipt of a request for mediation, the ICDR will send to each party a list of mediators from the ICDR's Panel of Mediators. The parties are encouraged to agree on a mediator from the submitted list and to advise the ICDR of their agreement.

b. If the parties are unable to agree on a mediator, each party shall strike unacceptable names from the list, number the remaining names in order of preference, and return the list to the ICDR. If a party does not return the list within the time specified, all mediators on the list shall be deemed acceptable. The ICDR shall appoint a mutually acceptable mediator from the list, based upon the parties' designated preferences.

c. If for any reason the appointment cannot be made from the submitted list, the ICDR shall have the authority to make the appointment from among other members of the Panel of Mediators without the submission of additional lists.

M-5. Mediator's Impartiality and Duty to Disclose

1. ICDR mediators are required to abide by the *Model Standards of Conduct for Mediators* in effect at the time a mediator is appointed to a case. Where there is a conflict between the *Model Standards* and any provision of these Mediation Rules, these Mediation Rules shall govern. The Model Standards require mediators to (i) decline a mediation if the mediator cannot conduct it in an impartial manner, and (ii) disclose, as soon as practicable, all actual and potential conflicts of interest that are reasonably known to the mediator and could reasonably be seen as raising a question about the mediator's impartiality.

2. Prior to accepting an appointment, ICDR mediators are required to make a reasonable inquiry to determine whether there are any facts that a reasonable individual would consider likely to create a potential or actual conflict of interest for the mediator. ICDR mediators are required to disclose any circumstance likely to create a presumption of bias or prevent a resolution of the parties' dispute within the time frame desired by the parties. Upon receipt of such disclosures, the ICDR shall immediately communicate the disclosures to the parties for their comments.

3. The parties may, upon receiving disclosure of actual or potential conflicts of interest of the mediator, waive such conflicts and proceed with the mediation. In the event that a party disagrees as to whether the mediator shall serve, or in the event that the mediator's conflict of interest might reasonably be viewed as undermining the integrity of the mediation, the mediator shall be replaced.

M-6. Vacancies

If any mediator shall become unwilling or unable to serve, the ICDR will appoint another mediator, unless the parties agree otherwise, in accordance with Rule M-4.

M-7. Language

If the parties have not agreed otherwise, the language of the mediation shall be that of the documents containing the mediation agreement.

M-8. Duties and Responsibilities of the Mediator

1. The mediator shall conduct the mediation based on the principle of party self-determination. Self-determination is the act of coming to a voluntary, uncoerced decision in which each party makes free and informed choices as to process and outcome.

2. The mediator does not have the authority to impose a settlement on the parties but will attempt to help them reach a satisfactory resolution of their dispute.

3. The mediator is not a legal representative of any party and has no fiduciary duty to any party.

M-9. Mediation Proceedings

1. The mediator shall conduct the proceedings with a view to expediting the resolution of the dispute. The mediator may conduct a preparatory conference with the parties promptly after being appointed for the purpose of organizing the proceedings of the case. In establishing procedures for the case, the mediator and the parties may conduct all or part of the mediation via video, audio, or other electronic means to increase the efficiency and economy of the proceedings.

2. The parties are encouraged to exchange all documents pertinent to the relief requested. The mediator may request the exchange of memoranda on issues, including the underlying interests and the history of the parties' negotiations. Information that a party wishes to keep confidential may be sent to the mediator, as necessary, in a separate communication with the mediator.

3. The mediator may conduct separate or *ex parte* meetings and other communications with the parties and/or their representatives, before, during, and after any scheduled mediation conference. Such communications may be conducted in person, in writing, via video, audio or other electronic means.

4. The mediator may make oral or written recommendations for settlement to a party privately or, if the parties agree, to all parties jointly.

5. In the event that a complete settlement of all or some issues in dispute is not achieved within the scheduled mediation conference(s), the mediator may continue to communicate with the parties for a period of time in an ongoing effort to facilitate a complete settlement.

6. Early in the proceeding or at the preparatory conference, the mediator and the parties shall consider cybersecurity, privacy, and data protection to provide for an appropriate level of security and compliance in connection with the proceeding.

M-10. Responsibilities of the Parties

1. The parties shall ensure that appropriate representatives of each party, having authority to commit to the execution of a settlement agreement, attend the mediation conference.

2. Prior to and during the scheduled mediation conference(s), the parties and their representatives shall, as appropriate to each party's circumstances, exercise their best efforts to prepare for and engage in a meaningful and productive mediation.

M-11. Privacy

Mediation conferences and related mediation communications are private proceedings. The parties and their representatives may attend mediation conferences. Other persons may attend only with the permission of the parties and with the consent of the mediator.

M-12. Confidentiality

1. Subject to applicable law or the parties' agreement, confidential information disclosed to a mediator by the parties or by other participants in the course of the mediation shall not be divulged by the mediator. The mediator shall maintain the confidentiality of all information obtained in the mediation, and all records, reports, or other documents received by a mediator whilc serving in that capacity shall be confidential.

2. The mediator shall not be compelled to divulge such records or to testify in regard to the mediation in any adversary proceeding or judicial forum.

3. The parties shall maintain the confidentiality of the mediation and shall not rely on, or introduce as evidence in any arbitral, judicial, or other proceeding the following, unless agreed to by the parties or required by applicable law: views expressed or suggestions made by a party or other participant with respect to a possible settlement of the dispute;

a. admissions made by a party or other participant in the course of the mediation proceedings;

b. proposals made or views expressed by the mediator; or

c. the fact that a party had or had not indicated willingness to accept a proposal for settlement made by the mediator.

M-13. No Stenographic Record

There shall be no stenographic record of the mediation process.

M-14. Termination of Mediation

The mediation shall be terminated:

a. By the execution of a settlement agreement by the parties; or

b. By a written or verbal declaration of the mediator to the effect that further efforts at mediation would not contribute to a resolution of the parties' dispute; or

c. By a written or verbal declaration of any party to the effect that the mediation proceedings are terminated; or

d. When there has been no communication between the mediator and any party or party's representative for 21 days following the conclusion of the mediation conference; or

e. The parties may request the mediator (by signing the settlement agreement or otherwise) or the ICDR to issue an attestation that a settlement was reached in the course of a mediation to assist in the enforcement of such settlement agreement under the United Nations Convention on International Settlement Agreements Resulting from Mediation or other applicable law.

M-15. Exclusion of Liability

Neither the ICDR nor any mediator is a necessary party in judicial proceedings relating to the mediation. Neither the ICDR nor any mediator shall be liable to any party for any error, act or omission in connection with any mediation conducted under these Rules.

M-16. Interpretation and Application of Rules

The mediator shall interpret and apply these Rules insofar as they relate to the mediator's duties and responsibilities. All other Rules shall be interpreted and applied by the ICDR.

M-17. Deposits

Unless otherwise directed by the mediator, the ICDR will require the parties to deposit in advance of the mediation conference such sums of money as it, in consultation with the mediator, deems necessary to cover the costs and expenses of the mediation, and the ICDR shall render an accounting to the parties and return any unexpended balance at the conclusion of the mediation.

M-18. Expenses

All expenses of the mediation, including required travel and other expenses or charges of the mediator, shall be borne equally by the parties unless they agree otherwise. The expenses of participants for either side shall be paid by the party requesting the attendance of such participants.

M-19. Costs of Mediation

FOR THE CURRENT ADMINISTRATIVE FEE SCHEDULE, PLEASE VISIT ***www.adr.org/internationalfeeschedule.***

3.4.2. International Arbitration Rules

Article 1: Scope of these Rules

1. Where parties have agreed to arbitrate disputes under these International Arbitration Rules ("Rules"), or have provided for arbitration of an international dispute by either the International Centre for Dispute Resolution ("ICDR"), the international division of the American Arbitration Association ("AAA"), or the AAA without designating particular rules, the arbitration shall take place in accordance with these Rules as in effect at the date of commencement of the arbitration, subject to modifications that the parties may adopt in writing. The ICDR is the Administrator of these Rules.

2. These Rules govern the arbitration, except that, where any such rule is in conflict with any provision of the law applicable to the arbitration from which the parties cannot derogate, that provision shall prevail.

3. When parties agree to arbitrate under these Rules, or when they provide for arbitration of an international dispute by the ICDR or the AAA without designating particular rules, they thereby authorize the ICDR to administer the arbitration. These Rules specify the duties and responsibilities of the ICDR as the Administrator. The Administrator may provide services through any of the ICDR's case management offices or through the facilities of the AAA or arbitral institutions with which the ICDR or the AAA has agreements of cooperation. Arbitrations administered under these Rules shall be administered only by the ICDR or by an individual or organization authorized by the ICDR to do so.

4. Unless the parties agree or the Administrator determines otherwise, the International Expedited Procedures shall apply in any case in which no disclosed claim or counterclaim exceeds $500,000 USD exclusive of interest and the costs of arbitration. The parties may also agree to use the International Expedited Procedures in other cases. The International Expedited Procedures shall be applied as described in Articles E-1 through E-10 of these Rules, in addition to any other portion of these Rules that is not in conflict with the Expedited Procedures. Where no party's claim or counterclaim exceeds $100,000 USD exclusive of interest, attorneys' fees, and other arbitration costs, the dispute shall be resolved by written submissions only unless the arbitrator determines that an oral hearing is necessary.

Commencing the Arbitration

Article 2: Notice of Arbitration and Statement of Claim

1. The party initiating arbitration ("Claimant") shall, in compliance with Article 11, give written Notice of Arbitration to the Administrator and at the same time to the party against whom a claim is being made ("Respondent"). The Claimant may also initiate the arbitration online through the Administrator's AAA WebFile at **www.icdr.org** or via email at **casefiling@adr.org.**

2. The arbitration shall be deemed to commence on the date on which the Administrator receives the Notice of Arbitration.

3. The Notice of Arbitration shall contain the following information: a demand that the dispute be referred to arbitration;

a. the names, addresses, telephone numbers, fax numbers, and email addresses of the parties and, if known, of their representatives;

b. a copy of the entire arbitration clause or agreement being invoked, and, where claims are made under more than one arbitration agreement, a copy of the arbitration agreement under which each claim is made;

c. a reference to any contract out of or in relation to which the dispute arises;

d. a description of the claim and of the facts supporting it;

e. the relief or remedy sought and any amount claimed; and

f. optionally, proposals, consistent with any prior agreement between or among the parties, as to the means of designating the arbitrators, the number of arbitrators, the place of arbitration, the language of the arbitration, and whether the party filing the Notice of Arbitration is willing to mediate the dispute prior to or concurrently with the arbitration.

4. The Notice of Arbitration shall be accompanied by the appropriate filing fee.

5. Upon receipt of the Notice of Arbitration, the Administrator shall communicate with all parties with respect to the arbitration and shall acknowledge the commencement of the arbitration.

Article 3: Answer and Counterclaim

1. Within 30 days after the Administrator confirms receipt of the Notice of Arbitration, Respondent shall submit to Claimant, to any other parties, and to the Administrator a written Answer to the Notice of Arbitration.

2. At the time Respondent submits its Answer, Respondent may make any counterclaims covered by the agreement to arbitrate or assert any setoffs and Claimant shall within 30 days submit to Respondent, to any other parties, and to the Administrator a written Answer to the counterclaim or setoffs.

3. A counterclaim or setoff shall contain the same information required of a Notice of Arbitration under Article 2(3) and shall be accompanied by the appropriate filing fee.

4. Respondent shall within 30 days after the Administrator confirms receipt of the Notice of Arbitration submit to Claimant, to any other parties, and to the Administrator a response to any proposals by Claimant not previously agreed upon, or submit its own proposals, consistent with any prior agreement between or among the parties, as to the means of designating the arbitrators, the number of arbitrators, the place of the arbitration, the language of the arbitration, and whether Respondent is willing to mediate the dispute prior to or concurrently with the arbitration.

5. The arbitral tribunal, or the Administrator if the tribunal has not yet been constituted, may extend any of the time limits established in this Article if it considers such an extension justified.

6. Failure of Respondent to submit an Answer shall not preclude the arbitration from proceeding.

7. In arbitrations with multiple parties, Respondent may make claims or assert setoffs against another Respondent and Claimant may make claims or assert setoffs against another Claimant in accordance with the provisions of this Article 3.

Article 4: Administrative Conference

The Administrator may conduct an administrative conference before the arbitral tribunal is constituted to facilitate party discussion and agreement on issues such as arbitrator selection, mediating the dispute, process efficiencies, and any other administrative matters.

Article 5: International Administrative Review Council

When the Administrator is called upon to act under these Rules, the Administrator may act through its International Administrative Review Council (IARC) to take any action. Such actions may include determining challenges to the appointment or continuing service of an arbitrator, deciding disputes regarding the number of arbitrators to be appointed, or determining whether a party has met the administrative requirements to initiate or file an arbitration contained in the Rules. If the parties do not agree on the place of arbitration, the IARC may make an initial determination as to the place of arbitration, subject to the power of the arbitral tribunal to make a final determination.

Article 6: Mediation

Subject to (a) any agreement of the parties otherwise or (b) the right of any party to elect not to participate in mediation, the parties shall mediate their dispute pursuant to the ICDR's International Mediation Rules concurrently with the arbitration.

Article 7: Emergency Measures of Protection

1. A party may apply for emergency relief before the constitution of the arbitral tribunal by submitting a written application to the Administrator and to all other parties setting forth:

a. the nature of the relief sought;

b. the reasons why such relief is required on an emergency basis before the tribunal is appointed;

c. the reasons why the party is likely to be found to be entitled to such relief; and

d. what injury or prejudice the party will suffer if relief is not provided.

The application shall be submitted concurrent with or following the submission of a Notice of Arbitration. Such application may be filed by email, or as otherwise permitted by Article 11, and must include payment of any applicable fees and a statement certifying that all parties have been notified or an explanation of the steps taken in good faith to notify all parties.

2. Within one business day of receipt of the application for emergency relief as provided in Article 7(1), and upon being satisfied that the requirements of Article 7(1) have been met, the Administrator shall appoint a single emergency arbitrator. Upon accepting appointment, a prospective emergency arbitrator shall, in accordance with Article 14, disclose to the Administrator any circumstances that may give rise to justifiable doubts as to the arbitrator's impartiality or independence. Any challenge to the appointment of the emergency arbitrator must be made within one business day of the communication by the Administrator to the parties of the appointment of the emergency arbitrator and the circumstances disclosed.

3. The emergency arbitrator shall as soon as possible, and in any event within two business days of appointment, establish a schedule for consideration of the application for emergency relief. Such schedule shall provide a reasonable opportunity to all parties to be heard and may provide for proceedings by telephone, video, written submissions, or other suitable means, as alternatives to an in-person hearing. The emergency arbitrator shall have the authority vested in the arbitral tribunal under Article 21, including the authority to rule on the emergency arbitrator's jurisdiction, and shall resolve any disputes over the applicability of this Article.

4. The emergency arbitrator shall have the power to order or award any interim or conservatory measures that the emergency arbitrator deems necessary, including injunctive relief and measures for the protection or conservation of property. Any such measures may take the form of an interim award or an order. The emergency arbitrator shall give reasons in either case. The emergency arbitrator may modify or vacate the interim award or order. Any interim award or order shall have the same effect as an interim measure made pursuant to Article 27 and shall be binding on the parties when rendered. The parties shall undertake to comply with such an interim award or order without delay.

5. The emergency arbitrator shall have no further power to act after the arbitral tribunal is constituted. Once the tribunal has been constituted, the tribunal may affirm, reconsider, modify, or vacate the interim award or order of emergency relief issued by the emergency arbitrator. The emergency arbitrator may not serve as a member of the tribunal unless the parties agree otherwise.

6. Any interim award or order of emergency relief may be conditioned on provision of appropriate security by the party seeking such relief.

7. A request for interim measures addressed by a party to a judicial authority shall not be deemed incompatible with this Article 7 or with the agreement to arbitrate or a waiver of the right to arbitrate.

8. The costs associated with applications for emergency relief shall be addressed by the emergency arbitrator, subject to the power of the arbitral tribunal to determine finally the allocation of such costs.

Article 8: Joinder

1. A party wishing to join an additional party to the arbitration shall submit to the Administrator a Notice of Arbitration against the additional party. No additional party may be joined after the appointment of any arbitrator, unless (a) all parties, including the additional party, otherwise agree, or (b) the arbitral tribunal once constituted determines that the joinder of an additional party is appropriate, and the additional party consents to such joinder. The party wishing to join the additional party shall, at that same time, send the Notice of Arbitration to the additional party and all other parties. The date on which such Notice of Arbitration is received by the Administrator shall be deemed to be the date of the commencement of arbitration against the additional party. Any joinder shall be subject to the provisions of Articles 13 and 21.

2. The request for joinder shall contain the same information required of a Notice of Arbitration under Article 2(3) and shall be accompanied by the appropriate filing fee.

3. The additional party shall submit an Answer in accordance with the provisions of Article 3.

4. The additional party may make claims, counterclaims, or assert setoffs against any other party in accordance with the provisions of Article 3.

Article 9: Consolidation

1. At the request of a party or on its own initiative, the Administrator may appoint a consolidation arbitrator, who will have the power to consolidate two or more arbitrations pending under these Rules, or these and other arbitration rules administered by the AAA or ICDR, into a single arbitration where:

a. the parties have expressly agreed to appoint a consolidation arbitrator; or

b. all of the claims and counterclaims in the arbitrations are made under the same arbitration agreement; or

c. the claims, counterclaims, or setoffs in the arbitrations are made under more than one arbitration agreement; the arbitrations involve the same or related parties; the disputes in the arbitrations arise in connection with the same legal relationship; and the arbitration agreements may be compatible.

2. A consolidation arbitrator shall be appointed as follows:

a. The Administrator shall notify the parties in writing of its intention to appoint a consolidation arbitrator and invite the parties to agree upon a procedure for the appointment of a consolidation arbitrator.

b. If the parties have not within 15 days of such notice agreed upon a procedure for appointment of a consolidation arbitrator, the Administrator shall appoint the consolidation arbitrator.

c. Absent the agreement of all parties, the consolidation arbitrator shall not be an arbitrator who is appointed to any pending arbitration subject to potential consolidation under this Article.

d. The provisions of Articles 14-16 of these Rules shall apply to the appointment of the consolidation arbitrator.

3. In deciding whether to consolidate, the consolidation arbitrator shall consult the parties, may consult the arbitral tribunal(s), and may take into account all relevant circumstances, including:

a. applicable law;

b. whether one or more arbitrators have been appointed in more than one of the arbitrations and, if so, whether the same or different persons have been appointed;

c. the progress already made in the arbitrations;

d. whether the arbitrations raise common issues of law and/or facts; and

e. whether the consolidation of the arbitrations would serve the interests of justice and efficiency.

4. The consolidation arbitrator may order that any or all arbitrations subject to potential consolidation be stayed pending a ruling on a request for consolidation.

5. When arbitrations are consolidated, they shall be consolidated into the arbitration that commenced first, unless otherwise agreed by all parties or the consolidation arbitrator decides otherwise.

6. Where the consolidation arbitrator decides to consolidate an arbitration with one or more other arbitrations, each party in those arbitrations shall be deemed to have waived its right to appoint an arbitrator. The consolidation arbitrator may revoke the appointment of any arbitrators and may select one of the previously-appointed tribunals to serve in the consolidated proceeding. The Administrator shall, as necessary, complete the appointment of the tribunal in the consolidated proceeding. Absent the agreement of all parties, the consolidation arbitrator shall not be appointed in the consolidated proceedings.

7. The decision as to consolidation, which need not include a statement of reasons, shall be rendered within 15 days of the date for final submissions on consolidation.

Article 10: Amendment or Supplement of Claim, Counterclaim, or Defense

Any party may amend or supplement its claim, counterclaim, setoff, or defense unless the arbitral tribunal considers it inappropriate to allow such amendment or supplement because of the party's delay in making it, prejudice to the other parties, or any other circumstances. A party may not amend or supplement a claim or counterclaim if the amendment or supplement would fall outside the scope of the agreement to arbitrate. The tribunal may permit an amendment or supplement subject to an award of costs and/or the payment of filing fees as determined by the Administrator.

Article 11: Notices

1. Unless otherwise agreed by the parties or ordered by the arbitral tribunal, all notices and written communications may be transmitted by any means of communication that allows for a record of its transmission, including email, mail, courier, fax, or other written forms of electronic communication addressed to the party or its representative at its last- known address, or by personal service.

2. For the purpose of calculating a period of time under these Rules, such period shall begin to run on the day following the day when a notice is made. If the last day of such period is an official holiday at the place received, the period is extended until the first business day that follows. Official holidays occurring during the running of the period of time are included in calculating the period.

The Tribunal

Article 12: Number of Arbitrators

If the parties have not agreed on the number of arbitrators, one arbitrator shall be appointed unless the Administrator determines that three arbitrators are appropriate because of the size, complexity, or other circumstances of the case.

Article 13: Appointment of Arbitrators

1. The parties may agree upon any procedure for appointing arbitrators and shall inform the Administrator as to such procedure. In the absence of party agreement as to the method of appointment, the Administrator may use the ICDR list method as provided in Article 13(6).

2. The parties may agree to select arbitrators, with or without the assistance of the Administrator. When such selections are made, the parties shall take into account the arbitrators' availability to serve and shall notify the Administrator so that a Notice of Appointment can be communicated to the arbitrators, together with a copy of these Rules.

3. If within 45 days after the commencement of the arbitration, all parties have not agreed on a procedure for appointing the arbitrator(s) or have not agreed on the selection of the arbitrator(s), the Administrator shall, at the written request of any party, appoint the arbitrator(s).Where the parties have agreed upon a procedure for selecting the arbitrator(s), but all appointments have not been made within the time limits provided by that procedure, the Administrator shall, at the written request of any party, perform all functions provided for in that procedure that remain to be performed.

4. In making appointments, the Administrator shall, after inviting consultation with the parties, endeavor to appoint suitable arbitrators, taking into account their availability to serve. At the request of any party or on its own initiative, the Administrator may appoint or submit a list(s) including nationals of a country other than that of any of the parties.

5. If there are more than two parties to the arbitration, the Administrator may appoint all arbitrators unless the parties have agreed otherwise no later than 45 days after the commencement of the arbitration.

6. If the parties have not selected an arbitrator(s) and have not agreed upon any other method of appointment, the Administrator, at its discretion, may appoint the arbitrator(s) in the following manner using the ICDR list method. The Administrator shall send simultaneously to each party an identical list of names of persons for consideration as arbitrator(s). The parties are encouraged to agree to an arbitrator(s) from the submitted list and shall advise the Administrator of their agreement. If, after receipt of the list, the parties are unable to agree upon an arbitrator(s), each party shall have 15 days from the transmittal date in which to strike names objected to, number the remaining names in order of preference, and return the list to the Administrator. The parties are not required to exchange selection lists. If a party does not return the list within the time specified, all persons named therein shall be deemed acceptable. From among the persons who have been approved on the parties' lists, and in accordance with the designated order of mutual preference, the Administrator shall invite an arbitrator(s) to serve. If the parties fail to agree on any of the persons listed, or if acceptable arbitrators are unable or unavailable to act, or if for any other reason the appointment cannot be made from the submitted lists, the Administrator shall have the power to make the appointment without the submission of additional lists. The Administrator shall, if necessary, designate the presiding arbitrator in consultation with the tribunal.

7. The appointment of an arbitrator is effective upon receipt by the Administrator of the Administrator's Notice of Appointment completed and signed by the arbitrator.

Article 14: Impartiality and Independence of Arbitrator

1. Arbitrators acting under these Rules shall be impartial and independent and shall act in accordance with these Rules, the terms of the Notice of Appointment provided by the Administrator, and with *The Code of Ethics for Arbitrators in Commercial Disputes.*

2. Upon accepting appointment, an arbitrator shall sign the Notice of Appointment provided by the Administrator affirming that the arbitrator is available to serve and is independent and impartial. The arbitrator shall disclose any circumstances that may give rise to justifiable doubts as to the arbitrator's impartiality or independence and any other relevant facts the arbitrator wishes to bring to the attention of the parties.

3. If, at any stage during the arbitration, circumstances arise that may give rise to such doubts, an arbitrator or party shall promptly disclose such information to all parties and to the Administrator. Upon receipt of such information from an arbitrator or a party, the Administrator shall communicate it to all parties and to the tribunal.

4. Disclosure by an arbitrator or party does not necessarily indicate belief by the arbitrator or party that the disclosed information gives rise to justifiable doubts as to the arbitrator's impartiality or independence.

5. Failure of a party to disclose any circumstances that may give rise to justifiable doubts as to an arbitrator's impartiality or independence within a reasonable period after the party becomes aware of such information constitutes a waiver of the right to challenge an arbitrator based on those circumstances.

6. No party or anyone acting on its behalf shall have any *ex parte* communication relating to the case with any arbitrator, or with any candidate for party-appointed arbitrator, except to advise the candidate of the general nature of the controversy and of the anticipated proceedings and to discuss the candidate's qualifications, availability, or impartiality and independence in relation to the parties, or to discuss the suitability of candidates for selection as a presiding arbitrator where the parties or party-appointed arbitrators are to participate in that selection. No party or anyone acting on its behalf shall have any *ex parte* communication relating to the case with any candidate for presiding arbitrator.

7. On the application of a party, or on its own initiative after consulting the parties, the tribunal may require the parties to disclose:

a. Whether any non-party (such as a third-party funder or an insurer) has undertaken to pay or to contribute to the cost of a party's participation in the arbitration, and if so, to identify the person or entity concerned and to describe the nature of the undertaking.

b. Whether any non-party (such as a funder, insurer, parent company, or ultimate beneficial owner) has an economic interest in the outcome of the arbitration, and if so, to identify the person or entity concerned and to describe the nature of the interest.

Article 15: Challenge of an Arbitrator

1. A party may challenge an arbitrator whenever circumstances exist that give rise to justifiable doubts as to the arbitrator's impartiality, or independence, or for failing to perform the arbitrator's duties. Unless a shorter time period is otherwise agreed by the parties, specified by law, or determined by the Administrator, a party shall send a written notice of the challenge to the Administrator within 15 days after being notified of the appointment of the arbitrator or within 15 days after the circumstances giving rise to the challenge become known to that party. The challenge shall state in writing the reasons for the challenge. The party shall not send this notice to any member of the arbitral tribunal.

2. Upon receipt of such a challenge, the Administrator shall notify the other party of the challenge and give such party an opportunity to respond. The Administrator shall not send the notice of challenge to any member of the tribunal but shall notify the tribunal that a challenge has been received, without identifying the party challenging. When an arbitrator has been challenged by a party, the other party may agree to the acceptance of the challenge and, if there is agreement, the arbitrator shall be removed. The Administrator may advise the challenged arbitrator of the challenge and request information from the challenged arbitrator relating to the challenge. The challenged arbitrator, after consultation with the Administrator, also may withdraw in the absence of such agreement. In neither case does withdrawal imply acceptance of the validity of the grounds for the challenge.

3. If the other party does not agree to the challenge or the challenged arbitrator does not withdraw, the Administrator shall make the decision on the challenge.

4. The Administrator, on its own initiative, may remove an arbitrator for failing to perform or if the arbitrator becomes incapable of performing the duties of an arbitrator.

Article 16: Replacement of an Arbitrator

1. If an arbitrator withdraws, is incapable of performing the duties of an arbitrator, or is removed for any reason, and the office becomes vacant, a substitute arbitrator, if needed, shall be appointed pursuant to the provisions of Article 13, unless the parties otherwise agree.

2. If a substitute arbitrator is appointed under this Article, unless the parties otherwise agree the arbitral tribunal shall determine at its sole discretion whether all or part of the case shall be repeated.

3. If an arbitrator on a three-person arbitral tribunal fails to participate in the arbitration for any reason, and unless otherwise agreed to by the parties, the two other arbitrators shall have the power in their sole discretion to continue the arbitration and to make any decision, ruling, order, or award, notwithstanding the failure of the third arbitrator to participate. In determining whether to continue the arbitration or to render any decision, ruling, order, or award without the participation of an arbitrator, the two other arbitrators shall take into account the stage of the arbitration, the reason, if any, expressed by the third arbitrator for such non-participation and such other matters as they consider appropriate in the circumstances of the case.

4. In the event that the two other arbitrators do not agree to continue the arbitration without the participation of the third arbitrator, the Administrator on proof satisfactory to it shall declare the office vacant, and a substitute arbitrator shall be appointed pursuant to the provisions of Article 13, unless the parties otherwise agree.

Article 17: Arbitral Tribunal Secretary

The tribunal may, with the consent of the parties, appoint an arbitral tribunal secretary, who will serve in accordance with ICDR guidelines.

General Conditions

Article 18: Party Representation

Any party may be represented in the arbitration. The names, addresses, telephone numbers, fax numbers, and email addresses of representatives shall be communicated in writing to the other party and to the Administrator. Unless instructed otherwise by the Administrator, once the arbitral tribunal has been established, the parties or their representatives may communicate in writing directly with the tribunal with simultaneous copies to the other party and, unless otherwise instructed by the Administrator, to the Administrator. The conduct of party representatives shall be in accordance with such guidelines as the ICDR may issue on the subject.

Article 19: Place of Arbitration

1. If the parties do not agree on the place of arbitration by a date established by the Administrator, the Administrator may initially determine the place of arbitration, subject to the power of the arbitral tribunal to determine finally the place of arbitration within 45 days after its constitution.

2. The tribunal may meet at any location it deems appropriate for any purpose, including to conduct hearings, hold conferences, hear witnesses, inspect property or documents, or deliberate, and, if done elsewhere than the place of arbitration, the arbitration shall be deemed conducted at the place of arbitration and any award shall be deemed made at the place of arbitration.

Article 20: Language

If the parties have not agreed otherwise, the language(s) of the arbitration shall be the language(s) of the documents containing the arbitration agreement, subject to the power of the arbitral tribunal to determine otherwise. The tribunal may order that any documents delivered in another language shall be accompanied by a translation into the language(s) of the arbitration.

Article 21: Arbitral Jurisdiction

1. The arbitral tribunal shall have the power to rule on its own jurisdiction, including any objections with respect to arbitrability, to the existence, scope, or validity of the arbitration agreement(s), or with respect to whether all of the claims, counterclaims, and setoffs made in the arbitration may be determined in a single arbitration, without any need to refer such matters first to a court.

2. The tribunal shall have the power to determine the existence or validity of a contract of which an arbitration clause forms a part. Such an arbitration clause shall be treated as an agreement independent of the other terms of the contract. A decision by the tribunal that the contract is null and void shall not for that reason alone render invalid the arbitration clause.

3. A party must object to the jurisdiction of the tribunal or to arbitral jurisdiction respecting the admissibility of a claim, counterclaim, or setoff no later than the filing of the Answer, as provided in Article 3, to the claim, counterclaim, or setoff that gives rise to the objection. The tribunal may extend such time limit and may rule on any objection under this Article as a preliminary matter or as part of the final award.

4. Issues regarding arbitral jurisdiction raised prior to the constitution of the tribunal shall not preclude the Administrator from proceeding with administration and shall be referred to the tribunal once constituted for determination.

Article 22: Conduct of Proceedings

1. Subject to these Rules, the arbitral tribunal may conduct the arbitration in whatever manner it considers appropriate, provided that the parties are treated with equality and that each party has the right to be heard and is given a fair opportunity to present its case.

2. The tribunal shall conduct the proceedings with a view to expediting the resolution of the dispute. The tribunal may, promptly after being constituted, conduct a procedural hearing with the parties for the purpose of organizing, scheduling, and agreeing to procedures, including the setting of deadlines for any submissions by the parties. In establishing procedures for the case, the tribunal and the parties may consider how technology, including video, audio, or other electronic means, could be used to increase the efficiency and economy of the proceedings.

3. At the procedural hearing, the tribunal shall discuss with the parties cybersecurity, privacy, and data protection to provide for an appropriate level of security and compliance in connection with the proceeding.

4. The tribunal may decide preliminary issues, bifurcate proceedings, direct the order of proof, exclude cumulative or irrelevant testimony or other evidence, and direct the parties to focus their presentations on issues whose resolution could dispose of all or part of the case.

5. At any time during the proceedings, the tribunal may order the parties to produce documents, exhibits, or other evidence it deems necessary or appropriate. Unless the parties agree otherwise in writing, the tribunal shall apply Article 24.

6. Documents or information submitted to the tribunal by one party shall at the same time be transmitted by that party to all parties and, unless instructed otherwise by the Administrator, to the Administrator.

7. The tribunal shall determine the admissibility, relevance, materiality, and weight of the evidence.

8. The parties shall make every effort to avoid unnecessary delay and expense in the arbitration. The arbitral tribunal may allocate costs, draw adverse inferences, and take such additional steps as are necessary to protect the efficiency and integrity of the arbitration.

Article 23: Early Disposition

1. A party may request leave from the arbitral tribunal to submit an application for disposition of any issue presented by any claim or counterclaim in advance of the hearing on the merits ("early disposition"). The tribunal shall allow a party to submit an application for early disposition if it determines that the application (a) has a reasonable possibility of succeeding, (b) will dispose of, or narrow, one or more issues in the case, and (c) that consideration of the application is likely to be more efficient or economical than leaving the issue to be determined with the merits.

2. Each party shall have the right to be heard and a fair opportunity to present its case regarding whether or not such application should be heard and, if permission to make the application is given, whether early disposition should be granted.

3. The arbitral tribunal shall have the power to make any order or award in connection with the early disposition of any issue presented by any claim or counterclaim that the tribunal deems necessary or appropriate. The tribunal shall provide reasoning for any award.

Article 24: Exchange of Information

1. The arbitral tribunal shall manage the exchange of information between the parties with a view to maintaining efficiency and economy. The tribunal and the parties should endeavor to avoid unnecessary delay and expense while at the same time avoiding surprise, assuring equality of treatment, and safeguarding each party's opportunity to present its claims and defenses fairly.

2. The parties may provide the tribunal with their views on the appropriate level of information exchange for each case, but the tribunal retains final authority. To the extent that the parties wish to depart from this Article, they may do so only by written agreement and in consultation with the tribunal.

3. The parties shall exchange all documents upon which each intends to rely on a schedule set by the tribunal.

4. The tribunal may, upon application, require a party to make available to another party documents in that party's possession not otherwise available to the party seeking the documents, that are reasonably believed to exist and to be relevant and material to the outcome of the case. Requests for documents shall contain a description of specific documents or classes of documents, along with an explanation of their relevance and materiality to the outcome of the case.

5. The tribunal may condition any exchange of information subject to claims of commercial or technical confidentiality on appropriate measures to protect such confidentiality.

6. When documents to be exchanged are maintained in electronic form, the party in possession of such documents may make them available in the form (which may be paper copies) most convenient and economical for it, unless the tribunal determines, on application, that there is a compelling need for access to the documents in a different form. Requests for documents maintained in electronic form should be narrowly focused and structured to make searching for them as economical as possible. The tribunal may direct testing or other means of focusing and limiting any search.

7. The tribunal may, on application, require a party to permit inspection on reasonable notice of relevant premises or objects.

8. In resolving any dispute about pre-hearing exchanges of information, the tribunal shall require a requesting party to justify the time and expense that its request may involve and may condition granting such a request on the payment of part or all of the cost by the party seeking the information. The tribunal may also allocate the costs of providing information among the parties, either in an interim order or in an award.

9. In the event a party fails to comply with an order for information exchange, the tribunal may draw adverse inferences and may take such failure into account in allocating costs.

10. Depositions, interrogatories, and requests to admit as developed for use in U.S. court procedures generally are not appropriate procedures for obtaining information in an arbitration under these Rules.

Article 25: Privilege

The arbitral tribunal shall take into account applicable principles of privilege, such as those involving the confidentiality of communications between a lawyer and client. When the parties, their counsel, or their documents would be subject under applicable law to different rules, the tribunal should, to the extent possible, apply the same rule to all parties, giving preference to the rule that provides the highest level of protection.

Article 26: Hearing

1. The arbitral tribunal shall give the parties reasonable notice of the date, time, and place of any oral hearing.

2. A hearing or a portion of a hearing may be held by video, audio, or other electronic means when: (a) the parties so agree; or (b) the tribunal determines, after allowing the parties to comment, that doing so would be appropriate and would not compromise the rights of any party to a fair process. The tribunal may at any hearing direct that witnesses be examined through means that do not require their physical presence.

3. The tribunal shall determine the manner in which witnesses are examined and who shall be present during witness examination.

4. Unless otherwise agreed by the parties or directed by the tribunal, evidence of witnesses should be presented in the form of written statements signed by them. In accordance with a schedule set by the tribunal, each party shall notify the tribunal and the other parties of the names of any witnesses who have presented a witness statement whom it requests to examine. The tribunal may require any witness to appear at a hearing. If a witness whose appearance has been requested fails to appear without valid excuse as determined by the tribunal, the tribunal may make such order it deems appropriate, which may include reducing the weight to be given to the statement(s) or disregarding such statement(s).

5. At least 15 days before the hearings, each party shall give the tribunal and the other parties the names and contact information of any witnesses it intends to present, the subject of their testimony, and the languages in which such witnesses will give their testimony.

6. Hearings are private unless the parties agree otherwise or the law provides to the contrary.

Article 27: Interim Measures

1. At the request of any party, the arbitral tribunal may order or award any interim or conservatory measures it deems necessary, including injunctive relief and measures for the protection or conservation of property.

2. Such interim measures may take the form of an interim order or award, and the tribunal may require security for the costs of such measures.

3. A request for interim measures addressed by a party to a judicial authority shall not be deemed incompatible with the agreement to arbitrate or a waiver of the right to arbitrate.

4. The arbitral tribunal may allocate costs associated with applications for interim relief in any interim order or award or in the final award.

5. An application for emergency relief prior to the constitution of the arbitral tribunal may be made as provided for in Article 7.

Article 28: Tribunal-Appointed Expert

1. The arbitral tribunal, after consultation with the parties, may appoint one or more independent experts to report to it, in writing, on issues designated by the tribunal and communicated to the parties.

2. The parties shall provide such an expert with any relevant information or produce for inspection any relevant documents or goods that the expert may require. Any dispute between a party and the expert as to the relevance of the requested information or goods shall be referred to the tribunal for decision.

3. Upon receipt of an expert's report, the tribunal shall send a copy of the report to all parties and shall give the parties an opportunity to express, in writing, their opinion of the report. A party may examine any document on which the expert has relied in such a report.

4. At the request of any party, the tribunal shall give the parties an opportunity to question the expert at a hearing. At this hearing, parties may present expert witnesses to testify on the points at issue.

Article 29: Default

1. If a party fails to submit an Answer in accordance with Article 3, the arbitral tribunal may proceed with the arbitration.

2. If a party, duly notified under these Rules, fails to appear at a hearing without showing sufficient cause for such failurc, the tribunal may proceed with the hearing.

3. If a party, duly invited or ordered to produce evidence or take any other steps in the proceedings, fails to do so within the time established by the tribunal without showing sufficient cause for such failure, the tribunal may make the award on the evidence before it.

Article 30: Closure of Hearing

1. The arbitral tribunal may ask the parties if they have any further submissions and upon receiving negative replies or if satisfied that the record is complete, the tribunal may declare the arbitral hearing closed.

2. The tribunal on its own motion, or upon application of a party, may reopen the arbitral hearing at any time before the award is made.

Article 31: Waiver

A party who knows of any non-compliance with any provision or requirement of the Rules or the arbitration agreement, and proceeds with the arbitration without promptly stating an objection in writing, waives the right to object.

Article 32: Awards, Orders, Decisions and Rulings

1. In addition to making a final award, the arbitral tribunal may make interim, interlocutory, or partial awards, orders, decisions, and rulings.

2. When there is more than one arbitrator, any award, order, decision, or ruling of the tribunal shall be made by a majority of the arbitrators.

3. When the parties or the tribunal so authorize, the presiding arbitrator may make orders, decisions, or rulings on questions of procedure, including exchanges of information, subject to revision by the tribunal.

4. An order or award may be signed electronically, unless (a) the applicable law requires a physical signature, (b) the parties agree otherwise, or (c) the arbitral tribunal or Administrator determines otherwise.

Article 33: Time, Form, and Effect of the Award

1. Awards shall be made in writing by the arbitral tribunal and shall be final and binding on the parties. The tribunal shall make every effort to deliberate and prepare the award as quickly as possible after the hearing. Unless otherwise agreed by the parties, specified by law, or determined by the Administrator, the final award shall be made no later than 60 days from the date of the closing of the hearing pursuant to Article 30. The parties shall carry out any such award without delay and, absent agreement otherwise, waive irrevocably their right to any form of appeal, review, or recourse to any court or other judicial authority, insofar as such waiver can validly be made. The tribunal shall state the reasons upon which an award is based, unless the parties have agreed that no reasons need be given.

2. An award shall be signed by the arbitrator(s) and shall state the date on which the award was made and the place of arbitration pursuant to Article 19. Where there is more than one arbitrator and any of them fails to sign an award, the award shall include or be accompanied by a statement of the reason for the absence of such signature.

3. The award shall be transmitted in draft form by the tribunal to the Administrator. The award shall be communicated to the parties by the Administrator.

4. If applicable law requires an award to be filed or registered, the tribunal shall cause such requirement to be satisfied. It is the responsibility of the parties to bring such requirements or any other procedural requirements of the place of arbitration to the attention of the tribunal.

Article 34: Applicable Laws and Remedies

1. The arbitral tribunal shall apply the substantive law(s) or rules of law agreed by the parties as applicable to the dispute. Failing such an agreement by the parties, the tribunal shall apply such law(s) or rules of law as it determines to be appropriate.

2. In arbitrations involving the application of contracts, the tribunal shall decide in accordance with the terms of the contract and shall take into account usages of the trade applicable to the contract.

3. The tribunal shall not decide as *amiable compositeur* or *ex aequo et bono* unless the parties have expressly authorized it to do so.

4. A monetary award shall be in the currency or currencies of the contract unless the tribunal considers another currency more appropriate, and the tribunal may award such pre-award and post-award interest, simple or compound, as it considers appropriate, taking into consideration the contract and applicable law(s).

5. Unless the parties agree otherwise, the parties expressly waive and forego any right to punitive, exemplary, or similar damages unless any applicable law(s) requires that compensatory damages be increased in a specified manner. This provision shall not apply to an award of arbitration costs to a party to compensate for misconduct in the arbitration.

Article 35: Settlement or Other Reasons for Termination

1. If the parties settle the dispute before a final award is made, the arbitral tribunal shall terminate the arbitration and, if requested by all parties, may record the settlement in the form of a consent award on agreed terms. The tribunal is not obliged to give reasons for such an award.

2. If continuation of the arbitration becomes unnecessary or impossible due to the non-payment of deposits required by the Administrator, the arbitration may be suspended or terminated as provided in Article 39(3).

3. If continuation of the arbitration becomes unnecessary or impossible for any reason other than as stated in Sections 1 and 2 of this Article, the tribunal shall inform the parties of its intention to terminate the arbitration. The tribunal shall thereafter issue an order terminating the arbitration, unless a party raises justifiable grounds for objection.

Article 36: Interpretation and Correction of Award

1. Within 30 days after the receipt of an award, any party, with notice to the other party, may request the arbitral tribunal to interpret the award or correct any clerical, typographical, or computational errors or make an additional award as to claims, counterclaims, or setoffs presented but omitted from the award.

2. If the tribunal considers such a request justified after considering the contentions of the parties, it shall comply with such a request within 30 days after receipt of the parties' last submissions respecting the requested interpretation, correction, or additional award. Any interpretation, correction, or additional award made by the tribunal shall contain reasoning and shall form part of the award.

3. The tribunal on its own initiative may, within 30 days of the date of the award, correct any clerical, typographical, or computational errors or make an additional award as to claims presented but omitted from the award.

4. The parties shall be responsible for all costs associated with any request for interpretation, correction, or an additional award, and the tribunal may allocate such costs.

Article 37: Costs of Arbitration

The arbitral tribunal shall fix the costs of arbitration in its award(s). The tribunal may allocate such costs among the parties if it determines that allocation is reasonable, taking into account the circumstances of the case.

Such costs may include:

a. the fees and expenses of the arbitrators, including applicable taxes;

b. the costs of any assistance required by the tribunal;

c. the fees and expenses of the Administrator;

d. the reasonable legal and other costs incurred by the parties;

e. any costs incurred in connection with a request for interim or emergency relief pursuant to Articles 7 or 27;

f. any costs incurred in connection with a request for consolidation pursuant to Article 9; and

g. any costs associated with information exchange pursuant to Article 24.

Article 38: Fees and Expenses of Arbitral Tribunal

1. The fees and expenses of the arbitrators shall be reasonable in amount, taking into account the time spent by the arbitrators, the size and complexity of the case, and any other relevant circumstances.

2. As soon as practicable after the commencement of the arbitration, the Administrator shall designate an appropriate daily or hourly rate of compensation in consultation with the parties and all arbitrators, taking into account the arbitrators' stated rate of compensation and the size and complexity of the case.

3. Any dispute regarding the fees and expenses of the arbitrators shall be determined by the Administrator.

Article 39: Deposits

1. The Administrator may request that the parties deposit appropriate amounts as an advance for the costs referred to in Article 37.

2. During the course of the arbitration, the Administrator may request supplementary deposits from the parties.

3. Failure of a party asserting a claim or counterclaim to pay the required fees or deposits shall be deemed a withdrawal of the claim or counterclaim. In no event, however, shall a party be precluded from defending a claim or counterclaim.

4. If the deposits requested as referred to in Article 37(a) and 37(b) are not paid promptly and in full, the Administrator shall so inform the parties in order that one or more of them may make the required deposits. If any such deposit is made by one or more of the parties, the tribunal may, upon request, make a separate award in favor of the paying party(s) for recovery of the deposit, together with any interest.

5. If no party is willing to make the requested deposits, the arbitral tribunal may order the suspension or termination of the proceedings. If the tribunal has not yet been appointed, the Administrator may suspend or terminate the proceedings.

6. After the final award has been made, the Administrator shall render an accounting to the parties of the deposits received and return any unexpended balance to the parties.

Article 40: Confidentiality

1. Confidential information disclosed during the arbitration by the parties or by witnesses shall not be divulged by an arbitrator or by the Administrator. Except as provided in Article 40.3, unless otherwise agreed by the parties or required by applicable law, the members of the arbitral tribunal and the Administrator shall keep confidential all matters relating to the arbitration or the award.

2. Unless the parties agree otherwise, the tribunal may make orders concerning the confidentiality of the arbitration or any matters in connection with the arbitration and may take measures for protecting trade secrets and confidential information.

3. An award may be made public only with the consent of all parties or as required by law, except that the Administrator may publish or otherwise make publicly available selected awards, orders, decisions, and rulings that have become public in the course of enforcement or otherwise.

4. The ICDR may also publish selected awards, orders, decisions, and rulings that have been edited to conceal the names of the parties and other identifying details unless a party has objected in writing to publication within 6 months from the date of the award.

Article 41: Exclusion of Liability

The members of the arbitral tribunal, any emergency arbitrator appointed under Article 7, any consolidation arbitrator appointed under Article 9, any arbitral tribunal secretary, and the Administrator shall not be liable to any party for any act or omission in connection with any arbitration under these Rules, except to the extent that such a limitation of liability is prohibited by applicable law. The parties agree that no arbitrator, emergency arbitrator, consolidation arbitrator, or arbitral tribunal secretary, nor the Administrator shall be under any obligation to make any statement about the arbitration, and no party shall seek to make any of these persons a party or witness in any judicial or other proceedings relating to the arbitration.

Article 42: Interpretation of Rules

The arbitral tribunal, any emergency arbitrator appointed under Article 7, and any consolidation arbitrator appointed under Article 9, shall interpret and apply these Rules insofar as they relate to their powers and duties. The Administrator shall interpret and apply all other Rules.

3.4.3. International Expedited Procedures

Article E-1: Scope of Expedited Procedures

These Expedited Procedures supplement the International Arbitration Rules as provided in Article 1(4).

Article E-2: Detailed Submissions

Parties are to present detailed submissions on the facts, claims, counterclaims, setoffs and defenses, together with all of the evidence then available on which such party intends to rely, in the Notice of Arbitration and the Answer. The arbitrator, in consultation with the parties, shall establish a procedural order, including a timetable, for completion of any written submissions.

Article E-3: Administrative Conference

The Administrator may conduct an administrative conference with the parties and their representatives to discuss the application of these procedures, arbitrator selection, mediating the dispute, and any other administrative matters.

Article E-4: Objection to the Applicability of the Expedited Procedures

If an objection is submitted before the arbitrator is appointed, the Administrator may initially determine the applicability of these Expedited Procedures, subject to the power of the arbitrator to make a final determination. The arbitrator shall take into account the amount in dispute and any other relevant circumstances.

Article E-5: Changes of Claim or Counterclaim

If, after filing of the initial claims and counterclaims, a party amends its claim or counterclaim to exceed $500,000 USD exclusive of interest and the costs of arbitration, the case will continue to be administered pursuant to these Expedited Procedures unless the parties agree otherwise, or the Administrator or the arbitrator determines otherwise. After the arbitrator is appointed, no new or different claim, counterclaim or setoff and no change in amount may be submitted except with the arbitrator's consent.

Article E-6: Appointment and Qualifications of the Arbitrator

A sole arbitrator shall be appointed as follows. The Administrator shall simultaneously submit to each party an identical list of five proposed arbitrators. The parties may agree to an arbitrator from this list and shall so advise the Administrator. If the parties are unable to agree upon an arbitrator, each party may strike two names from the list, number the remaining names in order of preference, and return the list to the Administrator within 10 days from the transmittal date of the list to the parties. The parties are not required to exchange selection lists. If the parties fail to agree on any of the arbitrators or if acceptable arbitrators are unable or unavailable to act, or if for any other reason the appointment cannot be made from the submitted lists, the Administrator may make the appointment without the circulation of additional lists. The parties will be given notice by the Administrator of the appointment of the arbitrator, together with any disclosures.

Article E-7: Procedural Hearing and Order

After the arbitrator's appointment, the arbitrator may schedule a procedural hearing with the parties, their representatives, and the Administrator to discuss the procedure and schedule for the case. Within 14 days of appointment, the arbitrator shall issue a procedural order.

Article E-8: Proceedings by Written Submissions

In expedited proceedings based on written submissions, all submissions are due within 60 days of the date of the procedural order, unless the arbitrator determines otherwise. The arbitrator may require an oral hearing if deemed necessary.

Article E-9: Proceedings with an Oral Hearing

In expedited proceedings in which an oral hearing is to be held, the arbitrator shall set the date, time, and location of the hearing. The oral hearing shall take place within 60 days of the date of the procedural order unless the arbitrator deems it necessary to extend that period. Hearings may take place in person or via video, audio, or other electronic means, at the discretion of the arbitrator. Generally, there will be no transcript or stenographic record. Any party desiring a stenographic record may arrange for one. The oral hearing shall not exceed one day unless the arbitrator determines otherwise. The Administrator will notify the parties in advance of the hearing date.

Article E-10: The Award

Awards shall be made in writing and shall be final and binding on the parties. Unless otherwise agreed by the parties, specified by law, or determined by the Administrator, the award shall be made not later than 30 days from the date of the closing of the hearing or from the time established for final written submissions.

Administrative Fees

Administrative Fcc Schedules

FOR THE CURRENT ADMINISTRATIVE FEE SCHEDULE, PLEASE VISIT ***www.adr.org/internationalfeeschedule.***

3.4.4. ICDR – Regulamento de Mediação Internacional

1. Acordo das Partes

Sempre que as partes tiverem acordado por escrito submeter as suas disputas à mediação conforme este Regulamento de Mediação Internacional ou tiverem acordado submeter as suas disputas existentes ou futuras à mediação ou conciliação, sob os auspícios do Centro Internacional de Resolução de Disputas (CIRD), divisão internacional da Associação Americana de Arbitragem (AAA), sem designar regulamento específico, considerar-se-á que as partes adotaram as disposições do Regulamento em vigor na data da solicitação da mediação, as quais passam a ser parte integrante do seu acordo. As partes, de comum acordo, poderão alterar qualquer disposição deste Regulamento, incluindo, mas não se limitando a, acordos para condução da mediação via conferência telefônica ou outro meio eletrônico ou técnico.

2. Inicio da Mediação

1 – Qualquer parte ou partes pode(m) iniciar o procedimento de mediação sob os auspícios do CIRD formulando requerimento de mediação a qualquer escritório do CIRD ou da AAA ou a qualquer dos Centros de Administração de Processos por telefone, e-mail, correio ou facsímile. Solicitações de mediação também podem ser protocoladas eletronicamente por meio da WebFile na página www.icdr.org.

2 – A parte que der início à mediação deverá dar ciência do requerimento de mediação simultaneamente à outra parte ou partes. Na medida em que seja aplicável, o demandante deve oferecer ao CIRD e a(s) outra(s) parte(s) as seguintes informações:

a. uma cópia da cláusula de mediação constante do contrato ou o acordo de mediação celebrado pelas partes;

b. os nomes, endereços postais, endereços eletrônicos ("e-mails") e números de telefone de todas as partes em disputa e, se for o caso, de seus respectivos representantes na mediação;

c. uma breve descrição sobre a natureza da disputa e o pedido formulado;

d. quaisquer qualificações específicas que o mediador deva possuir.

3 – Se não houver acordo prévio nem contrato contendo previsão para mediação de disputas existentes ou futuras sob os auspícios do CIRD, a parte pode solicitar ao CIRD que convide a outra parte para participar de "mediação por submissão voluntária". Recebida a solicitação, o CIRD fará contato com a(s) outra(s) parte(s) envolvida(s) na disputa, e procurará obter desta(s) a concordância para se realizar a mediação.

3. Representação

Observado o contido na legislação aplicável, as partes podem escolher quem as represente. Os nomes e endereços dos representantes devem ser comunicados por escrito para todas as partes e para o CIRD.

4. Nomeação do Mediador

Se não houver acordo quanto à nomeação do mediador, à falta de outro método de nomeação avençado entre as partes, o mediador será indicado observando-se o seguinte:

a. Ao receber a solicitação de mediação, o CIRD encaminhará a cada parte a lista de mediadores existentes no Quadro de Mediadores do CIRD. Recomenda-se às partes que cheguem a um consenso na nomeação de um mediador da referida lista, informando o CIRD sobre a decisão.

b. Se as partes não chegarem a um consenso quanto à nomeação do mediador, cada parte deve eliminar da lista os nomes que considere inaceitáveis; numerar aqueles de sua escolha em ordem de preferência e devolver a lista ao CIRD. Se alguma parte não devolver a lista dentro do período estipulado, será entendido que aceita todos os mediadores da lista. Dos nomes mutuamente aprovados pelas partes e, de acordo com a ordem de preferência mutuamente estabelecida, o CIRD convidará um mediador para atuar no caso.

c. Se as partes não concordarem com nenhum dos mediadores indicados na lista, ou se os mediadores aceitáveis não puderem atuar ou, ainda, se por qualquer razão, a nomeação não puder ser feita a partir da referida lista, o CIRD terá autonomia para fazer a nomeação dentre outros membros do Quadro de Mediadores do CIRD, sem necessidade de submeter listas adicionais.

5. Imparcialidade do Mediador e Dever de Revelação

1 – Os mediadores do CIRD devem submeter-se aos Padrões Básicos de Comportamento para Mediadores em vigor na data em que o mediador for nomeado para o caso. Havendo conflito entre os Padrões Básicos com qualquer previsão deste Regulamento de Mediação, o Regulamento de Mediação prevalecerá. Os Padrões Básicos impõem aos mediadores o dever de (i) declinar da função se não puderem conduzir imparcialmente a mediação, e (ii) revelar, tão logo possível, todos os conflitos de interesse reais ou potenciais de seu conhecimento e que possam levantar questões que denotem justificável dúvida sobre sua imparcialidade.

2 – Antes de aceitar a nomeação, exige-se que os mediadores do CIRD façam uma razoável investigação para verificar se existem quaisquer fatos que um cidadão comum provavelmente consideraria como geradores de conflitos de interesse real ou potencial a respeito do mediador. Os mediadores do CIRD devem revelar qualquer fato que denote presunção de parcialidade ou impeça a solução da disputa dentro do tempo pretendido pelas partes. Ao receber as declarações dos mediadores, o CIRD imediatamente dará ciência às partes para que ofereçam seus comentários.

3 – Ao tomarem conhecimento da revelação efetuada pelo mediador sobre a existência ou a possibilidade de existência de conflito de interesses, as partes podem renunciar a esses eventuais conflitos, dando prosseguimento à mediação. O mediador será substituído na hipótese de as partes não concordarem sobre se o mediador deve atuar ou se o conflito de interesse revelado puder ser razoavelmente percebido como prejudicial à integridade da mediação.

6. Vacância do Cargo

Na hipótese de um mediador renunciar ou estar impossibilitado de atuar, o CIRD, observando o contido no Artigo 4, designará outro mediador, salvo se as partes acordarem de outra forma.

7. Deveres e Responsabilidades do Mediador

1 – O mediador deve conduzir a mediação tomando por base o princípio da auto-determinação das partes. Auto-determinação é o ato de se chegar voluntariamente a uma decisão, isenta de coerção, na qual cada parte, livre e devidamente informada, participa da escolha do processo e do seu resultado.

2 – O mediador está autorizado a conduzir reuniões em separado com cada uma das partes (isto é, reuniões sem a presença da outra parte), bem como a comunicar-se com as partes e/ou seus representantes, antes, durante e após qualquer sessão de mediação agendada. Estes contatos podem ser efetuados por escrito, telefone, e-mail, online, pessoalmente ou por qualquer outro meio.

3 – Recomenda-se às partes compartilhar todos os documentos relacionados ao pedido formulado. O mediador pode solicitar às partes que compartilhem memorandos sobre diferentes assuntos, incluindo os interessses essenciais e o histórico das negociações das partes. A informação que a parte deseja manter confidencial pode ser enviada em separado ao mediador, quando necessário.

4 – O mediador não tem autoridade para impor acordo às partes, mas atuará com o objetivo de auxiliá-las a alcançar uma solução satisfatória para a disputa. O mediador pode, se assim entender adequado, oferecer sugestões orais ou escritas para um acordo, individualmente a cada parte, ou a ambas, de forma conjunta, se todas as partes assim concordarem.

5 – Se durante a(s) sessão(ões) de mediação agendadas(s) as partes não chegarem a um acordo que compreenda parcial ou totalmente os tópicos objeto da disputa, pode o mediador continuar temporiamente a comunicação com as partes visando facilitar um acordo integral.

6 – O mediador não representa nenhuma das partes, nem tem com qualquer delas dever fiduciário.

8. Responsabilidade das Partes

1 – As partes devem assegurar que representantes com autoridade para transigir e consumar um acordo participem das sessões de mediação.

2 – Antes e durante a sessão (ou sessões) prevista(s) de mediação as partes e seus representantes, conforme for apropriado às circunstâncias de cada parte, envidarão seus melhores esforços para se prepararem e se engajarem à mediação de forma produtiva.

9. Privacidade

As sessões de mediação e as comunicações a elas relacionadas são procedimentos privados. As partes e seus respectivos representantes podem comparecer às sessões. A presença de outras pessoas depende da permissão das partes e do consentimento do mediador.

10. Confidencialidade

1 – Salvo disposição em contrário na legislação aplicável ou o acordo entre as partes, nenhuma informação revelada ao mediador pelas partes ou por outros participantes (testemunhas) durante o curso da mediação poderá ser divulgada pelo mediador. O mediador deve preservar a confidencialidade de todas as informações obtidas na mediação; todos os relatórios, laudos ou quaisquer outros documentos recebidos pelo mediador no exercício de sua função serão considerados confidenciais.

2 – O mediador não está obrigado a revelar registros nem testemunhar a respeito da mediação em qualquer procedimento adversarial ou processo judicial.

3 – Salvo acordo expresso das partes ou determinação da legislação aplicável, as partes preservarão a confidencialidade da mediação e não utilizarão como prova em procedimento judicial, arbitral ou de qualquer outra natureza:

a. comentários feitos ou sugestões oferecidas pela parte ou por outro participante com respeito a possível acordo;

b. concordâncias externadas pela parte ou por outro participante no curso do procedimento de mediação;

c. sugestões apresentadas ou comentários feitos pelo mediador; ou

d. o fato de a parte ter ou não ter demonstrado intenção de aceitar proposta apresentada pelo mediador para solução da disputa.

11. Ausência de Registro Estenográfico

Não haverá registro estenográfico do processo de mediação.

12. Encerramento da Mediação

Encerra-se a mediação:

a. pela concretização de acordo pelas partes; ou

b. pela declaração escrita ou verbal do mediador no sentido de que novos esforços na mediação seriam inúteis para a resolução da disputa; ou *c.* pela declaração escrita ou verbal de todas as partes no sentido de terminar os procedimentos de mediação; ou

d. quando não existir comunicação entre o mediador e qualquer parte ou respectivo representante durante 21 dias contados da conclusão da sessão de mediação.

13. Exclusão de Responsabilidade

Nem o CIRD nem qualquer mediador será parte legítima para figurar em procedimentos judiciais relativos à Mediação. Nem o CIRD nem qualquer mediador será responsabilizado perante qualquer parte com respeito a qualquer erro, ação ou omissão relacionada à mediação conduzida nos termos deste Regulamento.

14. Interpretação e Aplicação do Regulamento

O mediador interpretará e aplicará as disposições contidas neste Regulamento na medida em que estejam relacionadas com os seus deveres e responsabilidades. Quaisquer outras disposições serão interpretadas e aplicadas pelo CIRD.

15. Depósitos

Salvo determinação distinta do mediador, o CIRD requererá às partes que depositem, antecipadamente à sessão de mediação, o valor da quantia que, depois de consultado o mediador, julgar suficiente para cobrir os custos e despesas da mediação. O CIRD preparará um relatório contábil às partes e o eventual saldo não utilizado será devolvido às partes, ao final da mediação.

16. Despesas

Todas as despesas da mediação, inclusive viagens e outras despesas ou custas necessárias do mediador, serão equitativamente suportadas pelas partes, salvo acordo das partes em contrário. As despesas das pessoas que participem ou atendam à mediação serão pagas pela parte que solicitou o comparecimento das respectivas pessoas.

17. Custos da Mediação

1 – Não há taxa de registro para se solicitar a mediação, nem taxa para requerer ao CIRD que convide as partes à mediação.

2 – O custo da mediação é baseado na taxa de hora de mediação, publicada no curriculum vitae do mediador no CIRD. Essa taxa cobre tanto os honorários do mediador quanto parte dos serviços do CIRD. Será cobrado um mínimo de quatro horas por sessão de mediação. Também poderão ser incorridas as despesas mencionadas no Artigo 16.

3 – Se a solicitação para mediação for retirada ou cancelada, ou se as partes transigirem depois de solicitada a mediação, porém antes da sessão de mediação, o custo será de $ 250 acrescido do custo relativo ao tempo gasto pelo mediador e outras despesas existentes.

4 – Salvo acordo em contrário, as partes dividirão igualmente os custos e as despesas da mediação.

Em caso de dúvida com respeito às custas ou serviços de mediação visite a nossa página www.icdr.org ou contate-nos pelo telefone +1.212.484.4181.

18. Idioma da Mediação

Salvo acordo das partes em contrário, o(s) idioma(s) da mediação será(ão) aquele(s) utilizado(s) nos documentos que contêm o acordo de mediação.

Locação de Salas de Audiência

Não estão incluídos nos custos acima descritos o uso das salas de audiência do CIRD, as quais poderão ser locadas às partes. Favor contatar o escritório CIRD mais próximo para verificar disponibilidade e respectivos custos.

3.4.5. ICDR Final Offer Arbitration Supplementary Rules (Also referred to as Baseball or Last Best Offer Supplementary Arbitration Procedures)

1 – Applicability

These Final Offer Arbitration Supplementary Rules ("Supplementary Rules") shall apply to any dispute arising out of an agreement that provides for arbitration pursuant to these Supplementary Rules, or where the parties have agreed to arbitrate their disputes pursuant to any other rules of the International Centre for Dispute Resolution (ICDR) or the American Arbitration Association (AAA) where the parties have provided that their arbitration shall take place as a "final offer," "baseball," or "last best offer" arbitration.

The ICDR and AAA shall have the discretion to apply or not to apply these Supplementary Rules to a particular case, and the parties will be able to bring any disputes concerning the application or non-application to the appointed arbitrator for a final determination . Where inconsistencies exist between these Supplementary Rules and other ICDR or AAA rules that apply to the dispute, these Supplementary Rules shall govern . The arbitrators shall have final authority to resolve any inconsistency between any agreement of the parties and these Supplementary Rules.

2 – Exchange of Settlement Offers

Each party shall directly exchange with the other party or parties at least two (2) settlement offers after the commencement of the arbitration and prior to the arbitration hearing . The first of the two settlement offers shall be exchanged between the parties (in the manner set forth in Paragraph 3 below) not more than 45 days after the commencement of the arbitration. The second of the two settlement offers shall be exchanged between the parties (in the manner set forth in Paragraph 3 below) not less than 45 days prior to the arbitration hearing. Such settlement offers will not be shared with the arbitral tribunal.

3 – Exchange of Final Offers

At least two (2) weeks prior to the commencement of the arbitration hearing, each party shall submit to the other party or parties and arbitral tribunal its final offer.

In order to ensure simultaneous exchange of final offers, the parties shall submit their offers to the tribunal, which shall hold the offers until all offers are received (but without reading them) and then distribute them to all parties as nearly simultaneously as practicable . The parties (but not the tribunal) may view the final offers at that time.

The tribunal shall not open the final offers until the arbitration hearings have been closed. The tribunal may, in its discretion, require an earlier or later exchange of final offers prior to the commencement of the arbitration hearing, but in no event later than the commencement of the arbitration hearing . In rendering its award, the tribunal shall give consideration only to the final offer submitted by each party.

If a party fails to file a settlement or final offer, the tribunal may proceed with the arbitration.

4 – Amendments to Final Offers

Absent mutual agreement of the parties, there is no right to amend final offers once submitted to the arbitral tribunal. If any such amendments to the final offers are submitted, they shall be exchanged in accordance with the procedures set forth in Rule 3 above, except that they may be submitted, if necessary, within two weeks prior to the commencement of the arbitration hearing.

5 – Scope of Final Offer

Each party's final offer shall be a single monetary amount that includes all breaches, controversies and claims arising out of or relating to the contract or transaction between the parties to the arbitration, including without limitation all affirmative claims, defenses, setoffs/offsets, counterclaims and/or cross-claims that are at issue in the arbitration. The offer shall identify the currency applicable to such amount, as well as which party is responsible for the payment of such amount and to whom such payment is to be made. The arbitral tribunal may prescribe the form of final offer submissions.

Each final offer shall exclude prejudgment and/or post-judgment interest, which may added by the tribunal to its final award as applicable and appropriate . Such final offers shall also exclude the costs associated with the arbitration, which shall be awarded in accordance with the governing arbitration rules as determined and allocated by the tribunal.

6 – Award

The arbitral tribunal shall be limited to choosing only one of the final offers submitted by the parties. The tribunal's award shall be based solely thereon, plus any interest, costs, or fees to be awarded pursuant to the governing arbitration rules, applicable law, or the agreement of the parties.

The tribunal's award shall be reasoned, stating the rationale for its selection of one party's final offer over that of the other party or parties.

7 – Modifications by Agreement of the Parties

The parties may modify these procedures by written agreement.

3.5. UNCITRAL Arbitration Rules (with article 1, paragraph 4, as adopted in 2013 and article 1, paragraph 5, as adopted in 2021)

Resolution adopted by the General Assembly on 9 December 2021

76/108. Expedited Arbitration Rules of the United Nations Commission on International Trade Law

The General Assembly,

Recalling its resolution 2205 (XXI) of 17 December 1966, by which it established the United Nations Commission on International Trade Law with a mandate to further the progressive harmonization and unification of the law of international trade and in that respect to bear in mind the interests of all peoples, in particular those of developing countries, in the extensive development of international trade,

Recalling also its resolution 31/98 of 15 December 1976 recommending the use of the Arbitration Rules of the United Nations Commission on International Trade Law[5] and its resolution 65/22 of 6 December 2010 recommending the use of the Arbitration Rules as revised in 2010,[6]

Mindful of the value of arbitration as a method of settling disputes that may arise in the context of international commercial relations,

Noting the value of expedited arbitration as a streamlined and simplified procedure for settling disputes that arise in the context of internatio-

[5] *Official Records of the General Assembly, Thirty-first Session, Supplement No. 17* (A/31/17), chap. V, sect. C.

[6] Ibid., *Sixty-fifth Session, Supplement No. 17* (A/65/17), annex I.

nal commercial relations within a shortened time frame, and its increased use in international and domestic commercial practice for parties to reach a final resolution of the dispute in a cost- and time-effective manner,

Aware of the need to balance the efficiency of the arbitral proceedings and the rights of the disputing parties to due process and fair treatment,

Noting that the preparation of the UNCITRAL Expedited Arbitration Rules and the accompanying explanatory note benefited greatly from consultations with Governments and interested intergovernmental and international non-governmental organizations,

Noting also that the Expedited Arbitration Rules were adopted by the United Nations Commission on International Trade Law at its fifty-fourth session, after due deliberations,[7]

1. *Expresses its appreciation* to the United Nations Commission on International Trade Law for having formulated and adopted the Expedited Arbitration Rules, the text of which is contained in annex IV to the report of the United Nations Commission on International Trade Law on the work of its fifty-fourth session[8]

2. *Recommends* the use of the UNCITRAL Expedited Arbitration Rules in the settlement of disputes arising in the context of international commercial relations;

3. *Requests* the Secretary-General to make all efforts to ensure that the UNCITRAL Expedited Arbitration Rules become generally known and available.

[7] Ibid., *Seventy-sixth Session, Supplement No. 17* (A/76/17), chap. VII.

[8] Ibid., annex IV. and which came into effect on 19 September 2021;

UNCITRAL Arbitration Rules (with article 1, paragraph 4, as adopted in 2013 and article 1, paragraph 5, as adopted in 2021)

Section I – Introductory rules

Article 1 – Scope of application[*9]

1. Where parties have agreed that disputes between them in respect of a defined legal relationship, whether contractual or not, shall be referred to arbitration under the UNCITRAL Arbitration Rules, then such disputes shall be settled in accordance with these Rules subject to such modification as the parties may agree.

2. The parties to an arbitration agreement concluded after 15 August 2010 shall be presumed to have referred to the Rules in effect on the date of commencement of the arbitration, unless the parties have agreed to apply a particular version of the Rules. That presumption does not apply where the arbitration agreement has been concluded by accepting after 15 August 2010 an offer made before that date.

3. These Rules shall govern the arbitration except that where any of these Rules is in conflict with a provision of the law applicable to the arbitration from which the parties cannot derogate, that provision shall prevail.

4. For investor-State arbitration initiated pursuant to a treaty providing for the protection of investments or investors, these Rules include the UNCITRAL Rules on Transparency in Treaty-based Investor-State Arbitration ("Rules on Transparency"), subject to article 1 of the Rules on Transparency.

5. The Expedited Arbitration Rules in the appendix shall apply to the arbitration where the parties so agree.

[*9] A model arbitration clause for contracts can be found in the annex to the Rules.

Article 2 – Notice and calculation of periods of time

1. A notice, including a notification, communication or proposal, may be transmitted by any means of communication that provides or allows for a record of its transmission.

2. If an address has been designated by a party specifically for this purpose or authorized by the arbitral tribunal, any notice shall be delivered to that party at that address, and if so delivered shall be deemed to have been received. Delivery by electronic means such as facsimile or e-mail may only be made to an address so designated or authorized.

3. In the absence of such designation or authorization, a notice is:

a) Received if it is physically delivered to the addressee; or

b) Deemed to have been received if it is delivered at the place of business, habitual residence or mailing address of the addressee.

4. If, after reasonable efforts, delivery cannot be effected in accordance with paragraphs 2 or 3, a notice is deemed to have been received if it is sent to the addressee's last-known place of business, habitual residence or mailing address by registered letter or any other means that provides a record of delivery or of attempted delivery.

5. A notice shall be deemed to have been received on the day it is delivered in accordance with paragraphs 2, 3 or 4, or attempted to be delivered in accordance with paragraph 4. A notice transmitted by electronic means is deemed to have been received on the day it is sent, except that a notice of arbitration so transmitted is only deemed to have been received on the day when it reaches the addressee's electronic address.

6. For the purpose of calculating a period of time under these Rules, such period shall begin to run on the day following the day when a notice is received. If the last day of such period is an official holiday or a non-business day at the residence or place of business of the addressee, the period is extended until the first business day which follows. Official holidays or non-business days occurring during the running of the period of time are included in calculating the period.

Article 3 – Notice of arbitration

1. The party or parties initiating recourse to arbitration (hereinafter called the "claimant") shall communicate to the other party or parties (hereinafter called the "respondent") a notice of arbitration.

2. Arbitral proceedings shall be deemed to commence on the date on which the notice of arbitration is received by the respondent.

3. The notice of arbitration shall include the following:

a) A demand that the dispute be referred to arbitration;

b) The names and contact details of the parties;

c) Identification of the arbitration agreement that is invoked;

d) Identification of any contract or other legal instrument out of or in relation to which the dispute arises or, in the absence of such contract or instrument, a brief description of the relevant relationship;

e) A brief description of the claim and an indication of the amount involved, if any;

f) The relief or remedy sought;

g) A proposal as to the number of arbitrators, language and place of arbitration, if the parties have not previously agreed thereon.

4. The notice of arbitration may also include:

a) A proposal for the designation of an appointing authority referred to in article 6, paragraph 1;

b) A proposal for the appointment of a sole arbitrator referred to in article 8, paragraph 1;

c) Notification of the appointment of an arbitrator referred to in article 9 or 10.

5. The constitution of the arbitral tribunal shall not be hindered by any controversy with respect to the sufficiency of the notice of arbitration, which shall be finally resolved by the arbitral tribunal.

Article 4 – Response to the notice of arbitration

1. Within 30 days of the receipt of the notice of arbitration, the respondent shall communicate to the claimant a response to the notice of arbitration, which shall include:

a) The name and contact details of each respondent;

b) A response to the information set forth in the notice of arbitration, pursuant to article 3, paragraphs 3 *(c)* to *(g)*.

2. The response to the notice of arbitration may also include:

a) Any plea that an arbitral tribunal to be constituted under these Rules lacks jurisdiction;

b) A proposal for the designation of an appointing authority referred to in article 6, paragraph 1;

c) A proposal for the appointment of a sole arbitrator referred to in article 8, paragraph 1;

d) Notification of the appointment of an arbitrator referred to in article 9 or 10;

e) A brief description of counterclaims or claims for the purpose of a set-off, if any, including where relevant, an indication of the amounts involved, and the relief or remedy sought;

f) A notice of arbitration in accordance with article 3 in case the respondent formulates a claim against a party to the arbitration agreement other than the claimant.

3. The constitution of the arbitral tribunal shall not be hindered by any controversy with respect to the respondent's failure to communicate a response to the notice of arbitration, or an incomplete or late response to the notice of arbitration, which shall be finally resolved by the arbitral tribunal.

Article 5 – Representation and assistance

Each party may be represented or assisted by persons chosen by it. The names and addresses of such persons must be communicated to all parties and to the arbitral tribunal. Such communication must specify whether the appointment is being made for purposes of representation or assistance. Where a person is to act as a representative of a party, the arbitral tribunal, on its own initiative or at the request of any party, may at any time require proof of authority granted to the representative in such a form as the arbitral tribunal may determine.

Article 6 – Designating and appointing authorities

1. Unless the parties have already agreed on the choice of an appointing authority, a party may at any time propose the name or names of one or more institutions or persons, including the Secretary-General of the Permanent Court of Arbitration at The Hague (hereinafter called the "PCA"), one of whom would serve as appointing authority.

2. If all parties have not agreed on the choice of an appointing authority within 30 days after a proposal made in accordance with paragraph 1 has been received by all other parties, any party may request the Secretary-General of the PCA to designate the appointing authority.

3. Where these Rules provide for a period of time within which a party must refer a matter to an appointing authority and no appointing authority has been agreed on or designated, the period is suspended from the date on which a party initiates the procedure for agreeing on or designating an appointing authority until the date of such agreement or designation.

4. Except as referred to in article 41, paragraph 4, if the appointing authority refuses to act, or if it fails to appoint an arbitrator within 30 days after it receives a party's request to do so, fails to act within any other period provided by these Rules, or fails to decide on a challenge to an arbitrator within a reasonable time after receiving a party's request to do so, any party may request the Secretary-General of the PCA to designate a substitute appointing authority.

5. In exercising their functions under these Rules, the appointing authority and the Secretary-General of the PCA may require from any party and the arbitrators the information they deem necessary and they shall give the parties and, where appropriate, the arbitrators, an opportunity to present their views in any manner they consider appropriate. All such communications to and from the appointing authority and the Secretary-General of the PCA shall also be provided by the sender to all other parties.

6. When the appointing authority is requested to appoint an arbitrator pursuant to articles 8, 9, 10 or 14, the party making the request shall send to the appointing authority copies of the notice of arbitration and, if it exists, any response to the notice of arbitration.

7. The appointing authority shall have regard to such considerations as are likely to secure the appointment of an independent and impartial arbitrator and shall take into account the advisability of appointing an arbitrator of a nationality other than the nationalities of the parties.

Section II – Composition of the arbitral tribunal

Article 7 – Number of arbitrators

1. If the parties have not previously agreed on the number of arbitrators, and if within 30 days after the receipt by the respondent of the notice of arbitration the parties have not agreed that there shall be only one arbitrator, three arbitrators shall be appointed.

2. Notwithstanding paragraph 1, if no other parties have responded to a party's proposal to appoint a sole arbitrator within the time limit provided for in paragraph 1 and the party or parties concerned have failed to appoint a second arbitrator in accordance with article 9 or 10, the appointing authority may, at the request of a party, appoint a sole arbitrator pursuant

to the procedure provided for in article 8, paragraph 2, if it determines that, in view of the circumstances of the case, this is more appropriate.

Article 8 – Appointment of arbitrators (articles 8 to 10)

1. If the parties have agreed that a sole arbitrator is to be appointed and if within 30 days after receipt by all other parties of a proposal for the appointment of a sole arbitrator the parties have not reached agreement thereon, a sole arbitrator shall, at the request of a party, be appointed by the appointing authority.

2. The appointing authority shall appoint the sole arbitrator as promptly as possible. In making the appointment, the appointing authority shall use the following list-procedure, unless the parties agree that the list-procedure should not be used or unless the appointing authority determines in its discretion that the use of the list-procedure is not appropriate for the case:

a) The appointing authority shall communicate to each of the parties an identical list containing at least three names;

b) Within 15 days after the receipt of this list, each party may return the list to the appointing authority after having deleted the name or names to which it objects and numbered the remaining names on the list in the order of its preference;

c) After the expiration of the above period of time the appointing authority shall appoint the sole arbitrator from among the names approved on the lists returned to it and in accordance with the order of preference indicated by the parties;

d) If for any reason the appointment cannot be made according to this procedure, the appointing authority may exercise its discretion in appointing the sole arbitrator.

Article 9

1. If three arbitrators are to be appointed, each party shall appoint one arbitrator. The two arbitrators thus appointed shall choose the third arbitrator who will act as the presiding arbitrator of the arbitral tribunal.

2. If within 30 days after the receipt of a party's notification of the appointment of an arbitrator the other party has not notified the first party of the arbitrator it has appointed, the first party may request the appointing authority to appoint the second arbitrator.

3. If within 30 days after the appointment of the second arbitrator the two arbitrators have not agreed on the choice of the presiding arbitrator, the presiding arbitrator shall be appointed by the appointing authority in the same way as a sole arbitrator would be appointed under article 8.

Article 10

1. For the purposes of article 9, paragraph 1, where three arbitrators are to be appointed and there are multiple parties as claimant or as respondent, unless the parties have agreed to another method of appointment of arbitrators, the multiple parties jointly, whether as claimant or as respondent, shall appoint an arbitrator.

2. If the parties have agreed that the arbitral tribunal is to be composed of a number of arbitrators other than one or three, the arbitrators shall be appointed according to the method agreed upon by the parties.

3. In the event of any failure to constitute the arbitral tribunal under these Rules, the appointing authority shall, at the request of any party, constitute the arbitral tribunal and, in doing so, may revoke any appointment already made and appoint or reappoint each of the arbitrators and designate one of them as the presiding arbitrator.

Article 11 – Disclosures by and challenge of arbitrators[10]**
(articles 11 to 13)

When a person is approached in connection with his or her possible appointment as an arbitrator, he or she shall disclose any circumstances likely to give rise to justifiable doubts as to his or her impartiality or independence. An arbitrator, from the time of his or her appointment and throughout the arbitral proceedings, shall without delay disclose any such circumstances to the parties and the other arbitrators unless they have already been informed by him or her of these circumstances.

Article 12

1. Any arbitrator may be challenged if circumstances exist that give rise to justifiable doubts as to the arbitrator's impartiality or independence.

[**10] Model statements of independence pursuant to article 11 can be found in the annex to the Rules.

2. A party may challenge the arbitrator appointed by it only for reasons of which it becomes aware after the appointment has been made.

3. In the event that an arbitrator fails to act or in the event of the de jure or de facto impossibility of his or her performing his or her functions, the procedure in respect of the challenge of an arbitrator as provided in article 13 shall apply.

Article 13

1. A party that intends to challenge an arbitrator shall send notice of its challenge within 15 days after it has been notified of the appointment of the challenged arbitrator, or within 15 days after the circumstances mentioned in articles 11 and 12 became known to that party.

2. The notice of challenge shall be communicated to all other parties, to the arbitrator who is challenged and to the other arbitrators. The notice of challenge shall state the reasons for the challenge.

3. When an arbitrator has been challenged by a party, all parties may agree to the challenge. The arbitrator may also, after the challenge, withdraw from his or her office. In neither case does this imply acceptance of the validity of the grounds for the challenge.

4. If, within 15 days from the date of the notice of challenge, all parties do not agree to the challenge or the challenged arbitrator does not withdraw, the party making the challenge may elect to pursue it. In that case, within 30 days from the date of the notice of challenge, it shall seek a decision on the challenge by the appointing authority.

Article 14 – Replacement of an arbitrator

1. Subject to paragraph 2, in any event where an arbitrator has to be replaced during the course of the arbitral proceedings, a substitute arbitrator shall be appointed or chosen pursuant to the procedure provided for in articles 8 to 11 that was applicable to the appointment or choice of the arbitrator being replaced. This procedure shall apply even if during the process of appointing the arbitrator to be replaced, a party had failed to exercise its right to appoint or to participate in the appointment.

2. If, at the request of a party, the appointing authority determines that, in view of the exceptional circumstances of the case, it would be justified for a party to be deprived of its right to appoint a substitute arbitrator, the appointing authority may, after giving an opportunity to the parties and the remaining arbitrators to express their views: *(a)* appoint the substitute

arbitrator; or *(b)* after the closure of the hearings, authorize the other arbitrators to proceed with the arbitration and make any decision or award.

Article 15 – Repetition of hearings in the event of the replacement of an arbitrator

If an arbitrator is replaced, the proceedings shall resume at the stage where the arbitrator who was replaced ceased to perform his or her functions, unless the arbitral tribunal decides otherwise.

Article 16 – Exclusion of liability

Save for intentional wrongdoing, the parties waive, to the fullest extent permitted under the applicable law, any claim against the arbitrators, the appointing authority and any person appointed by the arbitral tribunal based on any act or omission in connection with the arbitration.

Section III – Arbitral proceedings

Article 17 – General provisions

1. Subject to these Rules, the arbitral tribunal may conduct the arbitration in such manner as it considers appropriate, provided that the parties are treated with equality and that at an appropriate stage of the proceedings each party is given a reasonable opportunity of presenting its case. The arbitral tribunal, in exercising its discretion, shall conduct the proceedings so as to avoid unnecessary delay and expense and to provide a fair and efficient process for resolving the parties' dispute.

2. As soon as practicable after its constitution and after inviting the parties to express their views, the arbitral tribunal shall establish the provisional timetable of the arbitration. The arbitral tribunal may, at any time, after inviting the parties to express their views, extend or abridge any period of time prescribed under these Rules or agreed by the parties.

3. If at an appropriate stage of the proceedings any party so requests, the arbitral tribunal shall hold hearings for the presentation of evidence by witnesses, including expert witnesses, or for oral argument. In the absence of such a request, the arbitral tribunal shall decide whether to hold such hearings or whether the proceedings shall be conducted on the basis of documents and other materials.

4. All communications to the arbitral tribunal by one party shall be communicated by that party to all other parties. Such communications shall be made at the same time, except as otherwise permitted by the arbitral tribunal if it may do so under applicable law.

5. The arbitral tribunal may, at the request of any party, allow one or more third persons to be joined in the arbitration as a party provided such person is a party to the arbitration agreement, unless the arbitral tribunal finds, after giving all parties, including the person or persons to be joined, the opportunity to be heard, that joinder should not be permitted because of prejudice to any of those parties. The arbitral tribunal may make a single award or several awards in respect of all parties so involved in the arbitration.

Article 18 – Place of arbitration

1. If the parties have not previously agreed on the place of arbitration, the place of arbitration shall be determined by the arbitral tribunal having regard to the circumstances of the case. The award shall be deemed to have been made at the place of arbitration.

2. The arbitral tribunal may meet at any location it considers appropriate for deliberations. Unless otherwise agreed by the parties, the arbitral tribunal may also meet at any location it considers appropriate for any other purpose, including hearings.

Article 19 – Language

1. Subject to an agreement by the parties, the arbitral tribunal shall, promptly after its appointment, determine the language or languages to be used in the proceedings. This determination shall apply to the statement of claim, the statement of defence, and any further written statements and, if oral hearings take place, to the language or languages to be used in such hearings.

2. The arbitral tribunal may order that any documents annexed to the statement of claim or statement of defence, and any supplementary documents or exhibits submitted in the course of the proceedings, delivered in their original language, shall be accompanied by a translation into the language or languages agreed upon by the parties or determined by the arbitral tribunal.

Article 20 – Statement of claim

1. The claimant shall communicate its statement of claim in writing to the respondent and to each of the arbitrators within a period of time to be determined by the arbitral tribunal. The claimant may elect to treat its notice of arbitration referred to in article 3 as a statement of claim, provided that the notice of arbitration also complies with the requirements of paragraphs 2 to 4 of this article.

2. The statement of claim shall include the following particulars:

a) The names and contact details of the parties;

b) A statement of the facts supporting the claim;

c) The points at issue;

d) The relief or remedy sought;

e) The legal grounds or arguments supporting the claim.

3. A copy of any contract or other legal instrument out of or in relation to which the dispute arises and of the arbitration agreement shall be annexed to the statement of claim.

4. The statement of claim should, as far as possible, be accompanied by all documents and other evidence relied upon by the claimant, or contain references to them.

Article 21 – Statement of defence

1. The respondent shall communicate its statement of defence in writing to the claimant and to each of the arbitrators within a period of time to be determined by the arbitral tribunal. The respondent may elect to treat its response to the notice of arbitration referred to in article 4 as a statement of defence, provided that the response to the notice of arbitration also complies with the requirements of paragraph 2 of this article.

2. The statement of defence shall reply to the particulars *(b)* to *(e)* of the statement of claim (art. 20, para. 2). The statement of defence should, as far as possible, be accompanied by all documents and other evidence relied upon by the respondent, or contain references to them.

3. In its statement of defence, or at a later stage in the arbitral proceedings if the arbitral tribunal decides that the delay was justified under the circumstances, the respondent may make a counterclaim or rely on a claim for the purpose of a set-off provided that the arbitral tribunal has jurisdiction over it.

4. The provisions of article 20, paragraphs 2 to 4, shall apply to a counterclaim, a claim under article 4, paragraph 2 *(f)*, and a claim relied on for the purpose of a set-off.

Article 22 – Amendments to the claim or defence

During the course of the arbitral proceedings, a party may amend or supplement its claim or defence, including a counterclaim or a claim for the purpose of a set-off, unless the arbitral tribunal considers it inappropriate to allow such amendment or supplement having regard to the delay in making it or prejudice to other parties or any other circumstances. However, a claim or defence, including a counterclaim or a claim for the purpose of a set-off, may not be amended or supplemented in such a manner that the amended or supplemented claim or defence falls outside the jurisdiction of the arbitral tribunal.

Article 23 – Pleas as to the jurisdiction of the arbitral tribunal

1. The arbitral tribunal shall have the power to rule on its own jurisdiction, including any objections with respect to the existence or validity of the arbitration agreement. For that purpose, an arbitration clause that forms part of a contract shall be treated as an agreement independent of the other terms of the contract. A decision by the arbitral tribunal that the contract is null shall not entail automatically the invalidity of the arbitration clause.

2. A plea that the arbitral tribunal does not have jurisdiction shall be raised no later than in the statement of defence or, with respect to a counterclaim or a claim for the purpose of a set-off, in the reply to the counterclaim or to the claim for the purpose of a set-off. A party is not precluded from raising such a plea by the fact that it has appointed, or participated in the appointment of, an arbitrator. A plea that the arbitral tribunal is exceeding the scope of its authority shall be raised as soon as the matter alleged to be beyond the scope of its authority is raised during the arbitral proceedings. The arbitral tribunal may, in either case, admit a later plea if it considers the delay justified.

3. The arbitral tribunal may rule on a plea referred to in paragraph 2 either as a preliminary question or in an award on the merits. The arbitral tribunal may continue the arbitral proceedings and make an award, notwithstanding any pending challenge to its jurisdiction before a court.

Article 24 – Further written statements

The arbitral tribunal shall decide which further written statements, in addition to the statement of claim and the statement of defence, shall be required from the parties or may be presented by them and shall fix the periods of time for communicating such statements.

Article 25 – Periods of time

The periods of time fixed by the arbitral tribunal for the communication of written statements (including the statement of claim and statement of defence) should not exceed 45 days. However, the arbitral tribunal may extend the time limits if it concludes that an extension is justified.

Article 26 – Interim measures

1. The arbitral tribunal may, at the request of a party, grant interim measures.

2. An interim measure is any temporary measure by which, at any time prior to the issuance of the award by which the dispute is finally decided, the arbitral tribunal orders a party, for example and without limitation, to:

a) Maintain or restore the status quo pending determination of the dispute;

b) Take action that would prevent, or refrain from taking action that is likely to cause, (i) current or imminent harm or (ii) prejudice to the arbitral process itself;

c) Provide a means of preserving assets out of which a subsequent award may be satisfied; or

d) Preserve evidence that may be relevant and material to the resolution of the dispute.

3. The party requesting an interim measure under paragraphs 2 *(a)* to *(c)* shall satisfy the arbitral tribunal that:

a) Harm not adequately reparable by an award of damages is likely to result if the measure is not ordered, and such harm substantially outweighs the harm that is likely to result to the party against whom the measure is directed if the measure is granted; and

b) There is a reasonable possibility that the requesting party will succeed on the merits of the claim. The determination on this possibility shall not affect the discretion of the arbitral tribunal in making any subsequent determination.

4. With regard to a request for an interim measure under paragraph 2 *(d)*, the requirements in paragraphs 3 *(a)* and *(b)* shall apply only to the extent the arbitral tribunal considers appropriate.

5. The arbitral tribunal may modify, suspend or terminate an interim measure it has granted, upon application of any party or, in exceptional circumstances and upon prior notice to the parties, on the arbitral tribunal's own initiative.

6. The arbitral tribunal may require the party requesting an interim measure to provide appropriate security in connection with the measure.

7. The arbitral tribunal may require any party promptly to disclose any material change in the circumstances on the basis of which the interim measure was requested or granted.

8. The party requesting an interim measure may be liable for any costs and damages caused by the measure to any party if the arbitral tribunal later determines that, in the circumstances then prevailing, the measure should not have been granted. The arbitral tribunal may award such costs and damages at any point during the proceedings.

9. A request for interim measures addressed by any party to a judicial authority shall not be deemed incompatible with the agreement to arbitrate, or as a waiver of that agreement.

Article 27 – Evidence

1. Each party shall have the burden of proving the facts relied on to support its claim or defence.

2. Witnesses, including expert witnesses, who are presented by the parties to testify to the arbitral tribunal on any issue of fact or expertise may be any individual, notwithstanding that the individual is a party to the arbitration or in any way related to a party. Unless otherwise directed by the arbitral tribunal, statements by witnesses, including expert witnesses, may be presented in writing and signed by them.

3. At any time during the arbitral proceedings the arbitral tribunal may require the parties to produce documents, exhibits or other evidence within such a period of time as the arbitral tribunal shall determine.

4. The arbitral tribunal shall determine the admissibility, relevance, materiality and weight of the evidence offered.

Article 28 – Hearings

1. In the event of an oral hearing, the arbitral tribunal shall give the parties adequate advance notice of the date, time and place thereof.

2. Witnesses, including expert witnesses, may be heard under the conditions and examined in the manner set by the arbitral tribunal.

3. Hearings shall be held in camera unless the parties agree otherwise. The arbitral tribunal may require the retirement of any witness or witnesses, including expert witnesses, during the testimony of such other witnesses, except that a witness, including an expert witness, who is a party to the arbitration shall not, in principle, be asked to retire.

4. The arbitral tribunal may direct that witnesses, including expert witnesses, be examined through means of telecommunication that do not require their physical presence at the hearing (such as videoconference).

Article 29 – Experts appointed by the arbitral tribunal

1. After consultation with the parties, the arbitral tribunal may appoint one or more independent experts to report to it, in writing, on specific issues to be determined by the arbitral tribunal. A copy of the expert's terms of reference, established by the arbitral tribunal, shall be communicated to the parties.

2. The expert shall, in principle before accepting appointment, submit to the arbitral tribunal and to the parties a description of his or her qualifications and a statement of his or her impartiality and independence. Within the time ordered by the arbitral tribunal, the parties shall inform the arbitral tribunal whether they have any objections as to the expert's qualifications, impartiality or independence. The arbitral tribunal shall decide promptly whether to accept any such objections. After an expert's appointment, a party may object to the expert's qualifications, impartiality or independence only if the objection is for reasons of which the party becomes aware after the appointment has been made. The arbitral tribunal shall decide promptly what, if any, action to take.

3. The parties shall give the expert any relevant information or produce for his or her inspection any relevant documents or goods that he or she may require of them. Any dispute between a party and such expert as to the relevance of the required information or production shall be referred to the arbitral tribunal for decision.

4. Upon receipt of the expert's report, the arbitral tribunal shall communicate a copy of the report to the parties, which shall be given the opportunity to express, in writing, their opinion on the report. A party shall be entitled to examine any document on which the expert has relied in his or her report.

5. At the request of any party, the expert, after delivery of the report, may be heard at a hearing where the parties shall have the opportunity to be present and to interrogate the expert. At this hearing, any party may present expert witnesses in order to testify on the points at issue. The provisions of article 28 shall be applicable to such proceedings.

Article 30 – Default

1. If, within the period of time fixed by these Rules or the arbitral tribunal, without showing sufficient cause:

a) The claimant has failed to communicate its statement of claim, the arbitral tribunal shall issue an order for the termination of the arbitral proceedings, unless there are remaining matters that may need to be decided and the arbitral tribunal considers it appropriate to do so;

b) The respondent has failed to communicate its response to the notice of arbitration or its statement of defence, the arbitral tribunal shall order that the proceedings continue, without treating such failure in itself as an admission of the claimant's allegations; the provisions of this subparagraph also apply to a claimant's failure to submit a defence to a counterclaim or to a claim for the purpose of a set-off.

2. If a party, duly notified under these Rules, fails to appear at a hearing, without showing sufficient cause for such failure, the arbitral tribunal may proceed with the arbitration.

3. If a party, duly invited by the arbitral tribunal to produce documents, exhibits or other evidence, fails to do so within the established period of time, without showing sufficient cause for such failure, the arbitral tribunal may make the award on the evidence before it.

Article 31 – Closure of hearings

1. The arbitral tribunal may inquire of the parties if they have any further proof to offer or witnesses to be heard or submissions to make and, if there are none, it may declare the hearings closed.

2. The arbitral tribunal may, if it considers it necessary owing to exceptional circumstances, decide, on its own initiative or upon application of a party, to reopen the hearings at any time before the award is made.

Article 32 – Waiver of right to object

A failure by any party to object promptly to any non-compliance with these Rules or with any requirement of the arbitration agreement shall be deemed to be a waiver of the right of such party to make such an objection, unless such party can show that, under the circumstances, its failure to object was justified.

Section IV – The award

Article 33 – Decisions

1. When there is more than one arbitrator, any award or other decision of the arbitral tribunal shall be made by a majority of the arbitrators.

2. In the case of questions of procedure, when there is no majority or when the arbitral tribunal so authorizes, the presiding arbitrator may decide alone, subject to revision, if any, by the arbitral tribunal.

Article 34 – Form and effect of the award

1. The arbitral tribunal may make separate awards on different issues at different times.

2. All awards shall be made in writing and shall be final and binding on the parties. The parties shall carry out all awards without delay.

3. The arbitral tribunal shall state the reasons upon which the award is based, unless the parties have agreed that no reasons are to be given.

4. An award shall be signed by the arbitrators and it shall contain the date on which the award was made and indicate the place of arbitration. Where there is more than one arbitrator and any of them fails to sign, the award shall state the reason for the absence of the signature.

5. An award may be made public with the consent of all parties or where and to the extent disclosure is required of a party by legal duty, to protect or pursue a legal right or in relation to legal proceedings before a court or other competent authority.

6. Copies of the award signed by the arbitrators shall be communicated to the parties by the arbitral tribunal.

Article 35 – Applicable law, amiable compositeur

1. The arbitral tribunal shall apply the rules of law designated by the parties as applicable to the substance of the dispute. Failing such designation by the parties, the arbitral tribunal shall apply the law which it determines to be appropriate.

2. The arbitral tribunal shall decide as amiable compositeur or ex aequo et bono only if the parties have expressly authorized the arbitral tribunal to do so.

3. In all cases, the arbitral tribunal shall decide in accordance with the terms of the contract, if any, and shall take into account any usage of trade applicable to the transaction.

Article 36 – Settlement or other grounds for termination

1. If, before the award is made, the parties agree on a settlement of the dispute, the arbitral tribunal shall either issue an order for the termination of the arbitral proceedings or, if requested by the parties and accepted by the arbitral tribunal, record the settlement in the form of an arbitral award on agreed terms. The arbitral tribunal is not obliged to give reasons for such an award.

2. If, before the award is made, the continuation of the arbitral proceedings becomes unnecessary or impossible for any reason not mentioned in paragraph 1, the arbitral tribunal shall inform the parties of its intention to issue an order for the termination of the proceedings. The arbitral tribunal shall have the power to issue such an order unless there are remaining matters that may need to be decided and the arbitral tribunal considers it appropriate to do so.

3. Copies of the order for termination of the arbitral proceedings or of the arbitral award on agreed terms, signed by the arbitrators, shall be communicated by the arbitral tribunal to the parties. Where an arbitral award on agreed terms is made, the provisions of article 34, paragraphs 2, 4 and 5, shall apply.

Article 37 – Interpretation of the award

1. Within 30 days after the receipt of the award, a party, with notice to the other parties, may request that the arbitral tribunal give an interpretation of the award.

2. The interpretation shall be given in writing within 45 days after the receipt of the request. The interpretation shall form part of the award and the provisions of article 34, paragraphs 2 to 6, shall apply.

Article 38 – Correction of the award

1. Within 30 days after the receipt of the award, a party, with notice to the other parties, may request the arbitral tribunal to correct in the award

any error in computation, any clerical or typographical error, or any error or omission of a similar nature. If the arbitral tribunal considers that the request is justified, it shall make the correction within 45 days of receipt of the request.

2. The arbitral tribunal may within 30 days after the communication of the award make such corrections on its own initiative.

3. Such corrections shall be in writing and shall form part of the award. The provisions of article 34, paragraphs 2 to 6, shall apply.

Article 39 – Additional award

1. Within 30 days after the receipt of the termination order or the award, a party, with notice to the other parties, may request the arbitral tribunal to make an award or an additional award as to claims presented in the arbitral proceedings but not decided by the arbitral tribunal.

2. If the arbitral tribunal considers the request for an award or additional award to be justified, it shall render or complete its award within 60 days after the receipt of the request. The arbitral tribunal may extend, if necessary, the period of time within which it shall make the award.

3. When such an award or additional award is made, the provisions of article 34, paragraphs 2 to 6, shall apply.

Article 40 – Definition of costs

1. The arbitral tribunal shall fix the costs of arbitration in the final award and, if it deems appropriate, in another decision.

2. The term "costs" includes only:

a) The fees of the arbitral tribunal to be stated separately as to each arbitrator and to be fixed by the tribunal itself in accordance with article 41;

b) The reasonable travel and other expenses incurred by the arbitrators;

c) The reasonable costs of expert advice and of other assistance required by the arbitral tribunal;

d) The reasonable travel and other expenses of witnesses to the extent such expenses are approved by the arbitral tribunal;

e) The legal and other costs incurred by the parties in relation to the arbitration to the extent that the arbitral tribunal determines that the amount of such costs is reasonable;

f) Any fees and expenses of the appointing authority as well as the fees and expenses of the Secretary-General of the PCA.

3. In relation to interpretation, correction or completion of any award under articles 37 to 39, the arbitral tribunal may charge the costs referred to in paragraphs 2 *(b)* to *(f)*, but no additional fees.

Article 41 – Fees and expenses of arbitrators

1. The fees and expenses of the arbitrators shall be reasonable in amount, taking into account the amount in dispute, the complexity of the subject matter, the time spent by the arbitrators and any other relevant circumstances of the case.

2. If there is an appointing authority and it applies or has stated that it will apply a schedule or particular method for determining the fees for arbitrators in international cases, the arbitral tribunal in fixing its fees shall take that schedule or method into account to the extent that it considers appropriate in the circumstances of the case.

3. Promptly after its constitution, the arbitral tribunal shall inform the parties as to how it proposes to determine its fees and expenses, including any rates it intends to apply. Within 15 days of receiving that proposal, any party may refer the proposal to the appointing authority for review. If, within 45 days of receipt of such a referral, the appointing authority finds that the proposal of the arbitral tribunal is inconsistent with paragraph 1, it shall make any necessary adjustments thereto, which shall be binding upon the arbitral tribunal.

4. *a)* When informing the parties of the arbitrators' fees and expenses that have been fixed pursuant to article 40, paragraphs 2 *(a)* and *(b)*, the arbitral tribunal shall also explain the manner in which the corresponding amounts have been calculated;

b) Within 15 days of receiving the arbitral tribunal's determination of fees and expenses, any party may refer for review such determination to the appointing authority. If no appointing authority has been agreed upon or designated, or if the appointing authority fails to act within the time specified in these Rules, then the review shall be made by the Secretary-General of the PCA;

c) If the appointing authority or the Secretary-General of the PCA finds that the arbitral tribunal's determination is inconsistent with the arbitral tribunal's proposal (and any adjustment thereto) under paragraph 3 or is otherwise manifestly excessive, it shall, within 45 days of receiving such a referral, make any adjustments to the arbitral tribunal's determination that are necessary to satisfy the criteria in paragraph 1. Any such adjustments shall be binding upon the arbitral tribunal;

d) Any such adjustments shall either be included by the arbitral tribunal in its award or, if the award has already been issued, be implemented in a correction to the award, to which the procedure of article 38, paragraph 3, shall apply.

5. Throughout the procedure under paragraphs 3 and 4, the arbitral tribunal shall proceed with the arbitration, in accordance with article 17, paragraph 1.

6. A referral under paragraph 4 shall not affect any determination in the award other than the arbitral tribunal's fees and expenses; nor shall it delay the recognition and enforcement of all parts of the award other than those relating to the determination of the arbitral tribunal's fees and expenses.

Article 42 – Allocation of costs

1. The costs of the arbitration shall in principle be borne by the unsuccessful party or parties. However, the arbitral tribunal may apportion each of such costs between the parties if it determines that apportionment is reasonable, taking into account the circumstances of the case.

2. The arbitral tribunal shall in the final award or, if it deems appropriate, in any other award, determine any amount that a party may have to pay to another party as a result of the decision on allocation of costs.

Article 43 – Deposit of costs

1. The arbitral tribunal, on its establishment, may request the parties to deposit an equal amount as an advance for the costs referred to in article 40, paragraphs 2 *(a)* to *(c)*.

2. During the course of the arbitral proceedings the arbitral tribunal may request supplementary deposits from the parties.

3. If an appointing authority has been agreed upon or designated, and when a party so requests and the appointing authority consents to perform the function, the arbitral tribunal shall fix the amounts of any deposits or supplementary deposits only after consultation with the appointing authority, which may make any comments to the arbitral tribunal that it deems appropriate concerning the amount of such deposits and supplementary deposits.

4. If the required deposits are not paid in full within 30 days after the receipt of the request, the arbitral tribunal shall so inform the parties in order that one or more of them may make the required payment. If such payment is not made, the arbitral tribunal may order the suspension or termination of the arbitral proceedings.

5. After a termination order or final award has been made, the arbitral tribunal shall render an accounting to the parties of the deposits received and return any unexpended balance to the parties.

Annex

Model arbitration clause for contracts

Any dispute, controversy or claim arising out of or relating to this contract, or the breach, termination or invalidity thereof, shall be settled by arbitration in accordance with the UNCITRAL Arbitration Rules.

Note. Parties should consider adding:

a) The appointing authority shall be ...... [name of institution or person];
b) The number of arbitrators shall be ...... [one or three];
c) The place of arbitration shall be ...... [town and country];
d) The language to be used in the arbitral proceedings shall be ......

Possible waiver statement

Note. If the parties wish to exclude recourse against the arbitral award that may be available under the applicable law, they may consider adding a provision to that effect as suggested below, considering, however, that the effectiveness and conditions of such an exclusion depend on the applicable law.

Waiver

The parties hereby waive their right to any form of recourse against an award to any court or other competent authority, insofar as such waiver can validly be made under the applicable law.

Model statements of independence pursuant to article 11 of the Rules

No circumstances to disclose

I am impartial and independent of each of the parties and intend to remain so. To the best of my knowledge, there are no circumstances, past or present, likely to give rise to justifiable doubts as to my impartiality or independence. I shall promptly notify the parties and the other arbitrators of any such circumstances that may subsequently come to my attention during this arbitration.

Circumstances to disclose

I am impartial and independent of each of the parties and intend to remain so. Attached is a statement made pursuant to article 11 of the UNCITRAL Arbitration Rules of *(a)* my past and present professional, business and other relationships with the parties and *(b)* any other relevant circumstances. [Include statement.] I confirm that those circumstances do not affect my independence and impartiality. I shall promptly notify the parties and the other arbitrators of any such further relationships or circumstances that may subsequently come to my attention during this arbitration.

Note. Any party may consider requesting from the arbitrator the following addition to the statement of independence:

I confirm, on the basis of the information presently available to me, that I can devote the time necessary to conduct this arbitration diligently, efficiently and in accordance with the time limits in the Rules.

Appendix – UNCITRAL Expedited Arbitration Rules

Article 1 – Scope of application

Where parties have agreed that disputes between them in respect of a defined legal relationship, whether contractual or not, shall be referred to arbitration under the UNCITRAL Expedited Arbitration Rules ("Expedited Rules"), then such disputes shall be settled in accordance with the UNCITRAL Arbitration Rules as modified by these Expedited Rules and subject to such modification as the parties may agree.***[11]

[11] Unless otherwise agreed by the parties, the following articles in the UNCITRAL Arbitration Rules do not apply to expedited arbitration: article 3(4)(a) and (b); article 6(2); article 7; article 8(1); first sentence of article 20(1); first sentence of article 21(1); article 21(3); article 22; and second sentence of article 27(2).

Article 2

1. At any time during the proceedings, the parties may agree that the Expedited Rules shall no longer apply to the arbitration.

2. At the request of a party, the arbitral tribunal may, in exceptional circumstances and after inviting the parties to express their views, determine that the Expedited Rules shall no longer apply to the arbitration. The arbitral tribunal shall state the reasons upon which that determination is based.

3. When the Expedited Rules no longer apply to the arbitration pursuant to paragraph 1 or 2, the arbitral tribunal shall remain in place and conduct the arbitration in accordance with the UNCITRAL Arbitration Rules.

Article 3 – Conduct of the parties and the arbitral tribunal

1. The parties shall act expeditiously throughout the proceedings.

2. The arbitral tribunal shall conduct the proceedings expeditiously taking into account the fact that the parties agreed to refer their dispute to expedited arbitration and the time frames in the Expedited Rules.

3. The arbitral tribunal may, after inviting the parties to express their views and taking into account the circumstances of the case, utilize any technological means as it considers appropriate to conduct the proceedings, including to communicate with the parties and to hold consultations and hearings remotely.

Article 4 – Notice of arbitration and statement of claim

1. A notice of arbitration shall also include:

a) A proposal for the designation of an appointing authority, unless the parties have previously agreed thereon; and

b) A proposal for the appointment of an arbitrator.

2. When communicating its notice of arbitration to the respondent, the claimant shall also communicate its statement of claim.

3. The claimant shall communicate the notice of arbitration and the statement of claim to the arbitral tribunal as soon as it is constituted.

Article 5 – Response to the notice of arbitration and statement of defence

1. Within 15 days of the receipt of the notice of arbitration, the respondent shall communicate to the claimant a response to the notice of arbi-

tration, which shall also include responses to the information set forth in the notice of arbitration pursuant to article 4(1)*(a)* and *(b)* of the Expedited Rules.

2. The respondent shall communicate its statement of defence to the claimant and the arbitral tribunal within 15 days of the constitution of the arbitral tribunal.

Article 6 – Designating and appointing authorities

1. If all parties have not agreed on the choice of an appointing authority 15 days after a proposal for the designation of an appointing authority has been received by all other parties, any party may request the Secretary-General of the Permanent Court of Arbitration (hereinafter called the "PCA") to designate the appointing authority or to serve as appointing authority.

2. When making the request under article 6(4) of the UNCITRAL Arbitration Rules, a party may request the Secretary-General of the PCA to serve as appointing authority.

3. If requested to serve as appointing authority in accordance with paragraph 1 or 2, the Secretary-General of the PCA will serve as appointing authority unless it determines that in view of the circumstances of the case, it is more appropriate to designate an appointing authority.

Article 7 – Number of arbitrators

Unless otherwise agreed by the parties, there shall be one arbitrator.

Article 8 – Appointment of a sole arbitrator

1. A sole arbitrator shall be appointed jointly by the parties.

2. If the parties have not reached agreement on the appointment of a sole arbitrator 15 days after a proposal has been received by all other parties, a sole arbitrator shall, at the request of a party, be appointed by the appointing authority in accordance with article 8(2) of the UNCITRAL Arbitration Rules.

Article 9 – Consultation with the parties

Promptly after and within 15 days of its constitution, the arbitral tribunal shall consult the parties, through a case management conference or otherwise, on the manner in which it will conduct the arbitration.

Article 10 – Discretion of the arbitral tribunal with regard to periods of time

Subject to article 16 of the Expedited Rules, the arbitral tribunal may at any time, after inviting the parties to express their views, extend or abridge any period of time prescribed under the UNCITRAL Arbitration Rules and the Expedited Rules or agreed by the parties.

Article 11 – Hearings

The arbitral tribunal may, after inviting the parties to express their views and in the absence of a request to hold hearings, decide that hearings shall not be held.

Article 12 – Counterclaims or claims for the purpose of set-off

1. A counterclaim or a claim for the purpose of a set-off shall be made no later than in the statement of defence provided that the arbitral tribunal has jurisdiction over it.
2. The respondent may not make a counterclaim or rely on a claim for the purpose of a set-off at a later stage in the arbitral proceedings, unless the arbitral tribunal considers it appropriate to allow such claim having regard to the delay in making it or prejudice to other parties or any other circumstances.

Article 13 – Amendments and supplements to a claim or defence

During the course of the arbitral proceedings, a party may not amend or supplement its claim or defence, including a counterclaim or a claim for the purpose of a set-off, unless the arbitral tribunal considers it appropriate to allow such amendment or supplement having regard to when it is requested or prejudice to other parties or any other circumstances. However, a claim or defence, including a counterclaim or a claim for the purpose of a set-off, may not be amended or supplemented in such a manner that the amended or supplemented claim or defence falls outside the jurisdiction of the arbitral tribunal.

Article 14 – Further written statements

The arbitral tribunal may, after inviting the parties to express their views, decide whether any further written statement shall be required from the parties or may be presented by them.

Article 15 – Evidence

1. The arbitral tribunal may decide which documents, exhibits or other evidence the parties should produce. The arbitral tribunal may reject any request, unless made by all parties, to establish a procedure whereby each party can request another party to produce documents.

2. Unless otherwise directed by the arbitral tribunal, statements by witnesses, including expert witnesses, shall be presented in writing and signed by them.

3. The arbitral tribunal may decide which witnesses, including expert witnesses, shall testify to the arbitral tribunal if hearings are held.

Article 16 – Period of time for making the award

1. The award shall be made within six months from the date of the constitution of the arbitral tribunal unless otherwise agreed by the parties.

2. The arbitral tribunal may, in exceptional circumstances and after inviting the parties to express their views, extend the period of time established in accordance with paragraph 1. The extended period of time shall not exceed a total of nine months from the date of the constitution of the arbitral tribunal.

3. If the arbitral tribunal concludes that it is at risk of not rendering an award within nine months from the date of the constitution of the arbitral tribunal, it shall propose a final extended time limit, state the reasons for the proposal, and invite the parties to express their views within a fixed period of time. The extension shall be adopted only if all parties express their agreement to the proposal within the fixed period of time.

4. If there is no agreement to the extension in paragraph 3, any party may make a request that the Expedited Rules no longer apply to the arbitration. After inviting the parties to express their views, the arbitral tribunal may determine to continue to conduct the arbitration in accordance with the UNCITRAL Arbitration Rules

Annex to the UNCITRAL Expedited Arbitration Rules

Model arbitration clause for contracts

Any dispute, controversy or claim arising out of or relating to this contract, or the breach, termination or invalidity thereof, shall be settled by arbitration in accordance with the UNCITRAL Expedited Arbitration Rules.

Note: Parties should consider adding:

a) The appointing authority shall be . . . [name of institution or person];

b) The place of arbitration shall be . . . [town and country];

c) The language to be used in the arbitral proceedings shall be ...;

Model statement

Note. Parties should consider requesting from the arbitrator the following addition to the statement of independence pursuant to article 11 of the UNCITRAL Arbitration Rules:

I confirm, on the basis of the information presently available to me, that I can devote the time necessary to conduct this arbitration diligently, efficiently, expeditiously and in accordance with the time limits in the UNCITRAL Arbitration Rules and the UNCITRAL Expedited Arbitration Rules.

3.5.1. UNCITRAL Rules on Transparency in Treaty-based Investor-State Arbitration

Article 1 – Scope of application

Applicability of the Rules

1. The UNCITRAL Rules on Transparency in Treaty-based Investor-State Arbitration ("Rules on Transparency") shall apply to investor-State arbitration initiated under the UNCITRAL Arbitration Rules pursuant to a treaty providing for the protection of investments or investors ("treaty")[*12] concluded on or after 1 April 2014 unless the Parties to the treaty[**13] have agreed otherwise.

2. In investor-State arbitrations initiated under the UNCITRAL Arbitration Rules pursuant to a treaty concluded before 1 April 2014, these Rules shall apply only when:

a) The parties to an arbitration (the "disputing parties") agree to their application in respect of that arbitration; or

b) The Parties to the treaty or, in the case of a multilateral treaty, the State of the claimant and the respondent State, have agreed after 1 April 2014 to their application.

[*12] For the purposes of the Rules on Transparency, a "treaty" shall be understood broadly as encompassing any bilateral or multilateral treaty that contains provisions on the protection of investments or investors and a right for investors to resort to arbitration against Parties to the treaty, including any treaty commonly referred to as a free trade agreement, economic integration agreement, trade and investment framework or cooperation agreement, or bilateral investment treaty.

[**13] For the purposes of the Rules on Transparency, any reference to a "Party to the treaty" or a "State" includes, for example, a regional economic integration organization where it is a Party to the treaty.

Application of the Rules

3. In any arbitration in which the Rules on Transparency apply pursuant to a treaty or to an agreement by the Parties to that treaty:

a) The disputing parties may not derogate from these Rules, by agreement or otherwise, unless permitted to do so by the treaty;

b) The arbitral tribunal shall have the power, besides its discretionary authority under certain provisions of these Rules, to adapt the requirements of any specific provision of these Rules to the particular circumstances of the case, after consultation with the disputing parties, if such adaptation is necessary to conduct the arbitration in a practical manner and is consistent with the transparency objective of these Rules.

Discretion and authority of the arbitral tribunal

4. Where the Rules on Transparency provide for the arbitral tribunal to exercise discretion, the arbitral tribunal in exercising such discretion shall take into account:

a) The public interest in transparency in treaty-based investor-State arbitration and in the particular arbitral proceedings; and

b) The disputing parties' interest in a fair and efficient resolution of their dispute.

5. These Rules shall not affect any authority that the arbitral tribunal may otherwise have under the UNCITRAL Arbitration Rules to conduct the arbitration in such a manner as to promote transparency, for example by accepting submissions from third persons.

6. In the presence of any conduct, measure or other action having the effect of wholly undermining the transparency objectives of these Rules, the arbitral tribunal shall ensure that those objectives prevail.

Applicable instrument in case of conflict

7. Where the Rules on Transparency apply, they shall supplement any applicable arbitration rules. Where there is a conflict between the Rules on Transparency and the applicable arbitration rules, the Rules on Transparency shall prevail. Notwithstanding any provision in these Rules, where there is a conflict between the Rules on Transparency and the treaty, the provisions of the treaty shall prevail.

8. Where any of these Rules is in conflict with a provision of the law applicable to the arbitration from which the disputing parties cannot derogate, that provision shall prevail.

Application in non-UNCITRAL arbitrations

9. These Rules are available for use in investor-State arbitrations initiated under rules other than the UNCITRAL Arbitration Rules or in ad hoc proceedings.

Article 2 – Publication of information at the commencement of arbitral proceedings

Once the notice of arbitration has been received by the respondent, each of the disputing parties shall promptly communicate a copy of the notice of arbitration to the repository referred to under article 8. Upon receipt of the notice of arbitration from the respondent, or upon receipt of the notice of arbitration and a record of its transmission to the respondent, the repository shall promptly make available to the public information regarding the name of the disputing parties, the economic sector involved and the treaty under which the claim is being made.

Article 3 – Publication of documents

1. Subject to article 7, the following documents shall be made available to the public: the notice of arbitration, the response to the notice of arbitration, the statement of claim, the statement of defence and any further written statements or written submissions by any disputing party; a table listing all exhibits to the aforesaid documents and to expert reports and witness statements, if such table has been prepared for the proceedings, but not the exhibits themselves; any written submissions by the non-disputing Party (or Parties) to the treaty and by third persons, transcripts of hearings, where available; and orders, decisions and awards of the arbitral tribunal.

2. Subject to article 7, expert reports and witness statements, exclusive of the exhibits thereto, shall be made available to the public, upon request by any person to the arbitral tribunal.

3. Subject to article 7, the arbitral tribunal may decide, on its own initiative or upon request from any person, and after consultation with the disputing parties, whether and how to make available exhibits and any other documents provided to, or issued by, the arbitral tribunal not falling within paragraphs 1 or 2 above. This may include, for example, making such documents available at a specified site.

4. The documents to be made available to the public pursuant to paragraphs 1 and 2 shall be communicated by the arbitral tribunal to the repo-

sitory referred to under article 8 as soon as possible, subject to any relevant arrangements or time limits for the protection of confidential or protected information prescribed under article 7. The documents to be made available pursuant to paragraph 3 may be communicated by the arbitral tribunal to the repository referred to under article 8 as they become available and, if applicable, in a redacted form in accordance with article 7. The repository shall make all documents available in a timely manner, in the form and in the language in which it receives them.

5. A person granted access to documents under paragraph 3 shall bear any administrative costs of making those documents available to that person, such as the costs of photocopying or shipping documents to that person, but not the costs of making those documents available to the public through the repository.

Article 4 – Submission by a third person

1. After consultation with the disputing parties, the arbitral tribunal may allow a person that is not a disputing party, and not a non-disputing Party to the treaty ("third person(s)"), to file a written submission with the arbitral tribunal regarding a matter within the scope of the dispute.

2. A third person wishing to make a submission shall apply to the arbitral tribunal, and shall, in a concise written statement, which is in a language of the arbitration and complies with any page limits set by the arbitral tribunal:

a) Describe the third person, including, where relevant, its membership and legal status (e.g., trade association or other non-governmental organization), its general objectives, the nature of its activities and any parent organization (including any organization that directly or indirectly controls the third person);

b) Disclose any connection, direct or indirect, which the third person has with any disputing party;

c) Provide information on any government, person or organization that has provided to the third person (i) any financial or other assistance in preparing the submission; or (ii) substantial assistance in either of the two years preceding the application by the third person under this article (e.g. funding around 20 per cent of its overall operations annually);

d) Describe the nature of the interest that the third person has in the arbitration; and *e)* Identify the specific issues of fact or law in the arbitration that the third person wishes to address in its written submission.

3. In determining whether to allow such a submission, the arbitral tribunal shall take into consideration, among other factors it determines to be relevant:

a) Whether the third person has a significant interest in the arbitral proceedings; and

b) The extent to which the submission would assist the arbitral tribunal in the determination of a factual or legal issue related to the arbitral proceedings by bringing a perspective, particular knowledge or insight that is different from that of the disputing parties.

4. The submission filed by the third person shall:

a) Be dated and signed by the person filing the submission on behalf of the third person;

b) Be concise, and in no case longer than as authorized by the arbitral tribunal;

c) Set out a precise statement of the third person's position on issues; and

d) Address only matters within the scope of the dispute.

5. The arbitral tribunal shall ensure that any submission does not disrupt or unduly burden the arbitral proceedings, or unfairly prejudice any disputing party.

6. The arbitral tribunal shall ensure that the disputing parties are given a reasonable opportunity to present their observations on any submission by the third person.

Article 5 – Submission by a non-disputing Partyto the treaty

1. The arbitral tribunal shall, subject to paragraph 4, allow, or, after consultation with the disputing parties, may invite, submissions on issues of treaty interpretation from a non-disputing Party to the treaty.

2. The arbitral tribunal, after consultation with the disputing parties, may allow submissions on further matters within the scope of the dispute from a non-disputing Party to the treaty. In determining whether to allow such submissions, the arbitral tribunal shall take into consideration, among other factors it determines to be relevant, the factors referred to in article 4, paragraph 3, and, for greater certainty, the need to avoid submissions which would support the claim of the investor in a manner tantamount to diplomatic protection.

3. The arbitral tribunal shall not draw any inference from the absence of any submission or response to any invitation pursuant to paragraphs 1 or 2.

4. The arbitral tribunal shall ensure that any submission does not disrupt or unduly burden the arbitral proceedings, or unfairly prejudice any disputing party.

5. The arbitral tribunal shall ensure that the disputing parties are given a reasonable opportunity to present their observations on any submission by a non-disputing Party to the treaty.

Article 6 – Hearings

1. Subject to article 6, paragraphs 2 and 3, hearings for the presentation of evidence or for oral argument ("hearings") shall be public.

2. Where there is a need to protect confidential information or the integrity of the arbitral process pursuant to article 7, the arbitral tribunal shall make arrangements to hold in private that part of the hearing requiring such protection.

3. The arbitral tribunal shall make logistical arrangements to facilitate the public access to hearings (including where appropriate by organizing attendance through video links or such other means as it deems appropriate). However, the arbitral tribunal may, after consultation with the disputing parties, decide to hold all or part of the hearings in private where this becomes necessary for logistical reasons, such as when the circumstances render any original arrangement for public access to a hearing infeasible.

Article 7 – Exceptions to transparency

Confidential or protected information

1. Confidential or protected information, as defined in paragraph 2 and as identified pursuant to the arrangements referred to in paragraphs 3 and 4, shall not be made available to the public pursuant to articles 2 to 6.

2. Confidential or protected information consists of:

a) Confidential business information;

b) Information that is protected against being made available to the public under the treaty;

c) Information that is protected against being made available to the public, in the case of the information of the respondent State, under the law of the respondent State, and in the case of other information, under any law or rules determined by the arbitral tribunal to be applicable to the disclosure of such information; or

d) Information the disclosure of which would impede law enforcement.

3. The arbitral tribunal, after consultation with the disputing parties, shall make arrangements to prevent any confidential or protected information from being made available to the public, including by putting in place, as appropriate:

a) Time limits in which a disputing party, non-disputing Party to the treaty or third person shall give notice that it seeks protection for such information in documents;

b) Procedures for the prompt designation and redaction of the particular confidential or protected information in such documents; and

c) Procedures for holding hearings in private to the extent required by article 6, paragraph 2.

Any determination as to whether information is confidential or protected shall be made by the arbitral tribunal after consultation with the disputing parties.

4. Where the arbitral tribunal determines that information should not be redacted from a document, or that a document should not be prevented from being made available to the public, any disputing party, non-disputing Party to the treaty or third person that voluntarily introduced the document into the record shall be permitted to withdraw all or part of the document from the record of the arbitral proceedings.

5. Nothing in these Rules requires a respondent State to make available to the public information the disclosure of which it considers to be contrary to its essential security interests.

Integrity of the arbitral process

6. Information shall not be made available to the public pursuant to articles 2 to 6 where the information, if made available to the public, would jeopardize the integrity of the arbitral process as determined pursuant to paragraph 7.

7. The arbitral tribunal may, on its own initiative or upon the application of a disputing party, after consultation with the disputing parties where practicable, take appropriate measures to restrain or delay the publication of information where such publication would jeopardize the inte-

grity of the arbitral process because it could hamper the collection or production of evidence, lead to the intimidation of witnesses, lawyers acting for disputing parties or members of the arbitral tribunal, or in comparably exceptional circumstances.

Article 8 – Repository of published information

The repository of published information under the Rules on Transparency shall be the Secretary-General of the United Nations or an institution named by UNCITRAL.

3.5.2. Explanatory Note to the UNCITRAL Expedited Arbitration Rules

1. Expedited arbitration is a streamlined and simplified procedure with a shortened time frame, which makes it possible for the parties to reach a final resolution of the dispute in a cost- and time-effective manner. The UNCITRAL Expedited Arbitration Rules (hereinafter the "Expedited Rules") provide a set of rules which parties may agree for expedited arbitration. The Expedited Rules balance on the one hand, the efficiency of the arbitral proceedings and on the other, the need to preserve due process and fair treatment.

2. Article 1(5) of the UNCITRAL Arbitration Rules (hereinafter the "UARs") incorporates the Expedited Rules, which are presented as an appendix to the UARs. The phrase "where the parties so agree" in that paragraph emphasizes the need for the parties' express consent for the Expedited Rules to apply to the arbitration.

3. In the following, any reference to "article(s)" is to that in the Expedited Rules, unless otherwise expressly indicated.

A. Scope of application

Article 1

4. Article 1 provides that express consent of the parties is required for the application of the Expedited Rules.

5. Parties are free to agree on the application of the Expedited Rules at any time even after the dispute has arisen (see model arbitration clause in the annex to the Expedited Rules). For example, parties that had concluded an arbitration agreement or had initiated arbitration under the UARs before the effective date of the Expedited Rules (19 September 2021) can subsequently agree to refer their dispute to arbitration under the Expedi-

ted Rules. Likewise, a party may propose to the other party or parties that the Expedited Rules shall apply to the arbitration.

6. However, parties should be mindful of the consequences when changing from non-expedited to expedited arbitration. For example, a notice of arbitration communicated in accordance with article 3 of the UARs might not meet the requirements in article 4 of the Expedited Rules, whereby the claimant has to communicate proposals for the designation of an appointing authority and for the appointment of a sole arbitrator. Therefore, it would be prudent for the parties to agree on how such requirements could be met, should they agree to refer their dispute to arbitration under the Expedited Rules after the proceedings had begun. Similarly, if a three-member arbitral tribunal was constituted in accordance with the UARs, the parties may wish to consider appointing a sole arbitrator in accordance with article 8. If the constitution of the arbitral tribunal is changed, the parties may also need consider the status of statements and evidence submitted to the former tribunal.

7. Article 1 provides that the UARs generally apply to expedited arbitration, unless and as modified by the Expedited Rules. The phrase "as modified by these Expedited Rules" means that rules in the UARs and the Expedited Rules need to be read in conjunction for the proper conduct of the proceedings. The rules in the UARs are either supplemented or replaced by those in the Expedited Rules. For the avoidance of doubt, the footnote to article 1 provides a list of articles in the UARs that would not apply in the context of expedited arbitration. However, parties retain the flexibility to tailor the rules to their proceedings.

8. As the Expedited Rules are presented as an appendix to the UARs, reference to "the Rules" or "these Rules" in the UARs (see articles 1(2), 1(3), 1(4), 2(6), 4(2), 6(3), 6(4), 6(5), 10(3), 17(1), 17(2), 30(1), 30(2), 32 and 41(4)*(b)* of the UARs) include the Expedited Rules in the context of expedited arbitration.

9. In relation to article 1(2) of the UARs, parties to an arbitration agreement concluded before the entry into force of the Expedited Rules will not be presumed to have referred their dispute to the Expedited Rules, even though the Expedited Rules are presented as an appendix to the UARs. This is because the Expedited Rules only apply when so expressly agreed by the parties. On the other hand, if a subsequent version of the Expedited Rules were to be prepared, article 1(2) of the UARs would apply, which

means that the Expedited Rules in effect on the date of commencement of the expedited arbitration would apply, unless the parties have agreed on the current or any other version of the Expedited Rules.

Article 2

10. Even when the parties had initially agreed to refer their dispute to arbitration under the Expedited Rules, the circumstances may be such that the Expedited Rules are not appropriate to resolve the particular dispute. Article 2 addresses such circumstances, with paragraph 1 allowing parties to agree to withdraw from expedited arbitration.

11. In accordance with paragraph 2, a party that had agreed to refer the dispute to arbitration under the Expedited Rules may subsequently request withdrawal from expedited arbitration, when the circumstances evolved in a manner that would make expedited arbitration no longer suitable for resolving the dispute (see also para. 91 below). While there is no time limit within which a party can request withdrawal, the arbitral tribunal should consider at which stage of the proceedings the request is being made.

12. The phrase "in exceptional circumstances" means that the party requesting withdrawal should provide convincing and justified reasons for the request and that the arbitral tribunal should uphold the request only in certain circumstances. It introduces a high threshold for allowing a unilateral withdrawal from expedited arbitration.

13. When making the determination, the arbitral tribunal should consider whether the Expedited Rules are no longer appropriate for the resolution of the dispute. It may wish to take into account, among others, the following:

- The urgency of resolving the dispute;
- The stage of the proceedings at which the request is made;
- The complexity of the dispute (for example, the anticipated volume of documentary evidence and the number of witnesses);
- The anticipated amount in dispute (the sum of claims made in the notice of arbitration, any counterclaim made in the response thereto as well as any amendment or supplement);
- The terms of the parties' agreement to expedited arbitration and whether the current circumstances were foreseeable at the time of the agreement; and
- The consequences of the determination on the proceedings.

14. The above is a non-exhaustive list of elements that can be taken into account and it would not be necessary for the arbitral tribunal to consider all the elements therein.

15. When making the determination, the arbitral tribunal, in accordance with article 17(1) of the UARs, may decide that the Expedited Rules in their entirety would no longer apply or that certain articles would no longer apply to the arbitration. When deciding that certain articles of the Expedited Rules would no longer apply, the arbitral tribunal should make clear to the parties how the arbitration would be conducted and on the basis of which articles.

16. If the arbitral tribunal is not yet constituted, the determination would need to be made after it is constituted. However, if the parties are not able to reach an agreement on the arbitrator or if there is a disagreement between the parties on (i) whether the Expedited Rules apply or (ii) whether the criteria in the arbitration agreement triggering the application of the Expedited Rules are met, the appointing authority may be involved in constituting the arbitral tribunal in accordance with article 10(3) of the UARs. The appointing authority will make a prima facie decision on whether the arbitration would be conducted under the Expedited Rules. However, the ultimate determination on the application of the Expedited Rules would be left to the arbitral tribunal.

17. When the Expedited Rules no longer apply to the arbitration pursuant to paragraph 1 or 2, the arbitral tribunal shall conduct the arbitration in accordance with the UARs. However, this does not mean that the arbitral tribunal, if already constituted, would have to be re-constituted in accordance with the UARs. Instead, the arbitral tribunal shall remain in place in accordance with paragraph 3. There may, however, be instances where the parties agree to replace an arbitrator or reconstitute the arbitral tribunal. There may also be instances where the arbitrator resigns, for example, if the arbitrator appointed under the Expedited Rules believes that his or her schedule of future commitments does not allow for the conduct of non-expedited arbitration.

18. Unless the arbitral tribunal decides otherwise, the non-expedited proceeding should resume at the stage where the expedited proceeding was when the parties agreed to withdraw or the arbitral tribunal made the determination. Decisions made during the expedited proceeding should remain applicable to the non-expedited proceedings, unless the arbi-

tral tribunal decides to depart from its earlier decisions or from a decision made by the previous tribunal.

B. General provision on expedited arbitration

19. Considering that a fair and efficient resolution of the dispute is a common goal of arbitration under both the UARs and the Expedited Rules, article 3 highlights the expeditious nature of the proceedings under the Expedited Rules and emphasizes the obligation of the parties and the arbitral tribunal to act expeditiously.

20. Paragraph 1 is a reminder to parties that when referring their dispute to arbitration under the Expedited Rules, they are agreeing to cooperate in ensuring the efficiency of the proceeding as well as for a swift resolution of the dispute, particularly in an ad hoc setting where there is no administering institution to further expedite the process.

21. Paragraph 2 should be read along with article 17(1) of the UARs. Therefore, arbitral tribunals in expedited arbitration have the same duty to conduct the proceedings so as to avoid unnecessary delay and expense and to provide a fair and efficient process to resolve the dispute. The arbitral tribunal should also comply with any due process requirements.

22. When conducting arbitration under the Expedited Rules, arbitral tribunals should be mindful of the objectives of the Expedited Rules, of the parties' intentions and expectations when they chose the Expedited Rules and of the time frames therein, particularly those in article 16 with regard to the rendering of the award. The annex to the Expedited Rules includes a model statement which parties could request the arbitrator to add to the statement of independence. The model statement highlights that the arbitrator would conduct the arbitration expeditiously and in accordance with the time frames in the UARs and the Expedited Rules.

23. Designating and appointing authorities as well as arbitral institutions administering arbitration under the Expedited Rules should also be mindful of the objectives of the Expedited Rules as well as any applicable time frames (see para. 58 below).

24. Paragraph 3 emphasizes the discretion provided to the arbitral tribunal to make use of a wide range of technological means to conduct the proceeding, including when communicating with the parties and when holding consultations and hearings. It also mentions that consultations and hearings can be held without the physical presence of the participants and

in different locations. The inclusion of such a rule in the Expedited Rules does not imply that the use of technological means is available to arbitral tribunals only in expedited arbitration. The rule aims to assist the arbitral tribunal in streamlining the proceedings and avoiding unnecessary delay and expense, both of which are in line with the objectives of expedited arbitration. The arbitral tribunal should be mindful that the use of technological means is subject to the rules in the UARs to provide for a fair proceeding and to give each party a reasonable opportunity to present its case. Thus, the arbitral tribunal should also be mindful of any due process requirements. In that light, the arbitral tribunal should give the parties an opportunity to express their views on the use of such technological means and consider the overall circumstances of the case, including whether such technological means are at the disposal of the parties.

C. Notice of arbitration, response thereto, statements of claim and defence

Article 4

25. Article 4 addresses the initiation of recourse to arbitration by the claimant and modifies articles 3(4) and 20(1) of the UARs.

26. Two elements, which are optional under article 3(4) of the UARs, are required in the notice of arbitration under the Expedited Rules. This is to facilitate the speedy constitution of the arbitral tribunal in expedited arbitration. In accordance with paragraph 1, the claimant is required to propose an appointing authority (unless the parties have previously agreed thereon) and the appointment of the arbitrator. It is important for the claimant to include such information in its notice of arbitration because the 15-day time frames in articles 6 and 8 begin with the receipt by the respondent of the respective proposals.

27. A proposal for the appointment of the arbitrator does not mean that a party needs to put forward the name of the arbitrator; rather, a party may suggest a list of suitable candidates or qualifications, or a mechanism to be used by the parties for agreeing on the arbitrator. This would also cater for cases where the parties agreed to more than one arbitrator in expedited arbitration.

28. To further expedite the process, paragraph 2 requires the claimant to communicate its statement of claim along with its notice of arbitration. This modifies the rule in article 20(1) of the UARs, which provides that the

statement of claim should be communicated within a period of time to be determined by the arbitral tribunal.

29. In summary, when initiating recourse to expedited arbitration, the claimant needs to include the following in its notice of arbitration and the statement of claim:

- A demand that the dispute be referred to arbitration (UARs art. 3(3)*(a)*);
- The names and contact details of the parties (UARs arts. 3(3)*(b)* and 20(2)*(a)*);
- Identification of the arbitration agreement that is invoked (UARs art. 3(3)*(c)*) and a copy thereof (UARs art. 20(3));
- Identification of any contract or other legal instrument out of or in relation to which the dispute arises (UARs art. 3(3)*(d)*) and a copy thereof (UARs art. 20(3)) – in the absence of such contract or instrument, a brief description of the relevant relationship (UARs art. 3(3)*(d)*);
- A brief description of the claim and an indication of the amount involved, if any (UARs art. 3(3)*(e)*);
- The relief or remedy sought (UARs arts. 3(3)*(f)* and 20(2)*(d)*);
- A proposal as to the language and place of arbitration, if the parties have not previously agreed thereon (UARs art. 3(3)*(g)*);
- A proposal for the designation of an appointing authority, unless the parties have previously agreed thereon (Expedited Rules art. 4(1)*(a)*);
- A proposal for the appointment of an arbitrator (Expedited Rules art. 4(1)*(b)*);
- A statement of the facts supporting the claim (UARs art. 20(2)*(b)*);
- The points at issue (UARs art. 20(2)*(c)*);
- The legal grounds or arguments supporting the claim (UARs art. 20(2)*(e)*); and
- As far as possible, all documents and other evidence relied upon by the claimant, or references to them (UARs art. 20(4)).

30. In light of article 7 which provides a default rule of a sole arbitrator, the claimant would not need to propose the number of arbitrators in its notice of arbitration, unless it wishes to suggest the constitution of an arbitral tribunal of more than one arbitrator.

31. With respect to the last item on the above list, the objective is to require the presentation of the complete case for the sake of efficiency. It

does not, however, mean that all evidence has to be communicated at this stage, which may be burdensome and counterproductive. This is highlighted by the words "as far as possible" and the claimant may decide to make reference to the evidence to be relied upon. For example, witness statements need not be submitted at this stage. The claimant could instead identify in its statement of claim: (i) any witness whose testimony it would rely on; (ii) the subject matter of the testimony; and (iii) any subject matter for which the claimant intends to submit expert reports. It would be preferable to determine which evidence is to be submitted during the consultation between the arbitral tribunal and the parties (see para. 62 below).

32. The claimant may elect to treat its notice of arbitration as its statement of claim, as long as the notice of arbitration complies with the requirement of the statement of claim (see second sentence of article 20(1) of the UARs). In that case, the claimant would be communicating a single document combining its notice of arbitration and statement of claim.

33. Paragraph 3 requires the claimant to communicate its notice of arbitration and statement of claim to the arbitral tribunal as soon as it is constituted. In the case that the arbitral tribunal consists of more than one arbitrator, the claimant would, in practice, communicate its notice of arbitration and statement of claim to each of the arbitrators upon his or her appointment.

Article 5

34. Article 5 addresses the actions required by the respondent upon receipt of a notice of arbitration and a statement of claim from the claimant. It envisages a two-stage reply with a shorter time frame for the response to the notice of arbitration (hereinafter the "response") and a longer one for the statement of defence. This is to facilitate the speedy constitution of the arbitral tribunal and to provide sufficient time for the respondent to prepare its case.

35. The respondent is required to communicate a response within 15 days of the receipt of the notice. Article 5(1) thus modifies article 4(1) of the UARs, which provides for a 30-day time frame. A shorter time frame is imposed on the response, as it addresses procedural issues, in particular those relating to the constitution of the arbitral tribunal.

36. The response shall respond to the information set forth in the notice of arbitration. As article 4(1) of the Expedited Rules requires

a claimant to include in its notice of arbitration proposals on an appointing authority and on the appointment of the arbitrator, the respondent is required to include a response to those proposals. If the respondent disagrees with the proposals, the respondent is free to make its own proposals in accordance with article 4(2)*(b)* and *(c)* of the UARs.

37. In summary, the respondent would need to provide, within 15 days of the receipt of the notice of arbitration, the following in the response:

- The name and contact details of each respondent (UARs art. 4(1)*(a)*);
- A response to the information set forth in the notice of arbitration, pursuant to article 3(3)*(c)* to *(g)* of the UARs (UARs art. 4(1)*(b)*); and
- A response to the information set forth in the notice of arbitration, pursuant to article 4(1)*(a)* and *(b)* of the Expedited Rules (Expedited Rules art. 5(1)).

38. To provide the respondent with sufficient time to prepare its statement of defence and to ensure equality of the process, the respondent has 15 days from the constitution of the arbitral tribunal to communicate its statement of defence. Article 5(2) introduces a 15-day time frame in contrast to article 21(1) of the UARs, which provides that the statement of defence shall be communicated within a period of time determined by the arbitral tribunal. If the respondent requests for additional time, the arbitral tribunal may extend the 15-day time frame in accordance with article 10.

39. The respondent may elect to treat its response to the notice of arbitration as its statement of defence, as long as the response complies with the requirement of article 21(2) of the UARs (see second sentence of article 21(1) of the UARs).

D. Designating and appointing authorities

40. The appointing authority has a significant role in expediting the proceedings, especially with regard to the constitution of the arbitral tribunal. Therefore, it is important that the parties agree on the choice of an appointing authority (see model arbitration clause, paragraph *(a)*). When the parties have not agreed on that choice, article 6 of the Expedited Rules provides a mechanism for the Secretary-General of the Permanent Court of Arbitration (PCA) to designate an appointing authority or to serve as one, both of which would lead to an earlier engagement of the appointing authority.

41. Article 6(1) simplifies the process provided for in article 6(2) of the UARs by allowing a party to request the Secretary-General of the PCA to serve

as the appointing authority. It provides a streamlined and flexible process, while providing a level of discretion to the Secretary-General of the PCA.

42. The process is accelerated by allowing any party to engage with the Secretary-General of the PCA any time after 15 days have lapsed from the receipt by all parties of a proposal on an appointing authority. In practice, this means that a claimant that has included in its notice of arbitration a proposal for an appointing authority in accordance with article 4(1) is able to make the request to the Secretary-General of the PCA immediately upon the lapse of the 15-day time frame in article 5(1).

43. It should, however, be noted that article 5(1) provides the respondent 15 days to respond to the notice of arbitration, which should also include a response to the proposal for an appointing authority. Therefore, it would be prudent for the claimant to consider such response before engaging the Secretary-General of the PCA. In any case, the Secretary-General of the PCA in exercising its functions under article 6(1) would be required to give the parties an opportunity to present their views, including any proposals on the appointing authority.

44. Similar to article 6(1), article 6(2) modifies article 6(4) of the UARs and allows a party to request the Secretary-General of the PCA to designate a substitute appointing authority or to serve as one, where the appointing authority refuses or fails to act. However, this would not be possible when the Secretary-General of the PCA is already serving as the appointing authority.

45. Paragraph 3 provides a level of discretion to the Secretary-General of the PCA to address practical questions that could arise, for example, (i) when a party has previously rejected or rejects a proposal for the Secretary-General of the PCA to serve as appointing authority; (ii) when a party requests the Secretary-General of the PCA to serve as appointing authority and the other party requests it to serve as designating authority; and (iii) when a party requests the Secretary-General of the PCA to either designate an appointing authority or to serve as an appointing authority.

46. Paragraphs 1, 3, 5, 6 and 7 of article 6 of the UARs continue to apply to expedited arbitration.

E. Number of arbitrators

47. Article 7 provides that an arbitral tribunal composed of a single arbitrator is the default rule in expedited arbitration. As such, article 7(1) of

the UARs is replaced by article 7 of the Expedited Rules. Parties, however, can agree on more than one arbitrator, in light of the particulars of the dispute and if collective decision-making is preferred. However, they should be mindful that proceedings involving an arbitral tribunal composed of more than one arbitrator may be less expeditious (see para. 59 below).

48. When the parties have referred their dispute to arbitration under the Expedited Rules and there is no separate agreement on the number of arbitrators, the appointing authority should not have any role in determining that number and should appoint a sole arbitrator in accordance with articles 7 and 8. While the appointing authority may make a prima facie decision on whether the arbitration is to be conducted under the Expedited Rules, the ultimate determination on the application of the Expedited Rules would be left to the arbitral tribunal (see para. 16 above).

49. Article 7(2) of the UARs continues to apply in expedited arbitration when the parties agreed to constitute the arbitral tribunal with more than one arbitrator.

F. Appointment of the arbitrator

50. Article 8 addresses how a sole arbitrator is to be appointed in expedited arbitration. If the parties agreed on more than one arbitrator, articles 9 and 10 of the UARs apply.

51. Paragraph 1 encourages the parties to reach an agreement on the sole arbitrator.

52. Paragraph 2 provides a mechanism in the absence of an agreement by the parties on a sole arbitrator. Any party may request the engagement of the appointing authority 15 days after a proposal for the appointment of a sole arbitrator has been received by all other parties. This is shorter than the 30-day time frame in article 8(1) of the UARs. The involvement of the appointing authority can only be triggered by a request by one of the parties.

53. Considering that the claimant is required to include a proposal for the appointment of a sole arbitrator in the notice of arbitration (see article 4(1) and para. 27 above), if there is no agreement within 15 days after the respondent's receipt of the notice of arbitration, the claimant would be able to make a request to the appointing authority, if previously agreed by the parties. If a proposal is not included in the notice, the 15-day time frame would commence when the proposal is made.

54. It should, however, be noted that article 5(1) provides the respondent 15 days to respond to the notice of arbitration, which should also include a response to the claimant's proposal for the appointment of a sole arbitrator. Therefore, it would be prudent for the claimant to consider the response before engaging with the appointing authority. If the respondent foresees that an agreement cannot be reached, it could also engage with the appointing authority at the same time it communicates the response to the notice of arbitration.

55. If there is no agreement by the parties on the appointing authority and the sole arbitrator 15 days after the receipt of the notice by the respondent, any party may request the Secretary-General of the PCA to designate the appointing authority or to serve as appointing authority in accordance with article 6(1). In the latter case, a party can also request the appointment of a sole arbitrator in accordance with article 8(2), which would likely facilitate a speedy constitution of the arbitral tribunal.

56. Article 8(2) of the UARs, which mentions a list-procedure for the appointment of a sole arbitrator, also applies to expedited arbitration.

57. In exercising the functions under the Expedited Rules, the appointing authority and the Secretary-General of the PCA should be mindful of article 6(5) of the UARs, which requires them to give the parties and the arbitrators (if appointed and when appropriate) an opportunity to present their views. Any proposal made and comments thereon by the parties on the appointment of a sole arbitrator should thus be taken into account.

58. When appointing an arbitrator for expedited arbitration, the appointing authority shall make an effort to secure not only an independent and impartial arbitrator in accordance with article 6(7) of the UARs but also an arbitrator who is available and ready to conduct the arbitration expeditiously in accordance with article 3(2) of the Expedited Rules. The appointing authority may wish to require the prospective arbitrator to make a statement as provided in the annex to the Expedited Rules.

59. The time frames in article 9 of the UARs on the constitution of a three-member arbitral tribunal apply to expedited arbitration. However, parties may wish to reduce the time frames therein to expedite the constitution of a three-member arbitral tribunal.

G. Consultation with the parties

60. Consultation between the arbitral tribunal and the parties at an early stage of the proceedings is particularly key to an efficient and fair

organization of expedited arbitration. The terms “consult” and “consultation” are used in article 9 to highlight the interactive nature of the engagement between the arbitral tribunal and the parties when discussing how the arbitration would be conducted. In general, the phrase “after inviting the parties to express their views” is used throughout the UARs as well as in articles 2, 3, 10, 11, 14 and 16 of the Expedited Rules to refer to a situation where the arbitral tribunal is required to give the parties an opportunity to express their support, concerns or objections before the arbitral tribunal takes a decision on a certain matter.

61. Article 9 requires the arbitral tribunal to consult the parties on how to organize the proceedings. It thus conveys the expectation that the arbitral tribunal will engage actively with the parties rather than to simply invite them to express their views. A case management conference is one way of conducting such consultation and can be an important procedural tool, particularly in expedited arbitration, as it permits an arbitral tribunal to give parties a timely indication as to the organization of the proceedings and the manner in which it intends to proceed.

62. A number of issues could be discussed during consultations so as to create a basis for a common understanding of the proceedings, for example: (i) a list of points at issue including those that need to be addressed with priority; (ii) the need for further written statements and evidence; (iii) whether and how to conduct further consultations as well as hearings, including whether they would be in person or using technological means, including remotely; (iv) other procedural issues as well as the timetable. Similarly, if the parties indicate that they intend to present witnesses, whether statements by witnesses shall be in writing and the time for the presentation of the witness statements could be discussed during consultations.

63. Article 9 introduces a short time frame within which the arbitral tribunal should consult the parties as it is useful for this to be done at the very early stages of the proceedings. The arbitral tribunal should conduct the consultation with the parties promptly after and within 15 days of its constitution. In certain cases, the respondent might not yet have communicated its statement of defence as it is to be communicated within 15 days of the constitution of the arbitral tribunal (see article 5(2)). Nonetheless, it would be useful for the arbitral tribunal to consult the parties at an early stage based on the notice of arbitration, response thereto as well as the sta-

tement of claim. Upon receipt of the statement of defence from the respondent, further consultations may be required, particularly if an agreement on a provisional timetable has been deferred pending the arbitral tribunal's review of the statement of defence or if the agreed timetable requires an update following such review.

64. Consultations may be conducted through a meeting in person, in writing, by telephone or videoconference or other means of communication as provided for in article 3(3). Considering that sufficient flexibility is provided to the arbitral tribunal, it should not be burdensome to meet the 15-day time frame in article 9.

65. In accordance with article 17(2) of the UARs, the arbitral tribunal should establish the provisional timetable. In so doing, the arbitral tribunal should be mindful of the time frames in the Expedited Rules, in particular those in article 16. Similarly, following the consultations, the arbitral tribunal should communicate to the parties the outcome of the consultations to ensure that the parties are fully aware of the time frames and avoid delays.

H. Time frames and the discretion of the arbitral tribunal

66. Article 10 addresses the discretion of the arbitral tribunal with regard to time frames in expedited arbitration. It should be read along with the second sentence of article 17(2) of the UARs.

67. Article 10 clarifies that the arbitral tribunal may extend or abridge any period of time prescribed under the UARs and the Expedited Rules or agreed by the parties. Even after a time frame has been fixed in accordance with article 10, flexibility is provided to adjust the time period when the adjustment is justified. However, this discretion is subject to article 16, which provides a specific rule with regard to the time frames for rendering the award and their extensions (see paras. 84–92 below).

68. Article 10 clarifies and reinforces the discretionary power of the arbitral tribunal to adapt the proceedings to the circumstances of the case, further limiting the risk of challenges at the enforcement stage. In other words, it provides the arbitral tribunal with a robust mandate to act decisively without fearing that its award could be set aside for a breach of due process.

69. While shorter time frames constitute one of the key characteristics of expedited arbitration, arbitral tribunals should preserve the flexible nature of the proceedings and comply with due process requirements.

70. With regard to the consequences of non-compliance by the parties with the time frames, article 30 of the UARs on default applies to expedited arbitration. With regard to late submissions, considering that flexibility is provided to the arbitral tribunal in setting and modifying time frames, the arbitral tribunal can reject or disregard such submissions, while such discretion should be exercised with care.

I. Hearings

71. Article 11 emphasizes the discretionary power of the arbitral tribunal to not hold hearings in expedited arbitration in the absence of a request by any party. It should be read together with article 17(3) of the UARs, which provides that: (i) the arbitral tribunal shall hold hearings if any party so requests at an appropriate stage of the proceedings; and (ii) in the absence of such a request, the arbitral tribunal shall decide whether to hold hearings. Parties themselves may agree to hold hearings, in which case that agreement is binding on the arbitral tribunal.

72. A hearing may cause delays particularly if the scheduling of the parties and the arbitral tribunal need to be coordinated. A hearing may be useful, however, when witness testimony and expert opinions are critical for the arbitral tribunal's decision-making. Moreover, a direct exchange between the parties and the arbitral tribunal at a hearing (whether in person or remotely) may facilitate a better understanding of the case and make the proceedings more efficient.

73. Considering the short time frame of six months for rendering the award in expedited arbitration, the arbitral tribunal may wish to decide at an early stage of the proceedings whether to hold hearings. A request to hold a hearing at a later stage may delay the proceedings and may have a negative impact on the arbitral tribunal complying with that time frame.

74. As parties have a right to request the holding of a hearing, article 11 requires the arbitral tribunal to invite the parties to express their views on whether hearings are to be held. This may also be done during the consultation with the parties (see para. 62 above). If a party so requests at that stage, the arbitral tribunal will need to hold a hearing in accordance with article 17(3) of the UARs. In the absence of such a request prior to and during the consultation, the arbitral tribunal may go ahead and decide to not hold a hearing.

75. This means that the proceedings shall be conducted on the basis of documents and other materials. A request by a party to hold a hearing

after a decision by the arbitral tribunal to not hold one can be denied as the request might no longer be considered as being made at "an appropriate stage of the proceedings" (see article 17(3) of the UARs). Insofar, article 11 could have the effect of limiting the time frame during which a request for holding a hearing can be made.

76. As provided for in article 3(3) of the Expedited Rules and article 28(4) of the UARs, the arbitral tribunal may utilize any technological means to hold hearings without the physical presence of the parties or witnesses, including remotely. The remaining paragraphs of article 28 of the UARs also apply to the conduct of hearings in expedited arbitration. The arbitral tribunal has a broad discretion on how to conduct the hearings in a streamlined manner. Efforts should be made to limit the duration of the hearings, the number of witnesses as well as cross-examination and at the same time, to maintain due process.

J. Counterclaims and claims for the purpose of set-off

77. Article 12 preserves the right of the parties to make counterclaims and claims for the purpose of set-off (hereinafter referred to as "counterclaims"), but introduces certain qualifications, which can be lifted by the arbitral tribunal. This is to ensure that counterclaims do not result in delays in expedited arbitration.

78. Article 12 replaces article 21(3) of the UARs and introduces a higher threshold for counterclaims. Paragraph 1 requires the respondent to make any counterclaim at the latest in its statement of defence. A counterclaim can be made at a later stage of the proceedings, but only when the arbitral tribunal considers it appropriate under the circumstances.

K. Amendments and supplements to a claim or defence

79. Article 13 replaces article 22 of the UARs. It introduces a higher threshold for parties to make amendments and supplements to a claim or defence, including a counterclaim or a claim for the purposes of set-off (hereinafter referred to as "amendments") in the context of expedited arbitration. Nonetheless, it provides flexibility in its application to different circumstances. Accordingly, a party is not allowed to make amendments unless the arbitral tribunal considers it appropriate to allow such amendments. When determining whether to allow amendments, the arbitral tribunal should take into account at which stage of the proceedings such a

request for the amendment is made, prejudice to other parties in allowing the amendment and any other circumstances.

80. Counterclaims and amendments might result in the expedited arbitration no longer being appropriate for resolving the dispute. In such a circumstance, parties may agree that that the Expedited Rules shall no longer apply to the arbitration or a party may request the arbitral tribunal to determine that the Expedited Rules shall no longer apply in accordance with article 2 (see paras. 10-14 above).

L. Further written statements

81. Article 14 emphasises the discretionary power of the arbitral tribunal under article 24 of the UARs to limit further written statements. It clarifies that the arbitral tribunal may decide that the statement of claim and the statement of defence are sufficient and that no further written statements are required from the parties. It should, however, not be interpreted that arbitral tribunals do not have such discretion under article 24 of the UARs.

M. Evidence

82. Article 15 clarifies the discretionary power of the arbitral tribunal with regard to taking of evidence in expedited arbitration. Article 27(3) of the UARs provides that the arbitral tribunal may require the parties to produce documents and other evidence during the proceedings. The first sentence of article 15(1) clarifies that the arbitral tribunal may decide which documents or other evidence are to be produced by the parties. The second sentence reaffirms the discretionary power of the arbitral tribunal to not provide for a procedure where a party requests another party to produce documents (often referred to as the "document production" phase). The inclusion of article 15(1) in the Expedited Rules should, however, not be interpreted as meaning that arbitral tribunals do not have such discretion under article 27(3) of the UARs.

83. Article 15(2) provides that in expedited arbitration, statements by witnesses shall be presented in written form and signed by them. Paragraph 2 thus replaces the second sentence of article 27(2) of the UARs. While the rules for meeting the requirements of "in writing" and "signature" through electronic communication vary depending on the jurisdiction, it should be noted that article 9(2) and (3) of the United Nations

Convention on the Use of Electronic Communications in International Contracts provides a functional equivalence rule.

N. Period of time for making the award

84. Article 16 provides the time frame for making the award, which refers to the final award. Paragraph 1 provides for a six-month time frame for making the award and a mechanism for extending that time frame in certain circumstances. The six-month time frame for rendering the award commences with the constitution of the arbitral tribunal. Parties are free to agree on a time frame different from that in paragraph 1, which may be shorter or longer depending on their needs.

85. The general discretion provided to arbitral tribunals under article 10 to extend or abridge any period of time prescribed under the Expedited Rules and those agreed by the parties is subject to article 16. The first sentence of article 16(2) specifically authorizes the arbitral tribunal to extend the time frame for rendering the award established pursuant to paragraph 1, but only in exceptional circumstances and after inviting the parties to express their views. It would be up to the arbitral tribunal to determine whether the circumstances are exceptional or not. While the arbitral tribunal should generally indicate the reasons when extending the time frame, paragraph 2 does not require reasons so as to provide flexibility to the arbitral tribunal, particularly when the extended time period is rather short.

86. The second sentence of paragraph 2 provides that the maximum overall time frame, including any extended period, should be no longer than nine months from the date of the constitution of the arbitral tribunal. This responds to the expectations of the parties that an award would be rendered within a short time period, one of the key features of expedited arbitration. Paragraph 2, however, does not impose limitations on the number of extensions within the overall time frame. As parties are free to modify any time frame in the Expedited Rules, paragraph 2 also does not prevent the parties from agreeing on a time frame that is longer than nine months.

87. In case the arbitral tribunal considers that it is at risk of not rendering an award within the time frame provided for in paragraph 2, paragraph 3 provides a mechanism whereby that time period could be extended for one last time. This mechanism intends to address a situation where the arbitral tribunal is at risk of not being able to render an award within

the time frame, for example, due to unusual circumstances arising near the end of the time frame or if only a short period of time beyond that time frame is required for rendering the award.

88. Parties and the arbitral tribunal should be mindful of the consequence when the time frame in paragraph 2 lapses without an award being rendered. Depending on the applicable law, this may result in the termination of the proceedings or the award rendered subsequently being the subject of possible annulment. In some jurisdictions, such an award might also be refused enforcement. To avoid such situations, paragraph 3 permits the arbitral tribunal to propose to the parties a final extended time limit, stating the reasons for the proposal. In so doing, it must also fix a time period within which the parties should express their views on the proposal. The proposed extension would only be permitted when all parties agree to the extension within the fixed time period. It will be the responsibility of the arbitral tribunal to ascertain that the agreement to its proposal is expressed without ambiguity. For example, if in response to the proposal, a party agrees only to a time frame shorter than that proposed by the arbitral tribunal, the arbitral tribunal may invite the other parties to express their agreement to such shorter time frame. In addition, if one party agrees to the proposal within the fixed time period and the other party agrees after the time period has lapsed, the arbitral tribunal may wish to consult the parties to confirm whether it could assume that there was agreement by the parties, thus avoiding a possible application of paragraph 4.

89. Paragraph 3 does not set a maximum time frame that can be proposed by the arbitral tribunal. Nonetheless, to obtain the agreement of the parties, the extended time frame requested by the arbitral tribunal should be reasonable taking into account any concerns of the parties, and be sufficient for the arbitral tribunal to render the award.

90. Considering that in certain jurisdictions, extension of the time frame could only be granted upon the agreement or consent of the parties or by an entity other than the arbitral tribunal, paragraphs 2 and 3 underline that parties, by agreeing to the application of the Expedited Rules, are granting the arbitral tribunal the authority to extend the time period established in paragraphs 1 and 2.

91. Paragraph 4 alerts the parties and the arbitral tribunal to the mechanism provided for in article 2(2) of the Expedited Rules in case there is no agreement by the parties to the extension proposed by the arbitral tribu-

nal. In such a case, any party may make a request to the arbitral tribunal that the Expedited Rules no longer apply to the arbitration. Indeed, the arbitral tribunal may wish to suggest this possibility along with its proposal to extend the time period in accordance with paragraph 3 as the consequence. Doing so could avoid a situation where none of the parties makes the request under paragraph 4 despite there being no agreement by the parties on the extension. Paragraph 4 could be particularly useful if one of the parties intentionally delays the proceedings as well as the issuance of the award within the time frame and does not agree to the extension.

92. After inviting the parties to express their views, the arbitral tribunal may determine that the Expedited Rules shall no longer apply to the arbitration, which in effect lifts any time limit for rendering the award in the Expedited Rules including those agreed by the parties. As the arbitral tribunal would have stated the reasons in proposing the extension under paragraph 3, the arbitral tribunal might consider that exceptional circumstances exist as required under article 2(2) and would not need to repeat the reasons when determining that the Expedited Rules shall not longer apply. Should the arbitral tribunal make the determination under paragraph 4, the arbitral tribunal will remain in place and continue to conduct the arbitration but will do so in accordance with the UARs.

93. Article 16 should also be read together with articles 37 and 38 of the UARs, which respectively provide that the interpretation and the correction form part of the award. If the final award was made within the time frame in article 16, any subsequent interpretation or correction to that award after the lapse of the time frame shall not affect the timeliness of the final award for the purposes of article 16. Similarly, an additional award made in accordance with article 39 of the UARs after the lapse of the time frame in article 16 shall not affect the timeliness of the award made within that time frame.

94. It should be noted that article 16 does not aim to address the instances of de jure or de facto impossibility of the arbitrator to perform his or her functions. In such a situation, articles 12(3), 13 and 14 of the UARs will likely lead to the termination of the arbitrator's services and his or her replacement. In the case of replacement, article 15 of the UARs provides that the proceedings shall resume at the stage where the arbitrator who was replaced ceased to perform his or her functions. In practice, this would have the effect of suspending the time period in article 16 of the Expedi-

ted Rules from the time the replaced arbitrator ceased to perform his or her functions to the date of replacement. If the new arbitrator considers that the remaining time would not be sufficient to render an award, he or she could rely on article 16 to extend the time frame. Also, if an arbitrator is temporarily unable to perform his or her functions and is not replaced, the arbitrator as well as the parties could rely on article 16 to extend the time frame and cope with any delay that may have occurred during such a period.

95. A similar solution applies if the arbitral tribunal suspends the proceedings in accordance with article 43(4) of the UARs, due to non-payment of the required deposits. In that case, the time period in article 16 would cease to run during the suspension.

96. Article 16 should be read together with article 34 of the UARs, in particular paragraph 3, which provides that the parties may agree that no reasons need to be given in the award. This could reduce the time required by the arbitral tribunal in rendering the award and allow the arbitral tribunal to meet the time frame in the Expedited Rules. However, unless the parties have agreed that no reasons are to be given, arbitral tribunals in expedited arbitration shall state the reasons upon which the award is based. Requiring the arbitral tribunal to provide a reasoned award can assist its decision-making and provide comfort to the parties as they will find that their arguments have been duly considered and would be aware of the basis upon which the award was rendered. The absence of reasoning in an award could have an impact on the control mechanism and its scope, as such reasoning might be necessary for the court or any other competent authority to consider whether some of the grounds for setting aside the award or refusing its recognition and enforcement exist.

O. Model arbitration clause for expedited arbitration

97. The annex to the Expedited Rules contains a model arbitration clause for parties to agree to expedited arbitration under the Expedited Rules. The model arbitration clause notes that the parties should consider adding the appointing authority, the place and the language of arbitration.

98. When considering whether to refer a dispute that has arisen or could arise in the future to arbitration under the Expedited Rules, the parties should take into account, among others, the following elements:

- The urgency of resolving the dispute;

- The complexity of the transactions and the number of parties involved;
- The anticipated complexity of the dispute;
- The anticipated amount of the dispute;
- The financial resources available to the party in proportion to the expected cost of the arbitration;
- The possibility of joinder or consolidation; and
- The likelihood of an award being rendered within the time frames provided in article 16 of the Expedited Rules.

P. The Expedited Rules and the Transparency Rules

99. The suitability of the Expedited Rules for investment arbitration is a question left to the disputing parties, as express consent of the parties is required for the Expedited Rules to apply (see paras. 2, 4 and 5 above). States could refer to and consent to the Expedited Rules in their respective investment treaty, based on which an investor claimant may consent to refer a dispute under the Expedited Rules. However, a reference to the UARs in investment treaties (regardless of whether the reference was included prior to or after the effective date of the Expedited Rules) should not be construed as consent by the State Parties to the Expedited Rules as express consent is necessary for the application of the Expedited Rules.

100. According to article 1(4) of the UARs (as adopted in 2013), the UNCITRAL Rules on Transparency in Treaty-based Investor-State Arbitration ("Transparency Rules") form part of the UARs. Article 1 of the Transparency Rules addresses the applicability of the Transparency Rules to "investor-State arbitration initiated under the UNCITRAL Arbitration Rules". As the Expedited Rules are presented as an appendix to the UARs, an investor-State arbitration initiated under the Expedited Rules should be considered as being initiated under the UARs and therefore, the Transparency Rules could apply.

101. If the investor-State arbitration is initiated pursuant to an investment treaty concluded before 1 April 2014, the Transparency Rules would only apply when the disputing parties have agreed to their application or the States Parties to the treaty have agreed to their application after 1 April 2014. Therefore, even if the disputing parties agree to the application of the Expedited Rules, the proceedings would not be subject to the Transparency Rules unless above-mentioned conditions are met.

102. If the investor-State arbitration is initiated pursuant to an investment treaty concluded on or after 1 April 2014, the Transparency Rules would apply unless the States Parties to the treaty have agreed otherwise. In other words, if States Parties to the treaty have not agreed otherwise and the disputing parties agree to the application of the Expedited Rules, the proceedings would be subject to the Transparency Rules.

103. Parties that have agreed to refer an investor-State dispute to arbitration under the Expedited Rules may agree that the Transparency Rules shall not apply to the arbitration. For example, States could include a reference to the Expedited Rules in their investment treaties, while opting out of the Transparency Rules, for example, by making a reference to (i) the 2010 version of the UARs as modified by the Expedited Rules or (ii) the Expedited Rules without article 1(4) of the UARs.

104. However, the flexibility for the disputing parties to opt out of the Transparency Rules in investor-State arbitration initiated pursuant to an investment treaty concluded on or after 1 April 2014 which includes a reference to the UARs will be restricted, if the States Parties to that treaty have not opted out of the Transparency Rules. For example, if two States conclude a treaty after 1 April 2014 allowing an investor to refer a dispute to the UARs and the States have not opted out of the Transparency Rules, it would not be possible for a claimant investor and the respondent State to agree to the Expedited Rules without being subject to the Transparency Rules.

Q. Time frames in the Expedited Rules

105. The following provides an overview of the different time frames in the Expedited Rules. In the "time frame" column, "A + number (days(d)/months(m))" indicates "within" the number of days/months from stage A (in certain cases, receipt thereof).

	Time frame	*Stages of the proceedings and procedural actions*	*Relevant articles*
A		Notice of arbitration (including a proposal for the designation of an appointing authority (A1) and the appointment of a sole arbitrator (A2)) to the respondent	Expedited Rules 4(1)
	A+0d	Statement of claim to the respondent	Expedited Rules 4(2)
B	A+15d	Response to the notice of arbitration (including responses to A1 and A2) to the claimant	Expedited Rules 5(1)
C	15d after A1 or any proposal	If no agreement on the appointing authority, any party may request the Secretary-General of PCA to designate appointing authority or to serve as appointing authority	Expedited Rules 6(1)
D	15d after A2 or any proposal	If no agreement on the arbitrator, any party may request the appointing authority to appoint the sole arbitrator → Appointing authority to appoint as promptly as possible	Expedited Rules 8(2)
E		Constitution of the arbitral tribunal	Expedited Rules 8; UARs 8 & 9
	E+0d	Claimant to communicate its notice of arbitration & statement of claim to the arbitral tribunal (as soon as it is constituted)	Expedited Rules 4(3)
	E+15d	Consultation with the parties through a case management conference or otherwise (promptly after and within 15 days)	Expedited Rules 9
		Establishment of a provisional timetable (as soon as practicable)	UARs 17(2)
F	E+15d	Respondent to communicate its statement of defence to the claimant and the arbitral tribunal (possible extension)	Expedited Rules 5(2); 10
	F+0d	Counterclaim or a claim for purposes of set-off to be included in the statement of defence (permitted at a later stage, if tribunal considers that it appropriate)	Expedited Rules 12
G	E+6m	Making of the award	Expedited Rules 16(1)
	E+9m	Possible extension of the time period for making of the award (exceptional circumstances)	Expedited Rules 16(2)
	E+9m+final extended time limit	Possible extension of the time period for making of the award (at risk of not rendering an award within nine months)	Expedited Rules 16(3)

4. Intrumentos de *Soft Law*

4.1. Código Deontológico do Árbitro da Associação Portuguesa de Arbitragem

Introdução

A adoção do presente Código Deontológico visa consagrar as regras éticas que devem enformar a conduta dos árbitros, dos representantes das partes e de outros intervenientes que participam em arbitragens. O Código não se assume como um conjunto exaustivo de regras de conduta, mas antes como um quadro de referência, elaborado a partir das melhores práticas internacionais.

O escopo do anterior Código Deontológico do Árbitro é agora alargado aos representantes das partes, dando lugar a um Código com um alcance mais vasto e que permite uma abordagem deontológica mais holística aos processos arbitrais. Tal como a imparcialidade e a independência dos árbitros, a conduta dos representantes das partes em conformidade com regras que estabelecem padrões de integridade e honestidade, como as que aqui são apresentadas, promove a confiança na arbitragem como meio idóneo e justo de resolução de litígios. Nesse sentido, foram também incluídas preocupações com a intervenção de terceiros financiadores, cujo envolvimento nos processos arbitrais, ainda que indireto, pode suscitar dúvidas quanto à imparcialidade e independência dos árbitros. O respeito pelas regras do presente Código contribui ainda para uma condução expedita e eficaz dos processos arbitrais.

Para além de vincular todos os membros da Associação Portuguesa de Arbitragem na sua atuação enquanto árbitros, representantes das partes ou outros intervenientes aos quais faz referência, o Código visa fornecer aos interessados um modelo de regulação a que possam auto vincular-se.

Em certos aspetos, as regras aqui enunciadas poderão ser mera repetição de disposições contidas na lei ou em regulamento que reja a arbitragem em causa. O presente Código não pretende substituir-se a tais disposições ou a cláusulas contratuais que as partes hajam adotado.

I - PARTE GERAL

Art. 1º – Submissão dos membros da APA ao Código

Salvo quando disposição imperativa da lei outra coisa dispuser, os membros da Associação Portuguesa de Arbitragem devem respeitar os princípios deontológicos previstos no presente Código Deontológico.

Art. 2º – Interpretação e Integração

O presente Código Deontológico deve ser interpretado e integrado tendo presentes as melhores práticas internacionais, designadamente as Diretrizes da International Bar Association relativas a Conflitos de Interesses em Arbitragem Internacional.

Art. 3º – Intervenientes Processuais

1. As relações entre os intervenientes processuais devem pautar-se pela urbanidade, respeito e boa-fé processual.
2. Os intervenientes processuais devem manter absoluta confidencialidade relativamente a todos os elementos do processo.

I - ÁRBITROS

Art. 4º – Princípio Geral

Os árbitros obrigam-se a ser e permanecer independentes e imparciais, respeitando e fazendo respeitar o prestígio e a eficiência da arbitragem como meio justo de resolução de litígios.

Art. 5º – Aceitação das Funções de Árbitro

Aquele que for convidado a exercer as funções de árbitro apenas pode aceitar tal encargo se considerar ser e estar em condições de permanecer independente e imparcial até à conclusão da arbitragem, possuir os conhecimentos adequados à apreciação do objeto de litígio e, bem assim, dispuser do tempo previsivelmente necessário para o efeito.

Art. 6º – Imparcialidade e Independência

1. O árbitro deve julgar com absoluta imparcialidade e independência as questões que forem submetidas à sua apreciação.

2. O árbitro designado pela parte não é seu representante ou mandatário, estando, em todas as circunstâncias, sujeito às obrigações deontológicas previstas neste Código.

3. O árbitro não deve permitir que qualquer tipo de preconceito, interesse pessoal, pressão externa ou receio de crítica afete o sentido da sua decisão.

4. Quer durante quer depois de concluída a arbitragem, nenhum árbitro deve aceitar oferta ou favor proveniente, direta ou indiretamente, de qualquer das partes, salvo se corresponder aos usos sociais aceitáveis.

Art. 7º – Dever de Revelação

1. O árbitro deve revelar todos os factos e circunstâncias que, na perspetiva das partes, possam suscitar dúvidas quanto à sua imparcialidade e independência surgindo tal obrigação no momento em que é convidado a exercer funções e mantendo-se até à conclusão da arbitragem.

2. O árbitro deve realizar diligências razoáveis no sentido de identificar qualquer conflito de interesses, assim como quaisquer factos ou circunstâncias que, na perspetiva das partes, possam suscitar dúvidas quanto à sua imparcialidade e independência.

3. À luz de quaisquer revelações feitas pelas partes em relação à participação de um terceiro financiador, ao abrigo do art. 18º, o árbitro deve avaliar se essa participação pode gerar um conflito de interesses ou suscitar dúvidas quanto à sua imparcialidade e independência e avaliar a necessidade de fazer quaisquer revelações que entenda apropriadas ou praticar outros atos que possam ser exigidos pelas leis, regras ou diretrizes aplicáveis.

4. Para efeitos de dever de revelação, deve ser levada em consideração a relação entre o árbitro e a sociedade de advogados em que eventualmente se integre e os factos a esta respeitantes.

5. Em articulação com o disposto nos números anteriores, antes de aceitar o encargo, o árbitro deve prestar informação sobre:

a) Qualquer relação profissional ou pessoal que considere relevante que este mantenha ou tenha mantido com as partes, com os seus representantes legais, com terceiros financiadores, se os houver, ou com outros intervenientes na arbitragem;

b) Qualquer interesse económico ou financeiro, direto ou indireto, no desfecho do litígio;

c) Qualquer conhecimento que tenha do objeto da disputa.

6. Ao aceitar o encargo, o árbitro deve assinar e enviar às partes e aos restantes árbitros a declaração de independência e imparcialidade prevista no anexo único ou outra de teor substancialmente semelhante.

7. Havendo dúvida sobre a relevância de qualquer facto, circunstância ou relação, prevalecerá sempre o dever de revelação.

8. Salvo se outra coisa resultar do seu teor, a revelação dos factos e circunstâncias previstos no presente artigo não poderá ser entendida como declaração de que o árbitro não se considera imparcial e independente e que, consequentemente, não está apto a desempenhar as suas funções.

Art. 8º – Proibição de Comunicar com as Partes

1. Antes de aceitar o encargo, o árbitro apenas pode solicitar à parte que o convidar uma descrição sumária do litígio, a identificação das partes, terceiros financiadores, se os houver, outros árbitros, representantes das partes e intervenientes na arbitragem, se os houver, o teor da convenção de arbitragem e a indicação do prazo previsto para a conclusão da mesma.

2. Salvo o disposto no número seguinte, não deverão existir comunicações privadas, orais ou escritas, entre os árbitros e os representantes das partes sobre questões relacionadas com o objeto do litígio e quaisquer ocorrências que tenham lugar no processo arbitral, surgindo tal dever no momento em que o árbitro é convidado a exercer funções e mantendo-se até à conclusão da arbitragem.

3. Tratando-se de tribunal arbitral em que os árbitros designados pelas partes têm a incumbência de escolher o árbitro presidente, aqueles poderão também ter em conta a posição das partes que os designaram sobre a escolha do presidente.

Art. 9º – Assistência no Exercício das Funções de Árbitro

1. O árbitro que designe um secretário para a arbitragem ou nomeie um consultor, assessor, perito ou assistente técnico para o assistir em questões de natureza técnica ou científica, deve informar previamente as partes dessa designação e assegurar que a pessoa designada seja convidada a

revelar todos os factos e circunstâncias que possam suscitar dúvidas quanto à sua imparcialidade e independência, aplicando-se-lhe, com as devidas adaptações, o disposto no art. 7º.

2. O disposto no nº 1 aplica-se ainda, com as devidas adaptações, a pessoas que se encarreguem de realizar tarefas de natureza administrativa, organizacional e de apoio no processo ao exercício das funções dos árbitros, excetuando-se neste caso o dever de subscrever e enviar às partes uma declaração de independência e imparcialidade prevista no anexo único ou outra de teor substancialmente semelhante.

Art. 10º – Dever de Diligência

1. O árbitro deve conduzir a arbitragem da forma mais rápida, eficaz e económica que for compatível com o respeito pelas garantias processuais das partes.

2. O árbitro deve consagrar à arbitragem todo o tempo e atenção que se mostrem necessários à cabal compreensão e julgamento dos factos e das questões de Direito objeto da lide.

Art. 11º – Honorários e Despesas

É vedado ao árbitro designado por uma parte ajustar com esta o montante dos seus honorários e despesas ou qualquer outra retribuição relacionada com o exercício da sua função.

Art. 12º – Confidencialidade

Sem prejuízo do disposto na lei, o árbitro deve respeitar a confidencialidade do processo e da decisão arbitral e não poderá utilizar informação obtida no decurso da instância arbitral com o objetivo de alcançar ganho, para si ou para terceiro, ou de lesar o interesse de outrem.

Art. 13º – Proibição de Angariação de Nomeações

Ninguém deve procurar ativamente ser nomeado para qualquer arbitragem, mas qualquer pessoa poderá divulgar publicamente a sua experiência em matéria arbitral, ressalvados os deveres de confidencialidade.

Art. 14º – Envolvimento em Propostas de Transação

1. Os árbitros podem sempre sugerir às partes a possibilidade de resolução do litígio mediante transação, mediação ou conciliação, mas não

devem influenciar a opção das partes nesse sentido, designadamente dando a entender que já formaram um juízo sobre o resultado da arbitragem.

2. Quando as partes o hajam requerido ou dado o seu acordo à sugestão feita nesse sentido pelo tribunal arbitral, pode este, quer atuando colegialmente quer através do seu presidente, se tal for considerado mais adequado, fazer propostas de transação a ambas as partes, simultaneamente na presença de ambas.

II – REPRESENTANTES DAS PARTES

Art. 15º – Princípio Geral

1. Os representantes das partes obrigam-se a atuar de forma íntegra e honesta no patrocínio das partes, evitando qualquer conduta que impeça a condução expedita e eficaz do processo arbitral.

2. O disposto no número anterior não prejudica o fiel cumprimento das obrigações dos representantes das partes relativamente aos respetivos clientes, nem o respeito por outras normas de conduta aplicáveis ao caso.

Art. 16º – Nomeação dos representantes das partes

1. Quando alguma parte fique sem representante no processo, deve diligenciar pela nomeação de novo representante em prazo razoável com vista à manutenção da integridade do processo.

2. A mudança do representante ou equipa de representantes de alguma das partes não deve comprometer a integridade do processo. Perante a possibilidade de substituição de representante, devem os representantes das partes ter em conta a fase do processo e os custos e outros inconvenientes resultantes da substituição de algum dos árbitros, bem como abster-se de recorrer à substituição como manobra dilatória ou uso abusivo do processo.

3. Para o efeito do disposto no número anterior, considera-se existir uma afetação da integridade do processo quando ocorra conflito de interesses entre o novo representante e algum dos árbitros ou quando a mudança impeça o exercício das funções de algum dos árbitros ou prejudique a prolação de uma sentença arbitral ou a finalidade desta.

Art. 17º – Proibição de comunicação com os árbitros

1. Não deverão existir comunicações privadas, orais ou escritas, entre os representantes das partes e os árbitros sobre questões relacionadas com

o objeto do litígio e a quaisquer ocorrências que tenham lugar no processo arbitral, surgindo tal dever no momento em que o árbitro é convidado a exercer funções e mantendo-se até à conclusão da arbitragem.

2. Excetuam-se do disposto no número anterior os casos referidos nos nºs 1 e 3, do art. 9º.

Art. 18º – Terceiro Financiador

1. Os representantes das partes devem informar sobre a participação de um terceiro financiador no litígio e a identidade deste, bem como prestar quaisquer informações adicionais relativas à participação do terceiro financiador que considerem relevantes.

2. Para os efeitos do presente Código, o termo "terceiro financiador" refere-se a qualquer pessoa singular ou coletiva que não seja parte ou representante legal de uma parte no litígio e que contribua com apoio financeiro (a título oneroso ou gratuito), ou outro apoio patrimonial, para o julgamento das pretensões de uma das partes no litígio e que tenha um interesse económico no resultado do litígio ou um eventual dever de indemnizar uma das partes em consequência desse resultado.

Art. 19º – Deveres de integridade

1. Os representantes das partes devem abster-se de produzir afirmações, escritas ou orais, que saibam não corresponder à verdade, bem como devem advertir as partes sobre o dever de respeito pela verdade.

2. Os representantes das partes devem abster-se de recorrer a fundamentos jurídicos inexistentes ou de distorcer o sentido da jurisprudência.

3. Os representantes das partes não devem colaborar, direta ou indiretamente, na criação ou junção ao processo de provas falsas, nem na des-truição de provas relevantes, devendo advertir as partes sobre o dever de não o fazerem.

4. Os representantes das partes devem informar o cliente da obrigação de juntar ao processo arbitral todos os documentos solicitados pelos árbitros.

Art. 20º – Prova testemunhal e pericial

1. Os representantes das partes deverão abster-se de apresentar depoimentos ou relatórios periciais que saibam não corresponder à verdade.

2. Com respeito do disposto no número anterior, os representantes das partes podem assistir as testemunhas e peritos na preparação dos seus depoimentos e relatórios.

3. As testemunhas e os peritos nomeados pelas partes podem ser pagos pelo tempo despendido para a prestação do respetivo depoimento e/ou relatório pericial, bem como pelos custos e despesas suportadas para o efeito.

Art. 21º - Confidencialidade

O dever de confidencialidade dos representantes das partes quanto aos elementos do processo não impede que os mesmos divulguem, para os devidos efeitos, elementos que permitam identificar as arbitragens em que tenha participado.

Art. 22º – Disposições Finais

A totalidade ou parte das normas do presente Código Deontológico pode ser adotada por quaisquer entidades autorizadas a realizar arbitragens voluntárias institucionalizadas, bem como pelas partes envolvidas numa arbitragem ad hoc ou por qualquer tribunal arbitral.

(Versão aprovada na Assembleia Geral da APA realizada a 25 de junho de 2020)

ANEXO ÚNICO
Declaração de Independência e Imparcialidade do Árbitro

Nome:
Morada:
Telefone(s):
E-mail:
DEMANDANTE:
DEMANDADA:

❒ **Aceitação.** Declaro aceitar exercer as funções de árbitro de forma imparcial e independente, respeitando as regras e princípios enunciados no Código Deontológico do Árbitro da Associação Portuguesa de Arbitragem, de que sou associado.

(Assinale também um dos espaços seguintes. A escolha do espaço a preencher depende de saber se, nos termos do art. 7º do Código Deontológico do Árbitro, se verifica qualquer das seguintes situações:

a) Qualquer relação profissional ou pessoal que considere relevante que este mantenha ou tenha mantido com as partes, com os seus representantes legais, com terceiros financiadores, se os houver, ou com outros intervenientes na arbitragem;

b) Qualquer interesse económico ou financeiro, direto ou indireto, no desfecho do litígio;

c) Qualquer conhecimento que tenha do objeto da disputa.

Na dúvida, deve revelar a situação em causa).

❒ **Nada a Revelar.** Sou imparcial e independente e tenciono manter-me como tal. Não conheço qualquer facto ou circunstância que deva ser revelado por poder suscitar, na perspetiva das partes, dúvidas sobre a minha imparcialidade ou independência.

❒ **Aceitação e Revelação.** Sou imparcial e independente e tenciono manter-me como tal. No entanto, atendendo às regras e princípios enunciados no Código Deontológico do Árbitro, pretendo declarar os seguintes factos ou circunstâncias por considerar poderem suscitar, na perspetiva das partes, dúvidas sobre a minha imparcialidade ou independência:

____

____

____

(Local), (Data) (Assinatura)

4.1.1. APA – CODE OF ETHICS

Introduction

The adoption of this Code of Ethics aims to enshrine the ethical rules governing the conduct of arbitrators, of the representatives of the parties and of others who take part in arbitrations. The Code is not a comprehensive set of rules of conduct, but rather a reference framework, drawn up on the basis of best international practices.

The scope of the previous Code of Ethics for Arbitrators is now extended to the representatives of the parties, giving rise to a Code of greater scope that allows a more holistic ethical approach to arbitration proceedings. Like the impartiality and independence of the arbitrators, the conduct of representatives of the parties in accordance with rules that establish integrity and honesty standards, such as those presented here, promotes confidence in arbitration as a suitable and fair means of dispute resolution. To this end, concerns as to the intervention of third party funders have also been included, whose involvement in the arbitration proceedings, albeit indirect, may raise doubts as to the impartiality and independence of the arbitrators. Due regard for the rules of this Code also contributes to an expeditious and effective conduct of the arbitration proceedings.

In addition to binding all members of the Portuguese Arbitration Association in their activity as arbitrators, representatives of the parties or other parties to which it refers, the Code aims to provide interested parties with a regulatory model to which they may bind themselves.

In certain aspects, the rules set out herein may be mere repetition of provisions contained in the law or regulation governing the arbitration in question. This Code is not intended to replace such provisions or contractual clauses as the parties may have adopted.

I - GENERAL PART

Article 1 – Submission of APA members to the Code

Unless a mandatory provision of the law otherwise determines, members of the Portuguese Arbitration Association shall respect the ethical principles set out in this Code of Ethics.

Article 2 – Interpretation and Integration

This Code of Ethics shall be interpreted and integrated taking into account international best practices, notably the International Bar Association Guidelines on Conflicts of Interest in International Arbitration.

Article 3 – Procedural Parties

1. Relations between the procedural parties shall be governed by civility, respect and procedural good faith.
2. The procedural parties must maintain absolute confidentiality in respect of all elements of the case.

I - ARBITRATORS

Article 4 – General Principle

Arbitrators are obliged to be and remain independent and impartial, respecting and ensuring respect for the prestige and efficiency of arbitration as a fair means of resolving disputes.

Article 5 – Acceptance of Duties as Arbitrator

Persons invited to perform duties as arbitrator may only accept such an appointment if they consider themselves to be and remain independent and impartial up until the completion of the arbitration, have the knowledge appropriate to the appraisal of the object of the litigation and the available time predictably necessary for the purpose.

Article 6 – Impartiality and independence

1. Arbitrators must judge with absolute impartiality and independence the issues that are submitted to their appraisal.

2. A party-appointed arbitrator is not its representative or agent and is, in all circumstances, subject to the ethical obligations set out in this Code.

3. Arbitrators must not allow any kind of prejudice, self-interest, outside pressure or fear of criticism to affect the sense of their decision.

4. Both during and after completion of the arbitration, no arbitrator shall accept an offer or favour directly or indirectly from either party, unless it corresponds to acceptable social usages.

Article 7 – Duty of Disclosure

1. Arbitrators must disclose all facts and circumstances which, in the perspective of the parties, might give rise to doubts as to their impartiality and independence. Such obligation arises at the time they are asked to perform duties and remains in effect until completion of the arbitration.

2. Arbitrators shall take all reasonable steps to identify any conflict of interest, as well as any facts or circumstances that, in the perspective of the parties, might give rise to doubts as to their impartiality and independence.

3. In the light of any disclosures made by the parties in relation to the participation of a third party funder, under Article 18, the arbitrators shall assess whether such participation can generate a conflict of interest or cast doubt on their impartiality and independence and evaluate the need to make such disclosures as they deem appropriate or perform such other acts as may be required by the applicable laws, rules or guidelines.

4. For the purposes of the duty of disclosure, one must take into account the relationship between the arbitrator and the law firm of which it may be a member and the facts relating to it.

5. In conjunction with the provisions of the preceding paragraphs, before accepting the appointment, arbitrators must provide information on:

a) Any professional or personal relationship considered relevant that they maintain or have maintained with the parties, with their legal representatives, with third party funders, if any, or with other parties involved in the arbitration;

b) Any direct or indirect economic or financial interest in the outcome of the dispute;

c) Any knowledge that they have of the object of the dispute.

6. On accepting the appointment, arbitrators must sign and send to the parties and the other arbitrators the declaration of independence and impartiality called for in the single annex hereto or any other of a substantially similar content.

7. In the event of doubt as to the relevance of any fact, circumstance or relationship, the duty of disclosure shall prevail at all times.

8. Unless otherwise results from its content, disclosure of the facts and circumstances referred to in this article may not be understood as a declaration that the arbitrators do not consider themselves impartial and independent and that, consequently, they are not able to perform their duties.

Article 8 – Prohibition of Communication with the Parties

1. Before accepting the position, arbitrators may only request of the party that invited them a brief description of the dispute, identification of the parties, third party funders, if any, other arbitrators, representatives of the parties and others involved in the arbitration, if any, the content of the arbitration agreement and information on the deadline for the conclusion of the arbitration.

2. Except as provided in the following paragraph, there shall be no private, oral or written, communications between the arbitrators and the representatives of the parties on issues related with the object of the litigation and any events that take place in the arbitration proceedings, this duty arising at the time the arbitrators are invited to perform duties and remaining in force until the conclusion of the arbitration.

3. In the event of an arbitral tribunal in which the arbitrators appointed by the parties are charged with choosing the presiding arbitrator, they may also take into account the position of the parties that nominated them on the choice of the chairperson.

Article 9 – Assistance in the Performance of Duties as Arbitrator

1. An arbitrator who appoints a secretary for the arbitration or appoints a consultant, advisor, expert or technical assistant to assist in technical or scientific issues, must first inform the parties of the appointment and ensure that the designated persons are invited to reveal all facts and circumstances that might raise doubts as to their impartiality and independence, applying, mutatis mutandis, the provisions of Article 7.

2. The provisions of paragraph 1 shall also apply, mutatis mutandis, to persons charged with carrying out tasks of an administrative, organizational and support nature in the proceedings in the performance of the duties of the arbitrators, except for, in this case, the duty to sign and send to the parties a statement of independence and impartiality as provided for in the single annex or other of a substantially similar content.

Article 10 – Duty of Diligence

1. Arbitrators shall conduct the arbitration in the fastest, most effective and economical manner compatible with respect for the procedural guarantees of the parties.

2. Arbitrators must devote to the arbitration all the time and attention necessary for a full understanding and judgement of the facts and matters of law constituting the object of the dispute.

Article 11 – Fees and Expenses

Arbitrators appointed by a party are not allowed to agree with the latter the amount of their fees and expenses or any other remuneration related with the performance of their duties.

Article 12 – Confidentiality

Without prejudice to the provisions of the law, arbitrators must respect the confidentiality of the process and of the arbitral award and may not use information obtained in the course of the arbitration proceedings with the aim of achieving gains for themselves or for third parties, or harm another's interest.

Article 13 – Prohibition of Solicitation of Appointments

No one shall actively seek to be appointed to any arbitration, but anyone can publicly disclose their experience in arbitration matters, subject to the duties of confidentiality.

Article 14 – Involvement in Settlement Proposals

1. Arbitrators may always suggest to the parties the possibility of resolving the dispute through settlement, mediation or conciliation, but must not influence the choice of the parties to that effect, inter alia, by implying that they have already formed a judgement as to the outcome of the arbitration.

2. When the parties have so requested or given their consent to the suggestion in this sense made by the arbitral tribunal, the latter may, be it acting collegially or through its chairperson, if deemed more appropriate, make settlement proposals to both parties simultaneously in presence of both.

II – REPRESENTATIVES OF THE PARTIES

Article 15 – General Principle

1. The representatives of the parties undertake to act with integrity and honesty in the legal representation of the parties, avoiding any conduct preventing the expeditious and effective conduct of the arbitral proceedings.

2. The preceding paragraph shall prejudice neither full compliance with the obligations of the representatives of the parties in respect of their clients, nor respect for other rules of conduct applicable to the case.

Article 16 – Appointment of representatives of the parties

1. When a party is left without a representative in the proceedings, it shall take steps to appoint a new representative within a reasonable time in order to maintain the integrity of the process.

2. The change of the representative or teams of representatives of one of the parties shall not compromise the integrity of the process. Given the possibility of replacement of the representative, the representatives of the parties shall take into account the stage of the proceedings and the costs and other drawbacks resulting from the replacement of one of the arbitrators, and refrain from resorting to replacement as a delaying manoeuvre or abuse of process.

3. For the purposes of the provisions of the preceding paragraph, it is considered that process integrity is affected when a conflict of interest occurs between the new representative and one of the arbitrators or when the change prevents the performance of the duties of any of the arbitrators or impairs the delivery of an arbitral award or its purpose.

Article 17 – Prohibition of communication with the arbitrators

1. Except as provided in the following paragraph, there shall be no private, oral or written communications between the arbitrators and the

representatives of the parties on issues related with the object of the dispute and with any events that take place in the arbitration proceedings, this duty arising at the time the arbitrators are invited to perform duties and remaining in force until the conclusion of the arbitration.

2. Excluded from the provisions of the preceding paragraph are the cases referred to in paragraphs 1 and 3 of Article 9.

Article 18 – Third Party Funding

1. The parties' representatives shall provide information on the participation of a third party funder in the dispute and its identity, and shall provide any additional information regarding the participation of the third party funder they consider relevant.

2. For the purposes of this Code, the term "third party funder" refers to any natural or legal person who is not a party or legal representative of a party to the dispute and contributes financial support (for consideration or for free), or other economic support, for the judgement of the claims of one of the parties to the dispute and has an economic interest in the outcome of the dispute or a possible obligation to indemnify one of the parties as a consequence of such a result.

Article 19 – Duty of integrity

1. The representatives of the parties shall refrain from producing written or oral statements that they know not to be true, and shall warn the parties of the duty of respect for the truth.

2. The representatives of the parties shall refrain from resorting to non-existent legal grounds or distorting the meaning of case law.

3. The representatives of the parties shall not co-operate, directly or indirectly, in the creation or attachment to the proceedings of false evidence, or in the destruction of relevant evidence, and shall warn the parties on the duty not to do so.

4. The representatives of the parties shall inform the client of the obligation to append to the arbitration proceedings all documents requested by the arbitrators.

Article 20 – Witness and expert evidence

1. The representatives of the parties shall refrain from presenting witness or expert reports they know are not true.

2. With respect to the provisions of preceding paragraph, the representatives of the parties may assist the witnesses and experts in preparing their statements and reports.

3. The witnesses and experts appointed by the parties may be paid for the time spent on the provision of appropriate evidence and/or expert report, as well as for the costs and expenses incurred for the purpose.

Article 21 – Confidentiality

The duty of confidentiality of the representatives of the parties as to the elements of the proceedings does not prevent them from disclosing, for the due purposes, elements that allow identification of the arbitrations in which they have taken part.

Article 22 - Final Provisions

All or part of the rules of this Code of Ethics may be adopted by any entity authorized to conduct voluntary institutionalized arbitrations as may the parties involved in an ad hoc arbitration or any arbitral tribunal.

(Version approved at the APA General Meeting held on June 25, 2020)

SINGLE ANNEX
Declaration of Independence and Impartiality of the Arbitrator

Name:
Address:
Phone:
E-mail:
CLAIMANT:
RESPONDENT:

❒ **Acceptance.** I declare that I agree to perform duties as arbitrator in an impartial and independent manner, respecting the rules and principles set out in the Arbitrator's Code of Ethics of the of the Portuguese Arbitration Association, of which I am a member.

(Also mark one of the following spaces. The choice of the space to be marked depends on knowing whether, under the terms of Article 7 of the Arbitrator's Code of Ethics, any of the following situations occur:

a) Any professional or personal relationship considered relevant that they maintain or have maintained with the parties, with their legal representatives, with third party funders, if any, or with other parties involved in the arbitration;

b) Any economic or financial interest, direct or indirect, in the outcome of the dispute; *c)* Any knowledge that they have of the object of the dispute.

When in doubt, you should disclose the situation in question).

❒ **Nothing to Disclose.** I am impartial and independent and I intend to so remain. I do not know of any fact or circumstance that should be disclosed for being able to raise, from the perspective of the parties, doubts as to my impartiality or independence.

❒ **Acceptance and Disclosure.** I am impartial and independent and I intend to so remain. However, considering the rules and principles set out in the Arbitrator's Code of Ethics, I wish to declare the following facts or circumstances because I consider they could raise doubts, from the perspective of the parties, as to my impartiality or independence:

____

____

____

(Place), (Date) (Signature)

4.1.2. APA – Código Deontológico

Introducción

La adopción del presente Código Deontológico pretende establecer las reglas éticas que deben ser tenidas en cuenta en la conducta de los árbitros, de los representantes de las partes y de otros intervinientes que participan en arbitrajes. El Código no se asume como un conjunto exhaustivo de reglas de conducta, sino más bien como un referente elaborado a partir de las mejores prácticas internacionales.

El objeto del anterior Código Deontológico del Árbitro es ahora alargado a los representantes de las partes, estableciendo un Código con un alcance más alargado y que permite un enfoque deontológico más completo para los procesos arbitrales. Tal como la imparcialidad y la independencia de los árbitros, la conducta de los representantes de las partes de conformidad con las reglas que establecen estándares de integridad y honestidad, como las que aquí son presentadas, promueve la confianza en el arbitraje como medio adecuado y justo a la resolución de litigios. Por ende, fueron, de igual forma, incluidas las preocupaciones con la intervención de terceros financiadores, cuya participación en los procesos arbitrales, aunque indirecto, puede plantear dudas en cuanto a la imparcialidad e independencia de los árbitros. El respecto por las reglas del presente Código contribuye, asimismo, para una conducción expedita y eficaz de los procesos arbitrales.

Además de vincular todos los miembros de la Asociación Portuguesa del Arbitraje en su actuación en cuanto árbitros, representantes de las partes u otros intervinientes a los que hace referencia, el Código pretende dar a los interesados un modelo de regulación a que puedan auto vincularse.

En ciertos aspectos, las reglas aquí mencionadas podrán ser meramente repetición de las normas contenidas en la ley o en el reglamento que se aplique al arbitraje en causa. El presente Código no pretende sustituirse a tales disposiciones o a cláusulas contractuales que las partes hayan adoptado.

I – PARTE GENERAL

Art. 1 – Sometimiento de los miembros de la APA al Código

Salvo disposición imperativa legal en contrario, los miembros de la Asociación Portuguesa del Arbitraje deben respetar los principios deontológicos previstos en el presente Código Deontológico.

Art. 2 – Interpretación e Integración

El presente Código Deontológico debe ser interpretado e integrado teniendo presentes las mejores prácticas internacionales, en particular las Directrices de la International Bar Association referentes a Conflictos de Interés en Arbitraje Internacional.

Art. 3 – Intervinientes Procesales

1. Las relaciones entre los intervinientes procesales deben guiarse por la urbanidad, el respecto y la buena fe procesal.
2. Los intervinientes procesales deben mantener absoluta confidencialidad relativa a todos los elementos del procedimiento.

I – ÁRBITROS

Art. 4 – Principio General

Los árbitros deben ser y permanecer independientes e imparciales, respetando y haciendo respetar el prestigio y la eficiencia del arbitraje como medio justo de resolución de litigios.

Art. 5 – Aceptación de las Funciones de Árbitro

Aquel que sea invitado a ejercer las funciones de árbitro únicamente puede aceptar tal encargo si considera ser y estar en condiciones de permanecer independiente e imparcial hasta la conclusión del arbitraje, tener los conocimientos adecuados a la apreciación del objeto del litigio y, asimismo, disponer de tiempo previsiblemente necesario a tal efecto.

Art. 6 – Imparcialidad e Independencia

1. El árbitro debe decidir con absoluta imparcialidad e independencia las cuestiones que sean sometidas a su decisión.
2. El árbitro designado por la parte no es su representante o apoderado, estando, en todas las circunstancias, sometido a las obligaciones deontológicas previstas en este Código.
3. El árbitro no debe permitir que cualquier prejuicio, interés personal, presión externa o temor a la crítica afecte el sentido de su decisión.
4. Ya sea durante, ya sea después de concluido el arbitraje, ningún árbitro debe aceptar oferta o favor que provenga, directa o indirectamente, de cualquiera de las partes, salvo si corresponde a los usos sociales aceptables.

Art. 7 – Deber de Revelación

1. El Árbitro debe revelar todos los hechos y circunstancias que, en la perspectiva de las partes, puedan plantear dudas en cuanto a su imparcialidad e independencia, naciendo tal obligación en el momento en que es invitado a ejercer funciones y manteniéndose hasta la conclusión del arbitraje.
2. El árbitro debe realizar diligencias razonables en el sentido de identificar cualquier conflicto de interés, tal como cualquier hecho o circunstancia que, en perspectiva de las partes, pueda plantear dudas en cuanto a su imparcialidad e independencia.
3. Tras cualquier revelación hecha por las partes relacionada con la participación de un tercero financiador, de conformidad con el art. 18, el árbitro debe evaluar si esa participación puede generar un conflicto de interés o plantear dudas en cuanto a su imparcialidad e independencia y evaluar la necesidad de hacer cualquier revelación que entienda apropiada o practicar otros actos que puedan ser exigidos por las leyes, reglas o directrices aplicables.
4. A efectos del deber de revelar, debe tenerse en cuenta la relación entre el árbitro y la firma de abogados en que, si es el caso, se integre y los hechos a esta atinentes.
5. De conformidad con los números anteriores, antes de aceptar el encargo, el árbitro debe prestar informaciones sobre:

a) Cualquier relación profesional o personal que considere relevante y que mantenga o haya mantenido con las partes, con sus representantes legales, con terceros financiadores, si los hubiere, o con otros intervinientes en el arbitraje;

b) Cualquier interés económico o financiero, directo o indirecto, en el resultado del litigio;

c) Cualquier conocimiento que tenga del objecto de la controversia.

6. Al aceptar el encargo, el árbitro debe firmar y enviar a las partes y a los restantes árbitros la declaración de independencia e imparcialidad pre-‑vista en el anexo único u otra de tenor sustancialmente semejante.

7. Habiendo dudas sobre la importancia de cualquier hecho, circunstancia o relación, prevalecerá siempre el deber de revelación.

8. Salvo que otra cosa resulte de su tenor, la revelación de hechos y circunstancias previstos en el presente artículo no podrá ser entendida como declaración de que el árbitro no se considera imparcial e independiente y que, en consecuencia, no está apto a ejercer sus funciones.

Art. 8 – Prohibición de comunicar con las Partes

1. Antes de aceptar el encargo, el árbitro solamente podrá solicitar a la parte que lo invita una descripción resumida de la controversia, la identificación de las partes e intervinientes en el arbitraje, si los hubiere, el tenor del convenio arbitral y la indicación del plazo previsto para su conclusión.

2. Salvo lo dispuesto en el número siguiente, no deberán existir comunicaciones privadas, orales o escritas, entre los árbitros y los representantes de las partes sobre cuestiones relacionadas con el objecto de la controversia y cualquier hecho acaecido en el procedimiento arbitral, surgiendo tal deber en el momento en el que el árbitro es invitado a ejercer funciones y manteniéndose hasta la conclusión del arbitraje.

3. Tratándose de tribunal arbitral en que los árbitros designados por las partes tienen que escoger el árbitro presidente, éstos podrán también tener en cuenta la posición de las partes que los hayan designado sobre la designación del presidente.

Art. 9 – Asistencia en el Ejercicio de las Funciones de Árbitro

1. El árbitro que designe un secretario para el arbitraje o nombre un consultor, asesor, perito o asistente técnico para ayudar en cuestiones de

naturaleza técnica o científica, debe informar con antelación las partes de dicha designación y asegurar que la persona designada sea invitada a revelar todos los hechos y circunstancias que puedan plantear dudas en cuanto a su imparcialidad e independencia, aplicándose, con las debidas adaptaciones, el dispuesto en el art. 7.

2. El dispuesto en el número 1 se aplica, además, con las debidas adaptaciones, a las personas que realicen tareas de naturaleza administrativa, organizativa y de apoyo en el procedimiento al ejercicio de las funciones de los árbitros, exceptuándose en este caso el deber de realizar y enviar a las partes una declaración de independencia e imparcialidad prevista en el anexo único u otra de tenor sustancialmente semejante.

Art. 10 – Deber de Diligencia.

1. El árbitro debe conducir el arbitraje de la forma más expedita, eficaz y económica que sea compatible con el respecto por las garantías procesales de las partes.

2. El árbitro debe dedicar al arbitraje todo el tiempo y la atención que sean necesarios a la total comprehensión y decisión sobre los hechos y sobre las cuestiones de derecho objecto de la controversia.

Art. 11 – Honorarios y Gastos

Es prohibido al árbitro designado por una parte ajustar con esta el importe de sus honorarios y gastos o cualquier otra retribución relacionada con el ejercicio de su función.

Art. 12 – Confidencialidad

Sin perjuicio de lo dispuesto en la ley, el árbitro debe respetar la confidencialidad del procedimiento y de la decisión arbitral y no podrá utilizar la información obtenida en el transcurso del procedimiento arbitral con el objetivo de conseguir ganancias, para si o para tercero, o dañar el interés de otro.

Art. 13 – Prohibición de Recaudar Nombramientos

Nadie debe buscar activamente nombramientos para cualquier arbitraje, pero cualquier persona puede divulgar públicamente su experiencia en materia arbitral, con respeto de los deberes de confidencialidad.

Art. 14 – Participación en Propuestas de Transacción

1. Los árbitros pueden siempre sugerir a las partes la posibilidad de solventar la controversia mediante transacción, mediación o conciliación, pero no deben influir en la opción de las partes en ese sentido, en particular dando a entender que ya tienen una idea sobre el resultado del arbitraje.

2. Cuando las partes lo hayan solicitado o dado su acuerdo a la sugerencia hecha en ese sentido por el tribunal arbitral, puede este, ya sea actuando colegialmente, ya sea a través de su presidente, si así lo considera más adecuado, hacer propuestas de transacción a ambas partes, en simultaneo en la presencia de ambas.

II – REPRESENTANTES DE LAS PARTES

Art. 15 – Principio General

1. Los representantes de las partes se obligan a actuar de forma íntegra y honesta en la representación de las partes, evitando cualquier conducta que impida la conducción expedita y eficaz del procedimiento arbitral.

2. Lo establecido en el número anterior no perjudica el fiel cumplimiento de las obligaciones de los representantes de las partes con relación a sus respectivos clientes, ni el respecto por otras normas de conducta aplicables al caso.

Art. 16 – Nombramiento de los representantes de las partes

1. Cuando alguna parte quede sin representante durante el procedimiento, debe diligenciar por el nombramiento de nuevo representante en plazo razonable en aras a la manutención de la integridad del procedimiento.

2. El cambio del representante o equipo de representantes de alguna de las partes no debe poner en causa la integridad del procedimiento. Ante la posibilidad de sustituir el representante, deben los representantes de las partes tener en cuenta la fase del procedimiento y los costes y otros inconvenientes que resulten de la sustitución de algunos de los árbitros, así como abstenerse de recurrir a la sustitución como maniobra dilatoria o uso abusivo del procedimiento.

3. A efectos de lo establecido en el número anterior, se considera existir un impacto en la integridad del procedimiento cuando ocurra conflicto

de interés entre el nuevo representante y alguno de los árbitros o cuando el cambio impida el ejercicio de las funciones de alguno de los árbitros o perjudique la elaboración del fallo o su conclusión.

Art. 17 – Prohibición de comunicación con los árbitros

1. No deberán existir comunicaciones privadas, orales o escritas, entre los representantes de las partes y los árbitros sobre cuestiones relacionadas con el objeto del litigio y sobre cualquier hecho que haya tenido lugar en el procedimiento arbitral, naciendo tal deber en el momento en que el árbitro es invitado a ejercer funciones y manteniéndose hasta la conclusión del arbitraje.

2. Se exceptúan de lo dispuesto en el número anterior los casos mencionados en los números 1 y 3 del art. 8.

Art. 18 – Tercero financiador

1. Los representantes de las partes deben informar sobre la participación de un tercero financiador en la controversia y de su identidad, así como prestar cualquier información adicional relativa a la participación del tercero financiador que consideren relevante.

2. A efectos del presente Código, el término "tercero financiador" se refiere a cualquier persona singular o colectiva que no sea parte o representante legal de una parte en la controversia y que contribuya con apoyo financiero (oneroso o gratuito), u otro apoyo patrimonial, para la decisión de las pretensiones de una de las partes en el litigio y que tenga un interés económico en el resultado del litigio o un eventual deber de indemnizar una de las partes en consecuencia de ese resultado.

Art. 19 – Deberes de integridad

1. Los representantes de las partes deben abstenerse de producir afirmaciones, escritas u orales, que sepan no ser verdaderas, así como deben advertir a las partes sobre el deber de respecto por la verdad.

2. Los representantes de las partes deben abstenerse de recurrir a fundamentaciones jurídicas inexistentes o de tergiversar el sentido de la jurisprudencia.

3. Los representantes de las partes no deben colaborar, directa o indirectamente, en la creación o presentación en el proceso de pruebas falsas, ni en la destrucción de pruebas relevantes, debiendo advertir a las partes sobre el deber de no hacerlo.

4. Los representantes de las partes deben informar el cliente de la obligación de presentar en el procedimiento arbitral todos los documentos solicitados por los árbitros.

Art. 20 – Prueba testifical y pericial

1. Los representantes de las partes deberán abstenerse de presentar declaraciones testificales o informes periciales que sepan no ser verdaderos.

2. De conformidad con lo establecido en el número anterior, los representantes de las partes pueden colaborar con los testigos y peritos en la preparación de sus declaraciones testificales e informes periciales.

3. Los testigos y los peritos nombrados por las partes pueden ser pagados por el tiempo dedicado para la prestación de la perspectiva declaración e/o informe pericial, así como por los costes y gastos soportados para el efecto.

Art. 21 – Confidencialidad

El deber de confidencialidad de los representantes de las partes, en cuanto a los elementos del procedimiento, no impide la divulgación, a los debidos efectos, de elementos que permitan identificar los arbitrajes en los que hayan participado.

Art. 22 – Disposiciones finales

La totalidad o parte de las normas del presente Código Deontológico pueden ser adoptadas por cualquier entidad autorizada a realizar arbitrajes voluntarios institucionalizados, así como por las partes de un arbitraje *ad hoc* o por cualquier tribunal arbitral.

(Vérsion aprobada en la Assemblea General de APA celebrada el 25 de junio de 2020)

ANEXO ÚNICO
Declaración de Independencia e Imparcialidad del Árbitro

Nombre:
Dirección:
Teléfono(s):
Correo electrónico:
DEMANDANTE:
DEMANDA:

❒ AAceptación. Declaro que acepto ejercer las funciones de árbitro de manera imparcial e independiente, respetando las normas y principios establecidos en el Código de Ética del Árbitro de la Asociación Portuguesa de Arbitraje, de la que soy miembro.

(También marque uno de los siguientes espacios. La elección del espacio a rellenar depende de si, de acuerdo con el artículo 7 del Código de Ética del Árbitro, se produce alguna de las siguientes situaciones:

a) Toda relación profesional o personal que considere pertinente y que mantenga o haya mantenido con las partes, con sus representantes legales, con terceros financieros, si los hubiere, o con otras partes involucradas en el arbitraje;

b) Todo interés económico o financiero directo o indirecto en el resultado de la controversia;

c) Cualquier conocimiento que tenga del objeto de la controversia.

En caso de duda, debe revelar la situación en cuestión).

❒ **Nada que revelar.** Soy imparcial e independiente y tengo la intención de seguir siéndolo. No tengo conocimiento de ningún hecho o circunstancia que deba ser revelado porque podría poner en duda mi imparcialidad o independencia desde la perspectiva de las partes.

❒ **Aceptación y Revelación.** Soy imparcial e independiente y tengo la intención de seguir siéndolo. Sin embargo, en vista de las reglas y principios establecidos en el Código de Ética del Árbitro, tengo la intención de exponer los siguientes hechos o circunstancias, ya que creo que pueden dar lugar, desde la perspectiva de las partes, a dudas sobre mi imparcialidad o independencia:

____

____

____

(Lugar), (Fecha) (Firma)

4.2. Código de Boas Práticas para Peritos em Arbitragem

A adoção do presente Código de Boas Práticas visa consagrar regras éticas que devem enformar a conduta dos Peritos que participam em arbitragens.

As questões que constituem o objeto de processos arbitrais são, muitas vezes, caracterizadas por uma elevada complexidade técnica, promovendo frequentes intervenções de Peritos. O Código pretende assegurar a objetividade e independência dos relatórios periciais, contribuindo para um reforço do seu valor probatório e para garantir a integridade do processo arbitral.

A prova pericial pode adotar diversas modalidades. Sem se pretender ser exaustivo, é possível distinguir:

i) a apresentação pelas Partes de relatórios elaborados por testemunhas-Perito;

ii) a indicação pelas Partes de Peritos, os quais serão depois instruídos pelo Tribunal e a este responderão;

iii) a nomeação de Peritos pelo Tribunal;

iv) modelos híbridos em que os Peritos são nomeados pelas Partes e pelo Tribunal.

Por seu turno, a posição do Perito varia em função da forma como foi designado ou escolhido e como desenvolve a sua atividade, o que por vezes gera questões quanto ao conceito de imparcialidade. Ora, a posição dos Peritos é diferente da dos árbitros, pelo que os requisitos a que ambos estão sujeitos devem ser diferentes. Por essa razão, opta-se, no caso dos Peritos, por se exigir independência e objetividade.

As regras aqui enunciadas têm por objetivo poder ser aplicadas a Peritos designados por Tribunais Arbitrais ou escolhidos pelas Partes, pelo que têm de ser vistas como princípios base comuns a todas as modalidades e passíveis de ser desenvolvidas (ou até derrogadas) pelas Partes.

O que é fundamental é que, seja qual for a modalidade pela qual as Partes e o Tribunal optem, as regras sejam claramente definidas, de forma a ir ao encontro das expetativas das Partes e assegurando-se o respeito pelos princípios fundamentais do processo e, em especial, o direito ao contraditório e igualdade de armas.

Finalmente, é importante ter em conta que o presente Código não pretende substituir-se a disposições contidas na lei ou em regulamento que reja a arbitragem em causa, ou a cláusulas contratuais que as Partes hajam adotado.

Art. 1º – Âmbito

1. O presente Código destina-se a ser aplicado a todas as situações em que tenha lugar a intervenção de Peritos em processos arbitrais.

2. A totalidade ou parte das normas do presente Código de Boas Práticas pode ser adotada por quaisquer entidades autorizadas a realizar arbitragens voluntárias institucionalizadas, bem como pelas Partes envolvidas numa arbitragem ad hoc ou por qualquer Tribunal arbitral.

3. As Partes e o Tribunal deverão procurar regular em detalhe a forma como se irá desenrolar a prova pericial, com respeito pelos princípios fundamentais do processo e de acordo com as expetativas das Partes.

Art. 2º – Nomeação de Peritos

1. As Partes podem socorrer-se de Peritos por si escolhidos, que apresentarão os seus relatórios periciais nos termos que venham a ser definidos ou que resultarem das regras aplicáveis.

2. O Tribunal, ouvidas as Partes, pode nomear diretamente Perito ou Peritos.

3. O Tribunal, ouvidas as Partes, pode nomear diretamente perito que lhe preste assessoria, ao qual serão aplicáveis as regras do presente Código, com as adaptações decorrentes da diferença de funções.

Art. 3º – Objetividade e Independência

1. O Perito deve ser objetivo e independente.

2. O Perito deve contribuir para a decisão pelo Tribunal das questões que envolvem conhecimento técnico e especializado que detenha.

3. Os deveres de objetividade e de independência requerem que o Perito tenha vontade e capacidade para desempenhar a sua função de contribuir para a decisão do Tribunal, de acordo com a verdade e reconhecendo tanto os aspetos favoráveis como também os desfavoráveis à Parte que o indicou, mantendo uma distância objetiva em relação à Parte que o indica, à disputa e a outras pessoas implicadas na mesma.

4. Os deveres de objetividade e independência implicam que o Perito não tenha interesse financeiro no resultado da arbitragem.

5. O Perito deve atuar com respeito e lealdade para com o Tribunal Arbitral, as Partes e os seus representantes legais e outros intervenientes na arbitragem.

Art. 4º – Dever de Revelação

1. O Perito deve revelar, aquando da sua primeira intervenção no processo, quaisquer circunstâncias ou factos que, na perspetiva de uma pessoa razoável e informada, possam suscitar dúvidas quanto à sua objetividade e independência, devendo realizar diligências razoáveis no sentido de identificar qualquer conflito de interesses, assim como quaisquer factos ou circunstâncias que possam suscitar dúvidas quanto à sua objetividade e independência.

2. Para efeitos de dever de revelação, é considerado que o Perito é equiparado à entidade em que eventualmente se integre.

Art. 5º – Regras

1. O relatório pericial deverá conter:

a) O nome e morada do Perito e, no caso de Perito nomeado por uma Parte, a sua relação, passada ou presente, com qualquer das Partes, bem com uma descrição das suas qualificações académicas e profissionais, e experiência relevante;

b) Uma afirmação da sua independência e objetividade;

c) A indicação dos factos em que o Perito baseia a sua opinião pericial e conclusões;

d) A opinião pericial e conclusões, incluindo designadamente uma descrição da metodologia, pressupostos técnicos, elementos de prova e informações utilizadas para chegar às conclusões;

e) Uma afirmação da veracidade do Relatório Pericial;

f) A data do relatório; e

g) A assinatura do Perito.

2. Salvo disposição ou acordo em sentido diverso

a) os representantes das Partes podem assistir os Peritos por si escolhidos na preparação dos seus relatórios e eventuais depoimentos.

b) os representantes das Partes devem abster-se de qualquer comunicação particular com os Peritos indicados pela Parte contrária e/ou designados pelo Tribunal.

3. Nas comunicações que possa manter diretamente com os Peritos, o Tribunal deverá acautelar o respeito pelos princípios fundamentais do processo e, em especial, o direito ao contraditório e igualdade de armas.

4. A pedido de qualquer uma das Partes, desde que os Árbitros considerem adequado, ou do Tribunal, o Perito deve comparecer na audiência para confirmar o conteúdo do seu relatório e para esclarecer quaisquer questões colocadas pelas Partes e pelo Tribunal Arbitral relativas ao mesmo e que se-jam relevantes para a decisão.

5. A pedido do Tribunal Arbitral, o Perito poderá ampliar o relatório pericial ou participar de forma colaborativa em diligências tendentes à identificação e esclarecimento de pontos de divergência e/ou convergência com as posições adotadas por outros Peritos. Ao adotar qualquer uma destas medidas o Tribunal deverá considerar o potencial acréscimo de custos e a posição das Partes relativamente à valência dos Peritos para tratar das novas questões.

Art. 6º – Honorários

1. Salvo disposição em sentido diverso, os honorários dos Peritos indicados pelas Partes são pagos diretamente pela Parte que os nomeia, sem prejuízo de serem considerados na repartição a final dos encargos do processo, de acordo com o critério do Tribunal.

2. Os honorários dos Peritos nomeados pelo Tribunal Arbitral, bem como a forma de proceder ao respetivo pagamento, deve ser fixada pelo próprio Tribunal, ouvidas as Partes.

Art. 7º – Confidencialidade

1. O Perito deve respeitar a confidencialidade de qualquer informação que obteve com a sua participação no processo arbitral, incluindo o teor

das peças processuais apresentadas pelas Partes, a prova produzida, qualquer acordo ou tentativa de acordo entre as Partes em relação ao objeto da arbitragem, quaisquer decisões do Tribunal Arbitral e a decisão arbitral, e não poderá utilizar informação obtida no decurso da instância arbitral com o objetivo de alcançar ganho, para si ou para terceiro, ou de lesar o interesse de outrem.

2. O dever referido o número anterior não impede que o Perito divulgue, para os devidos efeitos, elementos que permitam identificar as arbitragens em que tenha participado, salvo se o processo estiver sujeito a diferente regime de confidencialidade.

(Aprovada na reunião da Direção da APA realizada em 12 de outubro de 2020)

4.2.1. APA – Code of Best Practice for Experts in Arbitration

The adoption of this Code of Best Practice aims to enshrine ethical rules governing the conduct of Experts who take part in arbitrations.

The issues that constitute the object of arbitration proceedings are often characterized as being of great technical complexity, calling for frequent interventions by Experts. The Code aims to ensure the objectivity and independence of the expert reports, contributing to strengthening of their probative value and to ensuring the integrity of the arbitral process.

Expert evidence may take various forms. Without being exhaustive, it is possible to distinguish:

i) the presentation by the Parties of reports prepared by Expert witnesses;
ii) the appointment by the Parties of Experts, who will then be instructed by the Tribunal and will answer to the same;
iii) the appointment of Experts by the Tribunal;
iv) hybrid models in which the Experts are appointed by the Parties and by the Tribunal.

In turn, the position of the Experts varies depending on the way they were appointed or chosen and on how they carry on their activity, which sometimes leads to questions as to the concept of impartiality. Now, the position of the Experts differs from that of the arbitrators, so the requirements to which they are subject should differ. For this reason, the option, in the case of Experts, is to demand independence and objectivity.

The rules set out herein are intended to be applicable to Experts appointed by Arbitral Tribunals or chosen by the Parties, and therefore must be seen as base principles common to all forms and able to be developed (or even derogated) by the Parties.

What is fundamental is that, no matter what the form chosen by the Parties and the Tribunal, the rules be clearly defined in a manner such as to meet the expectations of the Parties and ensure due regard for the fundamental principles of the proceedings and, in particular, the right to adversarial proceedings and equality of arms.

Lastly, it is important to bear in mind that this Code is not intended to replace the provisions of the law or regulations governing the arbitration at issue or the contractual clauses that the Parties have adopted.

Article 1 – Scope

1. This Code is intended to apply to all situations in which Experts are involved in arbitration proceedings.

2. All or part of the provisions of this Code of Best Practices may be adopted by any entity authorized to conduct voluntary institutionalized arbitrations, as well as by the Parties involved in an *ad hoc* arbitration or by any Arbitral Tribunal.

3. The Parties and the Tribunal shall seek to regulate in detail how the expert evidence will be provided, with due regard for the fundamental principles of the process and in keeping with the expectations of the Parties.

Article 2 – Appointment of Experts

1. The Parties may have recourse to Experts of their choice, who will present their expert reports in terms that come to be defined or that result from the applicable rules.

2. After hearing the Parties, the Tribunal may directly appoint one or more Experts.

3. After hearing the Parties, the Tribunal may directly appoint an Expert to provide assistance, to whom the rules of this Code shall apply, with the adaptations resulting from the difference of functions.

Article 3 – Objectivity and independence

1. The Expert must be objective and independent.

2. The Expert shall contribute to the decision by the Tribunal on the issues involving his/her technical knowledge and expertise.

3. The duties of objectivity and independence require that the Expert has the will and ability to perform his/her duty of contributing to the decision of the Tribunal, in accordance with the truth and recognizing both the favourable aspects as well as those unfavourable to the Party that appointed him/her, keeping an objective distance from the Party that appointed him/her, the dispute and others involved in it.

4. The duties of objectivity and independence imply that the Expert has no financial interest in the outcome of the arbitration.

5. The Expert must act with due respect and loyalty before the Arbitral Tribunal, the Parties and their legal representatives and others involved in the arbitration.

Article 4 – Duty of Disclosure

1. The Expert shall, at the time of his/her first involvement in the proceedings, disclose any facts or circumstances that, from the standpoint of a reasonable and informed person, could raise doubts as to his/her objectivity and independence, and shall take reasonable steps to identify any conflict of interest, as well as any facts or circumstances that might raise doubts as to his/her objectivity and independence.

2. For the purposes of the duty of disclosure, it is considered that the Expert is on an equal footing with the entity of which he/she forms part.

Article 5 – Rules

1. The expert report shall contain:

a) The name and address of the Expert and, in the case of an Expert appointed by a Party, his/her past or present relationship with any of the Parties, as well as a description of his/her academic and professional qualifications and relevant experience;

b) A statement of his/her independence and objectivity;

c) The indication of the facts on which the Expert bases his/her conclusions and expert opinion;

d) The expert opinion and conclusions, including in particular a description of the methodology, technical assumptions, evidence and information used to reach the conclusions;

e) An affirmation of the veracity of the Expert Report;

f) The date of the report; and

g) The signature of the Expert.

2. Save provision or agreement to the contrary:

a) the representatives of the Parties may assist the Experts chosen by them in the preparation of their reports and eventual statements.

b) the representatives of the Parties shall refrain from any private communication with the Experts appointed by the other Party and/or appointed by the Tribunal.

3. In those communications that it may have directly with the Experts the Tribunal shall have due regard for the fundamental principles of the proceedings and, in particular, the right to adversarial proceedings and equality of arms.

4. At the request of any of the Parties, provided the Arbitrators consider it appropriate, or of the Tribunal, the Expert shall attend the hearing to confirm the contents of his/her report and to clarify any questions raised by the Parties and the Arbitral Tribunal in respect thereof that are relevant to the decision.

5. At the request of the Arbitral Tribunal, the Expert may enlarge the expert report or participate in a collaborative way in the steps taken to identify and clarify points of divergence and/or convergence with the positions adopted by other Experts. On adopting any of these measures the Tribunal shall consider the potential increase of costs and the position of the Parties concerning the skills of the Experts to deal with the new issues.

Article 6 – Fees

1. Save provision to the contrary, the Experts' fees indicated by the Parties are paid directly by the Party that appoints them, notwithstanding the fact that they will be considered in the final allocation of the costs of the proceedings, at the discretion of the Tribunal.

2. The fees of the Experts appointed by the Arbitral Tribunal, as well as the payment means, shall be fixed by the Tribunal itself, after consulting the Parties.

Article 7 – Confidentiality

1. The Expert must have due regard for the confidentiality of any information obtained through taking part in the arbitration, including the content of the written submissions presented by the Parties, the evidence produced, any agreement or attempted agreement between the Parties in relation to the object of the arbitration, any decisions of the Arbitral Tri-

bunal and the arbitral award, and may not use information obtained in the course of the arbitral proceedings to obtains gain for himself/herself or for third parties, or harm the interests of others.

2. The duty referred to in the preceding paragraph shall not prevent the Expert from disclosing, for all due purposes, elements permitting the identification of arbitrations in which he/she has taken part, unless the proceedings are subject to a different confidentiality regime.

(Approved in the APA Board meeting of 12 October 2020)

4.2.2. APA – Código de Buenas Prácticas para Expertos en Arbitraje

La adopción de este Código de Buenas Prácticas tiene por objeto consagrar las normas éticas que deben conformar la conducta de los expertos que participan en arbitrajes.

Las cuestiones que constituyen el objeto de los procesos arbitrales se caracterizan, a menudo, por su gran complejidad técnica, lo que favorece las intervenciones frecuentes de expertos. El Código tiene por objeto garantizar la objetividad e independencia de los informes periciales, contribuir a reforzar su valor probatorio y asegurar la integridad del proceso arbitral.

Las pruebas periciales pueden adoptar varias modalidades. Sin pretender ser exhaustivo, se puede distinguir entre:

i) La presentación por las Partes de informes preparados por peritos;

ii) La indicación por las Partes de expertos, que serán después instruidos por el tribunal y a éste responderán;

iii) El nombramiento de expertos por el Tribunal;

iv) Los modelos híbridos en los que los expertos son nombrados por las Partes y el Tribunal.

A su vez, el cargo de Experto varía en función de como ha sido nombrado o elegido y ejerce su actividad, lo que a veces plantea interrogantes sobre el concepto de imparcialidad. La posición de los expertos es diferente a la de los árbitros, por lo que los requisitos a los que ambos están sujetos deben ser diferentes. Por esta razón, en el caso de los expertos, se requiere independencia y objetividad.

Estas normas están pensadas para aplicarse a los peritos nombrados por tribunales arbitrales o elegidos por las Partes y, por lo tanto, deben considerarse como principios básicos comunes a todas las modalidades y susceptibles de ser desarrollados (o incluso derogados) por las Partes.

Lo fundamental es que, sea cual sea la modalidad que elijan las Partes y el Tribunal, las normas deben estar claramente definidas, a fin de satisfacer las expectativas de las Partes y garantizar el respeto de los principios fundamentales del proceso y, en particular, el derecho al contradictorio y a la igualdad de armas.

Por último, es importante tener en cuenta que este Código no tiene por objeto sustituir las disposiciones contenidas en las leyes o en los reglamentos que rigen el arbitraje en cuestión, ni las cláusulas contractuales que las Partes hayan adoptado.

Art. 1 – Alcance

1. El presente Código tiene por objeto aplicarse a todas las situaciones en que peritos participan en procesos arbitrales.

2. La totalidad o parte de las reglas de este Código de Buenas Prácticas puede ser adoptada por cualquier entidad autorizada para llevar a cabo un arbitraje institucionalizado, así como por las Partes involucradas en un arbitraje ad hoc o cualquier Tribunal Arbitral.

3. Las Partes y el Tribunal tratarán de regular en detalle la forma en que se llevarán a cabo las pruebas periciales, respetando los principios fundamentales del proceso y de conformidad con las expectativas de las Partes.

Art. 2 – Nombramiento de expertos

1. Las Partes podrán recurrir a expertos de su elección, quienes presentarán sus informes periciales de conformidad con los términos que se definan o que resulten de las normas aplicables.

2. El Tribunal, después de escuchar a las Partes, podrá designar directamente uno o varios peritos.

3. El Tribunal, después de escuchar a las Partes, podrá designar directamente un experto para que lo asesore, al que se aplicarán las normas de este Código, con las adaptaciones que se deriven de la diferencia de funciones.

Art. 3 – Objetividad e independencia

1. El experto debe ser objetivo e independiente.

2. El Experto contribuirá a la decisión del Tribunal sobre cuestiones que impliquen conocimientos técnicos y especializados.

3. Los deberes de objetividad e independencia requieren que el Experto tenga la voluntad y la capacidad de cumplir su función de contribuir a la decisión del Tribunal, de acuerdo con la verdad y reconociendo tan-to los aspectos favorables como los desfavorables a la Parte que le ha indicado, manteniendo una distancia objetiva de la Parte que le ha indicado, de la controversia y de las demás personas involucradas en ella.

4. Los deberes de objetividad e independencia implican que el Experto no tenga ningún interés financiero en el resultado del arbitraje.

5. El Experto actuará con respeto y lealtad hacia el Tribunal Arbitral, las Partes y sus representantes legales y otros participantes en el arbitraje.

Art. 4 – Deber de revelación

1. El Experto revelará, en su primera intervención en el procedimiento, cualesquiera circunstancias o hechos que, desde la perspectiva de una persona razonable e informada, puedan plantear dudas acerca de su objetividad e independencia, y hará esfuerzos razonables para identificar cualquier conflicto de intereses, así como cualesquiera hechos o circunstancias que puedan plantear dudas acerca de su objetividad e independencia.

2. A los efectos del deber de revelación, se considerará que el experto ostenta en principio la identidad de la entidad a la que pertenece, en su caso.

Art. 5 – Reglas

1. El informe pericial contendrá:

a) El nombre y la dirección del Experto y, en el caso de un Experto designado por una Parte, su relación pasada o presente con cualquiera de las Partes, así como una descripción de sus calificaciones académicas y profesionales y su experiencia pertinente;

b) Una afirmación de su independencia y objetividad;

c) Una indicación de los hechos en los que el experto basa su opinión y conclusiones;

d) La opinión y las conclusiones de los expertos, incluida en particular una descripción de la metodología, los supuestos técnicos, las pruebas y la información utilizadas para llegar a las conclusiones;

e) Una declaración de la veracidad del informe del Experto;

f) La fecha del informe; y

g) La firma del experto.

2. A menos que se acuerde lo contrario:

a) Los representantes de las Partes podrán ayudar a los expertos por ellas elegidos en la preparación de sus informes y de las posibles declaraciones;

b) Los representantes de las Partes se abstendrán de toda comunicación particular con los expertos nombrados por la Parte contraria o designados por el Tribunal.

3. En cualquier comunicación que tenga directamente con los peritos, el Tribunal se cuidará de respetar los principios fundamentales del procedimiento y, en particular, el derecho a ser oído y a la igualdad de armas.

4. A petición de cualquiera de las Partes, siempre que los árbitros lo consideren apropiado, o del Tribunal, el Experto comparecerá en la audiencia para confirmar el contenido de su informe y aclarar las cuestiones planteadas por las Partes y el Tribunal Arbitral que le conciernan y que sean pertinentes para la decisión.

5. A petición del Tribunal Arbitral, el Experto podrá ampliar el informe pericial o colaborar en esfuerzos para identificar y aclarar puntos de desacuerdo o convergencia con las posiciones adoptadas por otros expertos. Al adoptar cualquiera de estas medidas, el Tribunal considerará el posible aumento de los costos y la posición de las Partes con respecto a la capacidad de los expertos para abordar las nuevas cuestiones.

Art. 6 – Honorarios

1. Salvo disposición en contrario, los honorarios de los Peritos nombrados por las Partes serán pagados directamente por la Parte que los haya nombrado, sin perjuicio de que se tengan en cuenta en el reparto final de las costas del procedimiento, a discreción del Tribunal.

2. Los honorarios de los Peritos nombrados por el Tribunal Arbitral, así como las modalidades de pago de los mismos, serán fijados por el propio Tribunal, previa audiencia de las Partes.

Art. 7 – Confidencialidad

1. El Experto respetará el carácter confidencial de toda la información que haya obtenido mediante su participación en el procedimiento arbitral,

incluido el contenido de los escritos presentados por las Partes, las pruebas presentadas, todo acuerdo o intento de llegar a un acuerdo entre las Partes sobre el objeto del arbitraje, toda decisión del Tribunal Arbitral y el laudo arbitral, y no utilizará la información obtenida en el curso del procedimiento arbitral con el fin de obtener beneficios, para sí mismo o para un tercero, o de perjudicar los intereses de otro.

2. El deber mencionado en el párrafo anterior no impedirá que el Experto revele, para los fines adecuados, elementos que permitan identificar los arbitrajes en los que haya participado, a menos que el procedimiento esté sujeto a un régimen de confidencialidad diferente.

(Aprobado en la reunión de la Junta de la APA celebrada el 12 de octubre de 2020)

4.3. UNCITRAL Model Law On International Commercial Arbitration
Part One

(United Nations documents A/40/17, annex I and A/61/17, annex I)

(As adopted by the United Nations Commission on International Trade Law on 21 June 1985, and as amended by the United Nations Commission on International Trade Law on 7 July 2006)

CHAPTER I. GENERAL PROVISIONS

Article 1. – Scope of application

1 – This Law applies to international commercial arbitration, subject to any agreement in force between this State and any other State or States.

2 – The provisions of this Law, except articles 8, 9, 17 H, 17 I, 17 J, 35 and 36, apply only if the place of arbitration is in the territory of this State.

3 – An arbitration is international if:

(a) the parties to an arbitration agreement have, at the time of the conclusion of that agreement, their places of business in different States; or

(b) one of the following places is situated outside the State in which the parties have their places of business:

- *(i)* the place of arbitration if determined in, or pursuant to, the arbitration agreement;
- *(ii)* any place where a substantial part of the obligations of the commercial relationship is to be performed or the place with which the subject-matter of the dispute is most closely connected; or

(c) the parties have expressly agreed that the subject matter of the arbitration agreement relates to more than one country.

4 – For the purposes of paragraph (3) of this article:

(a) if a party has more than one place of business, the place of business is that which has the closest relationship to the arbitration agreement;

(b) if a party does not have a place of business, reference is to be made to his habitual residence.

5 – This Law shall not affect any other law of this State by virtue of which certain disputes may not be submitted to arbitration or may be submitted to arbitration only according to provisions other than those of this Law.

Article 2. – Definitions and rules of interpretation

For the purposes of this Law:

(a) "arbitration" means any arbitration whether or not administered by a permanent arbitral institution;

(b) "arbitral tribunal" means a sole arbitrator or a panel of arbitrators;

(c) "court" means a body or organ of the judicial system of a State;

(d) where a provision of this Law, except article 28, leaves the parties free to determine a certain issue, such freedom includes the right of the parties to authorize a third party, including an institution, to make that determination;

(e) where a provision of this Law refers to the fact that the parties have agreed or that they may agree or in any other way refers to an agreement of the parties, such agreement includes any arbitration rules referred to in that agreement;

(f) where a provision of this Law, other than in articles 25*(a)* and 32(2) *(a)*, refers to a claim, it also applies to a counter-claim, and where it refers to a defence, it also applies to a defence to such counter-claim.

Article 2 A. – International origin and general principles

1 – In the interpretation of this Law, regard is to be had to its international origin and to the need to promote uniformity in its application and the observance of good faith.

2 – Questions concerning matters governed by this Law which are not expressly settled in it are to be settled in conformity with the general principles on which this Law is based.

Article 3. – Receipt of written communications

1 – Unless otherwise agreed by the parties:

(a) any written communication is deemed to have been received if it is delivered to the addressee personally or if it is delivered at his place of business, habitual residence or mailing address; if none of these can be found after making a reasonable inquiry, a written communication is deemed to have been received if it is sent to the addressee's last-known place of business, habitual residence or mailing address by registered letter or any other means which provides a record of the attempt to deliver it;

(b) the communication is deemed to have been received on the day it is so delivered.

(2) The provisions of this article do not apply to communications in court proceedings.

Article 4. – Waiver of right to object

A party who knows that any provision of this Law from which the parties may derogate or any requirement under the arbitration agreement has not been complied with and yet proceeds with the arbitration without stating his objection to such non-compliance without undue delay or, if a time-limit is provided therefor, within such period of time, shall be deemed to have waived his right to object.

Article 5. – Extent of court intervention

In matters governed by this Law, no court shall intervene except where so provided in this Law.

Article 6. – Court or other authority for certain functions of arbitration assistance and supervision

The functions referred to in articles 11(3), 11(4), 13(3), 14, 16(3) and 34(2) shall be performed by ... [Each State enacting this model law specifies the court, courts or, where referred to therein, other authority competent to perform these functions.]

CHAPTER II. ARBITRATION AGREEMENT
Option I

Article 7. – Definition and form of arbitration agreement

1 – "Arbitration agreement" is an agreement by the parties to submit to arbitration all or certain disputes which have arisen or which may arise between them in respect of a defined legal relationship, whether contractual or not. An arbitration agreement may be in the form of an arbitration clause in a contract or in the form of a separate agreement.

2 – The arbitration agreement shall be in writing.

3 – An arbitration agreement is in writing if its content is recorded in any form, whether or not the arbitration agreement or contract has been concluded orally, by conduct, or by other means.

4 – The requirement that an arbitration agreement be in writing is met by an electronic communication if the information contained therein is accessible so as to be useable for subsequent reference; "electronic communication" means any communication that the parties make by means of data messages; "data message" means information generated, sent, received or stored by electronic, magnetic, optical or similar means, including, but not limited to, electronic data interchange (EDI), electronic mail, telegram, telex or telecopy.

5 – Furthermore, an arbitration agreement is in writing if it is contained in an exchange of statements of claim and defence in which the existence of an agreement is alleged by one party and not denied by the other.

6 – The reference in a contract to any document containing an arbitration clause constitutes an arbitration agreement in writing, provided that the reference is such as to make that clause part of the contract.

Option II

Article 7. – Definition of arbitration agreement

"Arbitration agreement" is an agreement by the parties to submit to arbitration all or certain disputes which have arisen or which may arise between them in respect of a defined legal relationship, whether contractual or not.

Article 8. – Arbitration agreement and substantive claim before court

1 – A court before which an action is brought in a matter which is the subject of an arbitration agreement shall, if a party so requests not later than when submitting his fi rst statement on the substance of the dispute, refer the parties to arbitration unless it fi nds that the agreement is null and void, inoperative or incapable of being performed.

2 – Where an action referred to in paragraph (1) of this article has been brought, arbitral proceedings may nevertheless be commenced or continued, and an award may be made, while the issue is pending before the court.

Article 9. – Arbitration agreement and interim measures by court

It is not incompatible with an arbitration agreement for a party to request, before or during arbitral proceedings, from a court an interim measure of protection and for a court to grant such measure.

CHAPTER III. COMPOSITION OF ARBITRAL TRIBUNAL

Article 10. – Number of arbitrators

1 – The parties are free to determine the number of arbitrators.

2 – Failing such determination, the number of arbitrators shall be three.

Article 11. – Appointment of arbitrators

1 – No person shall be precluded by reason of his nationality from acting as an arbitrator, unless otherwise agreed by the parties.

2 – The parties are free to agree on a procedure of appointing the arbitrator or arbitrators, subject to the provisions of paragraphs (4) and (5) of this article.

3 – Failing such agreement,

(a) in an arbitration with three arbitrators, each party shall appoint one arbitrator, and the two arbitrators thus appointed shall appoint the third arbitrator; if a party fails to appoint the arbitrator within thirty days of receipt of a request to do so from the other party, or if the two arbitrators fail to agree on the third arbitrator within thirty days of their appointment, the appointment shall be made, upon request of a party, by the court or other authority specified in article 6;

(b) in an arbitration with a sole arbitrator, if the parties are unable to agree on the arbitrator, he shall be appointed, upon request of a party, by the court or other authority specified in article 6.

4 – Where, under an appointment procedure agreed upon by the parties,

(a) a party fails to act as required under such procedure, or

(b) the parties, or two arbitrators, are unable to reach an agreement expected of them under such procedure, or

(c) a third party, including an institution, fails to perform any function entrusted to it under such procedure, any party may request the court or other authority specified in article 6 to take the necessary measure, unless the agreement on the appointment procedure provides other means for securing the appointment.

5 – A decision on a matter entrusted by paragraph (3) or (4) of this article to the court or other authority specified in article 6 shall be subject to no appeal. The court or other authority, in appointing an arbitrator, shall have due regard to any qualifications required of the arbitrator by the agreement of the parties and to such considerations as are likely to secure the appointment of an independent and impartial arbitrator and, in the case of a sole or third arbitrator, shall take into account as well the advisability of appointing an arbitrator of a nationality other than those of the parties.

Article 12. – Grounds for challenge

1 – When a person is approached in connection with his possible appointment as an arbitrator, he shall disclose any circumstances likely to give rise to justifiable doubts as to his impartiality or independence. An arbitrator, from the time of his appointment and throughout the arbitral proceedings, shall without delay disclose any such circumstances to the parties unless they have already been informed of them by him.

2 – An arbitrator may be challenged only if circumstances exist that give rise to justifiable doubts as to his impartiality or independence, or if he does not possess qualifications agreed to by the parties. A party may challenge an arbitrator appointed by him, or in whose appointment he has participated, only for reasons of which he becomes aware after the appointment has been made.

Article 13. – Challenge procedure

1 – The parties are free to agree on a procedure for challenging an arbitrator, subject to the provisions of paragraph (3) of this article.

2 – Failing such agreement, a party who intends to challenge an arbitrator shall, within fifteen days after becoming aware of the constitution of the arbitral tribunal or after becoming aware of any circumstance referred to in article 12(2), send a written statement of the reasons for the challenge to the arbitral tribunal. Unless the challenged arbitrator withdraws from his office or the other party agrees to the challenge, the arbitral tribunal shall decide on the challenge.

3 – If a challenge under any procedure agreed upon by the parties or under the procedure of paragraph (2) of this article is not successful, the challenging party may request, within thirty days after having received notice of the decision rejecting the challenge, the court or other authority specified in article 6 to decide on the challenge, which decision shall be subject to no appeal; while such a request is pending, the arbitral tribunal, including the challenged arbitrator, may continue the arbitral proceedings and make an award.

Article 14. – Failure or impossibility to act

1 – If an arbitrator becomes *de jure* or *de facto* unable to perform his functions or for other reasons fails to act without undue delay, his mandate terminates if he withdraws from his office or if the parties agree on the termination. Otherwise, if a controversy remains concerning any of these grounds, any party may request the court or other authority specified in article 6 to decide on the termination of the mandate, which decision shall be subject to no appeal.

2 – If, under this article or article 13(2), an arbitrator withdraws from his office or a party agrees to the termination of the mandate of an arbitrator, this does not imply acceptance of the validity of any ground referred to in this article or article 12(2).

Article 15. – Appointment of substitute arbitrator

Where the mandate of an arbitrator terminates under article 13 or 14 or because of his withdrawal from office for any other reason or because of the revocation of his mandate by agreement of the parties or in any other case of termination of his mandate, a substitute arbitrator shall be appointed according to the rules that were applicable to the appointment of the arbitrator being replaced.

CHAPTER IV. JURISDICTION OF ARBITRAL TRIBUNAL

Article 16. – Competence of arbitral tribunal to rule on its jurisdiction

1 – The arbitral tribunal may rule on its own jurisdiction, including any objections with respect to the existence or validity of the arbitration agreement. For that purpose, an arbitration clause which forms part of a contract shall be treated as an agreement independent of the other terms of the contract. A decision by the arbitral tribunal that the contract is null and void shall not entail *ipso jure* the invalidity of the arbitration clause.

2 – A plea that the arbitral tribunal does not have jurisdiction shall be raised not later than the submission of the statement of defence. A party is not precluded from raising such a plea by the fact that he has appointed, or participated in the appointment of, an arbitrator. A plea that the arbitral tribunal is exceeding the scope of its authority shall be raised as soon as the matter alleged to be beyond the scope of its authority is raised during the arbitral proceedings. The arbitral tribunal may, in either case, admit a later plea if it considers the delay justified.

3 – The arbitral tribunal may rule on a plea referred to in paragraph (2) of this article either as a preliminary question or in an award on the merits. If the arbitral tribunal rules as a preliminary question that it has jurisdiction, any party may request, within thirty days after having received notice of that ruling, the court specified in article 6 to decide the matter, which decision shall be subject to no appeal; while such a request is pending, the arbitral tribunal may continue the arbitral proceedings and make an award.

CHAPTER IV A. INTERIM MEASURES

SECTION 1. – Interim measures

Article 17. – Power of arbitral tribunal to order interim measures

1 – Unless otherwise agreed by the parties, the arbitral tribunal may, at the request of a party, grant interim measures.

2 – An interim measure is any temporary measure, whether in the form of an award or in another form, by which, at any time prior to the issuance of the award by which the dispute is finally decided, the arbitral tribunal orders a party to:

(a) Maintain or restore the status quo pending determination of the dispute;

(b) Take action that would prevent, or refrain from taking action that is likely to cause, current or imminent harm or prejudice to the arbitral process itself;

(c) Provide a means of preserving assets out of which a subsequent award may be satisfied; or

(d) Preserve evidence that may be relevant and material to the resolution of the dispute.

Article 17 A. – Conditions for granting interim measures

1 – The party requesting an interim measure under article 17(2)*(a)*, *(b)* and *(c)* shall satisfy the arbitral tribunal that:

(a) Harm not adequately reparable by an award of damages is likely to result if the measure is not ordered, and such harm substantially outweighs the harm that is likely to result to the party against whom the measure is directed if the measure is granted; and

(b) There is a reasonable possibility that the requesting party will succeed on the merits of the claim. The determination on this possibility shall not affect the discretion of the arbitral tribunal in making any subsequent determination.

2 – With regard to a request for an interim measure under article 17(2)*(d)*, the requirements in paragraphs (1)*(a)* and *(b)* of this article shall apply only to the extent the arbitral tribunal considers appropriate.

SECTION 2. – Preliminary orders

Article 17 B. – Applications for preliminary orders and conditions for granting preliminary orders

1 – Unless otherwise agreed by the parties, a party may, without notice to any other party, make a request for an interim measure together with an application for a preliminary order directing a party not to frustrate the purpose of the interim measure requested.

2 – The arbitral tribunal may grant a preliminary order provided it considers that prior disclosure of the request for the interim measure to the party against whom it is directed risks frustrating the purpose of the measure.

3 – The conditions defined under article 17A apply to any preliminary order, provided that the harm to be assessed under article 17A(1)*(a)*, is the harm likely to result from the order being granted or not.

Article 17 C. – Specific regime for preliminary orders

1 – Immediately after the arbitral tribunal has made a determination in respect of an application for a preliminary order, the arbitral tribunal shall give notice to all parties of the request for the interim measure, the application for the preliminary order, the preliminary order, if any, and all other communications, including by indicating the content of any oral communication, between any party and the arbitral tribunal in relation thereto.

2 – At the same time, the arbitral tribunal shall give an opportunity to any party against whom a preliminary order is directed to present its case at the earliest practicable time.

3 – The arbitral tribunal shall decide promptly on any objection to the preliminary order.

4 – A preliminary order shall expire after twenty days from the date on which it was issued by the arbitral tribunal. However, the arbitral tribunal may issue an interim measure adopting or modifying the preliminary order, after the party against whom the preliminary order is directed has been given notice and an opportunity to present its case.

5 – A preliminary order shall be binding on the parties but shall not be subject to enforcement by a court. Such a preliminary order does not constitute an award.

SECTION 3. – Provisions applicable to interim measures and preliminary orders

Article 17 D. – Modification, suspension, termination

The arbitral tribunal may modify, suspend or terminate an interim measure or a preliminary order it has granted, upon application of any party or, in exceptional circumstances and upon prior notice to the parties, on the arbitral tribunal's own initiative.

Article 17 E. – Provision of security

1 – The arbitral tribunal may require the party requesting an interim measure to provide appropriate security in connection with the measure.

2 – The arbitral tribunal shall require the party applying for a preliminary order to provide security in connection with the order unless the arbitral tribunal considers it inappropriate or unnecessary to do so.

Article 17 F. – Disclosure

1 – The arbitral tribunal may require any party promptly to disclose any material change in the circumstances on the basis of which the measure was requested or granted.

2 – The party applying for a preliminary order shall disclose to the arbitral tribunal all circumstances that are likely to be relevant to the arbitral tribunal's determination whether to grant or maintain the order, and such obligation shall continue until the party against whom the order has been requested has had an opportunity to present its case. Thereafter, paragraph (1) of this article shall apply.

Article 17 G. – Costs and damages

The party requesting an interim measure or applying for a preliminary order shall be liable for any costs and damages caused by the measure or the order to any party if the arbitral tribunal later determines that, in the circumstances, the measure or the order should not have been granted. The arbitral tribunal may award such costs and damages at any point during the proceedings.

SECTION 4. – Recognition and enforcement of interim measures

Article 17 H. – Recognition and enforcement

1 – An interim measure issued by an arbitral tribunal shall be recognized as binding and, unless otherwise provided by the arbitral tribunal, enforced upon application to the competent court, irrespective of the country in which it was issued, subject to the provisions of article 17 I.

2 – The party who is seeking or has obtained recognition or enforcement of an interim measure shall promptly inform the court of any termination, suspension or modification of that interim measure.

3 – The court of the State where recognition or enforcement is sought may, if it considers it proper, order the requesting party to provide appropriate security if the arbitral tribunal has not already made a determination with respect to security or where such a decision is necessary to protect the rights of third parties.

Article 17 I. – Grounds for refusing recognition or enforcement3

1 – Recognition or enforcement of an interim measure may be refused only:

(a) At the request of the party against whom it is invoked if the court is satisfied that:

- *(i)* Such refusal is warranted on the grounds set forth in article 36(1)*(a)* (i), (ii), (iii) or (iv); or
- *(ii)* The arbitral tribunal's decision with respect to the provision of security in connection with the interim measure issued by the arbitral tribunal has not been complied with; or
- *(iii)* The interim measure has been terminated or suspended by the arbitral tribunal or, where so empowered, by the court of the State in which the arbitration takes place or under the law of which that interim measure was granted; or

(b) If the court finds that:

- *(i)* The interim measure is incompatible with the powers conferred upon the court unless the court decides to reformulate the interim measure to the extent necessary to adapt it to its own powers and procedures for the purposes of enforcing that interim measure and without modifying its substance; or
- *(ii)* Any of the grounds set forth in article 36(1)*(b)*(i) or (ii), apply to the recognition and enforcement of the interim measure.

2 – Any determination made by the court on any ground in paragraph (1) of this article shall be effective only for the purposes of the application to recognize and enforce the interim measure. The court where recognition or enforcement is sought shall not, in making that determination, undertake a review of the substance of the interim measure.

SECTION 5. – Court-ordered interim measures

Article 17 J. – Court-ordered interim measures

A court shall have the same power of issuing an interim measure in relation to arbitration proceedings, irrespective of whether their place is in the territory of this State, as it has in relation to proceedings in courts. The court shall exercise such power in accordance with its own procedures in consideration of the specific features of international arbitration.

CHAPTER V. – CONDUCT OF ARBITRAL PROCEEDINGS

Article 18. – Equal treatment of parties

The parties shall be treated with equality and each party shall be given a full opportunity of presenting his case.

Article 19. – Determination of rules of procedure

1 – Subject to the provisions of this Law, the parties are free to agree on the procedure to be followed by the arbitral tribunal in conducting the proceedings.

2 – Failing such agreement, the arbitral tribunal may, subject to the provisions of this Law, conduct the arbitration in such manner as it considers appropriate. The power conferred upon the arbitral tribunal includes the power to determine the admissibility, relevance, materiality and weight of any evidence.

Article 20. – Place of arbitration

1 – The parties are free to agree on the place of arbitration. Failing such agreement, the place of arbitration shall be determined by the arbitral tribunal having regard to the circumstances of the case, including the convenience of the parties.

2 – Notwithstanding the provisions of paragraph (1) of this article, the arbitral tribunal may, unless otherwise agreed by the parties, meet at any place it considers appropriate for consultation among its members, for hearing witnesses, experts or the parties, or for inspection of goods, other property or documents.

Article 21. – Commencement of arbitral proceedings

Unless otherwise agreed by the parties, the arbitral proceedings in respect of a particular dispute commence on the date on which a request for that dispute to be referred to arbitration is received by the respondent.

Article 22. – Language

1 – The parties are free to agree on the language or languages to be used in the arbitral proceedings. Failing such agreement, the arbitral tribunal shall determine the language or languages to be used in the proceedings. This agreement or determination, unless otherwise specified therein, shall apply to any written statement by a party, any hearing and any award, decision or other communication by the arbitral tribunal.

2 – The arbitral tribunal may order that any documentary evidence shall be accompanied by a translation into the language or languages agreed upon by the parties or determined by the arbitral tribunal.

Article 23. – Statements of claim and defence

1 – Within the period of time agreed by the parties or determined by the arbitral tribunal, the claimant shall state the facts supporting his claim, the points at issue and the relief or remedy sought, and the respondent shall state his defence in respect of these particulars, unless the parties have otherwise agreed as to the required elements of such statements. The parties may submit with their statements all documents they consider to be relevant or may add a reference to the documents or other evidence they will submit.

2 – Unless otherwise agreed by the parties, either party may amend or supplement his claim or defence during the course of the arbitral proceedings, unless the arbitral tribunal considers it inappropriate to allow such amendment having regard to the delay in making it.

Article 24. – Hearings and written proceedings

1 – Subject to any contrary agreement by the parties, the arbitral tribunal shall decide whether to hold oral hearings for the presentation of evidence or for oral argument, or whether the proceedings shall be conducted on the basis of documents and other materials. However, unless the parties have agreed that no hearings shall be held, the arbitral tribunal shall hold such hearings at an appropriate stage of the proceedings, if so requested by a party.

2 – The parties shall be given sufficient advance notice of any hearing and of any meeting of the arbitral tribunal for the purposes of inspection of goods, other property or documents.

3 – All statements, documents or other information supplied to the arbitral tribunal by one party shall be communicated to the other party. Also any expert report or evidentiary document on which the arbitral tribunal may rely in making its decision shall be communicated to the parties.

Article 25. – Default of a party

Unless otherwise agreed by the parties, if, without showing sufficient cause,

(a) the claimant fails to communicate his statement of claim in accordance with article 23(1), the arbitral tribunal shall terminate the proceedings;

(b) the respondent fails to communicate his statement of defence in accordance with article 23(1), the arbitral tribunal shall continue the proceedings without treating such failure in itself as an admission of the claimant's allegations;

(c) any party fails to appear at a hearing or to produce documentary evidence, the arbitral tribunal may continue the proceedings and make the award on the evidence before it.

Article 26. – Expert appointed by arbitral tribunal

1 – Unless otherwise agreed by the parties, the arbitral tribunal

(a) may appoint one or more experts to report to it on specific issues to be determined by the arbitral tribunal;

(b) may require a party to give the expert any relevant information or to produce, or to provide access to, any relevant documents, goods or other property for his inspection.

2 – Unless otherwise agreed by the parties, if a party so requests or if the arbitral tribunal considers it necessary, the expert shall, after delivery of his written or oral report, participate in a hearing where the parties have the opportunity to put questions to him and to present expert witnesses in order to testify on the points at issue.

Article 27. – Court assistance in taking evidence

The arbitral tribunal or a party with the approval of the arbitral tribunal may request from a competent court of this State assistance in taking evidence.

The court may execute the request within its competence and according to its rules on taking evidence.

CHAPTER VI. – MAKING OF AWARD AND TERMINATION OF PROCEEDINGS

Article 28. – Rules applicable to substance of dispute

1 – The arbitral tribunal shall decide the dispute in accordance with such rules of law as are chosen by the parties as applicable to the substance of the dispute. Any designation of the law or legal system of a given State shall be construed, unless otherwise expressed, as directly referring to the substantive law of that State and not to its conflict of laws rules.

2 – Failing any designation by the parties, the arbitral tribunal shall apply the law determined by the conflict of laws rules which it considers applicable.

3 – The arbitral tribunal shall decide *ex aequo et bono* or as *amiable compositeur* only if the parties have expressly authorized it to do so.

4 – In all cases, the arbitral tribunal shall decide in accordance with the terms of the contract and shall take into account the usages of the trade applicable to the transaction.

Article 29. – Decision-making by panel of arbitrators

In arbitral proceedings with more than one arbitrator, any decision of the arbitral tribunal shall be made, unless otherwise agreed by the parties, by a majority of all its members. However, questions of procedure may be decided by a presiding arbitrator, if so authorized by the parties or all members of the arbitral tribunal.

Article 30. – Settlement

1 – If, during arbitral proceedings, the parties settle the dispute, the arbitral tribunal shall terminate the proceedings and, if requested by the parties and not objected to by the arbitral tribunal, record the settlement in the form of an arbitral award on agreed terms.

2 – An award on agreed terms shall be made in accordance with the provisions of article 31 and shall state that it is an award. Such an award has the same status and effect as any other award on the merits of the case.

Article 31. – Form and contents of award

1 – The award shall be made in writing and shall be signed by the arbitrator or arbitrators. In arbitral proceedings with more than one arbitrator, the signatures of the majority of all members of the arbitral tribunal shall suffice, provided that the reason for any omitted signature is stated.

2 – The award shall state the reasons upon which it is based, unless the parties have agreed that no reasons are to be given or the award is an award on agreed terms under article 30.

3 – The award shall state its date and the place of arbitration as determined in accordance with article 20(1). The award shall be deemed to have been made at that place.

4 – After the award is made, a copy signed by the arbitrators in accordance with paragraph (1) of this article shall be delivered to each party.

Article 32. – Termination of proceedings

1 – The arbitral proceedings are terminated by the final award or by an order of the arbitral tribunal in accordance with paragraph (2) of this article.

2 – The arbitral tribunal shall issue an order for the termination of the arbitral proceedings when:

(a) the claimant withdraws his claim, unless the respondent objects thereto and the arbitral tribunal recognizes a legitimate interest on his part in obtaining a final settlement of the dispute;

(b) the parties agree on the termination of the proceedings;

(c) the arbitral tribunal finds that the continuation of the proceedings has for any other reason become unnecessary or impossible.

3 – The mandate of the arbitral tribunal terminates with the termination of the arbitral proceedings, subject to the provisions of articles 33 and 34(4).

Article 33. – Correction and interpretation of award; additional award

1 – Within thirty days of receipt of the award, unless another period of time has been agreed upon by the parties:

(a) a party, with notice to the other party, may request the arbitral tribunal to correct in the award any errors in computation, any clerical or typographical errors or any errors of similar nature;

(b) if so agreed by the parties, a party, with notice to the other party, may request the arbitral tribunal to give an interpretation of a specific point or part of the award.

If the arbitral tribunal considers the request to be justified, it shall make the correction or give the interpretation within thirty days of receipt of the request. The interpretation shall form part of the award.

2 – The arbitral tribunal may correct any error of the type referred to in paragraph (1)*(a)* of this article on its own initiative within thirty days of the date of the award.

3 – Unless otherwise agreed by the parties, a party, with notice to the other party, may request, within thirty days of receipt of the award, the arbitral tribunal to make an additional award as to claims presented in the arbitral proceedings but omitted from the award. If the arbitral tribunal considers the request to be justified, it shall make the additional award within sixty days.

4 – The arbitral tribunal may extend, if necessary, the period of time within which it shall make a correction, interpretation or an additional award under paragraph (1) or (3) of this article.

5 – The provisions of article 31 shall apply to a correction or interpretation of the award or to an additional award.

CHAPTER VII RECOURSE AGAINST AWARD

Article 34 – Application for setting aside as exclusive recourse against arbitral award

1 – Recourse to a court against an arbitral award may be made only by an application for setting aside in accordance with paragraphs (2) and (3) of this article.

2 – An arbitral award may be set aside by the court specified in article 6 only if:

(a) the party making the application furnishes proof that:

(i) a party to the arbitration agreement referred to in article 7 was under some incapacity; or the said agreement is not valid under the law to which the parties have subjected it or, failing any indication thereon, under the law of this State; or

(ii) the party making the application was not given proper notice of the appointment of an arbitrator or of the arbitral proceedings or was otherwise unable to present his case, or

(*iii*) the award deals with a dispute not contemplated by or not falling within the terms of the submission to arbitration, or contains decisions on matters beyond the scope of the submission to arbitration, provided that, if the decisions on matters submitted to arbitration can be separated from those not so submitted, only that part of the award which contains decisions on matters not submitted to arbitration may be set aside; or

(*iv*) the composition of the arbitral tribunal or the arbitral procedure was not in accordance with the agreement of the parties, unless such agreement was in conflict with a provision of this Law from which the parties cannot derogate, or, failing such agreement, was not in accordance with this Law; or

(*b*) the court finds that:

(*i*) the subject-matter of the dispute is not capable of settlement by arbitration under the law of this State; or

(*ii*) the award is in conflict with the public policy of this State.

3 – An application for setting aside may not be made after three months have elapsed from the date on which the party making that application had received the award or, if a request had been made under article 33, from the date on which that request had been disposed of by the arbitral tribunal.

4 – The court, when asked to set aside an award, may, where appropriate and so requested by a party, suspend the setting aside proceedings for a period of time determined by it in order to give the arbitral tribunal an opportunity to resume the arbitral proceedings or to take such other action as in the arbitral tribunal's opinion will eliminate the grounds for setting aside.

CHAPTER VIII – RECOGNITION AND ENFORCEMENT OF AWARDS

Article 35 – Recognition and enforcement

1 – An arbitral award, irrespective of the country in which it was made, shall be recognized as binding and, upon application in writing to the competent court, shall be enforced subject to the provisions of this article and of article 36.

2 – The party relying on an award or applying for its enforcement shall supply the original award or a copy thereof. If the award is not made in an

official language of this State, the court may request the party to supply a translation thereof into such language.

Article 36 – Grounds for refusing recognition or enforcement

1 – Recognition or enforcement of an arbitral award, irrespective of the country in which it was made, may be refused only:

(a) at the request of the party against whom it is invoked, if that party furnishes to the competent court where recognition or enforcement is sought proof that:

(i) a party to the arbitration agreement referred to in article 7 was under some incapacity; or the said agreement is not valid under the law to which the parties have subjected it or, failing any indication thereon, under the law of the country where the award was made; or

(ii) the party against whom the award is invoked was not given proper notice of the appointment of an arbitrator or of the arbitral proceedings or was otherwise unable to present his case; or

(iii) the award deals with a dispute not contemplated by or not falling within the terms of the submission to arbitration, or it contains decisions on matters beyond the scope of the submission to arbitration, provided that, if the decisions on matters submitted to arbitration can be separated from those not so submitted, that part of the award which contains decisions on matters submitted to arbitration may be recognized and enforced; or

(iv) the composition of the arbitral tribunal or the arbitral procedure was not in accordance with the agreement of the parties or, failing such agreement, was not in accordance with the law of the country where the arbitration took place; or

(v) the award has not yet become binding on the parties or has been set aside or suspended by a court of the country in which, or under the law of which, that award was made; or

(b) if the court finds that:

(i) the subject-matter of the dispute is not capable of settlement by arbitration under the law of this State; or

(ii) the recognition or enforcement of the award would be contrary to the public policy of this State.

2 – If an application for setting aside or suspension of an award has been made to a court referred to in paragraph (1)*(a)*(v) of this article, the court where recognition or enforcement is sought may, if it considers it proper, adjourn its decision and may also, on the application of the party claiming recognition or enforcement of the award, order the other party to provide appropriate security.

4.4. IBA Rules of Ethics for International Arbitrators

This document – IBA Rules of Ethics for International Arbitrators – is reproduced by kind permission of the International Bar Association, London, UK. © International Bar Association

Introductory Note

International arbitrators should be impartial, independent, competent, diligent and discreet. These rules seek to establish the manner in which these abstract qualities may be assessed in practice. Rather than rigid rules, they reflect internationally acceptable guidelines developed by practising lawyers from all continents. They will attain their objectives only if they are applied in good faith.

The rules cannot be directly binding either on arbitrators, or on the parties themselves, unless they are adopted by agreement. Whilst the International Bar Association hopes that they will be taken into account in the context of challenges to arbitrators, it is emphasised that these guidelines are not intended to create grounds for the setting aside of awards by national courts.

If parties wish to adopt the rules they may add the following to their arbitration clause or arbitration agreement;

'The parties agree that the Rules of Ethics for International Arbitrators established by the International Bar Association, in force at the date of the commencement of any arbitration under this clause, shall be applicable to the arbitrators appointed in respect of such arbitration.'

The International Bar Association takes the position that (whatever may be the case in domestic arbitration) international arbitrators should in principle be granted immunity from suit under national laws, except in extreme cases of wilful or reckless disregard of their legal obligations. Accordingly, the International Bar Association wishes to make it clear that it is not the intention of these rules to create opportunities for aggrieved parties to sue international arbitrators in national courts. The normal sanction for breach of an ethical duty is removal from office, with consequent loss of entitlement to remuneration. The International Bar Association also emphasises that these rules do not affect, and are intended to be consistent with, the International Code of Ethics for lawyers, adopted at Oslo on 25 July 1956, and amended by the General Meeting of the International Bar Association at Mexico City on 24 July 1964.

1. Fundamental Rule

Arbitrators shall proceed diligently and efficiently to provide the parties with a just and effective resolution of their disputes, and shall be and shall remain free from bias.

2. Acceptance of Appointment

2.1 – A prospective arbitrator shall accept an appointment only if he is fully satisfied that he is able to discharge his duties without bias.

2.2 – A prospective arbitrator shall accept an appointment only if he is fully satisfied that he is competent to determine the issues in dispute, and has an adequate knowledge of the language of the arbitration.

2.3 – A prospective arbitrator should accept an appointment only if he is able to give to the arbitration the time and attention which the parties are reasonably entitled to expect.

2.4 – It is inappropriate to contact parties in order to solicit appointment as arbitrator.

3. Elements of Bias

3.1 – The criteria for assessing questions relating to bias are impartiality and independence. Partiality arises when an arbitrator favours one of the parties, or where he is prejudiced in relation to the subject-matter of the dispute. Dependence arises from relationships between an arbitrator and one of the parties, or with someone closely connected with one of the parties.

3.2 – Facts which might lead a reasonable person, not knowing the arbitrator's true state of mind, to consider that he is dependent on a party create an appearance of bias. The same is true if an arbitrator has a material interest in the outcome of the dispute, or if he has already taken a position in relation to it. The appearance of bias is best overcome by full disclosure as described in Article 4 below.

3.3 – Any current direct or indirect business relationship between an arbitrator and a party, or with a person who is known to be a potentially important witness, will normally give rise to justifiable doubts as to a prospective arbitrator's impartiality or independence. He should decline to accept an appointment in such circumstances unless the parties agree in writing that he may proceed. Examples of indirect relationships are where a member of the prospective arbitrator's family, his firm, or any business partner has a business relationship with one of the parties.

3.4 – Past business relationships will not operate as an absolute bar to acceptance of appointment, unless they are of such magnitude or nature as to be likely to affect a prospective arbitrator's judgment.

3.5 – Continuous and substantial social or professional relationships between a prospective arbitrator and a party, or with a person who is known to be a potentially important witness in the arbitration, will normally give rise to justifiable doubts as to the impartiality or independence of a prospective arbitrator.

4. Duty of Disclosure

4.1 – A prospective arbitrator should disclose all facts or circumstances that may give rise to justifiable doubts as to his impartiality or independence. Failure to make such disclosure creates an appearance of bias, and may of itself be a ground for disqualification even though he non-disclosed facts or circumstances would not of themselves justify disqualification.

4.2 – A prospective arbitrator should disclose:

a) any past or present business relationship, whether direct or indirect as illustrated in Article 3.3, including prior appointment as arbitrator, with any party to the dispute, or any representative of a parry, or any person known to be a potentially important witness in the arbitration. With regard to present relationships, the duty of disclosure applies irrespective of their magnitude, but with regard to past relationships only if they were of more than a trivial nature in relation to the arbitrator's professional or business affairs. Nondisclosure of an indirect relationship unknown to a prospective arbitrator will not be a ground for disqualification unless it could have been ascertained by making reasonable enquiries;

b) the nature and duration of any substantial social relationships with any party or any person known to be likely to be an important witness in the arbitration;

c) the nature of any previous relationship with any fellow arbitrator (including prior joint service as an arbitrator);

d) the extent of any prior knowledge he may have of the dispute;

e) the extent of any commitments which may affect his availability to perform his duties as arbitrator as may be reasonably anticipated.

4.3 – The duty of disclosure continues throughout the arbitral proceedings as regards new facts or circumstances.

4.4 – Disclosure should be made in writing and communicated to all parties and arbitrators. When an arbitrator has been appointed, any previous disclosure made to the parties should be communicated to the other arbitrators.

5. Communications with Parties

5.1 – When approached with a view to appointment, a prospective arbitrator should make sufficient enquiries in order to inform himself whether there may be any justifiable doubts regarding his impartiality or independence; whether he is competent to determine the issues in dispute; and whether he is able to give the arbitration the time and attention required. He may also respond to enquiries from those approaching him, provided that such enquiries are designed to determine his suitability and availability for the appointment and provided that the merits of the case are not discussed. In the event that a prospective sole arbitrator or presiding arbitrator is approached by one party alone, or by one arbitrator chosen unilaterally by a party (a 'party-nominated' arbitrator), he should ascertain that the other party or parties, or the other arbitrator, has consented to the manner in which he has been approached. In such circumstances he should, in writing or orally, inform the other party or parties, or the other arbitrator, of the substance of the initial conversation.

5.2 – If a party-nominated arbitrator is required to participate in the selection of a third or presiding arbitrator, it is acceptable for him (although he is not so required) to obtain the views of the party who nominated him as to the acceptability of candidates being considered.

5.3 – Throughout the arbitral proceedings, an arbitrator should avoid any unilateral communications regarding the case with any party, or its representatives. If such communication should occur, the arbitrator should inform the other party or parties and arbitrators of its substance.

5.4 – If an arbitrator becomes aware that a fellow arbitrator has been in improper communication with a party, he may inform the remaining arbitrators and they should together determine what action should be taken. Normally, the appropriate initial course of action is for the offending arbitrator to be requested to refrain from making any further improper communications with the party. Where the offending arbitrator fails or refuses to refrain from improper communications, the remaining arbitrators may inform the innocent party in order that he may consider what action he should take. An arbitrator may act unilaterally to inform a party of the conduct of another arbitrator in order to allow the said party to consider a challenge of the offending arbitrator only in extreme circumstances, and after communicating his intention to his fellow arbitrators in writing.

5.5 – No arbitrator should accept any gift or substantial, hospitality, directly or indirectly, from any party to the arbitration. Sole arbitrators and presiding arbitrators should be particularly meticulous in avoiding significant social or professional contacts with any party to the arbitration other than in the presence of the other parties.

6. Fees

Unless the parties agree otherwise or a party defaults, an arbitrator shall make no unilateral arrangements for fees or expenses.

7. Duty of Diligence

All arbitrators should devote such time and attention as the parties may reasonably require having regard to all the circumstances of the case, and shall do their best to conduct the arbitration in such a manner that costs do not rise to an unreasonable proportion of the interests at stake.

8. Involvement in Settlement Proposals

Where the parties have so requested, or consented to a suggestion to this effect by the arbitral tribunal, the tribunal as a whole (or the presiding arbitrator where appropriate), may make proposals for settlement to both parties simultaneously, and preferably in the presence of each other.

Although any procedure is possible with the agreement of the parties, the arbitral tribunal should point out to the parties that it is undesirable that any arbitrator should discuss settlement terms with a party in the absence of the other parties since this will normally have the result that any arbitrator involved in such discussions will become disqualified from any future participation in the arbitration.

9. Confidentiality of the Deliberations

The deliberations of the arbitral tribunal, and the contents of the award itself, remain confidential in perpetuity unless the parties release the arbitrators from this obligation. An arbitrator should not participate in, or give any information for the purpose of assistance in, any proceedings to consider the award unless, exceptionally, he considers it his duty to disclose any material misconduct or fraud on the part of his fellow arbitrators.

4.5. IBA Guidelines on Conflicts of Interest in International Arbitration

Adopted by resolution of the IBA Council on Thursday 23 October 2014 Updated, 10 August 2015

Since their issuance in 2004, the *IBA Guidelines on Conflicts of Interest in International Arbitration* (the 'Guidelines')[14] have gained wide acceptance within the international arbitration community. Arbitrators commonly use the Guidelines when making decisions about prospective appointments and disclosures. Likewise, parties and their counsel frequently consider the Guidelines in assessing the impartiality and independence of arbitrators, and arbitral institutions and courts also often consult the Guidelines in considering challenges to arbitrators. As contemplated when the Guidelines were first adopted, on the eve of their tenth anniversary it was considered appropriate to reflect on the accumulated experience of using them and to identify areas of possible clarification or improvement. Accordingly, in 2012, the IBA Arbitration Committee initiated a review of the Guidelines, which was conducted by an expanded Conflicts of Interest Sub-

[14] The 2004 Guidelines were drafted by a Working Group of 19 experts: Henri Alvarez, Canada; John Beechey, England; Jim Carter, United States; Emmanuel Gaillard, France; Emilio Gonzales de Castilla, Mexico; Bernard Hanotiau, Belgium; Michael Hwang, Singapore; Albert Jan van den Berg, Belgium; Doug Jones, Australia; Gabrielle Kaufmann-Kohler, Switzerland; Arthur Marriott, England; Tore Wiwen Nilsson, Sweden; Hilmar Raeschke-Kessler, Germany; David W Rivkin, United States; Klaus Sachs, Germany; Nathalie Voser, Switzerland (Rapporteur); David Williams, New Zealand; Des Williams, South Africa; and Otto de Witt Wijnen, The Netherlands (Chair).

committee (the 'Subcommittee')[15], representing diverse legal cultures and a range of perspectives, including counsel, arbitrators and arbitration users. The Subcommittee was chaired by David Arias, later co-chaired by Julie Bédard, and the review process was conducted under the leadership of Pierre Bienvenu and Bernard Hanotiau.

While the Guidelines were originally intended to apply to both commercial and investment arbitration, it was found in the course of the review process that uncertainty lingered as to their application to investment arbitration. Similarly, despite a comment in the original version of the Guidelines that their application extended to non-legal professionals serving as arbitrator, there appeared to remain uncertainty in this regard as well. A consensus emerged in favour of a general affirmation that the Guidelines apply to both commercial and investment arbitration, and to both legal and non-legal professionals serving as arbitrator.

The Subcommittee has carefully considered a number of issues that have received attention in international arbitration practice since 2004, such as the effects of so-called 'advance waivers', whether the fact of acting concurrently as counsel and arbitrator in unrelated cases raising similar legal issues warrants disclosure, 'issue' conflicts, the independence and impartiality of arbitral or administrative secretaries and third-party funding. The revised Guidelines reflect the Subcommittee's conclusions on these issues.

The Subcommittee has also considered, in view of the evolution of the global practice of international arbitration, whether the revised Guidelines should impose stricter standards in regard to arbitrator disclosure. The revised Guidelines reflect the conclusion that, while the basic approach

[15] The members of the expanded Subcommittee on Conflicts of Interest were: Habib Almulla, United Arab Emirates; David Arias, Spain (Co-Chair); Julie Bédard, United States (Co-Chair);José Astigarraga, United States; Pierre Bienvenu, Canada (Review Process Co--Chair); Karl-Heinz Böckstiegel, Germany; Yves Derains, France; Teresa Giovannini, Switzerland; Eduardo Damião Gonçalves, Brazil; Bernard Hanotiau, Belgium (Review Process Co-Chair); Paula Hodges, England; Toby Landau, England; Christian Leathley, England; Carole Malinvaud, France; Ciccu Mukhopadhaya, India; Yoshimi Ohara, Japan; Tinuade Oyekunle, Nigeria; Eun Young Park, Korea; Constantine Partasides, England; Peter Rees, The Netherlands; Anke Sessler, Germany; Guido Tawil, Argentina; Jingzhou Tao, China; Gäetan Verhoosel, England (Rapporteur); Nathalie Voser, Switzerland; Nassib Ziadé, United Arab Emirates; and Alexis Mourre. Assistance was provided by: Niuscha Bassiri, Belgium; Alison Fitzgerald, Canada; Oliver Cojo, Spain; and Ricardo Dalmaso Marques, Brazil.

of the 2004 Guidelines should not be altered, disclosure should be required in certain circumstances not contemplated in the 2004 Guidelines. It is also essential to reaffirm that the fact of requiring disclosure – or of an arbitrator making a disclosure – does not imply the existence of doubts as to the impartiality or independence of the arbitrator. Indeed, the standard for disclosure differs from the standard for challenge. Similarly, the revised Guidelines are not in any way intended to discourage the service as arbitrators of lawyers practising in large firms or legal associations.

The Guidelines were adopted by resolution of the IBA Council on Thursday 23 October 2014. The Guidelines are available for download at: **www.ibanet. org/Publications/publications_IBA_guides_and_ free_ materials.aspx**

Signed by the Co-Chairs of the Arbitration Committee Thursday 23 October 2014

Eduardo Zuleta

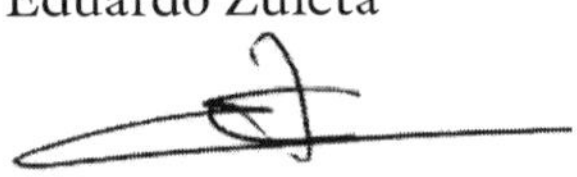

Paul Friedland

Introduction

1. Arbitrators and party representatives are often unsure about the scope of their disclosure obligations. The growth of international business, including larger corporate groups and international law firms, has generated more disclosures and resulted in increased complexity in the analysis of disclosure and conflict of interest issues. Parties have more opportunities to use challenges of arbitrators to delay arbitrations, or to deny the opposing party the arbitrator of its choice. Disclosure of any relationship, no

matter how minor or serious, may lead to unwarranted or frivolous challenges. At the same time, it is important that more information be made available to the parties, so as to protect awards against challenges based upon alleged failures to disclose, and to promote a level playing field among parties and among counsel engaged in international arbitration.

2. Parties, arbitrators, institutions and courts face complex decisions about the information that arbitrators should disclose and the standards to apply to disclosure. In addition, institutions and courts face difficult decisions when an objection or a challenge is made after a disclosure. There is a tension between, on the one hand, the parties' right to disclosure of circumstances that may call into question an arbitrator's impartiality or independence in order to protect the parties' right to a fair hearing, and, on the other hand, the need to avoid unnecessary challenges against arbitrators in order to protect the parties' ability to select arbitrators of their choosing.

3. It is in the interest of the international arbitration community that arbitration proceedings are not hindered by ill-founded challenges against arbitrators and that the legitimacy of the process is not affected by uncertainty and a lack of uniformity in the applicable standards for disclosures, objections and challenges. The 2004 Guidelines reflected the view that the standards existing at the time lacked sufficient clarity and uniformity in their application. The Guidelines, therefore, set forth some 'General Standards and Explanatory Notes on the Standards'. Moreover, in order to promote greater consistency and to avoid unnecessary challenges and arbitrator withdrawals and removals, the Guidelines list specific situations indicating whether they warrant disclosure or disqualification of an arbitrator. Such lists, designated 'Red', 'Orange' and 'Green' (the 'Application Lists'), have been updated and appear at the end of these revised Guidelines.

4. The Guidelines reflect the understanding of the IBA Arbitration Committee as to the best current international practice, firmly rooted in the principles expressed in the General Standards below. The General Standards and the Application Lists are based upon statutes and case law in a cross-section of jurisdictions, and upon the judgement and experience of practitioners involved in international arbitration. In reviewing the 2004 Guidelines, the IBA Arbitration Committee updated its analysis of the laws and practices in a number of jurisdictions. The Guidelines seek to balance the various interests of parties, representatives, arbitrators and arbitra-

tion institutions, all of whom have a responsibility for ensuring the integrity, reputation and efficiency of international arbitration. Both the 2004 Working Group and the Subcommittee in 2012/2014 have sought and considered the views of leading arbitration institutions, corporate counsel and other persons involved in international arbitration through public consultations at IBA annual meetings, and at meetings with arbitrators and practitioners. The comments received were reviewed in detail and many were adopted. The IBA Arbitration Committee is grateful for the serious consideration given to its proposals by so many institutions and individuals.

5. The Guidelines apply to international commercial arbitration and investment arbitration, whether the representation of the parties is carried out by lawyers or non-lawyers, and irrespective of whether or not non-legal professionals serve as arbitrators.

6. These Guidelines are not legal provisions and do not override any applicable national law or arbitral rules chosen by the parties. However, it is hoped that, as was the case for the 2004 Guidelines and other sets of rules and guidelines of the IBA Arbitration Committee, the revised Guidelines will find broad acceptance within the international arbitration community, and that they will assist parties, practitioners, arbitrators, institutions and courts in dealing with these important questions of impartiality and independence. The IBA Arbitration Committee trusts that the Guidelines will be applied with robust common sense and without unduly formalistic interpretation.

7. The Application Lists cover many of the varied situations that commonly arise in practice, but they do not purport to be exhaustive, nor could they be. Nevertheless, the IBA Arbitration Committee is confident that the Application Lists provide concrete guidance that is useful in applying the General Standards. The IBA Arbitration Committee will continue to study the actual use of the Guidelines with a view to furthering their improvement.

8. In 1987, the IBA published *Rules of Ethics for International Arbitrators*. Those Rules cover more topics than these Guidelines, and they remain in effect as to subjects that are not discussed in the Guidelines. The Guidelines supersede the *Rules of Ethics* as to the matters treated here.

Part I: General Standards Regarding Impartiality, Independence and Disclosure

(1) General Principle

Every arbitrator shall be impartial and independent of the parties at the time of accepting an appointment to serve and shall remain so until the final award has been rendered or the proceedings have otherwise finally terminated.

Explanation to General Standard 1:

A fundamental principle underlying these Guidelines is that each arbitrator must be impartial and independent of the parties at the time he or she accepts an appointment to act as arbitrator, and must remain so during the entire course of the arbitration proceeding, including the time period for the correction or interpretation of a final award under the relevant rules, assuming such time period is known or readily ascertainable.

The question has arisen as to whether this obligation should extend to the period during which the award may be challenged before the relevant courts. The decision taken is that this obligation should not extend in this manner, unless the final award may be referred back to the original Arbitral Tribunal under the relevant applicable law or relevant institutional rules. Thus, the arbitrator's obligation in this regard ends when the Arbitral Tribunal has rendered the final award, and any correction or interpretation as may be permitted under the relevant rules has been issued, or the time for seeking the same has elapsed, the proceedings have been finally terminated (for example, because of a settlement), or the arbitrator otherwise no longer has jurisdiction. If, after setting aside or other proceedings, the dispute is referred back to the same Arbitral Tribunal, a fresh round of disclosure and review of potential conflicts of interests may be necessary.

(2) Conflicts of Interest

a) An arbitrator shall decline to accept an appointment or, if the arbitration has already been commenced, refuse to continue to act as an arbitrator, if he or she has any doubt as to his or her ability to be impartial or independent.

b) The same principle applies if facts or circumstances exist, or have arisen since the appointment, which, from the point of view of a reasonable third person having knowledge of the relevant facts and circumstances, would give rise to justifiable doubts as to the arbitrator's impartiality or independence, unless the parties have accepted the arbitrator in accordance with the requirements set out in General Standard 4.

c) Doubts are justifiable if a reasonable third person, having knowledge of the relevant facts and circumstances, would reach the conclusion that there is a likelihood that the arbitrator may be influenced by factors other than the merits of the case as presented by the parties in reaching his or her decision.

d) Justifiable doubts necessarily exist as to the arbitrator's impartiality or independence in any of the situations described in the Non-Waivable Red List.

Explanation to General Standard 2:

a) If the arbitrator has doubts as to his or her ability to be impartial and independent, the arbitrator must decline the appointment. This standard should apply regardless of the stage of the proceedings. This is a basic principle that is spelled out in these Guidelines in order to avoid confusion and to foster confidence in the arbitral process.

b) In order for standards to be applied as consistently as possible, the test for disqualification is an objective one. The wording 'impartiality or independence' derives from the widely adopted Article 12 of the United Nations Commission on International Trade Law (UNCITRAL) Model Law, and the use of an appearance test based on justifiable doubts as to the impartiality or independence of the arbitrator, as provided in Article 12(2) of the UNCITRAL Model Law, is to be applied objectively (a 'reasonable third person test'). Again, as described in the Explanation to General Standard 3(e), this standard applies regardless of the stage of the proceedings.

c) Laws and rules that rely on the standard of justifiable doubts often do not define that standard. This General Standard is intended to provide some context for making this determination.

d) The Non-Waivable Red List describes circumstances that necessarily raise justifiable doubts as to the arbitrator's impartiality or independence. For example, because no one is allowed to be his or her own judge, there cannot be identity between an arbitrator and a party. The parties, therefore, cannot waive the conflict of interest arising in such a situation.

(3) Disclosure by the Arbitrator

a) If facts or circumstances exist that may, in the eyes of the parties, give rise to doubts as to the arbitrator's impartiality or independence, the arbitrator shall disclose such facts or circumstances to the parties, the arbitration institution or other appointing authority (if any, and if so required by the applicable institutional rules) and the co-arbitrators, if any, prior to accepting his or her appointment or, if thereafter, as soon as he or she learns of them.

b) An advance declaration or waiver in relation to possible conflicts of interest arising from facts and circumstances that may arise in the future does not discharge the arbitrator's ongoing duty of disclosure under General Standard 3(a).

c) It follows from General Standards 1 and 2(a) that an arbitrator who has made a disclosure considers himself or herself to be impartial and independent of the parties, despite the disclosed facts, and, therefore, capable of performing his or her duties as arbitrator. Otherwise, he or she would have declined the nomination or appointment at the outset, or resigned.

d) Any doubt as to whether an arbitrator should disclose certain facts or circumstances should be resolved in favour of disclosure.

e) When considering whether facts or circumstances exist that should be disclosed, the arbitrator shall not take into account whether the arbitration is at the beginning or at a later stage.

Explanation to General Standard 3:

a) The arbitrator's duty to disclose under General Standard 3(a) rests on the principle that the parties have an interest in being fully informed of any facts or circumstances that may be relevant in their view. Accordingly, General Standard 3(d) provides that any doubt as to whether certain facts or circumstances should be disclosed should be resolved in favour of disclosure. However, situations that, such as those set out in the Green List, could never lead to disqualification under the objective test set out in General Standard 2, need not be disclosed. As reflected in General Standard 3(c), a disclosure does not imply that the disclosed facts are such as to disqualify the arbitrator under General Standard 2. The duty of disclosure under General Standard 3(a) is ongoing in nature.

b) The IBA Arbitration Committee has considered the increasing use by prospective arbitrators of declarations in respect of facts or circumstances that may arise in the future, and the possible conflicts of interest that may result, sometimes referred to as 'advance waivers'. Such declarations do not discharge the arbitrator's ongoing duty of disclosure under General Standard 3(a). The Guidelines, however, do not otherwise take a position as to the validity and effect of advance declarations or waivers, because the validity and effect of any advance declaration or waiver must be assessed in view of the specific text of the advance declaration or waiver, the particular circumstances at hand and the applicable law.

c) A disclosure does not imply the existence of a conflict of interest. An arbitrator who has made a disclosure to the parties considers himself or herself to be impartial and independent of the parties, despite the disclosed facts, or else he or she would have declined the nomination, or resigned. An arbitrator making a disclosure thus feels capable of performing his or her duties. It is the purpose of disclosure to allow the parties to judge whether they agree with the evaluation of the arbitrator and, if they so wish, to explore the situation further. It is hoped that the promulgation of this General Standard will eliminate the misconception that disclosure itself implies doubts sufficient to disqualify the arbitrator, or even creates a presumption in favour of disqualification. Instead, any challenge should only be successful if an objective test, as set forth in General Standard 2 above, is met. Under Comment 5 of the Practical Application of the General Standards, a failure to disclose certain facts and circumstances that may, in the eyes of the parties, give rise to doubts as to the arbitrator's impartiality or independence, does not necessarily mean that a conflict of interest exists, or that a disqualification should ensue.

d) In determining which facts should be disclosed, an arbitrator should take into account all circumstances known to him or her. If the arbitrator finds that he or she should make a disclosure, but that professional secrecy rules or other rules of practice or professional conduct prevent such disclosure, he or she should not accept the appointment, or should resign.

e) Disclosure or disqualification (as set out in General Standards 2 and 3) should not depend on the particular stage of the arbitration. In order to determine whether the arbitrator should disclose, decline the appointment or refuse to continue to act, the facts and circumstances alone are relevant, not the current stage of the proceedings, or the consequences of the withdrawal. As a practical matter, arbitration institutions may make a distinction depending on the stage of the arbitration. Courts may likewise apply different standards. Nevertheless, no distinction is made by these Guidelines depending on the stage of the arbitral proceedings. While there are practical concerns, if an arbitrator must withdraw after the arbitration has commenced, a distinction based on the stage of the arbitration would be inconsistent with the General Standards.

(4) Waiver by the Parties

a) If, within 30 days after the receipt of any disclosure by the arbitrator, or after a party otherwise learns of facts or circumstances that could constitute a potential conflict of interest for an arbitrator, a party does not raise an express objection with regard to that arbitrator, subject to paragraphs (b) and (c) of this General Standard, the party is deemed to have waived any potential conflict of interest in respect of the arbitrator based on such facts or circumstances and may not raise any objection based on such facts or circumstances at a later stage.

b) However, if facts or circumstances exist as described in the Non-Waivable Red List, any waiver by a party (including any declaration or advance waiver, such as that contemplated in General Standard 3(b)), or any agreement by the parties to have such a person serve as arbitrator, shall be regarded as invalid.

c) A person should not serve as an arbitrator when a conflict of interest, such as those exemplified in the Waivable Red List, exists. Nevertheless, such a person may accept appointment as arbitrator, or continue to act as an arbitrator, if the following conditions are met:

- *i*) all parties, all arbitrators and the arbitration institution, or other appointing authority (if any), have full knowledge of the conflict of interest; and
- *ii*) all parties expressly agree that such a person may serve as arbitrator, despite the conflict of interest.

d) An arbitrator may assist the parties in reaching a settlement of the dispute, through conciliation, mediation or otherwise, at any stage of the proceedings. However, before doing so, the arbitrator should receive an express agreement by the parties that acting in such a manner shall not disqualify the arbitrator from continuing to serve as arbitrator. Such express agreement shall be considered to be an effective waiver of any potential conflict of interest that may arise from the arbitrator's participation in such a process, or from information that the arbitrator may learn in the process. If the assistance by the arbitrator does not lead to the final settlement of the case, the parties remain bound by their waiver. However, consistent with General Standard 2(a) and notwithstanding such agreement, the arbitrator shall resign if, as a consequence of his or her involvement in the settlement process, the arbitrator develops doubts as to his or her ability to remain impartial or independent in the future course of the arbitration.

Explanation to General Standard 4:

a) Under General Standard 4(a), a party is deemed to have waived any potential conflict of interest, if such party has not raised an objection in respect of such conflict of interest within 30 days. This time limit should run from the date on which the party learns of the relevant facts or circumstances, including through the disclosure process.

b) General Standard 4(b) serves to exclude from the scope of General Standard 4(a) the facts and circumstances described in the Non-Waivable Red List. Some arbitrators make declarations that seek waivers from the parties with respect to facts or circumstances that may arise in the future. Irrespective of any such waiver sought by the arbitrator, as provided in General Standard 3(b), facts and circumstances arising in the course of the arbitration should be disclosed to the parties by virtue of the arbitrator's ongoing duty of disclosure.

c) Notwithstanding a serious conflict of interest, such as those that are described by way of example in the Waivable Red List, the parties may wish to engage such a person as an arbitrator. Here, party autonomy and the desire to have only impartial and independent arbitrators must be balanced. Persons with a serious conflict of interest, such as those that are described by way of example in the Waivable Red List, may serve as arbitrators only if the parties make fully informed, explicit waivers.

d) The concept of the Arbitral Tribunal assisting the parties in reaching a settlement of their dispute in the course of the arbitration proceedings is well-established in some jurisdictions, but not in others. Informed consent by the parties to such a process prior to its beginning should be regarded as an effective waiver of a potential conflict of interest. Certain jurisdictions may require such consent to be in writing and signed by the parties. Subject to any requirements of applicable law, express consent may be sufficient and may be given at a hearing and reflected in the minutes or transcript of the proceeding. In addition, in order to avoid parties using an arbitrator as mediator as a means of disqualifying the arbitrator, the General Standard makes clear that the waiver should remain effective, if the mediation is unsuccessful. In giving their express consent, the parties should realise the consequences of the arbitrator assisting them in a settlement process, including the risk of the resignation of the arbitrator.

(5) Scope

a) These Guidelines apply equally to tribunal chairs, sole arbitrators and co-arbitrators, howsoever appointed.

b) Arbitral or administrative secretaries and assistants, to an individual arbitrator or the Arbitral Tribunal, are bound by the same duty of independence and impartiality as arbitrators, and it is the responsibility of the Arbitral Tribunal to ensure that such duty is respected at all stages of the arbitration.

Explanation to General Standard 5:

a) Because each member of an Arbitral Tribunal has an obligation to be impartial and independent, the General Standards do not distinguish between sole arbitrators, tribunal chairs, party-appointed arbitrators or arbitrators appointed by an institution.

b) Some arbitration institutions require arbitral or administrative secretaries and assistants to sign a declaration of independence and impartiality. Whether or not such a requirement exists, arbitral or administrative secretaries and assistants to the Arbitral Tribunal are bound by the same duty of independence and impartiality (including the duty of disclosure) as arbitrators, and it is the responsibility of the Arbitral Tribunal to ensure that such duty is respected at all stages of the arbitration. Furthermore, this duty applies to arbitral or administrative secretaries and assistants to either the Arbitral Tribunal or individual members of the Arbitral Tribunal.

(6) Relationships

a) The arbitrator is in principle considered to bear the identity of his or her law firm, but when considering the relevance of facts or circumstances to determine whether a potential conflict of interest exists, or whether disclosure should be made, the activities of an arbitrator's law firm, if any, and the relationship of the arbitrator with the law firm, should be considered in each individual case. The fact that the activities of the arbitrator's firm involve one of the parties shall not necessarily constitute a source of such conflict, or a reason for disclosure. Similarly, if one of the parties is a member of a group with which the arbitrator's firm has a relationship, such fact should be considered in each individual case, but shall not necessarily constitute by itself a source of a conflict of interest, or a reason for disclosure.

b) If one of the parties is a legal entity, any legal or physical person having a controlling influence on the legal entity, or a direct economic interest in, or a duty to indemnify a party for, the award to be rendered in the arbitration, may be considered to bear the identity of such party.

Explanation to General Standard 6:

a) The growing size of law firms should be taken into account as part of today's reality in international arbitration. There is a need to balance the interests of a party to appoint the arbitrator of its choice, who may be a partner at a large law firm, and the importance of maintaining confidence in the impartiality and independence of international arbitrators. The arbitrator must, in principle, be considered to bear the identity of his or her law firm, but the activities of the arbitrator's firm should not automatically create a conflict of interest. The relevance of the activities of the arbitrator's firm, such as the nature, timing and scope of the work by the law firm, and the relationship of the arbitrator with the law firm, should be considered in each case. General Standard 6(a) uses the term 'involve' rather than 'acting for' because the relevant connections with a party may include activities other than representation on a legal matter. Although barristers' chambers should not be equated with law firms for the purposes of conflicts, and no general standard is proffered for barristers' chambers, disclosure may be warranted in view of the relationships among barristers, parties or counsel. When a party to an arbitration is a member of a group of companies, special questions regarding conflicts of interest arise. Because individual corporate structure arrangements vary widely, a catch-all rule is not appropriate. Instead, the particular circumstances of an affiliation with another entity within the same group of companies, and the relationship of that entity with the arbitrator's law firm, should be considered in each individual case.

b) When a party in international arbitration is a legal entity, other legal and physical persons may have a controlling influence on this legal entity, or a direct economic interest in, or a duty to indemnify a party for, the award to be rendered in the arbitration. Each situation should be assessed individually, and General Standard 6(b) clarifies that such legal persons and individuals may be considered effectively to be that party. Third-party funders and insurers in relation to the dispute may have a direct economic interest in the award, and as such may be considered to be the equivalent of the party. For these purposes, the terms 'third-party funder' and 'insurer' refer to any person or entity that is contributing funds, or other material support, to the prosecution or defence of the case and that has a direct economic interest in, or a duty to indemnify a party for, the award to be rendered in the arbitration.

(7) Duty of the Parties and the Arbitrator

a) A party shall inform an arbitrator, the Arbitral Tribunal, the other parties and the arbitration institution or other appointing authority (if any) of any relationship, direct or indirect, between the arbitrator and the party (or another company of the same group of companies, or an individual having a controlling influence on the party in the arbitration), or between the arbitrator and any person or entity with a direct economic interest in, or a duty to indemnify a party for, the award to be rendered in the arbitration. The party shall do so on its own initiative at the earliest opportunity.

b) A party shall inform an arbitrator, the Arbitral Tribunal, the other parties and the arbitration institution or other appointing authority (if any) of the identity of its counsel appearing in the arbitration, as well as of any relationship, including membership of the same barristers' chambers, between its counsel and the arbitrator. The party shall do so on its own initiative at the earliest opportunity, and upon any change in its counsel team.

c) In order to comply with General Standard 7(a), a party shall perform reasonable enquiries and provide any relevant information available to it.

d) An arbitrator is under a duty to make reasonable enquiries to identify any conflict of interest, as well as any facts or circumstances that may reasonably give rise to doubts as to his or her impartiality or independence. Failure to disclose a conflict is not excused by lack of knowledge, if the arbitrator does not perform such reasonable enquiries.

Explanation to General Standard 7:

a) The parties are required to disclose any relationship with the arbitrator. Disclosure of such relationships should reduce the risk of an unmeritorious challenge of an arbitrator's impartiality or independence based on information learned after the appointment. The parties' duty of disclosure of any relationship, direct or indirect, between the arbitrator and the party (or another company of the same group of companies, or an individual having a controlling influence on the party in the arbitration) has been extended to relationships with persons or entities having a direct economic interest in the award to be rendered in the arbitration, such as an entity providing funding for the arbitration, or having a duty to indemnify a party for the award.

b) Counsel appearing in the arbitration, namely the persons involved in the representation of the parties in the arbitration, must be identified by the parties at the earliest opportunity. A party's duty to disclose the identity of counsel appearing in the arbitration extends to all members of that party's counsel team and arises from the outset of the proceedings.

c) In order to satisfy their duty of disclosure, the parties are required to investigate any relevant information that is reasonably available to them. In addition, any party to an arbitration is required, at the outset and on an ongoing basis during the entirety of the proceedings, to make a reasonable effort to ascertain and to disclose available information that, applying the general standard, might affect the arbitrator's impartiality or independence.

d) In order to satisfy their duty of disclosure under the Guidelines, arbitrators are required to investigate any relevant information that is reasonably available to them.

Part II: Practical Application of the General Standards

1. If the Guidelines are to have an important practical influence, they should address situations that are likely to occur in today's arbitration practice and should provide specific guidance to arbitrators, parties, institutions and courts as to which situations do or do not constitute conflicts of interest, or should or should not be disclosed. For this purpose, the Guidelines categorise situations that may occur in the following Application Lists. These lists cannot cover every situation. In all cases, the General Standards should control the outcome.

2. The Red List consists of two parts: 'a Non-Waivable Red List' (see General Standards 2(d) and 4(b)); and 'a Waivable Red List' (see General

Standard 4(c)). These lists are non-exhaustive and detail specific situations that, depending on the facts of a given case, give rise to justifiable doubts as to the arbitrator's impartiality and independence. That is, in these circumstances, an objective conflict of interest exists from the point of view of a reasonable third person having knowledge of the relevant facts and circumstances (see General Standard 2(b)). The Non-Waivable Red List includes situations deriving from the overriding principle that no person can be his or her own judge. Therefore, acceptance of such a situation cannot cure the conflict. The Waivable Red List covers situations that are serious but not as severe. Because of their seriousness, unlike circumstances described in the Orange List, these situations should be considered waivable, but only if and when the parties, being aware of the conflict of interest situation, expressly state their willingness to have such a person act as arbitrator, as set forth in General Standard 4(c).

3. The Orange List is a non-exhaustive list of specific situations that, depending on the facts of a given case, may, in the eyes of the parties, give rise to doubts as to the arbitrator's impartiality or independence. The Orange List thus reflects situations that would fall under General Standard 3(a), with the consequence that the arbitrator has a duty to disclose such situations. In all these situations, the parties are deemed to have accepted the arbitrator if, after disclosure, no timely objection is made, as established in General Standard 4(a).

4. Disclosure does not imply the existence of a conflict of interest; nor should it by itself result either in a disqualification of the arbitrator, or in a presumption regarding disqualification. The purpose of the disclosure is to inform the parties of a situation that they may wish to explore further in order to determine whether objectively – that is, from the point of view of a reasonable third person having knowledge of the relevant facts and circumstances – there are justifiable doubts as to the arbitrator's impartiality or independence. If the conclusion is that there are no justifiable doubts, the arbitrator can act. Apart from the situations covered by the Non-Waivable Red List, he or she can also act if there is no timely objection by the parties or, in situations covered by the Waivable Red List, if there is a specific acceptance by the parties in accordance with General Standard 4(c). If a party challenges the arbitrator, he or she can nevertheless act, if the authority that rules on the challenge decides that the challenge does not meet the objective test for disqualification.

5. A later challenge based on the fact that an arbitrator did not disclose such facts or circumstances should not result automatically in non-appointment, later disqualification or a successful challenge to any award. Nondisclosure cannot by itself make an arbitrator partial or lacking independence: only the facts or circumstances that he or she failed to disclose can do so.

6. Situations not listed in the Orange List or falling outside the time limits used in some of the Orange List situations are generally not subject to disclosure. However, an arbitrator needs to assess on a case-by-case basis whether a given situation, even though not mentioned in the Orange List, is nevertheless such as to give rise to justifiable doubts as to his or her impartiality or independence. Because the Orange List is a non-exhaustive list of examples, there may be situations not mentioned, which, depending on the circumstances, may need to be disclosed by an arbitrator. Such may be the case, for example, in the event of repeat past appointments by the same party or the same counsel beyond the three-year period provided for in the Orange List, or when an arbitrator concurrently acts as counsel in an unrelated case in which similar issues of law are raised. Likewise, an appointment made by the same party or the same counsel appearing before an arbitrator, while the case is ongoing, may also have to be disclosed, depending on the circumstances. While the Guidelines do not require disclosure of the fact that an arbitrator concurrently serves, or has in the past served, on the same Arbitral Tribunal with another member of the tribunal, or with one of the counsel in the current proceedings, an arbitrator should assess on a case-by-case basis whether the fact of having frequently served as counsel with, or as an arbitrator on, Arbitral Tribunals with another member of the tribunal may create a perceived imbalance within the tribunal. If the conclusion is 'yes', the arbitrator should consider a disclosure.

7. The Green List is a non-exhaustive list of specific situations where no appearance and no actual conflict of interest exists from an objective point of view. Thus, the arbitrator has no duty to disclose situations falling within the Green List. As stated in the Explanation to General Standard 3(a), there should be a limit to disclosure, based on reasonableness; in some situations, an objective test should prevail over the purely subjective test of 'the eyes' of the parties.

8. The borderline between the categories that comprise the Lists can be thin. It can be debated whether a certain situation should be on one List instead of another. Also, the Lists contain, for various situations, gene-

ral terms such as 'significant' and 'relevant'. The Lists reflect international principles and best practices to the extent possible. Further definition of the norms, which are to be interpreted reasonably in light of the facts and circumstances in each case, would be counterproductive.

1. Non-Waivable Red List

1.1. There is an identity between a party and the arbitrator, or the arbitrator is a legal representative or employee of an entity that is a party in the arbitration.

1.2. The arbitrator is a manager, director or member of the supervisory board, or has a controlling influence on one of the parties or an entity that has a direct economic interest in the award to be rendered in the arbitration.

1.3. The arbitrator has a significant financial or personal interest in one of the parties, or the outcome of the case.

1.4. The arbitrator or his or her firm regularly advises the party, or an affiliate of the party, and the arbitrator or his or her firm derives significant financial income therefrom.

2. Waivable Red List

2.1. Relationship of the arbitrator to the dispute

2.1.1. The arbitrator has given legal advice, or provided an expert opinion, on the dispute to a party or an affiliate of one of the parties.

2.1.2. The arbitrator had a prior involvement in the dispute.

2.2. Arbitrator's direct or indirect interest in the dispute

2.2.1. The arbitrator holds shares, either directly or indirectly, in one of the parties, or an affiliate of one of the parties, this party or an affiliate being privately held.

2.2.2. A close family member[16] of the arbitrator has a significant financial interest in the outcome of the dispute.

2.2.3. The arbitrator, or a close family member of the arbitrator, has a close relationship with a non-party who may be liable to recourse on the part of the unsuccessful party in the dispute.

[16] Throughout the Application Lists, the term 'close family member' refers to a: spouse, sibling, child, parent or life partner, in addition to any other family member with whom a close relationship exists.

2.3. Arbitrator's relationship with the parties or counsel

2.3.1. The arbitrator currently represents or advises one of the parties, or an affiliate of one of the parties.

2.3.2. The arbitrator currently represents or advises the lawyer or law firm acting as counsel for one of the parties.

2.3.3. The arbitrator is a lawyer in the same law firm as the counsel to one of the parties.

2.3.4. The arbitrator is a manager, director or member of the supervisory board, or has a controlling influence in an affiliate[17] of one of the parties, if the affiliate is directly involved in the matters in dispute in the arbitration.

2.3.5. The arbitrator's law firm had a previous but terminated involvement in the case without the arbitrator being involved himself or herself.

2.3.6. The arbitrator's law firm currently has a significant commercial relationship with one of the parties, or an affiliate of one of the parties.

2.3.7. The arbitrator regularly advises one of the parties, or an affiliate of one of the parties, but neither the arbitrator nor his or her firm derives a significant financial income therefrom.

2.3.8. The arbitrator has a close family relationship with one of the parties, or with a manager, director or member of the supervisory board, or any person having a controlling influence in one of the parties, or an affiliate of one of the parties, or with a counsel representing a party.

2.3.9. A close family member of the arbitrator has a significant financial or personal interest in one of the parties, or an affiliate of one of the parties.

3. Orange List

3.1. Previous services for one of the parties or other involvement in the case

3.1.1. The arbitrator has, within the past three years, served as counsel for one of the parties, or an affiliate of one of the parties, or has previously advised or been consulted by the party, or an affiliate of the party, making the appointment in an unrelated matter, but the arbitrator and the party, or the affiliate of the party, have no ongoing relationship.

[17] Throughout the Application Lists, the term 'affiliate' encompasses all companies in a group of companies, including the parent company.

3.1.2. The arbitrator has, within the past three years, served as counsel against one of the parties, or an affiliate of one of the parties, in an unrelated matter.

3.1.3. The arbitrator has, within the past three years, been appointed as arbitrator on two or more occasions by one of the parties, or an affiliate of one of the parties[18].

3.1.4. The arbitrator's law firm has, within the past three years, acted for or against one of the parties, or an affiliate of one of the parties, in an unrelated matter without the involvement of the arbitrator.

3.1.5. The arbitrator currently serves, or has served within the past three years, as arbitrator in another arbitration on a related issue involving one of the parties, or an affiliate of one of the parties.

3.2. Current services for one of the parties

3.2.1. The arbitrator's law firm is currently rendering services to one of the parties, or to an affiliate of one of the parties, without creating a significant commercial relationship for the law firm and without the involvement of the arbitrator.

3.2.2. A law firm or other legal organisation that shares significant fees or other revenues with the arbitrator's law firm renders services to one of the parties, or an affiliate of one of the parties, before the Arbitral Tribunal.

3.2.3. The arbitrator or his or her firm represents a party, or an affiliate of one of the parties to the arbitration, on a regular basis, but such representation does not concern the current dispute.

3.3. Relationship between an arbitrator and another arbitrator or counsel

3.3.1. The arbitrator and another arbitrator are lawyers in the same law firm.

3.3.2. The arbitrator and another arbitrator, or the counsel for one of the parties, are members of the same barristers' chambers.

3.3.3. The arbitrator was, within the past three years, a partner of, or otherwise affiliated with, another arbitrator or any of the counsel in the arbitration.

[18] It may be the practice in certain types of arbitration, such as maritime, sports or commodities arbitration, to draw arbitrators from a smaller or specialised pool of individuals. If in such fields it is the custom and practice for parties to frequently appoint the same arbitrator in different cases, no disclosure of this fact is required, where all parties in the arbitration should be familiar with such custom and practice.

3.3.4. A lawyer in the arbitrator's law firm is an arbitrator in another dispute involving the same party or parties, or an affiliate of one of the parties.

3.3.5. A close family member of the arbitrator is a partner or employee of the law firm representing one of the parties, but is not assisting with the dispute.

3.3.6. A close personal friendship exists between an arbitrator and a counsel of a party.

3.3.7. Enmity exists between an arbitrator and counsel appearing in the arbitration.

3.3.8. The arbitrator has, within the past three years, been appointed on more than three occasions by the same counsel, or the same law firm.

3.3.9. The arbitrator and another arbitrator, or counsel for one of the parties in the arbitration, currently act or have acted together within the past three years as cocounsel.

3.4. Relationship between arbitrator and party and others involved in the arbitration

3.4.1. The arbitrator's law firm is currently acting adversely to one of the parties, or an affiliate of one of the parties.

3.4.2. The arbitrator has been associated with a party, or an affiliate of one of the parties, in a professional capacity, such as a former employee or partner.

3.4.3. A close personal friendship exists between an arbitrator and a manager or director or a member of the supervisory board of: a party; an entity that has a direct economic interest in the award to be rendered in the arbitration; or any person having a controlling influence, such as a controlling shareholder interest, on one of the parties or an affiliate of one of the parties or a witness or expert.

3.4.4. Enmity exists between an arbitrator and a manager or director or a member of the supervisory board of: a party; an entity that has a direct economic interest in the award; or any person having a controlling influence in one of the parties or an affiliate of one of the parties or a witness or expert.

3.4.5. If the arbitrator is a former judge, he or she has, within the past three years, heard a significant case involving one of the parties, or an affiliate of one of the parties.

3.5. Other circumstances

3.5.1. The arbitrator holds shares, either directly or indirectly, that by reason of number or denomination constitute a material holding in one of the parties, or an affiliate of one of the parties, this party or affiliate being publicly listed.

3.5.2. The arbitrator has publicly advocated a position on the case, whether in a published paper, or speech, or otherwise.

3.5.3. The arbitrator holds a position with the appointing authority with respect to the dispute.

3.5.4. The arbitrator is a manager, director or member of the supervisory board, or has a controlling influence on an affiliate of one of the parties, where the affiliate is not directly involved in the matters in dispute in the arbitration.

4. Green List

4.1. Previously expressed legal opinions

4.1.1. The arbitrator has previously expressed a legal opinion (such as in a law review article or public lecture) concerning an issue that also arises in the arbitration (but this opinion is not focused on the case).

4.2. Current services for one of the parties

4.2.1. A firm, in association or in alliance with the arbitrator's law firm, but that does not share significant fees or other revenues with the arbitrator's law firm, renders services to one of the parties, or an affiliate of one of the parties, in an unrelated matter.

4.3. Contacts with another arbitrator, or with counsel for one of the parties

4.3.1. The arbitrator has a relationship with another arbitrator, or with the counsel for one of the parties, through membership in the same professional association, or social or charitable organisation, or through a social media network.

4.3.2. The arbitrator and counsel for one of the parties have previously served together as arbitrators.

4.3.3. The arbitrator teaches in the same faculty or school as another arbitrator or counsel to one of the parties, or serves as an officer of a professional association or social or charitable organisation with another arbitrator or counsel for one of the parties.

4.3.4. The arbitrator was a speaker, moderator or organiser in one or more conferences, or participated in seminars or working parties of a professional, social or charitable organisation, with another arbitrator or counsel to the parties.

4.4. Contacts between the arbitrator and one of the parties

4.4.1. The arbitrator has had an initial contact with a party, or an affiliate of a party (or their counsel) prior to appointment, if this contact is limited to the arbitrator's availability and qualifications to serve, or to the names of possible candidates for a chairperson, and did not address the merits or procedural aspects of the dispute, other than to provide the arbitrator with a basic understanding of the case.

4.4.2. The arbitrator holds an insignificant amount of shares in one of the parties, or an affiliate of one of the parties, which is publicly listed.

4.4.3. The arbitrator and a manager, director or member of the supervisory board, or any person having a controlling influence on one of the parties, or an affiliate of one of the parties, have worked together as joint experts, or in another professional capacity, including as arbitrators in the same case.

4.4.4. The arbitrator has a relationship with one of the parties or its affiliates through a social media network.

4.6. IBA Rules on the Taking of Evidence in International Arbitration

Adopted by a resolution of the IBA Council 17 December 2020 International Bar Association

About the Arbitration Committee

Established as the Committee in the International Bar Association's Legal Practice Division which focuses on the laws, practice and procedures relating to the arbitration of transnational disputes, the Arbitration Committee currently has over 3,000 members from over 130 countries, and membership is increasing steadily.

Through its publications and conferences, the Committee seeks to share information about international arbitration, promote its use and improve its effectiveness. The Committee maintains standing subcommittees and, as appropriate, establishes Task Forces to address specific issues.

Foreword

These IBA Rules on the Taking of Evidence in International Arbitration ('IBA Rules of Evidence') are a revised version of the IBA Rules on the Taking of Evidence in International Commercial Arbitration, prepared by a Working Party of the Arbitration Committee in 1999, revised by a Review Subcommittee in 2009 and further revised by a Task Force in 2020. The members of the Working Party, Review Subcommittee and Task Force are listed from page 25.

The IBA issued these Rules as a resource to parties and to arbitrators to provide an efficient, economical and fair process for the taking of evidence in international arbitration. The Rules provide mechanisms for the presentation of documents, witnesses of fact and expert witnesses, inspections, as well as the conduct of evidentiary hearings. The Rules are designed to be used in conjunction with, and adopted together with, institutional, ad hoc or other rules or procedures governing international arbitrations. The IBA Rules of Evidence reflect procedures in use in many different legal systems, and they may be particularly useful when the parties come from different legal cultures.

Since their issuance in 1999, the IBA Rules on the Taking of Evidence in International Commercial Arbitration have gained wide acceptance within the international arbitral community. In 2008, a review process was initiated at the instance of Sally Harpole and Pierre Bienvenu, the then Co-Chairs of the Arbitration Committee. A revised version of the IBA Rules of Evidence was developed by the members of the IBA Rules of Evidence Review Subcommittee, assisted by members of the 1999 Working Party. The revised Rules replaced the IBA Rules on the Taking of Evidence in International Commercial Arbitration, which themselves replaced the IBA Supplementary Rules Governing the Presentation and Reception of Evidence in International Commercial Arbitration, issued in 1983.

In 2019, following a report on the reception of the IBA soft law products, the Review Task Force was created to review and revise the Rules as needed. These revised Rules replace the IBA Rules on the Taking of Evidence in International Arbitration as adopted in 2010.

If parties wish to adopt the IBA Rules of Evidence in their arbitration clause, it is recommended that they add the following language to the clause, selecting one of the alternatives therein provided:

'[In addition to the institutional, ad hoc or other rules chosen by the parties,] [t]he parties agree that the arbitration shall be conducted according to the IBA Rules of Evidence as current on the date of [this agreement/the commencement of the arbitration].'

In addition, parties and Arbitral Tribunals may adopt the IBA Rules of Evidence, in whole or in part, at the commencement of the arbitration, or at any time thereafter. They may also vary them or use them as guidelines in developing their own procedures.

The revised IBA Rules of Evidence were adopted by resolution of the IBA Council on 17 December 2020. The IBA Rules of Evidence are available in English, and translations in other languages are planned. Copies of the IBA Rules of Evidence may be ordered from the IBA, and the Rules are available to download at **tinyurl.com/ iba-Arbitration-Guidelines.** A Commentary to the IBA Rules of Evidence aimed at assisting parties and Arbitral Tribunals in applying and interpreting the IBA Rules of Evidence is available to download at the address above.

Gaëtan Verhoosel Philippe Pinsolle

Co-Chairs, Arbitration Committee

17 December 2020

The Rules

Preamble

1. These IBA Rules on the Taking of Evidence in International Arbitration are intended to provide an efficient, economical and fair process for the taking of evidence in international arbitrations, particularly those between Parties from different legal traditions. They are designed to supplement the legal provisions and the institutional, ad hoc or other rules that apply to the conduct of the arbitration.

2. Parties and Arbitral Tribunals may adopt the IBA Rules of Evidence, in whole or in part, to govern arbitration proceedings, or they may vary them or use them as guidelines in developing their own procedures. The Rules are not intended to limit the flexibility that is inherent in, and an advantage of, international arbitration, and Parties and Arbitral Tribunals are free to adapt them to the particular circumstances of each arbitration.

3. The taking of evidence shall be conducted on the principles that each Party shall act in good faith and be entitled to know, reasonably in advance of any Evidentiary Hearing or any fact or merits determination, the evidence on which the other Parties rely.

Definitions

In the IBA Rules of Evidence: *'Arbitral Tribunal'* means a sole arbitrator or a panel of arbitrators;

'Claimant' means the Party or Parties who commenced the arbitration and any Party who, through joinder or otherwise, becomes aligned with such Party or Parties;

'Document' means a writing, communication, picture, drawing, program or data of any kind, whether recorded or maintained on paper or by electronic, audio, visual or any other means;

'Evidentiary Hearing' means any hearing, whether or not held on consecutive days, at which the Arbitral Tribunal, whether in person, by teleconference, videoconference or other method, receives oral or other evidence;

'Expert Report' means a written statement by a Tribunal-Appointed Expert or a Party-Appointed Expert;

'General Rules' mean the institutional, ad hoc or other rules that apply to the conduct of the arbitration;

'IBA Rules of Evidence' or *'Rules'* means these IBA Rules on the Taking of Evidence in International Arbitration, as they may be revised or amended from time to time;

'Party' means a party to the arbitration;

'Party-Appointed Expert' means a person or organisation appointed by a Party in order to report on specific issues determined by the Party;

'Remote Hearing' means a hearing conducted, for the entire hearing or parts thereof, or only with respect to certain participants, using teleconference, videoconference or other communication technology by which persons in more than one location simultaneously participate;

'Request to Produce' means a written request by a Party that another Party produce Documents;

'Respondent' means the Party or Parties against whom the Claimant made its claim, and any Party who, through joinder or otherwise, becomes aligned with such Party or Parties, and includes a Respondent making a counterclaim;

'Tribunal-Appointed Expert' means a person or organisation appointed by the Arbitral Tribunal in order to report to it on specific issues determined by the Arbitral Tribunal; and

'Witness Statement' means a written statement of testimony by a witness of fact.

Article 1 – Scope of Application

1. Whenever the Parties have agreed or the Arbitral Tribunal has determined to apply the IBA Rules of Evidence, the Rules shall govern the taking of evidence, except to the extent that any specific provision of them may be found to be in conflict with any mandatory provision of law deter-

mined to be applicable to the case by the Parties or by the Arbitral Tribunal.

2. Where the Parties have agreed to apply the IBA Rules of Evidence, in whole or in part, they shall be deemed to have agreed, in the absence of a contrary indication, to the version as current on the date of such agreement.

3. In case of conflict between any provisions of the IBA Rules of Evidence and the General Rules, the Arbitral Tribunal shall apply the IBA Rules of Evidence in the manner that it determines best in order to accomplish, to the extent possible, the purposes of both the General Rules and the IBA Rules of Evidence, unless the Parties agree to the contrary.

4. In the event of any dispute regarding the meaning of the IBA Rules of Evidence, the Arbitral Tribunal shall interpret them according to their purpose and in the manner most appropriate for the particular arbitration.

5. Insofar as the IBA Rules of Evidence and the General Rules are silent on any matter concerning the taking of evidence and the Parties have not agreed otherwise, the Arbitral Tribunal shall conduct the taking of evidence as it deems appropriate, in accordance with the general principles of the IBA Rules of Evidence.

Article 2 – Consultation on Evidentiary Issues

1. The Arbitral Tribunal shall consult the Parties at the earliest appropriate time in the proceedings and invite them to consult each other with a view to agreeing on an efficient, economical and fair process for the taking of evidence.

2. The consultation on evidentiary issues may address the scope, timing and manner of the taking of evidence, including, to the extent applicable:

a) the preparation and submission of Witness Statements and Expert Reports;

b) the taking of oral testimony at any Evidentiary Hearing;

c) the requirements, procedure and format applicable to the production of Documents;

d) the level of confidentiality protection to be afforded to evidence in the arbitration;

e) the treatment of any issues of cybersecurity and data protection; and

f) the promotion of efficiency, economy and conservation of resources in connection with the taking of evidence.

3. The Arbitral Tribunal is encouraged to identify to the Parties, as soon as it considers it to be appropriate, any issues:

a) that the Arbitral Tribunal may regard as relevant to the case and material to its outcome; and/or

b) for which a preliminary determination may be appropriate.

Article 3 – Documents

1. Within the time ordered by the Arbitral Tribunal, each Party shall submit to the Arbitral Tribunal and to the other Parties all Documents available to it on which it relies, including public Documents and those in the public domain, except for any Documents that have already been submitted by another Party.

2. Within the time ordered by the Arbitral Tribunal, any Party may submit to the Arbitral Tribunal and to the other Parties a Request to Produce.

3. A Request to Produce shall contain:

a) *i)* a description of each requested Document sufficient to identify it, or

ii) a description in sufficient detail (including subject matter) of a narrow and specific requested category of Documents that are reasonably believed to exist; in the case of Documents maintained in electronic form, the requesting Party may, or the Arbitral Tribunal may order that it shall be required to, identify specific files, search terms, individuals or other means of searching for such Documents in an efficient and economical manner;

b) a statement as to how the Documents requested are relevant to the case and material to its outcome; and

c) *i)* a statement that the Documents requested are not in the possession, custody or control of the requesting Party or a statement of the reasons why it would be unreasonably burdensome for the requesting Party to produce such Documents, and

ii) a statement of the reasons why the requesting Party assumes the Documents requested are in the possession, custody or control of another Party.

4. Within the time ordered by the Arbitral Tribunal, the Party to whom the Request to Produce is addressed shall produce to the other Parties and, if the Arbitral Tribunal so orders, to it, all the Documents requested in its possession, custody or control as to which it makes no objection.

5. If the Party to whom the Request to Produce is addressed has an objection to some or all of the Documents requested, it shall state the objection in writing to the Arbitral Tribunal and the other Parties within the time ordered by the Arbitral Tribunal. The reasons for such objection shall be any of those set forth in Articles 9.2 or 9.3, or a failure to satisfy any of the requirements of Article 3.3. If so directed by the Arbitral Tribunal, and within the time so ordered, the requesting party may respond to the objection.

6. Upon receipt of any such objection and response, the Arbitral Tribunal may invite the relevant Parties to consult with each other with a view to resolving the objection.

7. Either Party may, within the time ordered by the Arbitral Tribunal, request the Arbitral Tribunal to rule on the objection. The Arbitral Tribunal shall then, in timely fashion, consider the Request to Produce, the objection and any response thereto. The Arbitral Tribunal may order the Party to whom such Request is addressed to produce any requested Document in its possession, custody or control as to which the Arbitral Tribunal determines that *(i)* the issues that the requesting Party wishes to prove are relevant to the case and material to its outcome; *(ii)* none of the reasons for objection set forth in Articles 9.2 or 9.3 applies; and *(iii)* the requirements of Article 3.3 have been satisfied. Any such Document shall be produced to the other Parties and, if the Arbitral Tribunal so orders, to it.

8. In exceptional circumstances, if the propriety of an objection can be determined only by review of the Document, the Arbitral Tribunal may determine that it should not review the Document. In that event, the Arbitral Tribunal may, after consultation with the Parties, appoint an independent and impartial expert, bound to confidentiality, to review any such Document and to report on the objection. To the extent that the objection is upheld by the Arbitral Tribunal, the expert shall not disclose to the Arbitral Tribunal and to the other Parties the contents of the Document reviewed.

9. If a Party wishes to obtain the production of Documents from a person or organisation who is not a Party to the arbitration and from whom the Party cannot obtain the Documents on its own, the Party may, within the time ordered by the Arbitral Tribunal, ask it to take whatever steps are legally available to obtain the requested Documents, or seek leave from the Arbitral Tribunal to take such steps itself. The Party shall submit such

request to the Arbitral Tribunal and to the other Parties in writing, and the request shall contain the particulars set forth in Article 3.3, as applicable. The Arbitral Tribunal shall decide on this request and shall take, authorize the requesting Party to take, or order any other Party to take, such steps as the Arbitral Tribunal considers appropriate if, in its discretion, it determines that *(i)* the Documents would be relevant to the case and material to its outcome, *(ii)* the requirements of Article 3.3, as applicable, have been satisfied and *(iii)* none of the reasons for objection set forth in Articles 9.2 or 9.3 applies.

10. At any time before the arbitration is concluded, the Arbitral Tribunal may *(i)* request any Party to produce Documents, *(ii)* request any Party to use its best efforts to take or *(iii)* itself take, any step that it considers appropriate to obtain Documents from any person or organisation. Any Party may object to the request for any of the reasons set forth in Articles 9.2 or 9.3. In such cases, Article 3.4 to Article 3.8 shall apply correspondingly.

11. Within the time ordered by the Arbitral Tribunal, the Parties may submit to the Arbitral Tribunal and to the other Parties any additional Documents on which they intend to rely or which they believe have become relevant to the case and material to its outcome as a consequence of the issues raised in Documents, Witness Statements or Expert Reports submitted or produced, or in other submissions of the Parties.

12. With respect to the form of submission or production of Documents, unless the Parties agree otherwise or, in the absence of such agreement, the Arbitral Tribunal decides otherwise:

a) copies of Documents shall conform to the originals and, at the request of the Arbitral Tribunal, any original shall be presented for inspection;

b) Documents that a Party maintains in electronic form shall be submitted or produced in the form most convenient or economical to it that is reasonably usable by the recipients;

c) a Party is not obligated to produce multiple copies of Documents which are essentially identical;

d) Documents to be produced in response to a Request to Produce need not be translated; and

e) Documents in a language other than the language of the arbitration that are submitted to the Arbitral Tribunal shall be accompanied by translations marked as such.

13. Any Document submitted or produced by a Party or non-Party in the arbitration and not otherwise in the public domain shall be kept confidential by the Arbitral Tribunal and the other Parties, and shall be used only in connection with the arbitration. This requirement shall apply except and to the extent that disclosure may be required of a Party to fulfil a legal duty, protect or pursue a legal right, or enforce or challenge an award in bona fide legal proceedings before a state court or other judicial authority. The Arbitral Tribunal may issue orders to set forth the terms of this confidentiality. This requirement shall be without prejudice to all other obligations of confidentiality in the arbitration.

14. If the arbitration is organised into separate issues or phases (such as jurisdiction, preliminary determinations, liability or damages), the Arbitral Tribunal may, after consultation with the Parties, schedule the submission of Documents and Requests to Produce separately for each issue or phase.

Article 4 – Witnesses of Fact

1. Within the time ordered by the Arbitral Tribunal, each Party shall identify the witnesses on whose testimony it intends to rely and the subject matter of that testimony.

2. Any person may present evidence as a witness, including a Party or a Party's officer, employee or other representative.

3. It shall not be improper for a Party, its officers, employees, legal advisors or other representatives to interview its witnesses or potential witnesses and to discuss their prospective testimony with them.

4. The Arbitral Tribunal may order each Party to submit within a specified time to the Arbitral Tribunal and to the other Parties Witness Statements by each witness on whose testimony it intends to rely, except for those witnesses whose testimony is sought pursuant to Articles 4.9 or 4.10. If Evidentiary Hearings are organised into separate issues or phases (such as jurisdiction, preliminary determinations, liability or damages), the Arbitral Tribunal or the Parties by agreement may schedule the submission of Witness Statements separately for each issue or phase.

5. Each Witness Statement shall contain:

a) the full name and address of the witness, a statement regarding his or her present and past relationship (if any) with any of the Parties, and a description of his or her background, qualifications, training and experience, if such a description may be relevant to the dispute or to the contents of the statement;

b) a full and detailed description of the facts, and the source of the witness's information as to those facts, sufficient to serve as that witness's evidence in the matter in dispute. Documents on which the witness relies that have not already been submitted shall be provided;

c) a statement as to the language in which the Witness Statement was originally prepared and the language in which the witness anticipates giving testimony at the Evidentiary Hearing;

d) an affirmation of the truth of the Witness Statement; and

e) the signature of the witness and its date and place.

6. If Witness Statements are submitted, any Party may, within the time ordered by the Arbitral Tribunal, submit to the Arbitral Tribunal and to the other Parties revised or additional Witness Statements, including statements from persons not previously named as witnesses, so long as any such revisions or additions respond only to:

a) matters contained in another Party's Witness Statements, Expert Reports or other submissions that have not been previously presented in the arbitration; or

b) new factual developments that could not have been addressed in a previous Witness Statement.

7. If a witness whose appearance has been requested pursuant to Article 8.1 fails without a valid reason to appear for testimony at an Evidentiary Hearing, the Arbitral Tribunal shall disregard any Witness Statement related to that Evidentiary Hearing by that witness unless, in exceptional circumstances, the Arbitral Tribunal decides otherwise.

8. If the appearance of a witness has not been requested pursuant to Article 8.1, none of the other Parties shall be deemed to have agreed to the correctness of the content of the Witness Statement.

9. If a Party wishes to present evidence from a person who will not appear voluntarily at its request, the Party may, within the time ordered by the Arbitral Tribunal, ask it to take whatever steps are legally available to obtain the testimony of that person, or seek leave from the Arbitral Tribunal to take such steps itself. In the case of a request to the Arbitral Tribunal, the Party shall identify the intended witness, shall describe the subjects on which the witness's testimony is sought and shall state why such subjects are relevant to the case and material to its outcome. The Arbitral Tribunal shall decide on this request and shall take, authorize the requesting Party to take or order any other Party to take, such steps as the Arbitral Tribunal consi-

ders appropriate if, in its discretion, it determines that the testimony of that witness would be relevant to the case and material to its outcome.

10. At any time before the arbitration is concluded, the Arbitral Tribunal may order any Party to provide for, or to use its best efforts to provide for, the appearance for testimony at an Evidentiary Hearing of any person, including one whose testimony has not yet been offered. Any Party may object for any of the reasons set forth in Articles 9.2 or 9.3.

Article 5 – Party-Appointed Experts

1. A Party may rely on a Party-Appointed Expert as a means of evidence on specific issues. Within the time ordered by the Arbitral Tribunal, (i) each Party shall identify any Party-Appointed Expert on whose testimony it intends to rely and the subject-matter of such testimony; and (ii) the Party-Appointed Expert shall submit an Expert Report.

2. The Expert Report shall contain:

a) the full name and address of the Party-Appointed Expert, a statement regarding his or her present and past relationship (if any) with any of the Parties, their legal advisors and the Arbitral Tribunal, and a description of his or her background, qualifications, training and experience;

b) a description of the instructions pursuant to which he or she is providing his or her opinions and conclusions;

c) a statement of his or her independence from the Parties, their legal advisors and the Arbitral Tribunal;

d) a statement of the facts on which he or she is basing his or her expert opinions and conclusions;

e) his or her expert opinions and conclusions, including a description of the methods, evidence and information used in arriving at the conclusions. Documents on which the Party-Appointed Expert relies that have not already been submitted shall be provided;

f) if the Expert Report has been translated, a statement as to the language in which it was originally prepared, and the language in which the Party-Appointed Expert anticipates giving testimony at the Evidentiary Hearing;

g) an affirmation of his or her genuine belief in the opinions expressed in the Expert Report;

h) the signature of the Party-Appointed Expert and its date and place; and *i*) if the Expert Report has been signed by more than one person, an attribution of the entirety or specific parts of the Expert Report to each author.

3. If Expert Reports are submitted, any Party may, within the time ordered by the Arbitral Tribunal, submit to the Arbitral Tribunal and to the other Parties revised or additional Expert Reports, including reports or statements from persons not previously identified as Party-Appointed Experts, so long as any such revisions or additions respond only to:

a) matters contained in another Party's Witness Statements, Expert Reports or other submissions that have not been previously presented in the arbitration; or

b) new developments that could not have been addressed in a previous Expert Report.

4. The Arbitral Tribunal in its discretion may order that any Party-Appointed Experts who will submit or who have submitted Expert Reports on the same or related issues meet and confer on such issues. At such meeting, the Party-Appointed Experts shall attempt to reach agreement on the issues within the scope of their Expert Reports, and they shall record in writing any such issues on which they reach agreement, any remaining areas of disagreement and the reasons therefor.

5. If a Party-Appointed Expert whose appearance has been requested pursuant to Article 8.1 fails without a valid reason to appear for testimony at an Evidentiary Hearing, the Arbitral Tribunal shall disregard any Expert Report by that Party-Appointed Expert related to that Evidentiary Hearing unless, in exceptional circumstances, the Arbitral Tribunal decides otherwise.

6. If the appearance of a Party-Appointed Expert has not been requested pursuant to Article 8.1, none of the other Parties shall be deemed to have agreed to the correctness of the content of the Expert Report.

Article 6 – Tribunal-Appointed Experts

1. The Arbitral Tribunal, after consulting with the Parties, may appoint one or more independent Tribunal-Appointed Experts to report to it on specific issues designated by the Arbitral Tribunal. The Arbitral Tribunal shall establish the terms of reference for any Tribunal-Appointed Expert Report after consulting with the Parties. A copy of the final terms of reference shall be sent by the Arbitral Tribunal to the Parties.

2. The Tribunal-Appointed Expert shall, before accepting appointment, submit to the Arbitral Tribunal and to the Parties a description of his or her qualifications and a statement of his or her independence from the Parties, their legal advisors and the Arbitral Tribunal. Within the time ordered by the Arbitral Tribunal, the Parties shall inform the Arbitral Tribunal whether they have any objections as to the Tribunal-Appointed Expert's qualifications and independence. The Arbitral Tribunal shall decide promptly whether to accept any such objection. After the appointment of a Tribunal-Appointed Expert, a Party may object to the expert's qualifications or independence only if the objection is for reasons of which the Party becomes aware after the appointment has been made. The Arbitral Tribunal shall decide promptly what, if any, action to take.

3. Subject to the provisions of Articles 9.2 and 9.3, the Tribunal-Appointed Expert may request a Party to provide any information or to provide access to any Documents, goods, samples, property, machinery, systems, processes or site for inspection, to the extent relevant to the case and material to its outcome. The Parties and their representatives shall have the right to receive any such information and to attend any such inspection. Any disagreement between a Tribunal-Appointed Expert and a Party as to the relevance, materiality or appropriateness of such a request shall be decided by the Arbitral Tribunal, in the manner provided in Articles 3.5 through 3.8. The Tribunal-Appointed Expert shall record in the Expert Report any non-compliance by a Party with an appropriate request or decision by the Arbitral Tribunal and shall describe its effects on the determination of the specific issue.

4. The Tribunal-Appointed Expert shall report in writing to the Arbitral Tribunal in an Expert Report. The Expert Report shall contain:

a) the full name and address of the Tribunal-Appointed Expert, and a description of his or her background, qualifications, training and experience;

b) a statement of the facts on which he or she is basing his or her expert opinions and conclusions;

c) his or her expert opinions and conclusions, including a description of the methods, evidence and information used in arriving at the conclusions. Documents on which the Tribunal-Appointed Expert relies that have not already been submitted shall be provided;

d) if the Expert Report has been translated, a statement as to the language in which it was originally prepared, and the language in which the

Tribunal-Appointed Expert anticipates giving testimony at the Evidentiary Hearing;

e) an affirmation of his or her genuine belief in the opinions expressed in the Expert Report;

f) the signature of the Tribunal-Appointed Expert and its date and place; and

g) if the Expert Report has been signed by more than one person, an attribution of the entirety or specific parts of the Expert Report to each author.

5. The Arbitral Tribunal shall send a copy of such Expert Report to the Parties. The Parties may examine any information, Documents, goods, samples, property, machinery, systems, processes or site for inspection that the Tribunal-Appointed Expert has examined and any correspondence between the Arbitral Tribunal and the Tribunal-Appointed Expert. Within the time ordered by the Arbitral Tribunal, any Party shall have the opportunity to respond to the Expert Report in a submission by the Party or through a Witness Statement or an Expert Report by a Party-Appointed Expert. The Arbitral Tribunal shall send the submission, Witness Statement or Expert Report to the Tribunal-Appointed Expert and to the other Parties.

6. At the request of a Party or of the Arbitral Tribunal, the Tribunal-Appointed Expert shall be present at an Evidentiary Hearing. The Arbitral Tribunal may question the Tribunal-Appointed Expert, and he or she may be questioned by the Parties or by any Party-Appointed Expert on issues raised in his or her Expert Report, the Parties' submissions or Witness Statement or the Expert Reports made by the Party-Appointed Experts pursuant to Article 6.5.

7. Any Expert Report made by a Tribunal-Appointed Expert and its conclusions shall be assessed by the Arbitral Tribunal with due regard to all circumstances of the case.

8. The fees and expenses of a Tribunal-Appointed Expert, to be funded in a manner determined by the Arbitral Tribunal, shall form part of the costs of the arbitration.

Article 7 – Inspection

Subject to the provisions of Articles 9.2 and 9.3, the Arbitral Tribunal may, at the request of a Party or on its own motion, inspect or require the inspection by a Tribunal-Appointed Expert or a Party-Appointed Expert of any site, property, machinery or any other goods, samples, systems, processes or Documents, as it deems appropriate. The Arbitral Tribunal shall, in consultation with the Parties, determine the timing and arrangements for the inspection. The Parties and their representatives shall have the right to attend any such inspection.

Article 8 – Evidentiary Hearing

1. Within the time ordered by the Arbitral Tribunal, each Party shall inform the Arbitral Tribunal and the other Parties of the witnesses whose appearance it requests. Each witness (which term includes, for the purposes of this Article, witnesses of fact and any experts) shall, subject to Article 8.3, appear for testimony at the Evidentiary Hearing if such person's appearance has been requested by any Party or by the Arbitral Tribunal.

2. At the request of a Party or on its own motion, the Arbitral Tribunal may, after consultation with the Parties, order that the Evidentiary Hearing be conducted as a Remote Hearing. In that event, the Arbitral Tribunal shall consult with the Parties with a view to establishing a Remote Hearing protocol to conduct the Remote Hearing efficiently, fairly and, to the extent possible, without unintended interruptions. The protocol may address:

a) the technology to be used;

b) advance testing of the technology or training in use of the technology;

c) the starting and ending times considering, in particular, the time zones in which participants will be located;

d) how Documents may be placed before a witness or the Arbitral Tribunal; and

e) measures to ensure that witnesses giving oral testimony are not improperly influenced or distracted.

3. The Arbitral Tribunal shall at all times have complete control over the Evidentiary Hearing. The Arbitral Tribunal may limit or exclude any question to, answer by or appearance of a witness, if it considers such question, answer or appearance to be irrelevant, immaterial, unreasonably burdensome, duplicative or otherwise covered by a reason for objection set forth in Articles 9.2 or 9.3. Questions to a witness during direct and re-direct testimony may not be unreasonably leading.

4. With respect to oral testimony at an Evidentiary Hearing:

a) the Claimant shall ordinarily first present the testimony of its witnesses, followed by the Respondent presenting the testimony of its witnesses;

b) following direct testimony, any other Party may question such witness, in an order to be determined by the Arbitral Tribunal. The Party who initially presented the witness shall subsequently have the opportunity to ask additional questions on the matters raised in the other Parties' questioning;

c) thereafter, the Claimant shall ordinarily first present the testimony of its Party-Appointed Experts, followed by the Respondent presenting the testimony of its Party-Appointed Experts. The Party who initially presented the Party-Appointed Expert shall subsequently have the opportunity to ask additional questions on the matters raised in the other Parties' questioning;

d) the Arbitral Tribunal may question a Tribunal-Appointed Expert, and he or she may be questioned by the Parties or by any Party-Appointed Expert, on issues raised in the Tribunal-Appointed Expert Report, in the Parties' submissions or in the Expert Reports made by the Party-Appointed Experts;

e) if the arbitration is organised into separate issues or phases (such as jurisdiction, preliminary determinations, liability and damages), the Parties may agree or the Arbitral Tribunal may order the scheduling of testimony separately for each issue or phase;

f) the Arbitral Tribunal, upon request of a Party or on its own motion, may vary this order of proceeding, including the arrangement of testimony by particular issues or in such a manner that witnesses be questioned at the same time and in confrontation with each other (witness conferencing);

g) the Arbitral Tribunal may ask questions to a witness at any time.

5. A witness of fact providing testimony shall first affirm, in a manner determined appropriate by the Arbitral Tribunal, that he or she commits to tell the truth or, in the case of an expert witness, his or her genuine belief in the opinions to be expressed at the Evidentiary Hearing. If the witness has submitted a Witness Statement or an Expert Report, the witness shall confirm it. The Parties may agree or the Arbitral Tribunal may order that the Witness Statement or Expert Report shall serve as that witness's direct testimony, in which event the Arbitral Tribunal may nevertheless permit further oral direct testimony.

6. Subject to the provisions of Articles 9.2 and 9.3, the Arbitral Tribunal may request any person to give oral or written evidence on any issue that the Arbitral Tribunal considers to be relevant to the case and material to its outcome. Any witness called and questioned by the Arbitral Tribunal may also be questioned by the Parties.

Article 9 – Admissibility and Assessment of Evidence

1. The Arbitral Tribunal shall determine the admissibility, relevance, materiality and weight of evidence.

2. The Arbitral Tribunal shall, at the request of a Party or on its own motion, exclude from evidence or production any Document, statement, oral testimony or inspection, in whole or in part, for any of the following reasons:

a) lack of sufficient relevance to the case or materiality to its outcome;

b) legal impediment or privilege under the legal or ethical rules determined by the Arbitral Tribunal to be applicable (see Article 9.4 below);

c) unreasonable burden to produce the requested evidence;

d) loss or destruction of the Document that has been shown with reasonable likelihood to have occurred;

e) grounds of commercial or technical confidentiality that the Arbitral Tribunal determines to be compelling;

f) grounds of special political or institutional sensitivity (including evidence that has been classified as secret by a government or a public international institution) that the Arbitral Tribunal determines to be compelling; or

g) considerations of procedural economy, proportionality, fairness or equality of the Parties that the Arbitral Tribunal determines to be compelling.

3. The Arbitral Tribunal may, at the request of a Party or on its own motion, exclude evidence obtained illegally.

4. In considering issues of legal impediment or privilege under Article 9.2(b), and insofar as permitted by any mandatory legal or ethical rules that are determined by it to be applicable, the Arbitral Tribunal may take into account:

a) any need to protect the confidentiality of a Document created or statement or oral communication made in connection with and for the purpose of providing or obtaining legal advice;

b) any need to protect the confidentiality of a Document created or statement or oral communication made in connection with and for the purpose of settlement negotiations;

c) the expectations of the Parties and their advisors at the time the legal impediment or privilege is said to have arisen;

d) any possible waiver of any applicable legal impediment or privilege by virtue of consent, earlier disclosure, affirmative use of the Document, statement, oral communication or advice contained therein, or otherwise; and

e) the need to maintain fairness and equality as between the Parties, particularly if they are subject to different legal or ethical rules.

5. The Arbitral Tribunal may, where appropriate, make necessary arrangements to permit Documents to be produced, and evidence to be presented or considered subject to suitable confidentiality protection.

6. If a Party fails without satisfactory explanation to produce any Document requested in a Request to Produce to which it has not objected in due time or fails to produce any Document ordered to be produced by the Arbitral Tribunal, the Arbitral Tribunal may infer that such document would be adverse to the interests of that Party.

7. If a Party fails without satisfactory explanation to make available any other relevant evidence, including testimony, sought by one Party to which the Party to whom the request was addressed has not objected in due time or fails to make available any evidence, including testimony, ordered by the Arbitral Tribunal to be produced, the Arbitral Tribunal may infer that such evidence would be adverse to the interests of that Party.

8. If the Arbitral Tribunal determines that a Party has failed to conduct itself in good faith in the taking of evidence, the Arbitral Tribunal may, in addition to any other measures available under these Rules, take such failure into account in its assignment of the costs of the arbitration, including costs arising out of or in connection with the taking of evidence.

4.7. IBA Guidelines for Drafting International Arbitration Clauses

Adopted by a resolution of the IBA Council
7 October 2010
International Bar Association

I. Introduction

1. The purpose of these Guidelines is to provide a succinct and accessible approach to the drafting of international arbitration clauses. Poorly drafted arbitration clauses may be unenforceable and often cause unnecessary cost and delay. By considering these Guidelines, contract drafters should be able to ensure that their arbitration clauses are effective and adapted to their needs.

2. The Guidelines are divided into five sections (in addition to this introduction). The first section offers basic guidelines on what to do and not to do. The second section addresses optional elements that should be considered when drafting arbitration clauses. The third section addresses multi-tier dispute resolution clauses providing for negotiation, mediation and arbitration. The fourth section discusses the drafting of arbitration clauses for multiparty contracts, and the fifth section considers the drafting of arbitration clauses in situations involving multiple, but related contracts.

II. Basic Drafting Guidelines

Guideline 1: The parties should decide between institutional and ad hoc arbitration.
Comments:

3. The first choice facing parties drafting an arbitration clause is whether to opt for institutional or ad hoc arbitration.

4. In institutional (or administered) arbitration, an arbitral institution provides assistance in running the arbitral proceedings in exchange for a fee. The institution can assist with practical matters such as organizing hearings and handling communications with and payments to the arbitrators. The institution can also provide services such as appointing an arbitrator if a party defaults, deciding a challenge against an arbitrator and scrutinizing the award. The institution does not decide the merits of the parties' dispute, however. This is left entirely to the arbitrators.

5. Institutional arbitration may be beneficial for parties with little experience in international arbitration. The institution may contribute significant procedural 'know how' that helps the arbitration run effectively, and may even be able to assist when the parties have failed to anticipate something when drafting their arbitration clause. The services provided by an arbitral institution are often worth the relatively low administrative fee charged.

6. If parties choose administered arbitration, they should seek a reputable institution, usually one with an established track record of administering international cases. The major arbitral institutions can administer arbitrations around the world, and the arbitral proceedings do not need to take place in the city where the institution is headquartered.

7. In ad hoc (or non-administered) arbitration, the burden of running the arbitral proceedings falls entirely on the parties and, once they have been appointed, the arbitrators. As explained below (Guideline 2), the parties can facilitate their task by selecting a set of arbitration rules designed for use in ad hoc arbitration. Although no arbitral institution is involved in running the arbitral proceedings, as explained below (Guideline 6), there still is a need to designate a neutral third party (known as an 'appointing authority') to select arbitrators and deal with possible vacancies if the parties cannot agree.

Guideline 2: The parties should select a set of arbitration rules and use the model clause recommended for these arbitration rules as a starting point.
Comments:

8. The second choice facing parties drafting an arbitration clause is selection of a set of arbitration rules. The selected arbitration rules will

provide the procedural framework for the arbitral proceedings. If the parties do not incorporate an established set of rules, many procedural issues that may arise during arbitral proceedings should be addressed in the arbitration clause itself, an effort that is rarely desirable and should be undertaken with specialized advice.

9. When the parties have opted for institutional arbitration, the choice of arbitration rules should always coincide with that of the arbitral institution. When the parties have opted for ad hoc arbitration, the parties can select arbitration rules developed for non-administered arbitration, eg, the Arbitration Rules developed by the United Nations Commission on International Trade Law ('UNCITRAL'). Even if they do so, the parties should designate an arbitral institution (or another neutral entity) as the appointing authority for selection of the arbitrators (see paragraphs 31-32 below).

10. Once a set of arbitration rules is selected, the parties should use the model clause recommended by the institution or entity that authored the rules as a starting point for drafting their arbitration clause. The parties can add to the model clause, but should rarely subtract from it. By doing so, the parties will ensure that all the elements required to make an arbitration agreement valid, enforceable and effective are present. They will ensure that arbitration is unambiguously established as the exclusive dispute resolution method under their contract and that the correct names of the arbitral institution and rules are used (thus avoiding confusion or dilatory tactics when a dispute arises). The parties should assure that language added to a model clause is consistent with the selected arbitration rules.

Recommended Clause:

11. For an institutional arbitration clause, the website of the chosen institution should be accessed in order to use the model clause proposed by the institution as a basis for drafting the arbitration clause. Some institutions have also developed clauses that are specific to certain industries (eg, shipping).

12. For an ad hoc arbitration designating a set of rules, the website of the entity that issues such rules should be accessed in order to use the entity's model clause as a basis for drafting the arbitration clause.

13. In those instances where contracting parties agree to ad hoc arbitration without designating a set of rules, the following clause can be used for two-party contracts:

All disputes arising out of or in connection with this agreement, including any question regarding its existence, validity or termination, shall be finally resolved by arbitration.

The place of arbitration shall be [city, country].

The language of the arbitration shall be [...].

The arbitration shall be commenced by a request for arbitration by the claimant, delivered to the respondent. The request for arbitration shall set out the nature of the claim(s) and the relief requested.

The arbitral tribunal shall consist of three arbitrators, one selected by the claimant in the request for arbitration, the second selected by the respondent within [30] days of receipt of the request for arbitration, and the third, who shall act as presiding arbitrator, selected by the two parties within [30] days of the selection of the second arbitrator. If any arbitrators are not selected within these time periods, [the designated appointing authority] shall, upon the request of any party, make the selection(s).

If a vacancy arises, the vacancy shall be filled by the method by which that arbitrator was originally appointed, provided, however, that, if a vacancy arises during or after the hearing on the merits, the remaining two arbitrators may proceed with the arbitration and render an award.

The arbitrators shall be independent and impartial. Any challenge of an arbitrator shall be decided by [the designated appointing authority].

The procedure to be followed during the arbitration shall be agreed by the parties or, failing such agreement, determined by the arbitral tribunal after consultation with the parties.

The arbitral tribunal shall have the power to rule on its own jurisdiction, including any objections with respect to the existence, validity or effectiveness of the arbitration agreement.

The arbitral tribunal may make such ruling in a preliminary decision on jurisdiction or in an award on the merits, as it considers appropriate in the circumstances.

Default by any party shall not prevent the arbitral tribunal from proceeding to render an award.

The arbitral tribunal may make its decisions by a majority. In the event that no majority is possible, the presiding arbitrator may make the decision(s) as if acting as a sole arbitrator.

If the arbitrator appointed by a party fails or refuses to participate, the two other arbitrators may proceed with the arbitration and render an award if they determine that the failure or refusal to participate was unjustified.

Any award of the arbitral tribunal shall be final and binding on the parties. The parties undertake to carry out any award without delay and shall be deemed to have waived their right to any form of recourse insofar as such waiver can validly be made. Enforcement of any award may be sought in any court of competent jurisdiction.

Guideline 3: Absent special circumstances, the parties should not attempt to limit the scope of disputes subject to arbitration and should define this scope broadly.
Comments:

14. The scope of an arbitration clause refers to the type and ambit of disputes that are subject to arbitration. Absent particular circumstances compelling otherwise, the scope of an arbitration clause should be defined broadly to cover not only all disputes 'arising out of' the contract, but also all disputes 'in connection with' (or 'relating to') the contract. Less inclusive language invites arguments about whether a given dispute is subject to arbitration.

15. In certain circumstances, the parties may have good reasons to exclude some disputes from the scope of the arbitration clause. For example, it may be appropriate to refer pricing and technical disputes under certain contracts to expert determination rather than to arbitration. As another example, licensors may justifiably wish to retain the option to seek orders of specific performance and other injunctive relief directly from the courts in case of infringement of their intellectual property rights or to submit decisions on the ownership or validity of these rights to courts.

16. The parties should bear in mind that, even when drafted carefully, exclusions may not avoid preliminary arguments over whether a given dispute is subject to arbitration. A claim may raise some issues that fall within the scope of the arbitration clause and others that do not. To use one of the above examples, a dispute over the ownership or validity of intellectual property rights under a licensing agreement may also involve issues of non-payment, breach and so forth, which could give rise to intractable jurisdictional problems in situations where certain disputes have been excluded from arbitration.

Recommended Clauses:

17. The parties will ensure that the scope of their arbitration clause is broad by using the model clause associated with the selected arbitration rules.

18. If the parties do not use a model clause, the following clause should be used:

All disputes arising out of or in connection with this agreement, including any question regarding its existence, validity or termination, shall be finally resolved by arbitration under [selected arbitration rules].

19. Exceptionally, if there are special circumstances and the parties wish to limit the scope of disputes subject to arbitration, the following clause can be used:Except for matters that are specifically excluded from arbitration hereunder, all disputes arising out of or in connection with this agreement, including any question regarding its existence, validity or termination, shall be finally resolved by arbitration under [selected arbitration rules].

The following matters are specifically excluded from arbitration hereunder: [...].

Guideline 4: The parties should select the place of arbitration. This selection should be based on both practical and juridical considerations.

Comments:

20. The selection of the place (or 'seat') of arbitration involves obvious practical considerations: neutrality, availability of hearing facilities, proximity to the witnesses and evidence, the parties' familiarity with the language and culture, willingness of qualified arbitrators to participate in proceedings in that place. The place of arbitration may also influence the profile of the arbitrators, especially if not appointed by the parties. Convenience should not be the decisive factor, however, as under most rules the tribunal is free to meet and hold hearings in places other than the designated place of arbitration.

21. The place of arbitration is the juridical home of the arbitration. Close attention must be paid to the legal regime of the chosen place of arbitration because this choice has important legal consequences under most national arbitration legislations as well as under some arbitration rules. While the place of arbitration does not determine the law governing the contract and the merits (see paragraphs 42-46 below), it does deter-

mine the law (arbitration law or lex arbitri) that governs certain procedural aspects of the arbitration, eg, the powers of arbitrators and the judicial oversight of the arbitral process. Moreover, the courts at the place of arbitration can be called upon to provide assistance (eg, by appointing or replacing arbitrators, by ordering provisional and conservatory measures, or by assisting with the taking of evidence), and may also interfere with the conduct of the arbitration (eg, by ordering a stay of the arbitral proceedings). Further, these courts have jurisdiction to hear challenges against the award at the end of the arbitration; awards set aside at the place of arbitration may not be enforceable elsewhere. Even if the award is not set aside, the place of arbitration may affect the enforceability of the award under applicable international treaties.

22. As a general rule, the parties should set the place of arbitration in a jurisdiction (i) that is a party to the 1958 Convention on the Recognition and Enforcement of Foreign Arbitral Awards (known as the New York Convention), (ii) whose law is supportive of arbitration and permits arbitration of the subject matter of the contract, and (iii) whose courts have a track record of issuing unbiased decisions that are supportive of the arbitral process.

23. An arbitration clause that fails to specify the place of arbitration will be effective, though undesirable. The arbitral institution, if there is one, or the arbitrators, will choose for the parties if they cannot agree on a place of arbitration after a dispute has arisen. (In ad hoc arbitration, however, if difficulties arise with the appointment of the arbitrators and no place of arbitration is selected, the parties may be unable to proceed with the arbitration unless courts in some country are willing to assist.) The parties should not leave such a critical decision to others.

24. The parties should specify in their arbitration clause the 'place of arbitration', rather than the place of the 'hearing'. By designating only the place of the hearing, the parties leave it uncertain whether they have designated the 'place of arbitration' for the purposes of applicable laws and treaties. Moreover, by designating the place of the hearing in the arbitration clause, the parties deprive the arbitrators of desired flexibility to hold hearings in other places, as may be convenient.

Recommended Clause:

25. The place of arbitration shall be [city, country]

Guideline 5: The parties should specify the number of arbitrators.
Comments:

26. The parties should specify the number of arbitrators (ordinarily one or three and, in any case, an odd number). The number of arbitrators has an impact on the overall cost, the duration and, on occasion, the quality of the arbitral proceedings. Proceedings before a three-member tribunal will almost inevitably be lengthier and more expensive than those before a sole arbitrator. A three-member tribunal may be better equipped, however, to address complex issues of fact and law, and may reduce the risk of irrational or unfair results. The parties may also desire the increased control of the process afforded by each having the opportunity to select an arbitrator.

27. If the parties do not specify the number of arbitrators (and cannot agree on this once a dispute has arisen), the arbitral institution, if there is one, will make the decision for them, generally on the basis of the amount in dispute and the perceived complexity of the case. In ad hoc arbitration, the selected arbitration rules, if any, will ordinarily specify whether one or three arbitrators are to be appointed absent contrary agreement. Where the parties have not selected such a set of arbitration rules, it is especially important to specify the number of arbitrators in the clause itself.

28. Parties may remain deliberately silent as to the number of arbitrators, reasoning that the choice between a one – or three-member tribunal will be better made if and when a dispute arises. While the opportunity to decide this question after a dispute arises is an advantage, the corresponding disadvantage is that the proceedings may be delayed if the parties disagree on the number of arbitrators, particularly in the ad hoc context. On balance, it is recommended to specify the number of arbitrators in advance in the arbitration clause itself.

Recommended Clause:

29. There shall be [one or three] arbitrator[s].

Guideline 6: The parties should specify the method of selection and replacement of arbitrators and, when ad hoc arbitration is chosen, should select an appointing authority.
Comments:

30. Both institutional and ad hoc arbitration rules provide default mechanisms for selecting and replacing arbitrators. When they have incorporated such set of rules, the parties may be content to rely on the default

mechanism set forth in the rules. The parties may also agree on an alternative method.

For example, many arbitration rules provide for the chairperson of a three-member tribunal to be selected by the two co-arbitrators or by the institution. Parties often prefer to attempt to select the chairperson themselves in the first instance. If the parties decide to depart from the default mechanism, they should use language consistent with the terminology of the applicable arbitration rules. For example, under certain institutional rules, the parties 'nominate' arbitrators, and only the institution is empowered to 'appoint' them. When the parties have not incorporated a set of arbitration rules, it is crucial that they spell out the method for selecting and replacing arbitrators in the arbitration clause itself.

31. The need to designate an appointing authority in the context of ad hoc arbitration constitutes a significant difference between drafting an institutional arbitration clause and drafting an ad hoc arbitration clause. In institutional arbitration, the institution is available to select or replace arbitrators when the parties fail to do so. There is no such institution in ad hoc arbitration. It is, therefore, critical that the parties designate an 'appointing authority' in the ad hoc context, to select or replace arbitrators in the event the parties fail to do so. Absent such a choice, the courts at the place of arbitration may be willing to make the necessary appointments and replacement. (Under the UNCITRAL Rules, the Secretary General of the Permanent Court of Arbitration designates the appointing authority if the parties have failed to do so in their arbitration clause.)

32. The appointing authority may be an arbitral institution, a court, a trade or professional association, or another neutral entity. The parties should select an office or title (eg, the president of an arbitral institution, the chief judge of a court, or the chair of a trade or professional association) rather than an individual (as such individual may be unable to act when called upon to do so). The parties should also make sure that the selected authority will agree to perform its duties if and when called upon to do so.

33. Significant time may be wasted at the outset of the proceedings if no time limits are specified for the appointment of the arbitrators. Such time limits are ordinarily set in arbitration rules. Parties that have agreed to incorporate such rules thus need not concern themselves with this issue, unless they wish to depart from the appointment mechanism set forth in the rules. When the parties have not agreed to incorporate a set of arbitra-

tion rules, it is important to set such time limits in the arbitration clause itself.

34. When a tribunal is comprised of three arbitrators, it sometimes occurs that one arbitrator resigns, refuses to cooperate or otherwise fails to participate in the proceedings at a late and critical juncture (eg, during the deliberations). In those circumstances, replacement may not be an option as it would overly delay and disrupt the proceedings. Absent specific authorization, however, the remaining two arbitrators may not be able to render a valid and enforceable award. Most (but not all) arbitration rules therefore permit the other two arbitrators in such a situation to continue the proceedings as a 'truncated' tribunal and to issue an award. When the parties do not select a set of arbitration rules (or where the selected arbitration rules do not address the issue), the parties can authorize in the arbitration clause a 'truncated' tribunal to proceed to render an award.

Recommended Clauses:

35. When institutional arbitration is chosen, and the institutional rules do not provide for all arbitrator selections and replacements to be made by the parties in the first instance, and the parties wish to make their own selections, the following clause can be used:

There shall be three arbitrators, one selected by the initiating party in the request for arbitration, the second selected by the other party within [30] days of receipt of the request for arbitration, and the third, who shall act as [chairperson or presiding arbitrator], selected by the two parties within [30] days of the selection of the second arbitrator. If any arbitrators are not selected within these time periods, the [institution] shall make the selection(s). If replacement of an arbitrator becomes necessary, replacement shall be done by the same method(s) as above.

36. When non-administered arbitration is chosen, the parties can provide for a method of selection and replacement of arbitrators by choosing a set of ad hoc arbitration rules, eg, the UNCITRAL Arbitration Rules.

37. The clause proposed above for ad hoc arbitration without a set of arbitration rules (see paragraph 13 above) sets forth a comprehensive mechanism to select and replace the members of a three-member tribunal and includes provisions permitting a truncated tribunal to proceed to render an award without the participation of an obstructive or defaulting arbitrator.

38. In similar circumstances, but where the parties wish to submit their dispute to a sole arbitrator, the parties can amend the clause proposed in paragraph 13 above and use the following language:

There shall be one arbitrator, selected jointly by the parties. If the arbitrator is not selected within [30] days of the receipt of the request for arbitration, the [designated appointing authority] shall make the selection.

Guideline 7: The parties should specify the language of arbitration.

Comments:

39. Arbitration clauses in contracts between parties whose languages differ, or whose shared language differs from that of the place of arbitration, should ordinarily specify the language of arbitration. In making this choice, the parties should consider not only the language of the contract and of the related documentation, but also the likely effect of their choice on the pool of qualified arbitrators and counsel. Absent a choice in the arbitration clause, it is for the arbitrators to determine the language of arbitration. It is likely that the arbitrators will choose the language of the contract or, if different, of the correspondence exchanged by the parties. Leaving this decision to the arbitrators could cause unnecessary cost and delay.

40. Contract drafters are often tempted to provide for more than one language of arbitration. The parties should carefully consider whether to do so. Multi-lingual arbitration, while workable (there are numerous examples of proceedings conducted in both English and Spanish, for example), may present challenges depending on the languages chosen. There may be difficulties in finding arbitrators who are able to conduct arbitration proceedings in two languages, and the required translation and interpretation may add to the costs and delays of the proceedings. A solution may be to specify one language of arbitration, but to provide that documents may be submitted in another language (without translation).

Recommended Clause:

41. The language of the arbitration shall be [...].

Guideline 8: The parties should ordinarily specify the rules of law governing the contract and any subsequent disputes.

Comments:

42. In international transactions, it is important for the parties to select in their contract the rules of law that govern the contract and any subsequent disputes (the 'substantive law').

43. The choice of substantive law should be set forth in a clause separate from the arbitration clause or should be addressed together with arbitration in a clause which makes clear that the clause serves a dual purpose, eg, captioning the clause 'Governing Law and Arbitration [or Dispute Resolution].' This is so because issues can arise under the substantive law during the performance of the contract independent of any arbitral dispute.

44. By choosing the substantive law, the parties do not choose the procedural or arbitration law. Such law, absent a contrary agreement, is ordinarily that of the place of arbitration (see paragraph 21 above). Although the parties can agree otherwise, it is rarely advisable to do so.

45. Sometimes parties do not choose a national legal system as the substantive law. Instead, they choose lex mercatoria or other a-national rules of law. In other cases, they empower the arbitral tribunal to determine the dispute on the basis of what is fair and reasonable (ex aequo et bono). Care should be taken before selecting these options. While appropriate in certain situations (eg, when the parties cannot agree on a national law), they may create difficulties by virtue of the relative uncertainty as to their content or impact on the outcome. As it is difficult to ascertain in advance the rules that will ultimately be applied by the arbitrators when the parties select these alternatives to national laws, resolving disputes may become more complex, uncertain and costly.

Recommended Clause:

46. The following clause can be used to select the substantive law:

This agreement is governed by, and all disputes arising under or in connection with this agreement shall be resolved in accordance with, [selected law or rules of law].

III. Drafting Guidelines for Optional Elements

47. Arbitration being a matter of agreement, contracting parties have the opportunity in their arbitration clause to tailor the process to their specific needs. There are numerous options that contracting parties can consider. This section sets out and comments upon the few that the parties should consider during the negotiation of an arbitration clause. By setting out these options, these Guidelines do not thereby suggest that these optional elements need to be included in an arbitration clause.

Option 1: The authority of the arbitral tribunal and of the courts with respect to provisional and conservatory measures.

Comments:

48. It is rarely necessary to provide in the arbitration clause that the arbitral tribunal or the courts or both have the authority to order provisional and conservatory measures pending decision on the merits. The arbitral tribunal and the courts ordinarily have the authority to do so, subject to various conditions, even where the arbitration clause is silent in this respect. The authority of the arbitral tribunal rests with the arbitration rules and the relevant arbitration law. That of the courts rests with the relevant arbitration law.

49. When the governing arbitration law restricts the availability of provisional or conservatory relief, however, or when the availability of provisional and conservatory relief is of special concern (eg, because trade secrets or other confidential information are involved), the parties may want to make the authority of the arbitral tribunal and the courts explicit in the arbitration clause.

50. When the availability of provisional and conservatory relief is of special concern, the parties may also want to modify restrictive aspects of the applicable arbitration rules. For example, certain institutional rules restrict the right of the parties to apply to the courts for provisional and conservatory relief once the arbitral tribunal is appointed. Under other arbitration rules, the arbitral tribunal is authorized to order provisional and conservatory measures with respect to 'the subject matter of the dispute', which leaves uncertain whether the arbitral tribunal can order measures to preserve the position of the parties (eg, injunction, security for costs) or the integrity of the arbitral process (eg, freezing orders, anti-suit injunctions).

Recommended Clauses:

51. The following clause can be used to make explicit the authority of the arbitral tribunal with respect to provisional and conservatory relief:

Except as otherwise specifically limited in this agreement, the arbitral tribunal shall have the power to grant any remedy or relief that it deems appropriate, whether provisional or final, including but not limited to conservatory relief and injunctive relief, and any such measures ordered by the arbitral tribunal shall, to the extent permitted by applicable law, be deemed to be a final award on the subject matter of the measures and shall be enforceable as such.

52. The following clause can be added to the above clause, or used independently, to specify that resort to courts for provisional and conservatory measures is not precluded by the arbitration agreement:

Each party retains the right to apply to any court of competent jurisdiction for provisional and/or conservatory relief, including prearbitral attachments or injunctions, and any such request shall not be deemed incompatible with the agreement to arbitrate or a waiver of the right to arbitrate.

53. The following clause can be added to the clause recommended at paragraph 51 above, or used independently, to limit the parties' right to resort to the courts for provisional and conservatory relief after the arbitral tribunal is constituted:

Each party has the right to apply to any court of competent jurisdiction for provisional and/or conservatory relief, including pre-arbitral attachments or injunctions, and any such request shall not be deemed incompatible with the agreement to arbitrate or a waiver of the right to arbitrate, provided however that, after the arbitral tribunal is constituted, the arbitral tribunal shall have sole jurisdiction to consider applications for provisional and/or conservatory relief, and any such measures ordered by the arbitral tribunal may be specifically enforced by any court of competent jurisdiction.

54. If, in exceptional circumstances, the parties consider that ex parte provisional relief by the arbitral tribunal may be needed, they should so specify and amend the clause recommended at paragraph 51 above by adding '(including ex parte)' after the word 'provisional'. Even with such addition, however, ex parte remedies ordered by the arbitral tribunal may not be enforceable under the relevant arbitration law.

Option 2: Document production.
Comments:

55. While the extent document production and information exchange in international arbitration varies from case to case and from arbitrator to arbitrator, parties are usually required to produce identified documents (including internal documents) that are shown to be relevant and material to the dispute. Other features particular to 'discovery' in some jurisdictions, such as depositions and interrogatories, are ordinarily absent. The IBA has developed a set of rules, the IBA Rules on the Taking of Evidence in International Arbitration (the 'IBA Rules'), designed to reflect this stan-

dard practice. These rules, which address production of both paper documents and electronically-stored information, are often used by international arbitral tribunals, expressly or not, as guidance.

56. The parties have three primary options regarding information or document production. They can say nothing about it and be content to rely on the default provisions of the governing arbitration law, which ordinarily leaves the question to the discretion of the arbitrators. They can adopt the IBA Rules. They can devise their own standards (bearing in mind that extensive document production is likely to have a major impact on the length and cost of the proceedings).

57. A difficulty that may arise in the context of document production in international arbitration is the issue of which rules should govern whether certain documents are exempt from production due to privilege. When, in the rare instance, contracting parties can foresee at the contract drafting stage that issues of privilege may arise and be of consequence, the parties may want to specify in their arbitration clause the principles that will govern all such questions. Article 9 of the IBA Rules provides guidance in this respect.

Recommended Clauses:

58. The following clause can be used to incorporate the IBA Rules either as a mandatory standard or, alternatively, for guidance purpose only:

[In addition to the authority conferred upon the arbitral tribunal by the [arbitration rules]], the arbitral tribunal shall have the authority to order production of documents [in accordance with] [taking guidance from] the IBA Rules on the Taking of Evidence in International Arbitration [as current on the date of this agreement/the commencement of the arbitration].

59. The following clause can be used if the parties wish to specify the principles that will govern issues of privilege with respect to document disclosure:

All contentions that a document or communication is privileged and, as such, exempt from production in the arbitration, shall be resolved by the arbitral tribunal in accordance with Article 9 of the IBA Rules on the Taking of Evidence in International Arbitration.

Option 3: Confidentiality issues.

Comments:

60. Parties frequently assume that arbitration proceedings are confidential. While arbitration is private, in many jurisdictions parties are under no

duty to keep the existence or content of the arbitration proceedings confidential. Few national laws or arbitration rules impose confidentiality obligations on the parties. Where a general duty is recognized, it is often subject to exceptions.

61. Parties concerned about confidentiality should, therefore, address this issue in their arbitration clause. In doing so, the parties should avoid absolute requirements because disclosure may be required by law, to protect or pursue a legal right or to enforce or challenge an award in subsequent judicial proceedings. The parties should also anticipate that the preparation of their claims, defenses and counterclaims may require disclosure of confidential information to non-parties (witnesses and experts).

62. Conversely, given the common assumption that arbitration proceedings are confidential, where the parties do not wish to be bound by any confidentiality duties, the parties should expressly say so in their arbitration clause.

Recommended Clauses:

63. Some arbitration rules set forth confidentiality obligations, and the parties will accordingly impose such obligations upon themselves if they agree to arbitrate under these rules.

64. The following clause imposes confidentiality obligations upon the parties:

The existence and content of the arbitral proceedings and any rulings or award shall be kept confidential by the parties and members of the arbitral tribunal except (i) to the extent that disclosure may be required of a party to fulfil a legal duty, protect or pursue a legal right, or enforce or challenge an award in bona fide legal proceedings before a state court or other judicial authority, (ii) with the consent of all parties, (iii) where needed for the preparation or presentation of a claim or defense in this arbitration, (iv) where such information is already in the public domain other than as a result of a breach of this clause, or (v) by order of the arbitral tribunal upon application of a party.

65. The following clause may be used where the parties do not wish to be bound by any confidentiality obligation:

The parties shall be under no confidentiality obligation with respect to arbitration hereunder except as may be imposed by mandatory provisions of law.

Option 4: Allocation of costs and fees.
Comments:

66. Costs (eg, arbitrators' fees and expenses and, if applicable, institutional fees) and lawyers' fees can be substantial in international arbitration. It is rarely possible to predict how the arbitral tribunal will allocate these costs and fees, if at all, at the end of the proceedings. Domestic approaches diverge widely (from no allocation at all to full recovery by the prevailing party), and arbitrators have wide discretion in this respect.

67. Given these uncertainties, the parties may wish to address the issue of costs and fees in their arbitration clause (bearing in mind that such provisions may not be enforceable in certain jurisdictions). The parties have several options. They may merely confirm that the arbitrators can allocate costs and fees as they see fit. They may provide that the arbitrators make no allocation of costs and fees. They may try to ensure that costs and fees are allocated to the 'winner' or the 'prevailing party' on the merits, or that the arbitrators are to allocate costs and fees in proportion to success or failure. The parties should avoid absolute language ('shall') in drafting such a clause, as the identification of the 'winner' or the 'prevailing party' may be difficult and the clause may needlessly constrain the arbitrators in their allocation of costs and fees.

68. The parties may also wish to consider whether to allow compensation for the time spent by management, in-house counsel, experts and witnesses, as this issue is often uncertain in international arbitration.

Recommended Clauses:

69. The following clause can be used to ensure that the arbitrators have discretion to allocate both costs and fees (or to reaffirm such discretion if the designated arbitration rules include a provision to this effect):

The arbitral tribunal may include in its award an allocation to any party of such costs and expenses, including lawyers' fees [and costs and expenses of management, in-house counsel, experts and witnesses], as the arbitral tribunal shall deem reasonable.

70. The following clause provides for allocation of costs and fees to the 'prevailing' party:

The arbitral tribunal may award its costs and expenses, including lawyers' fees, to the prevailing party, if any and as determined by the arbitral tribunal in its discretion.

71. The following clause provides for allocation of costs and fees in proportion to success:

The arbitral tribunal may include in their award an allocation to any party of such costs and expenses, including lawyers' fees [and costs and expenses of management, in-house counsel, experts and witnesses], as the arbitral tribunal shall deem reasonable. In making such allocation, the arbitral tribunal shall consider the relative success of the parties on their claims and counterclaims and defenses.

72. The following clause can be used to ensure that the arbitrators do not allocate costs and fees:

All costs and expenses of the arbitral tribunal [and of the arbitral institution] shall be borne by the parties equally. Each party shall bear all costs and expenses (including of its own counsel, experts and witnesses) involved in preparing and presenting its case.

Option 5: Qualifications required of arbitrators.
Comments:

73. An advantage of arbitration, as compared to national court proceedings, is that the parties select the arbitrators and can, therefore, choose individuals with expertise or knowledge relevant to their dispute.

74. It is usually not advisable, however, to specify in the arbitration clause the qualifications required of arbitrators. The parties are ordinarily in a better position at the time of a dispute to know whether expertise is required, and if so, which, and each remains free at that time to appoint an arbitrator with the desired qualifications. Specifying qualification requirements in the arbitration clause may also drastically reduce the pool of available arbitrators. Further, a party intent on delaying the proceedings may challenge arbitrators on the basis of the qualification requirements.

75. If the parties nonetheless wish to specify such qualifications in the arbitration clause, they should avoid overly specific requirements, as the arbitration agreement may be unenforceable if, when a dispute arises, the parties are unable to identify suitable candidates who both meet the qualification requirements and are available to act as arbitrators.

76. Parties sometimes specify that the sole arbitrator or, in the case of a three-member panel, the presiding arbitrator shall not share a common nationality with any of the parties. In institutional arbitration, such quali-

fication requirement is often superfluous, as arbitral institutions ordinarily apply such practice in making appointments. In ad hoc arbitration, however, the parties may want so to specify in their arbitration clause.

Recommended Clauses:

77. The qualifications of arbitrators can be specified by adding the following to the arbitration clause:

[Each arbitrator][The presiding arbitrator] shall be [a lawyer/an accountant].

Or

[Each arbitrator][The presiding arbitrator] shall have experience in [specific industry].

Or

[The arbitrators][The presiding arbitrator] shall not be of the same nationality as any of the parties.

Option 6: Time limits.

Comments:

78. Parties sometimes try to save costs and time by providing in the arbitration clause that the award be made within a fixed period from the commencement of arbitration (a process known as 'fast-tracking'). Fast-tracking can save costs, but parties can rarely know at the time of drafting the arbitration clause whether every dispute liable to arise under the contract will be appropriate for resolution within the prescribed period. An award that is not rendered within the prescribed period may be unenforceable or may attract unnecessary challenges.

79. If, despite these considerations, the parties wish to set time limits in the arbitration clause, the tribunal should be allowed to extend these time limits to avoid the risk of an unenforceable award.

Recommended Clauses:

80. The following clause can be used to set time limits:

The award shall be rendered within [...] months of the appointment of [the sole arbitrator] [the chairperson], unless the arbitral tribunal determines, in a reasoned decision, that the interest of justice or the complexity of the case requires that such limit be extended.

Option 7: Finality of arbitration.
Comments:

81. An advantage of arbitration is that arbitral awards are final and not subject to appeal. In most jurisdictions, awards can be challenged only for lack of jurisdiction, serious procedural defects or unfairness, and cannot be reviewed on the merits. Most arbitration rules reinforce the finality of arbitration by providing that awards are final and that the parties waive any recourse against them.

82. When the arbitration clause does not incorporate a set of arbitration rules, or where the incorporated rules do not contain finality and waiver of recourse language, it is prudent to specify in the arbitration clause that awards are final and not subject to recourse. Even where the parties incorporate arbitration rules that contain such language, it may still be advisable to repeat this language in the arbitration clause if the parties anticipate that the award may need to be enforced or otherwise scrutinized in jurisdictions that view arbitration with suspicion. When adding a waiver of recourse to the arbitration clause, the parties should review the law of the seat of arbitration to determine the scope of what is being waived, and the language required under the lex arbitri.

83. Parties are sometimes tempted to expand the scope of judicial review by, for example, allowing review of the merits. It is rarely advisable, and often not open to the parties, to do so. If the parties nonetheless wish to expand the scope of judicial review, specialized advice should be sought and the law at the place of arbitration should be reviewed carefully.

Recommended Clauses:

84. When the parties wish to emphasize the finality of arbitration and to waive any recourse against the award, the following language can be added to the arbitration clause, subject to any requirement imposed by the lex arbitri:

Any award of the arbitral tribunal shall be final and binding on the parties. The parties undertake to comply fully and promptly with any award without delay and shall be deemed to have waived their right to any form of recourse insofar as such waiver can validly be made.

85. When, in the exceptional case, the parties wish to expand the scope of judicial review and allow appeals on the merits, the parties should seek advice as to their power to do so in the relevant jurisdiction. Where enforceable, the following sentence can be considered:

The parties shall have the right to seek judicial review of the tribunal's award in the courts of [selected jurisdiction] in accordance with the standard of appellate review applicable to decisions of courts of first instance in such jurisdiction(s).

IV. Drafting Guidelines for Multi-Tier Dispute Resolution Clauses

86. It is common for dispute resolution clauses in international contracts to provide for negotiation, mediation or some other form of alternative dispute resolution as preliminary steps before arbitration. Construction contracts, for example, sometimes require disputes to be submitted to a standing dispute board before they can be referred to arbitration. These clauses, known as multi-tier clauses, present specific drafting challenges.

Multi-Tier Guideline 1: The clause should specify a period of time for negotiation or mediation, triggered by a defined and undisputable event (ie, a written request), after which either party can resort to arbitration.

Comments:

87. A multi-tier clause that requires negotiation or mediation before arbitration may be deemed to create a condition precedent to arbitration. To minimize the risk that a party will use negotiation or mediation in order to gain delay or other tactical advantage, the clause should specify a time period beyond which the dispute can be submitted to arbitration, and this time period should generally be short. In specifying such time period, the parties should be aware that commencing negotiation or mediation may not be sufficient to suspend the prescription or limitation periods.

88. The period of time for negotiation or mediation should be triggered by a defined and indisputable event, such as a written request to negotiate or mediate under the clause or the appointment of a mediator. It is not advisable to define the triggering event by reference to a written notice of the dispute because a mere written exchange about the dispute might then be sufficient to trigger the deadline.

Recommended Clauses:

89. See the clauses recommended below at paragraphs 94-96.

Multi-Tier Guideline 2: The clause should avoid the trap of rendering arbitration permissive, not mandatory.
Comments:

90. Parties drafting multi-tier dispute resolution clauses often inadvertently leave ambiguous their intent to arbitrate disputes that cannot be resolved by negotiation or mediation. This happens when the parties provide that disputes not resolved by negotiation or mediation 'may' be submitted to arbitration.

Recommended Clauses:

91. See the clauses recommended below at paragraphs 94-96.

Multi-Tier Guideline 3: The clause should define the disputes to be submitted to negotiation or mediation and to arbitration in identical terms.
Comments:

92. Multi-tier dispute resolution clauses sometimes do not define in identical terms the disputes that are subject to negotiation or mediation as a first step and those subject to arbitration. Such ambiguities may suggest that some disputes can be submitted to arbitration immediately without going through negotiation or mediation as a first step.

93. The broad reference to 'disputes' in the clauses recommended below should cover counterclaims. Such counterclaims would thus need to go through the several steps and could not be raised for the first time in the arbitration. If the parties wish to preserve the right to raise counterclaims for the first time in the arbitration, they should so specify in their arbitration clause.

Recommended Clauses:

94. The following clause provides for mandatory negotiation as a first step:

The parties shall endeavor to resolve amicably by negotiation all disputes arising out of or in connection with this agreement, including any question regarding its existence, validity or termination. Any such dispute which remains unresolved [30] days after either party requests in writing negotiation under this clause or within such other period as the parties may agree in writing, shall be finally settled under the [designated set of arbitration rules] by [one or three] arbitrator[s] appointed in accordance with the said Rules. The place of arbitration shall be [city, country]. The language of arbitration shall be [...].

[All communications during the negotiation are confidential and shall be treated as made in the course of compromise and settlement negotiations for purposes of applicable rules of evidence and any additional confidentiality and professional secrecy protections provided by applicable law.]

95. The following clause provides for mandatory mediation as a first step:

The parties shall endeavor to resolve amicably by mediation under the [designated set of mediation rules] all disputes arising out of or in connection with this agreement, including any question regarding its existence, validity or termination. Any such dispute not settled pursuant to the said Rules within [45] days after appointment of the mediator or within such other period as the parties may agree in writing, shall be finally settled under the [designated set of arbitration rules] by [one or three] arbitrator[s] appointed in accordance with the said Rules. The place of arbitration shall be [city, country]. The language of arbitration shall be [...].

[All communications during the mediation are confidential and shall be treated as made in the course of compromise and settlement negotiations for purposes of applicable rules of evidence and any additional confidentiality and professional secrecy protections provided by applicable law.]

96. The following clause provides for both mandatory negotiation and mediation sequentially before arbitration:

All disputes arising out of or in connection with this agreement, including any question regarding its existence, validity or termination ('Dispute'), shall be resolved in accordance with the procedures specified below, which shall be the sole and exclusive procedures for the resolution of any such Dispute.

(A) Negotiation

The parties shall endeavor to resolve any Dispute amicably by negotiation between executives who have authority to settle the Dispute [and who are at a higher level of management than the persons with direct responsibility for administration or performance of this agreement].

(B) Mediation

Any Dispute not resolved by negotiation in accordance with paragraph (A) within [30] days after either party requested in writing negotiation under paragraph (A), or within such other period as the parties may agree in writing, shall be settled amicably by mediation under the [designated set of mediation rules].

(C) Arbitration

Any Dispute not resolved by mediation in accordance with paragraph (B) within [45] days after appointment of the mediator, or within such other period as the parties may agree in writing, shall be finally settled under the [designated set of arbitration rules] by [one or three] arbitrator[s] appointed in accordance with the said Rules. The place of arbitration shall be [...]. The language of arbitration shall be [...].

[All communications during the negotiation and mediation pursuant to paragraphs (A) and (B) are confidential and shall be treated as made in the course of compromise and settlement negotiations for purposes of applicable rules of evidence and any additional confidentiality and professional secrecy protections provided by applicable law.]

V. Drafting Guidelines for Multiparty Arbitration Clauses

97. International contracts often involve more than two parties. Parties drafting arbitration clauses for these contracts may fail to realize the specific drafting difficulties that result from the multiplicity of parties. In particular, one cannot always rely on the model clauses of arbitral institutions, as these are ordinarily drafted with two parties in mind and may need to be adapted to be workable in a multiparty context. Specialized advice should generally be sought to draft such clauses.

Multiparty Guideline 1: The clause should address the consequences of the multiplicity of parties for the appointment of the arbitral tribunal.
Comments:

98. In a multiparty context, it is often not workable to provide that 'each party' appoints an arbitrator. There is an easy solution if the parties are content to provide for a sole arbitrator: in such case, the parties can provide that the sole arbitrator is to be appointed jointly by the parties or, absent agreement, by the institution or appointing authority. Where there are to be three arbitrators, a solution is to provide that the three arbitrators be appointed jointly by the parties or, absent agreement on all, by the institution or appointing authority.

99. Alternatively, the arbitration clause can require that the parties on each 'side' make joint appointments. This option is available when it can be

anticipated at the drafting stage that certain contracting parties will have aligned interests. The overriding requirement is, however, that all parties be treated equally in the appointment process. This means in practice that, when two or more parties on one side fail to agree on an arbitrator, the institution or appointing authority will appoint all arbitrators, as the parties on one side would otherwise have had the opportunity to pick their arbitrator while the others not. This is the solution that has been adopted in some institutional arbitration rules.

Recommended Clauses:

100. The clause recommended below at paragraph 105 specifies a mechanism for appointing arbitrators in a multiparty context.

Multiparty Guideline 2: The clause should address the procedural complexities (intervention, joinder) arising from the multiplicity of parties.

Comments:

101. Procedural complexities may abound in the multiparty context. One is that of intervention: a contracting party that is not party to an arbitration commenced under the clause may wish to intervene in the proceedings. Another is that of joinder: a contracting party that is named as respondent may wish to join another contracting party that has not been named as respondent in the proceedings.

102. An arbitration clause would be workable even if it failed to address these complexities. Such clause would, however, leave open the possibility of overlapping proceedings, conflicting decisions and associated delays, costs and uncertainties.

103. There is no easy way to address these complexities. A multiparty arbitration clause should be carefully drafted with regard to the particular circumstances, and specialized advice should usually be sought. As a general rule, the clause should provide that notice of any proceedings commenced under the clause be given to each contracting party regardless of whether that contracting party is named as respondent.

There should be a clear time period after that notice for each contracting party to intervene or join other contracting parties in the proceedings, and no arbitrator should be appointed before the expiry of that time period.

104. Alternatively, the parties can opt to arbitrate under institutional rules that provide for intervention and joinder, bearing in mind that these rules may give wide discretion to the institution in this respect.

Recommended Clauses:

105. The following provision provides for intervention and joinder of other parties to the same agreement:

All disputes arising out of or in connection with this agreement, including any question regarding its existence, validity or termination, shall be finally resolved by arbitration under [selected arbitration rules], except as they may be modified herein or by mutual agreement of the parties.

The place of arbitration shall be [city, country].

The language of arbitration shall be [...]. There shall be three arbitrators, selected as follows.

In the event that the request for arbitration names only one claimant and one respondent, and no party has exercised its right to joinder or intervention in accordance with the paragraphs below, the claimant and the respondent shall each appoint one arbitrator within [15] days after the expiry of the period during which parties can exercise their right to joinder or intervention. If either party fails to appoint an arbitrator as provided, then, upon the application of any party, that arbitrator shall be appointed by [the designated arbitral institution]. The two arbitrators shall appoint the third arbitrator, who shall act as presiding arbitrator. If the two arbitrators fail to appoint the presiding arbitrator within [45] days of the appointment of the second arbitrator, the presiding arbitrator shall be appointed by [the designated arbitral institution/appointing authority].

In the event that more than two parties are named in the request for arbitration or at least one contracting party exercises its right to joinder or intervention in accordance with the paragraphs below, the claimant(s) shall jointly appoint one arbitrator and the respondent(s) shall jointly appoint the other arbitrator, both within [15] days after the expiry of the period during which parties can exercise their right to joinder or intervention. If the parties fail to appoint an arbitrator as provided above, [the designated arbitral institution/appointing authority] shall, upon the request of any party, appoint all three arbitrators and designate one of them to act as presiding arbitrator. If the claimant(s) and the respondent(s) appoint the arbitrators as provided above, the two arbitrators shall appoint the third arbitrator, who shall act as presiding arbitrator. If the two arbitrators fail to appoint the third arbitrator within [45] days of the appointment of the second arbitrator, the presiding arbitrator shall be appointed by [the designated arbitral institution/appointing authority].

Any party to this agreement may, either separately or together with any other party to this agreement, initiate arbitration proceedings pursuant to this clause by sending a request for arbitration to all other parties to this agreement [and to the designated arbitral institution, if any].

Any party to this agreement may intervene in any arbitration proceedings hereunder by submitting a written notice of claim, counterclaim or cross-claim against any party to this agreement, provided that such notice is also sent to all other parties to this agreement [and to the designated arbitral institution, if any] within [30] days from the receipt by such intervening party of the relevant request for arbitration or notice of claim, counterclaim or cross-claim.

Any party to this agreement named as respondent in a request for arbitration, or a notice of claim, counterclaim or cross-claim, may join any other party to this agreement in any arbitration proceedings hereunder by submitting a written notice of claim, counterclaim or cross-claim against that party, provided that such notice is also sent to all other parties to this agreement [and to the designated arbitral institution, if any] within [30] days from the receipt by such respondent of the relevant request for arbitration or notice of claim, counterclaim or cross-claim.

Any joined or intervening party shall be bound by any award rendered by the arbitral tribunal even if such party chooses not to participate in the arbitration proceedings.

VI. Drafting Guidelines for Multi-Contract Arbitration Clauses

106. It is common for a single international transaction to involve several related contracts. Drafting arbitration clauses in a multi-contract setting presents specific challenges.

Multi-Contract Guideline 1: The arbitration clauses in the related contracts should be compatible.

Comments:

107. The parties should avoid specifying different dispute resolution mechanisms in their related contracts (eg, arbitration under different sets of rules or in different places), lest they run the risk of fragmenting future disputes. An arbitral tribunal appointed under the first contract may not have jurisdiction to consider a dispute that raises questions about the second contract, thus inviting parallel proceedings.

108. Assuming the parties want consistent decisions and wish to avoid parallel proceedings, a straightforward solution is to establish a stand-alone dispute resolution protocol, which is signed by all the parties and then incorporated by reference in all related contracts. If it is impractical to conclude such a protocol, the parties should ensure that the arbitration clauses in the related contract are identical or complementary. It is especially important that the arbitration clauses specify the same set of rules, place of arbitration and number of arbitrators. To avoid difficulties when proceedings are consolidated, the same substantive law and language of arbitration should also be specified. The parties should also make clear that a tribunal appointed under one contract has jurisdiction to consider and decide issues related to the other related contracts.

Recommended Clause:

109. If the parties do not wish to, or cannot, establish a stand-alone dispute resolution protocol, the following provision should be added to the arbitration clause in each related contract:

The parties agree that an arbitral tribunal appointed hereunder or under [the related agreement(s)] may exercise jurisdiction with respect to both this agreement and [the related agreement(s)].

Multi-Contract Guideline 2: The parties should consider whether to provide for consolidation of arbitral proceedings commenced under the related contracts.
Comments:

110. A procedural complexity that arises in a multi-contract setting is that of consolidation. Different arbitrations may be commenced under related contracts at different times. It may, or may not, be in the parties' interest to have these arbitrations dealt with in a single consolidated arbitration. In some situations, the parties may reason that one single consolidated arbitration would be more efficient and cost-effective. In other circumstances, the parties may have reasons to keep the arbitrations separated.

111. If the parties wish to permit consolidation of related arbitrations, they should say so in the arbitration clause. Courts in some jurisdiction have discretion to order consolidation of related arbitration proceedings, but ordinarily will not do so absent parties' agreement. Where the courts at the place of arbitration have no such power, or where the parties do not wish to rely on judicial discretion, the parties should also spell out in the

clause the procedure for consolidating related proceedings. The applicable arbitration rules, if any, and the law of the place of arbitration should be reviewed carefully, as they may constrain the parties' ability to consolidate arbitral proceedings. Conversely, in some jurisdictions, the parties may want to exclude the possibility of consolidation (or class arbitration).

112. Specialized advice is required when the related contracts also involve more than two parties. Drafting consolidation provisions in a multiparty context is especially intricate. An obvious difficulty is that each party must be treated equally with respect to the appointment of the arbitrators. A workable, but less than ideal, solution is to provide for all appointments to be made by the institution or appointing authority. The parties should also be aware that a consolidation clause may, in some jurisdictions, be read as consent to class-action arbitration.

Recommended Clauses:

113. The following provision provides for consolidation of related arbitrations between the same two parties:

The parties consent to the consolidation of arbitrations commenced hereunder and/or under [the related agreements] as follows.

If two or more arbitrations are commenced hereunder and/or [the related agreements], any party named as claimant or respondent in any of these arbitrations may petition any arbitral tribunal appointed in these arbitrations for an order that the several arbitrations be consolidated in a single arbitration before that arbitral tribunal (a 'Consolidation Order'). In deciding whether to make such a Consolidation Order, that arbitral tribunal shall consider whether the several arbitrations raise common issues of law or facts and whether to consolidate the several arbitrations would serve the interests of justice and efficiency. If before a Consolidation Order is made by an arbitral tribunal with respect to another arbitration, arbitrators have already been appointed in that other arbitration, their appointment terminates upon the making of such Consolidation Order and they are deemed to be functus officio. Such termination is without prejudice to: (i) the validity of any acts done or orders made by them prior to the termination, (ii) their entitlement to be paid their proper fees and disbursements, (iii) the date when any claim or defense was raised for the purpose of applying any limitation bar or any like rule or provision, (iv) evidence adduced and admissible before termination, which evidence shall be admissible in arbitral proceedings after the Consolidation Order, and (v) the parties' entitlement to legal and other costs incurred before termination. In the event of two or more conflicting

Consolidation Orders, the Consolidation Order that was made first in time shall prevail.

4.8. IBA Guidelines on Party Representation in International Arbitration

Adopted by a resolution of the IBA Council
25 May 2013
International Bar Association

Preamble

The IBA Arbitration Committee established the Task Force on Counsel Conduct in International Arbitration (the 'Task Force') in 2008.

The mandate of the Task Force was to focus on issues of counsel conduct and party representation in international arbitration that are subject to, or informed by, diverse and potentially conflicting rules and norms. As an initial inquiry, the Task Force undertook to determine whether such differing norms and practises may undermine the fundamental fairness and integrity of international arbitral proceedings and whether international guidelines on party representation in international arbitration may assist parties, counsel and arbitrators. In 2010, the Task Force commissioned a survey (the 'Survey') in order to examine these issues. Respondents to the Survey expressed support for the development of international guidelines for party representation.

The Task Force proposed draft guidelines to the IBA Arbitration Committee's officers in October 2012. The Committee then reviewed the draft guidelines and consulted with experienced arbitration practitioners, arbitrators and arbitral institutions. The draft guidelines were then submitted to all members of the IBA Arbitration Committee for consideration.

Unlike in domestic judicial settings, in which counsel are familiar with, and subject, to a single set of professional conduct rules, party representatives in international arbitration may be subject to diverse and potentially conflicting bodies of domestic rules and norms. The range of rules and norms applicable to the representation of parties in international arbitration may include those of the party representative's home jurisdiction, the arbitral seat, and the place where hearings physically take place. The Survey revealed a high degree of uncertainty among respondents regarding what rules govern party representation in international arbitration. The potential for confusion may be aggravated when individual counsel working collectively, either within a firm or through a cocounsel relationship, are themselves admitted to practise in multiple jurisdictions that have conflicting rules and norms.

In addition to the potential for uncertainty, rules and norms developed for domestic judicial litigation may be ill-adapted to international arbitral proceedings.

Indeed, specialised practises and procedures have been developed in international arbitration to accommodate the legal and cultural differences among participants and the complex, multinational nature of the disputes. Domestic professional conduct rules and norms, by contrast, are developed to apply in specific legal cultures consistent with established national procedures.

The IBA Guidelines on Party Representation in International Arbitration (the 'Guidelines') are inspired by the principle that party representatives should act with integrity and honesty and should not engage in activities designed to produce unnecessary delay or expense, including tactics aimed at obstructing the arbitration proceedings.

As with the International Principles on Conduct for the Legal Profession, adopted by the IBA on 28 May 2011, the Guidelines are not intended to displace otherwise applicable mandatory laws, professional or disciplinary rules, or agreed arbitration rules that may be relevant or applicable to matters of party representation. They are also not intended to vest arbitral tribunals with powers otherwise reserved to bars or other professional bodies.

The use of the term guidelines rather than rules is intended to highlight their contractual nature. The parties may thus adopt the Guidelines or a portion thereof by agreement. Arbitral tribunals may also apply the Guidelines in their discretion, subject to any applicable mandatory rules, if they determine that they have the authority to do so.

The Guidelines are not intended to limit the flexibility that is inherent in, and a considerable advantage of, international arbitration, and parties and arbitral tribunals may adapt them to the particular circumstances of each arbitration.

Definitions

In the IBA Guidelines on Party Representation in International Arbitration:

'Arbitral Tribunal' or 'Tribunal' means a sole Arbitrator or a panel of Arbitrators in the arbitration;

'Arbitrator' means an arbitrator in the arbitration;

'Document' means a writing, communication, picture, drawing, program or data of any kind, whether recorded or maintained on paper or by electronic, audio, visual or any other means;

'Domestic Bar' or 'Bar' means the national or local authority or authorities responsible for the regulation of the professional conduct of lawyers;

'Evidence' means documentary evidence and written and oral testimony.

'Ex Parte Communications' means oral or written communications between a Party Representative and an Arbitrator or prospective Arbitrator without the presence or knowledge of the opposing Party or Parties;

'Expert' means a person or organisation appearing before an Arbitral Tribunal to provide expert analysis and opinion on specific issues determined by a Party or by the Arbitral Tribunal;

'Expert Report' means a written statement by an Expert;

'Guidelines' mean these IBA Guidelines on Party Representation in International Arbitration, as they may be revised or amended from time to time;

'Knowingly' means with actual knowledge of the fact in question;

'Misconduct' means a breach of the present Guidelines or any other conduct that the Arbitral Tribunal determines to be contrary to the duties of a Party Representative;

'Party' means a party to the arbitration;

'Party-Nominated Arbitrator' means an Arbitrator who is nominated or appointed by one or more Parties;

'Party Representative' or 'Representative' means any person, including a Party's employee, who appears in an arbitration on behalf of a Party and makes submissions, arguments or representations to the Arbitral Tribunal on behalf of such Party, other than in the capacity as a Witness or Expert, and whether or not legally qualified or admitted to a Domestic Bar;

'Presiding Arbitrator' means an arbitrator who is either a sole Arbitrator or the chairperson of the Arbitral Tribunal;

'Request to Produce' means a written request by a Party that another Party produce Documents;

'Witness' means a person appearing before an Arbitral Tribunal to provide testimony of fact;

'Witness Statement' means a written statement by a Witness recording testimony.

Application of Guidelines

1. The Guidelines shall apply where and to the extent that the Parties have so agreed, or the Arbitral Tribunal, after consultation with the Parties, wishes to rely upon them after having determined that it has the authority to rule on matters of Party representation to ensure the integrity and fairness of the arbitral proceedings.

2. In the event of any dispute regarding the meaning of the Guidelines, the Arbitral Tribunal should interpret them in accordance with their overall purpose and in the manner most appropriate for the particular arbitration.

3. The Guidelines are not intended to displace otherwise applicable mandatory laws, professional or disciplinary rules, or agreed arbitration rules, in matters of Party representation. The Guidelines are also not intended to derogate from the arbitration agreement or to undermine either a Party representative's primary duty of loyalty to the party whom he or she represents or a Party representative's paramount obligation to present such Party's case to the Arbitral Tribunal.

Comments to Guidelines 1–3

As explained in the Preamble, the Parties and Arbitral Tribunals may benefit from guidance in matters of Party Representation, in particular in order to address instances where differing norms and expectations may threaten the integrity and fairness of the arbitral proceedings.

By virtue of these Guidelines, Arbitral Tribunals need not, in dealing with such issues, and subject to applicable mandatory laws, be limited by a choiceof-law rule or private international law analysis to choosing among national or domestic professional conduct rules. Instead, these Guidelines offer an approach designed to account for the multi-faceted nature of international arbitral proceedings.

These Guidelines shall apply where and to the extent that the Parties have so agreed. Parties may adopt these Guidelines, in whole or in part, in their arbitration agreement or at any time subsequently.

An Arbitral Tribunal may also apply, or draw inspiration from, the Guidelines, after having determined that it has the authority to rule on matters of Party representation in order to ensure the integrity and fairness of the arbitral proceedings. Before making such determination, the Arbitral Tribunal should give the Parties an opportunity to express their views.

These Guidelines do not state whether Arbitral Tribunals have the authority to rule on matters of Party representation and to apply the Guidelines in the absence of an agreement by the Parties to that effect. The Guidelines neither recognise nor exclude the existence of such authority. It remains for the Tribunal to make a determination as to whether it has the authority to rule on matters of Party representation and to apply the Guidelines.

A Party Representative, acting within the authority granted to it, acts on behalf of the Party whom he or she represents. It follows therefore that an obligation or duty bearing on a Party Representative is an obligation or duty of the represented Party, who may ultimately bear the consequences of the misconduct of its Representative.

Party Representation

4. Party Representatives should identify themselves to the other Party or Parties and the Arbitral Tribunal at the earliest opportunity. A Party should promptly inform the Arbitral Tribunal and the other Party or Parties of any change in such representation.

5. Once the Arbitral Tribunal has been constituted, a person should not accept representation of a Party in the arbitration when a relationship exists between the person and an Arbitrator that would create a conflict of interest, unless none of the Parties objects after proper disclosure.

6. The Arbitral Tribunal may, in case of breach of Guideline 5, take measures appropriate to safeguard the integrity of the proceedings, including the exclusion of the new Party Representative from participating in all or part of the arbitral proceedings.

Comments to Guidelines 4–6

Changes in Party representation in the course of the arbitration may, because of conflicts of interest between a newly-appointed Party Representative and one or more of the Arbitrators, threaten the integrity of the proceedings. In such case, the Arbitral Tribunal may, if compelling circumstances so justify, and where it has found that it has the requisite authority, consider excluding the new Representative from participating in all or part of the arbitral proceedings. In assessing whether any such conflict of interest exists, the Arbitral Tribunal may rely on the IBA Guidelines on Conflicts of Interest in International Arbitration.

Before resorting to such measure, it is important that the Arbitral Tribunal give the Parties an opportunity to express their views about the existence of a conflict, the extent of the Tribunal's authority to act in relation to such conflict, and the consequences of the measure that the Tribunal is contemplating.

Communications with Arbitrators

7. Unless agreed otherwise by the Parties, and subject to the exceptions below, a Party Representative should not engage in any Ex Parte Communications with an Arbitrator concerning the arbitration.

8. It is not improper for a Party Representative to have Ex Parte Communications in the following circumstances:

a) A Party Representative may communicate with a prospective Party-Nominated Arbitrator to determine his or her expertise, experience, ability, availability, willingness and the existence of potential conflicts of interest.

b) A Party Representative may communicate with a prospective or appointed Party-Nominated Arbitrator for the purpose of the selection of the Presiding Arbitrator.

c) A Party Representative may, if the Parties are in agreement that such a communication is permissible, communicate with a prospective Presiding Arbitrator to determine his or her expertise, experience, ability, availability, willingness and the existence of potential conflicts of interest.

d) While communications with a prospective Party-Nominated Arbitrator or Presiding Arbitrator may include a general description of the dispute, a Party Representative should not seek the views of the prospective Party-Nominated Arbitrator or Presiding Arbitrator on the substance of the dispute.

Comments to Guidelines 7–8

Guidelines 7–8 deal with communications between a Party Representative and an Arbitrator or potential Arbitrator concerning the arbitration.

The Guidelines seek to reflect best international practices and, as such, may depart from potentially diverging domestic arbitration practices that are more restrictive or, to the contrary, permit broader Ex Parte Communications.

Ex Parte Communications, as defined in these Guidelines, may occur only in defined circumstances, and a Party Representative should otherwise refrain from any such communication. The Guidelines do not seek to define when the relevant period begins or ends. Any communication that takes place in the context of, or in relation to, the constitution of the Arbitral Tribunal is covered.

Ex Parte Communications with a prospective Arbitrator (Party-Nominated or Presiding Arbitrator) should be limited to providing a general description of the dispute and obtaining information regarding the suitability of the potential Arbitrator, as described in further detail below. A Party Representative should not take the opportunity to seek the prospective Arbitrator's views on the substance of the dispute.

The following discussion topics are appropriate in pre-appointment communications in order to assess the prospective Arbitrator's expertise, experience, ability, availability, willingness and the existence of potential conflicts of interest: (a) the prospective

Arbitrator's publications, including books, articles and conference papers or engagements; (b) any activities of the prospective Arbitrator and his or her law firm or organisation within which he or she operates, that may raise justifiable doubts as to the prospective Arbitrator's independence or impartiality; (c) a description of the general nature of the dispute; (d) the terms of the arbitration agreement, and in particular any agreement as to the seat, language, applicable law and rules of the arbitration; (e) the identities of the Parties, Party Representatives, Witnesses, Experts and interested parties; and (f) the anticipated timetable and general conduct of the proceedings. Applications to the Arbitral Tribunal without the presence or knowledge of the opposing Party or Parties may be permitted in certain circumstances, if the parties so agreed, or as permitted by applicable law. Such may be the case, in particular, for interim measures.

Finally, a Party Representative may communicate with the Arbitral Tribunal if the other Party or Parties fail to participate in a hearing or proceedings and are not represented.

Submissions to the Arbitral Tribunal

9. A Party Representative should not make any knowingly false submission of fact to the Arbitral Tribunal.

10. In the event that a Party Representative learns that he or she previously made a false submission of fact to the Arbitral Tribunal, the Party Representative should, subject to countervailing considerations of confidentiality and privilege, promptly correct such submission.

11. A Party Representative should not submit Witness or Expert evidence that he or she knows to be false. If a Witness or Expert intends to present or presents evidence that a Party Representative knows or later discovers to be false, such Party Representative should promptly advise the Party whom he or she represents of the necessity of taking remedial measures and of the consequences of failing to do so. Depending upon the circumstances, and subject to countervailing considerations of confidentiality and privilege, the Party Representative should promptly take remedial measures, which may include one or more of the following:

(*a*) advise the Witness or Expert to testify truthfully;

(*b*) take reasonable steps to deter the Witness or Expert from submitting false evidence;

(*c*) urge the Witness or Expert to correct or withdraw the false evidence;

(*d*) correct or withdraw the false evidence;

(*e*) withdraw as Party Representative if the circumstances so warrant.

Comments to Guidelines 9–11

Guidelines 9–11 concern the responsibility of a Party Representative when making submissions and tendering evidence to the Arbitral Tribunal. This principle is sometimes referred to as the duty of candour or honesty owed to the Tribunal.

The Guidelines identify two aspects of the responsibility of a Party Representative: the first relates to submissions of fact made by a Party Representative (Guidelines 9 and 10), and the second concerns the evidence given by a Witness or Expert (Guideline 11).

With respect to submissions to the Arbitral Tribunal, these Guidelines contain two limitations to the principles set out for Party Representatives. First,

Guidelines 9 and 10 are restricted to false submissions of fact. Secondly, the Party Representative must have actual knowledge of the false nature of the submission, which may be inferred from the circumstances.

Under Guideline 10, a Party Representative should promptly correct any false submissions of fact previously made to the Tribunal, unless prevented from doing so by countervailing considerations of confidentiality and privilege. Such principle also applies, in case of a change in representation, to a newly-appointed Party Representative who becomes aware that his or her predecessor made a false submission.

With respect to legal submissions to the Tribunal, a Party Representative may argue any construction of a law, a contract, a treaty or any authority that he or she believes is reasonable.

Guideline 11 addresses the presentation of evidence to the Tribunal that a Party Representative knows to be false. A Party Representative should not offer knowingly false evidence or testimony. A Party Representative therefore should not assist a Witness or Expert or seek to influence a Witness or Expert to give false evidence to the Tribunal in oral testimony or written Witness Statements or Expert Reports.

The considerations outlined for Guidelines 9 and 10 apply equally to Guideline 11. Guideline 11 is more specific in terms of the remedial measures that a Party Representative may take in the event that the Witness or Expert intends to present or presents evidence that the Party Representative knows or later discovers to be false. The list of remedial measures provided in Guideline 11 is not exhaustive. Such remedial measures may extend to the Party Representative's withdrawal from the case, if the circumstances so warrant. Guideline 11 acknowledges, by using the term 'may', that certain remedial measures, such as correcting or withdrawing false Witness or Expert evidence may not be compatible with the ethical rules bearing on counsel in some jurisdictions.

Information Exchange and Disclosure

12. When the arbitral proceedings involve or are likely to involve Document production, a Party Representative should inform the client of the need to preserve, so far as reasonably possible, Documents, including electronic Documents that would otherwise be deleted in accordance with a Document retention policy or in the ordinary course of business, which are potentially relevant to the arbitration.

13. A Party Representative should not make any Request to Produce, or any objection to a Request to Produce, for an improper purpose, such as to harass or cause unnecessary delay.

14. A Party Representative should explain to the Party whom he or she represents the necessity of producing, and potential consequences of failing to produce, any Document that the Party or Parties have undertaken, or been ordered, to produce.

15. A Party Representative should advise the Party whom he or she represents to take, and assist such Party in taking, reasonable steps to ensure that: (i) a reasonable search is made for Documents that a Party has undertaken, or been ordered, to produce; and (ii) all non-privileged, responsive Documents are produced.

16. A Party Representative should not suppress or conceal, or advise a Party to suppress or conceal, Documents that have been requested by another Party or that the Party whom he or she represents has undertaken, or been ordered, to produce.

17. If, during the course of an arbitration, a Party Representative becomes aware of the existence of a Document that should have been produced, but was not produced, such Party Representative should advise the Party whom he or she represents of the necessity of producing the Document and the consequences of failing to do so.

Comments to Guidelines 12–17

The IBA addressed the scope of Document production in the IBA Rules on the Taking of Evidence in International Arbitration (see Articles 3 and 9). Guidelines 12–17 concern the conduct of Party Representatives in connection with Document production.

Party Representatives are often unsure whether and to what extent their respective domestic standards of professional conduct apply to the process of preserving, collecting and producing documents in international arbitration. It is common for Party Representatives in the same arbitration proceeding to apply different standards. For example, one Party Representative may consider him – or her-self obligated to ensure that the Party whom he or she represents undertakes a reasonable search for, and produces, all responsive, non-privileged Documents, while another Party Representative may view Document production as the sole responsibility of the Party whom he or she represents. In these circumstances, the disparity in access to information or evidence may undermine the integrity and fairness of the arbitral proceedings.

The Guidelines are intended to address these difficulties by suggesting standards of conduct in international arbitration. They may not be necessary in cases where Party Representatives share similar expectations with respect to their role in relation to Document production or in cases where Document production is not done or is minimal.

The Guidelines are intended to foster the taking of objectively reasonable steps to preserve, search for and produce Documents that a Party has an obligation to disclose.

Under Guidelines 12–17, a Party Representative should, under the given circumstances, advise the Party whom he or she represents to: (i) identify those persons within the Party's control who might possess Documents potentially relevant to the arbitration, including electronic Documents; (ii) notify such persons of the need to preserve and not destroy any such Documents; and (iii) suspend or otherwise make arrangements to override any Document retention or other policies/practises whereby potentially relevant Documents might be destroyed in the ordinary course of business.

Under Guidelines 12–17, a Party Representative should, under the given circumstances, advise the Party whom he or she represents to, and assist such Party to: (i) put in place a reasonable and proportionate system for collecting and reviewing Documents within the possession of persons within the Party's control in order to identify Documents that are relevant to the arbitration or that have been requested by another Party; and (ii) ensure that the Party Representative is provided with copies of, or access to, all such Documents.

While Article 3 of the IBA Rules on the Taking of Evidence in International Arbitration requires the production of Documents relevant to the case and material to its outcome, Guideline 12 refers only to potentially relevant Documents because its purpose is different: when a Party Representative advises the Party whom he or she represents to preserve evidence, such Party Representative is typically not at that stage in a position to assess materiality, and the test for preserving and collecting Documents therefore should be potential relevance to the case at hand.

Finally, a Party Representative should not make a Request to Produce, or object to a Request to Produce, when such request or objection is only aimed at harassing, obtaining documents for purposes extraneous to the arbitration, or causing unnecessary delay (Guideline 13).

Witnesses and Experts

18. Before seeking any information from a potential Witness or Expert, a Party Representative should identify himself or herself, as well as the Party he or she represents, and the reason for which the information is sought.

19. A Party Representative should make any potential Witness aware that he or she has the right to inform or instruct his or her own counsel about the contact and to discontinue the communication with the Party Representative.

20. A Party Representative may assist Witnesses in the preparation of Witness Statements and Experts in the preparation of Expert Reports.

21. A Party Representative should seek to ensure that a Witness Statement reflects the Witness's own account of relevant facts, events and circumstances.

22. A Party Representative should seek to ensure that an Expert Report reflects the Expert's own analysis and opinion.

23. A Party Representative should not invite or encourage a Witness to give false evidence.

24. A Party Representative may, consistent with the principle that the evidence given should reflect the Witness's own account of relevant facts, events or circumstances, or the

25. Expert's own analysis or opinion, meet or interact with Witnesses and Experts in order to discuss and prepare their prospective testimony.

26. A Party Representative may pay, offer to pay, or acquiesce in the payment of:

a) expenses reasonably incurred by a Witness or Expert in preparing to testify or testifying at a hearing;

b) reasonable compensation for the loss of time incurred by a Witness in testifying and preparing to testify; and *c)* reasonable fees for the professional services of a Party-appointed Expert.

Comments to Guidelines 18–25

Guidelines 18–25 are concerned with interactions between Party Representatives and Witnesses and Experts. The interaction between Party Representatives and Witnesses is also addressed in Guidelines 9–11 concerning Submissions to the Arbitral Tribunal.

Many international arbitration practitioners desire more transparent and predictable standards of conduct with respect to relations with Witnesses and Experts in order to promote the principle of equal treatment among Parties. Disparate practises among jurisdictions may create inequality and threaten the integrity of the arbitral proceedings.

The Guidelines are intended to reflect best international arbitration practise with respect to the preparation of Witness and Expert testimony.

When a Party Representative contacts a potential Witness, he or she should disclose his or her identity and the reason for the contact before seeking any information from the potential Witness (Guideline 18). A Party Representative should also make the potential Witness aware of his or her right to inform or instruct counsel about this contact and involve such counsel in any further communication (Guideline 19).

Domestic professional conduct norms in some jurisdictions require higher standards with respect to contacts with potential Witnesses who are known to be represented by counsel. For example, some common law jurisdictions maintain a prohibition against contact by counsel with any potential Witness whom counsel knows to be represented in respect of the particular arbitration.

If a Party Representative determines that he or she is subject to a higher standard than the standard prescribed in these Guidelines, he or she may address the situation with the other Party and/or the Arbitral Tribunal.

As provided by Guideline 20, a Party Representative may assist in the preparation of Witness Statements and Expert Reports, but should seek to ensure that a Witness Statement reflects the Witness's own account of relevant facts, events and circumstances (Guideline 21), and that any Expert Report reflects the Expert's own views, analysis and conclusions (Guideline 22).

A Party Representative should not invite or encourage a Witness to give false evidence (Guideline 23).

As part of the preparation of testimony for the arbitration, a Party Representative may meet with Witnesses and Experts (or potential Witnesses and Experts) to discuss their prospective testimony. A Party Representative may also help a Witness in preparing his or her own Witness Statement or Expert Report.

Further, a Party Representative may assist a Witness in preparing for their testimony in direct and crossexamination, including through practise questions and answers (Guideline 24). This preparation may include a review of the procedures through which testimony will be elicited and preparation of both direct testimony and cross-examination. Such contacts should however not alter the genuineness of the Witness or Expert evidence, which should always reflect the Witness's own account of relevant facts, events or circumstances, or the Expert's own analysis or opinion.

Finally, Party Representatives may pay, offer to pay or acquiesce in the payment of reasonable compensation to a Witness for his or her time and a reasonable fee for the professional services of an Expert (Guideline 25).

Remedies for Misconduct

27. If the Arbitral Tribunal, after giving the Parties notice and a reasonable opportunity to be heard, finds that a Party Representative has committed Misconduct, the Arbitral Tribunal, as appropriate, may:

a) admonish the Party Representative;

b) draw appropriate inferences in assessing the evidence relied upon, or the legal arguments advanced by, the Party Representative;

c) consider the Party Representative's Misconduct in apportioning the costs of the arbitration, indicating, if appropriate, how and in what amount the Party Representative's Misconduct leads the Tribunal to a different apportionment of costs;

d) take any other appropriate measure in order to preserve the fairness and integrity of the proceedings.

28. In addressing issues of Misconduct, the Arbitral Tribunal should take into account:

a) the need to preserve the integrity and fairness of the arbitral proceedings and the enforceability of the award;

b) the potential impact of a ruling regarding Misconduct on the rights of the Parties;

c) the nature and gravity of the Misconduct, including the extent to which the misconduct affects the conduct of the proceedings;

d) the good faith of the Party Representative;

e) relevant considerations of privilege and confidentiality; and

f) the extent to which the Party represented by the Party Representative knew of, condoned, directed, or participated in, the Misconduct.

Comments to Guidelines 26-27

Guidelines 26–27 articulate potential remedies to address Misconduct by a Party Representative.

Their purpose is to preserve or restore the fairness and integrity of the arbitration.

The Arbitral Tribunal should seek to apply the most proportionate remedy or combination of remedies in light of the nature and gravity of the Misconduct, the good faith of the Party Representative and the Party whom he or she represents, the impact of the remedy on the Parties' rights, and the need to preserve the integrity, effectiveness and fairness of the arbitration and the enforceability of the award.

Guideline 27 sets forth a list of factors that is neither exhaustive nor binding, but instead reflects an overarching balancing exercise to be conducted in addressing matters of Misconduct by a Party Representative in order to ensure that the arbitration proceed in a fair and appropriate manner.

Before imposing any remedy in respect of alleged Misconduct, it is important that the Arbitral Tribunal gives the Parties and the impugned Representative the right to be heard in relation to the allegations made.

4.9. Outra Documentação Relevante (Weblinks)

- ICSID Procedures: https://icsid.worldbank.org/procedures
- ICSID Rules: https://icsid.worldbank.org/procedures/arbitration/convention/overview/2022
- ICSID Additional facilities: https://icsid.worldbank.org/procedures
- Regras Swiss Chambers: https://www.swissarbitration.org/centre/arbitration/arbitration-rules/
- Uncitral Notes on organizing arbitral proceedings: https://uncitral.un.org/en/texts/arbitration/explanatorytexts/organizing_arbitral_proceedings

5. Cláusulas de Resolução de Litígios Recomendadas

5.1. Centro de Arbitragem Comercial da Câmara de Comércio e Indústria Portuguesa

MEDIAÇÃO

A. Mediação simples

"1. As partes submeterão obrigatoriamente todos os litígios emergentes deste contrato ou com ele relacionados a mediação de acordo com o Regulamento de Mediação do Centro de Arbitragem Comercial da Câmara de Comércio e Indústria Portuguesa (Centro de Arbitragem Comercial).

2. A mediação terá lugar em [cidade e/ou país].

3. A língua da mediação será [...]."

Nota: Adotando esta cláusula, as partes escolhem, para todos os litígios, mediação de acordo com o Regulamento de Mediação do CAC.

ARBITRAGEM

B. Arbitragem normal

1. Todos os litígios emergentes deste contrato ou com ele relacionados serão definitivamente resolvidos por arbitragem de acordo com o Regulamento de Arbitragem do Centro de Arbitragem da Câmara de Comércio e Indústria Portuguesa (Centro de Arbitragem Comercial), por um ou mais árbitro(s) nomeado(s) nos termos do Regulamento.

2. A arbitragem terá lugar em [cidade e/ou país].

3. A língua da arbitragem será [...].

Nota: Adotando esta cláusula, as partes escolhem, para todos os litígios, arbitragem normal de acordo com o Regulamento de Arbitragem do CAC.

C. Arbitragem Rápida

1. Todos os litígios emergentes deste contrato ou com ele relacionados serão definitivamente resolvidos por arbitragem de acordo com o Regulamento de Arbitragem Rápida do Centro de Arbitragem da Câmara de Comércio e Indústria Portuguesa (Centro de Arbitragem Comercial), por um árbitro nomeado nos termos do Regulamento.
2. A arbitragem terá lugar em [cidade e/ou país].
3. A língua da arbitragem será [...].

Nota: Adotando esta cláusula, as partes escolhem, para todos os litígios, arbitragem rápida de acordo com o Regulamento de Arbitragem Rápida do CAC.

D. Arbitragem Rápida para litígios de valor inferior a [...€] e normal em valor superior (sem alteração pela reconvenção)

1. Todos os litígios emergentes deste contrato ou com ele relacionados de valor igual ou inferior a [...€] serão definitivamente resolvidos por arbitragem de acordo com o Regulamento de Arbitragem Rápida do Centro de Arbitragem da Câmara de Comércio e Indústria Portuguesa (Centro de Arbitragem Comercial), por um árbitro nomeado nos termos do Regulamento.
2. A regra anterior não se altera ainda que haja reconvenção cuja soma com o valor inicial da arbitragem ultrapasse o valor referido.
3. Todos os litígios emergentes deste contrato ou com ele relacionados de valor superior a [...€] serão definitivamente resolvidos por arbitragem de acordo com o Regulamento de Arbitragem do Centro de Arbitragem da Câmara de Comércio e Indústria Portuguesa (Centro de Arbitragem Comercial), por um ou mais árbitro(s) nomeado(s) nos termos do Regulamento.
4. A arbitragem terá lugar em [cidade e/ou país].
5. A língua da arbitragem será [...].

Nota: Adotando esta cláusula, as partes escolhem, para os litígios inferiores a um valor que fixam, arbitragem rápida de acordo com o Regulamento de Arbitragem Rápida e para os restantes arbitragem normal de acordo com o Regulamento de Arbitragem. Caso haja reconvenção e o somatório dos valores ultrapasse o valor fixado pelas partes para a arbitragem rápida, o processo continua a seguir o Regulamento de Arbitragem Rápida.

MEDIAÇÃO E ARBITRAGEM

E. Mediação seguida de arbitragem normal

"1. As partes submeterão obrigatoriamente todos os litígios emergentes deste contrato ou com ele relacionados a mediação de acordo com o Regulamento de Mediação do Centro de Arbitragem Comercial da Câmara de Comércio e Indústria Portuguesa (Centro de Arbitragem Comercial).

2. Caso o litígio não seja resolvido em mediação, será definitivamente resolvido por arbitragem de acordo com o Regulamento de Arbitragem do Centro de Arbitragem da Câmara de Comércio e Indústria Portuguesa (Centro de Arbitragem Comercial), por um ou mais árbitro(s) nomeados nos termos do Regulamento.

3. A mediação e a arbitragem terão lugar em [cidade e/ou].

4. A língua da mediação e da arbitragem será [...].

5. Enquanto decorrer o processo de mediação, qualquer uma das partes pode requerer um procedimento de Árbitro de Emergência, nos termos do respetivo Regulamento.

Nota: Adotando esta cláusula, as partes escolhem, para todos os litígios, mediação e, caso aqui não se atinja um acordo, arbitragem normal de acordo com o Regulamento de Arbitragem.

F. Mediação seguida de arbitragem rápida

1. As partes submeterão obrigatoriamente todos os litígios emergentes deste contrato ou com ele relacionados a mediação de acordo com o Regulamento de Mediação do Centro de Arbitragem Comercial da Câmara de Comércio e Indústria Portuguesa (Centro de Arbitragem Comercial).

2. Qualquer litígio não resolvido em mediação será definitivamente decidido por arbitragem de acordo com o Regulamento de Arbitragem Rápida do Centro de Arbitragem da Câmara de Comércio e Indústria Portuguesa (Centro de Arbitragem Comercial), por um árbitro nomeado nos termos do Regulamento.

3. A mediação e a arbitragem terão lugar em [cidade e/ou país].

4. A língua da mediação e da arbitragem será [...].

5. Enquanto decorrer o processo de mediação, qualquer uma das partes pode requerer um procedimento de Árbitro de Emergência, nos termos do respetivo Regulamento.

Nota: Adotando esta cláusula, as partes escolhem, para todos os litígios, mediação e, caso aqui não se atinja um acordo, arbitragem rápida de acordo com o Regulamento de Arbitragem Rápida.

5.2. Câmara do Comércio Internacional

Recomenda-se que as partes que desejarem fazer referência à arbitragem da CCI nos seus contratos utilizem a cláusula padrão abaixo indicada.

Cláusula padrão de arbitragem da CCI

Todos os litígios oriundos do presente contrato ou com ele relacionados serão definitivamente resolvidos de acordo com o Regulamento de Arbitragem da Câmara de Comércio Internacional, por um ou mais árbitros nomeados nos termos desse Regulamento.

As partes são livres para adaptar a cláusula de acordo com as circunstâncias particulares. Por exemplo, podem querer estipular o número de árbitros, uma vez que o Regulamento de Arbitragem contém uma presunção em favor de um árbitro único. Pode ser desejável, também, que as partes estipulem o idioma e a sede da arbitragem e a lei aplicável ao mérito do litígio. O Regulamento de Arbitragem não limita a liberdade de escolha das partes quanto ao idioma e sede da arbitragem e à lei aplicável ao contrato.

A adaptação da cláusula deve ser feita com cuidado, a fim de evitar qualquer risco de ambiguidade. Cláusulas com textos ambíguos causam insegurança e atrasos e podem prejudicar, ou até mesmo comprometer, o processo de resolução de litígio.

As partes devem igualmente ter em conta quaisquer aspetos que possam afetar a execução da cláusula de acordo com a lei aplicável, como por exemplo, quaisquer regras de ordem pública que possam existir na sede da arbitragem e no local onde é provável que a sentença arbitral seja executada.

Arbitragem sem árbitro de emergência

Se as partes não desejarem que as Disposições sobre o Árbitro de Emergência se apliquem, elas devem assim dispor expressamente, acrescentando o seguinte texto à cláusula acima indicada:

As Disposições sobre o Árbitro de Emergência não se aplicarão.

Arbitragem expedita

O Regulamento de Arbitragem da CCI prevê a utilização de um procedimento expedito em casos de valor reduzido. Se as partes desejarem afastar a aplicação das Disposições sobre a Arbitragem Expedita, devem excluí-las expressamente, acrescentando o seguinte texto à cláusula acima indicada:

As Disposições sobre a Arbitragem Expedita não se aplicarão.

As partes que desejarem beneficiar da arbitragem expedita em casos de valor superior devem escolhê-lo expressamente, acrescentando o seguinte texto à cláusula acima indicada:

As partes acordam, nos termos do artigo 30(2)(b) do Regulamento de Arbitragem da Câmara de Comércio Internacional, que se aplicarão as Regras da Arbitragem Expedita, independentemente do valor em disputa.

Se as partes desejarem que o limite máximo para a aplicação das Regras da Arbitragem Expedita seja superior ao especificado nas referidas Regras, deve ser aditada a seguinte redação à cláusula acima indicada:

As partes acordam, nos termos do artigo 30(2)(b) do Regulamento de Arbitragem da Câmara de Comércio Internacional, que se aplicarão as Regras da Arbitragem Expedita, desde que o valor em disputa não exceda US$ [especificar o valor] no momento da comunicação referida no Artigo 1(3) das Regras da Arbitragem Expedita.

Cláusula padrão de arbitragem CCI sem publicação de sentenças arbitrais

Todos os litígios oriundos do presente contrato ou com ele relacionados serão definitivamente resolvidos de acordo com o Regulamento de Arbitragem da Câmara de Comércio Internacional, por um ou mais árbitros nomeados nos termos desse Regula-

mento. Não será publicada nenhuma sentença arbitral ou ordem procedimental proferida na arbitragem.

Cláusulas escalonadas

A arbitragem da CCI pode ser utilizada como fórum para a resolução definitiva de um litígio, após uma tentativa de solução por outros meios, como a mediação. As partes que desejarem incorporar em seus contratos uma cláusula escalonada de resolução de litígios, combinando arbitragem e mediação da CCI, devem submeter-se às cláusulas padrão do Regulamento de Mediação da CCI (ver páginas 102-106).

Outras combinações de serviços também são possíveis. Por exemplo, a arbitragem pode ser utilizada como alternativa em caso de insucesso da perícia ou dos *dispute boards*. As partes que recorrem à arbitragem da CCI podem também desejar prever o recurso ao Centro Internacional de ADR da CCI com vista à proposta de um perito, caso seja requerida uma opinião especializada durante a arbitragem.

Estão disponíveis cláusulas padrão sobre esta e outras combinações de serviços em vários idiomas em https://iccwbo.org/dispute-resolution-services/.

As partes que desejarem recorrer ao procedimento previsto no Regulamento de Mediação da CCI devem considerar a escolha de uma das cláusulas abaixo, que abrangem diferentes situações e necessidades. As partes são livres para adaptar a cláusula escolhida de acordo com as circunstâncias particulares do seu caso. Por exemplo, podem desejar especificar um método alternativo de resolução de disputa distinto da mediação. Podem também desejar estipular o idioma e a sede da mediação e/ou arbitragem.

As notas que seguem cada cláusula visam ajudar as partes a escolherem a cláusula que melhor se adapta às suas necessidades específicas.

Deve evitar-se qualquer tipo de ambiguidade ao elaborar a cláusula. Cláusulas com textos ambíguos causam insegurança e atrasos e podem prejudicar ou até mesmo comprometer o processo de resolução de disputas.

Ao incorporar quaisquer dessas cláusulas em seus contratos, as partes devem considerar qualquer aspecto que, de acordo com a lei aplicável, possa afetar a validade de sua aplicação.

Cláusula A: Utilização opcional do Regulamento de Mediação da CCI

As partes poderão, a qualquer momento, sem prejuízo de qualquer outro processo, buscar a resolução de qualquer disputa oriunda do presente contrato ou a ele relacionada consoante o Regulamento de Mediação da CCI.

Notas: Ao incluir esta cláusula, as partes reconhecem que os procedimentos previstos no Regulamento de Mediação da CCI estão disponíveis para serem utilizados a qualquer momento pelas partes. Esta cláusula não impõe qualquer obrigação às partes, mas a sua presença visa recordá-las da possibilidade de recorrerem, em qualquer momento, à mediação ou a outro método de resolução de disputas. Esta cláusula pode ainda constituir uma base para uma das partes propor a mediação à outra parte. Uma ou mais partes podem igualmente pedir a assistência do Centro Internacional de ADR da CCI nesse processo.

Cláusula B: Obrigação de considerar o Regulamento de Mediação da CCI

No caso de qualquer disputa oriunda do presente contrato ou com ele relacionada, as partes acordam, em primeiro lugar, discutir e considerar, a submissão da questão ao Regulamento de Mediação da CCI.

Notas: Esta cláusula vai além da Cláusula A e exige que, em caso de disputa, as partes discutam e considerem em conjunto a submissão dessa disputa ao Regulamento de Mediação da CCI. Uma ou mais partes podem igualmente pedir a assistência do Centro Internacional de ADR da CCI nesse processo.

Esta cláusula pode estar indicada quando as partes não pretendem obrigar-se a submeter inicialmente a resolução da questão ao Regulamento, preferindo manter uma posição flexível sobre o recurso ou não à mediação para solucionar uma disputa.

Cláusula C: Obrigação de submeter a disputa ao Regulamento de Mediação da CCI, permitindo o procedimento de arbitragem simultâneo

(x) No caso de qualquer disputa oriunda do presente contrato ou com ele relacionada, as partes devem inicialmente submeter a resolução dessa disputa ao Regulamento de Mediação da CCI. O início de um procedimento em conformidade com esse Regulamento não impede qualquer das partes de iniciar um procedimento de arbitragem, nos termos da subcláusula (y) abaixo.

(y) Todos os litígios oriundos do presente contrato ou com ele relacionados serão definitivamente resolvidos de acordo com o Regulamento de Arbitragem da Câmara de Comércio Internacional, por um ou mais árbitros nomeados nos termos desse Regulamento.

Notas: Esta cláusula cria a obrigatoriedade de submeter a disputa ao Regulamento de Mediação da CCI, visando assegurar que, em caso de disputa, as partes tentarão solucioná-la de acordo com um procedimento segundo o Regulamento.

A cláusula também especifica que as partes não são obrigadas a concluir o procedimento segundo o Regulamento de Mediação da CCI, ou a aguardar um período de tempo estipulado, antes de iniciarem o procedimento de arbitragem. Esta é igualmente a modalidade de referência prevista no Artigo 10(2) do Regulamento.

A cláusula estabelece a arbitragem da CCI para a resolução definitiva da disputa. Conforme o caso, a cláusula pode ser adaptada pelas partes, que podem dispor sobre um tipo de arbitragem diferente ou um processo judicial ou outro similar.

Cláusula D: Obrigação de submeter a disputa ao Regulamento de Mediação da CCI, seguida de arbitragem

No caso de qualquer disputa oriunda do presente contrato ou com ele relacionada, as partes acordam submeter essa disputa, em primeiro lugar, à mediação, em conformidade com o Regulamento de Mediação da CCI. Se a disputa não tiver sido solucionada segundo o referido Regulamento, no prazo de [45] dias após o Requerimento de Mediação ter sido apresentado ou dentro de outro prazo que venha a ser convencionado, por escrito, pelas partes, a disputa será solucionada definitivamente através de arbitragem, em conformidade com o Regulamento de Arbitragem da CCI, por um ou mais árbitros nomeados de acordo com o referido Regulamento de Arbitragem.

Notas: Tal como a Cláusula C, esta cláusula estabelece a obrigação de submeter uma disputa ao Regulamento de Mediação da CCI.

Ao contrário da Cláusula C, esta cláusula especifica que o processo de arbitragem não pode ser iniciado até o final do período acordado após a apresentação de um Requerimento de Mediação. O período de tempo sugerido na cláusula padrão é de 45 dias, mas as partes podem optar por um período que considerem apropriado ao contrato em questão.

A Cláusula D altera a modalidade de referência contemplada no artigo 10(2) do Regulamento de Mediação da CCI, que permite o início de um processo judicial, arbitral ou similar paralelamente a um procedimento segundo o Regulamento de Mediação da CCI.

À semelhança da Cláusula C, a Cláusula D estabelece a arbitragem da CCI para a resolução definitiva da disputa. Conforme o caso, a cláusula pode ser adaptada pelas partes, que podem dispor sobre um tipo de arbitragem diferente ou um processo judicial ou outro similar.

Questões específicas referentes às Disposições sobre o Árbitro de Emergência

As partes devem definir se pretendem recorrer às Disposições sobre o Árbitro de Emergência previstas nas Cláusulas C e D.

Cláusulas C e D

Se as partes desejarem excluir o recurso às Disposições sobre o Árbitro de Emergência, deve ser acrescentado o seguinte texto à Cláusula C ou D, consoante aplicável:

As Disposições sobre o Árbitro de Emergência não se aplicarão.

Cláusula D

1 – Se as partes desejarem recorrer às Disposições sobre o Árbitro de Emergência e pretenderem que esse recurso esteja expressamente disponível antes do decurso do prazo de 45 dias ou outro convencionado após o Requerimento de Mediação ter sido apresentado, deve ser acrescentado o seguinte texto à Cláusula D:

A obrigação de aguardar [45] dias ou qualquer outro prazo convencionado, após um Requerimento de Mediação ter sido apresentado, para submeter uma disputa à arbitragem, não impede as partes de solicitarem, antes do decurso desses [45] dias ou de outro prazo convencionado, Medidas Urgentes ao abrigo das Disposições sobre o Árbitro de Emergência previstas no Regulamento de Arbitragem da Câmara de Comércio Internacional.

2 – Se as partes desejarem recorrer às Disposições sobre o Árbitro de Emergência, mas apenas após o decurso do prazo de 45 dias ou de outro convencionado após o Requerimento de Mediação ter sido protocolado, deverá ser acrescentado o seguinte texto à Cláusula D:

As partes não poderão solicitar Medidas Urgentes ao abrigo das Disposições sobre o Árbitro de Emergência previstas no Regulamento de Arbitragem da Câmara de Comércio Internacional antes do decurso dos [45] dias ou de qualquer outro prazo convencionado, após um Requerimento de Mediação ter sido apresentado.

Para obter mais informações sobre a redação das cláusulas que preveem arbitragem da CCI, veja-se as páginas 83-85 acima.

5.3. The London Court of International Arbitration

a) Future disputes

"Any dispute arising out of or in connection with this contract, including any question regarding its existence, validity or termination, shall be referred to and finally resolved by arbitration under the LCIA Rules, which Rules are deemed to be incorporated by reference into this clause.

The number of arbitrators shall be [one/three].

The seat, or legal place, of arbitration shall be [City and/or Country].

The language to be used in the arbitral proceedings shall be [...].

The governing law of the contract shall be the substantive law of [...]."

b) Existing disputes

"A dispute having arisen between the parties concerning [...], the parties hereby agree that the dispute shall be referred to and finally resolved by arbitration under the LCIA Rules.

The number of arbitrators shall be [one/three].

The seat, or legal place, of arbitration shall be [City and/or Country].

The language to be used in the arbitral proceedings shall be [...].

The governing law of the contract [is/shall be] the substantive law of [...]."

5.4. International Centre for Dispute Resolution

a) Cláusula modelo para contratos comerciais internacionais:

"Qualquer disputa oriunda ou relacionada ao presente contrato, inclusive quanto à sua inexecução, interpretação, validade ou extinção, será resolvida por arbitragem administrada pelo Centro Internacional de Resolução de Disputas (ICDR), em conformidade com seu Regulamento de Arbitragem Internacional."

"Qualquer disputa oriunda ou relacionada ao presente contrato, inclusive quanto à sua inexecução, interpretação, validade ou extinção, será resolvida por arbitragem administrada pela Associação Americana de Arbitragem (AAA), em conformidade com seu Regulamento de Arbitragem Internacional."

b) Cláusula de Negociação – Arbitragem

"Havendo qualquer disputa oriunda ou relacionada ao presente contrato, inclusive quanto à sua inexecução, as partes deverão consultar uma a outra para fins de negociação e, em havendo interesse mútuo, tentarão alcançar uma solução satisfatória para a disputa. Se um acordo não for alcançado dentro de 60 dias após notificação de uma parte para a(s) outra(s), qualquer disputa não resolvida será decidida por arbitragem submetida ao Centro Internacional de Resolução de Disputas (ICDR), de conformidade com seu Regulamento de Arbitragem Internacional."

c) Cláusula de Mediação – Arbitragem

"Havendo qualquer disputa oriunda ou relacionada ao presente contrato inclusive quanto à sua inexecução, as partes concordam, em primeiro lugar, em tentar resolver a disputa por mediação administrada pelo Centro Internacional de Resolução de Disputas (ICDR), de acordo com o seu Regulamento de Mediação. Se nenhum acordo for alcançado dentro de 60 dias após a intimação de um requerimento escrito de mediação, qualquer disputa oriunda ou relacionada ao presente contrato será decidida por arbitragem, em conformidade com o Regulamento de Arbitragem Internacional do Centro Internacional de Resolução de Disputas (ICDR)."

d) Cláusula Modelo de Negociação – Mediação – Arbitragem

"Havendo qualquer disputa oriunda ou relacionada ao presente contrato, inclusive quanto à sua inexecução, as partes deverão consultar uma a outra para fins de negociação e, havendo interesse mútuo, tentar alcançar uma composição amigável para a disputa. Se nenhum acordo for alcançado dentro de 60 dias, então qualquer parte poderá, mediante notificação à outra parte e ao Centro Internacional de Resolução de Disputas (ICDR), requerer o início da mediação de acordo com o Regulamento de Mediação do Centro Internacional de Resolução de Disputas (ICDR). Se nenhum acordo for alcançado dentro de 60 dias após a intimação de um requerimento escrito de mediação, qualquer disputa oriunda ou relacionada ao presente contrato será decidida por arbitragem submetida ao Centro Internacional de Resolução de Disputas (ICDR), de conformidade com seu Regulamento de Arbitragem."

e) Modelo de cláusula de Arbitragem – Mediação concomitante

"Qualquer disputa oriunda ou relacionada ao presente contrato, inclusive quanto à sua inexecução, interpretação, validade ou extinção, será resolvida por arbitragem submetida ao Centro Internacional de Resolução de Disputas (ICDR), em conformidade com seu Regulamento de Arbitragem Internacional. Uma vez iniciada a arbitragem, as partes concordam em tentar solucionar qualquer disputa oriunda ou relacionada ao presente contrato por mediação submetida ao Centro Internacional de Resolução de Disputas (ICDR), de acordo com o seu Regulamento Internacional de Mediação. A mediação será conduzida concomitantemente à arbitragem e não será uma condição precedente para qualquer estágio do procedimento arbitral."

f) Modelo de cláusula de mediação autónoma

"Havendo qualquer disputa oriunda ou relacionada ao presente contrato, inclusive quanto à sua inexecução, as partes concordam, em primeiro lugar, em tentar resolver a disputa por mediação submetida ao Centro Internacional de Resolução de Disputas (ICDR), de acordo com o seu Regulamento de Mediação, antes de se valer de arbitragem, do Poder Judiciário, ou de outro procedimento de resolução de disputas."

g) Indicação do Tribunal Arbitral – Cláusula de nomeação de árbitro pelas partes

"Dentro de 30 (trinta) dias após o requerimento de arbitragem, cada parte deverá indicar uma pessoa para atuar como árbitro. Dentro de 20 (vinte) dias após a escolha dos co-árbitros, as partes deverão indicar o presidente do tribunal arbitral. Se algum dos árbitros não for escolhido dentro dos prazos previstos, o Centro Internacional de Resolução de Disputas (ICDR) deverá, mediante requerimento por escrito de qualquer das partes, completar as indicações ainda não realizadas."

h) Prazos e trocas de informação

"A sentença deverá ser proferida dentro de [nove] meses após o início da arbitragem, exceto se tal período for estendido pelo árbitro."

"É intenção das partes que, salvo condições extraordinárias, o procedimento arbitral se conclua em [120 (cento e vinte)] dias a partir da indicação do(s) árbitro(s). O tribunal arbitral poderá prorrogar tal prazo no interesse de justiça. O não cumprimento deste prazo não deverá constituir fundamento para anulação do laudo."

"Consistente com a natureza expedita da arbitragem, a troca de informações que antecederem a audiências deverão estar limitadas à produção razoável de documentos relevantes e confidenciais, que deverão ser apresentados pela parte, de forma expedita, com o propósito de fundamentar fatos relevantes arguidos em suas manifestações."

i) Prazos e trocas de informação

"Salvo por imposição legal, as partes ou os seus representantes não poderão revelar a existência, conteúdo, ou resultado de qualquer arbitragem sem a prévia autorização por escrito de (todas/ambas) as partes."

j) A administração do ICDR sob o Regulamento de Arbitragem da UNCITRAL

"Qualquer disputa oriunda ou relacionada ao presente contrato, ou com a sua inexecução, extinção ou validade, deverá ser resolvida por arbitragem de acordo com o Regulamento de Arbitragem da UNCITRAL vigente na data de instauração da arbitragem.

A autoridade nomeadora deverá ser o Centro Internacional de Resolução de Disputas (ICDR).

O caso deverá ser submetido ao Centro Internacional de Resolução de Disputas (ICDR) para condução de acordo com seu "Procedimento para casos sob o Regulamento de Arbitragem da UNCITRAL".

"Qualquer disputa oriunda ou relacionada ao presente contrato, ou com a sua inexecução, extinção ou validade, deverá ser resolvida por arbitragem de acordo com o Regulamento de Arbitragem da UNCITRAL vigente na data de instauração da arbitragem.

A autoridade nomeadora deverá ser o Centro Internacional de Resolução de Disputas (ICDR)."

5.5. Swiss Chambers of Commerce Association for Arbitration and Mediation

ARBITRAGEM

"Todos os litígios, controvérsias ou demandas, resultantes do presente contrato ou relativos ao mesmo, incluindo a sua validade, a sua invalidade, o seu descumprimento e a sua resolução, serão resolvidos através de arbitragem regida pelo Regulamento Suíço de Arbitragem Internacional da Instituição de Arbitragem das Câmaras Suíças em vigor na data em que a Notificação de Arbitragem for apresentada nos termos deste Regulamento.

O número de árbitros será .... (*"um", "três", "um ou três"*);

O lugar da arbitragem será. .... (*nome da cidade na Suíça, salvo se as partes tiverem convencionado uma cidade em outro país*);

O idioma utilizado no procedimento arbitral será .... (*idioma desejado*)."

MEDIAÇÃO

"Any dispute, controversy or claim arising out of or in relation to this contract, including the validity, invalidity, breach or termination thereof, shall be submitted to mediation in accordance with the Swiss Rules of Commercial Mediation of the Swiss Chambers' Arbitration Institution in force on the date when the request for mediation was submitted in accordance with these Rules.

The seat of the mediation shall be... [name of city in Switzerland, unless the parties agree on a city in another country], although the meetings may be held in... [*specify place*].

The mediation proceedings shall be conducted in ... [*specify desired language*]."

5.6. International Centre for Settlement of Investment Disputes – Model Clauses

Introduction

The International Centre for Settlement of Investment Disputes (ICSID or the Centre) is a public international organization established by a multilateral treaty, the 1965 Convention on the Settlement of Investment Disputes between States and Nationals of Other States (the Convention). As of April 15, 1998, 129 countries had signed and ratified the Convention to become Contracting States.

The purpose of ICSID, as set forth in Article 1(2) of the Convention, is to provide facilities for the conciliation and arbitration of investment disputes between Contracting States and nationals of other Contracting States. The jurisdiction of the Centre, or in other terms the scope of the Convention, is elaborated upon in Article 25(1) of the Convention. It defines ICSID's jurisdiction as extending to "any legal dispute arising directly out of an investment, between a Contracting State (or any constituent subdivision or agency of a Contracting State designated to the Centre by that State) and a national of another Contracting State, which the parties to the dispute consent in writing to submit to the Centre."

The consent of the parties has been described as the "cornerstone" of the jurisdiction of the Centre as thus defined. The present brochure suggests clauses to record such consent. Also proposed in this brochure are clauses for use in conjunction with the Rules Governing the Additional Facility for the Administration of Proceedings by the Secretariat of ICSID (the Additional Facility Rules) which are available for certain types of proceedings between States and foreign nationals falling outside the scope of the Convention. A concluding section of the brochure contains an example of an ad hoc arbitration clause designating the Secretary-General of the Centre as appointing authority of arbitrators.

The only formal requirement that the Convention establishes with respect to the consent of the parties is that such consent be in writing. In many cases, as in the ones envisaged in this brochure, the consent of both parties will be set forth in a single instrument. However, the parties' consents may also be recorded in separate instruments. Nor is any special form of words required. The following clauses thus are intended merely as models. Actual clauses will vary in substance and terminology according to the circumstances of each case.

In general, the Contracting State party is in the proposed clauses called the "Host State" and the national of another Contracting State "the Investor." Square brackets: [ ] are used to indicate optional material or, if separated by a virgule: [ ]/[ ], to indicate alternative formulations. Underscored material indicates a blank to be filled in accordance with the underscored directions. For simplicity, the clauses generally refer only to arbitration; however, in several of them (in particular, Clauses 9, 16, 17 and 19) the words: "arbitration," "arbitrators," "Arbitral Tribunal" or "Arbitration Rules" can be replaced by corresponding references to "conciliation," "conciliators," "Conciliation Commission" or "Conciliation Rules," or by a reference to both conciliation and arbitration.

I. Basic Submission Clauses

A. Consent in Respect of Future Disputes

Under the Convention, consent may be given in advance, with respect to a defined class of future disputes. Clauses relating to future disputes are a common feature of investment agreements between Contracting States and investors who are nationals of other Contracting States.

Clause 1

The [Government]/[name of constituent subdivision or agency] of name of Contracting State (hereinafter the "Host State") and name of investor (hereinafter the "Investor") hereby consent to submit to the International Centre for Settlement of Investment Disputes (hereinafter the "Centre") any dispute arising out of or relating to this agreement for settlement by [conciliation]/[arbitration]/[conciliation followed, if the dispute remains unresolved within time limit of the communication of the report of the Conciliation Commission to the parties, by arbitration] pursuant to the Convention on the Settlement of Investment Disputes between States and Nationals of Other States (hereinafter the "Convention").

B. Consent in Respect of Existing Disputes

Consent may also be given in respect of a particular, existing dispute.

Clause 2

The [Government]/[name of constituent subdivision or agency] of name of Contracting State (hereinafter the "Host State") and name of investor (hereinafter the "Investor") hereby consent to submit to the International Centre for Settlement of Investment Disputes (hereinafter the "Centre") for settlement by [conciliation]/[arbitration]/[conciliation followed, if the dispute remains unresolved within time limit of the communication of the report of the Conciliation Commission to the parties, by arbitration] pursuant to the Convention on the Settlement of Investment Disputes between States and Nationals of Other States, the following dispute arising out of the investment described below: ...

II. Special Clauses Relating to the Subject-matter of the Dispute

A. Stipulation that Transaction Constitutes an Investment

While the Convention requires that the dispute arise "directly out of an investment," it deliberately does not define the latter term. The Report of the World Bank Executive Directors on the Convention explains that such definition was not attempted "given the essential requirement of consent by the parties." Parties thus have much, though not unlimited, discretion to determine whether their transaction constitutes an investment.8 The fact that the parties consent to submit a dispute to the Centre of course implies that they consider it to arise out of an investment. If the parties wish to strengthen the presumption, they may include an explicit statement to this effect in the consent agreement.

Clause 3

It is hereby stipulated that the transaction to which this agreement relates is an investment.

B. Limitation of Subject-Matter of Disputes Submitted to the Centre

The Convention does not require that the parties to an investment arrangement must agree to submit to the Centre all the disputes that might arise out of the transaction. They may decide to submit only particular types of questions, or to submit all with certain exceptions, as illustrated by the following clause.

Clause 4

The consent to the jurisdiction of the Centre recorded in citation of basic clause above shall [only]/[not] extend to disputes related to the following matters:...

III. Special clauses relating to the parties

A. Constituent Subdivision or Governmental Agency

When the party representing the Contracting State is not the government itself but only a "constituent subdivision" or a governmental "agency," then two special requirements must be fulfilled pursuant to Article 25(1) and (3) of the Convention:

a) the subdivision or agency must be designated by the Contracting State to the Centre; and

b) the consent given by the subdivision or agency must be either:

i) approved by the State; or

ii) one as to which the State has notified the Centre that no such approval is required.

While the clause suggested below does not directly fulfill these requirements, it constitutes a convenient reminder of the steps that should be undertaken – preferably before the effective date of the consent clause.

Clause 5

The name of constituent subdivision or agency is [a constituent subdivision]/[an agency] of the Host State, which has been designated to the Centre by the Government of that State in accordance with Article 25(1) of the Convention. In accordance with Article 25(3) of the Convention, the Host State [hereby gives its approval to this consent agreement]/[has given its approval to this consent agreement in citation of instrument in which approval is expressed]/[has notified the Centre that no approval of [this type of consent agreement]/[of consent agreements by the name of constituent subdivision or agency is required]].

B. Stipulation of Nationality of Investor

If the investor is a natural person, the Convention requires that the investor be a national of a Contracting State other than the host State both on the date of consent and on the date of the registration of the request for conciliation or arbitration, and the investor may not on either of these two dates also have the nationality of the host State. If the investor is a juridical person then, except as noted in Section III(C) below, it must merely have the nationality of a Contracting State other than the host State on the date of consent. While the Convention does not require that nationality be specified in the consent agreement and a stipulation of nationality cannot correct an actual disability (again except as stated in Section III(C)), it may be useful to specify, by means of a clause such as the one below, the nationality of the investor.

Clause 6

It is hereby stipulated by the parties that the Investor is a national of name of another Contracting State.

C. Agreement that a Juridical Person is Under Foreign Control

If the investor is a juridical person that on the date of consent has the nationality of the host State, then Article 25(2)(b) of the Convention still permits the Centre to assume jurisdiction if the parties have agreed that "because of foreign control" the juridical person "should be treated as a national of another Contracting State for the purposes of [the] Convention." When this is the case, the parties may record their agreement as to the nationality of the investor in a clause such as the one set forth below.

Clause 7

It is hereby agreed that, although the Investor is a national of the Host State, it is controlled by nationals of name(s) of other Contracting State(s) and shall be treated as a national of [that]/[those] State[s] for the purposes of the Convention.

D. Preservation of Rights of Investor after Compensation

A number of States have developed schemes for insuring their nationals, generally through governmental agencies, against losses that may be suffered in relation to foreign investments. There are also at present two intergovernmental agencies – the Multilateral Investment Guarantee Agency and the Inter-Arab Investment Guarantee Corporation – that administer similar investment insurance schemes. If such a governmental or intergovernmental agency indemnifies an investor, the agency will normally become subrogated to the investor's rights. The agency may nevertheless be unable to avail itself of such agreement providing for the resolution of disputes under the Convention as may originally have been concluded between the investor and the host State. This is so because ICSID's facilities are not available for proceedings between governmental entities or between governments and intergovernmental organizations. It may therefore be necessary that in any dispute the proceeding be conducted by the investor. The following clause may be used to cover this situation.

Clause 8

It is hereby agreed that the right of the Investor to refer a dispute to the Centre pursuant to this agreement shall not be affected by the fact that the Investor has received full or partial compensation from any third party with respect to any loss or injury that is the subject of the dispute [; provided that the Host State may require evidence that such third party agrees to the exercise of that right by the Investor].

IV. Method of constituting the tribunal

Article 37(2)(a) of the Convention provides that an Arbitral Tribunal "shall consist of a sole arbitrator or any uneven number of arbitrators"; under Article 39 of the Convention, the majority of the arbitrators must be nationals of States other than the host and the home State of the investor, unless each individual arbitrator is appointed by agreement of the parties; and according to Article 40(2) of the Convention arbitrators appointed from outside the Panel of Arbitrators of the Centre must possess the qualities required for those serving on that Panel."

Except for the above requirements, the parties are free to constitute their Tribunal in any way they wish. If they have not reached an agreement thereon by the time the request for arbitration has been registered, Arbitration Rule 2 provides a procedure for agreeing on how to constitute a Tribunal; however, if the parties are unable to reach an agreement, then either may, at the expiration of the 60-day period provided for in Arbitration Rule

2(3), invoke the automatic formula provided for in Article 37(2)(b) of the Convention. If the parties can agree in advance on the method of constituting their Tribunal, it would seem best to record this in the consent agreement by means of a clause such as the following.

Clause 9

Any Arbitral Tribunal constituted pursuant to this agreement shall consist of [a sole arbitrator]/[uneven total number arbitrators, number appointed by each party, and an arbitrator, who shall be President of the Tribunal, appointed by [agreement of the parties]/[title of neutral official]/[agreement of the parties or, failing such agreement, by title of neutral official]].

V. Applicable law

A. Specification of System of Law

Article 42(1) of the Convention provides that a Tribunal shall decide a dispute in accordance with such rules of law as may be agreed by the parties. The parties are free to agree on rules of law defined as they choose. They may refer to a national law, international law, a combination of national and international law, or a law frozen in time or subject to certain modifications.

Clause 10

Any Arbitral Tribunal constituted pursuant to this agreement shall apply specification of system of law [subject to the following modifications:...].

B. Ex Aequo et Bono Power

Article 42(3) of the Convention provides that a Tribunal may decide a dispute ex aequo et bono if the parties so agree. If the parties wish to give the Tribunal the authority so to decide, they may use a clause such as follows.

Clause 11

Any Arbitral Tribunal constituted pursuant to this agreement shall have the power to decide a dispute ex aequo et bono.

VI. Clauses relating to other remedies

A. Agreement that Other Remedies are Not Excluded

The first sentence of Article 26 of the Convention provides that the consent of the parties to arbitration "shall, unless otherwise stated, be deemed consent to such arbitration to the exclusion of any other remedy." Since this provision permits the parties to "state otherwise," they may do so by means of a clause along the following lines.

Clause 12

The consent to the jurisdiction of the Centre recorded in citation of basic clause above shall not preclude either party hereto from resorting to the following alternative remedy: identification of other type of proceeding. While such other proceeding is pending, no arbitration proceeding pursuant to the Convention shall be instituted.

B. Requirement to Exhaust Local Remedies

The second sentence of Article 26 of the Convention permits a Contracting State to "require the exhaustion of local administrative or judicial remedies as a condition of its consent to arbitration under this Convention." If a State so requires, a clause along the following lines might be included in the consent agreement.

Clause 13

Before either party hereto institutes an arbitration proceeding under the Convention with respect to a particular dispute, that party must have taken all steps necessary to exhaust the [following] [administrative] [and] [judicial] remedies available under the laws of the Host State with respect to that dispute [list of required remedies], unless the other party hereto waives that requirement in writing.

C. Provisional Measures

Article 47 of the Convention provides that, except as the parties otherwise agree, a Tribunal may, if it considers the circumstances so require, recommend any provisional measures which should be taken to preserve the respective rights of either party. Under Arbitration Rule 39(5) the parties may, if they have so provided in their consent agreement, also request a court or other authority to order provisional measures. If the parties wish thus to provide for the possibility of seeking court-ordered provisional measures, they may use a clause such as the following for the purpose.

Clause 14

Without prejudice to the power of the Arbitral Tribunal to recommend provisional measures, either party hereto may request any judicial or other authority to order any provisional or conservatory measure, including attachment, prior to the institution of the arbitration proceeding, or during the proceeding, for the preservation of its rights and interests.

VII. Waiver of immunity from execution of the award

Under Article 54 of the Convention, all Contracting States, whether or not parties to the dispute, must recognize awards rendered pursuant to the Convention as binding and enforce the pecuniary obligations imposed thereby. Article 55 of the Convention nevertheless makes it clear that a State does not by becoming a party to the Convention waive such immunity from execution of an award as the State might enjoy under national laws. Such a waiver may, however, be effected by an express stipulation of which the following is an example.

Clause 15

The Host State hereby waives any right of sovereign immunity as to it and its property in respect of the enforcement and execution of any award rendered by an Arbitral Tribunal constituted pursuant to this agreement.

VIII. Rules of procedure

A. Use of Current Version of Rules of Procedure

Article 44 of the Convention provides that arbitration proceedings shall in general and “except as the parties otherwise agree” be conducted in accordance with the Arbitration Rules of the Centre in effect on the date on which the parties consented to arbitration under the Convention. The parties may however wish to provide that the Arbitration Rules should always apply in their most up-to-date form. This can be accomplished by a clause along the lines of the following.

Clause 16

Any arbitration proceeding pursuant to this agreement shall be conducted in accordance with the Arbitration Rules of the Centre in effect on the date on which the proceeding is instituted.

B. Substitution of Particular Procedural Rules

Instead of using the Arbitration Rules of the Centre, the parties may prefer to substitute their own dispositions for some of the ICSID ones.

Clause 17

Any arbitration proceeding pursuant to this agreement shall be conducted in accordance with the Arbitration Rules of the Centre except that the following provisions shall be substituted for the Rules indicated below:...

IX. Division of costs

Article 61(2) of the Convention provides that, except as the parties otherwise agree, the Arbitral Tribunal shall assess the expenses incurred by the parties in connection with an arbitration proceeding and shall decide how and by whom those expenses, as well as the fees and expenses of the members of the Tribunal and the charges of the Centre, shall be paid. If the parties wish to make an advance agreement on this point, they may do so by means of a clause along the following lines.

Clause 18

In any arbitration proceeding conducted pursuant to this agreement, the fees and expenses of the members of the Arbitral Tribunal as well as the charges for the use of the facilities of the Centre shall be [borne equally by the parties hereto]/[divided between the parties hereto as follows:...].

X. Place of proceedings

Under Articles 62 and 63 of the Convention, proceedings may be held at:

a) the seat of the Centre (in Washington, D.C.);

b) the seat of any institution with which the Centre has made the necessary arrangements (Article 63(a) of the Convention singles out the Permanent Court of Arbitration at The Hague as an example of such an institution); or *c*) any other place agreed by the parties (in which case Article 63(b) of the Convention requires that the venue also be approved by the Tribunal after consultation with the Secretary-General).

If the parties wish to address this matter in advance, they may do so by means of a clause such as the one below, bearing in mind the fact that the designation of a place of proceedings will if it falls under Article 63(b) of the Convention be subject to the approval of the Tribunal after consultation with the Secretary-General.

Clause 19

The parties hereto hereby agree that any arbitration proceeding conducted pursuant to this agreement shall be held at/in name of institution or place.

XI. Clauses referring to the additional facility rules

The Additional Facility Rules were approved by the Administrative Council of ICSID in 1978. Under these Rules, the Secretariat of the Centre is authorized to administer the following types of proceedings between States (or subdivisions or agencies of States) and nationals of other States which fall outside the scope of the Convention:

a) conciliation and arbitration proceedings for the settlement of investment disputes between parties one of which is not a Contracting State or a national of a Contracting State;

b) conciliation and arbitration proceedings between parties at least one of which is a Contracting State or a national of a Contracting State for the settlement of disputes that do not directly arise out of an investment; and

c) fact-finding proceedings.

A. Additional Facility Conciliation/Arbitration

According to Article 4 of the Additional Facility Rules, any agreement providing for conciliation or arbitration proceedings under the Additional Facility in respect of existing or future disputes requires the approval of the Secretary-General of the Centre. The parties may apply for such approval at any time prior to the institution of proceedings, but it is advisable that such agreements be submitted for approval before they are concluded.

In practice, agreements providing for Additional Facility conciliation or arbitration are most commonly concluded in respect of investment disputes which cannot be brought under the Convention because either the host or the home State of the investor is not a Contracting State. For such cases, Article 4 of the Additional Facility Rules requires that the Secretary-General give his approval of the agreement for recourse to Additional Facility conciliation or arbitration only if the parties also consent to have recourse to conciliation or arbitration under the Convention (in lieu of the Additional Facility) if, by the time that proceedings are instituted, both the host and the home States are Contracting States. The latter type of consent may conveniently be coupled with the reference to the Additional Facility in a single clause. An arbitration clause of this type might read as follows.

Clause 20

The Government of name of host State (hereinafter the "Host State") and name of investor (hereinafter the "Investor"), a national of name of home State (hereinafter the "Home State"), hereby consent to submit to the International Centre for Settlement of Investment Disputes (hereinafter the "Centre") any dispute arising out of or relating to this agreement for settlement by arbitration pursuant to:

a) the Convention on the Settlement of Investment Disputes between States and Nationals of Other States (hereinafter the "Convention") if the Host State and the Home State have both become parties to the Convention at the time when any proceeding hereunder is instituted, or

b) the Arbitration (Additional Facility) Rules of the Centre if the jurisdictional requirements ratione personae of Article 25 of the Convention remain unfulfilled at the time specified in (a) above.

B. Additional Facility Fact-Finding

Additional Facility fact-finding is intended as a mechanism for preventing, rather than settling, disputes. Under Article 16 of the Fact-Finding (Additional Facility) Rules, the proceeding ends with a report that is "limited to findings of fact." The report has no binding character and must not even contain recommendations. Fact-finding can, however, provide parties with impartial assessments of facts which, if accepted by them, may prevent differences of view on specific factual issues from escalating into legal disputes. Also in contrast to the position with regard to conciliation and arbitration under the Additional Facility, any State and national of any other State (irrespective of whether these be Contracting States) may have recourse to Additional Facility fact-finding and the parties' agreement in this respect is not subject to approval by the Secretary-General of the Centre. Such an agreement might read as follows.

Clause 21

The parties hereto hereby agree to submit to the International Centre for Settlement of Investment Disputes (hereinafter "the Centre") for an inquiry under the Additional Facility (Fact-Finding) Rules of the Centre [the following questions of fact:...]/[any questions of fact related to the following matters:...].

XII. Designation of the secretary-general of ICSID as appointing authority of ad hoc arbitrators

From time to time, parties to existing or potential disputes seek the assistance of the Secretary-General of the Centre in arranging for ad hoc (i.e., noninstitutional) arbitration by having him appoint some or all of the arbitrators in certain defined contingencies. This may in particular be done in the context of agreements providing for arbitration in accordance with the Arbitration Rules of the United Nations Commission on International Trade Law (UNCITRAL)), which are specially designed for ad hoc proceedings. Although the Secretary-General has often undertaken to act as appointing authority of ad hoc arbitrators, he is not obliged to do so. It is thus advisable for parties wishing to entrust such a task to the Secretary-General to obtain his consent in advance, preferably before the agreement incorporating the assignment is concluded.

The following is an example of a clause referring to the Secretary-General of ICSID as appointing authority of ad hoc arbitrators. This is a clause providing for arbitration under the UNCITRAL Arbitration Rules. It is based on the model text published with those Rules, to which the designation of the Secretary-General is added here.

Clause 22

Any dispute, controversy or claim arising out of or relating to this contract, or the breach, termination or invalidity thereof, shall be settled by arbitration in accordance with the UNCITRAL Arbitration Rules as at present in force. The appointing authority shall be the Secretary-General of the International Centre for Settlement of Investment Disputes. [The number of arbitrators shall be [one]/[three]. The place of arbitration shall be name of town or country. The languages to be used in the arbitral proceedings shall be name of language(s).]